ALFRED DÖBLIN

AUTOBIOGRAPHISCHE SCHRIFTEN UND LETZTE AUFZEICHNUNGEN

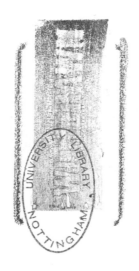

WALTER-VERLAG

OLTEN UND FREIBURG IM BREISGAU

DER VORLIEGENDE BAND
WURDE VON EDGAR PÄSSLER HERAUSGEGEBEN

MCMLXXX

ALLE RECHTE VORBEHALTEN

© WALTER-VERLAG AG, OLTEN 1980

SATZ FOTOSATZ TUTTE SALZWEG-PASSAU

DRUCK UND EINBAND

GRAFISCHE BETRIEBE DES WALTER-VERLAGS

PRINTED IN SWITZERLAND

ISBN 3-530-16672-3

ALFRED DÖBLIN

AUSGEWÄHLTE WERKE IN EINZELBÄNDEN

BEGRÜNDET VON WALTER MUSCHG †

IN VERBINDUNG MIT DEN SÖHNEN DES DICHTERS

HERAUSGEGEBEN VON ANTHONY W. RILEY

INHALT

Lemberg

FRÜHE BIOGRAPHISCHE
AUFZEICHNUNGEN

Es sind nicht leichte Erschütterungen und Erregungen, unter denen ich diese Lebensbeschreibung beginne, die mich treiben, sie anzufangen. Es ist ein unnatürliches körperliches Feuer, eine Hitze, der ich mit der Selbstbetrachtung, der Rückschau begegnen will. Mir hilft nicht Brom, ich kann nicht schlafen, mein Appetit ist wie erloschen. Ich muß nachdenken, das Drängen in meiner Brust besänftigen, die rastlose Unruhe, die mich über die Straßen und Plätze treibt und wieder auf mein Zimmer zurück, hinlegen, hinschweigen. Ich gehe und sehe kaum einen Menschen, ich verlaufe mich, da ich nicht nach dem Straßenschild blicke; gequält bin ich sehr, verfolgt. Und ich hoffe, verfolgt von mir selbst.

Ich nähere mich jetzt den Vierzig. Viele graue Haare habe ich an den Schläfen, vieles, was mich früher sehr gelockt hat, ist mir jetzt nichts. Ich gehe über die Straßen, sehe stolze Wagen fahren – und ich bin neidisch; ich möchte auch meine Ruhe haben, die Sorge los sein, die sich mir immer nähert. Schöne Mädchen, stolze Fräulein mit lächelnden Herren: es ist mir nichts, das geht mich nichts an, das ist laues ödes Wasser; ich bin zu sehr gebrannt und geglüht worden; wie soll mein Organismus nicht so vernünftig sein und noch irgendein Gefühl dafür hergeben, noch irgendeine Kraft daran vergeuden. Ich verstecke mich nicht vor diesen Weibern; etwas wie Mitleid gegen sie habe ich und ein ganz fernes, kaum gezeichnetes schmerzliches Erinnern, eine blasse Traurigkeit, die ich belächeln kann. Ja, das ist ein Fortschritt: sie schreien mir nicht mehr zu: du bist allein, einsam, durchaus und völlig verlassen – so daß mir die Kehle zugeschnürt war, ich auf mein Zimmer kroch, mich verkroch, die Fenster zuschloß, um nicht Tritte zu hören, nicht Lachen, nicht Lautenklimpern, nicht die heimkehrenden Spaziergänger. Mir wurden solche entsetzlichen Abende und Halbnächte in Freiburg gut in die Erinnerung geätzt, wo ich tagelang, tagelang keine Silbe sprach, öfter vor mich summte und sang, bloß um wieder meine Stimme zu hören, die mir tröstlich wie die eines Fremden klang; ich sprach auf der Straße Kinder an, meine Stimme war mein einziger Freund. Ich suchte nicht diese Einsamkeit, ich habe sie so nie gesucht; ich lief frei herum, blieb in Einzelhaft! Was nützten mir die Berge, das blitzend schöne Wetter, die Berge und Wälder und Seen? Ich habe jahrelang und noch jetzt einen Haß auf sie gehabt, einen Widerwillen; sie bereiteten mir Pein; es ist, als ob ich allein in ein großes Vergnügungslokal trete und niemand spielt, alle Tische leer: wer soll sich da freuen. Bitterkeit: das ist der richtige Ausdruck; so empfinde ich oft genug jetzt noch Wälder. Wenn ich nicht schwermütig verliebt in sie bin, reif, weich, zärtlich, sohnsmäßig ergeben mich auf eine Wurzel setze, zu den Blättern aufblicke und mich in einem Grabe dünke – in einem schönen weltfremden Raum. Die Tierchen um mich herum, die Käfer: alles stumm, sargmäßig, und doch mich rufend, daß ich mich lang hinstrecke, ausstrecke.

Ich lüge in diesen Zeilen nicht, ich will mir ja helfen. Noch freilich bin ich nicht ruhig, noch gar nichts.

Gibt es einen Vater, zu dem man aufblicken kann? So schön einhüllend müßte das sein. Es ist schlimm für jemand wie mich, daß er viele Stunden über, Tage, ja Monate gehetzt ist und niemand ihn aufnimmt. Ein Gott – es ist ein schöner Gedanke; er ist stolz und menschenkennerisch, der Gedanke – er sagt: nicht an einen Menschen kann ich mich wenden, mir hilft nur Gott; das Mißtrauen gegen die Menschen hat uns diesen Gott eingegeben.

Sonderbar ist, daß mich oft der Trieb befällt, eine Selbstbiographie zu schreiben. Ich wehre mich dagegen: ich sei noch jung genug, ich habe mehr zu tun als rückzublicken; aber meine frühere tiefinnerliche Überzeugung: ‹ich habe noch Zeit› ist sehr verblaßt. Manchmal kommt es mir vor, als ob ich diese russische Weite in dem Gefühl meines Lebens nicht mehr habe; die Kraft ist mir irgendwie geknickt, alle meine alten, sehr stolzen, kalten Gefühle kann ich nur noch denken: die Sicherheit ist weg; ich habe das Gefühl: so weit ist das Leben nicht, so viel Zeit habe ich nicht; nicht mehr. Manchmal sitzt es mir sogar im Nacken: ich soll noch etwas literarisch arbeiten, es hetzt mich, ich solle nicht faul sein. Und dabei war früher mein köstlichstes Gefühl: ‹Ich kann faul sein, ich kann flanieren.› Dies und daneben die tiefinnere Sicherheit, rocher de bronze: ‹Mir kann nichts passieren. Das Schlimmste ist sterben, eine größere Variation bietet das Leben nicht, und was tut mir das Sterben? Es ist mein Schicksal, ich bleibe, ich verbleibe darin, mein Bett ist größer geworden, ich kann mich besser strecken.› Darum fühl ich mich auch in manchen Stunden dem Wald so nahe, den Tieren so freundlich, wahrhaft brüderlich, auch der Luft, dem Donner, dem Eisen, Stein: so bewußtlos stumm und sicher inwendig bin ich wie sie; ich donnere und es ist vorbei, es war eine unzeitliche Regung trotzdem; so unberührbar stolz ist all dieses Tote, Bewußtlose, und doch Seiende. Der Tod hat für mich keinen Stachel, wir kennen uns, innerlich sitzt er in mir, er ist meines Wesens Kern: So war es früher, so fühlte ich. Und etwas auch jetzt. Aber die Angst des Daseins überwältigt mich oft, sie erstickt mich, ich vergesse mich, bin eine arme, umgetriebene Kreatur, der der Tod nur der Erlöser, Retter heißt, dem er sich als Flüchtling naht – nicht mehr um als Zechgenosse mit ihm die Beine unter einen Tisch zu strecken. So verwandelt, zermürbt, aufgerührt bin ich jetzt. Und fast von Jahr zu Jahr mehr. Wie schmählich werde ich noch hinsterben. Wie meiner unwürdig wird da vieles sein.

Es hilft mir nicht, daß ich schreibe und schreibe. Es beruhigt mich nicht. Es wird wieder Geschriebenes. Es soll nicht geredet werden von mir, sondern von Doktor Döblin.

Dieser ziemlich kleine bewegliche Mann von deutlich jüdischem Gesichtsschnitt mit langem Hinterkopf, die grauen Augen hinter einem sehr scharfen goldenen Kneifer, der Unterkiefer auffällig zurückweichend, beim Lächeln die vorstehenden Oberzähne entblößend, ein schmales, langes, meist mageres, farbloses Gesicht, scharflinig, auf einem schmächtigen, unruhigen Körper – dieser Mensch hat kein bewegtes äußeres Leben geführt, dessen Beschreibung abenteuerliche oder originelle Situationen aufzeigen könnte. Hat nur in zwei Städten, Stettin und Berlin, gelebt, eigentlich nur in Berlin, nämlich von seinem zehnten Jahr ab, vorübergehend ein halbes Jahr als Knabe in Hamburg, hat in Freiburg seine beiden letzten Studiensemester abgemacht in seinem sechsundzwanzigsten Jahr, war dann als Medizindoktor etwa ein Jahr an einer Irrenanstalt bei Regensburg, weitere zwei Jahre an der Irrenanstalt Buch bei Berlin, dann immer noch Assistenzarzt, trotz seinen nunmehrigen dreißig Jahren, in Berlin an einem Krankenhaus. Nach drei Jahren verheiratet, Innerer Arzt in Berlin. Kaum daß er einmal einen Ausflug nach Basel machte auf seiner Rückkehr als junger Doktor von Freiburg, daß er zur Weltausstellung ein, zwei Wochen Brüssel, Antwerpen, Ostende sah; auch ein paar Tage München passierte. Er war Berliner mit blasser Ahnung von anderen Orten und Gegenden.

Stettin, eine trübe, verkommene Provinzstadt nach seiner Erinnerung, mit einem grellen Jahrmarkt auf dem Paradeplatz, Spielplätzen auf den Treppenabsätzen eines tief herabsteigenden Rathauses, hatte er als zehnjähriger Junge mit seiner Familie unter schlimmen Umständen verlassen: Sein Vater hatte das vermocht. Der war ein – ja sage ich: besserer Schneidermeister oder Konfektionsfabrikant; er hielt sich jedenfalls eine

Anzahl Schneider und Zuschneider, auch Schneiderinnen, Näherinnen; diese hatten in oder bei der Wohnung einen oder mehrere Arbeitsräume: lange Zuschneidetische, auf denen Tuche mit ungeheuren Scheren zerschnitten wurden; dann waren riesige Regale da mit Tuchballen. Gearbeitet wurde im Auftrage einiger fremder Firmen, er entsinnt sich, häufig den Namen einer solchen angeblich großen Hamburger Firma mit Respekt, mit tiefem Respekt aussprechen gehört zu haben. In der Wilhelmstraße, dann in der Friedrichstraße Ecke Unter den Linden – aber in Stettin – wohnte seine Familie, man sah auf die baumbestandene Allee; einmal zog hier, wie er sich entsinnt, der alte Kaiser Wilhelm nach dem Paradeplatz zu; Fürst Bismarck war dabei, der hatte einen runzligen gelben kleinen Kopf unter einem ungeheuren blanken Kürassierhelm; dieser Zug verwunderte ihn mehr, als er ihm imponierte, besonders der viel gepriesene Bismarck enttäuschte ihn. Der alte Kaiser starb; das wurde ihm in der Schule, dem Friedrich-Wilhelm-Realgymnasium, gesagt, wo er Sextaner war und schlecht, sehr schlecht Latein und Rechnen kapierte. Nach der Todesnachricht ging er mit dem Taschentuch in der Hand nach Hause; er schien sich dann und wann eine Träne zu trocknen; er glaubte, das gehöre sich so – er war aber gar nicht traurig, sondern nur unklar, wie er sich nach den wehmütigen großartigen Redewendungen des Klassenlehrers benehmen sollte. Nicht viel später wehten zum zweiten Male die Fahnen halbmast beim Tode des Sohnes jenes Kaisers; er sah sich aus dem Eckfenster oft diese Fahnen an; er konnte mit dem Ereignis nichts anfangen und ging viel auf die Straße, um zu sehen, was die anderen, die Erwachsenen, machten.

In dem Hause seiner Eltern wohnte zuletzt die alte Mutter seines Vaters; sie hatte ein langes, schmales Zimmer. Da fand man sie eines Morgens tot im Bett. Bei der Beerdigung lief er, als nicht offizieller Teilnehmer, nebenher ein Stückchen mit; da fand er vor einem Hause einen Auflauf, ließ den Leichenwagen fahren, fragte, was es da im Flure gäbe; ein Mann sagte: «Da hat ein Mann ein Kind bekommen.» Worüber der Junge nachdachte. Das unbegriffene, von ihm nicht als Spott erkannte Wort ist ihm noch heute ins Gedächtnis eingeprägt.

Er war ein sanfter, sehr besonderer, auch stark vom Vater gehätschelter Junge. Wegen seines großen Schädels hatte er den Beinamen ‹Dickkopf› bei seinen Geschwistern – sie waren vier Brüder und eine Schwester; er war das vorjüngste Kind. Leidlich lernte er in der Vorschule, schwer wurde ihm schon die Sexta; er saß weit hinten. Aber zu Hause las und las er, schmökerte, was ihm in die Hände fiel. Während die Geschwister auf der Straße, am Rathaus, mit Peitsche und Kreisel spielten, las er. Seine Augen waren schon damals kurzsichtig; die schlichte Anlage dazu hatte ihm der Vater vererbt. Eine Brille, die der Augenarzt anordnete, lehnte aber der Vater ab; er mußte schon damals bei manchen Fächern ganz vorn vor der Tafel sitzen. Er hatte blonde, hellblonde Haare, die bis auf die Schultern fielen; damals galt er als hübsches Kind. Er lief viel allein auf den Straßen herum; einmal lief er auf den Jahrmarkt; da war an einer Bude eine Moritat angemalt, grell bemalte Leinwand, entsetzliche Totschlagsszene; der Junge lief ganz verwirrt nach Hause, das Bild konnte er nicht loswerden, es ängstigte ihn viel; lange Jahre später noch verließ ihn nicht der schreckliche Eindruck, dessen Pein er sich zu entziehen suchte. Dunkel präludierte geschlechtliche Dinge, zwischen dem neunten und zehnten Jahre. Er bemerkte öfter mit Erstaunen den wechselnden Füllungszustand seiner Geschlechtsorgane, aus dem Bad aussteigend sagte er einmal einem seiner erwachsenen Brüder, wie lästig das doch eigentlich sei; er schämte sich weder des Vorgangs noch daß einer ihn in dieser Verfassung sah; er wußte nicht, was das war; es war nicht mehr als eine ärgerliche Sache. Ein andermal aber lag er mit mehreren andern Kindern – sie waren erst zwischen acht und neun Jahren – auf einer Kellertreppe; was sie da wollten und warum man ihn dahin gezogen hatte, wußte er nicht. Da lag ein etwa gleichaltriges, vielleicht noch jüngeres Mädchen; sie berührten es – es lag auf dem Gesicht – an den heimlichen Stellen; er auch, ohne daß er etwas anderes als ein unklares Gefühl von etwas Unanständigem hatte, worüber man nichts sagen darf. Es übte keinerlei Einfluß auf ihn aus, noch lange lange Jahre später hatte er keine Vorstellung von den weiblichen organischen Besonderheiten und ihrer Funktion. Ja, als er das erste Semester Medizin studierte in seinem dreiundzwanzigsten Jahr, wußte er noch nichts Genaues und wunderte sich bei seinem ersten Gang durch die Anatomiesäle in Berlin über die weiblichen Leichen, die offenbar einen Schnitt in der Mitte unterhalb des Schambogens hatten; er wollte immer einen der Arbeitskameraden danach interpellieren, tat es nicht aus Schamgefühl – er hätte sich unsterblich blamiert. Denn es hieß so tun, als wäre man mit allen Wassern gewaschen – damals und schon viel viel früher; es hieß so tun. Öfter ging er in die Synagoge, wo sein Vater mitsang im Chor. Der Vater war sehr musikalisch, spielte Geige und Klavier, beides mäßig, lehrte die ältesten Kinder die Anfangsgründe. Er hatte eine lockere Hand und schlug nicht selten. Der Vater zeichnete auch kleine Bilder, die er austuschte.

Am besten konnte aber der vielseitig begabte, flatterhafte, energielose Mann etwas anderes. Seine Frau hatte vielen Grund, auf ihn eifersüchtig zu sein. Zuletzt tat es ihm eine seiner Schneidermamsells an; es ging zu Hause die Rede davon, daß er mit dieser jungen, recht hübschen Person sich in Gärten treffe. Der Vater war auch sonst wenig zu Hause, von einem Familienleben war kaum die Rede; jetzt blieb er viele Abende auch weg. Einmal erwischte ihn die Mutter in irgendeiner Stettiner Gartenöffentlichkeit, zerbrach ihr unter Geschrei den Sonnenschirm. Später schlug der Vater seine Frau im Korridor, ich glaube mit einer Elle, nach einer Szene. Eines Tages erklärte der Vater, eine Reise nach Mainz vorzuhaben, verabschiedete sich in jeglicher Ruhe, der Junge half ihm noch beim Anziehen der rechtzeitig von der Reparatur gebrachten Zugstiefel. Eines frühen Morgens aber kam die Mutter mit vielem Geschrei und Weinen in die Stuben, wo wir schliefen; ein Telegramm oder ein Brief des Vaters war gekommen; er schrieb aus Hamburg, er ginge nach Amerika, ‹goldene Berge will ich Euch bieten›.

Damit war die Familie zerstört. Es war vorher da eine sich gut entwikkelnde Wohlhabenheit. Momentan mußte alles liquidiert werden; zur Aufnahme der Warenbestände kamen Vertreter aus Hamburg. Der Junge ging mit seiner Mutter später einmal durch die Linden, er guckt nach allen Seiten, ob man ihm nichts ansieht, er schämt sich des stadtbekannten Eklats, daß sein Vater mit einer Schneidermamsell nach Amerika durchgebrannt.

Sofort wurde er aus der Schule genommen, kam in traurige Privatstunde. Die Frau hieß Sauter, sie wohnte irgendwo hoch, es war sehr hell bei ihr, meist unterrichtete sie Mädchen. Man saß da vormittags an einem Tisch, sie ließ schreiben, schreiben, schreiben; man meldete: «Frau Sauter, zwei Seiten!» Dann schrieb sie auf die erste Zeile des neuen Blattes einen frischen Satz – den hatte man sorgfältig wieder an zwanzigmal nachzuziehen. Also Erziehung zur Kalligraphie. Die Mädchen lernten auch französische Gedichte: ‹France adorée, douce contrée!›

Das jammervolle Intermezzo dauerte nicht lange. Meine zuerst ganz kopflose Mutter wurde von ihren wohlhabenden Brüdern nach Berlin gezogen. Eine endlos lange Eisenbahnfahrt dritter Klasse. Schließlich dicht vor Berlin konnte der Junge ein natürliches kleines Bedürfnis kaum mehr bewältigen, wagte es aber nicht zu melden; denn die Mutter unterhielt sich über die Berliner Verhältnisse mit Reisegefährten. Als der Schlesische Bahnhof kam, drängte sich der Junge fassungslos an die Tür, und ein dünner, lang fließender Bach bezeichnete seine Tätigkeit und seine Erlösung; schleunigst wie ein Dieb stieg er an der Jannowitzbrücke mit aus. Unterwegs erfuhr er, daß sie Blumenstraße wohnen würden; ein Herr sagte, das sei mitten in der Stadt; da sei viel Qualm.

Die Wohnung war klein. Man war in recht ärmliche Verhältnisse geraten. Der Vater schickte nichts, die Mutter besaß kaum etwas, ihre Brüder hielten alles über Wasser; der älteste Sohn, eben Tertianer in Stettin, mußte als Lehrling ins Geschäft zu dem großen N. Israel in der Spandauer Straße. Es hieß, daß das etwas Kolossales sei, man sprach von dem kleinen alten Chef wie von einem König, die kleinen Geschäftsdetails waren das Gesprächsthema. Sie wohnten eng aufeinandergepackt in wenigen Zimmerchen zur ebenen Erde; am Morgen des ersten Tages sah der Junge als erstes Zeichen der Großstadt Berlin einen Aushängekasten schräg rechts gegenüber am Haus von dem Schreiblehrer Rackow. Vor dieser Tafel stand er oft, er bewunderte die fabelhaft gezirkelten sicheren Figuren, er hielt es nicht für möglich, daß man so schreiben könne; aber er war in Berlin.

Man gab ihn in eine Gemeindeschule in der Nähe. Die Schule befand sich in einem Hinterhaus. Er kam in die dritte Klasse. Er hatte nicht den geringsten Eindruck, degradiert zu werden, erst allmählich im Lauf der Jahre wurde ihm eingeprägt, besonders durch den Umgang mit den reichen unterstützenden und nicht unterstützenden Onkels, daß er einer armen Familie angehöre. In dieser Schule reüssierte er. Er bekam sogar einmal eine Prämie, einen Atlas; da in diesem Atlas vorn ein Zettel eingeklebt war, daß das Buch aus der und der ‹Buchhandlung und Antiquariat› stamme, war er besonders stolz, denn er wußte nicht, was ein Antiquariat sei. Und seiner Tante bemerkte er, daß er ein antiquarisches Buch erhalten habe – und wußte sich dann, belehrt, nicht genug zu schämen und wußte nicht, wie sich herausdrehen.

In dieser Schule gab es einen Turnlehrer, dessen Leidenschaft Dauerlauf war. Man turnte wenig, marschierte selten, er übte Dauerlauf. Fünf Minuten, zehn Minuten, zwanzig Minuten; immer mehr fielen ab, machten schlapp. Der Stettiner hielt meist gut mit; ihn hielt der Ehrgeiz. Dann kam ein schönes halbes Jahr: da war der Vater in Amerika gar nicht gut vorangekommen, nichts war ihm geglückt, alles war so teuer dazu im Dollarland – das Ganze war nur ein verlängerter Ausflug mit

Begleitung gewesen. Die Mutter ließ sich bewegen, die Armut drängte ja auch die Frau, die sich von früh bis spät plackte, kochte, wusch, ein Zimmer vermietete, den Herrn bediente für seine paar Pfennig, man zog nach Hamburg im Frühjahr. Da hatte der Vater eine Stellung gefunden in dem Geschäft, mit dem er schon früher gearbeitet hatte. Man wohnte viel schöner als in Berlin, im dritten Stock, ein Feld resp. ein umzäunter rasiger Exerzierplatz lag viereckig weit vor ihnen, drüber stand die Kaserne. Er kam in eine Volksschule. Schwer konnte er sich unter den neuen Schulverhältnissen einleben. Als es hieß, daß er und sein neben ihm sitzender Bruder Juden seien, mußten sie ein kleines jüdisches Gebet, das sie konnten, in der Stunde dem Lehrer vorsingen. Ein andermal nahm ihn auch der Lehrer mit, über die Treppe ging man, in einem Zimmer saß eine Lehrerin, da mußte er ein Frühlingslied, das er kannte, dem Fräulein darbieten; er sang frei ohne Scham. Wenig hat er von Hamburg gesehen, bisweilen half er der Mutter die Markttasche vom Altonaer Markt tragen. Die Elbe hat er nie gesehen, ein-, zweimal die Alster. Denn man blieb nicht lange im dritten Stock dort vor dem Exerzierplatz. Rasch hatte sich der Ehehimmel wieder verdunkelt. Von anonymen Briefen war zu Haus die Rede. Es stellte sich bald heraus, daß jene infame Schneidermamsell, unseligen Stettiner und Amerikaner Angedenkens, von ihrem Herrn und Meister nach Hamburg placiert war, daß der Vater eine Art Doppelleben führte; er war ein Amphibium, aber bei der Familie saß er auf dem Trockenen. Die Mutter hatte dringenden Verdacht, daß ihr Gemahl sich in Amerika zum zweiten Mal habe trauen lassen; das Wort ‹Bigamie› fiel oft, aber es waren nur Besprechungen der Mutter mit den ältesten Geschwistern. Man war eine geschlossene Gruppe gegen den Vater, den man sehr wenig sah. Es hieß auch gelegentlich, der Vater und jene Mamsell hätten ein Kind; das waren solche ängstliche verwirrenden Behauptungen, die aus den anonymen Briefen stiegen.

Und als dann die Anwesenheit der jungen Dame in der Nähe durch Beobachtung erwiesen war, zog die Familie wieder nach Berlin. Es war ein schöner Sommerausflug gewesen. Dem Jungen, dem späteren Doktor Döblin, mehrfachen Autor von Kindern, Büchern und planlosen Handlungen, gelang es nur, eine und die andre Erinnerung aus dem Ort zu retten. Man sah ihn in der Schule als etwas Feineres, Vornehmes an, begleitete ihn nach Hause, drängte sich ihm auf; er war noch immer merkwürdig sanft und hörte gern zu. In dem großen Abortraum und vor

Gartenzäunen bewunderten sie auch gelegentlich sein dort tätiges wasserspeiendes Organ und fanden die Weiße auffallend, was sie ihm später bei einer Invektiven nicht vergaßen. Einmal sollte er etwas einkaufen, hatte das Eingekaufte in die Tasche gesteckt, wollte vor dem Exerzierplatz einen Stein mit der Linken über den Zaun werfen; siehe: da verwechselte er die Begriffe, warf mit der Rechten – in der er das Restgeld im Papier trug! Das war ein Jammer. Er kletterte über den Zaun; es dauerte lange, bis er alles beisammen hatte. Einmal kam er auch blutüberströmt nach Hause: man schoß gemeinsam mit Bogen aus Korsettstangen, ein Pfeil traf ihn; gegen den Jungen resp. seinen Vater erstattete der Vater Anzeige, ein Kriminalkommissar beguckte sich die Narbe, die Sache las er mit Stolz in der Zeitung. Er hatte nicht geschrien aus Schmerz, sondern weil es ihm schien, daß sich das so gehöre bei fließendem Blut, und weil er so Aufsehen erregte und den andern Jungen ärgerte.

IM ÜBRIGEN BIN ICH EIN MENSCH
UND KEIN SCHUSTER

Ich lebe weder jetzt von meiner ‹produktiven› literarischen Arbeit, noch habe ich früher davon gelebt. Man konnte nämlich schon im Jahre 1910 nicht von einem Jahreseinkommen von 2000 Mark leben, und die großartigen 3000 Mark, die ich eine lange Anzahl Jahre später einzog, waren, in Butter umgerechnet, noch nicht 100 Pfund, oder gerade ein Anzug. Ich bin Arzt und habe eine große Abneigung gegen Literatur. Viele Jahre habe ich keine Zeile geschrieben. Wenn mich der ‹Drang› befiel, hatte ich Zettel bei mir und einen Bleistift, kritzelte im Hochbahnwagen, nachts auf der Rettungswache oder abends zu Hause. Alles Gute wächst nebenbei. Ich hatte weder eine Rente noch einen Mäzen, dagegen, was ebensoviel wert ist, eine erhebliche Gleichgültigkeit gegen meine gelegentlichen Produkte. Und so geht's mir noch heute gut. Auch jetzt beziehe ich, bei einfacher Existenz, nur einen Bruchteil meines Bedarfs aus ‹produktiver› Arbeit – voriges Jahr habe ich mir die erste Sommerreise in den Spreewald gestattet –, aber das Bruchteil macht mir Spaß, auch darum, weil es mir Gelegenheit gibt, mich schimpfend mit den Verlagsunternehmern herumzuschlagen. (Bekanntlich bedroht jeder Anspruch des Autors die Existenzbasis der Verleger, und der Autor hat doch schließlich nur eine vom Verleger konzedierte Existenzbasis.)

Ich tue meine Facharbeit, bin aktiv in allen möglichen Organisationen, ärgere mich, tanze (ziemlich schlecht, aber dennoch), mache Musik, beruhige einige Leute, andere rege ich auf, schreibe bald Rezepte, bald Romankapitel und Essays, lese die Reden Buddhas, sehe mir gern Bilder in der ‹Woche› an, das alles ist meine ‹Produktion›. Wenn mir eins davon oder das andere Geld bringt: herzlich willkommen. Im übrigen bin ich ein Mensch und kein Schuster.

AUTOBIOGRAPHISCHE SKIZZE

In Stettin 1878 geboren, als Knabe nach Berlin gekommen, bis auf ein paar Studienjahre dauernd in Berlin ansässig und an dieser Stadt hängend. Gymnasialbildung, Medizinstudium, eine Anzahl Jahre Irrenarzt, dann zur Inneren Medizin; jetzt im Berliner Osten spezialärztlich praktizierend.

Als Pennäler schon literarisierend; der erste Roman, lyrisch, Ichroman, in der Prima. Als Student der Roman ‹Der schwarze Vorhang›, der vor zwei, drei Jahren gedruckt wurde. Mir war aber die ganze Literatur zuwider; ich hatte keine Lust, mich mit den Verlegern herumzuschlagen; Medizin und Naturwissenschaft fesselten mich außerordentlich. Ich habe in einer verbissenen Wut, doch nicht durchzudringen, nicht einmal in meiner Umgebung, dazu auch in Hochmut und Gewißheit: ‹Ich weiß schon, was ich kann, ich habe Zeit›, ein ganzes Jahrzehnt nichts Rechtes vorgenommen. Sondern mich in Psychiatrie und Klinik herumgetrieben, bis in die Nächte bei Laboratoriumsarbeit biologischer Art; es gibt eine Handvoll Publikationen von mir dieser Art. 1911 wurde ich aus dieser Tätigkeit gerissen, mußte in die mich erst fürchterlich abstoßende Tagespraxis. Von da ab Durchbruch oder Ausbruch literarischer Produktivität. Es war fast ein Dammbruch; der im Original erst fast zweibändige ‹Wang-lun› wurde samt Vorarbeiten in acht Monaten geschrieben, überall geschrieben, geströmt, auf der Hochbahn, in der Unfallstation bei Nachtwachen, zwischen zwei Konsultationen, auf der Treppe beim Krankenbesuch; fertig Mai 1913. Vorher hatte ich die tröpfelnden Novellen des verflossenen Jahrzehnts zum Bande ‹Ermordung einer Butterblume› zusammengefaßt; erschien bei Müller-München. 1913/14 schrieb ich den Novellenband ‹Die Lobensteiner› als Erholung von der ‹Wang-lun›-Arbeit. August bis Dezember

1914 der Roman ‹Wadzeks Kampf mit der Dampfturbine›. Dann kam der Krieg; ich flottierte in Lothringen und im Elsaß herum. Mitte 1916 warf ich mich in den ‹Wallenstein›; ich schrieb in großer Ruhe; monatelang Krankheitspausen; fertig Ende 1918. Rückkehr in die Praxis. Seit da Kleineres: Die Szenenreihe ‹Lusitania› (Genossenschaftsverlag Wien), Essays und politische Satire (Linke Poot: ‹Der deutsche Maskenball»), ein Schauspiel «Die Nonnen von Kemnade›. Seit zwei, drei Monaten über einer neuen großen epischen Arbeit: Nichthistorie, aber zukünftige, aus der Epoche um 2500 – Höhegewalt der Technik und ihre Begrenzung durch die Natur. – Von meiner seelischen Entwicklung kann ich nichts sagen; da ich selbst Psychoanalyse treibe, weiß ich, wie falsch jede Selbstäußerung ist. Bin mir außerdem psychisch ein Rühr-mich-nicht-an und nähere mich mir nur in der Entfernung der epischen Erzählung. Also via China und Heiliges Römisches Reich 1630.

ARZT UND DICHTER

Ich bin auch Mediziner, und ich bin es nicht im Nebenberuf. Meine bisherige Laufbahn ist innerlich immer sehr ruhig und gleichmäßig, äußerlich recht still, um nicht zu sagen trist gewesen.

Ich wurde vor zahlreichen Jahren jung nach Berlin verschlagen, wo ich seitdem auf die sonderbarste Weise lebe. Das ist so. Erst wurde ich ernährt durch meinen ältesten Bruder, dessen Name darum in Gottes Mund sei. So habe ich auch studiert, Medizin – Medizin darum, weil ich schon auf der Schule schrieb, aber die Literatur und noch mehr ihre Hersteller verachtete. Auch von meinem eigenen Schreiben hielt ich etwa so viel, wie ein Mensch, der an einem chronischen Schnupfen leidet, von dem Schnupfen etwas hält. Als ich fertig war mit dem Medizinstudieren, war ich Mitte Zwanzig und hatte nichts so eilig, als mich dem Kampf um das sogenannte Dasein zu entziehen. Ich ging als Assistenz in mehrere Irrenanstalten. Unter diesen Kranken war mir immer sehr wohl. Damals bemerkte ich, daß ich nur zwei Kategorien Menschen ertragen kann neben Pflanzen, Tieren und Steinen: nämlich Kinder und Irre. Diese liebte ich immer wirklich. Und wenn man mich fragt, zu welcher Nation ich gehöre, so werde ich sagen: weder zu den Deutschen noch zu den Juden, sondern zu den Kindern und den Irren.

Ich habe mich Jahre hindurch in Irrenanstalten herumgetrieben, habe auch einiges über meine Kranken geschrieben. Und mir fällt ein, ich habe aus der Anstalt Buch einmal einen Fall von Hysterie mit Dämmerzuständen veröffentlicht – das war etwa 1906/07 –, den ich analysierte und dessen Störungen ich auf Veränderungen in der seelischen Dynamik und Energetik zurückführte: ich will sagen, mir persönlich hat Freud nichts Wunderbares gebracht. Dann mußte ich aber aus den Anstalten, die mir lieb und heimisch geworden waren, hinaus. Das Dunkel, das um diese Kranken war, wollte ich lichten helfen. Die psychische Analyse, fühlte ich, konnte es nicht tun. Man muß hinein in das Leibliche, aber nicht in die Gehirne, vielleicht in die Drüsen, den Stoffwechsel. Und so gab ich mich einige Jahre an die Innere Medizin.

In dem Land nun, das ich da betrat, wußte man nichts von Joseph. Sie hatten Lungenentzündungen, waren herzkrank, zuckerkrank, und das fiel alles über Menschen, die freundlich oder böse, gedankenvoll oder -arm waren. Ich trieb mich jahrelang durch die Krankensäle und besonders die Laboratorien. Mäuse, Meerschweinchen, Hunde begegneten mir da in den Laboratorien; vorn im Pavillon suchte man die Menschen zu heilen, hinten die Tiere zu töten. Es herrschte ein frischeres, aktiveres Leben als in den Irrenanstalten, ein ständiges Flottieren der Kranken. Dazu kam dort eine Unmasse gar nicht zu bewältigender Beobachtungen und Daten in Büchern und Zeitschriften, und alles wunderbar exakt, mitteilbar, kontrollierbar. Bis spät in die Nächte lag ich in den biologischen Laboratorien, und auf dem Rückweg strich ich durch die Krankenstation: da kamen die Fiebernden, die Vergifteten herein; war das ein Leben. Ich hatte schon vergessen, daß ich in den Irrenanstalten gewesen war und warum ich hierher kam. Ich zählte dreiunddreißig Jahre, da – ließ ich auch dies Leben. Nicht freiwillig. Ich hatte geheiratet, darum durfte ich nicht bleiben.

So war ich also mit Schläue lange Jahre dem sogenannten Existenzkampf ausgewichen – und mußte jetzt hinein. So hatte ich mich in die Medizin festgebissen und mußte sie loslassen. Es war in dieser Krise, dieser Verlorenheit, daß ich wieder schrieb, nach einigen Novellen einen dicken chinesischen Roman. Ich wirkte jetzt als praktischer Arzt am Halleschen Tor in Berlin, tat viel Dienst auf Rettungswachen, Tag und Nacht, fuhr monatelang morgens in ein Privatkrankenhaus, vertrat hier und da. Auf den Treppen, in den leeren Wartestunden schrieb ich, konnte schreiben, wo ich ging und stand. Und dachte unendlich oft mit Sehnsucht zurück an die Laboratorien, an die Krankenbetten. Damals, oder etwas später, belegte ich auch einen Arbeitsplatz in der Charité zu biologischer Weiterarbeit. Es war – kurz vor dem Weltkrieg – nur ein letztes Aufflackern. Ich war nach Lichtenberg gezogen: die freie Praxis zeigte ihre Vorzüge – und die Wissenschaft begann ich von draußen mit Skepsis zu betrachten. Die Einschachtelung in den Krankenhäusern wollte ich zu meiner Existenz nicht mehr. Die Wissenschaft: ich verfolgte noch immer, was die Zeitschriften brachten, hörte, was die Kollegen arbeiteten. Aber es bekam langsam ein anderes Gesicht. Ich konnte sehr wenig von dem brauchen, was ich die langen Jahre gelernt hatte. Und ich verlernte auch mehr und mehr davon. Es war wirklich nicht brauchbar. Es war Gelehrsamkeit, aber es waren keine wirklichen Kenntnisse. Ich sah, mit wie wenig man auskommt. Und dann war es lauter Diagnostik. Ja, was hatte ich die Jahre über in den Irrenanstalten und Krankenhäusern gelernt? Wie die Krankheiten verliefen, welche es waren – und ob sie es wirklich waren, woran diese Leute litten. Es schmeichelte meinem Denktrieb –

auch dem meiner Chefs –, zu wissen, wie alles verlief. Wir wußten, und damit basta. Behandlungen, Einfluß – lernte man nur nebenbei. Nein, man lernte es nicht, man luchste es den anderen ab. Draußen, wie ging es da zu? Sie wußten nicht soviel wie ich, manche Kollegen, unter die ich geriet – aber das Leben war kurios. Die Patienten waren kurios. Zu Tausenden liefen sie notorisch zu Kurpfuschern, Magnetopathen und was weiß ich. Und wurden – auch gesund. Was für drollige Sachen man in der Sprechstunde erlebt, ist nicht zu sagen. Jeder Arzt kennt das. Eine Anzahl Mittel trifft den Nagel auf den Kopf, andere wieder... Da kam monatelang ein alter Mann in meine Sprechstunde, zog regelmäßig eine kleine Flasche und eine Schachtel aus der Tasche und stellte sie vor mich; ich sollte verschreiben. Er hatte Altersbeschwerden; die Tropfen waren blaues Wasser, die Pillen enthielten Eisen, Blaudsche Pillen; die nehmen bleichsüchtige Mädchen. Ich fragte ihn im Beginn manchmal, wozu das sei. Ja, er nimmt die immer, und damit gut. Später kam heraus, daß seine Schwester, die schon tot war, die Sachen auch genommen hatte. Übrigens erkannte mich der alte Mann offenbar gar nicht; ich hatte eine Wohnung, in der auch vorher ein Arzt gewohnt hatte; der hatte ihm oder seiner Schwester die Tropfen und Pillen verschrieben, und nun ging er automatisch immer in diese Wohnung und stellte die Sachen auf den Tisch. Einmal durchbrach er sein Geheimnis und meinte, die Hämorrhoiden würden schon besser. Ein andermal erwähnte er, das sei für das Wasserlassen. Er scheint tot zu sein, oder vielleicht sitzt er im Siechenhaus. – Die Menschen sind eine wunderbare Gesellschaft; man kann eigentlich nur gut zu ihnen sein und sich seines Hochmuts schämen. Ich fand meine Kranken in ihren ärmlichen Stuben liegen; sie brachten mir auch ihre Stuben in mein Sprechzimmer mit. Ich sah ihre Verhältnisse, ihr Milieu; es ging alles ins Soziale, Ethische und Politische über. Ich fragte mich da öfter, ob ich einen schlechten Tausch gemacht hatte, als ich die klinischen Kurven und die Meerschweinchen verließ. Mir schien: nein.

Mein chinesisches Buch (‹Die drei Sprünge des Wang-lun›) irrte von Verleger zu Verleger, von Stadt zu Stadt durch das große Deutschland. Als S. Fischer es nahm, kam der Krieg, und da – blieb es wieder liegen. Ich kam wirtschaftlich nicht weiter als Doktor; die Schriftstellerei war auch nichts. Und um der ganzen Affäre noch einen besonderen Schwung zu geben, hatte ich ein Kind, und das zweite sollte kommen. Aber eigentlich hat es der Himmel immer gut mit mir gemeint.

Zum Beispiel jetzt, als ich auf dem Nullpunkt saß: da brach der Krieg aus, ich mußte weg, und als Doktor verkam ich nicht und Frau und Kinder nicht. Nach dem Krieg stieg mir, mit drei Jungens, das Wasser bald wieder an den Hals. Es ist nicht leicht, sich eine Praxis zu gründen und kein Geld zum Warten zu haben. Rüstig hatte ich schon drei Romane, zwei Novellenbände, zwei Dramen geschrieben, was ja an Selbstmord grenzt. Da fiel die Inflation vom Himmel. Sie hat viele ruiniert, mich saniert. Ich war nämlich kurz zuvor Berliner Kritiker für ein Prager Blatt geworden, was erst nichts war, aber jetzt. Als auch dieses Manna in der Wüste zu fallen aufhörte, hatte ich in meines Herzens Verblendung noch einen Roman geschrieben, einen utopischen (‹Berge Meere und Giganten›). Ich reiste nach Polen, aber auch das war nichts. Da kam ich auf den Gedanken, ein indisches Buch zu schreiben und meinen Verleger, der gutmütig meine Bücher druckte, großzügig, gewissermaßen tropisch anzupumpen. Über utopische Perspektiven, die ich ihm zu diesem Zweck vorsetzen konnte, verfügte ich noch aus dem vorletzten Roman, der eigentlich eine Vorübung zu diesem Schritt war. Der Schritt gelang. Der vierte Junge wurde geboren. Und ich lebe auf Vorschuß.

Jetzt übe ich in Berlin eine neurologisch-psychiatrische Kassenpraxis aus. Ich muß aber gestehen, daß mir das interessanteste Objekt für meine psychologischen Überlegungen mein Verleger ist. Er leiht mir ununterbrochen Geld. Was in dem Mann vorgeht, möchte ich wissen. Ich möchte nicht in seiner Haut stecken. Es ist, um einfach und relativ ernst zu sein, so, daß ich nach meilenlanger medizinischer Vorbereitung, nach jahrzehntelanger literarischer Arbeit weder ärztlich noch literarisch existenzfähig bin. Warum? Das ist leicht auszurechnen, wenn man eine Kassenpraxis hat und nicht wie ein Tier von früh bis in die Nacht arbeitet. Da kann aus mir, der sich in letzter Zeit einige Mittagsstunden freigehalten hat (nicht zum Schlafen), nichts werden. Und die Literatur? Oh, mein armer Verleger. Das Herz bricht mir, wenn ich an ihn denke: denn mir fehlt es ja an nichts.

Und da muß ich ein großes Wort sagen, das, seitdem ich schreibe und arzte, eine Wahrheit in mir ist. Es ist eigentlich eine fabelhafte, aber komische Einrichtung, daß, wenn ich mich hinsetze, phantasiere und schreibe, mir einer dafür noch etwas bezahlt! Wenn ich zu einem Kranken gehe, und ich habe eine nachdenkliche Viertelstunde mit ihm verlebt, habe vielleicht das Gefühl, ihm wohlgetan zu haben, dann – soll ich mir dafür noch etwas bezahlen lassen? Als ich Assistenzarzt war, habe ich oft ein merkwürdiges, beschämtes Gefühl beim Gehaltsempfang gehabt: ich kann jeden Tag hier durchgehen durch die Säle, ich erlebe und erfahre viel – und man bezahlt mich dafür. Wenn man eine Familie hat und sechs Kopf stark ist, wird man zwar gedrängt, an Geld zu denken. Aber etwas stimmt dabei nicht. Und ich kann nur lachen, wenn Theoretiker von Wirtschaft und Wirtschaft sprechen und sonst nichts sehen.

Zum Schluß ein Wort zur medizinischen Wissenschaft und eines zur Praxis. Man kann, wenn man Lust dazu hat, von mir ein Buch mit Betrachtungen und Gedanken über die Natur lesen (‹Das Ich über der Natur›). Ich habe da nichts, noch nichts über Krankheit und Gesundheit gesagt. Dazu bin ich noch nicht vorgedrungen. Aber ich ahne etwas. Und die Praxis ist Arbeit, Tätigkeit und viel Inhalt. Es gibt Privat- und Kassenpraxis. Die Kassenpraxis – ich spreche es aus – ist die natürliche, dem Arzt angemessene, weil sie einfach und anonym Arzt und Patient gegenüberstellt und das Finanzielle aus dem Spiele bleibt. Die heutige Art dieser Betätigung taugt nicht viel. Doch ist ihr Prinzip richtiger, natürlicher als das der Privatpraxis. Nur insofern sehe ich etwas Gutes an den hohen Honoraren, als – solch Honorar ein Opfer bedeutet; es ist eine aktive Leistung des Kranken, die ihn zu weiterer verpflichtet, auch: sich zur Gesundung anzuspannen.

Ich versichere: ich werde, wenn die Umstände mich drängen, eher, lieber und von Herzen die Schriftstellerei in einer geistig refraktären und verschmockten Zeit aufgeben als den inhaltsvollen, anständigen, wenn auch sehr ärmlichen Beruf eines Arztes.

DÖBLIN ÜBER DÖBLIN

Mir ist als Arzt der Dichter meines Namens nur sehr von weitem bekannt. Wenn ich es ehrlich sagen soll, ist er mir eigentlich gar nicht bekannt. Ich habe im Berliner Osten eine mittelgroße, nicht allzu große kassenärztliche Tätigkeit, ich bin Nervenarzt und bin den Tag über einigermaßen dadurch beschäftigt. Meine literarischen Neigungen sind nicht groß, Bücher langweilen mich erheblich, und was insbesondere die Bücher des Mannes anbelangt, der, wie Sie sagen, meinen Namen trägt, so habe ich sie gelegentlich bei Bekannten in die Hand genommen; aber was ich da erblickte, ist mir völlig fremd und auch total gleichgültig. Dieser Herr scheint ja eine große Phantasie zu haben, ich kann da aber nicht mit. Meine Einnahmen erlauben mir weder Reisen nach Indien noch nach China. Und so kann ich gar nicht nachkontrollieren, was er schreibt. Ich lese außerdem dergleichen Dinge lieber im Original, nämlich direkt Reisebeschreibungen, wovon ich übrigens ein großer Liebhaber bin. Ich kann mit dem Herrn, ich meine den Autor, der denselben Namen trägt wie ich, auch seines Stils wegen nichts anfangen. Er ist mir einfach zu schwer, man darf von abgearbeiteten Leuten nicht verlangen, sich durch so etwas freiwillig durchzuarbeiten. Erlauben Sie mir übrigens eine allgemeine Bemerkung, die etwas politisch oder ethisch klingt. Mehr als die Bücher dieses Autors sind mir seine gelegentlichen Äußerungen bekannt, die mir meine Zeitung bringt, die ich natürlich lese. Ich muß gestehen, ich werde aus dem Mann nicht klug, politisch und allgemein. Mein Appetit, ihn kennenzulernen, wächst nach diesen Äußerungen keineswegs. Manchmal scheint es, er steht bestimmt links, sogar sehr links, etwa links hoch zwei, dann wieder spricht er Sätze, die entweder unbedacht sind, was bei einem Mann seines Alters durchaus unzulässig ist, oder tut so, als stünde er über den Parteien, lächle in poetischer Arroganz. Kurzum: Sie sind es gewesen, Herr Redakteur, der mich nach meiner Meinung über den Autor, den Mann mit der roten Rose, gefragt hat; die zufällige Namensübereinstimmung hat Sie dazu verleitet, ich selbst hätte mich nie mit ihm befaßt, so wenig wie mit den andern jungen Autoren, und ich sage nochmals kurz: der Herr ist mir beinahe unbekannt, er interessiert mich nicht, ich bin mit ihm weder verwandt noch verschwägert, und ich sehe ruhig seinem Urteil über mich entgegen, da Sie mir ja angekündigt haben, Sie wollen ihn auch über mich befragen. Seine scheinbar spaßhaften Anwürfe werden mich nicht berühren.

DER DICHTER DÖBLIN
ÜBER DEN NERVENARZT DÖBLIN

Ich bin Ihnen sehr dankbar, Herr Redakteur, obwohl ich zu Ostern, wie
Sie sich denken können, allerhand zu leiden habe, unter Umfragen usw.,
daß Sie diese merkwürdige Frage an mich gerichtet und in gewisser
Hinsicht meine Kenntnisse bereichert haben. Ich bin eben beschäftigt
mit einem Berliner Roman, ich meine, einer epischen Arbeit in normaler Sprache, die sich mit dem Osten Berlins, der Gegend um den
Alexanderplatz und das Rosenthaler Tor herum beschäftigt. Da war mir
Ihre Bitte, mich über den Nervenarzt meines Namens zu äußern, ein
interessanter Wink. Vielleicht kann ich da noch etwas Material holen,
dachte ich mir, nicht bloß bei der Heilsarmee, auf dem Viehhof, aus
Kriminalakten. Ich fuhr also hin und will Ihnen berichten. Der Herr
macht einen lebhaften und nicht gerade schlechten Eindruck. Ich war in
seiner Sprechstunde, habe in seinem Wartezimmer gesessen. Solch
Wartezimmer ist das merkwürdigste Milieu, das man sich denken kann.
Und als ich mich dem Herrn vorstellte und wir uns angelacht hatten –
wir stammen, weiß Gott, aus den verschiedensten Gegenden –, da
erzählte er mir vieles, was ich mir sogar mit seiner Erlaubnis sofort
notierte. Diese Kassenärzte sind nicht zu beneiden. Ich sah die eigentümlich drangvolle Arbeit, in der er sich bewegte, und dabei noch mit
besonders gearteten Kranken. Ich bin überzeugt, er ist kein besonderes
Exemplar in dieser Branche, aber gerade so, wie er da anonym arbeitete,
gefiel er mir ganz gut. Er ist mein gerades Gegenstück, fiel mir zwischendurch ein, wie er da sachlich hantierte, sprach, aufmerkte: ich
immer ein Einzeltänzer, Primadonna, wie einmal mein Verleger sagte,
er grauer Soldat in einer stillen Armee. Ich bin überzeugt, ich habe
keinen besonderen Eindruck auf meinen Namensvetter gemacht. Einige
Male wurde mir ganz bänglich, als er mich ansah mit einem psychotherapeutischen Blick. Ich habe allerlei Defekte, wahrscheinlich Komplexe, und der Routinier da roch wohl so etwas. Seien Sie mir bitte nicht
böse, wenn ich Ihnen gestehe, daß ich aus diesem Grunde meine Kenntnisse und unsere Bekanntschaft mit diesem Namensvetter nicht sehr ver-

tiefte. Ich habe, ehrlich gesprochen, mich nicht sehr wohl auf dem Stuhl ihm gegenüber gefühlt; da fallen einem gar zuviel unangenehme Dinge ein. Aber ich bewahre dem schlanken, nicht großen Mann mit der Doktorsbrille ein gutes Gedächtnis und würde mich eigentlich freuen, wenn Sie mir verraten würden, was dieser Anonymus, dem ich sicher nicht Autor, sondern bloß Mensch gewesen bin, Ihnen über mich erzählt hat.

ERSTER RÜCKBLICK

Es ist Mittag. Ich sitze in einem kleinen Café am Alexanderplatz, und
mir fällt ein: in dieser Gegend, hier im Osten Berlins, sitze ich nun
schon, seit ich nach Berlin kam, seit vierzig Jahren. Hier bin ich zur
Schule gegangen, es kamen kleine Lücken, Studienzeit, Assistentenzeit,
Krieg, aber immer wieder ging es zurück zwischen Alexanderplatz und
Jannowitzbrücke, später noch östlicher, bis nach Lichtenberg hinaus.
Mir fällt ein: ich möchte hier manchmal weg, nach dem Westen. Es gibt
da Bäume, der Zoo ist da, das Aquarium und dann gar der Botanische
Garten mit den Treibhäusern, die dampfen, – ah, das sind leckere Dinge.
Guten Tag, Herr Doktor. – Guten Tag. – Wie geht's Ihnen? Im Café am
hellen Tag? – Ist so meine Stunde (wenn ich bloß wüßte, wer der Kerl
ist). – Was macht die Praxis? – Danke, danke, ein Jahr wie das andere.
Man kommt so durch. – Und die Kinder? Wissen Sie, Sie müßten weg
von hier, für Sie ist doch das eigentlich nichts. Sie müßten nach dem
Westen, unter die Menschen. – Hm, und wie? – Soll ich Ihnen sagen,
Herr Doktor, hab Sie ja schon öfter hier gesehen, hatte zu tun, ja, ich
wüßte schon was für Sie, aber Sie wollen nicht. – Na nu, warum denn
nicht? – Nee nee, machen Sie keine Fisemantenten. Sie wollen nicht.
Kann mir schon denken, wenn ich Sie ansehe. Ist nicht wegen der Praxis
oder so. – Nu bin ich aber schwer neugierig. – Können Sie auch (setzt
sich an meinen Tisch, den Hut nimmt er nicht ab, das ist hier so üblich).
Hat mir ein Doktor gesagt, Kollege von Ihnen, sind ganz andere Dinge.
Ja. Wissen Sie, haben Sie mal gehört: sexuelle Erniedrigung der Frau? –
(Ich staune Bauklötze, ich kriege einen Schreck, Donnerwetter, was ist
das.) – Na ja, hängt damit zusammen. Manche Menschen wollen nicht,
wollen durchaus nicht, was sie sollten, obwohl sie's könnten. Man soll's
nicht für möglich halten. Mir hat's der Doktor auf den Kopf zugesagt.
Ist nicht Impotenz, im Gegenteil. Erst sagt man: schlapper Kerl, keine
Traute, dann kommt's heraus: er will gar nicht. Man erniedrigt sich.
Aus Vergnügen, aus Spaßvergnügen. Komisch, was? Das gibt's. – Donnerwetter (das sind die Freudbrüder, damit gehn sie hausieren). – Na,
was sagen Sie nun? – Da muß ich mal erst meine Tasse austrinken. So.
Nun sagen Sie mir, was soll denn da für ein Vergnügen bei sein? – (Er
tuschelt an meinem Ohr, schiebt den Hut zurück, grinst.) Sadismus!
Gegen sich selbst! – (Ich hab's erwartet, platze heraus, ich lache meilen-
lang. Das Café geht in Stücke.) Großartig. So was passiert einem in der

Münzstraße. – (Er strahlt). Na, was sagen Sie, Doktorchen? – (Jetzt sagt er Doktorchen, nachher machen wir Güterteilung.) Da stecke ich mir erst 'ne Zigarette an. Sie auch? Also, wie gesagt, also es ist sehr, wirklich sähr schön! Warten Sie noch einen Moment, ich muß noch mal lachen, es sind meine Restbestände. So, das wäre heraus. Jetzt habe ich mich bis zur Siegessäule hingelacht. – Wie steht's also mit der Sache, Doktorchen? – Ausgezeichnet. Bloß bei mir ist kein Geschäft damit zu machen. – (Der Kerl kneift das Auge.) Sagt jeder. – Sehen Sie mal durchs Fenster, neben dem Ober vorbei. Da sehen Sie Leute, lauter graue, einfache Leute, die vorbeilaufen und was tun. Das sind wir Arbeitsmänner, das Proletariat. Sehen Sie sich die an und dann mich. – Gemacht. Den Unterschied möchte ich in preußischen Pfandbriefen haben. – Passen Sie auf, jetzt kommt die Bibel: das ist mein Herz, und das ist mein Blut, oder so ähnlich. Ist Neues Testament. Diese Leute hier und diese Straße, das ist das Blut. Und hier sitzt das Herz. Diese Leute, das ist die Luft, und ich bin die Lunge. Und dann: das ist die Armee, und hier sitzt ein Soldat. – (Er schnüffelt, beobachtet mich verdächtig, kratzt sich das Kinn.) Verstehe ich nicht. – Wenn Sie mein Leben kennen würden, – ich meine, mein ganzes Leben, früher, würden Sie es schon verstehen. Ganz ohne Sadismus. Wie sich das so zusammenläppert, was man Leben nennt. Wenn man es hinterher betrachtet, steckt eine klare Logik drin, der Sinn. Sie erzählen da von Freud, mit der Erniedrigung, oder Adler. Nach denen entwickelt sich die ganze Welt aus Defekten. Erst ist ein Loch da, und dann entsteht was drum rum. Aber bei mir ist prinzipiell damit nichts zu machen! Defekte, die habe ich wie jeder anständige Mensch. Im übrigen steht bei mir geschrieben: ich bin hier zu Haus, und es geht mir gut, es geht mir vorzüglich. (Obwohl ich gern ins Grüne möchte, einmal einen Baum zu sehen oder einen kleinen See.) Ich bin eine Kröte und kröte hier vergnügt herum. Ohne Sadismus. Auch ohne Masochismus. Die liefere ich nur in Romanen. Ich bin ein Arbeitsmann und ein Proletarier. Übrigens, wenn Sie mich nach dem Kurfürstendamm bringen, kröte ich da auch herum. Ich bin gar nicht kleinzukriegen. Ich bin nämlich vom lieben Gott geschaffen, und der hat mich aus einem fetten Stück Erde gemacht. Einige andere Herren, ich will keine Namen nennen, hat er aus Irrtümern hergestellt, die ihm so zwischendurch unterlaufen sind, am Schabbes, bei der Nachspeise. – (Der Kerl schnüffelt, wischt raus.) –

Wollen Sie bitte, Herr Doktor, statt dieser Dialoge, die ja schrecklich interessant sein mögen, nicht lieber etwas von sich erzählen? – Also, ich bin vor vierzig Jahren nach Berlin gekommen, nachdem ich vorher geboren bin. Ich kam in Berlin in einem Zustand an, der sich nicht sehr unterscheidet von meiner Geburt, zehn Jahre vorher, in Stettin. Es war gewissermaßen eine Nachgeburt. Es hat aber keiner etwas davon gemerkt. (Ich bin ja wirklich in Stettin nur vorgeboren.) Wir fuhren also von Stettin nach Berlin. Meine Mutter unterhielt sich im Zug mit Leuten, die die Stadt kannten. Unsere Gegend, die Blumenstraße, wurde sehr schlechtgemacht, da sind viele Fabriken und Rauch, das Gespräch war sehr lebhaft und in einem Fluß. Ich wagte nichts zu sagen, genauer, etwas zu fragen. Ich saß in Geburtswehen. Mir wurde bänglich und immer bänglicher. Es betraf meinen Bauch. Die Wehen nahmen an Heftigkeit zu. Und als wir uns den Häusern Berlins näherten, war ich am Ende meiner Kraft. Ich stand am Fenster, es war finster, spät abends, ich gab nach. Das Kind war da, es lief in meine Hose, mir wurde wohler, ich stand in einer Pfütze. Dann setzte ich mich beruhigt. – Nachher fuhren wir durch die fremde große Stadt, und da geschah das zweite Wunder. Wir setzten uns in einen Zug auf einem hellen Bahnhof. Der fuhr ab, durch die Nacht, fuhr ein paar Minuten, dann hielt er, und – wir waren wieder auf demselben Bahnhof. Ich glaubte mich zu irren. Aber das Spiel wiederholte sich zwei-, dreimal. Wir fuhren, derselbe Bahnhof kam, und nachher stiegen wir aus und waren bald zu Hause. Ob wir im Kreis gefahren sind? Aber warum und wozu, und schließlich sind wir doch angekommen. Erst als gereifter Mann habe ich den rätselhaften Vorgang durchschaut. Es wurde mir klar und klarer: wir waren Stadtbahn gefahren. Die Bahnhöfe sehen sich abends ähnlich in Berlin, besonders wenn man aus Stettin kommt. Wir waren von Friedrichstraße nach Jannowitzbrücke gefahren. Aber es war mir ein unvergeßbares Erlebnis; es übt seine beruhigende Wirkung noch heute auf mich aus. Wir waren sechs Personen, die da so zauberhaft reisten: meine Mutter, zweiundvierzig Jahre alt, und wir fünf Geschwister, lauter Stettiner Vollheringe, vier Jungen und ein Mädchen, ich der vorjüngste. Wir hatten den Staub, ich auch das Wasser Stettins von uns geschüttelt. Denn da war uns etwas geschehen. Wir waren aus einem kleinen Paradiese vertrieben worden.

In Stettin an der Oder lebte einmal mein Vater. Der hieß Max Döblin und war seines Zeichens ein Kaufmann. Da das aber eigentlich kein Zeichen ist, so war er Inhaber eines Konfektionsgeschäftes, welches nicht ging. Worauf er eine Zuschneidestube eröffnete, die einen guten Verlauf nahm. Dieser Mann war verheiratet und hatte es im Laufe der Jahre, wenn auch nicht zu Geld, so doch zu fünf Kindern gebracht. Auch ich war darunter. Er war mit vielen Neigungen und Begabungen gesegnet, und man kann wohl sagen: was ihm seine Begabungen einbrachten, nahmen ihm seine Neigungen wieder weg. So daß also die Natur in diesem Mann ein merkwürdiges Gleichgewicht hergestellt hat. Eines Tages nun wurde dieses Gleichgewicht auf eine besonders heftige Weise gestört; wie und wodurch, das werde ich gleich erzählen. Jedenfalls beschloß der Mann in seiner Unruhe, nach Mainz zu fahren. Dies wird alle Kenner Stettins in Erstaunen versetzen. Denn wenn man in Stettin aus dem Gleichgewicht gerät, fährt man nicht nach Mainz. Bisweilen nach Gotzlow oder Podejuch oder, wenn es schlimm wird, in die nahegelegene Klapsmühle. Aber Mainz ist ungewöhnlich. Und es war in der Tat ein Haken dabei, den niemand merkte, nicht einmal ich, obwohl ich schon über neun Jahre war. Der Haken war: wie mein Vater nach Mainz fuhr, kam er da nicht an. Das lag an der Richtung seines Zuges. Der nämlich nach Hamburg fuhr.

Und als der Zug in Hamburg hielt, ging die Bewegung in meinem Vater noch weiter. Auch Hamburg war nicht das Richtige. Nicht Mainz, nicht Hamburg, es sollte und mußte noch weiter sein. Es war Amerika. Das Wasser liegt zwischen Hamburg und Amerika. Neunundzwanzig Ozeanflieger sind schon in dem Wasser ertrunken. Mein Vater wollte und mußte herüber, der Drang in ihm war zu groß. Er nahm sich ein Schiff. Obwohl das Gleichgewicht in meinem Vater gestört war, war er doch so besonnen, kein Flugzeug zu nehmen, – vielleicht darum nicht, weil es damals keine Flugzeuge gab. Jedenfalls: er fuhr zu Schiff, wie schon Kolumbus, und darum kam er an. Ob die Freiheitsstatue schon 1888 im Hafen von New York stand, weiß ich nicht. Bestimmt richtete sie mein Vater damals in Gedanken auf. So weit also hatte der Stettiner fahren müssen, um sein Gleichgewicht wieder herzustellen. So sonderbar war das Schicksal. Er hatte gesagt, er wolle nach

Mainz fahren, aber schon das Billett stimmte nicht, der Zug fuhr anders, das Wasser kam, und nun saß er in Amerika.

Und er war auch nicht allein gefahren. Er hatte sich einen Mechaniker, einen Doktor, zur Herstellung seines Balancements mitgenommen, einen Leibdoktor, Leibmechaniker. Es tut nichts zur Sache, daß es ein junges Mädchen war. Frauen eignen sich ja für viele Berufe, sie werden Juristen, Abgeordnete, Minister, warum nicht auch Mechaniker. Ja, man erkennt die Besonnenheit unseres Amerikareisenden auch daran, daß er sich ein Mädchen und keinen Mann mitnahm. Denn wer versteht sich besser auf Herstellung des Gleichgewichts, auf alle Schwankungen der horizontalen und vertikalen Lage, als junge, unschuldige Mädchen.

Das Mädchen, das mit ihm über den gewaltigen Ozean fuhr und von ihm erkoren war, hieß Henriette, und mit Nachnamen – sagen wir – Hecht. Es war merkwürdigerweise ein Fischname, wie das die Wasserkante mit sich bringt. Aber sie war – ein rätselhaftes Spiel der Natur, eine Paradoxie – vollkommen Fleisch. Offenbar hatten die Hechte im Laufe der Generationen ihre Natur verändert, und so stand sie lieblich vor dem Mann, der mein Vater war, und er fand Wohlgefallen an ihr.

Mein Vater hatte zwei Augen, ein linkes und ein rechtes. Mit dem rechten Auge blickte er immer auf seine Familie. Das linke aber war bei ihm weitgehend selbständig. Während das rechte Auge stets von Sorgen getrübt war, schwer bewölkt und zu Regengüssen geneigt, freute sich und lachte das linke, und das Hochdruckgebiet war weit entfernt. Damit man nicht die sonderbare Verschiedenheit seiner beiden Augen erkannte, trug er eine goldene Brille. Die deckte alles, und dadurch wurde er ein ernster Mann, der er ja auch war, ein vielseitiger Mann. Meine Mutter war eine einfache Frau. Und da sich ihr Mann zu Hause öfters die Brille abnahm, so wußte sie, daß er schielte. Und sie war, wie das nun einmal Frauen sind, neugierig, wohin er schielte. Für das rätselhafte Naturspiel an sich hatte sie gar kein Interesse. Die reine Wissenschaft war ihr egal. Wie sie auch später gar kein Organ dafür hatte, den wunderbaren, schon erzählten Vorgang zu ergründen, der darin bestand, daß ihr Mann nach Mainz fuhr, aber es kam ein Zug auf dem Bahnhof an, der fuhr nach Hamburg an der Elbe – blinde Gewalt der technischen Kraft –, und kaum war der Zug dort angelangt, wird der Mann von einem Ungestüm erfaßt, muß nach St. Pauli an den Hafen, wird in ein Schiff verstaut und soll und muß über den Ozean, obwohl dieser so tief ist und später viele darin ertranken. Nichts davon interessierte meine Mutter. Sie blieb bis an ihr Ende dabei: der Mann ist mit einem Weib ausgerückt. Eine schrecklich einfache Formulierung. Mein Vater hat später sehr darunter gelitten. Sagen wir: etwas gelitten. Sagen wir: gar nicht. Er ist vorsichtigerweise nämlich nicht wiedergekommen.

Meine Mutter also interessierte sich heftig in Stettin, wohin mein Vater schielte. Und je mehr sie die Geheimnisse seines linken Auges zu ergründen suchte, um so dunkler wurden die Schatten über seinem rechten. Aber das schreckte sie nicht. Es war nicht Heroismus bei ihr, es war Temperament und Unbesonnenheit, die leicht in Heroismus ausarten, wobei ihnen aber gar nicht wohl ist.

Mein Vater bemerkte mit dem linken beweglichen Auge in Stettin viele Menschen, Einwohner und Einwohnerinnen, Steuerzahler und Steuerzahlerinnen. Aber nicht das interessierte ihn, ob und wieviel sie Steuer zahlten, sondern ob sie männlich oder weiblich waren. Er nahm eine simple naive Trennung vor. Er war eine Art Fleischbeschauer. Die männlichen fielen gleich ab. Blieben die weiblichen. Die waren in großer Zahl in Stettin vorhanden. Ich kann mich nicht genauer auf sie besinnen, denn ich war damals so klein. Aber ich erinnere mich, wie ich öfter als ganz kleiner Junge von einem Dienstmädchen an der Hand ins Freie geführt wurde, Kinderwagen fuhren mit, es ging in ein Tanzlokal draußen. Da saß ich dann auf der Bank, und im Saal tanzten viele erwachsene Menschen, große Männer und große Frauen, die Frauen kenntlich an den Röcken, die Männer meist in Uniform, mit Schnurrbärten, Soldaten, gewaltige Männer, die stark schwitzten. Solche Mädchen muß auch mein Vater in Stettin entdeckt haben, und die Entdeckerfreude ließ ihm keine Ruhe. So gehen berühmte Gelehrte noch nachts in ihre Laboratorien, blicken in ihre Mikroskope oder rechnen oder stellen noch einmal ihre Apparate zusammen, fangen mitten in der Nacht an zu destillieren, den Schmelzpunkt zu bestimmen. Schließlich: ist die Entdeckung eines Menschen, einer Menschensorte nicht ebenso merkwürdig und beunruhigend und aufregend, wenigstens für den, der sie macht? Und andererseits: ist die Entdeckung eines neuen Elements oder einer chemischen Verbindung seelisch anders, beglückt sie anders, erregt, entflammt sie anders als die eines neuen Menschen? So hängt die Liebe mit der Entdeckerfreude zusammen. Mein Vater muß viel gesucht und viel entdeckt haben. Er betrieb die Wissenschaft gründlich und mit Ausdauer, und es hätten sich ihm da große Perspektiven eröffnet, wenn diese Wissenschaft staatlich anerkannt gewesen wäre. Es war offenbar die Disziplin, für die er am begabtesten war.

Aber während meine Mutter sonst keinen Anteil nahm an seinen vielen anderen Neigungen – er komponierte ja, dichtete, zeichnete –, in dieser einen Passion wurde sie mitgerissen. Wenigstens hier knüpfte sich zwischen ihr und dem Mann ein gewisses eheliches Band. Wenn der Mann auf seinen Kriegspfad ging und sein linkes Auge in Aktion trat, dann geriet auch sie in Erregung. Der Geschichtschreiber muß leider feststellen, daß sie sich auf dem Pfad nicht ebenso bewaffnete wie der Mann. Er trug Rosen, sie aber schwang einen Regenschirm. Er war geladen mit Zärtlichkeit und hohen männlichen Gaben, sie aber mit Zorn. Er ging einsam wie ein Hirsch Wasser suchen, sie aber trug Geschosse, ihn beim Trunk zu stören. Das waren die Unterschiede zwischen den Ehegatten. Sie dachte an ihre Kinder, die Familie und daß dies ihr angetrauter Mann war; er aber: wie schön es sich in der Sonne spazieren ging Arm in Arm, – ach, es war nicht der Arm seiner Frau. Es war überhaupt nicht immer derselbe Arm. Der Mann lebte in starker Unruhe. Er hatte die Weite der Natur entdeckt und die Mannigfaltigkeit der Stettinerinnen. Er wechselte die Quellen seiner Erquickung. Erst spät gewöhnte er sich an eine, und das war das Allerschlimmste, denn diese Quelle war nun zufälligerweise nicht seine Frau. Eigentlich muß man sagen, das Gegenteil wäre ein Zufall gewesen. Denn es gibt notorisch Millionen Frauen auf der Welt; warum soll ein Mann grade seine eigene Frau lieben? Das wäre doch ein höchst merkwürdiges Zusammentreffen! So war es bei meinem Vater. Die Frau, die starke Frau mit dem Regenschirm, nahte. Gerüstet mit Zorn und mit der entschiedenen Abneigung, hier irgendwie etwas zu ‹verstehen›. Sie trug mit sich Legitimität, Pathos, Ansprüche. Die Tragödie war eingeleitet. Der donnernde Jupiter zeigte sein Dasein. So wandeln Menschen im Grünen, und eine Wolke zieht sich zusammen, und sie regnen ein. Man glaubt im Grünen zu wandeln, und schon hat man den Regenschirm vergessen.

Als damals in Stettin in unserem Hause das Gewitter in Aktion getreten war und nicht aufhören wollte, dachte der Mann, so scheint es, an die Wilden in Afrika. Sie haben nichts an, aber sie haben ein Strohdach über sich. Wenn ein Mann an einen andern Arm denkt, so ist es schlimm; wenn er aber an ein anderes Dach denkt, dann ist es gefährlich, und das Verhängnis ist kaum aufzuhalten. Mein Vater fing unter den ständigen Gewittern an zu träumen, vorwiegend von Mainz, der Zug fuhr aber nach Hamburg, dann kam das Meer und Amerika. Was weiter kam, träumte er nicht. Es ist das Schlimme an den Träumen, daß sie zu früh aufhören. Er hätte auch träumen sollen, was nach Amerika kam.

DIE GESCHICHTE

WIRD NOCH EINMAL ERZÄHLT

Erzähle noch einmal die Geschichte. – Wer, ich? Warum? – Frage nicht. Erzähl sie mir noch einmal. Bitte. –

Hm. Also, wenn es durchaus sein soll. –

Es gab eines Morgens in Stettin einen furchtbaren Tumult bei uns im Hause, Weinen und Geschrei, meine Mutter lief eine Treppe hinauf, Gespräche mit den älteren Geschwistern, fremde Leute kamen. Ein Brief war aus Hamburg eingetroffen, mein Vater, damals zweiundvierzig Jahre alt, war auf der Fahrt nach Amerika. Er schrieb in seinem pathetischen, großartigen Stil – der Mann konnte Ihnen schreiben, die rührendsten Briefe –: ‹Goldene Berge werde ich euch bieten.› Vorausgegangen waren jahrelange Streitigkeiten zwischen Mann und Frau, Weibergeschichten. Zuletzt drehte es sich, wie gesagt, um ein junges Mädchen, eine seiner Arbeitnehmerinnen, zwanzig Jahr jünger als er, ein Nähfräulein mit dem Vornamen Henriette. Meine Mutter hatte ihr aufgelauert, Tätlichkeiten waren vorgekommen – wenn ich mich recht besinne, auch zwischen den Eheleuten. Es gab ein Tohuwabohu bei uns in Stettin, Verwandte der Mutter kamen, Geschäftsfreunde des Vaters, die Bestände wurden aufgenommen, an den hinterlassenen Schulden hatte meine Mutter noch viele Jahre abzuzahlen. Wir Kinder natürlich sofort aus den höheren Schulen genommen und provisorisch zu einer kleinen Privatlehrerin geschickt. Das ist das Leben. Rette sich, wer kann. Während bei uns alles drunter und drüber ging, der Tag mit Unruhe, Sorgen und Weinen anfing und ebenso endete, während meine Mutter ihre Verwandten alarmierte und für uns bettelte – trieb sich der Mann, der diese Familie gegründet hatte, in New York mit dem jungen Mädchen herum, das zwanzig Jahre jünger war als er, saß mit ihr in Tingeltangels, bewachte sie eifersüchtig, und er lebte da monatelang in New-York in Liebe und Freude, bis das Geld alle war.

Er ist dann nach Europa zurückgekehrt und hat mit dem Mädchen bis an sein Lebensende zusammen in Hamburg gelebt. Meine Mutter hat ihn einen Bigamisten genannt, aber das ist nicht wahr. Sie hat sich erst spät, als sie eine Erbschaft machte, von ihm scheiden lassen. Er hat in Hamburg ein kleines, sehr ärmliches Dasein geführt, zuletzt mußte er unterstützt werden. Uns hat er einmal nach Hamburg kommen lassen – war ein Streit mit der Henriette vorausgegangen oder besann er sich auf seine Pflichten? Aber das Wort Pflicht kam in seinem Lexikon nicht vor – er hatte geschworen, es sei nun alles aus mit dem Mädchen. Der Eid hielt kein halbes Jahr. Dann kamen anonyme Briefe, und wir saßen wieder im Osten Berlins. Er tat auch einmal so, als wolle er sich Arbeit in Berlin suchen, hatte schon Stellung, dann behagte ihm dies und jenes nicht, er verschwand ohne Abschied, es kam ein Telegramm vom Lehrter Bahnhof, und – er saß in Hamburg, am alten Fleck.

Der Mann hat sich wohlgefühlt in Hamburg in seiner Armut und Kümmerlichkeit. Mein ältester Bruder hat ihn gelegentlich besucht, hat auch die Gefährtin des Mannes gesprochen, sie wohnten zusammen in einem armen Stadtteil, proletarisch in sauberen Räumen. Der Mann hatte zuletzt einen ehrwürdigen weißen Bart, trug seine goldene Brille und sah wie ein alter Volksschullehrer aus. Er hat sich viel mit Freimaurerei beschäftigt. Am Ende befiel ihn ein Halsleiden. Es war der Kehlkopfkrebs. Daran starb er. Mein Bruder hat die Leiche im Regen auf den Friedhof begleitet, es ging sonst keiner mit, und hat das Grab richten lassen. Er, der am schwersten von all dem Unglück getroffen war, hatte damals noch eine schreckliche Aussprache mit der Frau. Sie war selbst leidend, konnte sich wenig bewegen. Sie sagte, daß sie an allem unschuldig gewesen wäre.

– Der Mann hat sich in verbrecherischer Weise aus einer wahrscheinlich schweren Situation gerettet. Er war roh genug, seine ganze Familie den Verwandten seiner Frau aufzubürden. Er dachte sich: verkommen werden sie nicht, das Hemd ist mir näher als der Rock. Über Nacht hatte er uns alle in Not gestoßen und zu Bettlern gemacht. Er war ein Lump, nehmt alles nur in allem.

– Es ist nicht recht, meinen Sie, so streng über einen nahen Verwandten, den eigenen Vater, einen Toten zu urteilen? Ich müßte nicht Sohn meiner Mutter sein und nicht alles mitgemacht haben, wenn ich diesen Ton unterdrückte. Ich kann so urteilen nur mit Worten, er hat mit Taten über uns geurteilt so streng wie möglich: Ihr seid mir schlechte Luft, und hat sich allen Herzenspflichten und juristischen Pflichten eines Vaters entzogen. Ich habe nicht den Eindruck, daß ihm das schwergefallen ist. Der Vater hat über seine Familie geurteilt, es war aber, unter Berücksichtigung aller Umstände, nicht nötig, so hart, so wegwerfend grausam über die Familie zu urteilen. Alles Recht der Persönlichkeit in Ehren, aber man macht es sich zu leicht, wenn man glaubt zur Persönlichkeit zu kommen, indem man die Verantwortung zerbricht. Wir leben in keinem Beduinenstaat, der Vater hat nicht Allmacht über die Familie, er muß sich meine Antwort gefallen lassen. Wenn die Sünden der Väter heimgesucht werden an den Kindern bis in das dritte und vierte Glied, so haben die Kinder das Recht, die Väter vor ihr Tribunal zu ziehen und Klage zu erheben. Der Mann ist tot. Vor dem großen Reinigungsfilter, in das wir alle eingehen werden, will ich haltmachen und still sein.

ZUM DRITTEN MAL!

Du mußt ran, zum drittenmal. Du sollst noch einmal davon sprechen. – Aber was denn? Von dieser Sache? Ich hab es schon zweimal gesagt. Warum denn? – Du wirst es schon sehen, du weißt es schon, fang nur an. – Ich weiß nicht. – Fang an. –
Seine Eltern waren sehr strenge Leute. – So ist's recht. Fang mit den Eltern an. – Sie verheirateten ihn mit fünfundzwanzig Jahren. – Sieh mal, wie du alles weißt, mein Junge. Immer sachte so weiter. – Er war schwach, nachgiebig. Er widerstrebte wenig, er ließ sich verheiraten, er macht eine gute Partie mit der Freudenheim, eine schöne Person und Geld. Du lieber Gott, das sind doch alles keine Entschuldigungen. – Wir wollen doch einmal sehen. Nur weiter. – Es ist nicht viel weiter. Sie kriegen Kinder, sein Geschäft geht kaputt, er macht eine Konfektionsstube auf. Dann –. – Was ist dann? – Dann sterben seine Eltern. – Ah. So. Dann sind also die Eltern tot. – Ja. – Das ist wohl ein wichtiger Punkt? – Ich muß einmal sehen. Ich muß doch einmal sehen. Also die Eltern sterben. Sie haben ihn verheiratet. Der Mann ist allein. Daraus ergibt sich eine gewisse Schwierigkeit für die Frau. Aber ich habe etwas vergessen. – Bitte. – Es wird mir schwer, davon zu sprechen, aber ich muß es wohl sagen. Also: der Mann und die Frau stimmten nicht gut zusammen. – Wegen der Partie? Ich meine, weil seine Eltern das Ding gedreht hatten? – Auch deswegen, von ihm aus. Aber das ist es nicht. Sie stimmten nicht zusammen. Überhaupt nicht. – Hm, hm. – – Ja. Es ist wohl nicht schön,

wenn ich davon spreche. – Ich denke, man soll Wahrheiten ruhig aussprechen. Es klärt. Man sieht vielleicht dann auch anderes besser. – Die Frau nämlich, meine Mutter, war nüchtern, aus einer Kaufmannsfamilie. Er, der Hamburger, war ein Luftikus, ein begabtes Wesen. Er war sehr begabt. – Nun, und? – Er verfügt über ein ganzes Arsenal von Begabungen. Er spielt Violine, Klavier, ohne Unterricht gehabt zu haben. Wir selbst hatten bei ihm ja die ersten Musikstunden. Das Klavier, weiß ich noch, war eine Zeitlang ein Kasten ohne Beine; oben auf der Platte wurde bei Tag meist zugeschnitten. Es fiel Staub zwischen die Tasten von den Stoffen, man mußte einen Blasebalg nehmen, um ihn zu entfernen. Der Mann komponierte. Ein Stück von ihm setzte sogar der Musiklehrer unserer Schule, des Friedrich-Wilhelmstädtischen Realgymnasiums, für Orgel. Er saß über Büchern auf Kompositionslehre. Er sang, und nicht schlecht. Er schrieb Gelegenheitsgedichte, war ein fixer Zeichner. Er war geschickt im Entwerfen von Kostümen. Eigentlich ein unheimlich talentierter Knabe; lauter künstlerische Dinge. Die Begabungsfülle war, glaub ich, von mütterlicher Seite auf ihn gekommen. Seine Mutter war eine geborene Jessel; der Komponist des ‹Zinnsoldat› und anderer Operetten: Léon Jessel, ist sein Vetter. Aber bei meinem Vater gedieh nichts recht.

Erstens war er ein Luftikus und trieb nichts beständig, dann hatten sie ihn zu Hause natürlich nichts lernen lassen – das hat ihn sehr gegrämt –, und nachher hing die Familie an seinem Bein. Das waren wir, fünf Stück, und die Frau. Er war auch ein triebhaftes Wesen, ohne allen Ehrgeiz. In dem Mann, ja ich seh ihn noch vor mir, war etwas Weichliches, Schlaffes, Schwächliches und Ruhendes. Er lebte so hin mit seinen Gaben. Er schlenderte, fühlte sich nie eigentlich unglücklich. Ein Windhund, nehmt alles nur in allem. Aber kein unedles Tier.

– Dies ist alles sehr gut, was du sagst. Du siehst, wie nötig es war, daß du noch mal anfingst. Also ruhig weiter. – Es sind schlimme Dinge, die ich spreche. Ich weiß sie gut, aber ich erinnere mich ungern daran. Es führt geradewegs zu mir. – Aber bitte, wir haben Zeit. Ich dränge gar nicht. Wird es sehr schwer? – O nein, es geht schon. Also, wovon sprach ich, meine Mutter, ja. Meine Mutter hatte nicht viel Respekt vor ihm. Sie nannte ihn: ‹gebildeter Hausknecht›. Ein böses Wort. Ein schlimmes Kapitel, dieser Kaufmanns- und Geldstolz in der Familie meiner Mutter. Das waren alles sehr lebhafte, aktive, praktische Leute, Verdiener und einige auch Genießer. Was darüber lag, war unbekannt! Nein, nicht bloß unbekannt, sondern lächerlich! Es war Anlaß zum Höhnen, zum Ironisieren. Wie wenn Indianer oder Neger zu uns kommen und die Kinder sie ausspotten. Eine fürchterliche Sache. Von dieser Seite her kam eine der Minen, über der die Ehe meiner Mutter mit diesem vielbegabten weichlichen Mann aufflog. Das ist es. Ich muß es schon sagen. Ich kann davon sprechen, denn ich habe diesen Hohn, diese Borniertheit, diese bittere, anmaßende Härte selbst kennengelernt. Ich hätte nicht gewagt, nicht wagen dürfen, meine Schreibereien zu Hause zu zeigen. Es wußte lange Jahre niemand zu Hause, daß ich schrieb. Und als 1906 von mir ein kleines Theaterstück in einer Matinee zusammen mit einem Stück von Paul Scheerbart aufgeführt wurde, da kam es nicht unter meinem Namen, dem meiner Familie, heraus, sondern unter einem Pseudonym. Aber schon vorher, etwa 1902, war mir unter diesem häuslichen Druck etwas fast Schweres, eigentlich nur Tragikomisches, passiert. Da ich vermied, meinen Namen unter meine Schreibereien zu setzen, hatte ich meinen ersten Roman, er liegt noch in meinem Rollschrank, an Fritz Mauthner, der damals Kritiker in Berlin war – es ist seitdem kein Theaterkritiker seines Ernstes in Berlin erschienen –, geschickt unter einem Pseudonym. Mauthner war augenleidend, er lebte im Grunewald, schrieb mir nach der Anatomie, wo ich damals arbeitete, an meine Deckadresse: ich möchte ihn besuchen, ihm selbst aus dem Manuskript vorlesen, er sei augenleidend. Eine ganz sonderbare Scheu und Furcht hielt mich zurück davor, ihn zu besuchen. Ja, ich weiß, woher ich diese Scheu habe. Ich hatte also schon ein schlechtes Gewissen vor meinen Arbeiten. So hatte sich das eingeprägt. Bis ins zweite Glied. Ich fuhr einmal bis zum Grunewald, um ihn aufzusuchen. Dann hatte ich es geschickt eingerichtet, daß es schon dunkel war und ich in der Finsternis den Weg zu ihm nicht fand. Vom sichern Hafen schrieb ich ihm einen Brief, worin ich ohne Angabe der Gründe um Rücksendung meines Manuskriptes bat. Und jetzt fängt die eigentliche Tragikomödie an. Mauthner schickte das Manuskript an meine Deckadresse an ein Paketpostamt. Oranienburger Straße. Und als ich dort erschien, um mein Manuskript abzuholen, gab man es mir nicht. Pakete werden nur gegen Legitimation ausgehändigt. Aber wie sollte ich mich legitimieren. Ich zeigte Mauthners Karte vor. Das genügte nicht. Ich war ratlos – und ich blieb ratlos. Das Gegebene, nämlich den Tatbestand, zu erklären, wagte ich nicht. Das schlechte, das grausam schlechte Gewissen! Das zweite Glied! Oh, das ist ein Leiden. Daß so etwas möglich ist. Man hätte mein Manuskript geöffnet, ich – hätte mich zu Tode geschämt. So ist dies Manuskript unabgeholt auf dem Paketamt liegengeblieben. Lange Monate habe ich darunter gekrankt. Die Handschrift meines ersten Romans (die ‹Jagenden Rosse›) ist auf diesem Paketpostamt weggeworfen oder eingestampft. Eine Abschrift hatte ich nicht. Ich faßte einen Entschluß: ich schrieb nach den Skizzen, Entwürfen und aus der Erinnerung das Ganze noch einmal, mit Bitterkeit, über mich verzagend. Ganz schwarz wurde ich darunter.

Ja. Es ging so weiter und blieb so. Als ich schon Arzt war und ein Buch von mir erschien, fragte meine Mutter: «Wozu machst du das? Du hast doch dein Geschäft.» Sie meinte die ärztliche Praxis. Um sie zu beruhigen, mußte ich ihr sagen, daß ich etwas damit verdiene. Es war nicht wahr (übrigens finde ich jetzt, wo sie nicht mehr lebt: die Frau hatte nicht so unrecht. Eigentlich – hätte ich's lassen sollen –). Es war ihr eine Spielerei, das Schreiben, eine Zeitvergeudung, unwürdig eines ernsten Menschen. Das war noch ganz ein Charakterzug der Menschen, die aus kleinen Verhältnissen in das Reich kamen und Geld verdienen mußten, und sonderbar, es war ganz und gar nicht das, was ich später in Polen bei den Juden traf und was mich da so sehr tief erfreute, die Ehrfurcht vor dem Buch, die Ehrfurcht vor dem Geist. Mein Vater hatte solche verschütteten Gaben mit sich getragen. Er war – ethnologisch das Opfer der Umsiedlung. Alle seine Werte waren umgewertet und entwertet. Darum, darum also gedieh seine Ehe nicht. Erst in meiner Generation ist wieder die Besinnung, auch die freudige Besinnung auf die Herkunft und die alte Ehrfurcht schwer und langsam wieder aufgekommen. Ich – habe die große Umsiedlung überstanden.

Meine Mutter, ich kann jetzt ruhig weitersprechen, es war doch gut, daß ich es sagte, meine Mutter hatte keinen Respekt vor ihrem Mann. Er galt auch bei ihrem Brüdern nichts. Da fängt, jetzt seh ich besser, fängt der Mann, der im übrigen ein Schürzenjäger ist, an, außerhalb des Hauses Luft zu schnappen, nämlich die Luft, die ihm im Hause fehlt. Der Mann wird langsam ein verlogner Rebell, – verlogen; er wagt sich nicht heraus. Solange seine Eltern leben, duckt er sich. Dann wird er frech. Ich kann auch sagen: mutiger, entschlossener. Er wird oft erwischt. Er vernachlässigt ganz evident seine Frau. Er ist außerdem älter geworden, er ist an die gefährlichen Vierzig geraten, und da muß er die H. treffen. Das legt das Schicksal wie ein Experiment auf ihn. Er gerät in Flammen, der Mann wird das noch nicht gekannt haben, es ist offenbar eine wirkliche, ganz starke Liebesleidenschaft. Er ist reif dafür. Es wird vieles damals in ihm die Leidenschaft geschürt haben und Holz zum Feuer gewesen sein. Es war die Krise in seinem Leben. Nun kommt sein Wagen ins Rutschen und Rollen. Zu Haus wächst die Kälte, die Unfreiheit, der Streit. Da – rückt er einfach aus. Endlich, endlich. – Was sagst du: endlich? – Es kam mir so. – Du bist blaß. Es trifft dich wohl sehr. Vielleicht hören wir jetzt auf. – Nein, danke. Ich kann sprechen. Ich bin doch kein Jüngling mehr, daß mich Einsichten umwerfen. Ich sehe alles klar. Ich sprech es jetzt gern aus. Es fürchte die Götter das Menschengeschlecht! Sie halten die Herrschaft in ewigen Händen und können sie brauchen, wie's ihnen gefällt. – Können wir weitersprechen? – Doch. Es war die Krise im Leben meines Vaters. Er rückt, er rückt einfach aus, dieser Mann. Es tut mir wohl, das so zu sehen. Jetzt bitte ich etwas aufhören zu dürfen. – Gut, gut. Wir haben ja Zeit. – (Eine lange Pause, geschlossene Augen. Dann:) Fahren wir fort. Also mein Vater, der war abgeschwommen von Stettin.

Das kann er jetzt. So weit ist er. Es geht ganz leicht. Es ist dann gar kein Grund anzunehmen, daß dieser Mann jemals wiederkehren wird. Denn warum? Gewissensbisse, wenn sie überhaupt auftreten, treten zurück hinter dem Gefühle des neuen Daseins, der Freiheit. Wird sich seine Frau ändern? Nicht die mindeste Chance. Sie hängt an ihm, er ist ihr Mann, aber ihre Naturen sind sich fremd. Es findet keine Berührung statt. Bei dem blutjungen Mädchen drüben ist er aufgeblüht. Er fühlt sich da wohl. Es ist sein, unbegrenzt sein Element. Seine Existenz. Er wird bei ihr bleiben. Es wird aus ihm vielleicht nichts werden mit allen seinen Gaben. Sein Vater hatte ihn zwingen wollen, etwas Falsches zu werden. Resultat: Desertion, der Mann um sein halbes Leben betrogen, seine Familie Bettler. Man hätte ihn jung laufen lassen sollen oder ihm eine derbe oder sehr kluge Frau geben, Kandare oder ganz lose Zügel. Jetzt ist er deklassiert. Immerhin aber: er lebt, lebt, man verstehe, er lebt in dieser Klasse, auf einem andern Kontinent, seiner Natur entsprechend. – Nun wollen wir aufhören. Es ist wohl alles gesagt. Für jetzt. – Ja. Was soll ich aber zu dem Ganzen sagen.

Unanfechtbar wie sein hartes Urteil über seine Familie ist das Urteil seiner Familie über ihn. Ich kann daran nicht rühren. Für den, der noch andere Taten hinzunimmt, die Taten anderer, seiner Eltern, wird das Urteil schwer. Man gelangt zu keinem Urteil. Nur zu einem Kopfsenken. Zu einer Anklage vielleicht nach einer andern Richtung.

Schließlich bleibt, bleibt eine Einsicht, eine Lehre, eine Warnung, für jetzt, für uns, die wir leben.

ÜBRIGENS HATTE ER EINE SCHWESTER

Der Mann, von dem ich sprach, hatte übrigens eine Schwester, die in vieler Hinsicht ganz sein Gegenteil war. Sie war von der strengen Art seiner Eltern. Diese Frau hätte vorzüglich zu ihm gepaßt. Sie hieß Henriette, merkwürdigerweise auch Henriette, und hatte einen Mann, einen höchst weichen, etwas trottelig lebendigen Herrn mit viel Gemüt und Herz. So weit ich sah, hatte er es nicht gut bei ihr. Sie war höllisch klug. Sie hatte mächtig und stramm zu Hause die Hosen an. Als sie an einem Herzschlag starb, noch nicht alt, es kam ganz rasch und unerwartet, verheiratete sich der Mann, man möchte sagen stehenden Fußes, weiter. Er lebte selig auf. Der hätte es wagen sollen auszurücken. Sie hätte ihn vom Nordpol, von den Fidschiinseln, vom Kap der allerbesten Hoffnung an ihre liebende Brust zurückgeholt.

EHRE, DEM EHRE GEBÜHRT

Meine Mutter habe ich in der Erinnerung als eine Frau, die bis in ihr Alter ansehnlich war. Sie gab viel auf ihr Äußeres, ließ sich noch in ihrer letzten Krankheit frisieren, liebte Schmuck und Putz. Sie war von großer Wärme für ihre Kinder und später für ihre Enkel. Das Besorgen von Wäsche und Unterzeug war ihr eine Herzenssache. Sie war nicht sehr klug, ihre Schwester war viel klüger. Das schulmäßige Bildungsniveau ihrer Familie stand im allgemeinen nicht hoch. Sie war in Samter, in der Provinz Posen, geboren, wo ihr Vater, den ich als kleinen Mann mit einer weißen Halsbinde in Erinnerung habe, kleiner Kaufmann war, Dorfkaufmann mit Materialwaren. Seine Kinder sprachen Deutsch, aber auch Polnisch und schon etwas abgeschwächt Jiddisch. Wenn meine Mutter an Verwandte schrieb, schrieb sie gern in jiddischen Buchstaben, die an Türkisch oder Arabisch erinnern; von meinem Vater ist mir das nicht bekannt. Übrigens stammte auch er aus Posen, aus der Stadt Posen selbst. In Samter war meine Mutter aufgewachsen, ihre Brüder waren schon früh, um 1865, nach Breslau und Berlin gezogen, sind begüterte Holzhändler geworden, die Firmen florieren noch heute. Meine Mutter, im Exil in Berlin, war mit uns und dem Haushalt von morgens bis abends beschäftigt. Eine Zeitlang vermietete sie Zimmer. Sie wusch selbst, ein Mädchen konnte sie sich nicht halten. Sie war tapfer und rüstig. Man ist nicht lange Zeit sehr unglücklich. Sie hatte eine eigentümlich skeptische und resignierte Lebensauffassung. Ihre Kernsprüche verraten eine bedauerlich gute Bekanntschaft mit dem Dasein: ‹Wie einem ein Haus einfällt, fällt's mir auf den Kopf› und die mehr beruhigenden Sätze: ‹Wie einer will› und: ‹Es ist schon immer wie geworden, es wird auch weiter wie werden...› Sie konnte großartig deklamieren, und wir können noch das herrliche Gedicht auswendig, das sie an trauten Abenden aufsagte. Man muß es laut aufsagen, mit heroischen Gesten, so dringt man am ehesten in seinen Geist ein:

> ‹Geh Meister, nimm mich auf zum Schüler,
> Ist's einem ernst, so ist es mir.
> Ich werde nicht nach Wochen kühler,
> Mich treibt nicht eitle Ruhmbegier.
> Nach andern, ja nach schönern Reizen
> Verlangt's allmächtig meinen Sinn:
> Drum, Meister, laß mich Maler werden –›

Weiter weiß ich nicht. Außerdem übermannt mich die Rührung. Ich weiß nur, es endet kolossal schmerzreich mit den Worten: ‹Vom Liebchen auf das Leichenbett.›

VOM SCHICKSAL
DER ENTWURZELTEN FAMILIE

Der älteste Sohn, Ludwig, reüssierte großartig. Er war echtes Kaufmannsgewächs mit dem Familiensinn der Mutter, der Musikneigung des Vaters. Er wurde der Ernährer der Familie, der zweite Vater. Er kam ins Geschäft zu den Holzonkels, machte sich selbständig und verließ erst die Familie, als er sich verheiratete. Auf ihn fiel die Hauptlast, die der entflohene Familiengründer abgeworfen hatte, und er trug sie brillant. Wir Jüngeren besuchten in Berlin Gemeindeschulen, ich allein bog nach drei Jahren ins Gymnasium zurück. Bei uns allen schlug das Blut des Vaters stark durch. Hugo, der zweitälteste Sohn, hielt es nur kurze Zeit als Kaufmannsstift in einem Geschäft aus, dann mußte er zum Theater. Rasch hatte sich auch der lustige Knabe in die Tochter seines Lehrers verliebt, das war Paul Pauli, der alte Baumert aus den Webern, und die Tochter, Martha, geheiratet. Man kennt ihn von Berliner Bühnen und vom Film.

Im jüngsten Bruder, Kurt, steckte die Musikleidenschaft, er kam vom Klavier nicht los, wurde ein ausgezeichneter Pianist. Aber da war keine Möglichkeit zum regelrechten Studium, er blieb im Geschäft. Er verband sich zuletzt mit dem ältesten Bruder.

Die Schwester Meta ist schon tot. Sie wurde 1919 bei den Lichtenberger Unruhen von einem Granatsplitter getroffen, als sie vormittags aus ihrem Haus trat, um Milch für ihre kleinen Kinder zu holen. Sie konnte noch, den Splitter im Leib – sie wußte nicht, was ihr passiert war – die Treppe hinaufgehen. Da blieb sie dann liegen. Auf dem Bett fand man Blut an ihrem Mantel. Sie lebte noch einen Tag.

Ich war damals nicht weit von ihr in Lichtenberg und habe diesen Putsch und die grausigen, unerhörten, erschütternden Dinge der Eroberung Lichtenbergs durch die weißen Truppen miterlebt. Um dieselbe Zeit, wo in unserer Gegend die Granaten und Minenwerfer der Befreier ganze Häuser demolierten, wo viele in den Kellern saßen und dann, schrecklich, wo viele füsiliert wurden auf dem kleinen Lichtenberger Friedhof in der Möllendorfstraße – man muß die Leichen da vor der Schule liegen gesehen haben, die Männer mit den Mützen vor dem Gesicht, um zu wissen, was Klassenhaß und Rachegeist ist –, um dieselbe Zeit wurde im übrigen Berlin lustig getanzt, es gab Bälle und Zeitungen. Nichts regte sich, als dies in Lichtenberg geschah, und die vielen Zehntausend Arbeiter in Berlin blieben alle still. Damals habe ich gesehen, wie notwendig es war, daß diese sogenannte Revolution zurückgedrängt wurde. Ich bin gegen die Unfähigkeit. Ich hasse die Unfähigkeit. Diese Leute waren unfähig zu einer Handlung. Mit Schlappschwänzen, Dummköpfen und Phrasendreschern muß man Fraktur reden. So ist es damals gegangen, und wer Fraktur geredet hat, ob er links oder rechts ist, ich steh auf seiner Seite. Es war um diese Zeit – ich muß weiter davon sprechen – einmal eines Mittags die ganze Siegesallee, die Bellevuestraße, der Potsdamer Platz gestopft voll mit Menschenzügen. Wer diese Menschenmassen gesehen hat und bei ihnen Wagen mit Maschinengewehren, Tausende kräftiger Männer, und diese Masse, Arbeiter, tat nichts als Hoch und Nieder schreien, und eine andere große Arbeitermasse zog neben ihr, in anderer Richtung, sang auch die Internationale und schrie ‹Nieder›, wo die drüben ‹Hoch› schrien – wer dies erlebt hat, der wird wissen, welchen Widerwillen ich gegen solche erbärmliche ‹Revolution› empfand. So fremd, so feindlich mir die weißen Truppen waren, ich trat zurück und sagte entschlossen: dies ist gut, sie sind besser als die drüben. Hier geschieht ein gerechtes Gericht. Entweder sie wissen, was Revolution ist, und sie tun Revolution, oder ihnen gehören Ruten, weil sie damit spielen.

Ich wollte von meiner Schwester sprechen. Ich konnte an dem schrecklichen Vormittag, wo die Beschießung von der Warschauer Brücke her einsetzte, nicht zu ihr. Das Feuer aus schwerer Artillerie auf die Frankfurter Allee war zu stark. Sie war auch rasch in eine nahe chirurgische Klinik gebracht worden. Als die Zeichen einer inneren Verblutung deutlich wurden, machte man ihr noch einen Leibschnitt. Umsonst. Ein großes Gefäß war angerissen, sie starb in der Narkose. Meine Mutter war damals schon schwer leidend, sie wohnte in Lichtenberg bei ihrem ältesten Sohn. Als ich mit dem Ehemann meiner Schwester zu ihm in die Wohnung kam, hörte meine Mutter meinen Bruder nebenan krampfhaft weinen bei der Nachricht. Ihr Gesicht war steif, wie es die Krankheit machte, ihre Hände und der Kopf zitterten stärker. Sie sagte gleich: «Sie ist tot.» Und dann: «Warum sie und nicht ich.» Meine Schwester hatte es nicht sehr gut zu Hause gehabt. Sie war unter der Wahnidee des Bürgertums aufgewachsen: ‹Du sollst, mußt und wirst heiraten.› Obwohl wir nichts hatten, vermied man alles, um sie in ein Geschäft zu stecken. Kein Gedanke war der Familie fremder, als daß die Tochter einfach wie jeder andere Geld verdient und sich auf eigene Füße stellt. So ging die Schwester herum und wurde lange, lange nicht verheiratet. Mein ältester Bruder zog unter Riesenopfern eine große Summe als Mitgift aus seinem Geschäft. Der Mann, den sie dann heiratete, war schon vor der Ehe zweifelhaft. Sie wurde gewarnt, aber sie wollte von Haus weg, sie wollte ihre Wirtschaft. Eine kurze schlimme Ehe. Der Mann hatte sie des Geldes wegen genommen. Nach ein, zwei Jahren war die Ehe geschieden. Die Frau hauste einige Jahre mit ihren Möbeln allein, dann – es konnte ja so nicht bleiben, und noch immer, noch immer war der einzige Weg die Heirat –, dann heiratete sie wieder, einen Handwerker, einen sehr einfachen, ordentlichen Mann. Mit ihm fuhr sie nach Konstantinopel, nach Antwerpen. Wir haben sie da einmal besucht. Sie hatte aus der ersten Ehe dieses Mannes, er war Witwer, zwei

Kinder übernommen, und da sie arm waren und nichts hatten, bekam sie noch vier Kinder. Sie hatte früher zu Hause bei uns oft erregte Tänze mit meiner nicht weniger leidenschaftlichen und heftigen Mutter. Später stand die Tochter, die vielgeprüfte und erfahrene Frau, aufs herzlichste auch mit ihr. Ihr Schicksal war schwer wie das meiner Mutter, aber sie bestand es ebenso tapfer wie sie und wurde nicht gebrochen. 1914 wurde Antwerpen beschossen und von den Deutschen eingenommen. Sie hat diese Belagerung und Beschießung mit ihren Kindern mitgemacht, auf einem großen Transport kam sie gleich nach der Einnahme Antwerpens nach Deutschland.

Obwohl sie sich schwer mühte, war sie doch immer guter Laune und gab rechts und links Rat und war sehr beliebt. Es war ein Ende, das gut zu ihrem Bilde paßt, das sie dann traf: der Tod beim Einholen von Milch für ihre kleinen Kinder. Die Kinder sind dann gut herangewachsen, sie gehen in die Schule oder, siehe da, sogar die Töchter, sind schon selbständig, stehen auf eigenen Füßen, obwohl sie jung sind. Es geht ihnen allen gut. Dies sage ich, in einem leisen Denken, daß sie es selber hört.

LEBENSABSCHLUSS MEINER MUTTER

Wir zogen von der Blumenstraße nach der Landsberger nahe dem Friedrichshain, dann nach der ganz neuen Marsiliusstraße gegenüber der Fabrik, in den vierten Stock – ich konnte von da auf den Hof meiner Gemeindeschule herüberblicken nach der Blumenstraße. Dann kam der Grüne Weg, wo wir auch einmal die Ehre hatten, den alten Herrn, den Hamburger, als Gast bei uns zu sehn. Die Familie trat langsam aus dem Stadium des Bettelns heraus, hauptsächlich durch die Arbeit des ältesten Bruders. Wir wohnten in der Wallnertheaterstraße, folgten dem ältesten Bruder, als er sich selbständig machte, nach der finsteren Markusstraße und später noch östlicher in die Memeler Straße an der Warschauer Brücke. Allmählich schmolz die Familie zusammen. Als erster verließ Hugo, der Schauspieler, das Nest: er heiratete sehr jung, und meine Mutter hatte von ihm das erste Enkelkind. Dann heiratete der älteste Bruder, und wir waren noch zu dritt bei der Mutter. Dann kam die Eheschließung meiner Schwester, und ich ging auswärts studieren. Blieb noch bis kurz vor ihrem Ende der jüngste Bruder bei meiner Mutter.

Im Leben der Frau vollzog sich da um 1908, wie sie schon über sechzig Jahre war, eine glückliche Wendung. Ein sehr heller Lichtstrahl fiel in ihr Leben: sie erbte einen großen Betrag von einem ihrer Brüder. Sie war von dem Augenblick an wirtschaftlich selbständig und gut gestellt. Es entsprach ihrer Art, daß sie uns von dem, was sie hatte, gab, soviel sie nur konnte. Sie ging jetzt in Sommerfrischen, machte kleine Reisen, auch einmal eine große, nach Antwerpen zu meiner Schwester. Aber schon damals hatte sie rätselhafte Zeichen eines Leidens an sich. Ihr rechter Arm zitterte, ihre rechte Hand zitterte, und es war solch merkwürdiges Reißen in dem Arm, das gar nicht weichen wollte, durch Einreiben nicht, durch Elektrisieren und Massieren nicht. Es war 1910. Ich zeigte sie meinem damaligen Chef am Urbankrankenhaus, Albert Fränkel. Er sagte kopfschüttelnd, es sei eine putzige Sache, man müsse beobachten. Nach einem halben Jahr war alles deutlich: der Arm war steifer geworden, sie konnte sich nicht das Haar mehr machen, das Zittern der Finger hatte einen eigentümlich rhythmischen Charakter, das Pillendrehen zwischen Daumen und Zeigefinger. Es war der Beginn der Schüttellähmung, der Paralysis agitans. Die dann ihren langsamen schweren furchtbaren, langsamen schweren jämmerlichen Verlauf, Ablauf, Hinablauf nahm. Langsam stellte sich die Spannung, Steifigkeit und Härte auch im rechten Bein ein, griff nach links über. Den Kopf befiel ein Zittern, die Gesichtsmuskeln wurden eigentümlich streng. Sie wußte nicht, was sie hatte. Man sagte ihr: es sind die Nerven. Und sie sagte, ja, das sei nicht wunderbar nach dem, was sie alles hinter sich hätte, die Arbeit die langen Jahre, allein mit fünf Kindern, dann noch abvermietet und selbst gewaschen. Ich fuhr mit ihr nach Wiesbaden, sie besserte sich, aber das war alles Trug. 1914, Ende Juli im Trubel der Kriegsgefahr, brachte ich sie nach Oeynhausen. Die Bahnhöfe waren von Soldaten gefüllt, auf der Rückfahrt lagen Posten an manchen Brücken. Ich fuhr mit Russen, die rasch nach Hause wollten. Ich konnte mich in Berlin kaum aus dem Zug pressen, so stürmten neue Menschenhaufen die Coupés. Aber Oeynhausen tat der alten Frau nicht gut, die Bäder schwächten sie. Ich erinnere mich noch, wie sie mich später in der Frankfurter Allee einmal besuchte, Oktober 1914 zum Geburtstag Peters, meines Ältesten. Sie kam mit Geschenken; es ging sehr, sehr langsam die Treppe herauf und herunter.

Ende 1914 wurde ich einberufen, ich sah sie zwei Jahre nicht, meine Urlaube waren mit eigenen Krankheiten erfüllt. Dann kam ich nach

Lichtenberg, wo sie wohnte mit dem jüngsten Bruder. Welches Bild. Ich stieg die Treppe hinauf. Ich wußte, sie hatte eine Krankenschwester bei sich. Ich klingle, es öffnet niemand. Ich klingle und klopfe. Da bewegt sich drin eine Tür und ein ganz langsamer schnurrender Schritt naht. Drin wird die Kette abgenommen, und sie steht da. Das ist sie, die ‹Oma›. Ihr Haar ist schlohweiß und dünn. Es ist heut noch nicht gekämmt, es hängt ihr seitlich über die Ohren. Die Frau ist so klein, so klein. Sie steht starr mit rundem Rücken vornübergebeugt, den Kopf hat ihr das Leiden stark auf die Brust gedrückt, die Hände hält sie wie Pfötchen fest gegen den Leib. Sie blickt kläglich, so kläglich, wie bittend von unten herauf. Dicke Säcke sind unter ihren Augen, an den Oberlidern hat sie gelbe Flecke. So steht sie an der Tür. «Du bist es, Fritz. Warum kommst du denn gar nicht?» Eine monotone, leise vibrierende Stimme, der Klang von früher ist da, aber brüchig. Ich habe sie langsam in die Stube geführt, die Schwester war einholen gegangen, ich setzte sie auf einen Stuhl. Ich habe damals bei ihr gewohnt, die Urlaubstage. Obwohl sie äußerlich so sehr verändert war, von der Krankheit in den Boden gedrückt, hatte sie noch ganz ihre alten Gewohnheiten und ihre Art, die Hausfrau, die rechnete, die Mutter, die sich kümmerte, alles greisenhaft. Sie ließ sich gern erzählen, lachte auch gelegentlich. Sie war unbehilflich wie ein Stock, mußte gesetzt, gefüttert und gewaschen werden. Aber noch konnte sie, auf die Füße gestellt, die kleinen Schritte machen; wenn sie aber fiel, konnte sie sich nicht aufrichten. Es kam das Kriegsende, wir waren alle wieder da, es besuchte sie bald der, bald der. Sie zog zu meinem ältesten Bruder, bei der Beschießung Lichtenbergs trug man sie in den Keller.

Ich will nicht schildern, was geschah, als sie das letzte Jahr nicht mehr sitzen konnte, wie sie bettlägerig wurde. Wer diese Krankheit kennt, weiß: das ist das Ende vom Lied. Die Menschen bleiben in ihrer Unbehilflichkeit wie ein Stein auf dem Fleck liegen, auf den man sie gelegt hat, und der Druckbrand befällt ihr Fleisch. Da lag sie denn in ihrem letzten Jahre in ihrem Zimmer – mein Bruder war mit ihr nach dem Tiergarten gezogen –, behütet von der Krankenschwester, ein Gerippe mit starren Gliedern, aber doch noch mit den unverkennbaren lieben Leidenszügen unserer Mutter. Das war ihr dünner weißer Scheitel. Ihr Blick. Sie litt nicht so viel. Die sie sahen, litten mehr. Es gibt Morphium und noch stärkere Dinge. Ich behandelte sie mit anderen zusammen. Manchmal setzte man sie auf, sie war wie eine Puppe aus einem einzigen

Stück, furchtbar von Wunden bedeckt, an der Hüfte, den Hacken, den Schultern, der schreckliche Druckbrand. Meist war sie klar, aber auch viel verwirrt, von dem schleichenden Wundfieber, von Betäubungsmitteln, von senilen Delirien. Bis die Ruhe eintrat und die Seele ein Erbarmen hatte und den Körper losließ.

In Weißensee liegt sie neben ihrer Tochter. Auf ihren Grabstein haben wir die Worte setzen lassen: Die Liebe höret nimmer auf.

VERMITTLUNG DER BEKANNTSCHAFT
MIT EINEM FAMILIENMITGLIED

Wir haben die Ehre, ein Mitglied dieser Familie vorzustellen, den in Berlin ansässigen Alfred Döblin, den vorjüngsten Sohn der Familie. Sein Bild legen wir in mehreren Exemplaren bei, ferner seinen Handabdruck. Er ist als Sohn des obengenannten Max Döblin und seiner Ehefrau Sophie, geborene Freudenheim, am 10. August 1878 in Stettin geboren.

Er ist 160 Zentimeter groß. Nacktgewicht 114 Pfund; Brustumfang, Einatmung: 92 cm, Ausatmung: 86 cm; Kopfmaße: Umfang 58,5 cm, Längsdurchmesser 22 cm, Querdurchmesser 16 cm. Er ist heriditär stark kurzsichtig und astigmatisch.

Gesichtsfarbe meist blaß, sichtbare Schleimhäute mäßig durchblutet, die Muskulatur schwach entwickelt, kaum Fettansatz. Die Reflexe an den Pupillen auf Lichteinfall und Naheinstellung sind regelrecht, die Reflexe der Kniesehnen und Achillessehnen deutlich gesteigert. Händedruck beiderseits gut, keine Auffälligkeiten der motorischen Kraft. Kein Schwanken beim Augenschluß, kein Zittern der Hände. Normale Stich- und Berührungsempfindlichkeit der Hautdecke. Rachenreflex vorhanden. Die Brust- und Bauchorgane sind ohne Befund.

Das Gesicht ist schmal, die Haare dunkelbraun, gut vorhanden, mit grauen untermischt, die Augenfarbe ist graublau. Am Mund fällt der Überbiß auf, angeblich in der Familie erblich, ebenso wie die Kurzsichtigkeit. Der Gaumen ist hoch. Im Gebiß fehlen: Eckzahn links oben, 1. Backzahn rechts oben, Weisheitszahn links unten und rechts oben. Der Knochenbau ist grazil. Der Untersuchte gehört im ganzen mehr dem mageren beweglichen Typ an, den Kretschmer in die schizoide Reihe stellt.

Die Nase ist charakteristisch stark, auch lang, liegt im Profil in einer Linie mit der zurückfliehenden Stirn. Sie ist, vorn abgebogen, die eines Juden. Ethnologisch ist er kein reiner Typus, es liegen nordische Akklimatisationseinflüsse vor, erkenntlich an dem Langschädel, der graublauen Augenfarbe und der Farbe der Kopfhaare, die angeblich in der Jugend flachsblond war und erst später nachdunkelte. Mehrere Kinder des Untersuchten zeigen den nordischen Anpassungstypus noch deutlicher. Seine Handschrift analysiert Dr. Max Pulver (Zürich) wie folgt:

Sein Temperament:
Eine Legierung aus nervös und motorisch: beispielloser Aktivitätsumfang; sehr zart, aber subtil sinnlich mit umfassender Ausstrahlung in die entferntesten Ätherregionen, so gut wie in die Abgründe des Kollektiv-Unterbewußten.
Der Elan zur Gestaltung ist das erste, dann ein weit ausgreifendes Umklammern breiter Gebietsgruppen.
Stoff existiert für ihn nicht, alles ist seelenhaft, in einem fast gasförmigen Aggregatzustand.
Selbstdisziplin drängt zur Analyse; die bürgerliche Gründlichkeit wird durch Abgründigkeit ersetzt.
Mut und Lust des Fabulierens, Märchen auf analytischer Grundlage.
Die schöpferische Welle immer wieder durch Selbstkontrolle gestaut, immer wieder durch ihre immanente Leichtigkeit weiter schwingend.
Gigantische Ausmaße der Fabel wie des Arbeitsschwunges.

Das private Ich:
Hellfühlig im Zusammenhang mit physischer Schwäche; bescheiden, umhegt von Enge, Notwendigkeit des Druckes; der Alltag gebrochen, aber nicht zerbrochen.
Hier gütig, aber knapp, Diplomatie gebrauchend aus menschlicher Rücksichtnahme.
Durch die Pressung notwendigerweise etwas empfindlich, ebenso wie durch die ungeheure Dilatation seines Wesens.
Als Verteidigung Sarkasmus, Spott.
Ehrgeizimpulse können die persönliche Selbstbescheidung gefährden.

Unter Menschen:
Größeres Selbstgefühl, direkt, fast naiv.

Kann mit der Türe ins Haus fallen, zeigt kleine Eitelkeiten, aber auch Mut, seine Gesinnung zu vertreten.
Trotzdem Routine der Öffentlichkeit gegenüber vorliegt, macht ihn diese bis zu einem gewissen Grade sich selber fremd.
Ich-Impulse mischen sich ein.

Sein Beruf:
Kinder- oder Nervenarzt.
Dazu Künstler.
Große sensible Aufnahmebereitschaft, unerhörte Fähigkeit analytischen Eindringens, namentlich in der Richtung des Seelisch-Unbewußten.
Dabei starke Verankerung in der Physiologie; wahrscheinlich mehr Neurologe als Psychoanalytiker.
Die Worte ‹medizinisch› und ‹Literatur› zeigen charakteristische Schreibstörungen.
Kollision der Interessen wahrscheinlich in ihrer Projektion subjektiv gefärbt.

Gesundheit:
Zäh, mit einiger Ökonomie im Energieverbrauch; dabei sind Schwächezustände nervöser Art registriert, daneben Stoffwechselstörungen wahrscheinlich.
Die sehr ungewöhnliche Wesenszusammensetzung erlaubt hier keine weitere Prognose.

Betrachtung und Betastung seiner Hände, vorgenommen von der ihm unbekannten Frau Marianne Raschig:
Aus der kleinen, nicht weiten, feingliedrigen Hand mit fühlerartig zugespitzten, nervösen Fingern, von denen Zeige- und kleiner Finger schmal und so zart und biegsam sind, daß sie wie gewunden erscheinen, spricht Hypersensitivität, eine seelische Anpassungsfähigkeit, die Eingebungen und seelischen Kundgebungen hemmungsfrei folgt, von ihnen fast überschwemmt wird und in einer Art medialen Trancezustandes empfängt.
Die vielen Linien der Innenfläche zeigen trotz Eigenart und bizarrer Formung große Harmonie und Klarheit (besonders fällt die doppelte, breite, helle Merkurlinie – zum kleinen Finger gehend – auf). Der hohe, von geschwungenen feinen Linien durchzogene Venusberg (Daumen-

ballen) verrät Schönheitssinn, stark ausgeprägtes Empfinden für Form. In dem interessanten Handbild fällt besonders das einer Wünschelrute ähnliche Gebilde auf, welches, aus Saturn- und Merkurlinie gebildet, den Apolloberg (unter dem Ringfinger) umgreift. Auf diesem Berg ist ein aus vielen Linien gewebtes großes Schrägkreuz zu sehen, das – schon in alten Büchern ‹croix mystique› genannt – auf mystische Unterströmungen und metaphysische Gaben hinweist.

‹Sie geben zuviel Nervenkraft aus. Ihre Nägel sind ganz auffallend rot. Lassen Sie sie länger wachsen. – Logik ist gut entwickelt. – Sie haben viel innere Störungen und Stimmungen, das kommt unaufhörlich durch Sie, es ist etwas Mediales. Sie sind eine Art Medium. Die Sicherungen, die geistigen und äußeren, die ein medialer Mensch braucht, sind vorhanden, sind entwickelt, aber Sie wenden sie nicht immer an. – Auffallend ist, wie nachgiebig, weich, wie enorm einfühlsam in andere Sie sind. Sie haben ein wirkliches Übermaß davon. Sie müssen viel mehr an sich denken. Egoismus fehlt ganz. – Sie sind sehr impulsiv. Dinge, die Sie angefangen haben, führen Sie zu Ende. Sie haben da eine große Beständigkeit und Zuverlässigkeit. – Ihr Pflichtgefühl ist enorm. Es ist wirklich zu groß. Sie sind da ständig auf dem Qui-vive. Das ist nicht ganz gut. Man kann dann und wann auf dem Qui-vive sein, aber dieses ständige. – Sie sind ganz und gar nicht befangen. Sie haben einen ausgesprochenen eigenen Willen, eine Selbständigkeit, ein eigenes Wesen. – Die Lebenslinie ist sehr gut, sehr lang; Sie stammen wohl aus einer langlebigen Familie? Aber denken Sie an Ihre Nerven, die Nägel, und die Kraft mehr nach außen lagern. Sie neigen auch zu Grübeleien. – Merkwürdig ist das hier: es kommt Ihnen Glück oder Erfolg, vielleicht noch in diesem Jahr, vom Ausland. Haben Sie da Verträge oder Verhandlungen? Handelt es sich um Übersetzungen Ihrer Bücher? Ja, also von da kommt etwas.›

Sie tastet unaufhörlich die Finger, Gelenke ab, dreht und wendet die Hände. –

Der oben Genannte, nach seinen ersten Berliner Eindrücken, nach Stettiner Erinnerungen, nach seiner Schulzeit gefragt, gibt folgende summarische Erklärung:

In Stettin der große Paradeplatz. Wir wohnen in der Wilhelmstraße nahe den Linden. Wir spielen auf der Treppe des Rathauses, man blickt zur Eisenbahn herunter. Ausflüge mit dem Dampfer und zu Fuß nach Gotzlow, ein Schulausflug, wobei die älteren Schüler großen Eindruck machten mit ihren tiefen Stimmen. Kaiser Wilhelm der Erste besucht Stettin, die feierliche Einfahrt, Bismarck ist dabei, er hat einen Kürassierhelm auf, der ist blank, kolossal und ihm viel zu groß. Als der Kaiser stirbt, fällt die Schule aus, Glocken läuten, man hält eine Rede in der Klasse, es sei ein schweres Ereignis. Ich weiß dann auf dem Nachhauseweg nicht, ob man jetzt weinen muß, zu Hause finde ich alles ruhig, und man nimmt von nichts Notiz. Zuletzt nach der Familienkatastrophe gehe ich an der Hand meiner Mutter die Linden entlang, ich schäme mich, ich denke, alle Leute sehen es uns an. –

Der Untersuchte gibt weiter an, er habe diesen seinen an der Oder gelegenen Geburtsort Stettin, welches der Sitz eines Regierungspräsidiums usw. ist, später noch einmal besucht. Er wollte da Arzt an einem Krankenhaus werden, stellte sich vor, bekam einen Korb. Er sagt lächelnd: Die Stadt hat mir also wieder die kalte Schulter gezeigt. Er glaubt, seine Nase (siehe oben) habe nicht gefallen. Bei der Gelegenheit hat sich ihm auch das Bild der ganzen Stadt verändert. Er traf ein großes, ihm unbekanntes Villenviertel vor. Der Paradeplatz war ungewöhnlich langweilig. Der Treppenabsturz am Rathaus war ganz ungefährlich, es waren bequeme Stufen. Die Häuser waren niedrig. Die Stadt war sehr unbelebt und ohne Farbe. Der Untersuchte erklärt wörtlich: Ich stellte fest, daß ich in dieser Seestadt geboren bin, möchte es aber ebenso wie die Stadt dabei bewenden lassen.

Bitte ein paar Daten aus Ihrer Schulzeit. –

Aus dem Friedrich-Wilhelmstädtischen Realgymnasium wurde ich 1888 genommen. Damals saß ich mit zehn Jahren in der Sexta. Mit dreizehn Jahren, 1891, saß ich wieder in der Sexta, in Berlin, im Gymnasium, als Freischüler. Zwischendurch war ich Gemeindeschüler. Der Weg von der Sexta zur Sexta kann also umständlich sein. Das Gymnasium verließ ich nicht, ohne das Abiturium erstritten und folgendes Zeugnis davongetragen zu haben:

Betragen und Fleiß: Sein Betragen war gesetzlich (!!), sein Fleiß ausreichend. Deutsch: Seine Aufsätze hatten meist befriedigenden Inhalt, wenn auch nicht immer in gehörig überlegter und mit genügender Sorgfalt ausgeführter Darstellung. Der Prüfungsaufsatz genügte. Von den im Unterricht behandelten Dichtungen und Abhandlungen hat er sich eine sichere Kenntnis angeeignet und folgte der Besprechung stets mit regem Eifer und recht klarem Verständnis: Genügend.

Latein: Nicht zu schwierige Stellen der Schriftsteller versteht er in befriedigender Weise ins Deutsche zu übertragen. Von den häufiger vorkommenden Versmaßen des Horaz besitzt er eine genügende Kenntnis. In der Grammatik und der Anwendung der grammatischen Regeln bewies er ausreichende Sicherheit. Das Urteil über seine Klassenleistungen lautet daher ebenso wie das über die schriftliche Prüfungsarbeit: Genügend.

Griechisch: Er hat diesem Gegenstande reges Interesse zugewendet. Mit den wichtigsten Versmaßen ist er wohl bekannt; eine Anzahl Dichterstellen hat er mit Sorgfalt seinem Gedächtnis eingeprägt. In der Grammatik hat er sich sichere Kenntnis angeeignet und in der Übertragung der Schulschriftsteller ausreichende Fertigkeit erworben. Das bestätigte die genügende Probearbeit. Daher kann er im Griechischen unbedenklich das Gesamturteil Genügend erhalten.

Französisch: Seine Kenntnisse sind hinreichend, um einen leichteren Schriftsteller genügend zu übersetzen. Obwohl seine Prüfungsarbeit, die er ohne jede Sorgfalt angefertigt, nicht genügte und auch die mündliche Prüfung große Schwächen in der Grammatik verriet, kann das Gesamturteil über seine Leistungen noch Genügend lauten.

Geschichte und Erdkunde: Er kennt die epochemachenden Ereignisse der Weltgeschichte. Auf dem Gebiete der deutschen und preußischen Geschichte hat er sich bei sorgfältigem Fleiß eingehende Kenntnisse erworben. Über den Zusammenhang der Ereignisse wußte er hinreichende Auskunft zu geben. Seine Kenntnisse in der Geschichte verdienen daher durchaus genügend genannt zu werden. In der Geographie besitzt er ebenfalls genügende Kenntnisse.

Mathematik: Die Lücken aus früherer Zeit hat er mit großem Fleiß ausgefüllt. Er kennt nun das vorgeschriebene Pensum so weit, daß er die nicht zu schwierigen Aufgaben dieses Gebiets selbständig lösen kann. Da seine Klassenleistungen wenigstens in letzter Zeit und ebenso seine Prüfungsarbeit den Anforderungen genügten, so lautet das Gesamturteil: Genügend.

Turnen: Genügend. Singen: Gut.　　　　Im Jahre des Heils 1900.

Ich war dreiundzwanzig Jahre alt, als ich das Gymnasium verließ, so äußert sich der oben Geschilderte und Untersuchte aus der charakterisierten Familie. Ich habe beim letzten Verlassen der Schule dort auf den Boden gespuckt. Ich lege Wert darauf, daß dies festgestellt und zu Protokoll genommen wird. Man werde sich auf der völlig veränderten

Schule nicht mehr auf ihn besinnen. Es seien ja natürlich jetzt andere Lehrer da, sogar der Lehrplan sei ganz geändert. Wenn aber einmal einer beim Vorübergehen an der Schule an dem großen Gebäude oder gar beim Betreten des Treppenhauses seiner gedenke, so bitte er gleich im Treppenhaus rechts, vor der untersten Steinfolge, nach unten zu blikken. Das sei die Stelle, wo er abschließend auf den Boden gespuckt habe. Darauf schweigt der Befragte. Er wird mehrfach gedrängt, sich näher zu äußern und sich zu erleichtern. Er ist aber finster und macht einen verstockten Eindruck. Es bleibt uns nichts weiter übrig, da der Befragte hartnäckig schweigt und offenbar hier ein wichtiger Punkt zu seiner Beurteilung vorliegt, zu einem besondern Mittel zu greifen. Wir verlassen den Befragten und schließen ihn in dem Untersuchungszimmer ein. Vorher aber legen wir, ohne daß er es merkt, auf einen Seitentisch einen Haufen weißes Papier und einen Bleistift. Auf das Fensterbrett legen wir Zigaretten und Streichholz. Wie wir am Abend wiederkommen, finden wir den Untersuchten auf dem Sofa schlafen. Das Licht brennt. Er hat offenbar stark geraucht. Am Boden vor dem Tisch liegen dichtbeschriebene Blätter. Sie sind numeriert. Das erste Blatt trägt die Überschrift: ‹Gespenstersonate›.

GESPENSTERSONATE

Dies ist das X-Gymnasium in Berlin. Es nehmen Platz auf Bänken nebeneinander die Lehrer, Professoren und Doktoren. Sie sind fast alle tot. Sie sind gekommen und wollen anhören, was ein ehemaliger Schüler der Anstalt, der zehn Jahre mit ihnen gegangen ist, ihnen über ihre Schule zu sagen hat. Sie sitzen ruhig auf ihren Bänken, sie fürchten sich ganz und gar nicht vor dem Mann, der sie geladen hat. Sie werden sich nicht verteidigen. Daß nicht viel mit ihm los ist, haben sie schon immer gewußt. Der Einlader steigt auf das Katheter. Er ist unsicher. Er will sich wie gewöhnlich auf eine Bank setzen. Die Lehrer stoßen sich an, einige lächeln ironisch. Dann besinnt sich der Einlader, hält an der vorderen Bank einen Moment an, wie nachdenkend, tatsächlich überwindet er eine Hemmung. Nun steht er auf dem Katheter, die schwarze Tafel ist hinter ihm. Es gibt ein langes Schweigen, während dessen sich vieles im Innern des Einladers ereignet. Es dauert auffällig lange, bis er den Mund öffnet. Die Lehrer unten beobachten ihn wie einen schuldbeladenen Schüler.

Der Einlader beginnt alle Herren bei Namen zu nennen. Er spricht leise, ohne von der Tischplatte aufzusehen. Er hat große, enorm scharfe Brillengläser ohne Rand, dahinter sind seine Augen. Ab und zu nimmt er das Glas ab, dann erschrecken die Lehrer, die gerade hinblicken. Er hat große graublaue Augen, die tief liegen und ins Leere sehen. Sein Gesicht ist plötzlich unbekannt, metaphysisch fremd und doch merkwürdig eindringend, eine Landkarte, in der man sich nicht zurechtfindet. Es tut den Lehrern wohl, wenn er die Brille von der Tischplatte wieder aufnimmt. Er spricht.

– Ich habe Sie alle hergeladen, meine Herren Lehrer, die Sie mich ja kennen. Und ich danke Ihnen, daß Sie meiner Einladung gefolgt sind. Besonders denen danke ich, die nicht mehr unter uns sogenannte Lebende weilen. Ich wußte voraus, daß Sie kommen würden. Ich wußte, daß Ihr Berufsinteresse Ihnen über die Strapazen des weiten Weges weghelfen würde. Ich dachte mir, meine Herren Lehrer, man soll nicht einseitig in der Welt sprechen. Ich wollte jetzt sprechen, aber Sie sollen dabei sein, wenn ich es tue. Ich spreche nicht, um mein Herz zu erleichtern. Mein Gespräch soll eine Auseinandersetzung mit Ihnen sein.

Ich bin in der Schule, an der Sie tätig waren, zehn Jahre gewesen. Von der Sexta bis zum Abiturium. Es war eine lange Zeit. Ich lasse es dahingestellt sein, ob es eine schöne Zeit war. Es war keine schöne Zeit. Eine schwere Zeit. Wenn ich – lassen Sie mich offen reden, Sie werden es ja auch tun –, wenn ich ganz offen sein soll, es war für mich eine recht schwere Zeit. –

An dieser Stelle schweigt der Einlader, trommelt auf die Tischplatte, fährt mit noch leiserer Stimme fort.

– Sie werden – auf Sie wird das keinen Eindruck machen. Ich glaube überhaupt, daß ich schon jetzt im Beginn einen schwächlichen Eindruck, einen sentimentalen, auf Sie mache. Ich erinnere mich an Ihren Geschichtsunterricht, Herr Professor Kerka, Sie waren ein strenger, aber guter Mann, Sie trugen Preußengeschichte vor, – daß Friedrich der Große stark geworden ist durch die Härte seines Vaters. Nietzsche hat Ähnliches gesagt: ‹Was man wird, wird man trotzdem.› Es ist etwas daran. Ich finde nur (hier stockt der Einlader und schluckt und kaut), es war – doch etwas – viel bei Ihnen.

Professor Schattmann (allgemein Dummkopf genannt; so nannte er nämlich gern andere; widerwillige Stimme): Darf ich Sie fragen: Sind Sie etwas geworden? Was sind Sie?

E.: Ich bin Arzt, Herr Professor. Außerdem schreibe ich.

Schattmann: Dann haben Sie doch also studiert.

E.: Ja, das habe ich.

Schattmann: Ja, dann weiß ich nicht, was Sie da wollen mit ‹schwer› oder ‹nicht schwer›. Sie werden doch nicht anfangen, uns etwas vorzuplärren. Was wollen Sie denn. Dem einen wird's leicht, dem andern nicht. Das ist nun mal so. (Er sitzt, er hat durchdringende Augen. Das ist ein guter, ehrlicher Mann.)

E.: Eben, etwas darüber zu sprechen, hin und her zu sprechen, habe ich Sie hergebeten. Es ist die Frage, wie schwer man es einem machen muß und wie man dosieren soll. Das Leben ist nicht leicht, die Schule soll nicht verzärteln, wie manche Eltern tun. Mein Zuhause war nicht schlecht. Es war eng, gedrückt, wie waren gut zueinander. Besonders meine Mutter, die war eine besorgte, wirklich liebevolle Mutter. Ich sage nur das Beste von ihr und von allen. Im Grunde aber – wächst man doch allein auf. Auch die Schule soll ignorieren. Auch dies soll das Kind auf der Schule erfahren, das Leben wird später nicht anders tun. Aber – in einer Hinsicht unterscheidet sich sicher die Schule vom spätern Leben, das weiß ich doch jetzt auch: Dieses Ignorieren erfolgt im Leben draußen zufällig, in der Schule soll es planmäßig erfolgen. Ich habe ja auch im Leben die Möglichkeit, mich der allgemeinen Ignorierung zu entziehen und selbst etwas zu suchen, einen Menschen oder mehrere Menschen, die mich nicht ignorieren. Aber was kann ich bei Ihnen tun. Das Leben ist nicht für mich da – die Schule könnte es schon sein! Wollen Sie mich nicht mißverstehen, meine Herren Lehrer, ich will keinen beleidigen, ich denke mir nur: in gewisser Hinsicht hat der Lehrer dem Schüler zu dienen. Ganz allgemein und grob gesagt, aber es soll nicht demagogisch sein: die Schule soll dem Schüler helfen.

Schattmann (ohne aufzusehen): Aber zum Teufel, Sie sind doch etwas geworden.

E. (sehr leise): Ich – weiß – nicht –.

Schattmann: Was heißt das?

E. (schweigt).

Schattmann: Ich denke, Sie sind Arzt?

Bräuel neben ihm nickt heftig.

E. (steht lange stumm, macht dann eine Bewegung, wendet sich offenbar innerlich mit einem Ruck von etwas ab, spricht in einem veränderten frischen Ton, der zuerst gezwungen klingt): Als ich also in der

Schule anfing, ging es mir ganz gut. Mein erster Lehrer, in der Sexta, waren Sie, Herr Professor Haffner. Sie hatten ein schweres Augenleiden, man hatte Ihnen ein Auge entfernen müssen. Ich war in Ihrer Klasse Erster, blieb Erster bis zur Quarta. Ich habe Sie gut in Erinnerung, Herr Professor. Eine kleine Leidensgeschichte passierte mir bei Ihnen, Sie wissen nichts davon. Es ist vielleicht nicht ohne Interesse, etwas Privates vom Schüler zu hören. Sie wissen, es gab in den Klassenzimmern einen Schrank zur Aufbewahrung für allerlei Material. Ich als Erster hatte den Schlüssel dazu. Den Schlüssel trug ich an einem Bindfaden um den Hals. Eines Tages – war der Schlüssel weg. Ich hatte ihn verloren. Der Bindfaden war bei irgendeiner Gelegenheit aufgegangen. Nun, es wäre ja ein leichtes gewesen, den Schaden zu reparieren. Ich hätte es melden können, ich hätte es zu Hause sagen können. Ich sagte es nicht. Der Schrank war zuletzt zufällig offen, ich ließ ihn offen und meldete es nicht. Ich war in ständiger Furcht, aus dem Schrank könnte etwas wegkommen, und dann hätte ich die Schuld daran, und außerdem kam heraus, daß der Schlüssel weg war. Es war ein unleidlicher Druck, monatelang. Zu Hause war jeder Pfennig heilig, ich mochte nicht nach Geld kommen, der Schlüssel sollte 1,50 M. kosten. Ich dachte an Sparen, aber nach Monaten, Monaten hatte ich erst 30 Pfennig zusammen. Ich träumte nachts von dem Schlüssel. Oft stellte ich mir die Situation vor, wie ich es offenbaren würde, und ich setzte tatsächlich öfter dazu an: also ich fasse mich an den Hals, wo ist mein Schlüssel, die Strippe ist entzwei, ich hatte ihn eben noch. Und dann wird in der Wohnungen nach dem Schlüssel gesucht, und mir ist ein Stein vom Herzen gefallen. Dutzende Male ging ich nach Hause mit dem festen Entschluß: heute sage ich's. Ich habe es hingehalten bis dicht vor der Versetzung. Dann mußte ich es sagen, und dann war es gar nicht schlimm. Meine Mutter war nur besorgt, daß es mir in der Schule schaden würde. Sie ging gleich in die Schule, es war Nachmittag. Sie waren grade da, Herr Professor. Sie erzählte mir nachher, Sie waren da und sagten: Ja wirklich, der Schrank ist offen. Da wurde der Schuldiener geholt, der Schlüssel wurde angefertigt und – alles war gut. Es ist sonderbar, wie man sich schon so als Kind, ich war dreizehn Jahre, das Leben durch Gedanken schwer machen kann, durch Scham, durch Furchtsamkeit. Es waren viele drückende Momente in dem Jahr gewesen, ich weiß, die Schuld war bei mir. Das hat vielleicht für Sie kein großes Interesse. Es ist nur ein Privaterlebnis.

Bräuel (der Mathematiker, sehr eifrig): Oh, es hat für uns doch ein großes Interesse. Es bestätigt, was wir von Ihnen dachten. Sie hätten eben offen sein sollen. Es hat Ihnen auch später immer an Aufrichtigkeit gefehlt.

E. (ohne zu lächeln): Ich weiß es. Ich bin wenig offen gewesen. Hätte es mir aber bei Ihnen geholfen, Herr Professor? Zur Offenheit gehören immer zwei.

Bräuel: Nein. niemals. Zuerst gehört zur Offenheit einer.

E.: Sie haben recht. Der sollte ich sein.

Bräuel: Ganz sicher.

E. (blickt ihn starr an): Ich – konnte nicht sprechen. Ich konnte es nicht. Und – warum waren Sie nicht der erste, warum haben Sie mir nicht die Zunge gelöst?

Bräuel: Das ist ja noch besser. Sollen wir auch damit zu tun haben. Wir haben doch nicht Charakterfehler zu heilen.

E. (zuckt, läßt die Schultern sinken, steht schlaff): Danke. (Nach einer Pause:) Dann also kam ich zur Quarta. Von da sank ich. Ich wer erst noch ein leidlicher Schüler, dann wurde ich mittelmäßig, dann schwankte ich zwischen mittelmäßig und schlecht. Ich ging zur Schule, es war Dienst. So blieb ich bis zum Ende, bis zum Schreck des Abituriums.

Bräuel (die Hände faltend, breit, sich vergnügt nach links und rechts an seine Nachbarn wendend): Das bestätigen wir gern. Ich denke: alle. Sie waren eine traurige Figur.

Buttler (der alte Butt, ein ausgezeichneter Mensch, Altphilologe): Aber Herr Kollege, lassen wir doch das.

E.: Nein, Herr Professor Buttler, ich bitte sehr darum, lassen Sie doch Herrn Professor Bräuel sprechen. Er gerät grade in Zug. Ich war eine traurige Figur. Die Meinung hatten Sie noch, als Sie vor einigen Jahren meinen Freund Kurt, den Rechtsanwalt, in Halensee auf der Brücke trafen. Wir waren beide schon lange aus der Schule. Sie erkannten ihn gleich wieder. Er erzählte, er sei jetzt Rechtsanwalt. Wie Sie staunten! Sie sagten: ‹Sehen Sie mal, ist doch noch etwas aus Ihnen geworden. Und Sie treiben Praxis? So so. Das können Sie also!› Dem war mal bei Ihnen folgendes passiert, er erzählt es noch heute: er mußte für eine mathematische Berechnung an die Tafel. Er hatte sich gut auf die Sache präpariert; denn er wußte, wie gern Sie ihm eins auswischten. Da stand er nun vorne, diesmal konnten Sie an ihn nicht ran, Sie saßen und lauerten. Die Aufgabe war richtig, aber der Junge war unruhig, und mit

Kreide konnte er nicht gut schreiben. Da tadelten Sie wenigstens die Schrift: ‹Eine schlechte Handschrift ist ein Zeichen für mangelnde Wahrheitsliebe.› So, nun konnte er sich wieder setzen; die Sache war in Lot. Auch nach mir erkundigten Sie sich in Halensee freundlicherweise. Es ging Ihnen nicht ein, daß wir überhaupt lebten, daß wir existenzfähig waren.

Bräuel (lehnt sich ruhig zurück): Ich nehme an, daß Sie sich draußen besser entwickelt haben als in der Schule.

E.: Ich verstand keine Mathematik auf der Schule, verstehe auch heute nichts davon.

Bräuel (blickt gelassen um sich, nickt dem Einlader freundlich zu): Man kommt draußen mit weniger klaren Köpfen aus. Das ist uns nicht unbekannt. In der Schule müssen wir auf Logik und Exaktheit achten.

Buttler: Aber bitt schön, Herr Einlader, Herr Doktor, bitt schön, sprechen Sie doch weiter! Uns interessieren wirklich Ihre persönlichen Eindrücke und Ihre Erfahrungen sehr. Es ist wie auf der Bühne: man sieht gern einmal das Stück von hinten. Sprechen wir doch davon. Die Geschichte mit dem Schlüssel in der Sexta war schon sehr lehrreich. Oh, man muß auf Kinderseelen achten. Aber ich sage immer: Zeit haben, Zeit haben! Hefte korrigieren, Konferenzen, man hat seine eigenen Interessen. Und dann der Lehrplan, das Pensum, ein Jammer.

E.: Sie sind sehr nett, Herr Professor, Sie sind gut wie immer. Mein Schiffchen war eben – beinahe am Kentern. Private Erlebnisse und Eindrücke. Mir fällt, wenn ich den Herrn Mathematiker höre, grade etwas ein. Ein Angsttraum. Den habe ich wie viele Menschen. Also ich träume, Herr Professor Buttler, ich muß träumen, ich bin so alt, wie ich wirklich bin, also dreißig Jahre, vierzig, fünfundvierzig, und dann muß ich aus einem Grunde, ich weiß nicht warum, aber ich muß hierher in die Schule gehen und mich in die Klasse setzen zu den Jungens. Ich muß mich neben sie auf eine kleine Bank setzen. Ich weiß, ich habe doch schon das Abiturium gemacht, ich habe doch sogar schon studiert, ich bin Doktor. Aber – ich sitze da, unglücklich, ich faß nicht, was das hier ist, man gibt mir die alten Bücher in die Hand, von Zeit zu Zeit stehe ich auf, um zu sagen, daß ich ja schon Examen gemacht habe, und ich habe schon studiert! Aber ich muß mich wieder setzen, es hilft nichts.

Bräuel: Nicht schwer zu erklären. Sie sind nicht fertig, Sie haben noch zu lernen. Sie haben etwas gutzumachen.

E. (die Augen leuchten auf): Wunderbar, Herr Professor!

Andere Lehrer (durcheinander): Unsinn! Alter Dämonenglaube!

Bräuel (dreht sich zu ihnen): Der Mörder, den es zur Tatstelle drängt. In meiner Heimat erzählen sie noch andere Geschichten.

Andere Lehrer (es ist ein Zischeln, schwirrendes Reden): Dämonenglaube. Sie wissen es doch besser, Herr Kollege.

E.: Ich – träume von der Schule wie ein anderer nach einem Unfall! Im Krieg sind viele erkrankt nach Erschütterungen, Granatexplosionen, Bombenabwürfen. In ihren Träumen trat immer diese Situation vor sie; beängstigte sie. Warum? Es sind keine Mörder. Die Leute sucht im Traum wieder die Situation heim, die sie überrascht hat. Das ist die Gegenreaktion ihrer Seele. Sie ist erkrankt, weil sie sich damals nicht wehren konnte, weil sie zu heftig, zu plötzlich überrumpelt, überrascht wurde. Jetzt zaubert sie sich im Traum die Situation vor, geht sie von neuem an, und allmählich erstarkt sie daran. Der Schock heilt aus, das Gleichgewicht zwischen innerer Kraft und äußerem Stoß wird wieder hergestellt. So wie ein Boxer lernt, seine Bauchmuskeln gegen einen gefährlichen Schlag hart zu machen. Darum – darum träume ich von der Schule. Sie meinen, ich soll das Pensum nachholen? Nein, ich muß die Schule im ganzen, diesen Unfall, diese Granatexplosion, bewältigen. Sie ist bewältigt. Der Traum kommt nicht mehr. Aber es geht weiter. Das Resultat genügt mir nicht. Um meinetwillen, auch um anderer willen. Ich muß Sie nun real und direkt anfassen, meine Herren. Wir stehen auf gleichem Boden. Ihr Gesicht soll sich mir zudrehen. Jetzt kommt die Frage nach den Urhebern, den Schuldigen, den Verantwortlichen dieser Explosion!

Schattmann: Herr Einlader, Sie kennen mich, und wie Sie sagen, haben Sie keine schlechte Erinnerung an mich. Nun nehmen Sie sich zusammen und denken Sie einen einzigen Gedanken zu Ende, den aber konsequent. Sie sprechen mit Empfindung, im Affekt. Was soll das hier. Sind wir Männer? Sprechen Sie sich aus oder sprechen Sie sich nicht aus, wie Sie wollen, loben Sie, toben Sie oder tadeln Sie, gehen Sie zu Ihrer Mutter. Mich interessieren Ihre Träume nicht, bedaure. Sie haben bei uns etwas gelernt, Sie haben den Lehrplan bewältigt, Sie haben dazu allerlei Arbeiten an sich vornehmen müssen, das ist erfolgt. Wir sind kein Kindergarten. Sie stehen auf eigenen Beinen. Nun machen Sie mit den Sachen Schluß. Zum Teufel, wo gehobelt wird, fallen Späne.

Ein Turnlehrer: Er war immer ein Schlappier, ein Drückeberger.

Geschichtslehrer: Sachlich sein, das ist Preußentum, Herr Einlader.

E. (läßt sich nicht unterbrechen): Es ist aber geschehen, daß ich die Grenzen dieser Sachlichkeit erkannt habe. Es kommt darauf an: wie man gebracht wird zur Sachlichkeit und wessen Schlichkeit? Ob ich diese Sachlichkeit will oder nicht will? Ob sie mir fremd oder genehm ist. Sie sagen: leisten, leisten. Ich frage, habe immer gefragt, schon auf der Schule, ohne es klar zu wissen: für wen leisten, für was sind diese Leistungen? Schattmann (hart): Danach haben Sie nicht zu fragen. Das unterliegt nicht und unterlag nicht als Schüler Ihrer Kompetenz. Das haben Ältere und Klügere für Sie gedacht. Sie hatten zu leisten und sich an den Erfordernissen zu bilden. Was Sie sich dabei denken, ist gleich.
E. (wild): Das ist falsch! Leistungen, und wenn ich dabei vor die Hunde gehe! Für mich hat keiner zu denken, oder Sie haben gegen mich gedacht, Sie haben falsch gedacht. Ich hab gar nicht in Ihrer Rechnung gestanden. Ich will Ihre Klugheit aufdecken. Sie wollten mich, dieses Ich, mit Haut und Haaren zu Ihrer Sache machen. Zu einer Sache. Das ist es. Zum Träger Ihrer Sachlichkeit. Aber das war Barbarei, das ist keine Erziehung. Ich war Ihnen zur Bildung übergeben, ich war Ihnen nicht verkauft.
Schattmann: Unklare Phrasen. Gewäsch. Wirklich, Sie müssen noch einmal in die Schule.
E.: Ihr ganzes System hat uns nicht angehört. Es war noch stolz darauf, daß es uns nicht hörte. Dabei haben Sie nicht bemerkt, was geschah. Sie wollten das Wort ‹Ich› nicht hören. Ich pfeife auch auf das Ich. Aber bei Ihnen hat einer das Ich ausgesprochen. Ein einziger. Der Staat! Was sich ‹Staat› nannte! Und nicht bloß ‹Ich›, sondern gleich herausfordernd ‹Wir› im Plural der Majestät. Wir, das waren die Hohenzollern, der Hohenzollernstaat, für den ich mein Ich aufgeben sollte. Wenn da solch großartiges Ich da war, das alle verschlang, die Schule verschlang, die Schüler verschlang und zu einer Sache machen wollte – ich sage nicht ‹nein› dazu; ich frage nur, und ich habe das naturgegebene Recht da zu fragen, das behaupte ich Ihnen gegenüber, zu fragen: wer war dieses Ich, was wollte dieses *Ich*? Ich darf es ansehen. Ich darf es abtaxieren. Und was mich anlangt: wofür wollte mich dieses Ich? Sagen Sie, Herr Professor Schattmann, Sie haben sich nie diese Frage gestellt!
Schattmann (zornig): Ja, Herr. Das habe ich getan. Ich bin Beamter. Sie scheinen den Staat nicht zu kennen. Ich habe ihm gedient.
E.: Aber ich habe ihm nicht gedient. Ich nicht! Ich diene noch heute keinem Staat. Mich wird niemand dazu bewegen. Hölderlin, Schopen-

hauer, Nietzsche haben schon unter meiner Schulbank gelegen! Das waren meine Ichs! Ich habe schon als Quartaner gedacht und geschrieben. Sie haben diesen Dienst am Staat freiwillig gewählt, mich und die anderen hat keiner gefragt. Wir waren Jungs, Schüler, Ware. Sie hielten es nicht einmal für nötig zu fragen. So nichts waren wir. – Es ist mir bitter, so zu sprechen. Es wird mir schwer, gerade gegen Sie zu sprechen, Herr Professor Schattmann. Ich möchte mir die Zunge abbeißen, daß ich es tun muß.

Schattmann: Sie bellen, mein Herr, Sie sind mehr unser Schüler, als Sie zugeben wollen. Ich möchte aber diese einseitig erregte Diskussion einen Augenblick unterbrechen und Sie fragen, was man sich erzählt. Es ist mir da zugetragen worden: Sie haben innerhalb der Schule, im Schulgebäude unten in der Treppenhalle, auf den Fußboden gespien. Absichtlich. Was zum Teufel soll das?

E. hat die Augen gesenkt.

Der Direktor: Ich bitte auch um eine Erklärung. Mir ist die Sache eben erst zur Kenntnis gekommen, und ich möchte ohne eine zufriedenstellende Auskunft von einer weiteren Aussprache absehen.

E.: Ich will sagen, daß ich es getan habe. Ich möchte nur bitten, mich von einer Erklärung dazu zu dispensieren. Ich sehe voraus, der Augenblick ist bald da. Sie werden es dann verstehen.

Schattmann (scharf, schreit): Da ist nichts zu verstehen.

E. (ebenso laut): Wir sind nicht mehr auf der Schule, Herr Professor. Sie werden sich schon gedulden, bis ich davon sprechen will. Ich werde antworten, wenn es mir paßt. Was murren Sie? Sie haben jetzt keine Kraft, zu entweichen. Sie sind tot. Sie sind nicht mehr meine Lehrer, meine Vorgesetzten. Endlich habe ich Sie doch überlebt. Die Welt geht weiter über Sie. Hier sind Sie, Sie rühren sich nicht! Wir sprechen weiter vom Ich und von der Sachlichkeit. Und wie haben Sie die Sachlichkeit getrieben? Herr Professor Bräuel, haben Sie einmal über Ihren Mathematikunterricht nachgedacht? Da steht so ein Ich, ein armes uninteressiertes Ich, und Sie fangen an, mit mehr oder weniger Hohn, mit Selbstüberschätzung, mit Überschätzung Ihres Fachs – oh, Sie waren alle Päpste –, fangen an, auf das Ich einzuhämmern, Lehrsatz nach Lehrsatz, Beweis nach Beweis, Formeln auf Formeln. Was treiben Sie in das Ihnen unbekannte, Ihnen uninteressante, aber dennoch lebende Ich hinein, lauter Fremdkörper? Mir waren es Fremdkörper. Und um jeden Fremdkörper ein neuer Widerwille. Sie waren kein böser Mensch, aber Sie verstanden so viel vom Menschen wie eben ein Mathematiker. Und wie pensionsberechtigte Beamten verpflichtet sind, vom Menschen zu verstehen. Eine lächerliche Sache überhaupt, diese Mathematik auf den Schulen. Für die meisten wertlos, ein abseitiges Gedankenspiel, eine Qual, weil ohne Anschauung, ohne Ziel, ohne Bindung mit einem Leben. Man soll diese Art Abstraktion verbieten oder in die Akademien schicken. Übrigens nur diese Art Mathematik, die Mathematik von heute. Früher war es eine großartige Sache, das Geheimnis von der Zahl, eine Religion. Und wie verläuft so ein Schultag, ein sachlicher, im ganzen? Diesen Unterricht habe ich jetzt, und nach der Pause ist ein anderer, der ist gleichgültig, und so schleppen sich die Stunden hin, und zu Hause gibt es Schularbeit bis in die Nacht hinein – aber eine Stunde ist Geschichtsunterricht, da wird von den Thermopylen und den Freiheitskriegen gesprochen, und wir lesen vom Tell und dem bösen Geßler: ‹Denn eine Grenze hat Tyrannenmacht› und ‹Vom Himmel holt man sich die Rechte›, Verlogenheiten, um mich zu begeistern. (Der Einlader bezwingt sich, seine Mundwinkel zucken.) Ich pfeife auf Befreiungskriege, auf das Gerede von Fremdherrschaft. Was geht mich das an. Ein Soldat mit roten Hosen geht auf der Straße, hat ein Bajonett, nun ja, das ärgert einen. Aber die Fremdherrschaft zu Hause! Die Knechtschaft wird nicht besser, wenn sie ein Landsmann ausübt. Der Franzose in der Schule! Da habe ich's gesagt. Das sind Sie gewesen. Darum habe ich mich für Ihren Geschichtsunterricht ebensowenig begeistern können wie für andere Fächer.

Der Unaussprechliche steht auf. (Der Einlader nennt seinen Namen nicht): Das ist vollkommen richtig. Sie waren ein Rebell. Ein Widerspenstiger. Die Schule hat bei Ihnen versagt.

E. (zittert, wie er den Unaussprechlichen sieht): Jetzt würde ich bitten, es gäbe so etwas wie Beschwörungsformeln, Zauberei. Ein Kranker, der mich konsultierte, hat mir einmal gesagt, er habe besondere Strahlen in der Hand, Kurzstrahlen. Sobald er die Formeln ausspricht, zerspringt alles in Stücke. Daß Sie noch leben. Obwohl Sie lange tot sind, daß Sie noch da sind.Der Unaussprechliche: Ich gehöre zu Ihren Lehrern. Daß Sie mich hassen, weiß ich. Es ist mir eine volle Genugtuung, den schlechten Schüler jetzt wieder zu sehen. Er will paradieren. Eine Paraderolle. Sie mißglückt ihm aber.

E.: Als ich einlud, habe ich nicht an den gedacht. Ich hätte die Einladung nicht fertig bekommen. Das ist ein Lebensverkürzer.

Der Unaussprechliche: Sie dachten wohl, daß wir Sie hier mit ‹Danke schön› reden lassen würden.

E. (dreht sich entschlossen zum Fenster): Herr Professor Konrad, ich sehe Sie, ich freue mich, Sie wiederzusehen. Wir hatten in den Oberklassen Deutsch bei Ihnen. Wir lasen etwas Goethe, aber vor allem Schiller, Sie wissen, die langen philosophischen Gedichte. Es ist kurios, Schiller scheint diese Gedichte für Schulzwecke geschrieben zu haben. Ich habe später nicht gehört, daß sie einer liest. Überhaupt Klassiker, meine Herren, das große Gut, es ist schlimm, sinkt aus dem Volk oder berührt nicht das Volk und bleibt zuletzt wie ein Stein – in der Schule liegen. Tolles Kapitel, deutsche Bildung. Ich möchte nicht Klassiker sein. Sie lasen uns die Gedichte vor, Herr Professor. Dabei standen Sie vor dem Pult, einen Arm rückwärts aufgelegt, Ihre Kleider waren Ihnen zu weit. Sie waren ziemlich groß, schwungvoll dünn. Sie hielten immer den Kopf so zurückgebogen. Sie sprachen vom Wahren, Guten, Schönen. Wenn Sie es sagten, war es echt, die Worte tönten nicht bloß. Es war rührend, Sie zu sehen. Wenn Sie ein Gedicht vorlasen, glauben Sie mir, Herr Professor, dieses habe ich behalten, diese Haltung hat sich mir eingeprägt. Wenn ich an Schiller und den Idealismus von 1800 denke, denke ich an Professor Konrad, und dann – ist Schiller wahr. Schiller kann sich freuen, Herr Professor. Er hat es gut bei Ihnen gehabt. Wenn Sie ihn oben sehen, haben Sie keine Furcht, sprechen Sie mit ihm, erzählen Sie ihm, was Sie eben gehört haben.

(E. schweigt plötzlich, blickt auf das Pult. Er hat gesehen, wie ein Schein über Professor Konrad lief, als wenn der von Blut überströmt wäre. E. fährt fort:) Später einmal, in der Prima, sangen wir zusammen in einem großen Chor, draußen bei Kroll. Die Proben waren in der Steglitzer Straße. Es war Fausts Verdammnis von Berlioz. Das hat mich ungeheuer gefreut, Sie da zu sehen. Hat mir kolossal wohlgetan, wie Sie da mitsangen, zwei Reihen rechts vor mir, Sie, der Lehrer, und ich, der Schüler. Ich war gleich zehnmal williger, Ihnen alles zu glauben, was Sie sagten, und die Arbeiten bei Ihnen zu machen. Einmal sah ich sogar zu meiner großen Freude, wie Sie sich bei dem Dirigenten entschuldigten, daß Sie das letztemal nicht da waren. Genau wie jeder andere machten Sie das und mußten das tun, freilich auf eine edle Art, wie Sie das so an sich hatten. Ich sah zu, ging rasch im Gedränge aus dem Saal. Ich freute mich. Ich war auch am nächsten Tage froh, und mein Wohlwollen verteilte sich auf die ganze Schule.

(Allgemeine Ruhe, Pause. Der Einlader blickt wieder auf:) Und was war Ihr Griechisch für ein Vergnügen, Herr Professor Buttler. Ich bin nicht mehr ganz sicher, Sie sind wohl schon bald nach meiner Schulzeit gestorben. Einmal fielen Sie oben auf dem Katheter hin, Sie waren ein alter kleiner Mann, sprachen so drollig aus einem Mundwinkel wie ein Pfeifenraucher. Ja, das weiß man noch lange, andres vergißt man. Es war Ihnen eigentlich jeder gut. Sie versuchten manchmal, streng zu sein, aber es gelang Ihnen nie. Ihre Herzlichkeit brach immer durch. Ihre Stunde war für uns immer eine Art Pause, man trieb Allotria, machte Arbeiten für andere Fächer, las mitgebrachte Bücher. Drollig, wenn wir auswendig Gelerntes, Homer oder Sophokles, hersagen mußten. Wir meldeten uns, es wurde rezitiert, natürlich mit Souffleur; stellten Sie sich daneben, dann ging es nicht weiter, Sie sagten unwillig: ‹Na, lassen Sie's sein.› Manche sagten drei- bis viermal dieselbe Partie her und ernteten von Ihnen Lob.

Buttler (lächelnd): Ich weiß. (Seine Nachbarn erstarren.) Nun kommen meine Schandtaten ans Licht.

E.: Herr Professor schämen sich nicht.

Buttler: Nein, gar nicht. Ich habs mir im Himmel abgewöhnt.

E.: Ja, manchmal kam es uns auch vor, als wenn Sie etwas merkten. Wenn wir bei Ihnen mit Papierkügelchen warfen oder Ihnen Zettel hinten an den Rock hefteten, schimpften Sie, nahmen es aber nie tragisch. Sie hatten uns erkannt. Im April oder Mai kamen viele von der Pause nicht in Ihre Stunde, manchmal fehlte die Hälfte der Klasse. Sie fragten: ‹Wo sind die andern, bitt schön?› Einstimmige Antwort: ‹Frühlings-feier, Herr Professor.› Dann schickten Sie welche herunter, die andern zu holen, die kamen auch sehr langsam und erzählten strahlend und un-schuldig von der herrlichen Luft, von dem schönen Wetter. Und dann setzte man sich ruhig. Sehen Sie, Herr Professor, niemals hätte da in der Lehrerkonferenz verlauten dürfen, Sie hätten es auf keine Weise ver-teidigen können. Ich versichere Sie aber gegen Ihre gelehrte Konferenz: das waren wohlige und pädagogisch herrliche Momente. Auch wie Sie selbst einmal heruntergingen, uns holen wollten und – selbst unten blie-ben. Und dann sagten Sie: ‹Wir müssen aber anfangen›, und es ging leise die Treppen hinauf.

Buttler: Ich habe selbst den Mai geliebt, bitt schön, sogar auf dem klei-nen Schulhof.

E.: Grau in grau malten die anderen Stunden, bei Ihnen tauchten wir in

Farbe, Herz, Spaß, Welt, und daran konnte man selbst blühen. Sie erzählten, von sich, und was für ein Mann Ihr Lehrer Boekh gewesen war. Das lief wie Milch ein.

Eine hämische Stimme: Andante con moto.

Eine andere: Was sagen Sie zu der Elegie? Erst gibt es Zucker, die Peitsche kommt noch.

Eine andere: Er macht den Vordersatz lang, aus Furcht, er bringt den Nachsatz nicht heraus.

Eine krähende Stimme: Was ist mit dem Ausspucken? Wie steht's mit der Sachlichkeit? Schützen Sie keine Gefühle vor.

E.: Den Nachsatz haben Sie schon gehört. Bureaukraten, Lehrbeamte wollten mich zum Rekruten, zu Ihrer Sache machen. Diese Sache zu sein, lehnte ich ab. Ich lehnte Ihren Götzendienst ab.

Schattmann: Das ist toll.

E.: Es war für mich Götzendienst. Sie waren seine Beauftragten, bezahlten Funktionäre, mehr nicht, ich hatte das durchschaut. Ich nicht allein. Da waren noch andere auf der Schule. Denen stand es nicht so auf der Stirn wie mir. Ich duckte mich oft, trieb Mimikry, aber man durchschaute mich. Ich war und blieb ‹Opposition›. Ohne daß ich etwas tat, zog es mir von rechts und links bei Ihnen Abneigung, ja Widerwillen und Haß zu. ‹Übler Patron, schlechtes Element› nannte mich öfter der Turnlehrer. Die Herren brauchten sich ja nicht zu beherrschen; ihnen hatte Gott den Mund und die üble Laune gegeben, uns die Ohren und die Parole: stillgestanden. Ich hatte, scheint es, etwas an mir, das Sie aufreizte. Sie merkten: ich und noch andere hatten nicht nur Ohren. Wider die göttliche Ordnung. Von Klasse zu Klasse wurde das durchgeüsagt. Es war wie in Steckbrief.

Eine hämische Stimme: Man hätte Sie ausstoßen sollen.

E.: Sie hätten mehr auszustoßen gehabt, als Ihnen lieb war. Die Freischule hatten Sie mir schon in der Tertia oder Sekunda entzogen; ich war nicht würdig, ich war ein schlechter Schüler. Sie haben auch sonst wohlwollend an mir gehandelt. Auf mein Einjährigenzeugnis haben Sie mir eine schlimme Betragensnote gesetzt, die das ganze Zeugnis beinah wertlos gemacht hätte. Da saß ich auch einmal in der Sekunda, war bald zwanzig Jahr – um die Zeit ist man kein Kind mehr, ich drückte noch die Schulbank, ohne Ende, zweimal mußte ich zum Schluß sitzenbleiben, die Mathematik ließ mich nicht durch – da in der Sekunda las ich Schopenhauer, hatte ihn unter der Bank liegen. Plötzlich gab es Revision, man findet bei mir ‹Die Welt als Wille und Vorstellung›, der Herr Revisor sagt streng und verächtlich: ‹Sie sollten sich auch lieber mit anderen Sachen beschäftigen.› Aber ich tat es nicht. Ich schrieb schon damals allerhand, was man freilich nicht in der Mathematik lernt.

Bräuel lächelt geringschätzig.

E.: Sie meinen, es war nichts? Es war eine andere Denkkraft, von der Sie offenbar auch heute noch keinen Begriff haben. Um dieselbe Zeit saß ich einmal auf der Bank, flüsterte, gewiß zu Unrecht, mit dem Nachbarn. Da standen Sie, Herr Professor Rudner, vom Katheter auf, kamen ruhig den Gang entlang zu mir: ‹Sie haben gesprochen?› und schlugen mir klatschend ins Gesicht. Und ich – die Wut ist noch heute in mir –, ich schlug nicht wieder. Das waren die Methoden der Sachlichkeit. Und zum Schluß, zum Abschluß, jetzt sollen Sie befriedigt werden, komme ich zum Ausspucken, meine Herren.

(Einlader kaut wieder, beißt an seiner Lippe, aber er ist nicht weich. Er blickt von unten herauf finster in den Raum. Der Lehrer bemächtigt sich eine Unruhe, sie drängen aus den Bänken, strömen aber merkwürdigerweise nach vorne zu.)

Schattmann: Heraus damit. Zum Teufel, sprechen Sie. Sagen Sie, was vorging.

E.: Ich habe kaltes blut, Sie können von mir lernen. Es war Abitur. Natürlich kam ich auch in die mündliche Prüfung, da war nichts Besonderes dran, ich war kein guter Schüler. Der Schulrat kam, der ‹Königliche Kommissar›, ich weiß noch seinen Namen, wir waren alle festlich angezogen. Wir warten in einer Klasse. Aber die Prüfung beginnt nicht und beginnt nicht. Die Vorkonferenz mit dem Schulrat dauert sehr lange. Dann läßt man uns hinein. Und sogleich werde ich vorgerufen. Die Lehrer saßen da an einem Tisch. In der Mitte des Tischs der Schulrat. Der war so gut und so schlecht wie die andern, die da saßen. Sie hatten ihn informiert über mich. Über meine Leistungen wäre er wohl hinweggekommen. Das hätte ihn nicht in Zorn gebracht. Er schwenkte über mich eine Fahne, die ich kannte. Es war schmachvoll, beispiellos, was ich mir anhören mußte. Ich wurde wie ein Strolch, wie der dümmste Junge angeschrien. Angepöbelt. Wegen meines Betragens. Daß ich nicht verdient hätte, zur Prüfung zugelassen zu werden. Der Ausdruck ‹sittliche Unreife› fiel ein paarmal. Das wagte mir der Mensch, der Schulrat, der mich nie gesehen hatte, zu sagen. Er wußte, dieser Knabe, ich muß stillhalten. Ich fragte mich immer, während ich dastand: was habe ich nur getan? Aber mir schlug noch einmal die Fremdheit, Abneigung entgegen, und ganz offen, die ich schon kannte. Er mußte seine Wut an mir auslassen, er mußte mich moralisch ohrfeigen, er auch, weil er hörte, daß ich nicht von seiner staatlich konzessionierten Art war. Ich hatte nicht nötig, mich zu überwinden. Ich zitterte physisch. Ich fürchtete, ich könnte durchfallen und müßte hier noch länger bleiben. Dann – bestand ich. Beim Verlesen des Resultats durch den Schulrat gab es für mich die strenge Ermahnung und die Hoffnung, daß ich mich draußen zusammennehmen werde und die Lehren der Schule beherzigen werde. Nein, ich habe die Lehren der Schule nicht beherzigt. Nie habe ich das getan. Ich bin 'runter gegangen, und unten habe ich auf den Boden gespuckt. Jetzt haben Sie meine Antwort. Noch heute gehe ich im Bogen um die Schule herum. Noch heute widert sie mich an, die Bastille.

Der Unaussprechliche: Das wissen Sie doch. Spielen Sie kein Theater. Sie sind Schriftsteller, das macht zwar verlogen, aber bei uns verfängt es nicht.

E.: Kommt nur her. Drängt euch nur zusammen.

Der Unaussprechliche: Sehen Sie, wie er aus dem Häuschen kommt, wenn er mich hört. Hier verfangen seine Phrasen nicht. Der Schwadroneur. Der Aufhetzer. Lassen Sie mich nur vor. Er soll mir nur ins Gesicht sehen.

E. (kommt vom Katheder): Die Zeit des Zitterns ist aus. Es gibt kein Stillschweigen mehr. Von uns beiden ist einer lebend, der andere ist tot.

Der Unaussprechliche: Der Tote sind Sie.

Andere (lachend): So ist es.

E. (brüllt): Ruhe im Glied, alle, ihr Schatten, bloße Gespenster, Luft, ich puste euch weg, Papierfetzen, Fliegenbeine, Dreck. Wenn ich euch nicht gerufen und beschworen hätte, wo wärt ihr. Ihr wißt schon, warum ihr schweigt, wenn ich euch frage: wo haltet ihr euch auf? Ihr haltet euch nirgends auf. Ihr seid nur vorhanden in mir und in den vielen, vielen anderen, die ihr belehrt, nein, gedrillt und gequält habt. Aus ihnen allen habe ich euch hergerufen. Weiß Gott, ihr habt euch nicht verändert, ihr habt eure Glieder beisammen. Und Sie, Unaussprechlicher, Sie waren mein Lehrer, Sie Tigerseele, Sie Untier. Stellen Sie andern sich nicht in eine Reihe mit dem. Weil Sie Schatten sind wie er, halten Sie nicht mit ihm zusammen. Ich nenne ihn nicht bei Namen, sein Gift soll durch keinen Namen zusammengehalten werden. Das System ruiniert seine Funktionäre. Das System erzeugt Bösewichte oder begünstigt sie. Wie es Soldatenschinder und Soldatenselbstmorde begünstigt hat. Hier ist der Bösewicht.

Der Unaussprechliche: Ja, ich. Und hier ist der Rebell.

E.: Der ich war. Aber das wäscht Sie nicht rein, Herr Professor.

Der Unaussprechliche: Sie brauchen mir nicht viel zu erzählen, das weiß ich alles selbst.

E.: Ich schmeckte Ihnen wohl gut, zum Frühstück oder morgens, wenn die Galle in Fluß geriet.

Der Unaussprechliche: Ja, auch dazu waren Sie geeignet.

E.: Sie wollen mich zum Rebellen stempeln. Aber ich bin nie einer gewesen. Ich bin nicht von Haus aus aufsässig. Ich habe mich immer nur in einer anderen Welt aufgehalten als Sie. Ich habe und hatte mein Pflichtgefühl, meine Strenge, meine Sachlichkeit. Sie nimmt es mit Ihrer auf. Ich habe gewußt, warum Sie meine scheinbare, nur gegen Sie gerichtete Schlaffheit und Apathie reizte. Sie rochen hinter Hölderlin, Schopenhauer, Nietzsche etwas Schlimmes, Gefährliches. Sie sagten ‹Empörung› und ‹Sittliche Unreife›, aber es war Ihr ‹Nein› zu meiner Welt.

Bräuel: Soll das eine Verteidigung sein? Das ist eine Begründung der Anklage.

E.: Nichts begründet das! Für diesen hier nichts, dessen Namen ich nicht nenne. Ihre Teufeleien, mein Herr, in der Sekunda habe ich fast gänzlich vergessen. Aus der Zeit habe ich nur noch Ihr Bild, die Statue, das Piedestal und den Mann darauf mit den stechenden Augen. Schließlich bin ich Ihnen doch entwischt, und ich kam aus Ihren Klauen. Dann sind Sie mir einmal nachgestiegen.

Der Unaussprechliche: In der Prima als Vertreter.

E.: Sehen Sie, wie Sie wissen.

Der Unaussprechliche: Ja, ich weiß. Einem Schuft, einem Aufsässigen nachzuspüren macht Freude.

E.: Mich, meine Herren, kennen Sie und halten mich nun für einen Feind von diesem. Aber ich habe erst in diesen Tagen einen anderen gesprochen, der mit mir zur Schule war, einen ruhigen Menschen, in angesehener Position. Wir sprachen von der Schulzeit. Und siehe da: er nannte, ohne daß ich daran tippte, den Namen dieses Unaussprechlichen! Er sagte: Wenn ich mich frage, ob es böse Menschen gibt, natürlich böse, grausame, so muß ich an diesen denken. Er ist mir unvergeßlich. – In der Prima, als einmal der Direktor erkrankte, ging es mir mit diesem so. Er, dessen Namen ich nicht nenne, weiß es, aber ich erzähle es doch. Er kam in die Klasse, setzte sich auf das Katheder, und zunächst verlief alles gut. Ich hatte das Pech, gerade vor ihm auf der ersten Bank zu sitzen. Während des Unterrichts saß ich ruhig, nur meine Hände bewegten sich spielend, ich spielte mit dem Bleistift. Ich war übrigens nicht nervös, sein Anblick machte mir gar nichts aus, denn wer war er? Ich hatte ihn hinter mir: die Vertretung. Aber er wußte es besser. Man kann auch eine Vertretung ausnutzen. Plötzlich hatte er es mit meinen Händen. Ich war zweiundzwanzig Jahre alt, was hatte er gegen meine Hände. Ich hielt sie also ruhig. Aber wie die Stunde weiterging, bewegten sie sich wieder, faßten nach dem Federhalter, legten ihn hin. Da sagte er plötzlich: ‹Ich habe Ihnen schon mal gesagt, Sie sollen Ihre Hände ruhig halten. Sie setzen sich hinten auf die letzte Bank.› Ich: ‹Meine Hände bewegen sich vielleicht etwas unruhig, ich habe das nicht absichtlich getan, deswegen setze ich mich noch nicht auf die letzte Bank.› Er: ‹Sie nehmen Ihre Sachen und setzen sich nach hinten.› Ich: ‹Dies ist mein Platz, der ist mir vom Direktor angewiesen.›

(Der Einlader kaut und knirscht jetzt nicht. Er steht neben dem Katheder. Er ist ganz aus sich herausgekommen, sein Gesicht ist von Wut zerrissen, er hat den Arm gehoben.)

E.: Er ist aufgestanden und hat gesagt: ‹Sie haben zu gehorchen. Ich weise Ihnen jetzt diesen Platz an.›

Der Unaussprechliche: So ist es gewesen. Sie wollten offen gegen den Stachel löken. Aber bei mir drangen Sie nicht durch.

E.: Ich packte meine Sachen nicht. Ich blieb stehen. Ein merkwürdiges freies Gefühl war plötzlich in mir. Ich hatte kein ganz klares Bewußtsein, was hier vorging oder vorgehen sollte. Aber in solchen Momenten tut man Dinge, die sehr wahr, sehr prägnant, symbolisch sind. Da – läutete Pause. Er nahm seine Bücher, ging zur Tür, sagte: ‹Morgen sitzen Sie auf dem Platz, den ich Ihnen gegeben habe.› Ich antwortete nicht. Die Mitschüler sprachen in der Pause davon. Ich blieb dabei, ich setze mich nicht auf den Strafplatz. Wie kommt der Mann dazu, mich wegen unruhiger Finger auf einen Strafplatz zu setzen, ich bin Primaner, zweiundzwanzig Jahre. Es waren alle meiner Meinung.

Der Unaussprechliche: Das glaube ich. Glaube ich gern. Weil Sie aufwiegeln.

E.: Am nächsten Tag – unterlag ich. Er stand an der Tür, er ging nicht in die Klasse hinein, rief mich bei Namen: Sie sitzen ja noch nicht auf

Ihrem Platz. – Das ist mein Platz. – Sie sollen Ihre Sachen nehmen und sich nach hinten setzen. – Ich werde mich beim Direktor beschweren. – Das können Sie. Jetzt setzen Sie sich auf den Platz. – Da war ich einen Augenblick still. Ich überdachte zwanzig Dinge auf einmal. Und war ganz ruhig. Ich will mir nicht mein Abiturium verderben. Es war wie beim Abitur selbst. Nur keinen Tag länger in der Bastille. Ich will keine Sekunde länger als nötig hier bleiben. Ich ducke mich. Für jetzt. Meine Stunde kommt schon. Ich nahm meine Mappe. Und setzte mich nach hinten. Wie ich mit meiner Mappe hinten stand, bevor ich mich setzte, haben Sie noch etwas von mir gehört. Ich glaube, Sie haben in Ihrer ganzen Schulzeit so Deutliches nicht gehört. Ich denke, Sie erinnern sich auch daran. Es war: Ich weiß schon aus der früheren Klasse, daß ich Ihnen zuwider bin, und das ist, allein das ist der Grund für meinen Strafplatz. Ich habe ja nur diese Stunde dagesessen, der Direktor erschien selbst, ich saß wieder auf meinem alten Platz. Der Direktor erörterte sofort den Vorfall, hörte den allgemeinen Ton der Mißbilligung, machte sich ein paar Notizen, und dann nichts mehr. Es scheint aber doch, dieses Erlebnis hat mir die ‹sittliche Unreife› beim Abiturium eingebracht. Der Unaussprechliche: Ich hoffe.

E. (ringt mit sich, er setzt einen Fuß vom Katheder herunter): Das ist aber genug. Meine Herren Lehrer, hören Sie sich das an, Sie können doch das nicht billigen.

(Die Schatten dringen dichter gegen ihn an, sind ganz nahe. Man hört von ihnen nur einzelne unsichere Brocken: Sie haben sich nicht in die Schuldisziplin gefügt. Es ist ein Röcheln, Lechzen unter den Schatten. Schritt für Schritt kommen sie an. Der Einlader erkennt sie.)

E.: Wenn Sie mich als Feind haben wollen, dann bin ich's. Achtung! Vorsicht! Starkstrom!

(Der Einlader ist vom Katheder vor die erste Bank gesprungen, er hält gegen die Schatten seine bloßen Arme hin. Sie schnüffeln an ihm hoch. Sie haben sich verdünnt. Er tobt, schlägt um sich, dabei zischeln sie gieriger und fließen mehr auf ihn zu. Zuletzt steht der Einlader in einer dünnen losen Nebelwolke, aus der ein Rascheln kommt. Er selber raucht, lodert. Drei Schlangenleiber züngeln aus dem Rauch hervor, beißen um sich.

Plötzlich zerteilt sich der Rauch, glührot. Der Einlader steht in einem Feuer auf dem Katheder und lacht. Er hat die Brille in der Hand, und – er lacht und lacht!)

E. (lachend): Meine Pauker! Meine Pauker! Ich zank mich mit ihnen! Ich unterhalte mich mit ihnen. Sind mausetot, und ich unterhalt mich mit ihnen. Laß fahren dahin! Ewige Ruhe den Dahingeschiedenen! (Die Schatten, der Nebel hat sich an die beiden Fenster gedrängt. Die Scheiben platzen von der Glut. Die Lehrer sind im Nu draußen.)

E.: Raus! Die Rasselbande raus! Das Mottenpack. Guck an, ein Lehrerpult, das hohe Gericht, mein Klassenzimmer. Da hab ich gelernt. Wer lebt hier noch? Wer oder was? (Die Bänke schwälen, brennen, das Lehrerpult zuerst.) Wer lebt noch? War einst ein König in Thule, der fuhl jetzt von dem Stuhle. Freie Bahn dem Tüchtigen. Adieu, Herrschaften, ich verschwinde auch, wünsche allerseits gesegnete Mahlzeit. (Er geht durch die brennende Tür. Draußen ist stockfinstere Nacht, ganz still. Er geht im Feuersurren die Treppe herunter; unten im Treppenflur brennt er am Boden eine Stelle aus.) Wo einmal Spucke war, braucht nicht ewig Spucke zu sein. Auch Spucke ist sterblich. Das war, dieweil wir uns freuten, und jetzt sind selige Zeiten. Wir sind nicht für Briefe mit blauen Bändern drum und Locken. Weg mit Schaden, in den Müll. Wenn ich jetzt spucke, kommt es von einem Rachenkatarrh. Nun habt meinen Segen allesamt, verehrte Säulen, verehrte Treppen, verehrte Oberlehrer und Unterlehrer, ruhet in Frieden. Wir schreiben 1928, wir haben ein neues Parlament und noch immer kein Geld, das sind unsere Sorgen, unsere einzigen Sorgen. Lebt wohl, winke winke, das Chaos hat euch, das Chaos soll euch weiter haben, es ist sehr schön im Chaos. Somit ist der Brief adressiert, frankiert, zugeklebt, abgeschickt. Nu aber raus. Die kriegen mich hier noch wegen Sachbeschädigung. Mal rasch einen Einstreifer. –

ES WIRD WASSER IN DIE LAUGE GEGOSSEN

Die Untersuchungskommission hat den oben Genannten und Beschriebenen nach diesem Tage noch zweimal besucht und gesprochen. Einmal am Morgen nach der unvermuteten Einschließung. Da fanden wir ihn einsilbig, mürrisch. Wir brachten das Gespräch natürlich nicht auf den gestrigen Vorfall. Es war uns aber nicht uninteressant, zu bemerken, daß er, der am Tisch vor sich hinstierte und den Kopf aufstützte, nicht einmal nach dem Verbleib seiner Papiere fragte. Wir sahen bei dieser Sachlage ab, ihn zu behelligen oder durch Fragen gegen uns einzunehmen.

Grade eine Woche darauf traten wir vier wieder zusammen, um die Beobachtung fortzuführen. Wir luden ihn zu einem von uns, dem Dr. P. ein, dem Zoologen, der ihm schrieb, er hätte einen ungewöhnlich guten französischen Kognak, den man unter seiner Assistenz probieren wolle. Da erschien er, wieder aufgeräumt, und die Unterhaltung verlief sonderbar und verquer, wie manchmal Gespräche mit ihm. Es kam burleskerweise im Beginn dazu, daß eigentlich er die Untersuchungskommission untersuchte. Wir waren vier Mann hoch bei unserem Dr. P. angetreten. Er kannte uns nicht genauer, hatte sich jedoch ruhig unsern Messungen und Fragen unterworfen, fragte nicht einmal: warum, wozu, zeigte jetzt plötzlich ein etwas unangenehmes Interesse für uns. Unser Mitglied R. meinte, er wolle uns verkohlen und vielleicht so die ganzen vorher erhobenen Resultate unsicher machen. Uns andern schien, er war gut aufgelegt und auf seine Weise wohlwollend gegen uns und uns zugetan. Von diesem, wie gesagt etwas peinlichen Teil der Unterhaltung und der Ausfragung wollen wir nicht berichten. Er fing nun an zu pfeifen und sagte dann direkt: «Ihr habt mir meine Papiere gestohlen.›

R. gab sie ihm sofort zurück. Wir hatten natürlich Abschrift genommen. ‹Sagt mal, was wollt ihr eigentlich damit?› Darauf meinte unser Dr. P. der Wahrheit gemäß, er sei Zoologe, und dann frech: ihn interessieren Zähmungserscheinungen, wie sie sich etwa bei dem Untersuchten auf der Schule gezeigt hätten, er prüfe jetzt auch nach, wie die Wandervögel, Zugvögel bei künstlicher Änderung der Temperatur, in magnetischen Kraftfeldern verschiedener Stärke sich verhielten. Diese Antwort hätte ein anderer natürlich sehr krumm genommen. Er aber freute sich, die Methode interessierte ihn, und er wollte nun wissen, was Dr. P. aus seinen Papieren ersehen hätte.

Da schoß er aber selbst dazwischen und kam unvermittelt auf die Zeitlupe zu sprechen. Der Untersuchte fragte uns einen nach dem andern nach der Zeitlupe. Unser Gast redete dann selbst: die Zeitlupe sei eine kluge, philosophische und sehr instruktive Sache, andererseits aber ein verlogenes Ding. Und von der Art der Zeitlupe seien alle Berichte, auch seiner. Sie ziehen Tatsachen beliebig zusammen oder strecken und dehnen sie, und dadurch kommt nicht bloß ein zeitlich verkürztes oder verlängertes Bild zustande, sondern ein falsches. Er argumentierte: ‹Nehmen Sie den Ozean. Gehen Sie an die Nordsee, wie sie stürmt, Wellen wirft, und schleppen Sie ein Dutzend Fässer an, füllen sie mit

Wasser und tragen die Tonnen wieder an Land. Sie enthalten nun Meerwasser. Nun geht die Verkürzung weiter. Fahren Sie mit den Tonnen in ein chemisches Laboratorium und fangen Sie an, die Flüssigkeitsmenge einzudampfen oder im Vakuum einzuengen. Sie haben zuletzt eine kleine Schale mit einem gelbbräunlichen Satz vor sich. Das ist dann – das Meer. Gießen Sie einige Tonnen destilliertes Wasser hinzu, so ist es chemisch genau dem Ausgangswasser. Ist nun aber das Schälchen mit der gelben Tunke das Meer? Fehlen zehntausend Dinge. Ich kann auf den Wind, die Wellen, auf den Sturm darüber, den Schaum, die Farben, den Tang, die Schnecken, die Fische drin, die Möwen und die Segler nicht verzichten.› Und darum hätten wir die Papiere von ihm ruhig liegen lassen sollen. An dem Bericht sei nicht viel. Als wir zweifelten, gab er nicht nach. Obwohl der Bericht wahr sei, gebe er ein vollkommen falsches Bild. Er sei falsch von A bis Z – obwohl er wahr sei. Es fehlten eben in dem Bild die zehn Jahre, das seien also zehnmal Frühling, zehnmal Sommer, Herbst und Winter, ferner zehnmal dreihundert Gänge zur Schule und zurück, zehn Jahre Heranwachsen, zehn Jahre häusliche Existenz. Mit anderen Worten: es sei Laboratoriumsextrakt, und wenn man die Tonnen Wasser hinzugösse, sei es noch immer nicht das Meer. Was da geschrieben stünde, sei eingekochte Lauge.

Unser Dr. P. meinte unvorsichtig, es sei wirklich scharfe Lauge. Das war sehr unvorsichtig. Wir haben sofort versucht, unserm Mitglied Winke zu geben. Aber unser Gast war schon zusammengezuckt. Er fragte kurz: ‹Sie finden?›, kaute an seinem linken Zeigefinger. Er versank offenbar augenblicklich in Gedankengänge seines Berichts. Die Erregung, die sein Bericht atmet, war momentan auf seinen stark spielenden Gesichtsmuskeln. Er schob sein Kognakglas beiseite, schluckte langsam an einem Glas Fachinger. Aber Dr. P. war gar nicht zur Räson zu bringen. Grade dieses auffällige Gebaren interssierte ihn, und er schoß weiter. Dieses unser Mitglied ist ein gefährlicher Begleiter bei solchen Expeditionen, ihm steckt das Aufspießen von Schmetterlingen zu stark im Blut, wir können ihn zu diffizilen Sachen nicht brauchen. Er ließ nicht los: Sie sind doch schon über fünfundzwanzig Jahre hinter der Schulzeit, sie arbeiten, üben Praxis, der Krieg ist dagewesen, sie haben eine Familie, Gott weiß, was Sie alles schon erlebt haben. Haben Sie das nicht abreagiert?

Der Untersuchte: Nichts über schöne Worte! Abreagieren. Ich habe mir das Ding anreagiert, dann reagiere ich es ab. Ich habe Gift im Magen, dann nimmt man eine Sonde und wäscht mir den Magen aus. Eine niedliche Vorstellung. Eignet sich für höhere Töchterschulen. Es könnte doch sein, daß eine Verätzung Narben hinterläßt. Waschen Sie die auch aus? Meinen Sie mit Abreagieren vergessen? Oder sich nichts mehr draus machen? – Nein, gewiß nicht. Ich meine nur Ihre Erregtheit. Sie sind noch oder scheinen noch so sehr darin. Es ist alles, was Sie da sagen oder schreiben, so um ein finsteres leidendes Gefühl herumgesponnen. Man weiß nicht recht, wo Sie da eintauchen. Vielleicht ist es gar nicht die Schule, was Sie da eigentlich meinen, wovon Sie reden. – Was soll es denn sein? – Ich weiß nicht. Aber mir fiel auch Ihre Geschichte aus der Sexta auf, die mit dem Schlüssel. Ist das nicht ein bißchen sonderbar, finden Sie nicht selbst? So gar nicht sprechen zu können? Was verschweigen Sie eigentlich? –

An dieser Stelle hat sich das Gesicht des Untersuchten völlig entspannt. Er setzte das Glas Wasser, das er noch hielt, ab und hob seinen Arm mit einer feierlichen Geste, wobei er sehr fremd lächelte: Ich bin Ihnen sehr dankbar, mein Herr, daß Sie so sprechen. Die Dinge kommen jetzt auf das richtige Gleis. Ja. Ich habe die Gabe des Dichters – zu schweigen! Von Haus aus. Sie werden selten von mir das Wort ‹Dichter› hören, jetzt zwingen Sie mich es auszusprechen. Allem Singen geht ein Schweigen voraus. In mir schwieg es eben lange, furchtbar lange. Was ich sprach, war alles schief und falsch. Verzerrt. Es war nicht ich.

In der Schule aber wurde ich langsam ich. Menschen meiner Art ist es nicht gegeben, in gewöhnlicher Weise freundlich und nett zu sein. Wir werden das erst später, auf Umwegen. Ich konnte nicht sprechen, weil ich das leichte oberflächliche Tun und die dünne Sprache nicht annahm. Ich kannte schon eine andere, mit einer anderen Syntax und Grammatik. Und wie bin ich dann später an die Objekte herangewachsen, nein, aus ihnen herausgewachsen. Die Namen, die andere den Dingen gaben, habe ich abgelehnt; ich stand schon in einem andern, natürlichen Duzverhältnis zu den Dingen. Versuchen Sie dann zu plaudern. Ich habe es später gelernt, und wissen Sie wie? Als mir aufging, daß diese leichte Sprache und diese Interessen enger und weiter doch zusammenhingen mit dem großen Ding, in dem ich mich tief und blind verwurzelt fand und das aus mir schwieg. So habe ich die Menschensprache von hinten herum gelernt. Und nun wissen Sie, warum ich schwieg und was das ist, dieses Schweigen. Aber: wer singen will, muß die Schläge in Kauf nehmen, die ihm das Schweigen und das falsche Sprechen eintragen, Herr Zoologe. Ich habe das übrigens immer gewußt. In mancher Hinsicht ist mein Schulerlebnis Allgemeinerlebnis, in mancher bleibt es mein persönliches. Ich habe in der zweiten Potenz zahlen müssen.

Der Untersuchte nippte an seinem Glas Wasser: Ich habe die ganzen langen Jahre nicht an diese Dinge gedacht, und wenn ich zuletzt heftig davon sprach, so meinen Sie – und wenn ich auch widerspreche –, da haben wir einen Komplex bei dem Kerl, das ist ein Stück seiner Analyse. Naja. Schön. Meinetwegen. Für mich steht es so, und da ich vermutlich gegen Ihre Theorie doch nichts kann, so möchte ich um die Gnade bitten, eine Beobachtung mitteilen zu dürfen. Das liegt auch im Interesse von ähnlichen Typen, denen, die Ihnen sonst noch begegnen werden, und es wird vielleicht Ihre Auffassung von Kunst klären helfen. Geärgert habe ich mich bei den Erinnerungen als Mensch, den man mißhandelt. Damit komme ich schon ganz gut aus. Bewußte Erinnerung mit unverwüstlichem Ärger über einen Vorfall: das ist etwas Natürliches, etwas Gesundes und auch Nützliches. Aber ich muß Ihnen doch noch genauer die ‹Kraft des Schweigens› vorstellen, von der ich sprach und die eigentlich die Mißhandlung provoziert hat und sie auch überwunden hat. Ich erinnere mich aus meiner ganz frühen Kindheit, daß ich oft nicht zum Spielen gegangen bin, sondern friedlich zu Hause herumgesessen habe. Mit acht, neun Jahren las ich schon lieber als ich Kreisel spielte, und ich war dabei gar nicht verdrossen oder zurückgestoßen. Beachten Sie das letztere! Mir war es auf meine Art bequemer und durchaus wohl in mir. Ohne greifbare Gedanken zu haben, war ich schon als Kleines in mir beschäftigt, von etwas unterhalten, das wohlig und ruhig in einer Art Halbdunkel agierte. Da liegen ja für Sie die Schablonen bereit von den Erinnerungen an die Mutterbrust, der mütterliche Uterus, das Plantschen in Wonne und Fruchtwasser. O selig, o selig ein Embryo zu sein. Sollen Sie alles haben, was Ihnen Spaß macht. Ich will nur meinen auch haben. Woher kommt zum Beispiel das, daß der eine diese alten seligen Erinnerungen festhält, der andere wieder Kreisel spielt? Das muß schon an dem einen oder dem anderen liegen. Mir kommt vor, und ich habe die Beobachtung gemacht, die Menschen werden verschieden geboren und wachsen auch verschieden auf. Sogar im selben Milieu. Der eine wird größer, der andere kleiner, man kann es direkt messen. Der eine fällt mehr nach dem Vater aus, der andere mehr nach der Mutter und der dritte gar nach dem Großvater. Ich habe sogar gehört, es gibt eine Erblichkeitslehre. Das klingt alles peinlich banal, aber man soll sich sogar als Gelehrter nicht davor fürchten. Man kann nun einen Regenschirm im Regen auf doppelte Art tragen: einmal richtig am Griff und einmal falsch an der Spitze. Wenn man ihn falsch auf der Spitze trägt, wird man eine Zeitlang auch nicht naß, nachher schon, wenn er überläuft. Daher empfiehlt es sich, einen Schirm am Griff zu tragen, was in allen besseren Schirmgeschäften beim Einkauf gleich gesagt wird. Das zu den Theorien. Also ich – trage den Schirm gleich am Griff. Und da sage ich aus eigener Beobachtung, ohne übrigens die Mutterbrust von mir zu stoßen: es gibt das Faktum einer natürlichen Anlage. Und das Erlebnis einer solchen Anlage. Welche Anlage etwas ist wie ein Auge, ein Finger oder die Milz, also etwas Kompaktes, Solides, das eine Funktion hat. Solch Ding erfüllt mit Vergnügen, mit Lust, mit Genugtuung, mit Sättigung. Es zeigt drolligerweise schon lange vor den ‹Leistungen› sein Dasein durch solche Gefühle an. Man ist unter Umständen lange Jahre ein Raffael auch ohne Arme, ohne Bilder. Solches Gefühl, solche Sättigung, die wie eine Luftblase in mir war, hatte ich schon sehr, sehr früh. Ich habe darum keine rechte Neigung gehabt, Kreisel zu spielen. Vielleicht habe ich auch nicht spielen können, aber das hat mich nicht geärgert oder enttäuscht. Es hat mich eigentlich nur legitimiert. Ich habe nicht recht gewollt, und weil ich nicht wollte, lief der Kreisel natürlich auch nicht. Gut, also wollen Sie festhalten: eine Anlage, eine Kraft war da. Keine Minderwertigkeit, lächerlich, und keine Überwindung einer Minderwertigkeit, eher Hochmut, aber auch das nicht. Nun, lassen wir das. –

Der Zwischenfall war beendet. Es gab auch keine Störung, als später unser Störenfried, Dr. P., der aus Baden ist, einwarf, bei ihm in Süddeutschland hätten eigentlich in der Schule mehr die Lehrer von den Jungen zu leiden als umgekehrt. Da winkte der Untersuchte momentan ab: Man solle ihm nicht mit Süddeutschland kommen und Süddeutschland gegen sein Norddeutschland ausspielen. Er habe nicht viel für die süddeutsche Behäbigkeit und sogenannte Freiheit. Er sei Preuße. Und er lachte: Er schütze seine Schule noch immer gegen Süddeutschland! In seinem Bericht fehle als Wasser, wie gesagt, allerhand. Also außer den viermal zehn Jahreszeiten zum Beispiel auch Freundschaften, Kameradschaften mit dem und jenem, die Begeisterung für Wagner und für Hugo Wolf in den oberen Klassen und dann das Hinfinden zu Haydn und Mozart. Dann die Bekanntschaft mit Dostojewski, der ‹Raskolnikow›. In der Tertia die Begegnung mit Heinrich von Kleist, der ‹Prinz von Homburg›, besonders aber das Fragment des ‹Guiskard› und die

‹Penthesilea›. Lange Monate eingesponnen in die Lektüre von Schopenhauer, die Gedichte von Hölderlin jahrelang in der Brusttasche. In der Prima oder schon vorher die Begegnung mit Nietzsche: die ‹Genealogie der Moral›, die ich mit Zittern und atemlos las. Den ‹Zarathustra› mochte ich nicht so, er schien mir aufgeblasen, künstliche Prophetie und dazu ein unreines Genre, Mischung von Kunst und Philosophie, übrigens Pseudokunst, von ein paar echten Stellen abgesehen. Es ist philosophische Wagnerei. –

DAS LEBEN JACKS, DES BAUCHAUFSCHLITZERS

Nachdem nun Jack der Bauchaufschlitzer so vorgegangen war, in der Dachkammer, die er sich für einen Schilling gemietet hatte, und nachdem er sich durch die Erledigung seines Opfers noch in den Besitz von drei Schilling und einem Samtgürtel gesetzt hatte, holte er einen schon vorbereiteten Sack unter dem Bett hervor, steckte sein Opfer hinein, welches Angela Kalb hieß, und trug es stückweise die Treppe hinunter. Es begegneten ihm Hausbewohner mit Wachsstreichhölzern auf diesem Weg und sagten: Guten Abend, Jack, wohin so spät. Er antwortete: Ich habe noch allerhand zu erledigen. Was sie mit Schauer erfüllte, denn sie wußten, wer er war und daß er in dem Sack wieder ein Mädchen ganz oder teilweise trug. Aber obwohl sie das wußten und überhaupt keine guten Gerüchte über seinen Ruf beziehungsweise kein guter Ruf über seine Gerüchte umging, wagten sie nicht zu fragen, wer es diesmal war und was er gerade von ihr heruntertrug. Denn sie dachten: Jeder kehre vor seiner Tür, und wer zuletzt lacht, lacht am besten. Damit grüßten sie denn Jack den Bauchaufschlitzer und wünschten ihm gute Nacht und gute Verrichtung, ihm und seinen Kindern und Kindeskindern. Jeder bat ihn nur, unten die Haustür zuzuschließen, denn es sei unsicher in dieser Gegend, und man könne nie wissen, was passiert. Das versprach er auch und beeilte sich, denn er hatte selber Furcht, und niemals ist ihm freilich etwas passiert, auch nicht, daß seine Opfer, die er eine Viertelstunde entfernt unter einem Weidenbusch deponierte, dort wieder zu Bewußtsein kamen. Er stellte dies bei seinen unzähligen Taten stets mit neuer Genugtuung fest. Selbst Ehepaare, die er gelegentlich zusammen erledigte und bei deren Abtransport er aus unbekannten Gründen besonders wieder ein Wiederaufleben befürchtete, blieben unter dem

Weidenbusch leblos und sprachlos und machten ihm weiter keine Umstände. Jack war noch ein junger Mann, der viel lachen konnte; Gott, konnte der lachen.

Aber sie haben ihm einmal, als er nach getaner Tat in einer Kneipe nebenan Gulasch mit Gurken und vorher eine Ochsenschwanzsuppe für sechzig Pfennig aß, den Sack mit Inhalt gestohlen, den er neben seinen Stuhl gelegt hatte. Es war damals sehr kalt, und er wollte sich erst vor dem ungemütlichen Weg nach dem Weidenbusch stärken. Da machte er nun einen Höllenkrach über die Gäste hier, das arbeitsscheue Diebesgesindel, der Wirt verbat sich das, ein englischer Schutzmann kam herein und machte ihnen unter Vorzeigung seines Knüppels allesamt Vorwürfe. Den Sack aber fand Jack richtig am Tage darauf mit Inhalt in der Kneipe wieder, wie er erwartet hatte, und einen frechen Zettel dabei, der ihn empörte: Schlepp doch deine dreckigen Weiber nicht in eine anständige Kneipe, du. Mach das zu Hause ab, Schweinehund. K. R. Beim Ausschütten unter dem Weidenbusch sah Jack dann noch große Knochen neben den Teilen seines Opfers; der Schuft hatte Rinder- oder Pferdeknochen zugelegt. Ich will nur sagen, dies war eine Wendung im Leben Jacks des Bauchaufschlitzers. Man hat ihn bekanntlich nie entdeckt, und die Person, die man für ihn aufhängte und so völlig erwerbsunfähig machte, war er nicht. Er war beleidigt von den Schikanen, denen man ihn jetzt aussetzte. Man zog ihn rechts und links wegen seiner Liebhabereien auf. Er konnte sicher sein, wenn er in aller Heimlichkeit eine Freundin erledigte, daß er gleich am selben Abend einen Trauerkranz unter dem Weidenbusch fand oder eine Laterne und einmal sogar einen Zaun um den Busch herum mit dem Schild: ‹Wegen Überfüllung geschlossen.› Fassen konnte er keinen, aber überall lächelte man. Sogar die Hausbewohner benahmen sich schlecht gegen ihn. Wohin sollte er sich wenden. Er war drauf und dran, vor Ärger sich selbst die Gurgel abzuschneiden. Er ist aber bloß umgezogen und hat in einer andern Gegend einen Handel mit Einpackpapier für Konditorwaren und Tortendeckel begonnen. So ist er anständig im gewöhnlichen Sinne geworden, aber Freude hatte er nicht daran, nein, niemals. Er brauchte nur Sonntags in seine alte Gegend zu fahren, um die Mißachtung zu sehen, die man ihm wegen seiner Neigungen entgegenbrachte. Menschengunst ist wetterwendisch. Das erlebte er in voller Schärfe. Er hat geheiratet, um darüber wegzukommen. Der Frau hat er gern, liebend gern geschworen, die Zicken von früher zu lassen. Er wollte es wirklich, denn er konnte schon nicht mehr mit Messer und Gabel essen, nur mit Löffel, so war ihm alles auf die Nerven geschlagen. Aber richtig runtergeschluckt hat er die Beleidigungen doch nicht. Er hatte eben, wie man so sagt, mit der Harke eins aufs Hauptgebäude gekriegt.

Um zum Schluß zu kommen: Die Frau übernahm den Mann, der schon von Suppenresten mager geworden war, mit hundertzwanzig Pfund. Nach einem halben Jahr hatte er seine hundertfünfzig Pfund überschritten. Sie hat ihn bis auf hundertneunzig gebracht, nicht nur weil sie ihm alles vorschnitt, sondern weil er auch sukzessive ganz faul wurde. Sie übernahm seinen Handel mit Tortendeckeln und Einpackpapier, und nach ein paar Jahren hatte sie eine kleine Konditorei mit einem Stammpublikum von Liebesleuten. Jack setzte sie an die Kasse. Er hat der Frau seinen Eid gehalten, und sie hat es ihm Zeit ihres Lebens gedankt. Er war manchmal besorgt, wenn er sich so dick und immer dicker an der Kasse vorfand, sie würde ihn eines Tages erledigen und einen dünneren für ihn hinsetzen. Denn die Konditorei war klein und der Raum beengt, und neue Läden waren in London schwer zu haben oder nur für teures Geld, und woher damit. Mit trüben Ahnungen betrachtete er die Dünnen, die in seinen Laden kamen; bei jedem fragte er sich: Dein ‹Nachfolger›? Aber sie sagte, als sie seine Gedanken erriet: Wie soll ich dich denn nachher wegschleppen, Jack, du denkst auch an gar nichts, wo ich doch nur leichte Arbeit machen kann, schon wegen meinem Bruch. Das leuchtete Jack ein, und er war wieder beruhigt. Redlich und nach bestem Vermögen hat sie ihn seinen alten Kummer tragen helfen. Sie umarmte ihn oft, wenn die Liebesleute hinten beschäftigt waren: Hättst du mich doch früher kennengelernt, Jack. Dann hättst du auf die ganze bucklige Verwandtschaft da geprostet. Er seufzte: Das wollen wir nicht so schroff hinstellen, Miß Cilly. Dann hätte ich dich zerkleinert, und was gekommen wäre, wäre doch gekommen. – Ein enttäuschter, beleidigter Mann ist unser guter Jack bis zuletzt geblieben, der auch nie wählen ging. Er liebte es, von der Kasse herunter die Mädchen seiner Kundschaft zu beraten, beriet sie sehr pessimistisch in ihren Verhältnisangelegenheiten, und es zeigte sich stets, daß er recht hatte. Wenigstens von da wurde ihm groschenweise Achtung zuteil, die er so notwendig brauchte für sein Innenleben. Er hat sich aber mit keinem Mädchen eingelassen, obwohl manche neugierig war, wie Liebe bei solchem Körperumfang ausfällt. Er blieb der Cilly treu. Denn an die war er gewöhnt, und die wußte auch mit seiner Diät Bescheid. – –

– Ich bitte um Entschuldigung, wenn die Geschichte so lang geworden ist. Ich wollte eigentlich nur von einem Sack erzählen, den ich aufgemacht habe, mit alten verstaubten Sachen drin, Schule von 1890 bis 1900 und so weiter, und da ist mir der Jack eingefallen, und die Geschichte ist mit mir durchgegangen. Entschuldigen Sie vielmals, bitte, ich fange nochmal an und nehme mich zusammen. Also:

Ich habe einen Sack aufgemacht und gezeigt, was drin ist. Ich schleppe viele solche Säcke auf meinem Rücken. Soll ich alle aufmachen, einen nach dem andern, Lumpen zu verkaufen, alte Stiefel, alte Kleider, Flaschen, Papier? Schornsteinfeger! Heute wird gefegt! Klappen schließen! Das ist besser, Klappen schließen. Wenn ich den einen Sack öffne, kommen viele Männer heraus, bekannte und unbekannte, lebende und tote. Wenn ich einen andern öffne, kommen die kleinen Mädchen raus. Es kommen viele Gespräche heraus, die ich geführt habe und die mit mir geführt wurden, auch viele Gespräche, die ich weder führte noch die mit mir geführt wurden. Ein Sack enthält Leistungen, ein Sack ungetane Taten. Ein Sack ist voller Überflüssigkeiten und Vergeudungen. Alle aufmachen? Warum? Wozu? Ich will es tun, wenn ich Lust habe zu träumen und mit ihnen auf meine Art spiele.

Jetzt – liege ich auf einem frühlingsmäßig grünen Hügel, der ganze Plunder ist um mich, ich atme und lebe. Es gibt eine Insel, ich glaube in der Südsee. Da erscheint zu einer genau berechenbaren Stunde des Abends an einem bestimmten Tage im Meer ein Wurm in ungeheuren Massen. Die Eingeborenen kennen die Stunde. Der Wurm ist eßbar. Sie fahren in ganzen Flottillen heraus und fangen die Tiere. Woher die Tiere kommen, wie die Genauigkeiten des Auftauchens, diese Empfindlichkeit zu verstehen ist, weiß man nicht sicher. So erscheint mir das Leben. So sind meine Gedanken. Ob sie eßbar sind, weiß ich nicht. Aber sie sollen ruhig und neu zu ihrer Stunde aus dem Meer auftauchen, sie sollen immer von neuem kommen, Gedanken und Handlungen. Sie werden an mir keinen Detektiv finden – schon darum nicht, weil ich klug genug bin, um zu wissen, daß man doch nur fünf Meter weit sehen kann. Und das Wahrste weiß man auch ohne Bewegung; ich kann also ruhig hier auf dem Hügel auf dem Rücken liegen bleiben. Ich wachse, auch als Mensch, auch mit dem Geist, mit meinem Willen, nicht anders wie ein Baum. Ich möchte mit Äpfeln vollhängen. Vögel sollen auf mir nisten. Im Winter will ich im Schnee stehen, die Engerlinge zwischen meinen Wurzeln.

Und dies alles, obwohl ich nicht anders bin als du und du und du, du ein Bureauangestellter, du die Aufsicht in einem Warenhaus, du ein Schauspieler (ich kann keinen ‹Arbeiter› nennen, für den bin ich ein Bourgeois), ich ein kleiner Doktor in Berlin O, der an Schlaflosigkeit leidet und dem auch nichts geschenkt wird. – Und nun adje, Kinderchen, adje Sie. Ich werde mich sachte auf die Strümpfe machen. Grüßen Sie mir Ihre Waschfrau. Und beißen Sie mich nicht, wenn ich Sie mal geärgert habe. War nicht so schlimm gemeint. Geht alles vorüber. Sehen Sie, ich geh auch vorüber. –

AUTOBIOGRAPHISCHE SKIZZEN
AUS DER ZEIT DES EXILS

Geboren in Stettin (Pommern), 10.8.1878, kam mit meiner Familie 1888 nach Berlin, wo ich bis 1933 lebte. Besuchte die Volksschule, kam auf das Gymnasium als Freischüler, studierte Medizin, wurde 1905 als Arzt approbiert und machte das Doktorexamen, ließ mich 1911 in Berlin nieder, übte ärztliche Praxis bis zuletzt. Kassenpraxis wurde mir 1933 als Mitglied des Vereins sozialistischer Ärzte abgesprochen. Literarische Arbeiten ab 1900. Hauptsächlich Episches, auch Dramen, Philosophie, Ästhetik, literarische und politische Kritik (als ‹Line Poot›). 1926 Mitglied der Preußischen Akademie der Künste, 1933 zum Austritt gezwungen.

Romane:
‹Der schwarze Vorhang› 1902. ‹Die drei Sprünge des Wang-lun› 1913, französisch übersetzt. ‹Wadzeks Kampf mit der Dampfmaschine› 1915. ‹Berge Meere und Giganten› 1923, italienisch übersetzt. ‹Wallenstein›. Zwei Bände 1918, tschechisch übersetzt. ‹Manas› 1926. ‹Berlin-Alexanderplatz› 1928 (französisch, englisch, amerikanisch, italienisch, spanisch, holländisch etc.).

Philosophie und Essays:
‹Das Ich über der Natur› 1907. ‹Unser Dasein 1932.

Zeitkritik:
‹Gespräche mit Kalypso über Musik› 1907. ‹Der deutsche Maskenball› 1922. ‹Reise in Polen› 1926.

Autobiographisches:
‹Zu Haus und auf der Straße› 1928. ‹Wissen und Verändern› 1931.

Dramen:
‹Lusitania› 1920. ‹Die Nonnen von Kemnade› 1921. ‹Die Ehe› 1929.

Novellenbände:
‹Ermordung der Butterblume› 1911. ‹Die Lobensteiner reisen nach Böhmen› 1916. ‹Ritter Blaubart und Miß Ilsebell› 1917.
Der Vertrieb meiner meisten Bücher wurde 1933 meinen Verlegern

ausdrücklich untersagt; ich gehörte auch zu den ‹verbrannten› Auto-›
ren.

In der Emigration verfaßt:
‹Babylonische Wanderung›, Roman, Querido-Verlag, Amsterdam.
‹Pardon wird nicht gegeben›, Roman, Querido-Verlag, Amsterdam
(übersetzt englisch, italienisch, polnisch). ‹Jüdische Erneuerung›, Essays,
Querido-Verlag, Amsterdam, ‹Flucht und Sammlung des Judenvolkes›,
Essays, Querido-Verlag.
Ich verließ Ende Februar 1935 Deutschland, weil ich mich (nach zahl-
losen Presseangriffen) bedroht fühlte. Außerdem, warum sollte ich in
Deutschland sein, wo man meine Bücher verbot und ‹verbrannte›, mich
aus der Akademie wies, wo kein Verleger meine neuen Arbeiten
drucken konnte, da ich nicht zur Schriftstellerorganisation zugelassen
war, – wo man mir die ärztliche Kassenpraxis nahm, – meinen Söhnen
die Berufe sperrte, – und von wo man mir (merkwürdiger Scherz) zum
Schluß noch ins Ausland eine große Steuerforderung nachschickte?

SELBSTPORTRÄT

Da schlendert nun ein älterer Herr, Zigarette im Mund, Hände in den
Manteltaschen, trägt eine scharfe Brille, hat ein glattes lebendiges Gesicht. Es ist *Alfred Döblin*, der in Paris ebenso spaziert wie einst in Berlin.
Nur Arzt darf er hier nicht sein; wie würde er sich erst über die Pariser
freuen, wenn sie deutsch sprächen und ein bißchen berlinerten. (Er wird
eben sechzig, ein Stettiner.) Es ist lange her, daß er sich (1900–1910) in
die Wellen der neuen geistesrevolutionären Strömung warf. Nach einigem Herumplanschen hier (siehe einige Novellen und Essays) bekun-
dete er Realistik und Phantasie (dazu eine philosophisch-mystische
Unterströmung) in den Romanen ‹Wang-lun› (1916), ‹Wallenstein›
(1920), bis zum ‹Berlin-Alexanderplatz› (1929). Im Ausland legte er ein
bilderreiches Buch ‹Babylonische Wanderung› vor, die tragisch-bur-
leske Emigration eines Gottes, dann ein knapperes Werk ‹Pardon wird
nicht gegeben›, gesellschaftskritisch, zuletzt das zweibändige ‹Land
ohne Tod›, ein Gegenüber der mythischen Welt südamerikanischer Indianer und der europäischen Zivilisation, eine Art epischer Generalab-
rechnung mit unserer Zivilisation.

Ein Manko?

‹Aus meinem Leben›? Es gibt angeblich einen Minderwertigkeitskomplex, der bei der Bildung eines Charakters beteiligt ist. Ich sehe mich als kleinen Jungen, etwa fünfjährig, still und friedlich zu Hause, auf dem Hofe; ich bleibe da, während die anderen wegrennen. Ich war ein sanftes nachdenkendes Kind. War ich durch ein Manko dazu gezwungen? Es ist mir nicht bekannt. Ich könnte vielleicht als Manko meine Kurzsichtigkeit notieren. Aber die trat erst später hervor und hinderte mich gar nicht, mutig bei den Schulkämpfen zwischen Achilles und Hektor mitzuschlagen, dauernd mit zerbrochenen Brillengläsern. So sehe ich nicht, daß mich eine Organminderwertigkeit zum Sinnen und Träumen gebracht hat.

Ich finde es übrigens drollig, daß gerade ein ‹Adler› auf diese Theorie kam; es muß kein richtiger Adler gewesen sein. Ein richtiger hätte gewußt, daß seine Krallen und sein Schnabel keine ‹abgeleitete Kraft› sind.

Schönschrift

Was ich werden wollte? Mit 10 Jahren Kalligraph, Schönschreiber. Es gab nämlich in Berlin, in der Blumenstraße, gerade gegenüber unserer Wohnung einen Zaun, woran ein Unterrichtsinstitut, eine private Schule (Rackow), ein Tableau mit Schriftproben angebracht hatte. Besonders die Rundschrift gefiel mir. Täglich studierte ich an diesem Schild. Zur Schönschrift bin ich nicht gelangt. Aber wenn ich eine sehr saubere abgezirkelte Handschrift sehe, befallen mich noch heute Kindheitsbeklemmungen – und ich träume von dem verlorenen Paradies, wo ich selber dicke Rundschrift geschrieben hätte.

Vielleicht, vage Vermutung, hat ein höheres Schicksal darum verfügt (um mich an einen Aufstieg glauben zu machen), daß mein ältester Sohn ein begabter Buchentwerfer wurde und zum Beneiden wunderbare Schriften hinwirft.

Medizin

Später, um die zwanzig, wollte ich Philosophie treiben und wissen, was die Welt im Innersten zusammenhält. Und habe dazu Medizin studiert. Meine Bekannten wunderten sich darüber und dachten, es sei ein bloßer Brotberuf. Aber ich stammte aus einem armen Hause und war mir bewußt, daß ich *nie* Geld verdienen würde. Ich brauchte nichts, ich vermißte nichts; ich zweifelte nicht, daß ich das bißchen, was ich zur Existenz brauchte, schon irgendwo finden würde. Spaziergänge durch die wohlhabenden Straßen von Berlin erfüllten mich darum jahrelang mit einem doppelt begründeten Entzücken. Einmal, weil sie allerhand Schönheiten zeigten: Schmuck, Kostüme, Möbel; und das anderemal: weil ich das alles nicht brauchte. Aber erkennen, was die Welt im Innersten zusammenhält!

Man kann sich meine ersten Studien (Medizin) nicht merkwürdig genug vorstellen. Denn was ‹erkennt› man als Medizinstudent von heute im Seziersaal, auf dem Präparierboden oder bei physiologischen Übungen? Ich gestehe offen: es war höchst langweilig, und ich machte mir absolut nichts darüber vor, daß mich die Namen der Knochen und Gelenke und die Muskelzuckungen, die peristaltischen Bewegungen des Darms und der Mechanismus der Urinsekretion nicht interessierten. Ich war sozusagen reingefallen. Hochmütig und geärgert blieb ich notgedrungen bei der Suppe, die ich mir eingebrockt hatte. Bis ‹es› doch kam, das Staunen, aber erst in der Klinik, vor den kranken Menschen. Das ist ein langes Kapitel.

Die Gans

Unvergeßlich aus meiner Kindheit ist mir, es fällt mir gerade ein, noch folgende Szene: wir wohnten in der Blumenstraße und unsere Mutter hatte – großes Ereignis – eine Gans gekauft. Und wie sie morgens in die Küche kommt, wir wohnten parterre, war die Gans weg, gestohlen. Gans, einschließlich Gänselein. Meine Mutter weinte; groß der Schmerz der Familie, wir waren fünf Kinder und klagten wochenlang. Mein Magen sehnt sich noch heute nach dieser Märtyrergans. Erst im Paradies werde ich sie essen.

Von Liliencron zu Kolbenheyer

In meiner Studentenzeit war ich öfter mit Richard Dehmel, mit Detlev von Liliencron, auch mit dem astral- und alkohölgläubigen Paul Seherbart zusammen. Später mußte ich tristen Figuren wie Wilhelm Schäfer und gar Herrn Kolbenheyer aus dem Sudetenland begegnen. Ob diese Herren, nachdem sie ‹befreit› sind, nun endlich zu schreiben gelernt haben? Ich verrate ein Geheimnis, wenn ich mitteile, daß man in der verflossenen Dichterakademie jedesmal in ein schallendes Gelächter ausbrach, wenn ein ‹Schriftstück› des Kolbenheyer eintraf.

Ohne Weltbild?

Mit der Medizin ging es mir so: ich konnte mich an der heutigen Medizin nie erfreuen. Warum? Sie ruht auf keinem Weltbild, dem ich zustimme. Sie scheint mir klar und hell, aber nicht tief genug. Der Mensch, seine Gesundheiten, seine Krankheiten sind ohne solch Weltbild nicht erkennbar und nicht zu behandeln. Daher bleibt all unser Diagnostizieren äußerlich und ebenso das Verordnen. Wer sieht nicht am Meer den Einfluß des Mondes auf das Meer, Ebbe und Flut? Was tun die Gestirne mit uns? Wie roh sind wir in der Auswahl der Nahrung! Ebenso roh wie in der Auswahl der Menschen, mit denen wir uns umgeben. Aber wähle einer in dieser chaotischen zusammengewürfelten Welt!

Daher hielt ich mich immer mehr an das Gesellschaftliche und suchte das Einfache, Natürliche, Wahre in dem Einzelnen zu sehen. Im Ganzen glaube ich sagen zu können: sehr leidet heute der kleine Mann, der ärmere, bürgerliche Mann, der Arbeiter, in den Städten. Er fühlt deutlich, wie er verkommt, besonders jetzt, wo es zu Ende ist mit dem alten Sozialismus, der noch Hoffnung gab.

Ich habe viel Ärger in meinem Leben damit gehabt, daß ich meine Gedanken nicht von anderen bezog, sondern von Anfang an selbst durchdachte; ja, ich nahm sie nicht an, wenn ich nicht auf eigenem Wege zu ihnen gekommen war. Immer gab es Menschen, die einen zu ihrer Meinung bekehren wollten, und zwar mit Haut und Haaren, und auf die Weise, die ihnen gut dünkte. Das gelang ihnen bei mir in keinem Fall; und es wurde mir nachgetragen. So habe ich mit dem Expressionismus Fühlung gehabt, weil wir uns eben trafen, und ich konnte manchem Expressionisten eine gewisse Hilfe und Reverenz erweisen. Wenn ich selber aber schrieb, so ging das weit über den Rahmen einer bloßen ‹Schule› hinaus, und sie wandten mir den Rücken und stießen mich in den Haufen des ahnungslosen Pöbels. Ebenso erging es mir bei der Psychoanalyse, ebenso bei dem Sozialismus, beim Marxismus. Die Dinge müssen in *meinem* Garten wachsen! Ich kaufe nicht auf einem Markt.

Erfolg

Es ist mir dadurch geglückt, sehr wenig populär zu werden. Jakob Wassermann sagte mir einmal, als zu meinem Erstaunen ein Buch von mir ‹ging›: «Sie wollen ja keinen Erfolg.»

‹Erfolg› ist mir in der Tat ein fremder Begriff. Zu sagen: ich will ihn nicht, wäre übertrieben; er scheint aber nicht zu mir zu gehören. Mich wundert sogar oft, daß Leute an meinen Arbeiten, an dem, was ich forme und mit Aufmerksamkeit und Ruhe schreibe, Interesse finden. Das ist aber wohl schon eine Art Resignation, die zu weit geht.

Literatur und Politik

Man sucht einen oft in die ‹Politik› zu ziehen. Sie meinen es nicht schlecht. Aber die Tagespolitik und ein Wesen wie ich passen schlecht zusammen. Wer sich um die Wurzel bemüht und um die Zusammensetzung des Bodens, aus dem die Pflanze kommt, kann schlecht sich zugleich um das Blumenflechten und um das Arrangement eines Beetes, eines Parks kümmern.

Literatur ist keine einheitliche Sache. Man soll nie sagen: Literatur befaßt sich exakt mit x oder mit y. Alles zu seiner Zeit! Sie grenzt an Kunst und ist Kunst – grenzt aber auch an die Wünsche unserer Politiker und ist Aufklärung, Agitation. Sich darum die Augen auskratzen?

Tod

Ich halte den Tod, wenn er nicht zu früh kommt, für ein sehr natürliches, uns angepaßtes Ereignis. Im Laufe einiger Jahrzehnte haben wir reichlich Zeit, uns mit den Mängeln und Ecken unserer Person zu befassen.

Man kennt sich allmählich gründlich und möchte umziehen.

SCHICKSALSREISE

BERICHT
UND BEKENNTNIS

Erstes Buch

Teil I

Die Fahrt ins Unbekannte

1. Kapitel

Paris in Erwartung des Schlages

Das Radio meldet

Am 16. Mai 1940, einem Donnerstag, schloß ich vormittags eine Arbeit ab, die mich lange Monate beschäftigt hatte. Das Radio tönte aus dem Nebenzimmer. Der Ansager meldete: die ‹Tasche› an der Nordfront der französischen Armee hätte nicht geschlossen werden können. Die Meldung sagte nichts von einem Durchbruch, von einem Zerreißen der Front, aber wer Ohren hatte zu hören, hörte. Die Feder wurde mir aus der Hand geschlagen.

Ich war nicht unvorbereitet. Tagelang vorher hatten sich schon seltsame Gestalten durch unsern Wohnort, St. Germain bei Paris, bewegt. Der herrliche Park stand in sommerlicher Blüte, die Wege waren voller Ausflügler und Spaziergänger, die Kinder spielten auf den Plätzen. Aber auf den breiten Chausseen, die den Park und die kleine Stadt durchzogen, rollten merkwürdige, unheimliche Wagen, nicht Tanks, nicht Kanonen, sondern – Autos, sonderbar bepackt und verschnürt, mit Betten und Matratzen auf den Dächern, mit Hausrat behangen. Und im Innern, zusammengedrängt, ganze Familien.

Das waren Flüchtlinge aus Belgien und Nordfrankreich. Sie trugen den Schrecken in unsere friedliche Landschaft. Zwischen den Matratzenautos fuhren langsame Bauernwagen, mit Pferden und mit Ochsen bespannt. Darauf lagen und saßen im Heu die Alten und die kleinen Kinder, und voran und hinterher marschierten die kräftigen Männer und Frauen mit großen Schritten. Offenbar waren ganze Dörfer in Bewegung. Viele Männer und Frauen, Bauern in Schaftstiefeln, schoben Karren vor sich mit ihren kleinen Kindern und dem Arbeitsgerät. Das alles hielt vor dem Bahnhofsplatz und wurde verpflegt.

Und einmal hielten auf dem Bahnhofsplatz am späten Abend auch militärische Kraftwagen. Oben hockten junge Soldaten und rauchten. Sie sprachen nicht und sangen nicht. Sie blickten stumm und trübe auf uns herunter. Es hieß, sie kamen von der Front und gingen in Ruhestellung. Aus einem siegreichen Kampf kamen sie offensichtlich nicht. Als nun am 16. Mai der Speaker mit verschleierter Stimme den schrecklichen Durchbruch im Norden meldete und im Heeresbericht der verhängnisvolle Name ‹Sedan› auftauchte, fuhr ich nach Paris und setzte mich mit einem Freund in Verbindung, der bei einer Behörde arbeitete, mit der ich selbst in loser Verbindung stand. Wir berieten zusammen, was tun. Er hatte einen hohen Offizier zum Verwandten und war immer gut orientiert. Sein eigener Fall lag einfach. Im Ernstfall würde er mit den Behörden abtransportiert werden.

Mir riet der sehr ernste, kluge Mann, jedenfalls das Schlimmste ins Auge zu fassen und die Abreise von Paris nicht zu lange hinauszuziehen. Denn Paris könne von einem Tag zum andern zum ‹Kriegsgebiet› und evakuiert werden. Und wie im letzten Augenblick der Abtransport von Hunderttausenden aussehen werde, das könnte ich mir ausmalen, nach den Erlebnissen des letzten Jahres.

Als mein Freund mich so drängte, mit meiner Familie sofort abzureisen und ich mich nicht geneigt zeigte, kamen wir zu folgendem Abkommen: Er würde mich sofort benachrichtigen, sobald ihm etwas Schlimmes zu Ohren käme. Alsdann sollten meine Frau und das Kind unter allen Umständen abreisen. Mir selbst schlug er vor, dazubleiben und mit der Behörde im letzten Augenblick abzufahren. Die Behörden waren damals angewiesen, ihren Platz nur im äußersten Fall und nur auf Befehl der Regierung zu räumen.

Dabei verblieben wir. Und so wartete ich unruhig und mit wachsender Spannung in St. Germain, bis am 25. abends der verabredete Anruf kam. Wir rüsteten uns schon zum Schlafengehen. Mein Freund trieb mich mit erregter Stimme, sofort den letzten Zug in die Stadt hinein zu nehmen. Es könnte passieren bei der ungeheuren Geschwindigkeit der feindlichen Panzerwagen, daß wir schon morgen von der Stadt abgeschnitten seien. Aber – wir blieben noch die Nacht über. Wir setzten uns am frühen Morgen in Bewegung, zu dritt, zur Flucht aus unserm Zufluchtsort. Einen schweren Koffer hatten wir vorausgeschickt, wir hofften, daß er ankam. Wir selbst gingen jeder mit einem Handkoffer bewaffnet, der Junge mit Rucksack und mit einer Decke für die Nacht.

So sah auf dieser Flucht unsere Habe aus: ein großer Koffer, zwei kleine und der Rucksack. Wie ein Tier, das sich häutet, hatten wir seit Kriegsbeginn alles von uns geworfen: zuerst die Möbel einer ganzen Wohnung mit der Bibliothek – sie lagerten irgendwo – dann die Wäsche, Kleidungsstücke, einen restlichen Bücherbestand; sie blieben in St. Germain. Wir schrumpften immer mehr auf das direkt von uns Tragbare ein. – Aber wir trugen noch zuviel.

Wir sind vormittags in Paris angekommen, in dem alten heiteren Paris. Die wunderbare Stadt nahm uns mit dem gleichen Lächeln wie immer auf. Sie schien noch nicht zu bemerken, was vorging – und ihr bevorstand. Die Menschen saßen auf den Terrassen der Cafés und beobachteten verwundert einige schwer bepackte Matratzenautos, die sich unter die anderen mischten.

Es werden aber nicht zwei Wochen vergehen, da wird die prächtige und glänzende Stadt von einem Todeshauch berührt werden. Aus zahllosen Garagen werden sich ähnlich beladene Fahrzeuge lösen. Und nach drei Wochen wird sich eine schwere Menschenwelle aus der Stadt erheben und sich über dieselben Chausseen werfen, die jetzt die Belgier ziehen.

Wir hielten uns an diesem Tage in einer Wohnung im Zentrum der Stadt auf, wo mein Freund Möbel abgestellt hatte. Dann spät abends begleitete ich meine Frau und den Jungen zur Bahn.

Unheimlich der Anblick des Riesenbahnhofs bei Nacht. Er lag in Kriegsverdunklung scheinbar verlassen. Bei seinem Betreten aber wurden wir hineingerissen in ein wildes Menschengetriebe. Das waren hier fast alles Familien. Es sah aus, als drängten sie zu Ferienzügen. Aber hier gab es keine Spur von Fröhlichkeit. Man hatte im Innern der Stadt den Eindruck haben können: es ist ja alles nicht so schlimm, die Zeitungen übertreiben, der Krieg ist noch weit entfernt. Hier – sah es anders aus.

Jeder Zug nach dem Süden lief mit einem Vor- und Nachzug. Die Menschen stürzten in die Wagen, saßen und standen mit ihren Kindern auf den Korridoren. Familien, die sich sonst mit der billigsten Klasse begnügten, hatten ihr Geld für die erste und zweite hingeworfen, um noch mitzukommen.

Die Schaffner rannten den Bahnsteig entlang. Sie riefen ‹en voiture›. Ich nahm herzlich Abschied von meiner Frau. Das Kind weinte an meinem Gesicht. Es hielt mich fest und sagte: «In einer Woche kommen wir wieder». Es wollte gar nicht weg, es dachte an seine Spielgefährten in St. Germain und an seinen lieben Hund, die Zita. Wir beiden Erwachsenen dachten: Die Reise ist nur eine Vorsichtsmaßnahme. Man tut es des Kindes wegen, vielleicht sind wir zu ängstlich.

Aber ein dunkles Vorgefühl, eine Ahnung überfiel mich, als ich dann allein aus dem Bahnhof wieder auf die finstere Straße trat: ‹Es ist Krieg, man kann bei einem Krieg nie wissen, was geschieht, man sollte sich eigentlich in solchen Zeiten nicht trennen.›

Aber sie fuhren schon, nach dem Süden.

Die letzten Pariser Tage

Ich habe dann mehr als zwei Wochen in jener Wohnung gehaust, die mein Freund als Möbelspeicher benutzte. Er hatte da noch einen seiner Bekannten untergebracht, einen Lehrer, der in Paris als Soldat irgendeinen Dienst versah. Da saß ich in der staubigen Stube, ohne Teppich, ohne Gardinen, las wenig, schrieb wenig, besuchte die und jene Bibliothek.

Und wie ich eines Morgens das Fenster aufmachte, um den Lautsprecher des Concierge unten auf dem Hof zu hören, tönte aus dem Apparat die Stimme Paul Reynauds, des Ministerpräsidenten. Seine Worte konnte ich im zweiten Stock nicht gut verstehen. Aber Reynauds Stimme, die sonst so jugendlich scharf, ironisch und angriffslustig klirrte, tönte diesmal dumpf und erregt.

Ich laufe Hals über Kopf die Treppe herunter. Die Conciergeloge ist von Menschen umlagert. Ich komme gerade recht, um zu vernehmen, was sich gestern ereignet hat, was uns geschehen ist, in Belgien. Der junge König, der Sohn des tapferen ‹Roi-Chevalier› Albert des ersten, hat seiner Armee, 900000 Mann, befohlen, die Waffen niederzulegen. Er hat das getan, hören wir, ohne seine verantwortlichen Minister zu befragen, er hat nicht einmal seine Verbündeten, die Franzosen und Engländer, verständigt, die er noch vor kurzem flehentlich um Beistand angegangen ist. Er hat seine Verbündeten von gestern in eine furchtbare, ja verzweifelte Lage gebracht. Das Wort ‹Verrat› fällt nicht, aber es tönt aus Reynauds Anklagerede.

Wir am Lautsprecher verstehen. Es geht um Leben und Tod. Frauen neben mir weinen. Eine junge Frau schluchzt: ihr Mann sei dabei. Die Concierge stützt den Kopf auf: sie hat einen jungen Verwandten bei der Armee.

Ich trotte langsam zurück über den Hof. Es ist ein strahlend heller Tag. Ich steige in meine staubige Wohnung, in die Gerümpelkammer, und sitze vor meinem Manuskript, über das ich ein Zeitungsblatt breite. Was soll das Manuskript, was soll die ganze verflossene Arbeit.

Es bricht über uns herein. Wir können keinen Widerstand leisten. Der Deutsche ist überstark. Seine Art hat etwas Grauenhaftes, Unheimliches an sich. Erst die Österreicher, dann die Tschechen, Polen, dann die Dänen und Norweger, dann die Holländer und Belgier, sie werden alle spielend umgelegt. Sie fallen, als wenn sie erstarren wie der Vogel vor der Schlange, von selbst dem Feind zu. Es ist, als ob sie sich als Opfer anbieten. Nein, das ist kein bloß materieller, militärischer Sieg. Es steckt etwas dahinter, das Grauen einflößt. Vielleicht ist aber allemal der Krieg kein bloß materieller, militärischer Vorgang.

Nun folgen die Tage, an denen sich die Zeitungen auf ihren zwei kleinen Seiten qualvoll winden, um nichts zu sagen. Man stellt sich aber selber aus den kleinen Meldungen die Vorgänge zusammen, bis man durchschaut, was in Flandern eigentlich vorgeht: Der deutsche Generalstab will sich in den Besitz der französischen Küste setzen, um Frankreich von England zu trennen, und will jedes Land einzeln schlagen, in derselben Weise, wie er vorher Polen, Norwegen geschlagen hat. Jetzt sind wir an der Reihe. Das abgeschnittene Heer aber will der Deutsche vernichten. Wir erleben atemlos den Wettlauf zum Meere nach Dünkirchen. Das unglückliche Heer strebt dem Hafen zu. Man erfährt von den tragischen Kämpfen, die sich in Flandern abspielen, zwischen einem aufgelösten Heere ohne Nachschub und dem riesenstarken fest geführten und organisierten Feind. Der Feind engt die Zugangsstraßen zu den Häfen ein. Die Heeresteile müssen sich in geschlossenen Carrees einzeln durchschlagen. Überall werden Scharen tapferer Männer hingeopfert, um den Feind aufzuhalten.

Was aber im Hafen von Dünkirchen vor sich geht, das ist nun sichtbar ganz und gar kein kriegerischer Vorgang mehr, sondern ein allgemein menschlicher, ein urmenschlicher. Im Hafen von Dünkirchen haben sich alle verfügbaren Schiffe der Alliierten versammelt, um die Trümmer der unglücklichen Armee aufzunehmen. An der englischen Küste haben sich auf den Ruf der Regierung Tausende Fischerboote aufgemacht. Sie haben die Fahrt an die andere Küste unternommen, um zu retten, was zu retten ist, die befreundeten Männer und die Männer vom eigenen Volk. Und der Himmel, der unterscheiden kann, was menschlich und was nicht menschlich ist, hat ihren Willen gesegnet und hat in diesen Tagen voller Kriegsgreuel alles getan, um die Geschlagenen zu retten und für andere Dinge aufzubewahren. In der Tat, an diesen Tagen lag das Meer, der sonst so stürmische Ärmelkanal, völlig glatt. Und wie über einen Fluß konnten die kleinen englischen Boote und Dampfer zwischen den beiden Ufern hin- und herfahren. Und um die Geretteten den feindlichen Fliegerbomben zu entziehen, legte sich zugleich ein ungewöhnlich dichter beständiger Nebel über das Wasser. Kriegsschiffe deckten den Rückzug. Ihre Verluste waren schwer. Aber sie waren gebaut, um zu kämpfen.

Erschöpft und in Lumpen kamen die Soldaten des großen Heeres drüben an. Erbitterung brachten sie mit. Siehe da: Kein Hauch der Entmutigung ging von ihnen aus.

Ich blieb noch in Paris. Wir erfuhren aus den Zeitungen, der Deutsche richte jetzt seine Wut auf uns. Stiller und stiller wurde es in Paris. Im Norden des Landes, an der Somme und Aisne bereitete sich die Entscheidungsschlacht vor. Eine Prozession unter freiem Himmel fand vor der Kathedrale Notre-Dame statt. Tausende nahmen daran teil. Priester und Gläubige beteten unter freiem Himmel und flehten die heilige Genoveva an, die schon einmal die Stadt gerettet hatte.

Täglich ging ich auf die Straße, kaufte die Zeitung und ging mit ihr in den nahen Tuileriengarten, um zu lesen. Da gab es auch etwas Merkwürdiges zu sehen. Eine Baggermaschine arbeitete, sie schaufelte, jetzt, noch jetzt, Unterstände zur Flugabwehr aus. Mehrmals erlebten wir Fliegeralarm; ich mußte öfter laufen, um zu den Häusern zu kommen, denn diese Unterstände wurden nie fertig. Sie waren auch nicht fertig, als wir Paris verließen.

Es kam der Tag des Bombardements von Paris. Die Sirenen heulten wie gewöhnlich, es war mittags, die Polizeiautos sausten durch die Straßen, wir saßen zu fünfzig in dem Keller unseres Hauses, das Abwehrschießen war stark, entfernte sich aber bald, ein paar wuchtige Einschläge erfolgten. Dann, nach einer dreiviertel Stunde, war der Alarm zu Ende. Paris sah aus, als wäre nichts geschehen. Man flanierte, die Autos flitzten wie immer. Im Westen, in der Richtung auf den Eiffelturm, sah man eine weiße Rauchwolke aufsteigen. Es hieß, große Werke, auch das Luftfahrtministerium seien getroffen. Schlimmeres sah ich ein paar Tage später, als ich nach St. Germain, unserm letzten Wohnsitz, hinausfuhr. Auf dem Wege dahin gab es Fabriken, die für das Heer arbeiteten. Da sah man abgehobene Dächer und Häuser ohne Fenster. Ein langes neues Fabrikgebäude war sehr genau getroffen: Aus dem weißen Kasten war wie mit dem Messer das Mittelstück herausgeschnitten. Und in dem Haus, das wir selber in St. Germain bewohnt hatten, empfing mich die alte bucklige Haushälterin und zeigte mir lachend eine Handvoll Granatsplitter, die in unsere Straße geflogen waren.

Die Zahl der Geschäfte, die wegen Abreise der Besitzer schlossen, wurde größer. Immer mehr Matratzenautos fuhren durch die Stadt. Die Bahnhöfe wurden nicht leer. Auf den Straßen vor den Lebensmittelgeschäften begann das ‹Schlange stehen›, das nun glücklich auch zu uns gekommen war. Man suchte Fett, Kaffee und Zucker, besonders Zucker. Die Zeitungen brachten einen alarmierenden Heeresbefehl des Generals Weygand. Er ermahnte die kämpfenden Truppen im Norden von Paris; die letzte Viertelstunde vor der Entscheidung sei gekommen. Und diese Entscheidung kam, so rasch wie alles in diesen furchtbaren Tagen. Eigentlich hatte man auf keine Entscheidung mehr zu warten, sie war schon gefallen, und im Grunde hatte eine zynische deutsche Propagandaschrift recht, welche schon im Winter unter dem Titel: ‹Warum wir siegen werden› schlicht konstatierte: ‹Die Entscheidung über den Ausgang des kommenden Kampfes ist gefallen an dem Tage, wo Frankreich und England die Einführung der allgemeinen Wehrpflicht in Deutschland und die militärische Besetzung des Rheinlandes zuließen.›

Aufbruch aus Paris

Es war der heiße Sonntag des 9. Juni. Da kam am Vormittag in die leere, stille Wohnung mein Freund, um mir mit zwei Worten mitzuteilen, daß wir morgen aufbrechen würden. Ich sollte das Notwendigste packen und den Koffer heute abend gegen zehn auf sein Büro bringen. Ich konnte nichts Näheres von ihm erfahren.

Ich sehe mich am Abend dieses Sonntags mit meinem Koffer über den stillen mondhellen Hof wandern. Die Concierge und zwei Krankenschwestern sitzen in der Loge und sehen mich an, wie ich mit dem Koffer komme. Die Concierge fragt ängstlich, ob mein Freund, der Beamte, auch gehe. Ich bejahe und gebe den Wohnungsschlüssel ab. Sie läßt sich noch einmal bestätigen, daß mein Freund auch geht, das heißt, daß die Behörden Paris verlassen. Dann steht sie mit den Krankenschwestern zusammen vor der Haustür, und sie blicken mir verstört nach.

Ein Auto ist nicht zu haben. Ich schleppe meinen Koffer langsam durch die völlig leere Rue de la Paix. Der Vendôme-Platz liegt ausgestorben da. Einige camouflierte Lampen brennen. Rechts das Restaurant Ritz ist ohne Licht; vor wenigen Tagen sprangen da noch galonierte Diener die Treppe herunter und halfen eleganten Herrschaften aus dem Wagen. In der Mitte des Platzes erhebt sich eine Säule. Sie bietet einen kläglichen Anblick. Sie hat sich gegen Bomben sichern wollen, und hat sich dazu in ihrem untern Drittel mit Brettern bekleidet, auf die man schwere Sandsäcke packte. Es hat aber in den letzten Tagen geregnet, der Sand ist gequollen, die Säcke sind geplatzt, das Ganze ist ins Rutschen geraten und auf den Platz gesunken. Nun liegt der Unrat auf dem herrlichen Platz, in der gepflegten, reichen Umgebung. Man hat Stricke darumgelegt. Niemand hält es für nötig, die Massen wegzuräumen.

Ich schleppe in der Dunkelheit meinen Koffer weiter, zur Rue Rivoli. Schwarz der Tuileriengarten. Ich komme in das Ministeriumsviertel. Da blitzt es mir entgegen, Scheinwerfer. Ich höre Stimmen. Soldaten bewegen sich mit mir in gleicher Richtung.

Und dann stehe ich schwitzend vor dem Hauptportal des Gebäudes, an das mich mein Freund bestellt hat. Ich blicke um mich. Die stille vornehme Straße ist in ein Feldlager verwandelt, Lastwagen und Autos, die mit Kisten und Säcken beladen werden, Soldaten und Zivilisten, die schleppen und hin- und herrennen. Befehle schallen, gegeben von Offizieren, die auf dem Trottoir stehen, Schreie, Autohupen.

In dem halbdunklen Hof des Gebäudes belädt man Lastwagen. Immer neues Gepäck, auch ganze Schränke werden hinten die Treppe heruntergetragen und auf den Hof gestellt.

Man entleert das Riesenhaus. Dieses Wimmeln auf dem Hof. Auf der Straße hat man plötzlich im zweiten Stock eines Privathauses gegenüber Licht gemacht. Zwei mächtige Fenster werfen breite Lichtbündel über die Straße und enthüllen, was da vorgeht. Sofort setzt ein Geschrei ein: ‹Lumière›, man hört zu schleppen auf, man droht nach oben, aber da rührt sich nichts. Schließlich laufen brüllend zwei Soldaten in das Haus; man wartet, was sie ausrichten; dann ein erleichtertes ‹Ah›: an einem Fenster oben zeigt sich ein Soldat, schließt das Fenster, läßt Vorhänge herunter, dann verdunkelt sich auch das zweite Fenster, die Straße liegt im Dunkel, man beruhigt sich und arbeitet.

Jetzt sausen Privatautos vor, von Militär geführt, man belädt sie, Offiziere überwachen die Arbeit, die Offiziere setzen sich selber zwischen die Papierbündel und Kisten in die Wagen.

Endlich kommt mein Freund. Er gibt meinen Koffer einer Ordonnanz. Dann spazieren wir die Straße auf und ab. Er hat noch die Abendsendung um 10 Uhr gehört, auch Fernstationen. Er meint, die Lage habe sich etwas gebessert; es sei noch eine Möglichkeit, Paris zu halten. Also auf morgen zehn Uhr.

Zum letzten Mal habe ich in meiner Gerümpelkammer geschlafen. Es ist Montag, Paris ist zum Leben erwacht. In den vornehmen Amtsstraßen ist der Spuk von gestern verschwunden. Noch immer stehen vor dem gebieterischen Gebäude Doppelposten der schwarz uniformierten Garde mobile in Stahlhelmen mit Bajonetten. Aber sie haben nichts mehr zu bewachen.

Das Amtsgebäude, das ich nun betrete, macht einen unheimlichen Eindruck. Es ist über Nacht verwüstet, ausgeleert, ausgeweidet worden. Man hat die prächtige Schale stehen gelassen. Von der nächtigen Arbeit sieht man noch die Spuren: Zeitungsfetzen und Stroh auf den Treppen, auf dem Teppich, hier hat man leere Kisten stehen gelassen, dort lehnen gegen die Wand eines Korridors hohe Bücherstapel, die man vergessen wird. Die Türen stehen offen. Wie schwer war es sonst hier einzudringen. Jetzt können wir überall hineinblicken, ja hereinspazieren. Wer ist drin? In den meisten Räumen niemand. Auf den Gängen steht man beieinander, diskutiert, flüstert. Viele Türen trugen noch gestern Schilder und Namen, – sie sind abgerissen.

Ich komme zu den Räumen, wo mein Freund mit andern arbeitete. Da stehen Damen in Hut und Mantel, reisefertig, und an einem Tisch sitzen Damen und schreiben eilig Briefe, – Briefe an Verwandte und Freunde, um ihnen den großen Auszug anzukündigen. Sie werden angeben, daß ihre alte Adresse nicht mehr gilt, daß sie hoffen, bald wieder zurück zu sein, aber sie werden Schwierigkeiten haben, ihre neue Adresse anzugeben. In diesen hoheitlichen Räumen werden nun eilige und erregte Privatgespräche geführt, und es wird heftig telephoniert.

Von diesen Herren und Damen kenne ich einige. Manche Damen sind Stenotypistinnen, Sekretäre und Frauen der Beamten. Aber viele Herrschaften haben geglaubt, noch ein Übriges tun zu müssen und haben nahe und fernere Verwandte mitgeschleppt, Mütter, Schwiegermütter. Und mein Freund, der die Zahl der Mitläufer überblickt, sorgt sich, wir würden gefährlich anschwellen, man verfüge nur über eine bestimmte Anzahl Wagen.

Wir erhalten einen getippten Zettel in die Hand gedrückt: Rendez-vous um 2 Uhr Bahnhof Port d'Ivry. Wir haben den Namen dieses Bahnhofs nie gehört. Der Chauffeur, der uns gegen 12 Uhr hinausfährt, kennt diesen Bahnhof auch nicht, aber die Adresse ist präzis und erweist sich als der Eingang zu einem Güterbahnhof.

Wir gehen in ein kleines Restaurant, wo Eisenbahn- und Transportarbeiter déjeunieren. Es geht lustig zu, auf das Radio hat man verzichtet. Wir selber erörtern, wie die Welt aussehen wird, wenn wir zurückkehren und – *so* sind wir, und *so* sah damals die Welt aus: *wir* beschließen, sobald wir wieder da sind, uns hier abermals zu einer Feier einzufinden. Es soll ein Einzug in Paris, freilich nicht über die Champs-Elysées, sondern am Güterbahnhof Port d'Ivry werden. So beschließen wir, mehr laut als ehrlich. Wir tun so, als merkten wir nichts.

Es ist halb zwei. Wir ziehen zur Bahn herüber und treffen den ersten Vortrupp der Dienststelle meines Freundes, Männlein und Weiblein. Auch ein junger Abbé, ein Mitarbeiter, ist dabei und drückt allen die Hand, um sich zu verabschieden. Er hat nicht die Erlaubnis seiner geistlichen Vorgesetzten, mit uns zu reisen. Paris, sagt er ernst, werde in den nächsten Wochen Hilfe brauchen. (In den nächsten Wochen, in den nächsten Monaten, in den nächsten Jahren –)

Ich stehe in dem Haufen und werde gequält von einem elenden Gefühl: wie unrecht, wie schäbig, erbärmlich ist es, hier wegzulaufen und seine persönliche Sicherheit zu suchen. Verflucht, daß man in diese Lage gekommen ist, fliehen zu müssen, fliehen, abermals fliehen. Welch schändliches, unwürdiges Los. Wer hat mich dahin gebracht.

Ich bin nicht der einzige, der diese Bitterkeit empfindet. Ich erfahre in der ersten halben Stunde beim Herumstehen, aus hingeworfenen Äußerungen, wie es auch die andern revoltiert und sie quält. Dabei diese ängstliche Unruhe und Spannung. Man diskutiert die Frage der Verpflegung; jeder gibt Menge und Art des mitgebrachten Proviants an. Darüber belebt sich langsam die Stimmung und es kommt einem auf Minuten vor, als ob man eine gewöhnliche, improvisierte Reise mache.

Zu den Zügen. Wo sind sie? Übrigens ist dies hier kein Bahnhof. Es ist eine ins Unendliche ausstrahlende Geleis- und Weichenmasse. Man stolpert und fällt, bis man, angerufen von einem anrollenden Zug, auf eine Schuppenreihe stößt, vor der alte Personenwagen halten. Sie sehen kläglich aus, diese Wagen. Sie sind leer, und warten mit offenen Türen anscheinend auf Passagiere. Aber wer möchte in solchen Wagen fahren? Wir stehen davor. Unser ahnungsvolles Herz flüstert: das scheint der Zug zu sein.

Man hat diese Waggons mit Kreidebuchstaben und Zahlen bemalt. Der Kapitän, unser Transportleiter, rennt wild, sein himmelblaues Käppi in der Hand, diesen traurigen Zug entlang, um die Anschrift unserer Dienststelle zu entdecken. Aber da ist nichts zu sehen. Schon nehmen andere uns fremde Personen in dem Zug Platz, der plötzlich in unserer Achtung steigt. Der Kapitän verschwindet erschrocken, und stürmt nach kurzer Zeit wieder an, sein Käppi in der Hand, das er zum Fächeln benutzt: dieser Zug ist richtig, es ist unser Zug, nur unsere Zeichen, – oder unsere Waggons –, eins von beiden fehlt!

Da muß, weil es eilt und weil niemand logisch dieses Rätsel lösen kann, ein Entschluß gefaßt werden. Denn in einer Viertelstunde fährt dieser finstere Zug ab, und wir sind schon von der Sonne geschmolzen und in Schweiß aufgelöst, und wenn wir nicht bald fahren, so fließen wir davon.

Der kleine Kapitän schreit nach Kreide. Und nun sehen wir, was eine Tat ist: er wischt an mehreren Waggons die fremden feindlichen Zeichen aus und malt unsere an! Und sofort sitzen wir in den schattigen Wagen, und es wird keinem gelingen, uns daraus zu vertreiben.

Und während wir noch lächeln: ‹Das hat er fein gemacht›, fahren wir schon. Und ganz ohne daß wir es wahrnehmen, gleiten wir sanglos, klanglos, gedankenlos, aus Paris heraus –.

Vor einiger Zeit erzählte in einer Pariser Zeitung der Henker aus einer berühmten französischen Henkerdynastie, wie er es machte, um die ihm Anvertrauten rasch auf die Bank und unter das Fallbeil zu bringen. Er gab dem bis zur Bank feierlich geführten und zu sentimentalen Gefühlen geneigten Opfer plötzlich einen kräftigen Stoß in den Magen und einen ebensolchen harten Stoß von hinten. Bevor sich der Mann von der Empörung über diesen Angriff erholt hatte, lag er schon waagerecht und war nicht mehr vorhanden. Er war mit der kleinen Wut über den Henker über den schweren Augenblick hinweggehüpft – Narkoseersatz. Ähnlich verfuhr das Geschick mit uns, dort an der Port d'Ivry. Es erleichterte uns den Abschied, es ließ die Unruhe, den Ärger, die Bitterkeit, den Gram zurücktreten, es schenkte uns fehlende Wagen und das kleine Vergnügen über die Heldentat unseres Kapitäns.

Nun endloses Manövrieren, eine kilometerlange Fahrt an Güterschuppen vorbei. Ja, das letzte, was uns Paris zeigte, waren diese seine Magazine voller Lebensmittel, bestimmt für den ‹Bauch von Paris›.

Sie füllten auch einen anderen Magen.

2. Kapitel
Flucht durch Frankreich

Nach Tours

Wenn ich jetzt, in Amerika, jenseits des großen Wassers, an der Pazifischen Küste, an diesen Tag und die folgenden Wochen denke, an Flucht und Herumirren, an die endlose Spannung, das Warten und Drängen, das bald kam, so erscheint mir dieser ganze Abschnitt meines Lebens unwirklich. Ich erinnere mich nicht, je zu irgend einer Zeit meines Lebens so wenig ‹ich› gewesen zu sein. Ich war weder ‹ich› in den Handlungen (meist hatte man nicht zu handeln, man wurde getrieben oder blieb liegen), noch war meine Art zu denken und zu fühlen die alte.

Ich hatte das dunkle Gefühl: etwas stimmt hier nicht, etwas hat sich verändert. Vielleicht komme ich einmal dazu, es herauszufinden.

Und wenn ich im Folgenden die Ereignisse der kommenden Wochen schildere, so tue ich es nicht wegen ihres besonderen, historischen Charakters, sondern um das Auffällige, Eigentümliche, Unheimliche dieses Zeitabschnittes festzuhalten.

Ich hatte während dieser Wochen die Gewißheit, sehr wichtige Dinge zu erfahren – wider meinen Willen – und eine Einsicht zu erlangen, die über meiner gewöhnlichen lag. Zu dieser Einsicht will ich wieder dringen. Sie will ich festhalten und sicherstellen. Darum schreibe ich dies auf. Denn es darf nicht sein, daß solch außerordentliches Geschehen nur wie ein Lichtschein über mich huscht, um mich wieder in Nacht und Nebel zu lassen.

Wir fuhren den ganzen Tag. Der Zug lief langsam. Es ging nach Tours. Im Grunde war es aber nur bei der Abfahrt sicher, daß wir nach Tours fuhren. Im Laufe der Fahrt konnte sich ein anderes Ziel ergeben. Das hing von irgendwelchen Meldungen ab, die uns bei der Fahrt erreichten –, uns, das heißt den Kapitän und den Zugführer. Wir anderen saßen im Zug, passiv. Etwas Entferntes hatte die Hand auf uns gelegt. Wir entfernten uns von Paris und wußten nur, wir würden ‹irgendwo› ankommen.

Das Land weitete sich. Je länger man fuhr, um so mehr sah man Dinge, die man in Paris nicht gesehen hatte. Es hatte der erste Abschnitt unserer Reise begonnen. Wir wurden in das Land hinausgeführt, nun behütet und versorgt, jetzt noch als Zuschauer und Interessenten. Es war uns aber zugedacht, bald den Zuschauerplatz zu verlassen und selber in die Arena herabzusteigen.

Draußen das weite schöne Land war von schwarzen Linien durchzogen. Näherte man sich diesen Linien, so erkannte man, daß sie sich bewegten. Und fuhr man in ihre Nähe und konnte Einzelheiten unterscheiden, so hatte man vor sich das Bild, das einem bald vertraut wurde: die Chausseen verwandelt in ein Kinderspielzeug, das nicht recht funktionierte. Sie waren ein zusammenhängendes Band, auf dem Wagen und Fußgänger zuckten und ruckten. Das schob sich von der Stelle, stand plötzlich still. Wir hörten in der Nähe ein ungeheures nervöses Hupen. Ob es etwas änderte? Die Chausseen waren grauenhaft verstopft: Flucht.

Auf den Eisenbahnschienen rollten unaufhörlich Züge vorbei, mit Soldaten und Kriegsmaterial beladen, auch mit Scheinwerfern und Flugabwehrgeschützen. Als wir an einigen Stationen zugleich mit Soldatenzügen hielten, sahen wir, die Leute waren frisch und gut ausgestattet. Soldaten, die an unsern Zug herantraten und die wie wir Wasser holten, erzählten, sie kämen aus Dünkirchen! Woran hätte es da nur gelegen? «Wir hatten keine Tanks und keine Flugzeuge.»

Immer mehr Soldatenzüge, sie trugen allemal kräftige und frische Männer. Sie hatten größtenteils nicht im Feuer gestanden. Sie wuschen sich und forschten unentwegt nach Neuigkeiten.

Alles steckte voller trüber Ahnungen. Aber niemand mochte das Furchtbare wahrhaben. Denn schließlich stand noch alles in Blüte, man war kräftig, man hatte vielleicht nicht alle Waffen, aber man war bewaffnet und man war eine große Armee in einem reichen Land!

Gespräche in unserem Zug: es kann wohl eine Niederlage erfolgt sein, Paris kann vorübergehend besetzt werden, aber das Land quillt über von Soldaten, und von Mutlosigkeit ist keine Rede. Das Heer hat seine eigentlichen Reserven überhaupt noch nicht eingesetzt. Was alle quälte, war der Mangel an einem Impuls. Wenn jemand doch jetzt dem Land einen Ruck gäbe! Ich hatte schon während der ganzen vergangenen

Monate, die seit September Kriegsmonate waren, keinen Kriegsenthusiasmus im Lande bemerkt. Aber ich dachte wie andere, man kann auch Krieg ohne das führen, und zwar gerade dann, wenn man friedlich ist und wider seinen Willen zur Verteidigung gezwungen wird. Man wird dann erbittert kämpfen. So dachten wir wieder im Fahren. Ein schmerzlicher Krampf zog das Land zusammen. Das Nächste müßte der Ausbruch und ein fanatischer Kampf sein.

Fragt man aber, warum dieser Ausbruch nicht erfolgte, frage ich mich selbst danach, so habe ich im selben Augenblick die Antwort, die einfache Antwort: weil es so rasch ging, und weil auf den Überfall eine fast tödliche Umschnürung erfolgte. Ehe im Volk sich noch das Bewußtsein von seiner Lage entwickeln konnte, ehe sich nach dem Gefühl des Leidens der natürliche Widerstandswille einstellte, – war man gelähmt, erstickt.

Der Krieg, die Überrumpelung verlief so rasch, daß man erst aus dem Stadium der Betäubung herauskam, als schon eine andere Situation vorlag. Wir fuhren, es wurde dunkel, die Wagen blieben dunkel. Genau um Mitternacht hielt der Zug. Es hieß, hier sei ein Bahnhof und wir waren in Tours.

In Tours

Man konnte aber weder einen Bahnhof noch die Stadt Tours bemerken. Eine unvorstellbare Schwärze hüllte uns ein. Wir mußten uns erheben und unsere Sachen an uns nehmen. Mein Koffer lag bei dem großen Gepäck; ich brauchte mich nicht um ihn zu kümmern. Ich hatte nur ein sonderbares Paket zu ergreifen, das oben im Gepäcknetz lag: ein Paar Schuhe und ein handgeschriebenes Manuskript. Ich wollte beides in Paris nicht in den Koffer stecken, weil ich dem Koffer ein schlimmes Schicksal voraussah. Und die Schuhe hatte ich in meiner Pariser Gerümpelkammer am Morgen vergessen und zuletzt noch unter dem Bett hervorgeholt. Ich drückte jetzt beides, Schuhe und Manuskript, an mich und stieg aus.

Es war wirklich schwer auszusteigen. Die Nacht war komplett. Endlich blinkten Taschenlampen. Hier war ein Bahnsteig. Viele Menschen, Männer, Frauen und Kinder, standen und hockten herum. Sie lagen auf ihrem Gepäck. Der mitternächtliche Bahnhof war in eine Karawanserei verwandelt.

Wenig Lärm ging von diesen vielen Menschen aus. Die Ursache erfuhr ich bald, auch die Ursache der kompletten Verfinsterung des Bahnhofs: Ein Fliegerangriff. In unmittelbarer Nähe von Tours lag ein großer Flugplatz, der eigentlich ununterbrochen angegriffen wurde. Als wir fragten, wie lange man denn warten sollte, gab man zur Antwort: warten sei überflüssig, man müsse sehen, in ein Haus zu kommen. Da wir erwogen, daß eine Bahnhofshalle bei einem Fliegerüberfall kaum einen Schutz biete, setzten wir uns sofort in Bewegung. Man mußte sich durch den Haufen der Leute am Boden schlängeln. Das gelang, mit Schwierigkeit; das Schwerste war, sich nicht zu verlieren. Der Kapitän mit der jetzt unsichtbaren himmelblauen Mütze führte. Wir riefen ihn alle paar Schritte an, sein Name flog ihm etappenweise von hinten nach vorne zu und wurde von ihm mit einem kräftigen ‹Hier› in Empfang genommen.

Draußen lagen die stummen Massen auf der Straße. Zum Teil schliefen sie, erwarteten einen Morgenzug. Man hörte ferne Schüsse.

Vor den Autobussen trat unser Kapitän in Funktion. Er befahl: «Zuerst Damen und Ehepaare, später die andern.» Ich kam mit einem späteren Wagen mit; wir wurden vor einem großen Hotel abgesetzt.

Beim Eintritt überbrachten uns die Erstankömmlinge die Nachricht, es sei alles besetzt, und zwar nicht von ihnen, sondern von noch anderen. Als wir trotzdem in eine große Halle eindrangen, hatten da schon viele das Stadium der Enttäuschung verlassen und schliefen, auf Stühlen und am Boden. Während so hier der Schlafbetrieb schon voll im Gange war, blickten wir uns um und suchten. Es war der Moment unseres Kapitäns. Er hatte in der Tat ein anderes Hotel ermittelt, in dem es sonderbarer Weise noch Platz gab. Natürlich, setzte er hinzu, um dieses Wunder auf ein normales Maß herabzudrücken, nicht Zimmer für alle, sondern nur für Damen und Ehepaare, für die andern gibt es Stühle.

Es schien mir übrigens wider die ewige Gerechtigkeit, daß Ehepaare, die schon das Pläsier hatten, gemeinsam zu reisen und sich zu helfen, sich nun auch noch gratis und franco mitten während des Krieges auf Staatskosten zu Bett legen sollten, während wir einsamen Männer, die das Los der Verlassenheit trugen, noch zu stundenlangem Stuhlsitzen verurteilt wurden. Schon in unserm Zug hatten sich die Bänke, obwohl von Natur aus Holz, unter uns zu Stein und Granit verhärtet. Ich konnte, da ich nicht über die Gesäßschwielen eines Affen verfügte, meine Verurteilung nicht ohne Protest hinnehmen. Also protestierte ich und hielt meine Auffassung nicht zurück, daß jemand, der seine Frau mithabe, nicht dafür noch belohnt werden müßte. Dem Kapitän leuchtete das ein, obwohl er das Recht hatte, Befehle zu geben und nichts zu verstehen. Darauf bestieg ich den Autobus mit den Auserwählten.

Dieses Hotel war nun keineswegs frei, wie verkündet war, vielmehr, wie man uns schon mitteilte, komplett besetzt, – aber nur bestellt, und zwar für die französische Kammer, und die betreffenden Herren könnten jeden Augenblick eintreffen. Wir beruhigten die Hoteldame, die uns so am Empfangstisch informierte: die Herren würden kaum noch heute nacht eintreffen, denn es war schon ein Uhr. Und außerdem, wer wüßte, ob sie überhaupt eintreffen und nicht gleich nach Bordeaux fahren würden?

Die Dame, so von uns in Unsicherheit versetzt, überließ uns dann alle verfügbaren Zimmer auf Gedeih und Verderb. Und wir verschliefen diese erste außerpariserische Nacht einzeln und gepaart bis in den hellen Morgen hinein und segneten die örtliche Tradition, keinen Fliegeralarm zu schlagen. Denn natürlich waren Flieger dagewesen.

Wir sahen uns vormittags in der Stadt um und schwärmten in Gruppen aus. Die Behörde, von der ich mitgenommen war, hatte große Rosinen im Kopf. Es trafen am Vormittag höhere Herren des Amts ein, in Dienstautos oder in requirierten, und waren von einem hohen Amtseifer befallen. Sie wollten schnurstracks darangehen, das alte Amt zu installieren. Das schwere Gepäck des Amts wollten sie abwarten, einen Teil jener ungeheuren Papiermassen, die ich am Sonntagabend hatte abschleppen sehen. Dann wollten sie, so schien es, wieder mit der Arbeit beginnen. Und darum verließen sie die zentrale Partie von Tours und besichtigten ein Haus, wo sie sich provisorisch niederzulassen gedachten. Es befand sich in der breiten nördlichen Einfallstraße der Stadt und war eine einstöckige Villa, völlig leer. Ich begleitete meinen Freund dahin. Das Häuschen war im Moment zu nichts nutz als zum übernachten, und wie man an den Strohhaufen in den unteren Räumen sah, übernachtete man hier schon. Man befahl nun, das Haus gründlich zu lüften und zu reinigen.

Am nächsten Morgen trat die Hotelverwalterin vor uns, um uns zu offenbaren, sie müßte den größten Teil der gestern okkupierten Zimmer frei haben, denn das Parlament sei nunmehr wirklich im Anmarsch. Wir, von Skepsis erfüllt, ungläubig bis an den Rand, ließen uns in dem weiten geschlossenen Hof des Hotels nieder und erwarteten stundenlang diesen Anmarsch. Statt des Parlaments stellten sich schließlich mit großem Gepäck, Hutschachteln, Taschen und Koffern eine Anzahl Damen ein, die uns als die Gattinnen von Parlamentariern bezeichnet wurden. Die Parlamentarier selbst blieben unsichtbar und bald verschwanden auch die Damen wieder.

Im Hotel wohnte ich nur eine Nacht. Wir sollten und mußten Platz machen, wir wußten nicht, für wen. Und so ging ich in Begleitung anderer am späten Abend in das Dunkel hinaus, in jenes völlige Dunkel, an dem ich Tours erkannte. Es hatten sich wieder Flieger eingestellt und gerade wie wir uns der großen Loirebrücke näherten, fing es an zu blitzen und zu krachen. Wir hörten das Dröhnen und Brummen von Motoren. Wohin? Meine Begleiter, geübte Tours-Männer, Touristen, sagten kühl: «Weitergehen!» Darauf marschierten wir los, die Brücke erwies sich enorm lang. Oben am schwarzen Himmel gab es ein blendendes Feuerwerk. Das Ganze spielte sich mehr rechts ab.
Wir klopften und klingelten, in dem Häuschen schlief man sehr fest, man öffnete, das kleine Häuschen sah wie ein lieber Stall aus. Man gab auch mir Stroh. Ich zog mich oberflächlich aus und schlief genau so (schlecht und gut) wie sonst.

Die Stadt schluckte Flüchtlingsscharen. Wir waren die ersten gewesen. Jetzt kam das Gros. Eine unglaubliche Menschenfülle wurde über die Stadt geschüttet. Die Straßen wurden Tag und Nacht nicht leer. Einmal zeigte sich eine sonderbare Gruppen von Wagenkolossen. Da sah man, auf Schienen ruhend, mächtige, blitzblanke Maschinen. Was für Menschinen das waren und was sie sollten, verstanden wir erst nicht, bis uns klar wurde, daß es sich um Fabriken handelte, die man evakuierte, um sie irgendwo anders neu aufzubauen. Man rechnete also auf einen langen Krieg. Die Maschinen, die großes Aufsehen erregten, waren von Arbeitern und Arbeiterinnen begleitet.
Aber dahinter der alle Deiche durchbrechende Strom der Flüchtlinge. Wir hörten kein Radio, nur gelegentlich fiel einem ein Zeitungsblatt in die Hände. Aber was vorging, sah man, man sah es mit eigenen Augen: der Gegner war nicht aufzuhalten. Niemand hielt ihn auf. Man war wehrlos. Und die Menschen fuhren und gingen, sie wußten nicht, wohin; sie kamen bald hier, bald dort unter, dann fuhren und gingen sie weiter –, und keine Stimme, die Aufklärung gab, die zusprach und Mut

einflößte. Wo war die Spitze, was beschloß sie? Das Volk war verlassen, war sich selbst überlassen.

Und das Volk benahm sich großartig. Es wurden im Lande nie weniger Verbrechen begangen als in diesen Tagen. Mit Selbstverständlichkeit wurden alle örtlichen Anordnungen befolgt. Niemand kam auf den Gedanken, private ‹Requisitionen› vorzunehmen, selbst wo man entbehrte. Das französische Volk liegt keine behördliche Disziplin, aber es zeigte in all diesen Wochen eine große eigene Disziplin, seine Ausgeglichenheit. Es zeigte sich als ein erwachsenes Kulturvolk, ein selbständiges Volk. Man kann sicher sein, daß es keinem gelingen wird, es lange im stand der Unmündigkeit zu halten.

Wir flanierten noch in Tours durch die Hauptstraße, spazierten die Loire entlang und betrachteten den großen Fluß und erwiesen ihm unsere Referenz. Wir aßen umständlich und teuer nur am ersten Mittag im Hotel; dann wurde von Damen und Herren eine neue Küchenregelung beschlossen. Man bestimmte eine Damengruppe, einzukaufen und in der Nähe einen Raum für uns zu mieten. Da würde man billig und bequem speisen. Wir aßen in der Tat ein paarmal gut und vollständig in einem nahen Lokal. Bevor sich aber diese Kriegsblüte einer Essensgenossenschaft entfaltete, mußte sie welken. Es verlief alles noch rascher, als wir für möglich hielten.

Nach drei Tagen war es aus. Der zivile Flüchtlingsstrom wurde immer breiter und breiter. Der Prozentsatz des mitreisenden Militärs wuchs. Die Stadt, besonders in den nördlichen Partien, dröhnte vom Lärm der Wagen und Menschen. Und dann wurde es ganz schlimm, als der Zivilstrom von den Hauptstraßen abgelenkt wurde und über diese Straßen und die große Loirebrücke Militär brauste. Das Dröhnen und Rasseln dauerte den ganzen Tag und die Nacht. Ein ganzes Heer, keineswegs in Auflösung, schien sich heranzuwalzen. War das eine Rückzugsarmee oder handelte es sich darum, hinter der Loire die neue Front aufzubauen?

Und da gab es schon ein Flüstern bei uns. Bieder putzten die Soldaten noch ihr Haus und hängten ihren Dienstplan auf. Mich hatte man zu guter Letzt in einem Häuschen untergebracht, an dessen Tor wenig vertrauenerweckend Granatsplitter lagen. Da – kam die Weisung, sich am nächsten Vormittag vor dem präsumptiven Dienstgebäude mit Gepäck einzufinden. Man packte hastig ein, was man voreilig ausgepackt

hatte. Die Schreibmaschinen verschwanden wieder in ihren Kästen. Die
Säcke wurden aus dem Keller geholt und nahmen wieder die Papiermassen auf. Wieder Verschnüren und Hämmern. Das Häuschen, eben
erst geputzt, wurde in seinen alten Zustand, mit Unordnung, Schmutz
und Stroh, zurückgestoßen.

Und durch das Chaos sehe ich einen ernsten Beamten der Stadt schreiten
und sich dem derzeitigen Chef der Dienststelle nähern. Man hatte schon
Beleuchtung eingerichtet, Tische standen. «Und das wollen Sie alles im
Stich lassen?» fragte der Magistratsbeamte. Der Chef konnte die Achseln
zucken; Glühbirnen und Tische in diesem Augenblick.

Man schleppte die Kisten und Papiersäcke wieder hinaus. Ich hatte den
Eindruck, die Akten verloren mit jedem Umzug mehr an Wert. Jetzt
warf man sie schon auf die Lastwagen. Ich sah den Tag kommen, wo die
Lastwagen mit dem Papier irgendwo auf einer Chaussee stehen blieben.
Ja, ich hielt es für nicht ausgeschlossen, daß man das Papier von den Wagen herunterwarf und über den Boden verstreute, und sich nur um sich
und die Lastwagen kümmerte.

Wir versammelten uns, dreißig Männlein und Weiblein, vor dem Häuschen und stellten Betrachtungen an. Was war aus unserer schönen Kü-
chengemeinschaft geworden? Das Schießen auf dem Flugplatz war
eigentlich nicht so schlimm gewesen.

Es ging weiter nach Süden. Würde also die Armee an der Loire Widerstand leisten? Der Wagen für uns fuhr vor, er war ein einfacher Lastwagen. Man hob unsere Koffer herauf. Eine Anzahl amtlicher Kisten kam
nach, das war aber nicht schlimm, man konnte darauf sitzen und sie als
Rückenlehne benutzen. Bevor wir selbst aber einstiegen, hieß es Abschied nehmen, denn einige Herren, Offiziere der Dienststelle, erklärten,
nach Bordeaux gehen zu müssen. Das mußten sie zweifellos. Sie hatten
sicher Anweisung dafür. Aber wie der Mensch einmal ist, entstand bei
uns, den Zurückgebliebenen, nach dem freundlichen Abschied ein un-
sicheres Gefühl – und man formulierte diskret: ‹Sie gehen lieber gleich
nach Bordeaux›. Auch lieblose Worte fielen. In solchen Augenblicken
bringen auch devote Naturen wenig Respekt auf.

Wir nahmen dann, statt mit bequemen Dienstautos abzusausen, von unserem Mammut, dem schwer bepackten Lastwagen, Besitz. Man half
uns herauf, und da saßen wir, saßen und fuhren.

Oh, jetzt waren wir nicht mehr Beobachter und Reisende. Jetzt waren
wir Masse. Es war der erste Schritt in der Verwandlung.

Moulins

Es dauerte lange, bis wir die Stadt hinter uns hatten. Schließlich befreite unser Chauffeur unsern Wagen aus der Umklammerung durch die anderen Wagen. Noch einmal warf man von der Brücke herunter einen Blick auf die breite Loire und ihre Sandinseln. Nun wurde die Landschaft offen. Er fuhr am Rand des allgemeinen Flüchtlingsstromes. Wir sahen aus der Nähe, wie andere Autofahrer kämpften, um aus dem Strudel herauszukommen. Dann schlugen wir uns seitlich in die Büsche. Wir kreuzten Hauptstraßen, alle gestopft voll mit wanderndem Volk und Soldaten. Einmal hielten wir, um Wasser zu holen, in einem Dorf. Standen da Wagen mit Soldaten, zum Teil verwundeten und verbundenen, sie trugen die Nummern verschiedener Regimenter. Ein älterer Soldat hinkte von drüben zu uns herüber und sah sehr ernst aus. Er fragte, wo wir herkämen und was es Neues gäbe. Er wies auf sich und seine Kameraden: «Meine Herren, es hat sich einiges im Lande geändert.»

Es fing an zu regnen. Unser Wagen war ungedeckt. Man half sich gegen die Nässe so gut man konnte, zog sich Mäntel über den Kopf, schlüpfte zusammen und versteckte sich hinter den Kisten. Wir fuhren über ein breites Wasser.

Es war noch hell, als wir uns einer Stadt, Moulins, näherten. Unser Wagen schlängelte sich durch einige Straßen und fuhr an einem Gebäude vor, in dessen Nähe wir einige Herren unserer Reisegesellschaft sahen, die Tours vor uns verlassen hatten.

Man leitete unsern Wagen in einen weiten, viereckigen Hof, offenbar ein Schulhof. Dies war die höhere Schule für Knaben. Auf dem Hof standen andere Wagen, und die Reihe der Zimmer unten nach dem Hof trug Aufschriften mehrerer Dienststellen, die sich offenbar hier schon eingerichtet hatten. Ich sah es und dachte trübe an unsere Erfahrung in Tours.

Man lud unsern Wagen ab, und wir machten den Inspektionsgang durch das Gymnasium. Es bildete eine weitläufige Anlage. Man stieg Treppen zu den Gebäuden herauf, stieg zu Speisesälen in Kellerräumen herunter, und auf der Hinterseite des Hauses gab es ein freies Gelände mit Busch und Baum. Ich verlief mich bei diesem Berg- und Treppensteigen.

Wirklich begann man auch hier auszupacken und zu tun wie in Tours, als ob man seinen alten Betrieb wieder aufziehen wollte. «Allen Gewalten zum Trotz sich erhalten.» Man verteilte Zimmer, gehorsam schleppten Soldaten Kisten dahin und dorthin. Man stieg in geschlossenem Zuge in die unteren Räume und nahm das Abendessen zu sich. Es waren angenehme, weite Speiseräume. Männer und Frauen saßen hier, aßen und tranken. Man sagte, sie seien Flüchtlinge. Wir kannten sie nicht. Zum Schlafen wurden wir, Männlein und Weiblein getrennt, in große weite Schlafsäle im ersten Stock geführt. Auch da hatten sich schon Leute installiert, dabei ein Junge, der das erste Anrecht auf diesen Platz hatte, denn wir befanden uns im ‹Dortoir› des Gymnasiums. An seiner Längswand, erhöht, durch einen weißen Vorhang vom übrigen Raum getrennt, stand das Bett des ‹surveillant›, des wachhabenden Lehrers. Es sah wirklich so aus, als ob die Ämter und Dienststellen hier arbeiten wollten. Mein Freund wurde gerufen und stand auf dem Hof mit anderen zu einer langen ‹Konferenz› zusammen. Ich flanierte mit seiner Frau und anderen Damen in der Landschaft herum. Wir drangen in die Stadt ein.

Es ging hier nicht so tumultuös zu wie in Tours. Nur an der Post drängte man sich; denn alles wollte telegraphieren. Die wenigen Beamten glühten und mußten sich zerreißen. Erfreulicherweise konnten sie sich immer einer Hälfte der Zudringenden entledigen, denn die Telegramme mußten ja zunächst nach der Polizei getragen, um genehmigt und gestempelt zu werden, wobei viele Leute die Lust zu telegraphieren verloren. Ich telegraphierte an meine Frau, nach Mittelfrankreich. Andere versuchten es mit Orten mehr nördlich und – fielen damit sofort ab.

Moulins sah freundlich verschlafen aus. Ich dachte, wie ich eine halbe Stunde allein durch die sauberen engen Straßen spazierte (die Damen kauften vorsorglich Lebensmittel ein): wozu in die Ferne schweifen, wozu mich an Behörden hängen, warum nicht in alter Weise Einzelgänger spielen und mich hier verkrümeln? Ein bißchen Fahnenflucht, – aber es war nicht einmal Fahnenflucht. Kein Hahn würde nach mir krähen. Aber – das waren doch nur Träume. Wahrscheinlich würden ja morgen oder übermorgen auch diese friedlichen Kleinstädter fliehen. Morgen würde auch diese verschlafene Straße erwachen. Ich konnte mir schon vorstellen, wie –.

Und ich stieß wieder zu unserer Horde zurück und fand nach einigem Herumirren das Gymnasium wieder. Und fand – eine völlig veränderte Situation.

Aus Gründen, die ich nicht ermitteln konnte, hatte sich während unseres so behaglichen und optimistischen Spazierganges der Herren eine völlig andere Auffassung von der Weltlage bemächtigt.

Ich sah mehrere ältere Herren, die noch vor einer Stunde fröhlich Dispositionen für den Dienst und Arbeitspläne entworfen hatten, verfroren und blaß beieinander stehen und die Köpfe zusammenstecken. Ich sah, wie sie sich voneinander trennten und mit ihren Damen konferierten. Das Interesse floh mit großer Schnelle aus dem Dienstlichen ins Private. Es ging so rasch. Das Amtliche schien einen lebensgefährlichen Charakter anzunehmen. Ich sah, wie rapid das Interesse an dem schweren dienstlichen Gepäck, das ich am Sonntag abend in Paris hatte aufladen sehen, nachließ, erlahmte, erschlaffte, um sich ruckartig der privaten Bagage zuzuwenden. Ich hörte schreckliche Bemerkungen betreffend jenes feierliche amtliche Gepäck: Man hatte vor, es – jedenfalls teilweise – zu verbrennen!

Am Nachmittag wurde deutlich, daß ich mich nicht verhört hatte. Soldaten ergriffen eine Anzahl Säcke beim Hals und schütteten den Inhalt hinter dem Gymnasium auf dem buschigen Terrain ohne viel Federlesen aus. Sie häuften den gestempelten geheiligten Inhalt zu kleinen Hügeln, mit rohen Handgriffen und Fußtritten, als wenn es sich um Kloben Holz handelte, und zündeten den Haufen an. Ja, man entledigte sich eines beträchtlichen Teils unserer ehrwürdigen, behüteten Bagage, zweifellos um sie nicht in die Hände des Feindes fallen zu lassen.

Lustig flackerte der Brand. Das Feuer erleuchtete eine trübe Situation. Ja, wir waren stark im Gedränge.

Und daß wir es waren, gab nicht nur das Feuerchen zu verstehen. Wenn ich über den großen Hof ging, so sah ich, nunmehr blaß, erregt und finster Herren mit ihren Damen auf- und abwandern. Unnahbar, vertieft schritten sie dahin. Gegen Abend erfuhr man das Ergebnis ihrer Diskussionen: Es fehlten mehrere Herren und mehrere Damen. Wo waren sie? Nach Hause gefahren. Sie hatten gehandelt. Sie hatten sich Autos zu teuren Preisen in der Stadt beschafft, und waren auf und davon. Es wurde nunmehr offen proklamiert, daß hier unseres Bleibens nicht mehr wäre. Für keinen. Wo die Deutschen eigentlich ständen, wußte man nicht, es wurde aber auch nicht so sehr auf diesen Punkt Gewicht gelegt, als darauf, daß wir wegmußten, rein militärischen Formationen Platz zu machen. Zugleich ging in unserm Kreis ein Wort um, das der himmelblaue Kapitän, dem ich nicht grün war, in die Welt gesetzt hatte.

Er gebrauchte es oft. Das Wort war ‹dégonfler›. Das bedeutet: ‹zum Abschwellen bringen›. Was oder wen wollte der Himmelblaue abschwellen? Niemand kam sich hier geschwollen vor. Aber unsere Gruppe war geschwollen. Wir waren zu viel. Der Kapitän wußte nicht, wo Wagen herbekommen, um uns davonzuschleppen. Verbrennen wie das Gepäck konnte er uns nicht. Zu seinem Entsetzen erfuhr er jetzt, wir wollten alle mit.

Darauf ging er von einem zum andern und pries jene, die davongegangen waren, – weil sie nämlich in Frankreich im noch nicht besetzten Gebiet ein Zuhause hätten, oder weil ihnen eine Familie beschert war. Er pries Familiengefühle. Er horchte, wie es da um jeden stand. Sie hörten ihn alle mißtrauisch an. Sie verbargen ihre Familiengefühle. Zunächst schwieg man. Man versprach, es sich zu überlegen und sich zu prüfen. Er aber brauchte rasche Entschlüsse. Eine tiefe, eine zähe Nachdenklichkeit hatte sich aller bemächtigt.

Er kam nicht von der Stelle. Es war übrigens nicht klar, wodurch wie plötzlich so viele geworden waren. In Tours konnte man uns noch gut in einen einzigen Wagen hineinstopfen. Jetzt waren wir ganz erheblich mehr. Offenbar waren andere Dienststellen zu uns gestoßen, aber «Dienststellen» war ein zu feierlicher Ausdruck. Wenn man sich umblickte, so hatte man mehr das Gefühl, sich mit lauter neuen Anhängseln beladen zu haben, mit Gemahlinnen, Schwägerinnen, Schwiegereltern. Der Himmelblaue wandte sich an mich. Und siehe da: Ich ärgerte mich. Er ärgerte mich. Und das freute ihn. Während alle andern sich in ein hartnäckiges Nachdenken hüllten, das sie wie eine Tarnkappe über sich zogen und ihre Entscheidung auf später, auf ‹nach dem Krieg› verschoben, beunruhigten mich die liebevollen Worte des Kapitäns. Er sagte: «Sie haben doch wohl Ihre Familie in Le Puy, nicht wahr? Es ist viel richtiger, viel natürlicher, glauben Sie mir, daß Sie jetzt zu Ihrer Familie gehen, als daß Sie sich weiter hier zwecklos herumtreiben. Wer weiß, wie lange wir noch zusammenbleiben.» Das senkte einen Stachel in meine Seele. Nämlich eigentlich hatte er nicht unrecht. Andererseits war die Zukunft reichlich dunkel. Und weggraulen wollte ich mich auch nicht lassen.

Aber der Brand war in meine Seele geworfen. Die Anregung des Himmelblauen war auf vorbereiteten Boden gefallen. Ich hatte Tagesberichte des französischen Generalhauptquartiers gelesen, und da war von Kampfhandlungen die Rede, die sich bedenklich Mittelfrankreich näherten. Was würden meine Frau und das Kind machen? Ich konnte sie nicht ihrem Schicksal überlassen.

Es gärte in mir. Ich besprach mich mit meinem Freund und seiner Frau. Sie hatten selbst vor, aufzubrechen. Zu einem konkreten Entschluß waren sie noch nicht gelangt.

Nun stieg ich mit meinem Freund in den Schlafsaal hinauf. Der lag schön und friedlich da. Einige ruhten auf den Betten und lasen. Ich packte meinen Koffer. Wir würgten das Manuskript hinein und trennten es von seinem Zwilling, meinen Schuhen. Meinen schweren Wintermantel nahm ich über den Arm. Ich verabschiedete mich von keinem Menschen, am wenigsten von dem Kapitän. Dem Mann würde meine Abwesenheit allein hinreichend Genugtuung bereiten.

Mein erster Ausbruch

Es fand sich in der Nähe ein Zivilist, der meinen Koffer zur Bahn trug. Ich selbst lief erst einmal voraus, um mich über Züge zu orientieren. Wie ich nun nach einem gewaltigen Zickzack in der Hauptstraße, die zum Bahnhof führte, landete, erschrak ich. Es war phantastisch, was ich da sah. Ich war an Menschen-Gewimmel und Getümmel gewöhnt. Dies hier aber stellte alles in den Schatten. Das war der Gipfel.

Sie waren nur Zivilisten. Zu Fuß bewegten sie sich oder lagen in Wagen. Die überfüllten und überschwemmten Straßen, Riesenplätze und Anlagen. Die Sonne schien prall auf sie. In dem grellen Licht, in der Hitze wimmelten die Menschen, zu Hunderten, zu Tausenden, bis ganz nach hinten, wo der Bahnhof lag. Rechts wurde grade ein Kino ausgeräumt als Quartier für Flüchtlinge.

Ich drängte mich zum Bahnhof durch und gelangte an einen Schalter. Der Beamte schrieb mir die beiden nächsten Züge nach Le Puy auf, einer in einer halben Stunde, ein Vorzug, der andere in anderthalb Stunden. Beide Züge über Vichy. Das klang ja herrlich. Ich war entschlossen, zu fahren.

Ich lief zurück und dachte froh: mit dem ersten Zug schwimme ich ab. Das Getümmel hier hatte mich entsetzt. Ich verlief mich, verlief mich immer wieder. Als ich endlich in der Schule ankam und mein Freund und der Kofferträger sich zu mir gesellten, war es gerade Zeit, um zum zweiten Zug zu gelangen. Wir machten uns unverzüglich auf den Weg. Und standen bald, mein Freund und ich, mit vielen, vielen vor der Tür, die auf den Bahnsteig führen sollte. Mein Billet hatte ich gekauft, (ich trage es noch heute in meiner Brieftasche). Wir warteten wie die anderen, im Gedränge, schwitzend. Ab und zu wurde einer vorne hereingelassen; Gott weiß, warum grade der. Die angegebene Zeit der Abfahrt war längst verstrichen. Es ereignete sich nichts. Man stand und wartete. Man drängte und wurde gedrängt. Zwischen die Füße wurden einem von hinten Koffer geschoben, man mußte balancieren und sich aufrecht halten. Ein junger Bursche stand rechts von mir. Er stand, sprach und schwitzte. Und wenn er genug gesprochen und geschwitzt hatte, nahm er sein Taschentuch, wischte sich hinten seinen Nacken, dann vorn die Stirn und warf schließlich mit einem kräftigen Ruck des Kopfes das Haar aus der Stirn. Er hatte lange blonde Haare, die über dem Scheitel liegen sollten, sich aber immer wieder nach vorn verirrten. Daß ich hinter ihm stand, war dem Jüngling nicht interessant. Ungefähr alle fünf Minuten fuhr sein Kopf gegen meine Nase und seine frisch benäßten Haare schlugen gegen meine Brille. Ich seufzte, ich duldete.

Wieder erwachte in mir der Zorn auf den himmelblauen Kapitän. Er hatte, kam mir vor, mich in diese Lage gebracht, hinter diesen Jüngling. Ich, allein ich sollte den Transport zum Abschwellen bringen. Der Zorn brachte mich zu einem Entschluß, wie mich vorhin der Zorn zu einem Entschluß gebracht hatte. Diesmal entschloß ich mich, drüben Kaffee zu trinken, weiter nichts, Kaffee trinken, allen Kapitänen zum Trotz. Mein Freund, der treu wartete, billigte es. Er meinte, zu solchem Kampf um einen Eisenbahnplatz müßte man die Nerven seiner Frau haben. Ich kannte die Nerven seiner Frau nicht, aber er mußte es wissen. Er müsse auch Kaffee trinken.

So war ich befreit und gerechtfertigt. Und so bugsierte ich meinen Koffer aus dem Gedränge und überließ die unglückliche Menge, diesen gärenden Teig, sich selbst. Von weitem sah ich noch den Jüngling zucken. Da tranken wir schon den beschlossenen Kaffee. Ich rauchte zur Vervollständigung zwei Zigaretten. Den Koffer gab ich am Büffet ab. Wir hatten die ganze Abreiserei satt. Erleichtert zogen wir uns zurück.

Im Lycée empfingen uns unsere Bekannten. Sie schüttelten den Kopf, nicht über die mißglückte Aktion, sondern daß ich sie überhaupt unternommen hatte. Ihnen hatte der Himmelblaue ja auch zugesetzt, zum ‹Dégonflement› seiner Gruppe beizutragen, aber bei ihnen sei er abgefallen. Denn welches Interesse, meinten sie kaltherzig, haben wir daran, ihm sein Geschäft zu erleichtern? Das Bequemste wäre ihm, wir würden uns alle verlaufen.

Ich zog wieder in den Schlafsaal und aß und trank mit den Übrigen, die nichts von dem Fluchtversuch bemerkt hatten. Dem mißgelaunten Kapitän näherte ich mich und erstattete ihm Bericht. Es sei über meine Kraft gewesen. Er – sagte nichts. Es war ihm bei keinem geglückt. Auf dem Hof brannten immer noch die Freudenfeuer.

Die Viehwagen

Am nächsten Tage kam der Umschwung, der mich belohnte, eine Überraschung, ein Geburtstagsgeschenk für mich. Es wurde angesagt, wir hätten uns für den Mittag fertig zu machen. Es ginge nach –– Le Puy! Exakt dahin, wohin ich wollte. Kein Traum, kein Verhören, kein Mißverständnis. Das Billet hatte ich noch in der Tasche. Ich riß Augen und Ohren auf. Aber es stimmte. Es wurde wiederholt. Das hätte ich also billiger haben können. Dazu hätten wir auch gestern nachmittag nicht ausreißen brauchen.

Nun, geschehen war geschehen, und ich war, wie mir alle, die von meiner Affäre wußten, bestätigten, einen Glücksvogel. War es aber bloß bis zum Mittag. Da hieß es, wir gingen – nach Clermont Ferrand. Nachher, erst später, begriff ich, es war ein metaphysischer Witz, diese Ankündigung, wir gingen nach – Le Puy. Es war Hohn, eine Fopperei, wie ich noch mehrere erleben sollte, in einer ganzen Serie.

Und als wir uns dann in den Wagen setzten, um zur Bahn zu fahren, da war es wieder etwas anderes, weder Le Puy noch Clermont-Ferrand, sondern ‹irgendwie Südwesten›.

Am Bahnhof, in seiner Nähe, stand jener Zug, bei dessen Anblick wir alle tief nachdenklich wurden. Auch die, die erst langsam heranzogen. Der Zug bestand nämlich aus Viehwagen.

Das konnte nicht stimmen, dachten wir trotzig und schon wissend. Bis die hohe Obrigkeit erschien und ‹Ja› sagte und uns ersuchte, Platz zu nehmen.

Wir taten es ergeben. Die Wagen rochen nicht schön. Unangenehmer war der Mangel an Stroh. Einige Wagen hatten eine mäßige Lage Stroh, andere eine untermäßige, keiner eine übermäßige. Man stieg auf komplizierte Weise ein. Herren und Damen der Ämter und Dienststellen nebst Anhang lernten im Laufe der folgenden langen Fahrt das schwere Aus- und Einsteigen. Es war jedesmal ein Abenteuer.

Wir waren jetzt sehr viele, ein richtiger Transport, 120 bis 150 Menschen. Man kannte sich nur zum kleinen Teil. Alles kam aus Paris. Einige hatten sich schon in Moulins aufgehalten. Man war Zivil und Militär, Dienststellen und Anhang. Herren und Damen, und jetzt auch – Kinder. Ich sah einen Knaben von zwölf Jahren, und ein Baby. Wir bildeten einen Sammeltransport. Transportführer war nicht mehr unser Kapitän, sondern ein straffer, älterer Kommandant. Ihn hatte ich schon auf dem Hof unserer Schule gesehen.

Man macht Patrouillengänge in Nachbarwaggons, um zu ermitteln, wo das meiste Stroh lag. Man ermittelte es und allemal ermittelte man zugleich, daß diese Waggons bereits besetzt waren und zwar von Soldaten. In den Waggons, die man dann akzeptieren mußte, gruppierte man sich zu vierzig, an den Wänden und im Zentrum.

Mir schien zuerst eine Ecke das Beste zu sein. In den Winkel stellte ich meinen Koffer, breitete meinen Mantel über mich und glaubte nun, die Beine ausgestreckt, blendend zu sitzen. Nach einer halben Stunde ergab sich, daß meine Beine schräg in den Raum ragten, und daß von den Wänden her andere Beine sich mit meinen ‹schnitten›. Ich mußte meine Beine anziehen, und so kauerte ich eigentlich. Oben hatte ich zwar Halt, aber ich wurde von rechts und links an die Wand gedrückt und konnte nicht ausweichen.

Den andern ging es, aus andern Gründen, ebenso. Sie saßen etwa auf ihrem Koffer, dann ließen sie sich auf den Boden nieder und wußten nun wieder nichts mit ihren Beinen anzufangen. Man sah seine Fahrgenossen beständig den Sitz, die Lage wechseln, bald sitzen, bald kauern, bald halb liegen, – bis alle heraushatten (was Zeit brauchte), daß es überhaupt keinen richtigen Sitz und keine richtige Lage gab. Man mußte es bald so, bald so versuchen.

Und wenn einem die Sitzfläche nach längerem Kauern wehtat, mußte man gehen und stehen. Und wenn man davon genug hatte, war man wieder im Stande, es mit einem Kofferplatz zu versuchen, danach auch sich zusammenzuknäueln und sich auf die Seite zu wälzen. Man wechselte auch seinen Stammplatz im Waggon, ja sogar, wenn möglich, den Waggon selber, immer in der Annahme, woanders würde es anders sein. Aber da war es nur schwierig auf neue Art (und wer weise war und Lebenserfahrung besaß, wußte auch das schon vorher). Denn schließlich bleibt Viehwagen Viehwagen und Holz Holz.

Wir betraten gegen Mittag diese gastliche Stätte. Und als ich eintrat und auf den Hauptbahnhof zurückblickte, von dem kein Zug mehr abfuhr, dachte ich, wie gut wir es hier doch hätten. Manche maulten, als man ihnen diese Wagen anbot. Sie begriffen nicht, was in der Welt vorging. Aber im Laufe der Fahrt wurde es allen eingebläut und schließlich hatten es alle erfaßt.

In einem Zug sitzen ist gut

In einem Zug sitzen ist gut. Noch besser wäre es, wenn der Zug führe. In letzter Hinsicht haperte es hier. Warum unser Zug so lange versagte, konnten wir nicht ermitteln. Der Stolz, Zug zu sein, schien ihm in dieser Zeit zu genügen.

Wir waren angewiesen worden, uns mittags auf der Bahn einzustellen und unsere Plätze einzunehmen. Aber dies besagte nur (was wir lange nicht begriffen), daß man dem Zug die Möglichkeit geben wollte, sich an unsere Gegenwart zu gewöhnen – und dann abzufahren. Aber er machte davon keinen Gebrauch. Nur seine Fähigkeit, stehen zu bleiben, demonstrierte er in einer nervenerschütternden Weise. Wir glaubten Moulins mittags zu verlassen, aber wir hielten noch am Nachmittag. Wir hielten noch am Abend und hielten auch in die Nacht hinein.

Wir schickten von Zeit zu Zeit jemand nach vorn, wo die Lokomotive stand oder stehen sollte, oder nach hinten, wo sie auch stehen konnte. Aber sie stand weder vorn noch hinten. Gegen abend durchfuhr ein freudiger Ruck alle Wagen und alle Herzen. Die Lokomotive war da. Aber es war eine Ente. Nichts war geschehen. Keine Lokomotive, sondern ein Wagen mehr. Dann aber erschien die Lokomotive. Sie kam doch. Sie war da. Und sie hängte sich an die andern Wagen. Der Zug stand unentwegt, aus Erz gegossen.

Wir schickten nunmehr Boten in die Nachbarschaft der Lokomotive, um zu ermitteln, was sie machte, wie es ihr ginge, was sich in ihrer Umgebung ereignete, ob sie rauchte, nicht rauchte, wie es dem Lokomotivführer ginge, ob auch vielleicht ein Heizer da wäre. Die Boten liefen und kamen mit ihren Meldungen zurück, der ganze Waggon lauschte an der Schiebetür: die Lokomotive ist da, der Lokomotivführer ist auch da, und es geht beiden gut. Der Lokomotivführer sitzt mit dem Heizer und noch einem andern im Gepäckwagen und sie machen sich eben ihr Abendmahl zurecht.

Nach einer halben Stunde kamen die Boten wieder: die drei haben sich eben im Gepäckwagen zu Tisch gesetzt.

Dann: sie haben begonnen zu essen. Sie sind beim Hors d'oeuvre. Dann: der Heizer holt neuen Wein. Dann: der Heizer ist wieder unterwegs, man weiß nicht genau, was er im Sinne führt. Die andern sitzen noch bei Tisch. Dann: wir wissen jetzt, was der Heizer vorhat. Er holt Kaffee. Das Ganze war vertrauenerweckend und versprach lange Dauer. Und so geschah es. Wir spazierten spät abends auf dem Bahnsteig hin und her, (immer noch in Moulins), wir setzten uns in den Wagen zurecht und erprobten Druck- und Stoßfestigkeit unserer Glieder. Als es sehr dunkel geworden war, hieß es, im Wagen bleiben und sich auf die Nacht präparieren. Der Zug, dieser Heuochse, dieses Rhinozeros, rückte und rührte sich nicht. Er war eine Tatsache, der man sich fügen mußte.

Heizer und Lokomotivführer waren nun völlig unsichtbar geworden. Der Tisch mit den Überresten ihrer Mahlzeit stand noch sichtbar im Gepäckwagen. Sie schlafen in der Stadt, hieß es. Wenn wir noch eine Spur unserer anfänglichen Reisenervosität besessen hätten, wären wir auf diese Meldung in die Höhe gegangen. Aber wir legten unsere Hände zusammen.

Man warf sich im Wagen rechts und links. Bald saß man, bald lag man, bald wurde man belegt. Einige brutale Gemüter schliefen von abends bis morgens und erwachten nicht einmal, wenn man gegen sie stieß. Wenn sie sich schließlich aufrichteten, reckten sie sich und waren ausgeschlafen.

Wir andern konnten nicht einschlafen. Die meisten hatten es mit den Beinen. So kurz sie waren, sie fanden im Wagen keinen Platz. Darum fühlte man sich in der Frühe erlöst und war froh, sich erheben und auf die Beine stellen zu können. Es war gegen fünf Uhr morgens.

Man sah sich um, schaute auf die Welt, und siehe da: man war in Moulins!

Man begrüßte durch die offene Schiebetür den vertrauten Bahnsteig. Es gingen schon welche mit Handtüchern herum, um sich zu waschen. Der unglaubliche Zug hat es fertig gebracht, die ganze Nacht hier zu halten. Wir überlegten, was das wohl bedeuten könnte, – wir liefen über die Schienen schräg gegenüber in ein kleines Café, um uns zu orientieren. Da winkte einer aus dem Zug. Wir rasten zurück. Wehe, dieser verruchte Zug fährt ohne uns ab. Und richtig, er fuhr, aber erst nach zwei Stunden. Zum Anlauf brauchte er zwei Stunden.

Im Viehwagen

Nun war es geschehen. Wir hatten Moulins verlassen.

Überall spinnt sich der Mensch in eine Situation ein und sucht sich das Leben zu erleichtern. Er denkt kurz und befaßt sich mit dem Augenblick. Er nimmt von der Gegenwart, was sie hergibt. Dadurch macht sich der Mensch leidlich hieb- und stichfest. In der fürchterlichsten Situation neigt er zu Witzen. Wenn er irgendwie kann, vergißt er die fürchterliche Situation und benimmt sich in ihr wie zu Hause. Es ist mir sicher, daß die meisten der hier mitfahrenden Herren, wenn sie, wie es sich gehört, in die Hölle kommen, nach ein paar Tagen in die Rocktasche greifen, eine Zigarre hervorziehen und den Teufel um Feuer bitten. Es ist nicht ausgeschlossen, daß einige dem Teufel ein Kompromiß vorschlagen und mit Ideen betreffend rationeller Heizung der Hölle herausrücken.

Zweifellos gehört ein Kind ins Bett, in ein sauberes glattes Bett mit Kissen und Laken. Neben mir schlief aber im Viehwagen, im Stroh, ein Kleines, das erst zu laufen anfing. Es fühlte sich da unzweifelhaft ebenso wohl wie in einer Wiege, und bei Tag war die Freude des Kindes über das Rütteln und die vielen Menschen mit dem Hin und Her ungeheuer.

Von den Erwachsenen gingen manche begossen herum, und auf dieser langen Fahrt flossen reichlich Tränen. Aber man lachte auch viel. Man erwies sich alles in allem als unwürdiges, aber handfestes Unkraut, Spezies ‹Mensch›.

Wir bewohnten die Viehwagen drei Tage und drei Nächte. Aus einem Grund, den man begreift, gebrauche ich nicht den harten Ausdruck: wir fuhren drei Tage und drei Nächte. Gelegentlich fuhr der Zug, gelegentlich nicht; niemand kam hinter sein Geheimnis.

Wir waren vierzig Personen in einem Wagen, etwas mehr weibliche als männliche. Irgendwann unterwegs, als ein neuer Waggon angekoppelt wurde, wechselte auch ich das Appartement und stieg in das neue über, das noch halb leer war. Es füllte sich aber rasch.

Nach einiger Zeit erschien auf der andern Seite des Wagens auch die Frau meines Freundes, auch sie auf der Suche nach einem besseren Platz. Sie konnte ihren Schlafsack an einer Wand ausbreiten. Sie war eine kräftige junge Frau, der Strapazen nichts ausmachten (siehe den früheren Hinweis des Freundes auf ihre Nerven). Eigentlich hätte sie besser als andere ohne Schlafsack auskommen können. Aber gerade weil sie viel wanderte und radelte, wußte sie, was Reisecomfort bedeutet. Sie war in unserem Waggon die Einzige, die sich für die große Tour richtig equipiert hatte. Sie besaß mehrere Decken, von denen sie ihrem Mann und mir abgab, hatte noch ihren Schlafsack, verfügte ferner über reichlich Lebensmittel und Konserven. Die Existenz solcher Personen war für den ganzen Waggon von größter Bedeutung. Die meisten von uns waren einfach Fußgänger aus der alten Friedenszcit. Wir lebten daher mit ihr parasitisch, als Anhängsel.

Mein Freund kam gelegentlich aus dem Nachbarwaggon herüber, allemal übernächtig und ernst. Er schlief sehr schlecht und erkundigte sich, was es hier gab. Bei der Gelegenheit füllte er seine Bestände an Nahrungsmitteln auf.

Die junge Frau richtete sich während der folgenden Tage famos ein. Sie meisterte die Situation. Wenn der Zug hielt, bei Tag, machte sie Besuche in anderen Waggons, setzte sich mit alten und neugewonnenen Bekannten zusammcn und spielte Karten. Oder sie hielt sich allein und las ein Buch. Sie hatte sich auch mit Büchern eingedeckt! Oder sie drückte ihren Rücken an die Waggonwand, zog die Beine an und schrieb viel und sehr rasch. Sie besann sich keinen Augenblick. Sie war unheimlich begabt und situationsgerecht. Sie schrieb mit fliegender Eile, mit so huschender Feder bestimmt keine Briefe. Sie konnte auch nicht ihre Umgebung schildern, denn während des Schreibens warf sie nie einen Blick auf die Umgebung, zum Vergleichen und Nachprüfen. Sie legte unzweifelhaft ihre Eindrücke nieder, Gedanken und Spekulationen. Sie trug ihre Auffassungen vor. Diese Auffassung waren fertig da, wie sie selbst da war. Nachher schlug sie ihr Heft zu und tat es an seinen Platz. Die Ereignisse konnten weiter laufen, sie würde ihre Gedanken über sie haben.

In der Waggondecke rechts von mir lag eine kleine Familie, sie hatte sich einen schönen Platz gesichert. Das Kind lag zu innerst, daneben die junge Mutter, dann der Vater. Er war ein Offizier, zu einem der vielen Ämter gehörig, die sich jetzt rückwärts bewegten. Die Mutter war Engländerin. Das Ehepaar sprach nur englisch.

Dann gab es eine Gruppe, die mir schnell auffiel: deutsche Emigranten. Die Eltern waren in den Vierzigern, die beiden Söhne sechzehn und achtzehn. Ich hatte diese Gruppe in Tours getroffen und in Moulins wiedergesehen. Der Mann mußte Beziehungen zu einem Amt haben. Denn um diese Zeit saßen ja alle Emigranten, sofern sie nicht naturalisiert waren, im Lager, und sogar namhafte Personen entgingen diesem

Schicksal nicht. Diese Familie X, die schon in Tours aufgetaucht war, saß also in unserm Zug und mit uns im Waggon. Die vier Menschen verhielten sich still, den Umständen entsprechend. Aber sie fielen doch auf, ohne daß sie selbst merkten wodurch. Es war nicht ihr Accent. Aber sie reisten im Unterschied zu fast allen mit großem, ja größtem Reisegepäck. Sie waren ausgestattet mit vielen modernen Koffern, und diese Koffer trugen wie die von Weltreisenden herrliche Hoteletiquetten, die Namen von großen Schiffslinien. Dies Gepäck erregte Aufsehen und Mißtrauen. Ich hörte von mehreren Seiten Äußerungen über diese merkwürdige Gruppe, die sich hier mitschleppen ließ. Mit Proviant versorgten sie sich vorzüglich selbst, aber sie ließen auch andere teilnehmen.

Es gab einige Gelehrte, Professoren mit ihren Damen und Verwandten. Alles verhielt sich freundlich zueinander, beobachtete sich und sprang füreinander ein. Jedoch verblieb man in kleinen Gruppen.

Für jeden Wagen wurde ein ‹Chef› ernannt. Er hatte sich um die allgemeine Ordnung im Wagen und um die Ernährung zu kümmern. Die allgemeine Ordnung war sofort da, die Ernährung leider nicht. Sie wurde rapid schlecht, schwach und immer schwächer, sie geriet in die Nähe des Nullpunktes. Man war, wie man jetzt sah, unvorbereitet für solchen Transport. Daher also die Angst unseres himmelblauen Kapitäns. Erst waren überhaupt keine Wagen da, dann wußte man nicht das Ziel der Reise, und wie sollte man eine so große Truppe unter diesen Umständen verpflegen. Aber ich will vom Hunger erst sprechen, wenn er kommt.

Es hatte sich, bei aller oberflächlichen Heiterkeit, eine recht grimmige Spannung unserer gemächtigt, als wir so lange auf dem Bahnhof Moulins herumlungerten. Und wie wir nun fuhren und wußten, unser Reiseziel war unbestimmt, verminderte sich unsere Unruhe nicht. Was für ein eigentümliches Gemisch von Gefühlen, was für ein Wirrwarr von klaren und unklaren Gedanken, mit dem wir fuhren, uns ausstreckten, zu schlafen versuchten, mit dem man wieder aufwachte und sich wieder in dem Wagen fand inmitten seiner Bekannten, seiner Leidensgefährten. Da war die Trauer, der Gram um das Geschick des Landes, das auch unser Geschick war. Und da wuchs dann über mich wieder jene schon nicht bloß psychische Verstörung, die mich seit dem 16. Mai nicht mehr losließ, und statt nachzulassen mich schärfer einschnürte.

Wie die Biene Honig aus den Blüten saugt, so sog meine Verstörung Nahrung aus allen schlimmen Vorgängen, die uns begegneten. Es war ein dunkles Vibrieren in mir, das sich bald Eisenbahnfieber, bald Furcht, bald einfach Trauer nannte. Und das saß, wie ich sah, nicht in mir allein. Es war auch in den Blicken und Gesten der andern zu lesen. In Worten trat es weniger hervor. Ich merkte: so sehen Geschlagene auf der Flucht aus, – auch wenn sie lachen.

Wir hielten oft. Und wo man hielt, geriet man in eine Masse von Wartenden, die weiter wollten und die man nicht mitnehmen konnte. Der Eisenbahnzug, unsere traurigen Viehwagen, erschienen den Geängstigten als das große Wunder, als die Erlösung, – und dann dampfte er davon. Es war greulich für uns, so aus unseren offenen Scheunentoren auf sie herunter zu blicken. Die Leute bettelten, sie mitzunehmen. Der ‹Chef› schüttelte den Kopf und rief «nein». Was nach der Vorschrift stimmte, denn wir waren vierzig und bildeten einen Spezialtransport, der zu verpflegen war. Aber schließlich, kam einem vor, ist Krieg und es ist eine furchtbare Notzeit. Warum nicht noch ein paar Leute aufnehmen. Da kam aber unser Kommandant den Zug entlang gerannt und befahl, alle Türen zu schließen. Er schrie ein paar von uns an, die mit ihm debattieren wollten.
Der Zug fuhr und fuhr. Der Zug stand und stand. Wir sollten nach Südwesten herüber. Die Kälte im Zug während der Nächte wurde schlimm. Man konnte bei vierzig Menschen in dem engen Raum die Türen nicht vollständig geschlossen halten. Ich lag in der Nähe der Tür und suchte mich vergeblich vor dem Luftzug zu schützen. Aber sicher war man nur in den dichtbesetzten Winkeln. Vor die Türspalte, die alle Welt vermied, legte sich – die Frau meines Freundes. Sie stieg in ihren comfortablen Bettsack. Sie schloß ihn fest am Hals, nur der Kopf sah heraus. So schlief sie warm und wachte morgens rüstig auf.
Es gab kein Morgengetränk. Es gab menschliche Bedürfnisse. Was war das für ein Leiden. Es quälte die Herren der Schöpfung aber weniger als die Damen. Wir hielten gewiß oft, aber immer die Frage für sie: wohin sich begeben, sich retten. Später, als man wieder in der Stadt war und die Häuser ihre großartige Vielseitigkeit zeigten, sprachen die Damen mit besonderen Schauern von diesem Ausschnitt der Reise. Übrigens verstanden sie das Problem allemal blendend zu lösen. Sie schickten im Freien Erkundungsposten aus und stellten Wachen auf.

Draußen wogte das flüchtende Frankreich vorbei. Es gab noch immer Truppen, die nordwärts fuhren. Einmal zeigte sich auf einem kleinen Bahnhof ein einzelner älterer Soldat. Er trug keine Waffen und sah abgerissen aus. Er war gebräunt und unrasiert. Rechts und links auf den Armen trug der Mann Brot und Obst. Er setzte sich damit am Bahnhof neben den Wasserhahn und fing an zu essen und zu trinken. Allmählich gesellten sich Leute zu ihm. Es bildete sich um ihn ein Kreis. Er erzählte von der großen Sommeschlacht, aus der er käme, zu Fuß. Sein Truppenteil sei bei der Schlacht in Unordnung geraten, aufgerieben; er habe sich durch die deutschen Linien geschlagen. Daran schloß er weitläufige Betrachtungen über die deutsche und französische Armee, die in eine gradezu furchterregende Verherrlichung der Deutschen ausliefen. Man brachte dem armen Wanderer, der, wie er sagte, in sein Heimatdorf pilgerte, noch Lebensmittel zu seinem schon vorhandenen Vorrat (gewissermaßen um sich loszukaufen und das Schicksal zu besänftigen). Er stapelte alles neben sich am Boden auf, manche von uns sahen mit Neid darauf. Er probierte sofort einige Spenden. Es schmeckte ihm sichtlich ausgezeichnet. Der Appetit hatte nicht gelitten.

Dieser Mann saß noch auf der Station, als wir abfuhren. Sein Geschäft ging gut. Er marschierte zweifellos mit seinem Bericht durch die ganze Gegend und ernährte sich damit. Er nützte die Konjunktur aus. Sicher war eigentlich nur (so erwogen wir nachher), da er Uniform trug, daß er durchgebrannt war. Aber man identifizierte sich quasi mit ihm und freute sich, daß er gerettet war. Erst nachher fiel einem auf, daß er für einen armen Versprengten aus der Sommeschlacht wunderbar in Stand und bei gutem Humor war.

Wir stießen auch einmal auf Apfelsinenkisten. Und wie wir sie sahen, war es um uns (und sie) geschehen. Sie standen auf einer Station, neben dem Gleis und waren für Paris bestimmt. Als wir sie sahen, war die oberste Kiste schon von einer früheren Gruppe Schatzgräber geöffnet und halbleer. Die Eisenbahnbeamten hielten nicht ihre Hand über die schutzlosen Früchte. So erfolgte ihre systematische Aufteilung. Wir stopften uns die Taschen voll. Es war ein leichter Sieg.

Am zweiten Tage rollten unglaublich lange Militärzüge an uns vorbei mit mächtigen Langrohrkanonen und mit Scheinwerfern, – Flugabwehrbatterien. Es regnete und es regnete. Ja, im Regen rollten neben uns und begleiteten uns, als wollten sie uns spiegeln, diese Riesenzüge und gaben uns etwas unsäglich Trauriges und Schauerliches zu sehen, oh etwas so Armseliges. Langsam glitten da unter dem Regenschleier die gewaltigen Kanonen und die mächtigen Scheinwerfer an uns vorbei. Aber auf diesen Wagen fuhren auch mit den Soldaten, gemischt mit ihnen, Zivil, Frauen und Kinder, nur einzelne Männer. Sie fuhren hier, zum Teil gedeckt von den Segeltüchern, die man über die Kanonen gespannt hatte, zum Teil aber auch offen und schutzlos und lagen auf den Plattformen. Im fließenden Regen. So fuhren sie, Tag und Nacht, froh zu entrinnen. Wer dieses Bild sah, in dieser Atmosphäre eines Schicksalschlages voller Apathie und ängstlicher Spannung, dem wurde der ganze Jammer dieser Tage klar, der allgemeine Jammer und unserer dabei.

Wenn wir uns unterhielten und in unserm Flüstergespräch immer wieder das hoffnungslose Wort ‹Kapitulation› fiel, so sprachen wir nur aus, was, wie uns vorkam, sich faktisch schon ereignete. Kapitulation war sichtbar.

Unsere trübe Fahrt dauerte an. Als wir irgendwo halten, wieder Soldatenzügen gegenüber, erfahren wir (es fällt trotzdem grausam auf uns), daß die Regierung um Waffenstillstand gebeten habe.

Wir haben keinen Beweis für die Wahrheit dieses Gerüchts. Aber es wird ohne weiteres geglaubt. In unseren Wagen steigt eine junge Dame ein, legt sich auf ihren Platz, das Gesicht nach unten. Sie schluchzt laut. Kein Gespräch im Wagen.

Man sucht sich anzublicken. Man sucht zu hören, was der andere denkt. Man will ein Licht, eigentlich mehr Ablenkung. Man will das Ungeheure der Situation nicht zur Kenntnis nehmen. Man fühlt, man ist persönlich dabei und weiß noch nicht wie. Jetzt klammert man sich an die Masse.

Wir sprechen quasi objektiv über die Wirkung eines Waffenstillstands. Selbstverständlich macht England nicht mit. Aber wie will England allein Krieg führen? Was wird aus der Blockade? Frankreich fällt dann selbst in das blockierte Gebiet. Das Gespräch führt nicht weiter.

Unterirdisch arbeiten bei jedem persönliche Gedanken. Man klammert sich an die Masse und zugleich zerreißt das ganze gesellschaftliche Netz. Ein Urzustand ist da.

Mir ist dies Gefühl nicht neu. Ich habe es schon einmal gehabt, vor sieben Jahren, als ich Deutschland verließ. Aber damals war es nicht so schlimm. Kam es nur daher, daß ich mich damals sofort in ein Asylland begab und verkroch, und heute wußte ich nicht, wohin mich wenden? Faktisch denke ich überhaupt nicht an Flucht und Asylland. So weit laufen meine Gedanken überhaupt nicht. Ich fühle wie die andern nur den schweren dumpfen Schlag. Ich erlebe wie sie, die hier mit mir im Wagen sitzen, stumm sind, reden oder tun, als ob sie schlafen: wir sind getroffen und uns selbst überlassen. Wir waren geleitet, behütet, von einem Staat – wir sind es nicht mehr. Urzustand, die Niederlage.

Es trifft mich bis in die Wurzel. Warum? Warum so tief? Die Antwort, ihre ganze Antwort, ging mir langsam erst in den folgenden Wochen auf.

Es heißt einmal, als wir irgendwo liegen bleiben: wir fahren nach Riom. Als man sich aber in anderer Richtung bewegt, heißt es: Clermont-Ferrand ist bombardiert, die Strecke ist nicht frei. Wir liegen wieder. Der Weizen steht hoch. Ach, wir fahren durch ein reiches Land, man wird bald ernten müssen.

Unsere Ernährung läßt zu wünschen übrig. Zu Mittag gibt es eine halbe dünne Brotscheibe mit Gänseleberpastete, dazu eine halbe Apfelsine, zum Abend wieder eine halbe Brotscheibe, ein Stück Holländer Käse und einige private Cakes. In der zweiten Nacht bekommen wir unerwartet ein warmes Getränk. Ich werde um halb zwei Uhr wach, der Zug hält irgendwo, man hat bereits unsere Waggontür geöffnet. Eine Taschenlampe blitzt über mir auf. Ich blicke in eine große weiße Tasse, die jemand mir vorhält. Die Tasse ist mit einer gelblichen Flüssigkeit gefüllt. Und wie ich mich aufrichte, setzt man mir die Tasse an den Mund. Es ist eine Krankenschwester, der zivile Hilfsdienst. Was ich schlucke, ist dünne Bouillon, aber wie angenehm die warme Flüssigkeit. Ich bin danach warm und spaziere mit andern aus dem Wagen. Siehe da, wir halten auf einer großen Station. Es ist doch Clermont-Ferrand. Was unser armseliger Zug fertig bringt. Ungeheuer brennen rote Signallichter.

Man könnte, denke ich, wie ich den Namen Clermont-Ferrand höre, von hier gut nach Le Puy kommen. Ich halte es für möglich. Ich stelle mir die Überraschung vor, wenn ich da plötzlich auftauche.

Wie wir aber am Morgen halten, heißt der Ort Arvan. Und damit ist alles entschieden. Wir haben uns nach Südwesten gewandt und Le Puy liegt hinter uns. In Arvan erbarmt sich die Lokomotive unser und gibt uns warmes Wasser zum Waschen und Rasieren. Wir finden sogar einen

Zeitungsstand. Man rennt hinüber und erwischt eine Nummer des ‹Populaire›, der sozialistischen Zeitung. In ihr lesen wir eine Kundgebung des Marschalls Pétain. Sie legt dem französischen Volk die ganze Schwere der Situation dar und begründet die Notwendigkeit eines Waffenstillstands. Der Ausdruck ‹d'un coeur serré› bleibt mir im Gedächtnis. Mit gepreßtem Herzen, mit zusammengeschnürter Brust. Man steht beieinander und liest. Man spricht nicht.
Die Deutschen sollen über Nevers hinaus sein und Avallon besetzt haben. Die Jäger hetzen das Wild.

Von jetzt ab keine Soldatenzüge mehr. Die Landschaft wird waldiger und hügelig. Wir fahren aufwärts, in eine Berggegend, und wenn man sich freier fühlte, so müßte diese Fahrt eine Freude sein. So tasten unsere Augen nur erstaunt und mürrisch die Schönheiten ab. Einmal steht wie in einer Loirelandschaft oben ein altes Schloß. Sommerfrische, richtig, wir schreiben Juni.
Wieder eine kleine Station. Was gibt es Neues? Rußland mischt sich ein? Wer das glaubt. Heute abend wird das Radio die deutsche Antwort auf die Waffenstillstandsbitte der französischen Regierung bringen. Heute abend? Warum sollte Deutschland es so eilig haben zu antworten? Wenn es überhaupt positiv antwortet, so folgen – ich erinnere mich an 1918 – zuerst lange Formalitäten, Ernennung der Unterhändler, Festsetzung des Ortes und dann erst die Mitteilung der Bedingungen, die wahrscheinlich in Bausch und Bogen zu schlucken sind. Jedenfalls ist jetzt ein neuer Spannungsfaktor aufgetreten, eine neue Bitterkeit: wann geruhen nur die Deutschen eine Antwort zu geben? Und was belieben sie zu fordern?
Am Mittag erlebten wir in unserem Wagen eine kleine Hungerrevolte. Sie verlief in gesellschaftlichem Rahmen. Es gab so erbärmlich wenig. Die halbe Brotscheibe hatte man rasch geschluckt. Aber da waren Mitreisende, die über Bestände an Konserven, Cakes etc. verfügten. Es gab welche, die rascher und findiger als andere aus den Stationen etwas zu ergattern verstanden. Sie teilten es aber nicht mit den andern. Sie verzehrten es vor den Augen der andern.
Man redete über die ungerechte Verteilung der Lebensmittel. Einige, sogar Damen, erklärten offen, zu hungern. Das war ein Ereignis. Ich sehe noch das bittere, verschlossene Gesicht einer Dame, die mir gegenüber saß und rasch ihr kleines Stück Brot verschlungen hatte. Jetzt hatte

sie nichts bis zum Abend, und am Morgen hatte sie auch nichts gehabt. Aber in der anderen Ecke des Wagens saßen Gruppen beieinander und aßen ungeniert; sie spielten provozierend Privatleben.

Es entstand ein Wortwechsel. Er hatte ein augenblickliches Ergebnis. Der Chef des Wagens wurde geholt und es gab mehr ‹Gruyère› (Käse), und die Gutsituierten hielten ihre Bestände vorsichtiger zurück.

Die Landschaft flachte ab. Wir lagen jetzt zwei Tage und zwei Nächte in den Viehwagen. Für die Nacht rückte ich auf die Seite der deutschen Emigrantengruppe, die sich als hilfsbereite Leute erwiesen. Man kämpfte für die Nacht um einen Platz. Sie verstanden es, sich auf ihrer Seite so zu arrangieren, daß ich auch unterkam. Bei Tag konnte ich mich manchmal auf eine Bank setzen, die aus ihren Koffern gebildet war. Auch eine Krume Cakes und Käse fiel für mich ab. Daß ich in der Nacht auf einer Decke lag, die der Frau meines Freundes gehörte, erschien mir schon als selbstverständlich. Ich staunte nachher, als sie mir die Decke für ein krankes Fräulein im Wagen abforderte. Ich dachte: ich bin auch ein krankes Fräulein, – aber ich schluckte es klugerweise herunter.

Während es draußen ununterbrochen regnet, suchen wir die Zeit so gut es geht totzuschlagen. Wer Bücher hat, liest. Einige spielen Karten. Unser Raum, bisher Wohn-, Schlaf- und Eßraum, hat noch eine neue Funktion: er ist Trockenkammer geworden. Die Damen haben es verstanden, eine Ecke für kleine Wäschestücke, auch nasse Mäntel und Kleider zu reservieren.

Am Abend des dritten Tages langen wir in Capdenac an. Es ist ein recht großer Bahnhof. Hier halten viele Züge, auch mit Soldaten, und es herrscht ein geradezu fröhliches Leben. Die Luft weht hier wärmer, Luft des Midi.

Machen es die vielen munteren Menschen, die Männer und Frauen, Soldaten und Zivil– das Faktum, daß man dem Gefängnis des Zuges entronnen ist –, macht es die eigentümlich süße Luft, – jedenfalls fühlt sich hier alles freudig verändert, gehoben und erweckt. Es scheint, man gewinnt sich wieder. Die Finsternis, die Unruhe weicht für eine Weile von uns.

Was für eine Welt! Man scheint hier nichts vom Krieg gehört zu haben – und gar nichts von etwas Schrecklichem, Unvorstellbarem: von einer Katastrophe, einer Niederlage.

Merkwürdigerweise gibt es gerade hier, kurz vor Toresschluß, noch eine Rebellion wegen der Beförderung in Viehwagen. Auf dem Perron steht ein älterer Herr aus unserem Transport. Er ist, wie man sagt, Völkerbundsbeamter. Er diskutiert entrüstet mit unserem Kommandanten. Dem Herrn ist, wie uns auch, aufgefallen, daß schließlich nicht alle Welt in Frankreich Viehwagen fährt, gewissermaßen als letzten Luxus. Ja, in unserm eigenen Zuge sind Personenwagen eingestellt! Das kann einen wohl in Rage bringen.

Auf dem Perron bildet sich um die Diskutierenden ein dichter Kreis. Schließlich marschiert der Kommandant militärisch ab in das Büro des Stationsvorstehers. Und als er wiederkommt, wird dem Interpellanten ein bündiger Bescheid: es ist Krieg, Herr, und es stehen eben keine weiteren Personenwagen zur Verfügung.

Achselzucken, Empörung und – man zerstreut sich.

Man flaniert den Zug entlang. Den unangenehmsten Teil der Reise hat man überstanden, denkt man. Wir werden in Cahors aussteigen, erfahren wir, morgen im Laufe des Tages. Es kommt einem vor wie ‹angelangt›. Es gibt animierte Unterhaltungen. Auch die Landschaft des Midi wirkt auf uns.

Wir grollen nicht, als wir jetzt und nun zum letzten Mal, den Viehwagen besteigen. Er hat uns gut durch das Land geführt. Wir klopfen unserm Gaul zufrieden auf den Hals. Es war alles nicht so schlimm. So vertrauen wir uns dem Klepper noch diese Nacht an.

Nichts ereignet sich bis zu dem Augenblick (morgens drei Uhr), wo der Zug hält und die Türen aufgerissen werden. Grelle Lampen leuchten in den Wagen hinein. «Aussteigen. Die Fahrt ist zu Ende.»

Wir sind in Cahors.

Ich hatte seit Paris meine Gasmaske mitgeführt. In Tours hatte jemand mir seine unterschoben. Diese fremde ließ ich jetzt in unserem Viehwagen zurück, absichtlich, zum Andenken und um damit zu sagen, daß ich den bisherigen Krieg, nein, diesen Abschnitt des Krieges für beendet hielt.

Der Krieg hatte erst angefangen.

Cahors – Rette sich, wer kann

Mit Ach und Krach hatte man uns durch das Land geschleppt. Man hatte uns gerettet. Nun naht das Ende. Das Dach über unserm Kopf wurde vom Sturm abgerissen, der Fußboden unter uns brach zusammen. In alle Winde wurden wir zerstreut.

Man fuhr uns in ein weitläufiges Gebäude, nicht fern von der Bahn. Der große viereckige Hof kam uns gleich verdächtig vor; richtig, es war wieder eine Schule, diesmal ein Mädchengymnasium.

Der Schlafsaal war besetzt. Matratzen wurden gebracht und Decken ausgebreitet. Da streckten wir uns herrlich am Boden aus und verschliefen die drei Tage und drei Nächte Viehwagen. Man bot uns vorher heiße Bouillon an, was offenbar zum Krieg gehört.

Ein marternder Lärm aber, der Lärm des Rückzugs, das Dröhnen schwerer und schwerster Wagen weckte uns früh. Da erhoben wir uns. Man wusch und rasierte sich auf dem Hof und setzte sich in dem langen engen Refektorium an gedeckte Tische. Man war zu den Völkern Europas zurückgekehrt. Man saß auf einem Stuhl. Man trank aus Tassen. Man genoß heißen Kaffee und fand Milch, süße kondensierte Milch. Man frühstückte wie zu Urväters Zeiten.

Der ganze Spuk war vorbei. Man war dem Sturm entronnen, so spekulierte und frohlockte man. Man hatte ein Abenteuer bestanden, davon man später Wunders wird singen und sagen.

Auf dem Hof stellte sich der Kommandant auf und rief uns zusammen, ein richtiger Appell. Er gab der Mannschaft kund und zu wissen, wann Essenszeit sein würde. (Ach, viele von uns würden nicht einmal morgen mehr hier frühstücken!) Es wurde uns Ausgang bewilligt, aber nur zwischen zwei und drei Uhr nachmittags, die übrige Zeit sei «für die Arbeit». Rätselhaftes Wort. Es erregte Aufsehen. Aber es war militärischer Befehl und Fragen durften nicht gestellt werden. Der Kommandant bemerkte immerhin nebenbei: es sei nicht wünschenswert, wenn sich jetzt noch mehr Menschen untätig auf den Straßen herumtrieben. (Man las in der folgenden Woche einiges, was ein Licht auf die Anweisung unseres Kommandanten warf: da wurde aus Bordeaux gemeldet, wie sich zugereiste Herrschaften öffentlich benehmen, wie sie sich in diesen Zeiten des Unglücks auf den Terrassen der Cafés aufführten, wie sie sich, gelinde gesagt, wenig dem Ernst der Zeit entsprechend benahmen.)

Am Eingang des Hofes, aus der Conciergeloge, tönte der Lautsprecher. Man sammelte sich um ihn. Wann hatten wir uns je so um Lautsprecher versammelt wie in diesen Tagen. Man stand um den Apparat, man drängte sich um ihn, man erwartete sein Urteil.

Er begann vom Waffenstillstand zu sprechen. Es steckte noch alles im Beginn. Man wäre noch nicht aus den Formalitäten heraus. Wir begriffen, der Sieger wollte noch einige Tage hinter seinem Wild herjagen. Gesagt wurde: Deutschland hat die französische Bitte um Waffenstillstand durch den spanischen Botschafter entgegengenommen.

Man bekommt mehr und mehr eine Vorstellung davon, was Niederlage ist. Das mächtige Frankreich mit seiner großen Armee, mit seinen Kolonien, seinen Reichtümern, kapituliert. Nach einem Monat Krieg. Die Situation von 1870 ist wieder da. Aber welches Licht fällt dann auf das Frankreich hinter uns, auf das Frankreich von 1918–1940? Wie hat es eine Macht von 1918 verwirtschaftet! Welche Generation hat in diesem gewaltigen Gebäude gehaust!

Aus dem Apparat tönt noch ein anderes Wort, gerichtet (endlich) an uns. Die Regierung erlaubt keine weitere Flucht der Zivilbevölkerung. Sie untersagt jede weitere Evakution. Eisenbahnfahrten sind nur mit besonderer Genehmigung erlaubt. Da die Autos wegen des Benzinmangels schon wegfallen, so bedeutet das den Stillstand des ganzen zivilen Reiseverkehrs. Man hat zu bleiben, wo man ist. Endlich ein strenges Wort von oben.

Wir lungern im Haus und auf dem Hof herum. Das schwere Gepäck rückt an. Die Wagen stehen unten auf der Straße. Soldaten und alles, was arbeiten will, bildet eine Kette die Treppe herauf und wirft sich die Säcke zu. Man beschnüffelt die Instanzen, die etwas wissen könnten. Aber die wissen auch nichts. Eine Persönlichkeit ist angeblich nach Bordeaux gefahren, um Feststellungen zu machen.

Dann ereignet sich vor unseren Augen ein kleines privates Drama. Es betrifft die deutsche Emigrantenfamilie. Welche Anstrengungen mußte der Mann gemacht haben, wie geschickt mußte er agiert haben, um zu erreichen, daß er bis jetzt nicht eingesperrt wurde, ja daß man ihn mitschleppte. Aber nun war es zu Ende. Man sah ihn schon am frühen Morgen unsicher, mißtrauisch und erregt auf dem Hof hin- und hergehen und horchen. Auch die beiden Söhne patrouillierten. Der Kommandant hatte am Morgen der Ortspolizei eine Liste der mitgeführten Personen einreichen müssen. Dabei war die Polizei über Pässe und Nationalität der vier Emigranten gestolpert.

Bald wurde der Mann ins Büro gerufen. Als er zurückkam, benahm er sich etwas zerstreut, zeigte sich aber optimistisch, wie es seine Art war. Die Polizei hätte an seiner Gegenwart Anstoß genommen. Aber bestimmt würden der Kapitän und der Kommandant ihn und seine

Familie schützen. Uns schien das keineswegs sicher. Eventuell würde er nach Bordeaux telephonieren. Nach einer Stunde wurde er wieder gerufen, er wankte tieftraurig und geknickt aus dem Büro. Als er an mir vorüberstrich, flüsterte er: «Jetzt ist es aus.» Er hatte die Weisung erhalten, seine Sachen zu nehmen und sich mit seiner Familie einsperren zu lassen. Die Polizei wolle mit ihm keine Ausnahme machen. Und die Herren des Transportes ließen ihn fallen.

Mit finstern Mienen schleppten der Vater und die beiden Söhne das umfangreiche Gepäck auf den Hof. Es war eben angekommen. Die Frau zeigte sich nicht. Von Polizei begleitet zogen sie ab. Der Kapitän, unser himmelblauer Freund, zuckte die Achsel. Man konnte die Sache nicht mehr decken. Verfügung sei Verfügung, die Polizei hier nehme die Dinge ernst.

Bald nach Tisch aber schwimmt der Mann wieder an, in Begleitung seines Sohnes und eines Soldaten. Er ist betrübt, er will nur den Rest seines Gepäcks holen. Ja, sie haben sehr viel Gepäck, das hat schon böses Blut gemacht. Er klagt über das Schicksal seiner Frau. Man habe sie irgendwo in einem Kloster zusammen mit Nazideutschen untergebracht. Jetzt, wo alles vorbei sei, trieb man sie ins Lager.

Was soll man aber dazu sagen, daß der Mann nach einer weiteren Stunde abermals auf dem Hof erscheint, freudig und diesmal allein! Er ist frei. Er erzählt es fröhlich aller Welt. Die Polizei hat ihn laufen lassen. Sie hat erklärt, mit ihm nichts anfangen zu können. Er wolle ja überhaupt nicht hier in Cahors bleiben. Er wolle sofort mit seiner Familie ins Ausland gehen, nach Mexiko, das könne er nachweisen. Und die Polizei habe ihm erlaubt, irgendwo in der Stadt Quartier zu suchen und seine Ausreise zu betreiben. Der Mann freut sich, weil sein Recht gesiegt hat. «Recht» sagt er. Wir staunen. Sogar der Kapitän macht Augen. Darauf verabschiedet sich unser Mann, um auf die Wohnungssuche zu gehen. Ich wußte gleich, er eignet sich nicht für ein Trauerspiel.

Wir pendeln in die Stadt, schönes sonniges Wetter. Es wimmelt von Soldaten auf den Straßen. Zivilisten gehen in Gruppen von Haus zu Haus und bitten um Quartier. In einigen Seitenstraßen sind lange leere Tafeln mit Bänken aufgestellt, da hat man Flüchtlinge gespeist. Wir ziehen über einen schönen weiten Platz und sitzen im Café, als wäre Frieden. Die Terrasse hat man geschlossen. Man verplaudert eine Stunde, denkt, man wird zunächst hier bleiben. Voller Behagen, gedankenlos, kehrten wir zu unserer Mädchenschule zurück. Und es ist wie in Moulins: Der Wind hat gedreht.

Während wir gingen und zufrieden waren, haben sich andere Sorgen gemacht. Die Frau meines Freundes hat angefangen. Ein Reisefieber hat sie gepackt. Sie traut unserem Frieden nicht. So ist sie in der Stadt herumgelaufen und hat festgestellt, daß man sich jene besondere Genehmigung, von der der Lautsprecher heute morgen geredet hatte, von der Präfektur abholen könne, und solche Genehmigung dauere einen Tag oder noch länger. Sie hat sofort eine beantragt.

Mein Freund, mißtrauisch wie sie, rät mir, dasselbe zu tun. Man kann nicht wissen, wie hier die Dinge laufen. Es wird bekannt, daß die Soldaten, die uns begleitet haben, morgen abziehen.

Und am Nachmittag ergreift das Reisefieber die ganze Gesellschaft. Es wird eine Panik. Eben saß man noch im Café und wollte die Dinge an sich herankommen lassen. Jetzt stürzt man sich in den Strudel. Übrigens ist die Persönlichkeit, die nach Bordeaux wollte, zurückgekehrt, man hat sie einfach nicht nach Bordeaux hereingelassen. Bordeaux sei für Zivilisten gesperrt. Aber was wird aus uns?

Darauf handelt jeder auf eigene Faust.

Ich gehe mit mir zu Rat. Es gibt mehrere Möglichkeiten. Ich kann einfach hierbleiben und die Dinge an mich herankommen lassen, kann im Ort privat Quartier nehmen. Ich kann meine Familie in Le Puy aufsuchen. Abwarten und einfach hier bleiben fiel sofort weg. Alles handelte und glaubte handeln zu müssen, und ich benahm mich als Herdenmensch und glaubte auch ‹handeln› zu müssen.

Ich hatte erst angenommen, wir bleiben hier, dann lasse ich meine Familie nachkommen, aber heute morgen hat das Radio gesagt, sie dürfen nicht reisen. Dann muß ich also hin. Außerdem meldet der Rundfunk, die Kämpfe nähern sich dieser Gegend, Clermont-Ferrand und St.-Etienne werden genannt.

Von Minute zu Minute wird es mir klarer: ich muß hin und sie holen. Als ich mich gegen vier Uhr nach der Bahn begebe, um mich nach Zügen zu erkundigen, bin ich schon entschlossen. Ich gehe hier aber nicht weg wie in Moulins, weil man mich drängt, sondern weil ich will. Ich bin isoliert und muß agieren. Das wird jetzt von mir gefordert. Warum wurde dieses Wollen in mir nun so rasch triebhaft, fast zwangsartig? Äußere Einflüsse und Erwägungen haben dazu beigetragen. Aber es kam noch etwas anderes hinzu, wovon ich damals noch nichts wußte, eine dunkle geheime ‹Fernwirkung›. Denn genau um diese Zeit, erfuhr ich später, wurde in Le Puy die Lage kritisch. Um diese Zeit erwog meine Frau wegzugehen und faßte den Plan, mich zu suchen. Das – nahm ich wahr. Und dies ließ meinen Plan triebhaft werden – dies und noch anderes.

Morgen früh um sechs Uhr sollte ein Zug in Richtung Le Puy abfahren, natürlich nur für Leute mit Dienstbefehl. Als ich in der Mädchenschule eintraf und unseren ewigen Kapitän aufsuchte, wegen dieses Dienstbefehls, war er beschäftigt, und zwar – mit jenem wieder befreiten deutschen Emigranten! Der wollte auch einen Dienstbefehl! Er sprach von Übersee, Mexiko, den Vereinigten Staaten, die er schon kannte. Seine Koffer bewiesen es. Der Kapitän schwitzte angesichts der Forderung. Und der Mann verlangte einen Dienstbefehl nicht nur für sich, sondern für seine ganze Familie.

Es dauerte lange. Ich weiß nicht, was aus der Sache geworden ist. Ich hörte nur, der kluge Kapitän hätte die schwierige Angelegenheit an den Kommandanten weitergeleitet. Ich bin sicher, es ist alles gut verlaufen für unseren unverwüstlichen Leidensgefährten.

Dann kam ich an die Reihe. Aber welchen dienstlichen Befehl sollte ich ausführen? Der Kapitän kaute an seinem Halter. Dann meinte er ruhig: «Sie hatten die behördliche Erlaubnis, mit dem Transport zu fahren. Daher begeben Sie sich jetzt zu Ihrer Familie zurück. Etwas anderes kann ich nicht schreiben. Die Hauptsache ist, daß ‹Dienstbefehl› drüber steht.» Und so bekam ich den behördlichen Ausweis, der mich ‹anwies›, mich zu meiner Familie zurückzugeben.

Ich fand das Papier komisch, er offenbar auch. Aber ich mußte etwas in der Hand haben. Der Kommandant unterschrieb ohne Umstände. Die Sache stand nun sichtbar in der Welt.

Und als wäre ich ein Automat, mit einer Rapidität, die meiner sonstigen Langsamkeit nicht entsprach, marschierte ich mit dem frisch gewonnenen Papier auf die Präfektur, und zwar zusammen – mit dem deutschen Emigranten, dem unverwüstlichen, der den Weg schon kannte. Der Mann hatte den Kopf voller Rosinen. Er erzählte von Amerika und Mexiko, und ob er mich eventuell nach Mexiko mitnehmen sollte. (Welch merkwürdiger Vorschlag, dachte ich. Wie wird diese Frage aber nach drei Monaten aussehen?) Der Mann erzählte, er hätte feine Verbindungen. Es klang unwahrscheinlich. Ich bin sicher, daß der Mann mit Frau und Kindern alle seine Pläne durchgesetzt hat.

Bald hatte ich einen ‹Sauf conduit› in der Tasche. Es ging verblüffend glatt. Ich triumphierte, diese Sache sollte gelingen.

Am Abend, beim ersten und letzten Abendbrot im Speiseraum, überfiel mich Reue und Traucr, – weil wir doch alle so friedlich dasaßen und aßen, und ich hörte von keinem, daß er morgen fuhr, außer meinem Freund und seiner Frau. Die hatten in der Stadt schon ein Auto aufgetrieben, um nach Toulouse zu fahren. Da würden sie abgeholt werden, um bei den Eltern der Frau unterzukommen. Für mich fiel mit der Abfahrt meines Freundes ein wesentlicher Grund für das Verbleiben bei dem Transport weg. Aber meine Reise blieb doch ein dunkles Kapitel. Mein Freund sprach bei Tisch und nachher offen und lange mit mir darüber. Wieder wurde alles, was sich sagen ließ, durchgehechelt. Abreisen ist schon gut, aber würde ich ankommen? Völlig unausgerüstet wie ich war? Er brachte mir, bevor wir uns schlafen legten, Konservenbüchsen, Brot und Obst für die Fahrt.

Neben meinem Koffer lag noch immer meine geplatzte schwarze Aktenmappe. Sie enthielt mein schweres Manuskript. Die Schuhe hatte ich in den Koffer verstaut. Da ich morgen alles selbst zu tragen hatte, entledigte ich mich meines Manuskripts; es stellte für mich nur ein Gewicht dar und was bedeutete es jetzt für mich, sein ganzer Inhalt? (Ich sollte nach nicht langer Zeit gewahr werden, wie unheimlich sein Inhalt war, wie er in mir fortlebte.) Mein Freund nahm das Paket an sich. Vor dem Abschied meinte er nochmals: «Überlegen Sie sich die Sache genau. Sie können sich uns anschließen.»

Aber ich hatte nicht die Absicht.

3. Kapitel
Auf der Suche nach meiner Familie

Die ersten Zwischenfälle

Sehr früh wachte ich auf. Um halb sechs war ich fertig. Als ich über den Hof ging und an die Wache kam, wunderten sich die Soldaten, daß ich zur Bahn wollte: «Es gehen keine Züge.» – «Doch. Ich habe einen Dienstbefehl.» – Sie zweifelten weiter und wünschten mir Glück.

Wie in Paris schleppte ich meinen schweren Koffer, allein, sehr langsam. Ich war der Einzige zu dem Zug. Es war ein Güterzug mit einigen Personenwagen. Ich saß. Mein Koffer lag über mir im Gepäcknetz. Der Zug fuhr. Es war geschehen. Adieu, Cahors. Adieu, Transport von Paris.

Setze ich jetzt die Feder an und beginne diesen Abschnitt der Reise zu schildern, – einer Reise aus dem Mitte Juni 1940 eben niedergebrochenen Frankreich vor dem Abschluß des Waffenstillstands – so frage ich mich nach einem kurzen Überblick: Was ist denn an dem Ganzen? Lohnt es, das niederzuschreiben, die Fahrt von da nach da, die Schwierigkeiten, die sich erhoben und was es sonst gab? Bietet das wirklich Interesse?

Wenn ich es genau und rundheraus sagen soll: es war keine Reise von einem französischen Ort zu einem andern, sondern eine Reise zwischen Himmel und Erde.

Von Anfang bis zu Ende hatte die Reise einen – ich möchte sagen: traumhaften, imaginären Charakter; ich meine: einen nicht nur realen Charakter.

Bei der Reise von ihrem Anfang bis zu ihrem Abschluß (ist er erfolgt?) reiste ‹ich›. Aber der Reisende war kein gewöhnlicher Passagier mit seinem Billet.

Die Reise verlief zugleich an mir, mit mir und über mir. Nur weil es sich so verhielt, begebe ich mich daran, die Fahrt, ihre Umstände, aufzuzeichnen.

Zunächst fuhr ich, saß in einem Zug und bemerkte, wie Adam, bevor Eva geschaffen wurde, daß ich allein war. Ich sprach nicht. Es sprach keiner mit mir. Aber das würde nicht lange dauern, denn ich fuhr ja ‹nach Hause›. Ich war erfüllt von dem ‹Trieb›.

Wie von einem Auftrag war ich berührt. Der Auftrag stand nicht nur in meinem Dienstbefehl, sondern er war auf den Dienstbefehl, auf meinen Wunsch, geworfen.

Auf ‹meinen› Wunsch? Immer stolpere ich über die Worte ‹ich› und ‹mein›. Einerseits war ich gewiß an dem Wunsch beteiligt und wollte hinfahren. Andrerseits fühlte ich, der Plan war nicht durchdacht, mit meinem Freund hatte ich die wunden Punkte berührt; es war keineswegs sicher, daß ich Züge finden würde trotz meines Ausweises, an

Autos durfte ich überhaupt nicht denken. Und was würde ich machen, wenn ich irgendwo ‹en panne› liegen bliebe, in einer völlig unbekannten Landschaft, unter Leuten, die mich nicht kannten und mich trotz meines Passes für einen Fremden, vielleicht für einen Spion halten würden. Und so wollte ich nach Norden, der allgemeinen Fluchtrichtung entgegen, nach Norden, von wo die Deutschen drangen?

All das hatte ich zur Kenntnis genommen, hielt es für richtig und möglich. Erschwerend war noch der Umstand: ich hatte seit acht Tagen keine Nachricht aus Le Puy, und als mich der Kapitän fragte: «Ihre Familie befindet sich in Le Puy?», hatte ich zwar munter geantwortet: «Ja», tatsächlich aber wußte ich es nicht und konnte es nicht wissen.

Aber all diese Einwände, die auf mir lasteten, vermochten nichts gegen den ‹Trieb›, gegen meinen Trieb zu fahren und meine Familie zu holen. Und es ist möglich, daß ich dem Feind in den Rachen laufe. Darauf war ich präpariert wie andere, die ich in Paris und auf der Reise sprach. Der und jener hatte seinen Revolver bei sich, um mit sich ein Ende zu machen, wenn er den ‹Boches› in die Hände fiele. Ich – war auch präpariert, aber anders als sie. Der Tod stand auch über mir und hinter mir, ich sah in seinen Rachen. Aber – ich versagte mir, die Sache zu ‹durchdenken›. An Händen und Füßen war ich gebunden. In einer Weise, die mich manchmal selber entsetzte, war mein Wille beschlagnahmt, mein bewußtes Ich durchkreuzt und in den Winkel geschoben. Es war dabei keine Lähmung. Ich war heftigst beteiligt. Ein dumpfes Trotzgefühl, ja, ein abgründiger Ernst, eine Trauer stand hinter meinem Trieb zu reisen.

Die Niederlage war gekommen. Die Niederlage, eine große Niederlage, drang in mich ein. Ich ging ihr entgegen.

Nein, ich wollte mich nicht in Cahors verstecken.

Mittags war ich in Capdenac, auf jener Station, die uns vor zwei Abenden nach mühseliger Fahrt mit solcher Freundlichkeit empfing.

Jetzt gab es da den gewöhnlichen Bahnhofsbetrieb. Ich mußte aussteigen und unbestimmt viele Stunden warten. Darum stellte ich meinen Koffer am Büffet ab und rauchte eine Zigarette. Ich spielte mich als Reisender auf, setzte mich auf einen Stuhl und sah dem Treiben zu.

Mich beobachteten andere. Hält man sich als einzelner lange auf einem Bahnsteig auf, der dazu von Militär gemischt mit Zivil bevölkert wird und den man überwacht, so fällt man auf. Vor der Wirtschaft waren

Tafeln aufgestellt und gedeckt, die Zeit des Déjeuner. Was sollte ich machen? Ich erhob mich von meinem Stuhl, – wer weiß, wo ich später Verpflegung fand.

Eine Zahl Eisenbahnarbeiter rückt an. Sie nehmen mit fröhlichem Lärm an einigem Tischen Platz. Ich, der Einzelne, – immer trage ich es während der ganzen Reise an mir, ein Einzelner zu sein, schon das ist ein Fleck, ein verdächtiges Zeichen – ich setze mich auf einen freien Stuhl, da es sich ja um ein öffentliches Lokal handelt. Nachbarn sagen mir, der Platz sei besetzt. Ich stehe auf. Also ist es doch kein öffentliches Lokal. Widersprechen kann ich nicht, denn ich weiß, ich bin ein Einzelner und schon so gefährlich, und in einem Disput würde ich mich rasch als ‹Ausländer› entpuppen. Darauf stehe ich eine Weile stumm vor der Wirtschaft; es stehen und sitzen schließlich auch andere so. Sie verschwinden bald wieder. Ich muß bleiben, denn mein Zug muß ja irgendwann kommen.

Als nach einiger Zeit dicht vor mir neue Tische gedeckt werden und der Hauptschwarm der Eisenbahnarbeiter abgeht, setze ich mich mutig wieder an eine Tafel. Rechts und links von mir ist Platz. Bald setzt sich jemand mir gegenüber und bestellt ein Menu. Er fängt an, mit mir zu sprechen. Ich bin einsilbig, um mich nicht zu verraten. Der erste Gang verläuft ohne Zwischenfälle.

Plötzlich, ohne Vorbereitung, apostrophiert mich ein anderer junger Mensch neben dem ersten, offenbar ein Eisenbahnarbeiter. Er streckt den Kopf vor und fixiert mich ungeniert. Erst als ich seinen Blick aushalte und mich meinem Brot zuwende, sagt er deutsch, mit französischem Akzent: «Du sprichst deutsch, deutsch sprichst du?» Ich bin überrascht und gebe keine Antwort. Als er seine Frage unter starker Aufmerksamkeit seiner Nachbarn wiederholt, zucke ich die Achseln, lache ihn an und sage französisch: «Aber Sie sprechen doch französisch. Sprechen Sie doch weiter französisch.» Er: «Also du sprichst deutsch.» Ich antworte französisch: «Sie hören, ich spreche französisch. Wünschen Sie etwas?» Darauf glotzt er mich an und sagt nichts.

Ich bekomme den zweiten Gang. Da schieben sich links zwei Gendarmen in Khakiuniform an den Tischen entlang, nähern sich meinem und steuern unter allgemeiner Aufmerksamkeit direkt auf mich zu. Sie stehen hinter mir. Der eine Gendarm bückt sich zu mir herunter, klopft mir auf die Schulter und gibt mir ein Zeichen, ihm zu folgen.

An der Tür des Bahnhofslokals verlangt er, daß ich mich legitimierte.

Von meinem Tisch aus beobachtet man uns gespannt, im Übrigen verschwinden wir rasch in der Masse der Menschen, die sich hin- und herbewegt. Ich kann mit guten Papieren dienen. Ich habe meinen französischen Paß und den Dienstbefehl. Die beiden studieren die Papiere, fragen mich aus, ich gebe jede beliebige Antwort. Darauf behalten sie meine Papiere, der eine von ihnen verschwindet mit ihnen irgendwohin, der andere bleibt in meiner Nähe und läßt mich nicht aus den Augen. Er erlaubt mir, mein Mittagessen zu beenden. Am Tisch dreht man mir den Rücken. Auch der junge Mann, der mir auf den Zahn fühlen wollte, wendet sich ostentativ nach der andern Seite. Ich werde dann von dem Gendarm, der mich beobachtet, gerufen und in das Innere des Gebäudes geleitet. Da prüft der erste Gendarm mit einem Zivilisten noch immer meine Papiere. Schließlich marschiert er auf mich zu, die Papiere in der Hand, reicht sie mir, sagt kurz, barsch und verächtlich: «In Ordnung». Er gibt mir einen Wink, mich meines Weges zu scheren.

Ich stecke resigniert die Papiere ein und pendele wieder auf den Bahnsteig, in die Nähe meines Koffers. Alle Tische sind jetzt leer. Sie werden fortgetragen. Ein übles Ding, das mir da passiert ist. Es ist an sich nicht überraschend. Man beobachtet natürlich Bahnstationen, und ich falle als Einzelner auf, der herumlungert. Vielleicht habe ich, auch ohne zu sprechen, einen fremden Anstrich in der Kleidung, Haltung, im Ausdruck. Aber als man den Irrtum erkannt hat, entschuldigt man sich nicht. Der Gendarm sagte: «In Ordnung. Sie können gehen.»

Auf diesem Bahnhof – und es war doch der Bahnhof Capdenac, der uns auf der Herfahrt mit solcher Heiterkeit empfing – kaufte ich mir ein Kursbuch. Dieses Buch verließ mich lange nicht. Seine Vorderseite trug eine Eisenbahnkarte. Auf ihr suchte ich Tag um Tag, wo ich war und wo ich hinwollte.

Wo ich war, war ich nicht. Ich wollte immer ‹wo› hin. Meine ganze Natur hatte sich verändert.

Gegen Abend langte ich in der kleinen Stadt Rodez an. Damals hatte ich Furcht, abends anzukommen, denn es gab keine freien Hotelzimmer und ich wußte nicht, wo dann logieren. Allmählich lernte ich aber, man logiert irgendwo, man hat unter allen Umständen seinen Mantel bei sich und kann sich darauf lagern. Es liegt in der Natur der Nacht, daß sie vergeht.

In Rodez drängte ich mit den andern auf der Bahn zum Ausgang, und draußen bemerkte ich, daß man sich teilte: die einen, der kleinere Teil, marschierten zu Fuß irgendwohin, die andern sammelten sich vor einem mächtigen Autobus. Wie ich noch schwankte, wurde ich vor den Autobus geschoben und mußte einsteigen. Es war dann schwierig, dem Kondukteur zu erklären, wohin ich eigentlich wollte. Als ich meinte, ich wollte in die Stadt, ins Zentrum, um ein Hotel zu finden, wurde er ungeduldig. Hotels gäbe es überall, schließlich drückte er mir ein Papier in die Hand und beschäftigte sich mit den nächsten. Ich stieg irgendwo aus, wo ich größere Häuser sah und wo auch andere ausstiegen.

Da stand ich auf einem freundlichen Platz. Die Menschen bewegten sich hier friedlich, ja fröhlich. Denn es war ein Sommerabend, ein angenehmer, etwas kühler Sommerabend. Mit Vergnügen begrüßte ich die Terrassen einiger Cafés und sah voraus, daß, wo auch immer ich nachher unterkommen würde, ich zunächst hier an einer Tafel sitzen würde, die Zigarette im Mund, eine Tasse Kaffee vor mir.

Ich schleppte meinen Koffer in das erste Hotel. Es ist nichts. In das zweite. Die Vorräume wimmelten von Menschen. An den ‹Empfangs›-stand kam ich erst überhaupt nicht heran. Die Leute diskutierten da mit der Wirtin und dem Empfangschef. Ich plante nicht, ihnen Konkurrenz zu machen, meine Chancen bei einer solchen Diskussion waren gleich Null.

In einem andern Hotel schüttelte die Dame den Kopf, meinte aber mitleidig, das Richtigste wäre, es gleich in den ‹Baracken› zu versuchen. Sie beschrieb mir den Weg. Da ließ ich den Koffer in ihrem Hotel und setzte mich, wie ich vorausgeahnt hatte, auf eine Caféterrasse.

Kuriose Welt. Diese Kleinstadt spielte friedlichen Sommerabend. Man trank auf der Terrasse sein Apéritif, flanierte die Straße auf und ab. Es wurde jetzt dunkel und das Treiben nahm zu. Den schwachen Kaffee hatte ich genossen. Ich stand auf und ging.

Ja, eine fröhliche Menge durchzog die breite Straße, die sich links vom Platz hinzog. Laternen, wenn auch abgedunkelt, brannten. Man bewegte sich in einer schönen Allee. Viel Jugend war zu sehen, junge Männer und junge Mädchen, geputzt, manche Arm in Arm. Ich ließ mich von dem Strom treiben. Hinten wurde es heller und lauter.

Und da geriet ich auf eine platzartige Erweiterung der Allee, wo, unglaublich aber wahr, eine ‹kermesse› stattfand, mit Buden, Karussell,

Verkauf von Süßigkeiten, Musik. Es paßte zu diesem versunkenen Städtchen. Ich sah Wagen, wahrscheinlich zu den Buden gehörig, und dahinter auch wieder Buden. Oder waren es vielleicht die Baracken? Einige Leute, auch Soldaten, bewegten sich darauf zu. Ich folgte. Vor den Türen zweier Baracken (ja, es waren Baracken), standen junge Burschen in Scoottracht. Drin sah ich Betten, also Flüchtlingsbaracken. Man verwies mich, als ich wegen Unterkunft fragte, an einen gebildet aussehenden älteren Herrn mit kräftigem Vollbart. Er führte mich ohne weiteres in eine Baracke und zeigte mir ein Bett. Das sollte ich gleich belegen. Dies war also prompt verlaufen, keine Legitimation, kein Verhör. Der Raum hatte einen breiten Mittelgang, rechts und links gab es Boxen oder Kabinen, offene Holzverschläge mit je vier Betten, immer zwei übereinander, jedes Bett mit Strohsack und Decken.

Da lag ich dann. Es kam in der Nacht noch einer in mein ‹Abteil›, der sich schweigend auszog und auf die andere Seite warf. Von draußen hörte ich noch eine Weile den fröhlichen Lärm, hörte auch, wie sich Frauen und Kinder flüsternd durch den Mittelgang bewegten und irgendwo in der Nähe unterkamen. Gegen fünf Uhr morgens erhob sich mein Nachbar, ein Soldat, machte sich zurecht und verschwand stumm. Man konnte sich hinter der Baracke waschen. Gegen sieben war ich auf den Beinen.

Draußen der Kermesse-Platz und die Straße. Sie sah heute doch mehr nach Krieg aus. So viel Menschen bewegten sich hier, einzeln, und in Gruppen, mit und ohne Gepäck. So sah das wohl sonst hier nicht aus, auch fuhren wohl sonst nicht so viele bepackte Autos. Was sollte ich nun tun? Wie kam ich weiter?

Ich setzte mich in ein Café, holte meinen Koffer herüber und beobachtete den Platz. Hier hatte gestern Abend der Autobus gehalten; ich wollte zur Bahn.

Ein einfacher Mann mit einem Koffer setzt sich an den Nebentisch und fragt mich, wohin ich will. Er meint, ich könnte es versuchen, mich nach Zügen auf der Bahn erkundigen, aber nicht einmal der Stationsvorsteher wüßte Bescheid. Übrigens wenn ich den Autobus zur Bahn haben wollte, müßte ich über den Platz die Straße hinauf. Da würde ich die Wagen sehen.

Der Mann selber traute keinem öffentlichen Verkehrsmittel. Er stellte sich an der Bordschwelle auf, seinen Koffer geschultert. Es gelang ihm, ein Privatauto anzuhalten; nach einer kurzen Diskussion stieg er ein. Er wußte, wohin er wollte – und es war nicht weit. Ich pendelte die bezeichnete Straße herauf. Da stehen Autobusse. Meiner soll in einer halben Stunde fahren. Wie ich da stehe, sammelt sich in der Nähe ein Haufen Menschen mit großem Gepäck. Und jetzt fährt ein Autobus vor. Der Chauffeur und sein Begleiter klettern aufs Dach. Man wirft ihnen das Gepäck zu. Ich wundere mich, daß man es so eilig hat und frage, wann er zur Bahn fährt. Der dicke Chauffeur, der gebückt oben steht, das Gesicht von der Arbeit gerötet, blickt ungläubig zu mir herunter. Dann richtet er sich auf und wendet sich an seinen Gehilfen hinter ihm, der die Koffer stapelt: «Der fragt mich, wann wir nach der Bahn fahren.» Und sie lachen beide. Mir gibt er zu verstehen, während er sich wieder bückt und einen schweren Koffer hochzieht: «Nein, Herr, wir fahren direkt nach Toulouse.»

Darauf war ich nicht vorbereitet. Ich wußte natürlich nicht, daß es von Rodez eine Autobusverbindung nach Toulouse gibt. Immerhin, selbst wenn, – was sollte ich in Toulouse?

Ich werde unsicher und schiebe mich aus dem Gedränge. Ich beneide diese Leute. Sie kommen direkt an ihr Ziel. So stehe ich noch eine Weile allein abseits und sehe, wie sich der Wagen füllt. Sie drängen sich drin in den Gang. Was soll ich aber in Toulouse?

Ich wende mich an einen Mann, der an einem andern Autobus herumputzt: «Wann kommt denn endlich der Wagen für die Bahn?» Und ich füge hinzu: «Ich möchte irgend einen Zug in Richtung Le Puy nehmen.» Der Mann überlegt. Ich hole mein Kursbuch mit dem roten Plan hervor. Wir stoßen auf den Namen Severac. Das sei die Richtung, meint er. Und dahin könnte ich mit einem Autobus, der von hier in einer Viertelstunde fahre. Das überlege ich mir nicht lange. Nach zehn Minuten erscheint dieser Autobus und ich steige ein.

Unterwegs beginnt es zu regnen. Man langt auf dem kleinen Bahnhof an. Der Bahnhof ist tot. Niemand weiß, ob und wann ein Zug fährt. Es heißt herumlungern und eine Gelegenheit erspähen.

Ich blicke mich vor dem Gebäude um. Aus dem Bahnhof tritt ein Mann und überquert mit energischen Schritten den Platz. Er sieht aus, als kenne er den Ort. Ich folge ihm, frage nach Autos oder einem Autobus. Er hält beide für Fabeltiere. Wenn ich ihm nicht glauben wolle, so könne ich mich ja bei einem Autobesitzer in der Nähe erkundigen. Er führt mich hin.

Dieser Herr ist nicht da. Dagegen wird seine Frau, die mir öffnet, sofort munter und sehr höflich, als ich ihr sage, ich würde mich mit ihrem Manne über den Preis verständigen. Da läßt sie mich im Wohnzimmer Platz nehmen. Der Mann erscheint und beschnüffelt mich. Ich sehe schon, wie er einen Gendarm ruft, der mich nach meinen Papieren befragt. Da habe ich also wieder eine Dummheit gemacht. Aber den Mann interessiert nur der Preis. Er fängt an zu rechnen: Kilometerzahl, Preis des Benzins etc. Die Frau blickt auf das Notizbuch, in dem er kalkuliert, und er merkt, daß sie ihn drängt, das Geschäft zu machen. Aber – er macht es nicht. Denn es kommt ein Punkt, an dem er stockt und über den ihm auch die Frau nicht hinweghilft. Es sei möglich, nach Le Puy zu kommen, wenn nicht heute, so morgen. Aber erstens könne er unterwegs hängen bleiben, wegen der verstopften Chausseen, und zweitens: die Deutschen. Die Deutschen könnten ihn unterwegs abfangen. Die seien nicht mehr so weit.

Dabei verblieb es, und unter Zustimmung der Frau.

Ich danke und ziehe auf die Bahn. Zu essen gibt es nichts. Mittag ist längst vorbei. Ich teile meine Schokolade ein und nehme zwei Cakes und eine von den Beuteapfelsinen zu mir. Hunger habe ich nicht.

Ich will es zwingen

Wie ich grämlich herumsitze und der Regen unverdrossen weiter pladdert, stellen sich mehr und mehr Menschen ein, und ich habe den Eindruck, daß man einen Zug erwartet. Richtig, einen Zug in der anderen Richtung. Ich kann keinen Menschen auf dem Bahnsteig ermitteln, der authentisch Auskunft über die Abfahrt von Zügen gibt. Man sagt mir schließlich: wenn ich mit dem Zug, der jetzt kommt, bis zu der und der Station fahre, so habe ich vielleicht Aussicht, von da ein Auto, eventuell auch einen Zug in meiner Richtung zu finden, – jedenfalls eher als hier, wo sich nichts ereignet.

Da mich das Herumlungern erbittert und es mir vorkommt, als ob ich schon die Panne erleide, vor der man mich in Cahors gewarnt hat, so stelle ich mich trotzdem zu den andern auf den Bahnsteig und sitze nach einer halben Stunde im Zug. Es ist ein Zug, ein fahrender Zug, bestimmt ein falsch fahrender Zug. Es wird rasch dunkel im Regen. Und wie wir aussteigen, ist es Abend, finsterer Abend. Mit Entsetzen habe ich das kommen sehen. Ich fürchte die Nacht, denn wo soll ich unterkommen. Und richtig, es erfüllt sich.

Ich stehe auf einem kleinen, finsteren Bahnsteig. Die Personen neben mir verkrümeln sich. Die Leute, die mir geraten haben, diesen Zug zu nehmen, statt noch zu warten, sind schon unterwegs ausgestiegen. Achselzucken und Kopfschütteln sind die Antworten auf meine Frage: ‹Fährt noch ein Zug in Richtung Le Puy?› Ich bin so bescheiden, daß ich frage: ‹In Richtung›. Von Autos, von einem Autobus ist keine Rede. Wer mir das erzählt habe.

Und wie ich mit dem Fragen zu Ende bin, muß ich den Kleinbahnhof verlassen, dessen Türen man schließt. Ich errege hier weder Aufsehen noch Interesse.

Ich stehe mit meinem Koffer vor der Tür und überlege, was ich machen soll. Man hat mich hineingelegt, aber ich bin fahrlässig leichtsinnig gewesen. Da merke ich, es ist jetzt nicht die Zeit, Betrachtungen anzustellen, ich muß etwas unternehmen. Es wird mit mir schon ein elendes Spiel getrieben. Die letzten Personen aus dem Zug verschwinden vor mir in den Ort hinein. Es wäre besser, wenn ich mich aufmache und ihnen folge.

Ich raffe meinen Koffer und setze mich in Bewegung. Vor mir liegt ein dunkler Ort, besser: ein nächtlicher, baumbesetzter Weg, der anscheinend in den Ort führt, in den man mich gelockt hat. Und wie ich mit meinem unverändert schweren Koffer einige Minuten gegangen bin, im Morast, im Regen, gibt es eine Biegung des Weges, und von hier ab sehe ich gar nichts mehr.

Es fährt kein Wagen, ich höre keine Stimme, die Menschen sind verschwunden, wie ein Spuk aus der Welt genommen. Ich wandere Weiter, noch fünf Minuten, in völliger Nacht, während es weiter regnet. Dann stelle ich meinen Koffer ab unter einen Baum. Ich tue es, um mir meinen schweren Wintermantel, den ich über dem Arm trage (den Sommermantel habe ich an), als Regenschutz über den Kopf zu ziehen. Das geht nicht wegen meines völlig aufgeweichten Huts, den ich nirgends unterbringen kann. Ich hänge mir also den Mantel über die Schultern und stehe eine kleine Weile da, ohne zu einem Entschluß zu gelangen.

Ich könnte vielleicht munter geradeaus marschieren, weiter im Morast zwischen den beiden Baumreihen. Aber mein Koffer ist schon sehr schwer geworden, lange kann ich ihn nicht mehr tragen. Und die Nacht ist vollständig. Ich kann mich schon in der Stadt in schwach beleuchteten Straßen schwer bewegen, wegen meiner Kurzsichtigkeit und

Sehschwäche. Es hängt alles von meinem Mut ab, ob ich jetzt überhaupt noch einen einzigen Schritt mache.

Wie ich so stehe, vom Regen begossen, fällt mir ein: Was würde ich wohl in normaler Zeit unter solchen Umständen empfinden, in einem Wald, es ist Nacht? Aber es gelingt mir nicht, mich über den Augenblick zu erheben. Die Bäume, der Regen, die Nacht geben nichts her. Es ist eben keine normale Zeit. Ich habe nur den praktischen Wunsch, der Durchnässung zu entgehen und irgendwohin mit meinem Koffer zu gelangen. Ich denke, wenn mich einer hier sehen würde. Die Situation ist schon komisch und albern. Ich benehme mich wie ein vollkommener Tölpel. Aber worin liegt die Tölpelei? Ich konnte doch nicht endlos auf der Bahn stehen und auf einen Zug warten. Ich mußte doch etwas unternehmen, und jetzt habe ich es. Nun, es ist noch nicht das Schlimmste. Ich habe mich verlaufen. Ich werde umkehren.

Sehr aufgeweckt bin ich, mißtrauisch und erregt. Ich bin in einer finsteren Spannung. Es ist schon grauenhaft, kommt mir vor, wie ich mich verlaufe, wie man mich hin und herschickt. Aber so ist das Leben. Die Parole heißt: Rette sich wer kann.

Nichts habe ich für Bäume und fließenden Regen übrig. Ich hebe wieder meinen Koffer auf und wandere zurück. Zum Bahnhof finde ich noch. Er verspricht mir einen Schutz.

Ich bin zum geschlossenen Bahnhof zurückgewandert und habe mich für die Nacht dort niedergelassen. Es gab ausreichend Schutz vor dem Regen. Morgen würde ich mit dem ersten Zug, den ich finde, zu der Station zurückkehren, von der mich meine Ungeduld verjagt hatte.

Lang, lang zog sich diese Nacht hin. Ich verdämmere die Stunden, auf einer Stufe sitzend, angelehnt. Vielleicht lag eine Viertelstunde vor mir ein Gasthof, sogar bestimmt. Aber ich kam nicht hin.

Ich trat wieder in dieses wenig verlockende Dasein zurück, als im Morgengrauen eine Gruppe von Männern, dabei einer in Soldatentracht, vor mir auftauchte. Ich erhob mich. Man nickte sich zu und begrüßte sich wie selbstverständlich. Sie setzten sich neben mich und aßen. Sie erwarteten den ersten Zug und wunderten sich nicht, daß ich schon da war. Überhaupt: wer wunderte sich noch über etwas? Es gab zuviel Irrungen und Wirrungen. Jeder bekam seinen Teil ab. Keine Situation überraschte mehr. Man beobachtete mit Verständnis, wie der Andere, der umgeworfen war, sich wieder zurechtrappelte.

Noch im Halbdunkel kam unser Zug. Es erschien mir ein Vorzeichen eines besseren Tages, daß er kam, und daß er so früh kam. Mit ihm fuhr ich wieder in die Station ein, die ich gestern verlassen hatte.

Ja, ein besserer Tag war angebrochen. Ich war naß und fror – und fand heißen Kaffee. Man legte mir ein Stück trockenes Brot hin. Das alles war unwahrscheinlich gut. Der kleine Raum wurde von einer Lampe erhellt. Man sprach. Ich war unter Menschen.

Ein Zug in meiner Richtung würde erst am Nachmittag fahren. Diesmal konnte ich einen Bahnbeamten stellen. Er bestätigte es. Diesmal würde ich keine Experimente machen. Die Stunden wollten nicht vorrücken. Ich wollte und mußte weiter, und man ließ mich nicht.

Und wie die Stunden nicht vorrücken und es erst elf Uhr vormittags war, ließ ich wieder meinen Koffer auf der Bahn und spürte nach einem Auto. Es fanden sich Garagen, aber bald waren die Besitzer nicht da, bald fehlte das Benzin. Zum Schluß tauchte die Frau auf, bei der ich gestern anklopfte. Sie erkannte mich sofort und wunderte sich, daß ich noch immer da war. Sie war nicht so freundlich wie gestern. Sie verabschiedete sich schnell, und ich hielt es für besser, mich auf den Bahnhof zurückzuziehen.

Es ist Mittag, ich komme nicht weiter. Ich sitze allein auf der Bahn. Kaum zu denken, daß ich gestern morgen noch in Cahors war. Das war gestern! Vielleicht sitzen sie noch in dem Mädchengymnasium.

Ich will weiter, aber man läßt mich nicht. Ich fühle heftiger und ängstlicher, daß es sich schon nicht um die Fahrt nach Le Puy handelt, sondern um mich selber. Aber das will ich nicht wahrhaben. Es ist ein Lasso auf mich geworfen; ich kämpfe gegen die Schlinge, die sich um mich legt. Unermüdlich studiere ich in meinem Kursbuch, daß es mir einen Wink gebe. Es ist eine Besessenheit.

Da erscheint auf dem Bahnsteig ein Mann in einem merkwürdigen Aufzug. Er trägt einen Strick über den Schultern, und rechts und links hängt ihm ein schwerer Koffer herab. Er ist ein Mann Anfang fünfzig. Er macht einen intelligenten Eindruck. Blaß und abgespannt sieht er aus. Er trägt einen gelben Sommerpaletot und hat einen zerknäulten, furchtbar schmutzigen Kragen. Stiefel und Hosen sind mit Lehm bespritzt. Er halftert sich auf der Nachbarbank seine Last ab. Dann sitzt er eine Weile stumm da, vorgebeugt, die Arme auf den Knien und erholt sich. Ein Streckenarbeiter steigt über die Schienen, der Herr ruft ihm etwas zu. Er befragt ihn über Züge. Ich höre, er will in meine Richtung.

Wir haben schon vorher Blicke miteinander getauscht, und uns als Männer der gleichen Gesellschaft erkannt. Ich beginne die Unterhaltung. Ja, er will nicht nach Le Puy, sondern nach Mende. Wenn wir Glück haben, bekommen wir einen Zug dahin. Ich habe meine Ansprüche sehr herabgeschraubt. Ich bin mit jeder noch so kleinen Beförderung einverstanden. Wir klopfen bei dem Stationsvorsteher an. Er erweist sich als umgänglich. Er befragt uns nach unserer Berechtigung, Züge zu benutzen. Unsere Papiere befriedigen ihn. Mein Nachbar ist ein Industrieller aus Paris, dessen Unternehmen evakuiert wurde. Er kommt aus Toulouse, wo er seine Frau gelassen hat, und will in Mende seine Mutter besuchen. Er hofft, daß sie noch da ist. Es besteht eigentlich kein Zweifel, daß sie noch da ist. Freilich weiß er nicht, wo sie wohnt. Aber er wird es ermitteln. Also er sucht auch. Der Stationsvorsteher macht uns eine freudige Mitteilung: es wird sich nachmittags auf der Bahn ein Zug nach Mende einstellen. Er werde gegen Abend in Mende sein. Ob ich von da weiter komme, sei ein anderes Ding. Glücksache, meint er.

Wir bleiben den Rest der Fahrt zusammen. Der Zug füllt sich. Was mit uns fährt, sind Flüchtlinge. Ein älteres Ehepaar erzählt seine Erlebnisse, wie sie zu Fuß von Paris nach Orleans gegangen seien, mit vielen anderen, wie sie unterwegs Stück um Stück von ihren Sachen teils verloren, teils liegen lassen mußten. Jetzt hätten sie, meinten sie mit Galgenhumor, nur etwas Papier bei sich, das Papiergeld. Sie suchen nahe Verwandte. Bei denen möchten sie Unterkunft finden. Freilich, ob die noch da seien? Man versucht es. Es wird dunkel. Mein Nachbar erzählt von den Baracken, in denen er in Rodez übernachtet habe. Ich kenne sie. Er zeigt auf die Baracken, an denen wir gerade vorbeifahren und lacht mich an. Da würde ich wohl heute unterkommen.

Der Ort ist Mende.

Kampf gegen Dämonen

Der Zug leert sich. Ein Schwarm Menschen setzt sich in Bewegung, in den Ort herunter zu gehen. Wir bilden eine geschlossene Kolonne. Es hat keinen Zweck, daß ich meinen Koffer schleppe. Ich möchte nicht wieder in eine Situation wie gestern kommen. Ich mache es wie andere: wir stellen in dem offenen Vorraum des Bahnhofs unsere Koffer zu einer Art Kofferburg zusammen. Eine Aufsicht existiert nicht. Aber wir vertrauen; nachts wird der Bahnhof geschlossen.

Wie wir in die große Straße rechts einbiegen und über eine Brücke gehen, hängt da an einer Stange ein Schild ‹Centre d'acceuil›, mit einer Hand, die in die Stadt hineinweist. Aber das Schild hat sich an der Stange verdreht, und man weiß nicht, in welcher Richtung es zeigt. Ein Soldat, der auf der Brücke den Verkehr regelt – es gibt hier viele Soldaten –, meint: das ‹Centre› liege hinten am Fluß. Er wird aber unsicher, als andere widersprechen und meinen, es liege in der Stadt. So ziehen wir in die Stadt, die große Straße hinauf, von der man im Dunkel nur einige Gärten und Häuser erkennt. Mein Reisebegleiter, auf der Suche nach seiner Mutter, entfernt sich nach links, wo er ein großes Hotel entdeckt. Ich stehe auf einem Platz, von dem mehrere Straßen ausstrahlen. Es ist offenbar ein Centrum des Orts. Das ‹Centre› soll in der finsteren Straße rechts liegen. Ich folge einem Trupp Radfahrer und gelange vor ein Haus, dessen untere Räume erleuchtet sind. Vor der Tür drängt man sich. Zwei Scoots regeln den Verkehr.

Ich stelle mich an. Wie ich eintrete – man läßt jeden ohne Frage ein – ist es ein niedriger, ausgedehnter Speisesaal, mit Tischen und Bänken, und an den Tischen sitzen sie, Männer, Frauen und Kinder, und essen. Hinter den Bänken stehen die Menschen zum Teil in zwei Reihen und warten. Man fällt nicht auf und keiner blickt auf den andern. Meist sind es einfache Leute, junge und ältere, auffallend viel junge von sechzehn bis achtzehn Jahren. (Ich erfahre später, daß sie aus dem jetzt besetzten Gebiet kommen, meist per Rad, weil sie fürchten, von den Deutschen gefaßt und zu Fabrik- und Zwangsarbeit getrieben zu werden.) Es sitzen noch einige gut angezogene Leute da.

Das Essen wurde auf Blechtellern serviert. Es ging sehr fix. Es gab Nudeln mit etwas Sauce und Kartoffeln, dazu ein kleines Stück Brot. Einigen wurde auf Wunsch eine doppelte Portion gegeben. Die Portionen waren klein.

Schon war man fertig und stand auf der finsteren Straße. Es regnete nicht mehr. – Das Nachtproblem begann.

Ich bewegte mich den zentralen Platz zu. Eine Gruppe Radfahrer hatte sich da versammelt; die einen fuhren nach dem Centre d'acceuil, die anderen in Richtung Bahnhof. Da sollte, wurde uns von einem Schutzmann gesagt, eine Herberge für Flüchtlinge liegen. Ich wanderte mit andern den Weg zurück. Es war nicht schlecht an diesem Ort. Es war nicht so schlimm wie gestern.

An der Brücke bogen die Leute wirklich nach rechts auf eine breite

Chaussee, die an einem Fluß entlang zog. Ich sah weder rechts noch links etwas. Aber es gingen so viele. Schließlich zog man durch ein finsteres Tor und kam in einen Garten oder Park. Dann folgten Treppen, und es zeigte sich, daß man in ein großes steinernes Gebäude eingetreten war, ein Amtsgebäude, vielleicht eine Schule. Es war zehn Uhr abends.

Wie wir eine breite Treppe hinaufwollen, kommen uns welche entgegen, ärgerlich, enttäuscht und rufen: «Es hat keinen Zweck. Es ist alles besetzt.» Wir steigen trotzdem weiter und finden den ganzen Treppenflur mit Menschen besetzt. Links und rechts eine Tür: die links steht offen, wird aber gerade geschlossen und zwei Soldaten stellen sich davor auf. Da ich einige Leute weiter nach oben gehen sehe, schließe ich mich an und gerate auf einen großen, sehr langen, breiten Korridor, den einige wie ich absuchen. Es ist wirklich eine Schule, alle Türen sind verschlossen, aber auf dem Gang stehen Bänke, und da setzen sich welche hin und stellen ihre Sachen ab. Sie richten sich für die Nacht ein. Das ist kein schlechter Gedanke, finde ich. Man hat ein Dach über dem Kopf. Ich fand weiter entfernt meine Bank und streckte mich, meinen Mantel ausgebreitet, darauf aus. Es kamen Leute, gingen hin und her. Ich begann einzudämmern. Plötzlich sehe ich die Männer vor mir sich erheben, eilig ihre Sachen zusammenraffen und herunterlaufen. Darauf setzen sich noch andere in Bewegung, ohne daß zu erkennen ist, was es gibt. Da stehe ich denn auch auf, nehme meinen Mantel und komme im ersten Stock gerade zurecht, wie man einen Saal öffnen will, unter dem Zulauf von vielen Männern. Die Tür ging nicht auf. Man probierte Schlüssel. Schließlich gab man der Tür einen Stoß, sie flog auf und drin wurde es hell. Es war ein sehr weiter Schlafsaal mit vier Reihen Betten! Wie wild rannte man durch den Raum, um ein Bett zu belegen. Nach zwei Minuten gab es keinen Platz mehr. Ich atmete auf, wie ich auf einem Bett saß. Die kalten, nassen Sachen konnte ich ablegen, endlich Schuhe und Strümpfe ausziehen, die voller Wasser waren. Wir hatten wollene Decken. Endlich wurde ich wieder warm.

Gegen fünf Uhr morgens Unruhe im Saal. Die undankbaren Leute, statt sich ihres Bettes zu freuen, machten sie sich schon wieder auf den Weg. Gegen sieben Uhr, dachte ich, werde ich es auch tun.

Es regnete nicht mehr. Wie ich die Treppe herunterstieg und unten die Anschläge las, bestätigte es sich, daß ich in einem Schulgebäude übernachtet hatte. Ein Vorgarten, dann stand ich auf der Chaussee, die am

Fluß entlangzog. Ich wollte mich nach meinem Koffer erkundigen. Er stand auf der Bahn im Vorraum.

Geschlossene Truppenmassen bewegten sich zur Bahn, Infanterie, schwer bepackt. Der Platz vor der Bahn wurde von Militärlastwagen eingenommen. Die Leute versperrten den Zugang zum Bahnhof. Ich war der einzige Zivilist.

Ich drängte mich durch. Mein Koffer stand da, mit zwei andern; die Kofferburg von gestern war abgebaut. Nun suchte ich zu ermitteln, wie es heute mit Zügen stand. Ich gab mich keinen Illusionen hin. Ich hörte den Soldaten zu. Wo kamen sie her, wo gingen sie hin.

Zu meinem Schrecken tauchte in ihren Gesprächen immer wieder der Name ‹Le Puy› auf. Sie kamen ‹von Le Puy herunter›. Der Ort selbst war noch frei.

Es wird schwer sein, dachte ich, wenn sie von da kommen, Züge oder Wagen nach Norden zu finden.

Wo sie hingingen? Die einen sagten, nach Tarbes, die andern nach Perpignan. Ist das nun Flucht, Rückzug, oder besteht die Absicht, eine Front an den Pyrenäen zu bilden? Will man die Truppen nach Afrika hinüberführen? Die Soldaten sind fröhlich, es herrscht militärische Ordnung.

Ich halte mich eine ganze Stunde auf dem Bahnhof auf. Die Züge der Soldaten werden abgefertigt. Dann erstarrt der Bahnhof. Die Schalter sind geschlossen. Im Vorraum erscheinen einzelne Zivilisten, blicken um sich, befragen sich, ziehen ab.

Ich muß ein Auto finden. Ich beginne todesmutig den Gang durch die wenigen Straßen der Stadt. Ich befrage alle Garagen. Die Antwort kenne ich seit gestern: wir haben keine ‹essence›; verschaffen Sie sich Essenz, dann fahren wir. Ich biete Geld, erfolglos. Mit dem Laufen und Fragen verbringe ich den Vormittag. Währenddessen rollen die Wagen der Soldaten, Camion nach Camion, Auto hinter Auto, Spezialwagen, Scheinwerfer, Sanitätswagen immer dichter hintereinander in rasendem Tempo durch die Hauptstraße. Sie fahren die Straße zur Brücke herunter und biegen dann rechts ab, den Fluß entlang. Jetzt haben die Soldaten auch eine Verkehrsregelung eingerichtet, Soldaten und Garde mobile.

Die Stadt, durch die ich mich dränge, steckt voller flüchtiger Zivilisten, die wie ich die Läden entlang gehen und suchen. Sie klopfen und klingeln an jedem Haus. Sie suchen Quartier. Ich habe nicht die Absicht, hier zu bleiben. Der Anblick der Soldaten, das Dröhnen der Wagen (es verfolgt mich seit Moulins) ängstigt mich. Ich will nach Le Puy.

Und ich kann nicht hin. Ich komme nicht hin. Ich finde an allen Straßenkreuzungen das Schild mit dem Pfeil: ‹Le Puy›. Mal zeigt der Pfeil nach rechts, mal nach links. Es sind 110 km, das ist nicht viel. Aber wie soll ich sie schaffen.

An der Präfektur prangt ein Schild: es werden Benzinscheine abgegeben. Wie ich mich auf dem Rückweg aus dem Stadtzentrum wieder zur Bahn begebe, treffe ich den Herrn, der gestern mein Reisebegleiter war. Er hat sich sehr verändert. Er ist ein eleganter Herr geworden, trägt neue Kleider, spaziert und raucht seine Zigarre. Er hat seine Mutter gefunden, im ersten Hotel der Stadt. Es geht ihm gut. Was meine Aussichten anlangt, von hier fortzukommen, so sieht er ganz schwarz. Aber es gebe Zufälle. Vielleicht stellt sich doch ein Auto ein. Wo ich übernachte? – Ich weiß noch nicht. Gestern in einer Schule. – Ja, es ist alles besetzt.

Darauf stehe ich an der Brücke, matt, Gram im Herzen, Gram auf die Soldaten, die fahren, rasen, denen ich Platz machen muß, und komme nicht von der Stelle.

Aber ich bin noch nicht bereit, die Waffen zu strecken. Man hat mich auf diesen Weg gestoßen, ich werde durchdringen.

Schon seit der Begegnung mit dem Gendarmen auf dem Bahnhof Capdenac habe ich das dunkle, ja finstere Gefühl: ich soll in Mißgeschick, in Unglück geführt werden.

Und da erinnere ich mich, daß mir in Cahors mein Freund am Abend vor der Abreise geraten hatte (seine Frau ist die Tochter eines ehemaligen Präfekten): wenn ich mich irgendwo nicht zurechtfände, solle ich mich an den Präfekten wenden. Es seien gebildete, höfliche Leute, keine bloßen Beamten. Was kann es schaden, denke ich. Vielleicht weiß er Rat.

Auf der Präfektur werde ich höflich empfangen und in das Zimmer eines jungen Herren, offenbar der Sousprefet geführt, – Nachklänge einer früheren Existenz, daß man mich so aufnimmt. Er hört sich meine Klage an und nickt verständnisvoll. Wegen des Benzins wüßte ich ja schon Bescheid, das sei ein allgemeines Übel. Und die Eisenbahn; so weit sie gehe, wolle er mir gern behilflich sein. Wie ich ihn aber bitte, doch vielleicht nach Le Puy zu telefonieren und meine Frau an den

Apparat zu rufen oder ihr eine Botschaft zu bestellen, lehnt er freundlich ab. Für Privatmeldungen darf der Draht nicht benutzt werden; die Leitungen seien überlastet.

Wie er da in seinem Stuhl sitzt und im Sprechen friedlich aus dem Fenster schaut – der Mann lebt in seiner Welt, für ihn hat sich wenig geändert, der Umsturz ist draußen geschehen, – erwäge ich, was ich denn von ihm verlangen soll. Denn wahrscheinlich komme ich sobald nicht wieder vor ihn. Ich sage (was ich ausspreche, aber nicht glaube): es sei möglich, daß ich nach Norden nicht weiter komme, dann möchte ich um Erlaubnis bitten, nach Süden zurückkehren zu dürfen. Er nickt und findet das verständlich und ruft seinen Sekretär. Die Audienz ist beendet. Er wünscht mir mit größter Verbindlichkeit Glück.

Im Sekretärbüro nahm eine Dame ein Blatt und fragte mich, wohin ich wolle. Es war alles improvisiert, sinnlos, von mir nicht gewollt. Es war eine verkehrte Situation. Ich nannte Cahors, von wo ich kam, – und Toulouse. Es fiel mir so ein. Das Blatt wurde gestempelt, unterschrieben steckte ich es ein – und war wieder auf der Straße. Ich hatte mir lächerlicherweise die Möglichkeit zu einer Rückfahrt verschafft! Ich dachte nicht im Traum an Rückfahrt. Was mache ich nur?

Und wie ich dann am Wasser stehe, schon müde, – es ist gegen zwölf Uhr mittags, ich bin fünf Stunden auf den Beinen und wann habe ich zuletzt etwas zu mir genommen – und wie die Strömung um den Brückenpfeiler strudelt, fühle ich eine Verwirrung, einen Schwindel und ein eigentümliches Bangen in mir. Das Lasso, die Schlinge.

Was ist das eigentlich hier, was geschieht mit mir? Ich staune, und das Staunen erfüllt mich vollkommen und nimmt mich ein. Alles versagt in mir. Ich bin in einem Zauberkreis eingeschlossen.

Wieder dämmert mir (eine tiefinnere Angst dabei): es handelt sich nicht um deine Familie, sondern – um dich selbst. Warum. Von mir ist doch nicht die Rede. Ich saß gut in Cahors. Da sollte ich nicht ruhig sitzen bleiben. Ich sollte auf die Landstraße geworfen werden, aus meinem Sicherungsasyl und sollte hier an der Brücke stehen.

Warum? Warum stehst du hier herum und denkst noch immer, du wirst dies unternehmen oder jenes unternehmen. Es geht nicht darum. Du wirst nicht von der Stelle kommen.

Da löse ich mich von dem Brückengeländer und denke, ich will mich am Wasser hinsetzen. Sobald ein Stein oder eine Bank kommt, will ich mich hinsetzen. Neben mir rollen noch immer die grauenhaften Militärwagen. Die höllische Jagd nimmt kein Ende. An der Schule komme ich vorbei, in der ich übernachtet habe.

Und dann noch wenige Meter, – da stehen Baracken, einige aus Stein, die meisten aus Holz. Eine Anzahl Menschen, Männer und Frauen bewegen sich zwischen ihnen. Vorne an einer Baracke ein Schild: ‹Eintritt verboten›. Ich habe in der Stadt gehört, es gibt hier Flüchtlingslager. Ich fühle mich schlapp und denke: irgendwo möchte ich schon sitzen, – und gar liegen.

Das Flüchtlingslager

Der Weg führt hinauf zu den Baracken. Oben hat der Regen den Boden in Morast verwandelt. An den Bäumen stehen Frauen, füllen an einem Brunnen Flaschen mit Wasser und waschen Becher. Ich frage nach dem Büro. Es liegt gleich links, in einer Baracke. Zwei einfache zivile Leute, ein Mann und eine Frau, lassen sich meine Papiere geben. Jetzt flüstern sie und zeigen sich etwas in meinem Paß. Ich weiß: es ist mein Geburtsort, Stettin, in Deutschland. Sie fragen mich aus. Ich bestätige, was sie fragen. Ich bin wieder in einen Bettler verwandelt. Aber schließlich höre ich das Wort: «Es ist in Ordnung» und erhalte die Papiere, meine Strafakten, zurück. Ein dickerer jüngerer Mann, ein Belgier, führt mich zu einer Baracke.

Man hat Gehbretter vor jede Tür gelegt wegen des Morastes. Wir balancieren darüber an meinen Bestimmungsort. Die Fenster an der Tür sind zerbrochen. Drin zieht sich eine lange Holztafel durch den ganzen Raum; Bänke ohne Lehnen begleiten sie. Alles aus rohem Holz. Rechts und links Abteile, durch dunkle Decken abgeschlossen. Man schlägt vor mir eine dieser Decken zurück und fragt, ob drin noch Platz für eine einzelne Person sei. Schließlich ermittelt man eine Koje für mich. Sie hat, wie alle, vier Betten, je zwei übereinander, ein Fenster, in der Mitte einen rohen Tisch und eine kleine Bank. Das Unterbrett links, sagt man mir, wird von einer alten Dame eingenommen.

Sie erscheint bald. Ich habe die alte Frau schon draußen am Tisch gesehen, allein mit einem bitteren, ja bösen Gesicht, in einem schwarzen Kleid. Allein saß sie an der langen Tischseite und stierte vor sich hin. Das andere untere Bett wird mir zugeteilt. Die alte Frau betrachtet mich. Wir wechseln einige Worte. Ich scheine Gnade in ihren Augen zu finden. Sie zeigt mir, wo ich meine Sachen anzuhängen habe. Ich solle sie aber besser überhaupt nicht anhängen, sondern einfach über das obere Bett ausbreiten; hier brauche kein Neuer hereinzukommen. Sie hatte ihr Oberbett in der Tat auch belegt. Ob ich keinen Koffer hätte? Ja, er steht auf der Bahn. Wo da? Ich sage: irgendwo in der Ecke. Sie sieht mich an und schüttelt den Kopf. Da werde ich ihn wohl nicht wiedersehen, den hat längst einer mitgenommen. Was war im Koffer? Ich sage: Wäsche, Kleidungsstücke, Bücher. Sie blieb bei ihrem Kopfschütteln. Sie wundert sich über mich. Sie besitze nur, was sie am Leibe trage. Nicht mal ein Hemd mehr. Sie sei seit Wochen hier. Wo ich denn herkomme? Ich habe den Einfall zu sagen: ich bin Schweizer, aber naturalisiert. Sie begnügt sich damit, geht hinaus und setzt sich wieder an den langen leeren Tisch, allein.

Ich blicke mich in der Koje um. Das Fenster schließt nicht. Ich fürchte, es wird nachts ziehen. Im Raum riecht es nach Terpentin und Eukalyptus. die Alte hustet, sie hat Asthma, offenbar ein Emphysem, benutzt Mittel. Das Bett – ein Strohsack, darauf eine Leinendecke, ferner zwei Wolldecken. Das Oberbett ist so dicht über dem untern, daß man unten nur gebückt sitzen kann. Und auf der sehr wackligen, schmalen kleinen Bank läßt es sich schwer sitzen. So strecke ich mich hier eine Viertelstunde auf dem Bett aus. Ich weiß nicht, wie es weiter gehen soll. Es sieht aus, als ob ich gestrandet bin.

Ich hole meinen Koffer. Er steht unberührt an seinem Platz. Und wie ich nun langsam, am frühen Nachmittag wieder das Lager verlasse, um in die Stadt zu gehen, – steht auf der andern Seite der Chaussee ein großes Schild, mit einem Plakat ‹16. Mai›. Ich gehe darauf zu.

Der 16. Mai. Das Unheilsdatum, Schicksalsdatum –, so fing es an. Sonderbar, daß sich mir diese Zahl entgegenstellt. Was ist mit dem 16. Mai, was will man? Ein ‹Cirkus Büro› zeigt eine Vorstellung an. Es sei der einzige ‹Cirkus ohne Bluff›.

Ich stehe lange und staune das Plakat an. ‹Staunen› ist ein schwacher Ausdruck. Wie kommt das Plakat hierher? Warum wird es mir vor die Nase gesetzt?

Hier ist etwas, das um mich weiß. Das Plakat sieht anonym aus, ist es aber nicht. Das Plakat will mir einen Wink geben. Es ist ein Klingelzeichen: ‹Die Augen auf!›

Merkwürdig. Ist es zu glauben? Es steht wirklich ‹16. Mai› da. Natürlich spielte der Cirkus im Ort, das Plakat blieb hängen, aber – daß das Plakat grade hier hängen blieb und sich meinen Augen anbietet.

‹Cirkus Büro›. Ich hatte am 16. Mai in meinem ‹Büro› meine Arbeit beendet. Mein ‹Büro› wird – Cirkus genannt. Ein bitteres Urteil, aber eigentlich – nicht falsch. ‹Der einzige Cirkus ohne Bluff›. Hohn. Sonderbares Plakat, das da hängt und kein Mensch mehr beachtet.

Über die Brücke ziehe ich die lange Straße hinauf. Wegweiser, welche ‹Le Puy› nennen. Ich überlege, wie lange ich zu Fuß, ohne Koffer, dahin brauchen würde, 110 km. Ich rechne: 30 Stunden Marsch bei glattem Weg. Wenn ich täglich sechs Stunden marschiere, kann ich in fünf Tagen da sein. In fünf Tagen. Ich sehe mich wandern, im Freien übernachten.

Ich komme auf den Einfall, nach Le Puy zu telegraphieren. Wenigstens das kann ich. Ganz gebunden bin ich doch nicht.

Ich halte mich über eine halbe Stunde auf der Post auf, denn die Post ist ein menschliches, von vielen besuchtes Lokal, in dem man etwas mit andern gemein hat. Dem tückischen Dämon, der mit mir spielt, werden hier Grenzen gesetzt. Ich bleibe auch lange, weil es heißt, das Telegramm richtig zu formulieren, denn es geht durch die Hände der Polizei, und ich muß es abstempeln lassen. Auf das Formular schreibe ich: Ich bin in Mende, kann nicht weiter, meine Frau möge telegraphieren. Mehr habe ich nicht zu vollbringen. Vielleicht findet meine Frau ein Auto und ist morgen oder übermorgen da. Sie kennt Le Puy; sie wird es nicht so schwer haben wie ich. Mit einer ziellosen Wanderung durch den Ort verbringe ich den Tag, bis gegen 6, wo das Abendessen im Lager beginnt.

Die alte Frau machte mir auf der Bank neben sich Platz. Sie orientierte mich, daß ich meinen Becher jedesmal selbst zu säubern und in die Box auf meinen Tisch zu stellen habe. Auch das überflüssige Brot müsse ich mit in die Box nehmen und in Papier einschlagen, damit es nicht vertrockne. Sie bemutterte mich.

Man aß auf Blechtellern, bekam einen Löffel und eine Gabel, aber kein Messer. Zum Schneiden bediente ich mich meines alten Taschenmessers. Das Essen wurde in Kübeln und Schüsseln hereingetragen. Ein froher Anblick, die rauchenden Speisen. Man servierte harte Bohnen, aber sie waren heiß, und ich schluckte sie gern. In den leergewordenen Teller tat man eine oder zwei Kartoffeln und ein kleines Stück gekochtes Fleisch, oft mehr Fett als Fleisch.

Als ich am Abend vor dem Lager auf und ab promenierte, haderte ich mit mir: ‹Was nun? Ist das das Ziel? Bin ich darum gereist?›

Die letzten Anstrengungen

Und dann kommt der Morgen, und der Tag ist da, der vielleicht ein Wort aus Le Puy bringt. Mittags gehe ich auf die Post. Die Frau am Schalter meint, es seien Telegramme gekommen, aber man hätte keine Beamten, sie zu erledigen.

Wie ich die Post verlasse, hat die wilde Jagd der Militärcamions, des Rückzugs, einen beängstigenden Charakter angenommen. Das Zivil ist von der Hauptstraße verbannt. Das Rollen und Rumoren der mächtigen Wagen ist furchtbar. Es hat mich die Nacht nicht schlafen lassen. Sie donnern am Lager vorbei. Es nimmt kein Ende.

Man läßt uns im Stich.

Und nun, wie ich die Straße überquere und auf den Mairieplatz zusteuere, jenseits des Stroms der Rückzügler, stoße ich auf ein merkwürdiges Bild. Da haben sich auf dem Platz, auf einem ungepflasterten Segment eine Anzahl Soldaten eingestellt. Sie schippen. Was ist das? Ein Unteroffizier überwacht sie. Sie heben einen Unterstand aus. Die Soldaten geben den Zivilisten Erklärungen. Wozu er sein soll, wissen sie selbst nicht. Ich habe auf der Herfahrt, nicht weit von hier entfernt, auf freiem Gelände, in Gebüschen, schon solche Schützengräben gesehen, wohl für Rückzugsgefechte gedacht. Es sammeln sich Zivilisten um die Soldaten, man ist beunruhigt. Keiner versteht, warum man Gräben aufwirft, wo die Waffenstillstandsverhandlungen im Gange sind.

Ich biege in die Straße ein, deren Wegweiser ‹Le Puy 110 km› sagt. Und da – steht ein Autobus! Ich nähere mich und frage den Mann, der den Wagen putzt, wohin der Wagen fährt, und erfahre zu meiner Verblüffung: er fahre zu einer Station zwischen Le Puy und Mende. Es gäbe dann einen Anschlußwagen nach Le Puy.

Da irre ich durch den Ort, frage Hinz und Kunz, und niemand verrät mir den Autobus.

Wann der Wagen fahre? Gegen 3 Uhr. Heute? Natürlich.

Darauf laufe ich an den Soldaten vorbei zurück in das Lager. Ich bin durcheinander. Es ist toll. Unter Umständen lange ich heute an. Ich lange an. Mir fällt ein, ich müsse mir einen Platz bestellen. Ich kehre um, treffe den Mann noch am Wagen. Er meint, bestellen sei nicht nötig, ich solle eine halbe Stunde vorher da sein. Da stoße ich auf zwei müßige Soldaten vor dem gegenüberliegenden Restaurant, trete an sie heran, ob sie mir meinen Koffer gegen einige Francs vom Lager hertragen wollen. Sie sind gleich dabei. Sie sollen in einer halben Stunde kommen.

An der Brücke komme ich aber nicht durch.

Eine Wagenburg hat sich hier aufgetürmt. Es gibt eine Stockung. Man hört Geschrei. Ich sehe, ein mächtiger Wagen steht rechts schräg auf dem Fußsteig und berührt das Brückengeländer, das er eingedrückt hat. Es soll jemand verletzt oder umgekommen sein. Ich will davon nichts hören. Von diesem ganzen Ort will ich nichts wissen. Was habe ich hier zu suchen. Es ängstigt mich, daß hier ein Unglück geschehen ist. Es ist unheilverkündend.

Im Lager hat man sich zu Tisch gesetzt. Meine Nachbarin, die Alte, bedauert, daß ich gehe. Wen wird man jetzt in ihre Kammer schicken. Wie mich die Unruhe treibt.

Und als ich dann nach Tisch in die Stadt renne, ist der Wagenverkehr wieder in Gang und die schrecklichen Militärtransporte rasseln, rasseln und donnern.

Aber den Fußsteig an der einen Brückenseite hat man abgesperrt, und da liegt ein toter Mann, ein Zivilist. Es ist ein einfacher älterer Mann. Sein Gesicht hat er nach links abgewandt, es ist gelbweiß, mit Blut und Schmutz bedeckt. Schmutz und Blut liegen auf seiner braunen zerrissenen Jacke. Er streckt nur das rechte Bein aus. Das linke – hat man ihm auf den Leib geworfen, in der Hose. Es muß im Oberschenkel abgequetscht und gebrochen sein. Der linke Fuß im Schuh liegt auf seinem Magen. Ein Auto ist in rasender Eile auf den Fußsteig gefahren, hat das Brückengeländer eingedrückt und den Mann zerquetscht. Man hat ihn in der Mittagssonne auf die Brücke geworfen.

Ein unwahrscheinlicher Anblick. Ein Anblick, der alles Sichtbare verdunkelt, der den sichtbaren Tag mit seiner Finsternis beleuchtet.

Das Haupt der Gorgonen

Dieser Mann wird nun nirgends mehr hingehen. Sein kleines Tagewerk hat er verrichtet; er verrichtet es nicht mehr. Die Militärwagen fahren weiter in ihren Krieg. Der Mann wird mit dem Straßenschlamm beiseite gestoßen. Das sind wir. Aber ich muß vorbei. Es ist nichts auf der Post. Im Lager treten die beiden Soldaten an mich heran. Ich melde mich im Büro ab. Wir marschieren zu dritt.

Die Soldaten machen einen riesigen Umweg. Ich begreife, es ist wegen des Trinkgeldes. Sie wechseln mit dem Koffer ab. In der Straße steht schon mein Autobus. Die Soldaten lassen sich ablohnen. Ich habe mein Billet und spaziere vor dem Wagen auf und ab. Mein Herz ist beklommen, mein Genüt nicht frei, Zweifel bestürmen mich. Die letzten Tage und diese Stadt haben mich sehr mitgenommen.

Da kommen zwei Zivilisten aus dem Restaurant heraus, vor dem der Autobus hält und bewegen sich gerade auf mich zu. Wie sie fünf Schritte von mir entfernt sind, weiß ich, es ist Polizei.

Ein Großer und ein Kleiner. Der Große hat seinen hellen Gabardine-mantel um die Schulter gehängt. Der Kleine geht ohne Mantel, die Hände in den Taschen. Beide rauchen Zigaretten. Vor mir machen sie halt. Ohne ein Wort, bloß mit einem Kopfnicken und einem Augen-zwinkern – ‹nicht wahr, Sie wissen schon› – lüpft der Große den linken Aufschlag seiner Jacke. Er läßt den Aufschlag wieder fallen. Ich habe nichts zu fragen.

Ich könnte sofort gestehen: ich bin naturalisierter Franzose, aber in Stettin geboren, in Pommern, in Preußen, in Deutschland. Man kann mir zwar nicht das mindeste vorwerfen, aber das besagt selbstverständ-lich nur, daß man mir nichts nachweisen kann, was mich nur noch ver-dächtiger macht. An sich ist für den Kenner mit dem Geständnis, das ich sofort entgegenbringe: ‹ich bin ein gebürtiger Pommer. Aus Stettin, habe in Berlin gelebt›, eigentlich alles gesagt.

Ärgerlich ist nur, daß ich einen französischen Paß überreichen kann, ja im Besitz einer ‹ordre de mission› bin.

Während der Große oberflächlich in meinen Papieren liest – wie gut, daß die Natur den Kriminalisten zu ihrem Scharfsinn auch die Gabe ver-liehen hat, lesen zu können, – spricht der Kleine mit mir. Er hat sich dicht an mich gedrängt und spricht mit mir Brust an Brust. Er bedrängt mich körperlich. Wo ich gewohnt habe, wo ich herkomme, wohin ich will, warum ich gekommen bin, warum ich da geboren bin und nicht dort. Ich beteure die Wahrheit. Mein Ja ist Ja, mein Nein ist Nein. Er blickt mich mit Blicken an, die meine Verruchtheit durchdringen. Wenn der kleine Kriminalist mir doch sagte, was mit mir ist.

Am Autobus hat sich Publikum angesammelt, man beobachtet uns, man weiß, was hier vorgeht, – ein Spion? Man hat ihn erwischt. Ich wollte mit dem Autobus fahren, aber die Kriminalisten haben mich ertappt.

Der große Kriminalist mit dem Umhängemantel ist in dem Lokal ver-schwunden. Was er da tun wird, kann ich mir denken; er studiert meine Papiere, telephoniert nach dem Lager, erkundigt sich auf seinem Amt, ob ich irgendwie signalisiert werde.

Während der Kleine mich beinah umwirft – aber ich weiche elastisch zurück, – rauscht der Bemäntelte aus dem Lokal. Sein Gesicht markiert Gleichgültigkeit. Es liegt gegen mich nichts vor. Ich bin aus Stettin und dennoch kein Verbrecher. Er gibt mir meine Papiere wieder und sagt: «In Ordnung». Und wahrhaftig, er macht eine Bewegung an den Hut, und der andere, der Kleine, der mit ihm einen Blick gewechselt hat, auch. Sie zeigen auf den Autobus: «Sie können nach Le Puy fahren». Worauf sie in das Lokal verschwinden.

Le Puy

Wir fahren durch eine bergige, bewaldete, abwechslungsreiche Landschaft. Mende mit seinem Schrecken liegt hinter mir.

Der Wagen ist voll besetzt, lauter Zivilisten. Nur hinten sitzt, den Stahlhelm auf dem Kopf, ein junger Soldat, der seine Siebensachen vor sich aufgestapelt hat. Dieser junge Mann ist sichtlich froh, sich seiner Heimat zu nähern. Da blickt an einer Haltestelle ein Gendarm in den Wagen. Mein schlechtes Gewissen schlägt. Aber diesmal gilt es dem jungen Soldaten. Es entwickelt sich zwischen Soldat und Gendarm eine heftige Debatte. Der Soldat weigert sich, den Wagen zu verlassen. Er besitzt aber keinen richtigen Entlassungsschein. Die Militärbehörde will dem Unwesen der ‹Selbstbeurlaubung› ein Ende bereiten. Der Soldat steigt, nachdem sich andere eingemischt haben, doch aus. Draußen entwickelt sich eine Lärmszene. Der Mann wirft dem Gendarmen in Wut seine Sachen vor die Füße. Er brüllt und protestiert, daß man ihn, einen Frontsoldaten, aus dem Wagen werfe. Er wolle nach Hause. Er hätte Recht darauf. Ob er zwei Tage zu Fuß laufen solle.

Zuletzt läßt er sich stumm auf der Bank vor einem Wirtshaus nieder und sinkt friedlich zusammen. Er verschwindet, vom Wirt eingeladen, im Lokal.

Es fängt zu regnen an. Wir fahren weiter. Es blitzt und donnert. Ist das das Wetter, frage ich mich zaghaft, mit dem ich ankommen werde? Die Scheiben triefen, sind blind von dem Wasser. Dann läßt es nach, – und plötzlich zeigt sich am Himmel ein herrlicher Regenbogen. Ich betrachte ihn mit Freude, mit Zweifel und befrage ihn. Ich kann nicht an ihn glauben. Gegen Abend halten wir vor einem kleinen Bahnhof. Ein Anschlußwagen nach Le Puy? Nein. Man überrascht mich nicht mehr; ich hätte mich gewundert, wenn er dagewesen wäre. Er war vor einigen Stunden da. Der nächste fährt morgen früh. Späße dieser Art machen auf mich keinen Eindruck mehr; sie fangen an, monoton zu werden. Ich erfahre, hier ist ein Hotel, und es gibt noch freie Zimmer. Wie ich mich erkundige, gibt es keine, man stellt mir aber die Mansarde des Hausdieners zur Verfügung.

Regen und Sturm haben wieder eingesetzt. Wie ich mich in der Mansarde umblicke, denke ich: es ist zwar eine Bodenkammer, aber ein wirklicher Einzelraum. Abschließbar? Im Prinzip. Nur funktioniert der Riegel nicht. Auch das Dachfenster über dem Bett hat Mängel: erstens ist es zerbrochen und zweitens paßt es nicht in den Eisenrahmen. Der Regen tropft in einer kleinen Linie auf das Bett, aber ich kann das Bett verschieben.

Wie sonderbar nachher, als ich noch einmal am Abend das Hotel von der Dachkammer bis zur Haustür durchstreifte, das Haus aussah. Es war ein Friedenshotel, mit Sommergästen, die sich hier im Juni 1940 erholten. Geputzte Damen stiegen die Treppe herunter, puderten sich im Gehen. Sie telefonierten unten dahin und dorthin und lachten in den Apparat. Ich fand ein großes Gastzimmer mit gutgekleideten Familien an gedeckten und blumengeschmückten Tischen, sie dinierten. Friede, das Gerücht von dem, was geschehen war, war noch nicht hierher gedrungen. Ich – brachte mit mir die Fahrt aus Tours, Moulins, die Stadt Mende, das Lager, den Toten auf der Brücke.

Die stürmische, kalte Nacht verging. Kisten standen im Raum herum, Material für eine Schlosserei. Ich schob meine Schuhe dazu. Sie waren dick mit Lehm bedeckt, beide Sohlen hingen. Ich ließ sie zwischen dem Gerümpel und zog die andern an, die ich so lange mit meinem Manuskript herzlich unter dem Arm getragen hatte. Ich dachte, eine symbolische Handlung und eine Beschwörung vorzunehmen: ich werde nun auf neuen Sohlen wandern.

Am Morgen sammelten sich im Gastraum viele Menschen. Es goß, man trank Kaffee. Dann die Erstürmung des Wagens. Den Sturm machte ich tapfer mit. Er richtete mich auf, denn ich fühlte mich von Teufelskrallen gepackt.

Und nun hatte ich es geschafft und fuhr auf Le Puy zu. Allen Gewalten zum Trotz sich erhalten.

Als wir in Sturm und Regen ankamen, war es morgens 8 Uhr. Wir hielten auf einem großen Platz. Es schien ein angenehmer Ort zu sein, mit Gärten, Villen, modernen Häusern, nicht zu vergleichen mit dem Ort, aus dem ich kam. In dem Café, vor dem wir hielten, ließ ich meinen Koffer, meinen Leidensgefährten, wieder zurück. Ich behandelte ihn wirklich schlechter als einen Hund. Aber er war ein treues Tier und ertrug die Launen seines Herrn.

In fliegender Eile dann zu der Pension, in der meine Frau und das Kind wohnten, rechts über den Platz, eine lange Straße hinauf. Es sollte vor einer Bahnüberführung sein. Meinen Wintermantel trug ich zum Schutz vor dem grausigen Regen wieder über dem Sommermantel. Das Wasser floß von meinem Hut.

In dem Unwetter bewegt sich niemand auf der Straße. Ich renne und renne. Manche Häuser tragen eine Nummer, manche keine. Ich bin schon jenseits der Bahnüberführung. Eine Frau, die eine Tür öffnet, kennt die Pension. Ich muß zurück. Sie werden staunen, mich in diesem Zustand zu sehen. Rasiert habe ich mich seit Tagen nicht. An meinen Hosen klebt noch der Lehm des Lagers. Mein dicker Wintermantel wirkt wie ein Schwamm, er saugt die Nässe auf.

Dicht am Platz stoße ich auf den Briefträger; das Haus steht etwas zurück. Ich gewahre den Garten und ein einfaches Haus im Hintergrund.

Die Treppe hinauf, die Haustür steht offen. Ich klopfe. Man öffnet. Ich stelle mich vor und frage nach meiner Familie.

Eine freundliche Frau blickt mich perplex an.

Sie sagt: »Ach Gott, Sie sind der Herr D.« Sie reicht mir die Hand und läßt mich eintreten. Aus dem Nachbarzimmer kommt ein älterer Mann, dem sie mich vorstellt: «Das ist der Herr D., der Gatte von Madame D., die hier wohnte.»

Und dann erfahre ich, als wir uns setzen, – man nimmt mir meine triefenden Mäntel ab und bedauert mich, daß ich in einem solchen Wetter ankomme –: Meine Frau und das Kind sind vor drei Tagen abgereist. Ja sie sind abgereist.

Es war bis da ganz ruhig in dem Ort. Aber vor 3 bis 4 Tagen brach hier eine Panik aus. Soldaten über Soldaten zogen durch die Stadt. Da ist meine Frau mit dem Kind abgereist.

Die Frau hebt die Hände: «Und der Herr kommt extra her, um die Dame abzuholen.» Ich erzähle, woher ich komme. Die Frau staunt: in den Zeitungen hätte doch gestanden, die Behörden gingen nach Bordeaux. Meine Frau habe einen Wagen gefunden, und sei dahin gefahren. Sie müsse schon da sein.

Die Frau gibt mir den Rat, mich über Einzelheiten bei einer Dame, die wir im Ort kennen, zu erkundigen. Der Herr hat teilnahmsvoll zugehört und bietet sich an, mich hinzubegleiten.

Wie wir an der Türe stehen, erscheint ein Radfahrer, ein Postbote. Er bringt ein Telegramm. Es ist – mein Telegramm, das ich vorgestern in Mende geschrieben habe.

Der gestrandete Robinson

Der Herr führt mich durch grüne Straßen. Unsere Bekannte, die aus Paris kommt, ist nicht zu Hause. Ihre Wirtin führt mich in die Küche und setzt sich erschrocken zu mir. Was Madame D., meine Frau, jetzt denken würde.

Ich erfahre einiges über den Ort, über die Tage der Abreise. Endlich kommt unsere Freundin. Sie ist verblüfft. Sie führt mich auf ihr Zimmer. Ich sage, was ich zu sagen habe. Und ich erhalte von ihr, während wir in dem geräumigen Zimmer sitzen, eine zusammenhängende Darstellung der Vorgänge. Im Grunde weiß ich alles. Neu ist mir, wie man sich in den kritischen Tagen meiner Familie angenommen hat, mit welcher Liebenswürdigkeit man ihr beistand.

Ich konnte die Dame nicht zu lange von meinen Sachen sprechen lassen. Ihr Gesicht trug zu deutlich den Ausdruck des Kummers. Und sie erzählte von sich, von ihrer Sorge um Verwandte im Kriegsgebiet; lange sei sie ohne Nachricht. Tränen.

Wir kamen, um uns etwas zu befreien, auf die allgemeine Situation zu sprechen. Sie will von mir Erklärungen. Ich erzähle, was ich gesehen habe. Die Dame wird bitter. Sie schlägt mir vor, nun auf eine Behörde zu gehen und mich weiter zu informieren. Die Herren da kannten meine Frau und seien hilfsbereit.

So zeigten sie sich in der Tat, als ich in Begleitung der Dame bei ihnen vorsprach. Sie wußten, meine Frau wollte nach Rodez fahren. Ich sollte mich gleich auf den Weg nach Rodez machen und mich dort nach der weiteren Reiseroute meiner Frau erkundigen. Da war mir also wieder ein Reise- und Wanderziel gegeben, jenes Rodez, wo ich in der Baracke des langbärtigen Herrn übernachtete. Nichts regte sich aber in mir, als man mir das riet.

Man gab mir nun, da ich nicht widersprach, einen Passierschein nach Rodez. Mit Scheinen werde ich gesegnet. Man riet mir, gleich zurückzufahren.

Fräulein S. zog mit mir durch die Stadt. Nun regnete es nicht mehr. Fräulein S. meinte, sie würde mich jetzt mit einer hier ansässigen Dame bekannt machen, die mir Benzin beschaffen würde, um mich nach Rodez zu fahren. Denn es galt als ausgemacht, daß ich nach Rodez fahre.

Ich erklärte mich zu allem bereit. Was ich wollte, ob ich überhaupt etwas wollte. Ich fand es angenehm, daß jemand mit mir ging und mit mir plauderte.

Wir kamen, während es auf den Straßen lebhafter wurde, auf einen schönen Platz. Fräulein S. führte mich in ein kleines hübsches Restaurant; es war puppenhaft klein, eigentlich mehr eine Bar und ein Lebensmittelgeschäft als ein Restaurant. Die Wände waren aber bemalt mit sympathischen Bildern aus dieser Gegend. Wir tranken Kaffee, und dann blieb ich allein; die Dame wollte ihre Freundin holen.

Staunend saß ich hinter der Fensterscheibe des Lokals, blickte auf den hübschen Platz und wußte: nun habe ich, was ich wollte. Nun bin ich an dem Platz, den ich unzählige Male auf meiner roten Eisenbahnkarte gesucht habe, nach dem ich nun nicht mehr zu fragen brauche.

Ich habe es geschafft. Ich bin nicht zu Fuß gegangen. Ich habe sogar meinen Koffer mit.

Es ist ein angenehmer Ort. Ich könnte eigentlich hier bleiben. Aber man schickt mich weiter, nach Rodez.

Fräulein S. erscheint mit einer schwarz gekleideten sehr freundlichen Dame. Wir lunchen zu dritt. Und was die beiden Damen im Anschluß daran besprechen, bald nur zu zweit, bald unter Hinzuziehung der Wirtin, erfolgt völlig ohne meine Mitwirkung. Sie wollen mich mit den Details ihres Plans verschonen. Es handelt sich um die Beschaffung eines Autos und des Benzins für die Fahrt nach Rodez.

Die schwarzgekleidete Dame, kurze Zeit verschwunden, erscheint wieder mit einem derben gesund aussehenden Mann, Ende 40, in dem ich sofort den Chauffeur und Besitzer des Autos erkenne, mit dem ich nach Rodez soll. Ja, man hat ihn gefunden; auch das Auto und die ‹Essenz›. Man triumphiert und veranlaßt mich, auch zu triumphieren. Er wird mich übrigens keineswegs bis Rodez fahren, soweit reicht seine Fahrgenehmigung nicht, sondern mich unterwegs einem andern Autobesitzer übergeben, samt dem Benzin, das ich sofort bezahle. Alles freut sich. Ich glaube nichts. Das Ganze ist eine Komödie. Nur um mich nicht bloßzustellen, habe ich das Benzin bezahlt.

177

Nach einer Stunde fährt der Mann vor. Mein treuer Koffer hat sich schon eingestellt. Meinen Regenschwamm, den Wintermantel, werfe ich darüber. Ich nehme herzlich von Fräulein S. Abschied. Ich denke (aber sage es nicht): Warum darf ich nicht hierbleiben. Sie hat Tränen in den Augen.

Nun verlasse ich die schöne Stadt. Ich muß sie verlassen. Ich war nur ein paar Stunden da, und sie kommt mir schon so vertraut vor.

Zurück

Ich sitze, Mantel und Koffer neben mir, in einem Auto und fahre. Man hält uns oft an, aber die Ausweise funktionieren. Überall lungern Soldatengruppen herum. Wir treffen marschierende Zivilgruppen. Es ist phantastisch, daß ich fahre. Es gefällt mir nicht. Alle gehen zu Fuß, alle lungern, ich Auto fahren? Es paßt nicht zu mir. Ich gehöre auf die Straße.

Der Chauffeur wollte mich unterwegs absetzen und einem befreundeten Autobesitzer übergeben. Aber er überlegte sich. Er will mich bis Mende bringen. Ich bin einverstanden.

Und so fahre ich in Mende ein, von den Bergen herunter, und den Fluß entlang, am Lager vorbei. Ich sehe von weitem die Baracken und die Leute davor. Ich drücke mich tief in eine Ecke des Wagens und fahre an ihnen vorbei. Es geht über die unselige Brücke. Man hat über die Bruchstelle des Geländers Draht gespannt. Das Pflaster ist frei.

Dann erklärt er, weiter könne er nicht fahren, weil das Benzin nur noch zur Rückfahrt reiche. Ich: «Wir haben abgemacht, daß Sie mir ein anderes Auto beschaffen und dafür das restliche Benzin geben.» Ja, das Benzin reicht aber nur für die Rückfahrt.

Und schon hat er meinen Koffer auf die Straße gestellt und geht sich in Garagen erkundigen. Er kommt bald wieder, um mir mitzuteilen, daß seine Zeit zu weiteren Nachfragen nicht reiche; ich würde schon jemand finden. Ich protestiere. Er hat aber das Auto und – kann abfahren.

Ich stehe in Mende auf der Straße, mit meinem Koffer, den schweren Mantel umgehängt.

In einen Laden schleppe ich meinen Koffer und gehe dann eine Straße entlang, ein Hotel zu suchen, und stoße – auf meine beiden Kriminalbeamten, auf den großen Kastor mit dem kleinen Pollux. Ironisch lächelnd, die Hände in den Taschen, sehen die beiden Herren mich ankommen, ich kann ihnen nicht ausweichen.

«Nun», ruft der Ältere mir heiter zu, «ich denke, Sie sind in Le Puy.»
Diesmal glauben sie mir, weil ich ihnen in meinem Taschenbuch die
Namen der beiden Polizeibeamten zeige, mit denen meine Familie nach
Rodez fuhr. Wie der Große diese Namen liest, sagt er: «Dafür brauchen
Sie nicht nach Rodez fahren. Da können Sie sich hier erkundigen. Der
eine, P., ist grade da.»
Das ist ein großartiger Glücksfall, denke ich. Da muß ich ja förmlich
dem Betrüger, dem Chauffeur, dankbar sein, daß er mich hier abgesetzt
hat. «Gehen Sie rasch auf die Präfektur.» Der Kommissar drüben, ein
junger, untersetzter, wohlgenährter Herr, trägt die linke Hand in einer
weißen Binde. Er empfängt mich freundlich: «In der Tat, P. war hier.
Sie müssen an ihm vorbeigefahren sein. Er ist vor einer halben Stunde
nach Le Puy gefahren. Ja, es ist merkwürdig.»
Wir staunen über mein sonderbares Pech. Ich kann völlig ohne Bitterkeit mit ihm lachen.
Den jungen Kommissar interessiert die Sache, und er kommt auf den
Gedanken, in Le Puy anzurufen, um sich zu informieren und den so
abrupt verschwundenen Beamten über den Verbleib meiner Familie
auszufragen.
Der Anruf erfolgt in meiner Gegenwart, die Verbindung klappt sofort.
Der Beamte ist schon drüben, er hat meine Familie in Rodez abgesetzt,
sie wollte in Richtung Bordeaux weiter, und wenn ich Genaueres wissen
wolle, so sollte ich mich in Rodez an Ort und Stelle erkundigen.
Der liebenswürdige Spezialkommissar rät mir, mich über Beförde-
rungsmittel im Nebenzimmer bei dem Herrn zu erkundigen, der sich
mit der Presse befasse. Ich danke und gehe zu dem Presseherrn.
Es geschah, wie ich vermutete: er verwies sich als eine tabakrauchende,
mürrische Figur, ein Jurist, der sich furchtbar langweilte. Woher,
knurrte er, sollte er etwas über Beförderung und Benzin wissen?
Er hatte völlig recht. Er konnte es nicht wissen.
Draußen ist das alte Mende. Die beiden Kriminalisten, die mich auf die
Präfektur geschickt hatten, sind ihres Weges gegangen. Ich muß mich
vor Anbruch der Dunkelheit nach einem Quartier umsehen. Ich frage in
einigen Hotels an. Ich weiß schon, es ist aussichtslos. Also ins Lager.
Ich will meinen Koffer mitnehmen. Aber: wo habe ich ihn gelassen? Ich
habe ihn irgendwo in einem Laden abgegeben. Ich bin konfus und wie
betäubt. Irgendein Laden. Ich blicke mich um und suche. Ich kann mich
nicht erinnern. Ich habe mir den Laden nicht gemerkt. Es waren auch

andere Straßen. Ich bin durch einen anderen Ausgang aus der Präfektur gekommen. Ich umkreise, ohne mich orientieren zu können, das Gebäude. Zuletzt bleibt mir nichts übrig, als ohne Koffer ins Lager zu marschieren.

Und so ziehe ich in meiner alten Aufmachung, den dicken Mantel umgehängt, wieder den Fluß entlang. Die Brücke liegt hinter mir. Da ist die Schule, wo ich übernachtete. Da die vordern Baracken.

Rechts an der Chaussee begrüßt mich das alte Plakat: ‹16. Mai, Cirkus Büro, der einzige Cirkus ohne Bluff.›

Gut gebrüllt, Löwe. Ich melde mich wieder zur Stelle.

Im Aufnahmeraum weist man mir ohne Umstände meinen alten Platz an. Nun bin ich da. Sobald lasse ich mich nicht wieder herauslocken. Ich grabe mich in dem Lager ein.

Teil II
Gestrandet

4. Kapitel
Im Flüchtlingslager

Vornotiz über Beziehungswahn

Ehe ich meinen Bericht fortsetze, will ich mich über einen Punkt aussprechen. Diese Geschichte, ich sagte es im Beginn, ist kein bloßer Bericht von mehr oder weniger belangvollen Ereignissen aus dem Sommer 1940. Ich würde diese Vorkommnisse nicht erzählen, wenn sie nicht einen besonderen Charakter trügen, einen in gewisser Weise unheimlichen und aufwühlenden. Worin liegt er: Was soll an den Dingen unnormal sein?

Daß man sich im Krieg verfehlt? Aber man tut es schon im Frieden. Und es ist eigentlich wunderbarer, wenn man sich im Krieg trifft, als wenn man sich verfehlt. Man bedenke: Die Post funktioniert nicht, die Eisenbahn fährt nicht, oder wenn, dann ohne Fahrplan. Dazu hat jeder jetzt einen anderen Wohnsitz. Also wie soll man sich treffen. Wieviel muß zusammen kommen, um das Wunder zu ermöglichen, daß sich im Krieg zwei Leute treffen, die sich von entfernten Punkten Frankreichs aufeinander zu bewegen. Aufeinander ist schon zu viel gesagt. Sie marschieren eigentlich ins Blaue, auf die bloße Vermutung hin. Natürlich laufen sie aneinander vorbei.

Der Autor – ich will von mir selbst als von einem andern sprechen – scheint darüber zu stolpern, daß seinem Lager gegenüber an der Chaussee ein Plakat hinge: ‹16. Mai. Cirkus ohne Bluff.› Und der 16. Mai war grade der Tag, an dem ihn die erste Schreckensnachricht erreichte und er die Feder zum Schreiben hinlegte. Nun, er muß sich nicht an dem Plakat stoßen. Möglicherweise hingen da noch andere Plakate, und er suchte sich, weil er sich unaufhörlich mit seinem Malheur beschäftigte, grade dieses aus, das ‹einschlägig› schien. Vielleicht hing nebenbei noch eins von einer Dampfwäscherei oder eins, das die Eröffnung einer neuen Schlächterei anzeigte. Die Schlächterei hätte er dann auch symbolisch genommen, als Hinweis auf den Krieg. Sogar die Wäscherei hätte er irgendwo untergebracht. Warum sollte schließlich an dem Zaun nicht ein Plakat vom 16. Mai hängen? Der Cirkus wird wirklich da gewesen sein. Oder glaubt der Autor, man habe das Plakat mit Rücksicht auf ihn hier hingehängt und hängen lassen, in Voraussicht seiner Ankunft und um ahnungsschwer auf seinen 16. Mai hinzuweisen, wenn er dann, der Autor, hier eines Tages auftauchen und sich im Lager vergraben wird? Welch verrückter, lächerlicher Gedanke. Wer soll nach dem 16. Mai planmäßig verhindert haben, daß das Plakat abgerissen oder vom Regen abgelöst werde, damit – es da Ende Juni hinge, um den Autor tief bedeutungsvoll anzuhauchen? Wer soll das ganze Arrangement getroffen und alles vorausgesehen haben?

Und übrigens: was ergibt sich für den Autor aus der ganzen weitläufigen Prozedur? Er gräbt sich in dem Lager ein und ist verstimmt. Das wäre er wahrscheinlich auch ohne das Plakat gewesen. Und man kann wirklich nach so vieler vergeblicher Anstrengung nicht bei guter Laune bleiben. Der Autor scheint böse auf die ganze Welt zu werden, und sein Lager sieht wie ein Schmollwinkel aus.

Es kommt viel Ärgerliches auf dieser Reise vor. Aber Reisen sind nie ein reines Vergnügen. Schlechte Verbindungen, Versäumen der Züge, gehören zum eisernen Bestand von Reisen. Der Autor aber, der das vergißt, verfällt darüber in Weltschmerz, übertreibt und sucht Ursachen in falscher Richtung. Man erlebt das von allen möglichen Bahnstationen, wo plötzlich einem Mitfahrer die Geduld reißt und er gegen den völlig unschuldigen Stationsvorsteher tobt, der den Zug nicht ankommen läßt. Nach einigen Invektiven hüben und drüben beruhigt sich alles wieder.

Hier, 1940, im Krieg, fällt das unvermeidliche Eisenbahnmißgeschick dem Autor in den Schoß, und er wäre nicht, der er ist, wenn er nicht eine Theorie daraus machte, in seiner Griesgrämigkeit geradezu eine Dämonenlehre. Er legt faktisch allen Dingen, die ihm passieren – pardon, mit Auswahl, nur den schlechten – einen tieferen Sinn bei. Er unterschiebt ihnen eine Absicht – in Bezug auf sich, den Autor. Es grenzt an den Beziehungswahn der Paranoia.

Wie setze ich mich zur Wehr ein? Was meine ich? Ich kann wirklich nicht, ohne für verrückt erklärt zu werden, behaupten, daß der Polizeikommissar extra eine Stunde vorher von Mende abgefahren sei, damit ich auf der Chaussee an ihm vorbeifahre und nachher auf der Präfektur über die Tücke des Objekts verblüfft bin. Der Chauffeur, der mich von Le Puy herunterbringt, prellt mich. Gegenfrage: warum soll er mich nicht prellen? Der Mann nützt meine Notlage aus. Schließlich ist nicht alle Tage Krieg.

Ich gebe alles zu. Es ist alles richtig und natürlich. Nur bitte ich, mir zugute zu halten, daß die besonderen Umstände einem schon solche, wenn man will, verrückten Gedanken aufdrängen können. Man wird zugeben, es waren wirklich viel Zufälle für einen einzelnen Mann. Und wenn ich das Ganze als Novelle vortrüge, mit nur halb so viel Zufällen, so würde man mein Produkt als unglaubwürdig ablehnen. Ich konnte schon zu dem Eindruck gelangen: Man treibt mit mir Schindluder, man führt mit mir ein wahres Affentheater auf.

Krieg, Rückzug, Desorganisation, alles in Ehren. Aber schließlich fiel das alles gewiß ‹nicht nur› auf mich, aber ‹auch› auf mich. Und ich kann mich wohl auch dazu äußern. Ja, ich möchte in aller Bescheidenheit neben die anerkannt großartigen Dinge, also den Krieg, die Desorganisation, den Rückzug, einen neuen Faktor einführen und bitte, ihm einen Platz einzuräumen. Dieser Faktor bin ich. Wenn ich schon mit den Zügen nicht fahren kann, so möchte ich wenigstens hier nicht den Anschluß versäumen.

Ich soll bei dem allgemeinen Eisenbahnunwesen und Benzinmangel unter die Räder gekommen sein und mich damit abfinden. Nein, so im Ramsch verfährt man nicht mit mir, so souverän und großartig ist das Eisenbahnunwesen und der Krieg nun doch nicht.

Es gehört zur Welt, zu den gewaltigen Eisenbahnen, die mit ihren dicken Lokomotiven nicht fahren, und zu den herrlichen Viehwagen, noch allemal ein Jemand, der sie erlebt und erleidet (denn ein Vergnügen sind sie nicht), ein Ich, ein Bewußtsein, und dessen Vorhandensein macht sich auf bestimmten Stufen, in gewissen Augenblicken bemerkbar.

Es macht sich schon bemerkbar, wenn das Ich in Gestalt einer Person im Wagen sitzt und feststellt, daß es nicht fährt. Da kommt es zu einer Gemütsbewegung, und die Größe der Eisenbahn schrumpft zusammen.

Es macht sich aber noch mehr bemerkbar, wenn das Leben von allen Zügen und Bahnhöfen zurücktritt, diese monumentale Größe sich selbst überläßt und sich fragt, was ihm mit ihrer Existenz geholfen ist und wieweit es sie angeht.

Und wenn der Jemand, das Ich, die Person, dann noch weiter zurücktritt, dann findet sie sich plötzlich in Gesellschaft sehr ernster, alter, ja uralter Männer, zum Teil mit Perücken, aus allen Jahrhunderten, Männer, die gar nicht verrückt aussehen und sich als Philosophen und Weise zu erkennen geben. Sie meinen: es sei in der Tat so. Diese sichtbare Welt sei verwöhnt und spiele sich seit langem sehr selbständig auf. Man solle sich aber dadurch nicht irre machen lassen und nicht darauf hineinfallen. Man täte sogar der Welt selber keinen Gefallen. Denn sie könne es bei sich allein gar nicht aushalten, so wenig wie ein Eisenbahnzug es ohne Passagiere aushält. Die Welt und das Ich gehören, wie sie es auch anstellen und wie sehr sie sich verzanken und verkrachen, zusammen. Die Welt sei nicht vom Ich abzutrennen und abzulösen. Sie trete überhaupt nur unter der treuen Hut eines Ichs, einer Person auf. Von einer absoluten und bloß ‹objektiven› Welt sei nirgendwo etwas zu merken. Man könne sicher sein: die Welt ist auch unsere Welt.

Dieser gelehrte Zuspruch stützt natürlich angenehm meine Position. Ich kann nur nicht recht finden, daß die alten Weisen, die mir so wohlwollend beistehen, es wirklich ernst mit ihrer Erkenntnis meinen. Sie gehen mir nicht aktiv genug gegen den täglich neu bewiesenen Hochmut der Lokomotiven, Kriege und Viehwagen vor, gegen den Irrsinn einer ‹objektiven› und von uns unabhängigen Welt. Sie führen ihre Gedanken nicht zu Ende, sie lassen sie nicht fruchtbar werden. Sie zeigen nicht, wie weit, wie kräftig und tief das Ich seine Wurzeln in diese Welt hineinsenkt, – wie diese Welt dadurch bis in ihre Substanz hinein, in die Art und den Charakter ihrer Erscheinungen hinein von dem Ich abhängig und durchdrungen wird.

Mögen kluge Physiker und Naturforscher zeigen, wie sehr ich ‹Natur› bin, Physiologie, Fleisch, Materie, ein dürftiger und rasch welkender Grashalm (auch das soll man nicht so roh hinsagen, auch das will erlebt und erfaßt sein). Wir wollen festhalten, mit und ohne Hilfe der alten Weisen, daß das Ich tief und noch tiefer in die Welt hineinragt.

Mehr als man ahnt, sind die Vorgänge der Welt, der Natur und Geschichte unsere Vorgänge. Sie sind, mehr als man ahnt, persönlich.

Man erklärt die Dinge ‹kausal›, und ist stolz darauf, festzustellen, daß in der Natur eine ‹eherne Notwendigkeit› herrscht, wo alles aus dem andern folge, eins das andere begründe, und da gäbe es nichts weiter zu fragen. Ziele, Zwecke, Absichten, Gefühle, Gedanken sind von der Szene verbannt und haben sich als unreine Tiere unter die niedrigen Völker zu verkriechen.

Ich denke: die Paranoiker leiden an Beziehungswahn – der Normale am Wahn der Beziehungslosigkeit.

Tage der Trauer

Es geschah mir in diesem Sommer 1940, daß ich wie Robinson auf den Strand einer fernen Insel im Weltmeer, so in das Innere Frankreichs verschlagen wurde.

Ich bin in Mende. Im Flüchtlingslager.

Die alte Frau sitzt wieder im Mittelraum der Baracke, böse, allein auf der Bank. An der Tür stricken und klatschen einige andere Frauen. Zwei kleine Jungen ziehen ihre quietschenden Wägelchen auf den Brettern der Baracke mit großem Lärm hin und her, unermüdlich.

Ich sitze, mit krummem Rücken und den Kopf gesenkt, um nicht oben anzustoßen, in meiner Koje auf dem Bett. Ich bin in einem finstern Durcheinander.

Der Trommler

Durch die Hauptstraßen des Ortes zieht der Trommler. Wenn sich Menschen um ihn versammelt haben, hört er auf und beginnt auszurufen: «Um 11 Uhr Versammlung vor der Mairie, gemeinsamer Zug zum Totendenkmal. Heute ist nationaler Trauertag.»

Ich stelle mich zu anderen gegenüber der Mairie auf und warte. Drüben vor dem Haus finden sich einige Personen ein, die sich die Hände schütteln. Es kommt ein halbes Dutzend Geistlicher. Einige Offiziere. Jetzt stellen sich an der Mairietreppe einige ältere Zivilisten auf, die zusammen anmarschierten. Drei von ihnen tragen Fahnen, Kriegsteilnehmer von 1914–1918. Die Fahnen tragen kleine schwarze Wimpel. Man ist komplett. Ein älterer Herr in Amtshaltung tritt aus dem Haus, drückt Offizieren und Geistlichen die Hand. Nun formiert sich ein Zug. Die Kriegsteilnehmer mit ihren Fahnen schreiten an der Spitze, anschließend die Geistlichen, die Offiziere, eine Anzahl bürgerliche Herren, offenbar Beamte, und dahinter in einem losen Haufen alles, was sich hier eingefunden hat zu beiden Seiten der Straße, mehrere hundert Menschen, Männer und Frauen, auch Frauen mit Kindern an der Hand und auf dem Arm.

Solange sie wirr durcheinander standen und warteten, war nicht viel an ihnen zu sehen. Jetzt, wo sie zu einem Zug geworden sind und sich hinter den Fahnenträgern gern vorwärts bewegen, verändert man sich. Man zieht ohne Musik. Aber dieses stumme gemeinsame Wandern erschüttert. Viele ziehen ihre Taschentücher hervor und halten sie vor die Augen.

Es kann jeden Moment regnen. Die ersten Tropfen fallen. Man hat den Platz erreicht und schwenkt links ein. Der Platz ist viereckig, weit, aber nur seine Mitte ist frei. Die Seiten sind von Militärwagen eingenommen. Man hat sie aus der Mitte entfernt und ein großes Carré offengelassen, in dessen Hintergrund ein steinernes Totenmal sichtbar wird. Stumm schiebt man sich in das offene Carree. Vor dem Totenmal haben sich Soldaten in mehreren Reihen aufgestellt. Keiner trägt eine Waffe. Die Kriegsteilnehmer stellen sich in einigem Abstand ihnen gegenüber auf. Geistliche und einige behördliche Gruppen halten dicht bei ihnen. Die große Menge wird von Polizei hinten zurückgehalten.

Es ereignet sich eine Weile nichts. Man spannt Schirme auf. Hinten, wo ich selber stehe, flüstert man. Jetzt ertönen am Denkmal militärische Rufe. Man bläst. Eine einzelne Trompete bläst: das Signal für die Toten, für die Gefallenen.

Das Signal wiederholt sich, noch einmal, noch einmal.

Allen preßt sich das Herz zusammen. Hinter uns fahren Wagen.

Die Signale haben aufgehört. Nichts bewegt sich.

Es vergeht eine Minute. Militärische Rufe. Vorne entsteht eine Bewegung. Die Fahnen der Kriegsteilnehmer wandern. Die Gruppen lösen sich. Es ist zu Ende.

Das Kruzifix

Durch belebte Gassen, über winklige Plätze winde ich mich durch die Stadt und stehe vor der Kathedrale. Es ist ein altes Gebäude. Einige gehen hinein. Ich folge.

Die große Kirche ist ziemlich leer. Zur Seite und vorn brennen vor Heiligenbildern Kerzen. Welche liebliche Form zu beten und zu bitten. Ich schiebe mich in eine Bank. Vor mir sitzen Soldaten. Einige Frauen auf der andern Seite knien.

Ich sitze und sitze. Ich denke wenig. Ich habe viel Zeit, nur Zeit. Ich habe nichts zu versäumen. Nichts ruft mich. Bis abends könnte ich hier sitzen. Aber ich bin nicht gelangweilt und müde, eher gejagt.

Mir fällt mein Koffer ein. Er steht irgendwo herum, in einem Laden, den ich nicht ermitteln kann. Ich kann heut nicht suchen gehen, die Läden sind geschlossen. Diese Fahrt und dieser Kutscher, der Betrüger. Aber vielleicht hat er mich vor Schlimmerem bewahrt. Ich hätte die Narretei, das Suchen, den Kampf gegen die Dämonen noch weiter betrieben. Jetzt hat wenigstens dies ein Ende.

Ich blicke mich im Raum um, nach dem Kruzifix.

In Paris stand ich oft vor Läden, in denen man Kruzifixe verkaufte. Ich stand und versuchte vor ihnen zu denken. Sie zogen mich an. Vor ihnen fiel mir ein: das ist das menschliche Elend, unser Los, es gehört zu unserer Existenz, und dies ist das wahre Symbol. Unfaßbar der andere Gedanke: was hier hängt, ist nicht ein Mensch, dies ist Gott selber, der um das Elend weiß und darum herabgestiegen ist in das kleine, menschliche Leben. Er hat es auf sich genommen und durchgelebt. Er hat durch sein Erscheinen gezeigt, daß dies alles hier nicht so sinnlos ist, wie es scheint, daß ein Licht auf uns fällt und daß wir uns auch in einem jenseitigen Raume bewegen. Ja, die Erde kann schöner und reicher werden durch diesen Gedanken – wofern man ihn faßte und annahm. Es heißt, wir würden so erlöst. Auf die Erde und unsere Existenz fiele durch dieses Bild mehr Licht als von den Sonnen aller Sternensysteme.

Während ich sitze, fällt mir ein:

Wenn dies stimmt, wenn dies richtig wäre – und was nützt der bloße Glaube? Wahrheit muß in der Sache liegen – wenn dies richtig wäre, so erhielte die menschliche Existenz überhaupt erst einen Boden.

Unsere Existenz würde erst eine Wahrheit erhalten, ich meine: sie würde «bewahrt», gehalten, gesichert. So ist sie nur Zufall, Fall ins Leere. So ist sie ein weites Tongefäß, das sich innen und außen mit Staub bedeckt und in dem Steinchen klappern. Aber seine ‹Wahrheit› erhielte das Gefäß erst, wenn es gesäubert, ausgewaschen und nun mit Wasser oder Wein geüllt würde.

Eine Welt ohne dieses, ohne einen Inhalt dieser Art, ohne einen Jesus-gedanken kann nicht von einer wahrhaftigen Urmacht geschaffen sein. Sie wäre nur eine Farce.

Wie in Paris auf der Straße gleiten meine Blicke herüber zu dem Kruzi-fix und befragen es. Meine Blicke wollen etwas wie eine Antwort, eine Bestätigung, eine Bekräftigung. Aber der Weg muß falsch sein, oder – ich frage falsch.

Meine Blicke wandern hin und kommen leer zurück. Ich bleibe mit der finsteren, schmerzhaften Verkrampfung in der Brust auf meiner Bank. Ich werde abgewiesen. Man nimmt mich nicht an. Sie sagen, man müsse mit dem Vertrauen, mit der Überzeugung kommen. Aber gerade die – fehlen mir. Grade darum blicke ich mich hier um, darum blicke ich herüber, um zu sehen und zu suchen, ob ich vielleicht etwas finde.

Es ist aber etwas in mir (auch wenn es nicht Kraft und Sicherheit hat), was mich seit langem zu dem Gekreuzigten zieht. Wenn ich im Neuen Testament lese und seine Reden und Handlungen verfolge, so gibt es nichts darin, was mich nicht erhebt und mir große Freude macht. Wahrer und lebensvoller als ein gewöhnlicher Mensch ist er, ein Men-schenwunder, wirklich ein vollkommenes Wesen, dessen Auftreten und Erscheinen alle Menschenalter beglücken muß. Die Erinnerung an solch Wesen wird überliefert. Noch in der Erinnerung labt man sich an ihm. Wie begreiflich ist es, daß sie ihm zu Füßen fielen, und daß eine arge Sün-derin seine Füße salbte. Aber – hat ihn Gott gesandt? Ist er Gott? Dies allein frage ich.

Denn wenn die Not groß ist und alle Stricke reißen, halten weder die goldenen Worte noch die großen Männer, auch die Menschenwunder nicht. Wissen muß ich, und nicht bloß mit einem flüchtigen Gedanken, und nicht bloß mich erinnern.

Ich weiß von dem ungeheuren Jenseits, jenseits aller menschlichen Vor-stellungen, dem wir glauben einen Namen beilegen zu dürfen, das Jenseits aller Vorstellbarkeit, das wir mit der Silbe ‹Gott› bezeichnen. Dies wirkt aber auch auf der Erde und im Menschen. Ich weiß es, denn ohne ihn haben wir doch keinen Bestand. In uns allein haben wir keinen Bestand, auch nicht unseren flüchtigen. Aber wie er da wirkt, und wo und wie er erscheint, das weiß ich nicht.

Es geht nicht, zu sagen, er sei ‹alles›. Ist es aber zu denken, daß er diese Welt bloß hingesetzt hat und sich dann von ihr zurückgezogen und sie sich selbst überlassen hat? Etwa in Kummer oder in Zorn über eine eingetretene Entartung, über eingerissene Übel? Kann man sich das denken? Nein. Ob die Welt ein Reflex, ein Blick, eine Geste von ihm ist, – in keinem Fall ist die Welt von ihm gelöst.

Wie, was und wo aber ist er dann in ihr? Oder an ihr? Auch an mir, mit mir? Von welcher Art ist er? Woran und worin ist er erkenntlich? Unsere Existenz ist im allgemeinen nicht vollkommen, von ihrer Vergänglichkeit und Zerbrechlichkeit abgesehen. Das Leben kann man wohl, ohne die Wahrheit zu malträtieren, hart und roh und grausam nennen. Wie werden Menschen gejagt, gefoppt und gequält. Wenn also Gott sich nicht von dieser Welt gelöst hat und an ihr teilnimmt, – wenn er es ist, der ihr sein Leben einflößt (und es ist sein Leben, das ihres ausmacht, und ohne sein Leben zerfielen wir in Staub) – was ist das, frage ich, daß er sich auch in die Gestalt der Nazis steckt und baut Konzentrationslager? Ja, er baut sie, wer sonst? Es ist aber unbegreiflich, zum Zittern unbegreiflich.

Nein, ich vermag mir von Gott kein liebliches Bild zu machen. Ich muß den, der diese Welt hinstellt, nehmen wie er (und diese Welt) ist. Ich muß ihn in Bausch und Bogen schlucken. Einen filtrierten «lieben Gott» kann ich nicht akzeptieren.

Und da fällt mir das Alte Testament ein, und ich erinnere mich an einige Sätze, die ich nicht im Wortlaut bei mir habe. Sprüche, die mich oft beschäftigt haben. Da sagt im Alten Testament einmal der Herr selber, sehr im Beginn: sein Wort sei nicht irgendwo in der Ferne, so daß man danach Schiffe ausschicken müsse. Es sei auch nicht hinter den Wolken oder in einem andern Erdteil verborgen. Sondern es sei ganz nahe bei uns, ja in uns, in unserer Brust.

In uns, heißt es, in unserm Innern. Aber – in meiner Brust fühle ich, wie ich hier sitze, nur Trauer und Krampf. Meine Kehle ist verschnürt, durch das viele Elend um mich und auch mit mir. Wo ist Gott in mir, in meiner Brust? So, in dieser Weise kann Gott doch nicht sprechen. Dies kann doch nicht das Wort sein, das nicht hinter den Wolken oder in einem andern Erdteil von ihm versteckt wurde. Ach, hätte er es hinter den Wolken versteckt.

Oder ist er vielleicht in irgend einer Weise, auch in dieser Trauer und in dieser schlimmen Verkrampfung? Ist sein Wort vielleicht auch darin?

Es kam mir vor, als ob die Irrwege meiner Reise Zeichen und Winke waren. Ich sollte aufpassen. Nun, sind diese Irrwege, ist dieses Verlaufen, Verfehlen, Vorbeirennen aber etwas anderes als böse, höhnisch, wie Spiel der Katze mit der Maus, gewiß Wink und Zeichen, Willens-äußerung einer Urmacht, aber einer, für die es nicht gut und böse gibt? Sie beschäftigt sich da irgendwie mit mir, aber auf eine Weise, die mir dämonisch vorkommt. Ich fühlte, daß gewisse Dinge da draußen nicht einfach an mir vorbeiliefen, sondern in Beziehung zu mir standen, aber in einer tollen, reizenden, verächtlichen, ganz und gar lieblosen Beziehung. Schlimmer als verlassen war ich. Das trat noch zur Verlassenheit hinzu.

Ich sitze auf meiner Bank in der Kathedrale. Es erscheinen mehr Menschen. Vor einer älteren Frau wird eine weinende junge durch den Mittelgang nach vorne geführt. Sie knien nebeneinander.

Ich befrage wieder mein Inneres und das Kruzifix. Aber ich erhalte keine Antwort. Ich komme nicht weiter.

Aber die weinende Frau da vorne tut mir wohl. Es geht uns allen so. Uns allen.

Ich kaufe mir unterwegs ein Notizbuch. Ich muß meine Gedanken richten. Vielleicht komme ich im Schreiben zu einer rascheren Erkennt-nis.

Am Abend schreibe ich auf meinem Bett: ‹Dieser Todesdruck in mir. Immer der Wille, mich an einen Geistlichen zu wenden. Das Kruzifix. Oh diese Wahrheit: Schmerzen, gekreuzigt – ja, diesen Himmel trägt man in sich.

Aber wir haben doch nicht darum oder bloß darum unser Ich bekom-men und sind beseelt, für diesen fürchterlichen Zustand, diese Verein-samung.›

Warum bin ich verfinstert? Woher die Leere und Apathie?
Ich brauche eigentlich nicht lange zu suchen. Die Leere war schon da. Sie wurde nur aufgedeckt.
Die Nichtigkeit, Schwäche und Wertlosigkeit von allem, was mich be-schäftigte, wurde mir bewiesen. Ich reiste mit leichtem Gepäck. Ich wußte früher nicht, wie leicht es war. Ich hatte meine Sache auf nichts gestellt.
Der ganze Umbau um einen Menschen, der ihn sonst über sich hinweg-täuscht, ist nun weggeblasen. Nackt wie Robinson liege ich am Strand.

Mit listiger, experimentaler Exaktheit hat man das alles bewerkstelligt, den Umbau und die Entkleidung.

Die Philosophenlehre: – diese Stricke waren Strohhalme. Woraus jetzt eine Hütte bauen?

Oh, die eigentümliche List, das Raffinement, mit dem man mich auf der Reise behandelte.

Warum soll ‹man› sich eigentlich mit mir beschäftigen? Ja, man tut es. Man kann nicht anders. Es gehört zum Wesen der Sache. Denn: ich bin, und das heißt: der ewige Urgrund, er mag sein wie er will, hat auch dies mein ‹Ich› geschaffen. Wie von einer Faust werde ich gedrückt. Diese Spannung und Beklemmung.

Auf der Suche nach dem Koffer

Sobald ich in meiner Koje aufwache und aus dem Schlund des Schlafes auftauche – ist mein Ich da, ein mißlauniges und wirres Ich.

In ihm laufen, zwangsmäßig, einige Gedanken. Sie laufen wie weiße Mäuse in einem Drehrad. Im Grunde sind diese weißen Mäuse, scheint mir, selber mein Ich. Denn sonst weiß ich von keinem Ich.

Meine weißen Mäuse, meine Gedanken, meine Unrast hat es jetzt mit dem Koffer. Es ist lächerlich, aber es ist so. Daß ich den Koffer verloren habe, ist noch eine Erbschaft, ein Nachhall meiner glorreichen Reise.

Ich spaziere durch die Stadt. Ich suche meinen Koffer. Es ist lächerlich, davon zu berichten. Aber was ist an dieser ganzen Geschichte nicht lächerlich?

Wo suche ich? Ich weiß nur, es war in der Nähe der Präfektur. Denn als ich im Auto ankam und den Koffer absetzte, standen die beiden Kriminalisten in der Nähe und zeigten mir die Präfektur, und es war nicht weit dahin. Also jetzt suche ich in der Umgebung dieses Gebäude. Ich betrete verschiedene Läden und frage. Man kennt mich nicht und weiß nichts von meinem Koffer. Ich schlendere ins Lager zurück, um mir einen Rat zu holen. Man empfiehlt mir, in die Baracke, ins Büro zu gehen und den Verlust anzumelden.

Da sitzt denn an einem Tisch ein Geistlicher und an einem Nachbartisch der Lagerchef. Sie sind im Gespräch mit dem dicken Mann, einem Belgier, den ich schon kenne. Ich grüße ihn und warte. Als mir die Unterhaltung beendet erscheint, melde ich mich, erhalte aber einen heftigen

Anranzer seitens des einarmigen Chefs: «Sie haben zu warten, bis Sie dran sind. Was fällt Ihnen ein, mich zu unterbrechen.» Darauf dauert die Unterhaltung noch einige Minuten an und er wendet sich an mich. Was ich also wolle. Ihm ist inzwischen klar geworden, daß er nicht den richtigen Ton getroffen hat, denn er setzt hinzu: er hätte hier Anweisung zu geben in wichtigen ‹Dingen›, und dabei dürfe man ihn nicht stören. Ich lasse es gelten, bitte um Entschuldigung und erzähle meinen Fall. Auch der Pfarrer hört mir interessiert zu und mischt sich ein.

Sie fragen, wie das möglich sei, daß ich einen Koffer in einem Geschäft abgebe und mir den Laden nicht merke. Ich schildere die Nebenumstände und gebe zu, konfus gewesen zu sein. Man will mir also jemand zur Begleitung mitgeben, einen Ortskundigen. Der Belgier will es übernehmen. Darauf ziehe ich befriedigt ab. Ich habe das Gefühl, daß man sich hinter mir ausgiebig über mich unterhält.

Aber bis Mittag meldet sich bei mir niemand. Da warte ich nicht länger und gehe allein in die Stadt. Den Koffer habe ich schon aufgegeben. Auf diese alberne Sucherei lasse ich mich nicht mehr ein. Ich kann nicht immer rund um die Präfektur laufen. Ich war auch schon in allen Geschäften. Man wird mich für verrückt halten.

Ich vermeide jetzt die Hauptstraße, die mich schon anwidert. Ich ziehe hinter der Brücke den Fluß entlang. Da stehen Angler am Wasser, oben auf der Straße und unten am Wasser. Man wäscht auch unten. Ich stehe da und dort. Dann wird es belebter, ich habe mich plötzlich in eine Gegend verirrt, die ich nicht kenne. Oder kenne ich sie doch?

Hier ist ein weiter Platz, viele Autos und Lastwagen halten. Aber hier habe ich doch vorgestern mit meinem betrügerischen Chauffeur gehalten! Hier, ja hier stiegen wir aus, hier zahlte ich, genau so sah es aus. Ich blicke mich um, drehe mich um und gehe auf das erste Geschäft zu, das mir in die Augen fällt. Es stimmt. Die Frau hat den Koffer sorgsam in ihre Wohnstube gestellt.

Während ich ihn heimwärts schleppe, frage ich: wie war das eben eigentlich? Sobald ich etwas will, und gar hastig will, stellen sich feindliche ‹Zufälle› ein. Lasse ich das böse ‹Wollen› sein, so folgen mir gute ‹Zufälle›. Mein Inneres versteht sich also irgendwie mit der geheimen Welt, welche ‹Zufälle› schickt. Aber sind es denn ‹Zufälle›? Da sind Verbindungen, Zusammenhänge zwischen den Vorgängen und mir, meinem Inneren. Mir fällt das Bibelwort ein von dem Wort, das nicht hinter den Wolken versteckt ist.

Wie ich mit dem Koffer im Lager erscheine, teilt mir der freundliche Dicke aus dem Büro mit, daß er gerade einen anderen beauftragt habe, mich in die Stadt zu begleiten.

5. Kapitel
Bilder aus den Baracken

Wenn man von der Chaussee her das Lager betritt, so liegt vorn die Waschbaracke. Vor einer großen Waschbank stehen da die Frauen zu jeder Tageszeit nebeneinander und arbeiten. Hinter dieser Baracke liegt die Küche, ein langer Ziegelbau. Da sammeln sich morgens, mittags und abends die Essenträger. Dann folgt rechts die Reihe der hölzernen Wohnbaracken. Zu jeder Tür führt eine Bretterbrücke.

Jede Baracke stellt eigentlich zwei Baracken dar; sie ist durch eine quere Bretterwand, die aber nicht die Decke erreicht, halbiert, und der vordere Teil öffnet sich nach dem Hof, der hintere nach der Chaussee. Jeder Teil hat seinen Eingang, das Essen wird jedem besonders zugetragen und die Insassen der beiden Hälften (es gibt eine Verbindungstür) begegnen und kennen sich kaum. Wenn man aber auch keine Essensgemeinschaft bildet, so doch eine Geräuschgemeinschaft.

Zum Beispiel lernten wir über die Bretterwand hinweg drüben eine größere Familie kennen, die zu den Mahlzeiten dicht an der Tür saß, eine Familie bestehend aus den Eltern (nein, den Großeltern) und mehreren erwachsenen Töchtern mit ihren Kindern. In dieser Familie vertrug man sich nicht. Es begann noch vor der Mahlzeit. Dann lächelte man sich bei uns an und nickte: die Familie drüben trat in Aktion. Kraftvolle, ja heroische Frauenstimmen erhoben sich drüben gegen einander. Ungeniert schrien sie und suchten einander niederzuschreien. Sie schleuderten ihre Beschwerden in die Welt, protestierten gegen das Essen, gegen das Wetter, gegen die Umgebung. Manchmal bewegte sich im Laufe des Streitgesprächs eine der Frauen von ihrem Platz und verzog sich, als Unterlegene, in ihre Kabine, nach ihrer Stimme zu urteilen, die schwächer wurde, aber keinen Augenblick erlosch. Besonders abends tobte der frauenmordende Streit. Zu Handgreiflichkeiten scheint es aber, wenigstens in der Öffentlichkeit, nicht gekommen zu sein. Die Kinder verhielten sich völlig ruhig, passiv, als Zuschauer bei dem Theater, bei den Debatten ihrer Mütter und Großmütter.

Die Tischgenossen drüben hatten sich an den Lärm gewöhnt. Sie waren, wie auch unsere, eine friedliche Gesellschaft, aßen ruhig weiter und gönnten sich das Theater, was freilich zur Folge hatte, daß die streitsüchtigen Frauen, Großmütter und Mütter, sich ganz unter sich vorkamen. Gesehen habe ich keine von ihnen. Aber möglicherweise bin ich ihnen draußen begegnet. Sie sahen bestimmt so aus wie wir alle.

Wir ähnelten uns überhaupt. Und wer nicht sofort wie sein Nachbar aussah, der holte es rasch nach. Man wurde dreckig und immer dreckiger, von oben bis unten. Man nahm den gleichen stumpfen und unruhigen Ausdruck, dieselbe schlaffe Haltung an.

Natürlich gab es weder Bad noch Duschräume. Waschgelegenheit war vorhanden, in einer besonderen Baracke an der Chaussee, gleich neben der Latrine. In dem Waschraum floß das Wasser aus den Hähnen in eine große Blechrinne. Man stand davor, mit nacktem Oberkörper, und wusch sich. Die Jüngeren taten das unter großem Hallo. Zahnbürsten waren nicht viel im Gebrauch. Seife konnte man schwer hinlegen, es war kein Platz für sie vorgesehen. Die Latrine hatte man eingerichtet, so gut man konnte. Für die Männer gab es einen offenen Raum an der Straße. Die eigentlichen Toiletten, die Cabinets, waren auf der einen Seite (nach der Chaussee zu) für die Frauen bestimmt (etwa zehn), und ebenso viel auf der andern Seite für die Männer. Tatsächlich ging auf der Männerseite alles durcheinander, aus einem einfachen Grunde. Die zehn weiblichen Kabinen reichten für die Frauen und Kinder nicht, und zwar besonders nicht morgens. Es war ein kläglicher Anblick, morgens, die Mütter mit ihren Kleinen da stehen und warten sehen. Die Mütter mußten den Kleinen behilflich sein, (es waren übrigens Hocktoiletten, ein hygienisch einwandfreies, aber unglückliches Modell, man hatte sie dazu in unglaublich enge Kabinen eingebaut. Die Mütter konnten mit ihren Kindern nicht zusammen eintreten und mußten den Kleinen von der Tür aus helfen).

In einer Holzbaracke neben der Küche hörte ich öfter singen, und es kam mir vor, als ob das keine französischen Melodien waren. Ich glaubte erst, mich zu täuschen. Dann stellte ich deutsche Worte fest, und gleich danach, daß in der Baracke evakuierte Elsässer hausten. Diese Frauen und Mädchen (ich sah keinen Mann) standen oft vor ihrer Baracke, am Abend, und unterhielten sich. Ich traf sie auch auf der Chaussee. Da ging man links an Wiesen und Feldern vorbei und unten floß der Fluß, ein flinkes, strudelndes Wasser. Man arbeitete auf den Wiesen und Feldern. Auf einigen mähte man. Es war ein angenehmes Bild. Man kam dort schließlich zu einer kleinen Brücke und vor eine Kaserne. Auf diesem Weg spazierte abends vieles. Und ich hörte hier auch, an der kleinen Brücke, elsässisch sprechen. Die Frauen gehörten den besseren Ständen an. Es war für mich ein merkwürdiges Gefühl, an ihnen stumm vorbeigehen zu müssen.

Die Sprache hat mir seit 1933 oft ein Bein gestellt und hat mir viel das Vergnügen daran verdorben, das Naziland hinter mir zu haben. Natürlich betrat ich Frankreich als Ausländer, aber ich hätte mein besonderes Ausländerwesen – jedenfalls nach außen hin – ebenso herzlich gern und hundertprozentig liquidiert, so wie die Nazis mich mit ihrer Ausbürgerung liquidierten. Aber wie dazu gelangen. Das einzige Mittel: französisch sprechen. Und wenn ich schon nicht in das Innere der Sprache drang, so mußte ich wenigstens ihr Äußeres lernen. Ich mußte ihren Rockzipfel ergreifen. Aber auch das, sogar das gelang nur schwer, begreiflich bei jemand, dessen geschriebenes Tagewerk unverändert in deutscher Sprache verlief. Wie es mir mit meinem Französisch auf der Reise und Flucht erging, hat man gesehen.

Die andern Baracken lernte ich nicht kennen. Aber man traf sich auf dem großen Hof, beim Wasserholen, in den Waschräumen, vor den Toiletten. Man stand gemeinsam vor der Bürobaracke und studierte die Anschläge an der schwarzen Tafel. Jeden Morgen malte da ein gutmütiger, schwerfälliger Belgier aus dem Büro zunächst das Tagesdatum hin, dann darunter die Anweisungen und Mitteilungen. Sie betrafen etwa kondensierte Milch für die Säuglinge und Kleinen, die einzige Milch, die zur Verfügung stand. Dann wurden Autobesitzer ersucht, sich einzuschreiben. Später wurden auch Personennamen angeschrieben, Glückliche, für die Post angekommen war.

Und eines Tages stürzten viele an das Brett und suchten in einem dicken Heft, das da, von einem Bindfaden gehalten, hing. Es enthielt eine ganze Namensliste und den Aufenthaltsort anderer Flüchtlinge. Damals begann sich langsam die Suche nach Angehörigen zu organisieren. Die Liste betraf nur Belgier. Da standen sie nun, blätterten, suchten, und kamen wieder und suchten.

Es gab gutsituierte Personen im Lager, die familienweise in Autos eintrafen. Sie verloren sich rasch nach dem Süden. Etwa gleichzeitig mit mir kam ein älterer Herr. Er trat, mit städtischen Hut und Mantel, einen großen Schal um den Hals, aus einer der hinteren Baracken und steuerte in die Stadt wie ich. Er war einsam und zuerst sauber. Von Tag zu Tag verfiel er, wurde unansehnlicher und schmutzig, rasierte sich nur selten. Sein Gesicht wurde schmal und blaßgrau.

Nach Tisch liege ich selbst meist eine Stunde oder länger auf dem Bett. Im Raum machen sie einen fürchterlichen Lärm. Sie räumen die Tische ab, tragen die Bänke beiseite, waschen Geschirr und fegen. Beim Fegen machen sie einen gräulichen Staub, so daß ich mir die Decke über den Kopf ziehen muß. Der Staub stammt von dem Schmutz, den die vielen Dutzend Schuhsohlen von dem nassen Hof hereintragen. Mein Fenster läßt sich kaum öffnen. Man muß es leicht anheben, dann bildet sich eine handbreite Spalte. Ich könnte weglaufen, aber es regnet. Ich rechne damit, daß alle Dinge ein Ende nehmen. Bestimmt wird auch das Fegen und Tellerwaschen aufhören. Schließlich erlahmen den Frauen die Arme, und sie wollen stricken und klatschen.
Es dauert lange. Daraufhin treten die Kinder in Funktion. Es wird Zeit aufzustehen. Eine Flüchtlingsbaracke ist kein Erholungsheim.
Übrigens liege nicht nur ich so in einer Koje. Wenn ich draußen durch den Mittelgang gehe und am Tisch in den liegengebliebenen Zeitungen blättere, öffnet sich rechts und links von mir ein Vorhang. Und da kann ich dort einen Mann, dort eine Frau auf dem Bettrand sitzen sehen. Sie hocken meist. Sie blicken alle nicht fröhlich in die Welt.

Schwer waren im Lager die Nächte. Nach acht, spätestens halb neun legte sich in meiner Kabine die alte Frau hin. Wenn ich die Box betrat, drehte sie das Gesicht zur Wand. Meine Sachen legte ich wegen der Kälte zum größten Teil auf meine Decken, auch beide Mäntel. Eine Decke war zum Zudecken. Die andere breitete ich über den dünnen Strohsack aus, um nicht zu rasch meine Knochen zu fühlen. Die Unruhe im Raum, das Kindergeschrei dauerte noch bis halb zehn. Die Ruhe war aber auch nachher nicht komplett. Kindergeschrei läßt sich auch in der tiefsten Nacht nicht verbieten. Man hörte die Mütter flüstern und sich mühen, ihre Kleinen zu beruhigen. Aber die Kleinen und die Kleinsten hatten ihre Beschwerden, sie lagen nicht gut, sie hatten nicht richtig und nicht ausreichend gegessen. Und die Mütter, die sich schon bei Tag mit ihnen geplagt hatten, wurden noch um ihre Nachtruhe gebracht.

In der Nachbarbox, neben meiner, schlief ein älterer Mann aber herrlich. Sein sonores Schnarchen bewies es. Ich konnte alle Stadien seines gesunden Schlafes durch die Bretterwand, die uns trennte, verfolgen. Gelegentlich gab es auch ein Flüstern. Dann stieß ihn seine Frau an. Er wachte auf. Aber es war hoffnungslos. Es war ein Buchhalter.

In meiner Koje die alte Frau litt an ihrem Emphysem, sie war kurzatmig, und die schlechte Witterung verbesserte ihre chronische Bronchitis nicht. Bei Tag ging es. Wenn sie sich aber hinlegte und kaum eingeschlafen war, setzten die Hustenanfälle ein. Sie zogen sich, in wechselnder Stärke, manchmal stundenlang hin, eine Marter für die Frau, schwer auch für ihren Nachbarn. Sie warf große Massen aus. Ich interessierte mich dafür, besonders wohin sie auswarf. Es war eine Konservenbüchse unter ihrem Bett, sie mußte sie auch bei Tag mehrmals ausleeren.

Sie war eine kräftige resolute Person, Inhaberin einer Gastwirtschaft in Nordfrankreich, 73 Jahre alt. Man mußte sie nicht auf den bitterbösen Ausdruck ihres Gesichts festlegen. Abgearbeitete alte Frauen blicken oft so. Sie äußerte bestimmte Ansichten und teilte sie ohne Konzessionen mit. Da sie hier allein und unbeschäftigt war, mischte sie sich gern in die Angelegenheiten anderer, was selten gut ablief. Man nannte die asthmatische Alte nur gelegentlich ‹Großmutter›, meistens ‹General›. Man ging vorsichtig um sie herum. Ich wohnte einmal einer heftigen Streitszene zwischen ihr und einigen Nachbarinnen bei. Fast die ganze Baracke erhob sich gegen den ‹General›. Danach wurde die Alte stiller und ihr Ausdruck resignierter. Ich selbst lernte sie von einer anderen Seite kennen. Streitobjekte gab es zwischen uns nicht. Sie zeigte mir, als ich ankam, was ich zu tun hatte, wie ich mein Brot aufzubewahren hatte, wie ich mir eine Tagesreserve verschaffte und so fort. Sie prüfte öfter meine Brotreserve nach und legte gelegentlich, wenn sie sie ungenügend fand, etwas vor ihrer hinzu. Da sie schlecht gehen konnte, mußte ich auch für sie das Wasser für die Mahlzeiten vom Brunnen holen, wobei sie mir jedesmal noch ihren Becher zum Ausspülen mitgab. Ich hörte öfter abends, wie man rechts und links über die Alte klatschte. Dabei redete man auch von mir als ‹Ce Monsieur là›. Sie wurde aus mir nicht klug, sie hielt mich für einen ‹Professeur›, war höflich und so viel sie konnte behilflich. Bei dem abendlichen Klatsch wurden die letzten Bosheiten der Alten durchgehechelt, wozu auch gehörte, daß sie mich, ‹Ce Monsieur là›, als Laufbursche hielte. Sie hörte das schweigend in ihrer Kabine an.

Nun, sie war eine kräftige alte Frau, gewohnt zu kommandieren. Hier konnte sie damit nicht durchkommen. Sie klagte mir in unserer Zelle manchmal ihr Leid. Während sie auf dem Bettrand saß in ihrem schwarzen Kleid mit einer schwarzen Schürze, die sie nie wechselte, weil sie keine andere hatte, erklärte sie mir ihre Lage. Sie holte, greisenhaft, jedesmal ihre schmutzige schwarze Tasche vom Oberbett herunter (sie war voll von Papieren und Photos), setzte sich ihre Stahlbrille auf und fing an, ob ich wollte oder nicht, mir zu demonstrieren, was in diesen Briefen stand. Ich mußte die Photos betrachten. Da sah man sie einmal vor ihrer Gastwirtschaft, als eine vierschrötige Frau, mit der offenbar nicht gut Kirschen zu essen war. Rechts und links von ihr standen jüngere Männer und Frauen, kräftige Leute, ihre Kinder, – die waren nun alle, erzählte sie, samt den Enkelkindern in die Welt zerstreut, entweder evakuiert, auf der Flucht vor den deutschen Fliegerbomben oder irgendwo als Soldaten. Wenn sie bloß von ihren Söhnen Nachricht hätte.

Mit Stolz zeigte sie mir oft die Einzelbilder der Söhne in Zivil und Soldatentracht, auch die Bilder der Enkelkinder. Ich bewunderte alles nach Kräften.

An der Tafel saß ich neben ihr. Meine Situation wurde etwas schwierig und komisch nach einem besonders intensiven Krach, den die Alte – oder den man mit ihr veranstaltet hatte. Sie beschloß im Anschluß daran, ihre bisherige Nachbarschaft und besonders ihr Gegenüber zu verlassen. Diesen Entschluß faßte sie am Nachmittag. Und als ich dann abends meinen Platz an der Tafel suchte, fand ich den ganzen Tisch verändert. Die Alte war aus der Mitte der Tafel verschwunden und saß unten. Ich blieb noch für diese Mahlzeit an meinem alten Platz. Dann ging es nicht. Denn wir hatten uns (auf ihr heftiges Betreiben) gemeinsam eine Flasche Rotwein besorgt, und diese Flasche stand – bei ihr, und sie nahm sie mit, ohne mich viel zu fragen. Ich konnte schließlich auch nicht mit den erklärten ‹Feindinnen› der alten Frau gegen sie konspirieren und mit ihr in einer Kabine hausen. Ich mußte also auch nach unten ziehen. Es tat mir leid. Denn grade diese Nachbarn hatten mir gut gefallen.

Da saß links eine ganze Familie, bestehend aus dem Vater, der Mutter und drei kleinen Kindern, alles Proletarier. Wie und warum der Mann, der erst anfangs Vierzig war, ins Flüchtlingslager kam, konnte ich nicht feststellen. Es muß wohl ein Leiden gehabt haben, das ihn militäruntauglich machte. Er war ein heftiger Bursche, der viel und wild diskutierte und politisch alle Welt angriff. Aber nach einigem Toben lenkte er ein und man merkte ihm an, daß ihm die Sache nicht so ernst war, und er beendete die Debatte gern mit einem langen, fröhlichen, versöhnlichen Gelächter. Ja, die Leutchen waren bitter arm. Ihre Kleidung war jämmerlich und die Kinder waren unterernährt. Die Frau war blaß, trug unordentliche Haare und hatte eine Sattelnase. Zu den Kindern benahm sie sich mütterlich gut. Wenn aber die Kinder nicht aßen, schlug sie ihnen ohne viel Federlesens eins rein. Und wer dann noch nicht aß, aß eben nicht und wurde, sobald die Frau es bemerkte, erst einmal mächtig geschüttelt und darauf unter maßlosen Flüchen in die Zelle getrieben, – was seitens der Mutter ohne jede Erregung erfolgte.

Der siebenjährige Junge aus dieser Familie saß neben mir, freundete sich auf seine Weise mit mir an. Er war ein spitzbübischer verschmitzter Geselle. Er war es auch, der zum Ausgangspunkt eines Streites zwischen der Alten, dem General, und der Familie wurde. Denn er erhielt eines Tages von der Alten den Auftrag, für uns jene Flasche Rotwein aus der Stadt zu holen. Als er die Flasche brachte, drückte ich ihm zehn Centimes in die Hand, worüber er in der Familienkabine ein Freudengeheul ausstieß. Die Alte, die die Ursache des Geheuls ermittelte, stellte mich streng zur Rede, und als ich wahrheitsgemäß gestand, ich hätte ihm zehn Centimes gegeben, hielt sie mir vor, ich hätte nicht so mit Geld umzugehen. Dem Jungen gehörten nur fünf Centimes. Der Junge müsse außerdem wissen, daß ihm nur fünf Centimes zuständen. Ich suchte sie zu beruhigen. Aber dieses ‹Pack› gefiel ihr so wie so nicht. Und richtig höre ich bald draußen den Krach. Sie hatte die ganze Familie wegen der fünf Centimes zur Rede gestellt. Der Vater griff ein. Es fehlte nicht viel, daß es zu Tätlichkeiten kam. Die Alte kehrte mit hochrotem Kopf in die Zelle zurück und sprach kein Wort, auch zu mir nicht. Man hatte sie unter anderm mehrmals ‹Kamel› genannt.

Vor dem Umzug an der Tafel saß mir gegenüber mit ihrem zweijährigen sehr niedlichen Töchterchen auch eine junge Frau, sehr zart, Mitte Dreißig. Und zu ihr gehörte und mit ihr hauste in derselben Kabine eine kluge weißhaarige Frau mit Brille. Ich hielt die weißhaarige erst für die Großmutter. Später erfuhr ich von beiden, sie waren nicht verwandt, ja sie kannten sich vor der Flucht überhaupt nicht. Man hatte sich bei einem schrecklichen Bombardement getroffen, sich geholfen und sei zusammengeblieben. Wo ihr Mann war, wußte die junge Frau nicht. Sie stammte aus bürgerlichen Kreisen, ich fragte sie nicht näher aus. Sie klagte mir einmal ihr Leid, als ich sie an der Tür der Baracke traf, wo sie versuchte, ein Kleidchen des Kindes zu säubern. Das Mädchen sei nicht unsauber, sagte sie. Aber ein Kind fällt doch auch hin oder setzt sich auf den Boden, – und wie sieht der Boden hier in der Baracke aus. Die ältere Frau kam hinzu. Sie meinte: man könne sich schon nicht mehr im Spiegel ansehen, sie seien wochenlang hier, ohne Bad, und wie sich richtig waschen. Die Mutter des Mädchens jammerte, wie schwer es sei, warmes Wasser zu bekommen, den Kleinen ginge es hier nicht gut.

Diese junge Frau verzärtelte ihr Töchterchen sehr. Das war von morgens bis abends ein Rufen und Locken. Die Mutter rief ‹ma chatte, ma cocotte›, das Kind antwortete jedesmal ‹maman›.

Sie schlafen in einer Kabine schräg gegenüber meiner. Früh morgens fängt der Tag an mit dem Gezwitscher: ‹ma chatte, ma cocotte› – ‹maman›.

Kinderszenen

Ich bin etwas leichter. Der Druck hat nachgelassen. Ich will nicht länger an die Fahrt nach Le Puy denken.

Ich habe ein Dach über dem Kopf. Der Krieg, das gräßliche Morden, ist zu Ende, im Augenblick wenigstens.

Nachmittags betrachte ich den Ort. Er wimmelt hier von Anglern. Die Angler sind hauptsächlich Soldaten. Ich finde in den engen schlecht gepflasterten Straßen der Stadt auch eine ganze Anzahl Geschäfte für Anglerbedarf, und vor allen Geschäften diskutieren Soldaten fachlich mit Zivil.

Es wird von Soldaten viel gekauft, besonders Ansichtskarten, Bleistifte und Hemden.

Reges Leben in der Innenstadt. Bei den Passanten überwiegt ein bäuerlicher Typ und der erwerbstätige Mittelstand. Gebildete städtische Gesichter sehe ich wenig. Alles ist rüstig und rege. Man merkt nichts von der ‹allgemeinen Lage›. Außer Essen und Trinken beschäftigt eine Zahl dieser Leute – Flüchtlinge – wie sie unterkommen können. An mehreren Stellen wird laut die Wohnungsfrage erörtert, und die Welt scheidet sich in die Glücklichen, die hier wohnen, und solche, die hier wohnen möchten. Ich höre wieder: es gibt noch andere Flüchtlingslager als das, in dem ich hause. Viel anders als meins scheinen sie nicht zu sein.

Die Leute wollen bürgerliche Einzelräume. Sie sind aber nicht zu haben. Auch in meiner Baracke finden Diskussionen darüber statt. Einzelne haben sogar schon Entschlüsse gefaßt und sind zu Taten übergegangen: sie gehen auf die Präfektur und stellen fest, wo es noch leere Räume gibt. Die mieten sie resolut und suchen Möbel. Sie rechnen mit Mende auf lange Sicht.

So verschwindet in den ersten Tagen meines Lageraufenthaltes eine junge hübsche Frau mit ihren zwei Kindern. Sie war eine blonde, keß frisierte Person, Mitte dreißig, die, wenn sie allein mit andern saß, normal klatschte. Schwierig wurde sie bei den Mahlzeiten, wo sie es mit den Kindern hatte. Denn ihre zwei Jöhren machten es wie alle andern Jöhren hier: sie aßen schlecht (und sie hatten Grund dazu). Die Kinder – man war schon länger hier – streikten, sobald sie die Eßkübel sahen. Sofort setzte die mütterliche Verfinsterung und der Kampf ein. Die blonde Haarlocke fiel der Frau in die Stirn. Die Kinder rückten von ihr ab. Die Drohungen begannen. Der Eßkübel rückte näher und näher. Die Kinder sahen das Verhängnis kommen. Zwischen ihnen und der Mutter entstand auf der Bank ein immer größerer Abstand. Die Mutter bediente sich ihrer langen kräftigen Arme und setzte die Jöhren zurecht. Die benutzten jede Pause der mütterlichen Ablenkung, um wieder abzurücken. Denn allemal, wenn ihr Ärger mit dem Essen losging, fing die Mutter ein Gespräch mit der Nachbarin an – einseitig in der Regel, über den Tisch hinweg – wobei sie auf die Undankbarkeit der Kinder hinwies, die zufrieden sein könnten jetzt im Krieg mit dem, was sie hatten, – und die Nudeln seien ausgezeichnet, nahrhaft. Es sei auch ein Stück Fleisch drin. Und dann kamen Einschüchterungen und Drohungen mit der Polizei. Man werde telephonieren, wenn die Kinder nicht essen. Der Junge blickte scharf nach rechts und links. Entweichen konnte er nicht. Man sah ihm an: freiwillig ißt er nicht. Er sieht sich einer Welt von Gegnern und harten Herzen gegenüber.
Da steht nun, mit dem breiten Lachen, die essentragende Frau mit ihrem Nudeleimer da. Eine furchtbar große Kelle steckt in dem Eimer. Der Junge zieht die Schultern ein. Erbarmungslos steigt die Kelle in den Eimer und holt für ihn einen dicken Patzen heraus. Die Essenträgerin will sofort eine zweite auf den Teller des Jungen hinklatschen. Die Mutter wehrt aber ab, schon mit drohendem Finger: «Erst soll er das runter haben. Wenn er nicht ißt, hole ich die Polizei.»

Der kleine Sünder sitzt in sich gekrampft da. Der Raum zwischen ihm und der Mutter ist wieder groß geworden. Die Mutter packt ihn und staucht ihn neben sich. Die Prozedur beginnt.

Der Junge hat die Fäuste vor seinen Mund gepreßt. Die Mutter legt ihren linken Arm um seine Schulter. Mit der rechten dirigiert sie den Löffel, gefüllt mit dem Pamps. Sie hält ihn hin mit zahllosen überredenden Worten, unter Mitwirkung des gesamten umsitzenden weiblichen Lagers. Sie bückt sich jetzt zu dem kleinen Opfer herunter. Der dampfende Löffel lauert vor seinem Munde. Und der Mund – bleibt zu.

Die Frau schüttelt von links an der Schulter des Jungen. Er soll den Mund öffnen. Der Mund bleibt zu. Man sieht, daß der Junge schräg sitzt: seinen Oberteil hält die Mutter fest, denn in dem Oberteil sitzt der Mund, – unten aber auf der Bank rutscht er von ihr weg, ja seine Beine hangeln so stark nach links, daß die Nachbarin von ihm wegrutschen muß.

Der Ton der Mutter, die den Löffel hält, gewinnt immer größere Stärke. Sie wiederholt: «Du mußt essen. Wirst du nun essen, du ungezogener Lümmel, wirst du jetzt essen. Wirst du mit allen Leuten hier essen, du siehst doch, alle essen. Ich esse auch bald. Es sind gute Nudeln. Sie sind weich.» Sie probiert sie. Sie wendet sich beteuernd an die Nachbarschaft: «Die Nudeln sind weich. Die Nudeln sind gut.» Es wird von allen Seiten bereitwillig bestätigt.

Ihre Kraft wächst dadurch. Sie wendet sich an den kleinen Sünder, der Löffel zielt wieder auf seinen Mund, hält schußbereit vor seinen Lippen. Plötzlich macht der Junge eine Bewegung mit seinem Knie nach vorn, der Löffel kippt um, die Nudeln hängen an seinem Kinn. Er plärrt.

Die Mutter brüllt, außer sich: «Was hast du zu plärren!» Und sie wendet sich an ihre Nachbarin, die das Spiel schon kennt und auf ihren Augenblick gewartet hat: «Bitte, Madame, jetzt telephonieren Sie im Büro. Die Polizei soll kommen.»

Die Frau erhebt sich sofort und verläßt die Baracke. Der Junge sagt kein Wort. Er kennt die Geschichte schon. Ich vermute, man unterschätzt ihn. Die Mutter brütet finster und befaßt sich während mehrerer Minuten nicht mit ihm. Er lauert gespannt und wartet die Entwicklung der Dinge ab. Die Botin erscheint wieder im Saal, nickt der Mutter schon von weitem zu. Sofort macht die Mutter sich ans Werk: «So. Jetzt haben wir telephoniert. Sie werden bald kommen. Jetzt mach rasch den Mund auf, oder sie holen dich.»

Er bewegt sich nicht.

Sie nimmt nun zunächst ihre Serviette und putzt das Gesicht des Jungen, an dessen Kinn noch immer Nudeln hängen, mit großer Energie ab. Der Junge beginnt laut zu schreien. Die Mutter appelliert an die Tischgesellschaft und beschwört sie: «Die Polizei wird also bald kommen. Sie nimmt den Jungen mit. Das hat er davon. Solch bockiger Charakter ist das. So war er immer. Das Gegenteil von seiner Schwester. Wo er kann, tut er mir Schabernack.»

Ein älterer Mann, der am Tischende sitzt, meint friedlich herüber: «Eine Tracht Prügel täte ihm gut.» Die Frau nickt begeistert: «Hast du gehört? Eine Tracht Prügel.»

Der kleine Bursche heult jetzt gewaltig. Er glaubt, nachdem ihm die Mutter mit solcher Energie das Gesicht abgewischt hat, das Recht stehe auf seiner Seite. Aber diesen Moment des Heulens hat die Mutter grade abgewartet, um einen Vorstoß zu unternehmen. Er glaubt zu brüllen und hat die Augen voller Tränen und kann infolgedessen nicht sehen. Da schiebt sie ihm von hinten herkommend den Löffel mit den Nudeln tief in den offenen Mund. Sie stülpt ihm den Löffel in den Mund hinein. Die Nudeln fallen in seinen Rachen. Er muß schlucken.

Wie er Würgbewegungen macht und schon ein wildes Protestgeschrei vorbereitet, drückt die Mutter ihm noch mit ihrer hinterlistigen Hand – sie hält den Jungen umschlungen – das Kinn hoch. Er schluckt. Es bleibt ihm nichts weiter übrig. Es muß herunter und es gleitet herunter.

Wie er aber kaum den Mund frei hat, erhebt er seine Stimme, zu einem furchtbaren Wehgeschrei. Die Frau lacht. Man lacht auch in der Nachbarschaft. Er ist besiegt. Nach fünf solchen Löffeln hat sie genug gekämpft und sie läßt den kleinen Burschen los – um nun auf den Teller des Mädchens zu blicken. Die Kleine hat beobachtet, was sie mit ihrem Bruder machen. Sie versteht vollkommen, warum er streikt. Übrigens lehnen auch mehrere Erwachsene den dicken Kleister ab. Aber wie der Strafblick der Mutter sie trifft, legt sie los und schlingt. Darauf löffelt die Mutter befriedigt selber ihren Teller aus. Sie ist ganz verwandelt und unterhält sich freundlich mit ihren Nachbarn, über Wohnungen, über Möbel.

Zu dieser Familie gesellt sich eines Morgens der Vater. Es ist ein kräftiger Soldat. Der Mann sitzt nur einmal mit uns bei Tisch. Er schiebt das meiste zurück. Darauf sieht man die ganze Horde geschlossen in der Stadt herumvagabundieren. Die Frau wird viel umgänglicher und manierlich. Wenn der Mann im Saal erscheint, macht er übrigens sehr negative Bemerkungen über die Küche, die Schlafgelegenheit, die Ruhe in der Nacht und besonders über das heiße Morgengetränk. Er kennt das alles schon genug vom Militär her. Eines Abends zieht die gesamte Familie aus. Man hat eine kleine leere Wohnung gefunden, Zimmer und Küche. Bewundert und beneidet zieht die Familie aus. Merkwürdig bleibt, wie sich die Mutter verändert hat. Sie sieht gradezu pariserisch elegant aus. Und die beiden Kinder sind plötzlich gut angezogen und schreiten hinter ihren Eltern wie friedliche folgsame Bürgerkinder. Was sie wohl für eine Erinnerung an das Lager haben werden. Ich treffe Mutter und Kinder nach einer Woche in der Stadt. Während sie auf dem Gemüsemarkt einkauft, halten sich die beiden Kinder abseits, blicken aufgeweckt in die Welt und siehe da, sie beobachten und erkennen mich. Ich nicke ihnen zu und lächle. Sie machen fremde Augen und flüstern miteinander.

Das ist die Zeit der Beraubung

Radio gibt es im Lager nicht, Zeitungen selten. Ich erwische einmal eine und lese die Artikel des Waffenstillstandes. Soweit sie abgedruckt sind, scheinen sie reichlich allgemein. Die Besetzung der atlantischen Küste war vorauszusehen. Zweifellos gibt es aber auch Bestimmungen über Abgabe der Waffen, der Flugzeuge, Kanonen, über die Schleifung von Festungen, vielleicht der Maginot-Linie. Darüber lese ich nichts. Man hat keinen Grund, die allgemeine Depression zu steigern.

Ich stoße auf den Artikel 19. Er enthält Bestimmungen über die Auslieferung von Personen in Frankreich selbst und in den Kolonien, die Deutschland anfordern wird. Ein hinterlistiger Artikel. Freilich, so spekuliere ich, sind das ja nur Bestimmungen, gültig für eine gewisse Zeit, für den Waffenstillstand. Bestimmungen können auch umgestoßen werden. Ich versuche mir das einzureden, aber ich glaube es nicht recht.

Zu Hause, im Lager, wenn ich auf dem Bettrand sitze oder mich nach Tisch ausstrecke, oder nachts, wenn ich durch das Husten der Alten geweckt werde, denke ich nach. Ich grüble.

Dies ist die Zeit der Beraubung. Mein Ich, meine Seele, meine Kleider wurden mir weggenommen. Ich weiß nicht, was eigentlich von mir noch Bestand hat. Meine Apathie, meine Skepsis ist vollständig und gerechtfertigt. Und darum bin ich zugleich kalt und hilflos, gleichgültig und dumpf unruhig. Etwas in mir ist nicht einverstanden. Darum muß ich denken und denken.

Nichts von dem, was ich besaß, hält stand. Ich könnte mir selbst irgend einen Balken zimmern, der mich über das Wasser trägt. Es scheint mir lächerlich. Wie soll mich das tragen, was ich kleiner Wicht, ich, Spielball der Wellen, produziere? –

Ich frage immer wieder nach der Ursache dieses Zustandes. Ängstige ich mich, weil Frankreich eine Niederlage erlitten hat? Ängstige ich mich um meine Familie? Ängstige ich mich um mich? Meine Unruhe wirft mich bald auf dies, bald auf jenes Objekt. Furcht vor den Nazis? Ich denke selten an sie. Ich mag nicht an sie denken, ich mag keine Bilder von ihnen sehen. Nach dem Verlassen Deutschlands habe ich Naziblätter nur mit Ekel anrühren können. Ich erinnere mich der physischen Übelkeit, die ich empfand, als ich vor den Ausstellungshallen in Charlottenburg einen Nazihaufen mit seiner Fahne stehen sah. Diese Hydra aus dem deutschen Sumpf streckt auch hierher ihre Polypenarme. Welch tiefe Entehrung und Schändung erfuhr Deutschland durch das Schicksal, dies aus sich hervorzubringen. Ich bin kein Herkules, der eine Hydra im Sumpf erschlagen könnte. Aber was, frage ich mich, habe ich selber eigentlich aufgeboten, oder hätte ich heute aufzubieten, um sie zu vernichten? Mit dem Ekel ist es nicht getan.

Ich habe die Hydra in den letzten Jahren mehr und mehr erkannt. Mir war aufgegangen, was Nazismus darstellt und wie armselig die sogenannte ‹Propaganda› gegen ihn war. Welche ehrlichen Waffen hatte ich? War das der Herkuleskampf gegen eine Hydra, der man mit Keulenschlägen und Feuerbränden nicht beikommen konnte? Ich hatte immer gefragt; ich sah keine Waffen.

Ich beschäftigte mich stundenlang im Lager mit diesen Gedanken. Die Gedanken reißen immer wieder ab. Sie lassen sich von mir nicht an einen Punkt führen, der mich befriedigt. Ich finde den Punkt nicht.

6. Kapitel
Ich prüfe und befrage mich

Wir haben keinen Grund, uns irgend eines Werkes zu rühmen.
Ich gehe herum, und ich sitze und sitze. Ich fühle mich gezwungen, ein Fazit meines ganzen Lebens zu ziehen, abzurechnen mit mir, als ob ich vor dem Tode stünde. Es gilt nun zu ermitteln, was mich in diesen Stand gebracht hat, was ich getan und was ich unterlassen habe.

Ich bin eigentlich nur wie eine Pflanze gewachsen, habe meine Nahrung von da und dort geholt und bin so geblieben. Was mich trieb, dieses und jenes zu wollen, habe ich nie ernsthaft geprüft. Ich wurde getrieben, und ich nahm ohne weiteres an: das bin ich, der treibt. Ich habe mich nie mit dem befaßt, was sich als mein ‹Ich› ausgab und was da wollte und ablehnte. Ich tat es bewußt nicht. Sokrates lehrte: Erkenne dich selbst! Aber wie soll man sich selbst erkennen, wenn man zu gleicher Zeit das ist, was erkennt, und das, was erkannt werden soll. Ich habe immer um mich geblickt, habe meine Augen und mein Urteil geschärft und Erfahrungen gesammelt, und wenn ich mich zum Sterben hinsetzte, habe ich mich vor Gefühlen gehütet, die ich für eine schwächliche Angelegenheit hielt. Ich habe mich rüstig während der Jahrzehnte unter Menschen bewegt, und war ein Mensch wie sie, ein kleines Lebewesen, eine Mikrobe, die mit Millionen anderer im Wasser wirbelte.

Was jetzt in meinem Rücken, auch unter meinen Füßen liegt, will ich, muß ich nun sehen.

Gerichtstag? Nein. Nicht ich bin es, der Gericht halten kann, am wenigsten über sich, – nur hinblicken, überblicken.

Wie war es?

Ich wurde 1878, vor 62 Jahren, in Stettin geboren. Mein Vater betrieb ein Schneideratelier, meine Mutter kam aus einer mehr wohlhabenden Familie. Aber wie es zwischen meinem Vater und meiner Mutter stand, das habe ich schon vor 12 Jahren beschrieben in einem Büchlein, das herauskam, als ich 50 wurde. Was hat mir diese Häuslichkeit mitgegeben? Mein Vater arbeitete und ging – seiner Wege. Meine gute Mutter hatte mit der Wirtschaft und uns fünf Kindern zu tun, und litt. Wir hielten alle zur Mutter. Wir erlebten schreckliche Szenen zu Haus.
Ich besuchte die Vorschule des Realgymnasiums und saß in der Sexta, als mein Vater, der damals 40 Jahre alt war, mit einem etwa 20 Jahre

jüngeren Mädchen aus seiner Werkstatt davonging und sein Haus und seine Familie verließ. Er fuhr nach Amerika. Keine Bemerkung will ich machen über das Unglück, das damals über unsere Familie fiel.

Wir verließen 1888 Stettin und siedelten uns, arm, ausgehalten von den Brüdern meiner Mutter, in Berlin an, im Osten der Stadt. Die Erinnerung von 1888, an die Fahrt nach Berlin, an die Bettelexistenz, die dann folgte, an unsere Armut, hat mich nicht verlassen bis zum heutigen Tag. So wuchs ich auf. Dies gab mir das Heim mit.

Es blieb in mir, daß wir, daß ich zu den Armen gehörte. Dies hat meine ganze Art bestimmt. Zu diesem Volk, zu dieser Nation gehörte ich: Zu den Armen.

Ich wurde auf die Gemeindeschule am Friedrichshain geschickt, und nach 3 Jahren nahm mich ein humanistisches Gymnasium als Freischüler auf. Ich war da immer 3 Jahre älter als der Durchschnitt der Klasse. Und nun das Gymnasium, wo ich bis zur Reifeprüfung um 1900 blieb. Was erfuhr ich hier, was nahm ich auf? Da waren die preußischen Lehrbeamten, die Professoren, und sie übermittelten die sogenannte humanistische Bildung, und dazu die preußische Staatsgesinnung. Zu ihr gehörte Disziplin und Fleiß. Man lernte viel auf dem Gymnasium, auch aus dem klassischen Altertum, lernte auch die deutschen Heldensagen und deutsche Literatur, so daß man sie kannte. Es wurde auch Geschichtsunterricht gegeben, auf das Preußische und Deutsche hin. Man war jung, man nahm alles hin, es waren staatliche Lehren, die zu dem Gymnasium gehörten und für seine Dauer ihre Gültigkeit hatten.

Und was war mit dem Judentum? Ich hörte zu Hause, schon in Stettin, meine Eltern wären jüdischer Abkunft und wir bildeten eine jüdische Familie. Viel mehr merkte ich innerhalb der Familie vom Judentum nicht. Draußen begegnete mir der Antisemitismus, wie selbstverständlich, und da erging es mir nicht anders wie andern Schulkameraden, denen man zu Hause dasselbe erzählt hatte. Am protestantischen Religionsunterricht nahm man also nicht teil, der jüdische Religionsunterricht war unsicher und mehr freiwillig. Man hatte keine Schule an den christlichen Feiertagen und dazu frei an zwei oder drei jüdischen. Dies also sah und beobachtete man. Zwei große Feste hielten die Eltern, das Neujahr- und Versöhnungsfest. Da zogen sie gut gekleidet in die Tempel, meist abends und vormittags, und arbeiteten nicht. Sie nahmen in die Tempel Bücher mit, die Gebete und Auszüge aus dem alten Testament, auch Psalmen, in einem doppelsprachigen Text enthielten, im deutschen und im hebräischen. In den (recht gelegentlichen) Religionsstunden lernte ich auch etwas hebräisch, kam aber nicht über die Anfangsgründe hinaus. Welches Interesse sollte ich auch daran haben, außer Latein, griechisch, französisch noch hebräisch zu lernen, wo mich die Beschäftigung mit den leeren Sprachgehäusen schon immer abstieß? Ich hatte zwischen Ilias und Odyssee, zwischen Edda, Nibelungen und Gudrunlied wenig Sinn für die Frühgeschichte des Volkes Israel, das später zerstreut und aufgelöst wurde. Und die Lehre, das eigentlich Religiöse, – ich las sie und hörte sie. Es war und blieb eine oberflächliche Lektüre. Keinerlei Gefühl kam dabei auf, keine Bindung stellte sich ein.

Meine Mutter konnte hebräisch lesen, und es war ein rührendes Bild, diese Frau, die schwer arbeitete und sich um uns mühte und die kaum die Zeitung las, an den hohen Feiertagen still abseits irgendwo in einer Stube sitzen zu sehen. Da hielt sie eines ihrer Bücher in der Hand und las eine Weile darin, hebräisch mit halblauter Stimme. Manchmal war es nur ein Gemurmel. Wenn ich an Jüdisches denke, steht dieses Bild meiner Mutter vor mir. Sie lief und erschöpfte sich für uns Kinder, deren Vater, ihr Mann, sein ganzes weiteres Leben in Hamburg zubrachte, mit jenem Mädchen, und der seine große Familie gelegentlich mit Briefen bedachte. Die Mutter hätte noch einen guten Lebensabend haben können, aber da kam die Schüttellähmung, die schwere Nervenkrankheit, und sie starb im Hause unseres ältesten Bruders, der die Vaterstelle an uns vertrat. Wir ließen auf ihren Leichenstein schreiben: ‹Die Liebe höret nimmer auf›.

So war mein Gemüt an sie gebunden, die still für sich in der Stube saß, das Buch in der Hand, und betete.

Aber wie flammte ich auf, und das war das erste Lebenszeichen jenes dunklen Seins, das ich als mein Selbst mit mir herumtrug und von dem ich ohne weiteres annahm, es sei mir vertraut, und was ich kannte, das wäre wirklich ich –, wie flammte ich auf, als mir die ‹Penthesilea› von H. v. Kleist begegnete, und wie richtete sich mein Zorn gegen den kalten, gar zu wohl temperierten Goethe, der dieses Werk ablehnte. Zu Kleist, den ich in mein erwachendes Herz schloß, gesellte sich Hölderlin. Kleist und Hölderlin wurden die Götter meiner Jugend. ‹Du sollst keinen anderen Gott neben dir haben, ich bin der Herr, dein Gott›, – das hatte ich gelesen und gehört, aber dabei war es geblieben. Denn wodurch bewies er sich mir als Gott? Die Welt verlief draußen als sichtbar, nachweisbar, berechenbar, ohne Gott, nach Naturgesetzen. Sie verlief ‹natürlich›. Ich fragte noch nicht, was denn aber ‹natürlich› war. Und die Geschichte verlief im Rahmen des Staates und der menschlichen Gesellschaft. Und wenn die Anhänger Gottes, der keinen anderen neben sich wollte, an ihn glaubten, so mochten sie es tun, aber es war ihre Privatsache. Meine eigene Privatsache war etwas anderes.

Den ‹Hyperion› von Hölderlin trug ich zwischen 1898 und 1900 mit mir herum, in einem zuletzt völlig aufgelösten Reklambändchen. – So aufmerksam und so intensiv las man ihn wohl damals im allgemeinen noch nicht. Diese beiden, Kleist und Hölderlin, wurden meine geistigen Paten. Ich stand mit ihnen gegen das Ruhende, das Bürgerliche, Gesättigte und Mäßige.

Haben diese beiden mich geführt? Konnte ich ihnen folgen? Ich weiß: sie alterten nie. Denn wenn ich jetzt an sie denke, so stelle ich fest: Sie waren meine ersten Erwecker und sie blieben meine Freunde. Sie konnten mich nicht führen. Aber ich liebe sie weiter und unverändert, wie Kameraden, wie Brüder, diese beiden Herrlichen, – Unseligen.

Ich hatte diesen Weg beschritten. Da machte ich im Beginn meiner Studienzeit in Berlin, um 1902, dicht hintereinander zwei Entdeckungen. Ich stieß in einer kleinen Leihbibliothek an der Schönhauserstraße, wo ich gelegentlich schmökerte, auf Dostojewski und dann auf Nietzsche. Ich war nun 24 Jahre alt und studierte Medizin. Es war schon vorher an meinem musikalischen Himmel Richard Wagner aufgegangen, sein Stern konkurrierte an Lichtstärke mit dem von Johannes Brahms. Ziemlich rasch nahm Wagner ab. Es funkelte schon Hugo Wolff. Damals also fielen mir Dostojewskis ‹Raskolnikow› und einige Nietzschebücher in die Hand. Ungeheuer regte mich der ‹Raskolnikow› auf. Es war weit mehr als die Erregung bei der Lektüre eines spannenden Buches. Nein, es war überhaupt nicht Roman-Lektüre, das Gebiet der Literatur überhaupt war überschritten; und nicht einmal gesprengt wurden hier literarische Grenzen. Ich war nach Hölderlin und Kleist auf ein neues Gebiet geführt. Der ‹Raskolnikow› war ein Ereignis; er gab eine Wirklichkeit, wie der ‹Hyperion› eine war.

Und Nietzsche. Ich erinnere mich, wie ich im Zimmer sitze und nach der Lektüre der ‹Genealogie der Moral› das Buch schließe, beiseitelege und mit einem Heft bedecke, buchstäblich zitternd, fröstelnd, und wie ich aufstehe, außer mir, im Zimmer auf und abgehe und am Ofen stehe. Ich wußte nicht, was mir geschah, was man mir hier antat. Kannte ich Gott, trotz alledem? Gott, gegen den es hier ging? Wußte ich von ihm? Ahnte und ersehnte ich ihn? Ich weiß nicht. Aber ich sah, daß es hier schrecklich ernst wurde, daß es um Gott ging, und daß ich daran beteiligt war.

Wie bei meinen armen Freunden Kleist und Hölderlin handelte es sich hier weder um Kunstliteratur, noch eigentlich um Philosophie. Wieder einmal stieß einer auf den Ursprung zu. Ich verhielt mich bei der Lektüre dieser Werke wie ein Mann, der, ohne Alpinist zu sein, unversehens genötigt wird, eine gefährliche Gletscherpartie zu machen, der diese Abenteuer aber besteht und der während seines Verlaufs und nun erst nachher konstatiert, was eigentlich in ihm ruht, welche Kräfte er in sich trägt. Denn so ist es ja mit dem Leben in unserer bürgerlichen Gesellschaft, nein, bestimmt in jeder Gesellschaft. Es äußert sich nur einiges von uns, man schläft größtenteils ein, eine große Anzahl von Fragen werden überhaupt nicht gestellt, das Leben spielt sich in einem engen festgelegten Kreis ab. Wie ein Igel rollt man sich ein. Wo sind da noch Probleme, was sind überhaupt Probleme? Außerhalb der Suche nach Nahrung, Behausung, Bequemlichkeit, Ehre? Wenn der Hunger und die Kälte, die Liebe und die Wohnungsnot und vielleicht noch der Ehrgeiz geregelt sind, was bleibt?
Über den Rest der Existenz, – welch ungeheurer Rest – legt sich ein Schleier.

So trieb ich dahin und studierte. Der Wohlstand in dem Land, in dem ich lebte, nahm zu, und ich befand mich gut dazwischen. Fiel da also vom Himmel herunter ein Blitz, schlägt dicht vor mir ein und in der Helligkeit, die blendet, sehe ich, was ich vorher nie gesehen hatte. Und dieser Blitz war Dostojewski und die Gespräche Raskolnikows und der Brüder Karamasow und dann die ‹Genealogie der Moral›, – Donner, ein ganzes Gewitter, Blitz nach Blitz, so daß man sich schon ängstlich nach der alten Bläue des Himmels sehnt.
Warum hatte ich denn begonnen, Medizin zu studieren? Weil ich Wahrheit wollte, die aber nicht durch Begriffe gelaufen und hierbei verdünnt und zerfasert war. Ich wollte keine bloße Philosophie und noch weniger den lieben Augenschein der Kunst. Ich hatte schon schwere

Dinge erlebt und mochte den Spaß der gutsituierten Leute nicht und das Künstlertum, wenigstens das was ich sah, widerte mich an. Dagegen war ja mit Ernst und Energie das Leben geladen, das ich im Alltag erfuhr, und dazu war wunderbar hart und schrecklich die Natur, zu der wir auch gehörten. Und da kam Nietzsche, er hatte nicht Medizin studiert und wußte auch nicht viel von Naturwissenschaften, aber mit dem, was er wußte und hatte, verstand er umzugehen. Er war ehrlich, verlangte Wahrheit und nur die Wahrheit. (Es war mehr die Besessenheit hinter einer Wahrheit, die infolgedessen nicht die Wahrheit war.) Atemlos verfolgte ich, was er trieb und hörte auf seine Äußerungen. Ich nahm seine Gedanken weder an, noch lehnte ich sie ab. Ich ließ sie auf mich wirken. Sie bedeuteten eine Aufhellung und Erschütterung.

Es gibt zweierlei Arten von Begegnungen, für die man dankbar sein muß. Die eine ist die Begegnung mit Menschen, die erfüllen, was wir wünschen und die Fragen beantworten, die wir stellen. Die andere Art: Begegnung mit Menschen, auch mit Büchern, Vorgängen, Bildern, die in uns Wünsche erzeugen und Fragezeichen machen. Das sind Begegnungen, die an den Frühlingsregen in der Wüste erinnern: Er läßt eine üppige Flora hervorsprießen aus dem Boden, der noch gestern bloßer gelber heißer Sand war, und der durch nichts auf so viele und kostbare Keime schließen ließ.

Auf solche doppelte Weise werden wir an das Licht der Welt gehoben. So erschienen vor mir diese Zauberer, von denen ich sprach. Ich schlug mich lange mit irgendwelchen Figuren und Gestalten von Kleist, Hölderlin, Dostojewski, mit Sätzen von Nietzsche herum und – ließ sie dann fallen. Sie verschwanden mir dadurch nicht, und wann auch immer ich mich später ihnen näherte, tat ich es mit Rührung und Ergriffenheit.

Ich sitze und sitze in meiner Koje auf dem Bett und frage, wie ich in diesen Zustand geriet. Und es wird mir klarer und klarer: Wäre ich so wie viele, die mit mir ausgingen und denen ich draußen begegnet bin, so wäre ich jetzt eiskalt und völlig sicher. Nichts ist durch das Unglück bewiesen, das uns aus Deutschland und nun aus dem Land trieb, in dem wir Asyl gefunden hatten. Sie halten eisern die Fahne in der Hand, die sie gehalten haben. Die Fahne, um die Fahne geht es. Welche Fahne habe ich aber gehalten? Welche Fahne halte ich? Und die andern, können sie mir sagen, welche Fahne sie eigentlich halten, haben sie sich Rechenschaft gegeben über diese Fahne?

Ich habe immer zu den Armen gehalten; dies eine ist mir sicher. Ich folgte dann von Zeit zu Zeit, aus dem und jenem Teilgrunde, der oder jener ‹Fahne›. In einen Kampf ziehen für sie vermochte ich nie.

Mir ist spät, etwa 1935, in Paris noch ein Zauberer begegnet, Kierkegaard. Er rührte ähnlich aber schwächer wie die andern Götter, gewaltiges Ringen – ohne Ergebnis. Der Unglückliche erinnerte mich an die Verzweiflung von H. v. Kleist, als er Kant begegnete. Kierkegaard will die Wahrheit um jeden Preis. Er sagt, er wolle sie, – aber er will sie nicht. Er hat sie schon, zwar nicht die Wahrheit, aber seine Wahrheit. Und er hält sie fest, besser, er hält sich an ihr fest. Er wagt sich nicht von ihr weg. Sein Gewissen treibt ihn zu suchen. Er behauptet, sein Gewissen treibt ihn zu suchen. Er behauptet, sein Gewissen verhinderte ihn zu finden. Aber es ist nicht das Gewissen, das ihn verhindert zu finden. Es ist sein verstockter Stolz. Und so verhält er sich wie ein Hund, der angebunden ist, bellt und bellt, sucht im Kreis herum, aber bewegt sich nicht. Das ist der sündhafte Mensch, der sich den Zugang zur Wahrheit verbietet. Welche pathetische Bemühung, welches Übermaß von Anstrengungen. Er wäre so glücklich, wenn ihn einer bei der Hand nähme und ihn mit Schmeichelworten löste und wegführte.

Ich will nicht vergessen:

In der ersten Hälfte der zwanziger Jahre ereigneten sich in Berlin pogromartige Vorgänge, im Osten der Stadt, in der Gollnowstraße und Umgebung. Das geschah auf dem Landsknechtshintergrund dieser Jahre; der Nazismus stieß seinen ersten Schrei aus. Damals luden Vertreter des Berliner Zionismus eine Anzahl Männer jüdischer Herkunft zu Zusammenkünften ein, in denen über jene Vorgänge, ihren Hintergrund und über die Ziele des Zionismus gesprochen wurde. Im Anschluß an diese Diskussionen kam dann einer in meine Wohnung und wollte mich zu einer Fahrt nach Palästina anregen, was mir fremd war. Die Anregung wirkte in anderer Weise auf mich. Ich sagte zwar nicht zu, nach Palästina zu gehen, aber ich fand, ich müßte mich einmal über die Juden orientieren. Ich fand, ich kannte eigentlich Juden nicht. Ich konnte meine Bekannten, die sich Juden nannten, nicht Juden nennen. Sie waren es dem Glauben nach nicht, ihrer Sprache nach nicht, wie waren vielleicht Reste eines untergegangenen Volkes, die längst in die neue Umgebung eingegangen waren. Ich fragte also mich und fragte andere: Wo gibt es Juden? Man sagte mir: In Polen.

Ich bin darauf nach Polen gefahren. In einem Buch habe ich darüber berichtet. Ja, ich war da und habe zum ersten Mal in meinem Leben Juden gesehen. Ihr Anblick rührte mich tief. Ich habe nicht vergessen, was ich im Ghetto von Warschau sah, in Wilna und Krakau, und nun gar in dem Städtchen eines großen Rabbiners, in Gura Kalwaria. Sie trugen die Tracht des deutschen Mittelalters, den langen schwarzen Mantel, der hier Kaftan heißt. Ihre Sprache war deutlich stehen gebliebenes Mittelhochdeutsch, gemischt mit Worten aus ihrer Umgebung und von ihrer Wanderschaft. Ich sah auf der Straße eine Schar von Schülern, von 10 bis 12 Jahren, mit Hängelocken geringelt zu beiden Seiten des Gesichts, mit Schuhen und Strümpfen wie Pagen. Sie waren ein eigenes Volk, überhaupt eine andere Welt. Sie hatten ihre Religion, ihre Sprache, ihre Umgebung. So wenig ich mich zu ihnen rechnete, rechneten sie mich zu sich.

Nach diesem Besuch wurde mein Interesse am jüdischen Schicksal rege. Der Plan eines Landes für die heimatlosen und überall verjagten Reste dieses Volkes leuchtete mir ein. Vielleicht konnten die Juden, die von ihrem Boden losgerissen waren und seit zwei Jahrtausenden zwischen den Völkern flottierten, wieder einen Boden finden, auf dem sie sich in eigener Art, aus eigener Kraft entwickeln konnten. Ich lehnte den nationalistischen Zionismus ab; er war mir zu europäisch und zu bürgerlich. Ich habe mich dann zu den ‹Territorialisten› geschlagen. Ich versuchte sogar jiddisch zu lernen. Ich reiste, schrieb und sprach für diese Bewegung. Aber ich blieb draußen. Meine Worte bedeuteten hier nichts, und ich empfing nichts. Wieder eine Fahne, die ich nicht halten konnte.

Weiter: Die langen Jahre in Berlin im Sozialismus, nach dem ersten Weltkrieg und lange später. Die Arbeiter, das war in der Tat mein Milieu. Und der sozialistische Gedanke, der echte, das Grundgefühl einer menschlichen Brüderschaft, war meins. Ich beobachtete die Parteien und sah das – Bonzentum. So gerann der sozialistische Gedanke. Und zuletzt saß ich dann in Berlin mit einer kleinen Gruppe von Männern zusammen, Absprengsel aller möglichen Parteien, im Grunde lauter Enttäuschte und Desillusionierte. Wir Splitter kamen zusammen, bis uns der Terror auseinandertrieb. Welche Sache hatte ich zu meiner gemacht?
Bin ich gestrandet, jetzt?
Ich habe mir einen zu leichten Kahn gebaut, um über den Ozean zu fahren. Natürlich wurden die Wände eingedrückt. Der Boden erwies sich

als Papier und weichte auf. Ich schleppte mich weiter, so lange die Witterung es erlaubte, dann ein Windstoß, und noch ein Windstoß, und der Kahn kippte und die Seefahrt war zu Ende.

Ich habe ja auch geschrieben. Half es mir? Sicherte es mich? Was war es? Es bildete sich in mir ein Klima, eine meteorologische Situation, der ein bestimmter seelischer Druck entsprach. Das gab keine Ruhe, bis ich mich vor das weiße Papier setzte und es mit Worten und Sätzen bedeckte. Ich mußte eine geheime Tür öffnen und in einen stillen, völlig mir gehörenden Raum eintreten, die Tür fest hinter mir zuziehen, und nun war ich ganz allein, und es begann etwas, was von Erregung und Spannung begleitet mir wohltat und mich oft wie Rausch und Glück erfüllte, ein stiller Vorgang hinter verschlossenen Türen.

Dies Schreiben (denn jetzt schrieb ich) hatte aber nichts zu tun mit Besinnung und mit Klarwerden. Es war eine Realität für sich, und sie bedurfte keiner Legitimierung durch eine andere, selbst wenn sie sich an der andern rieb. Ich sehe mich vor Bilder gestellt, in Landschaften und Situationen geschoben, die in mir auftauchten, – ich kann nicht sagen, daß ich sie erdachte oder erfand. Diese Phantasien konnte ich weder rufen noch mich ihrer erwehren. Immerhin gab es da einen sonderbaren Punkt. Man trat hier nie allein ein, wenn es einem auch so vorkam. Ich saß nie allein an meinem Tisch. Ich war allemal von einer großen Gesellschaft umgeben: Von den Worten, von der Sprache. Die Worte waren mitgekommen. Aber die Worte hier waren etwas anderes als die Worte draußen, welche zur Verständigung und Bezeichnung dienten. Was in meine Kammer trat, diente: zum Bauen, Spielen und Bilden. Sie trugen eine Art Geistergewand. Anders durften sie hier nicht herein; mehr durften sie nicht mitbringen. Eine sonderbare Sache, das Schreiben. Ich begann es nie eher, bis die Einfälle einen bestimmten Reifegrad erreicht hatten, und das war dann der Fall, wenn sie im Gewande der Sprache erschienen. Hatte ich dieses Bild, so wagte ich mich mit ihm, mit meinem Pilotenboot, aus dem Hafen heraus, und da bemerkte ich draußen bald ein Schiff, einen großen Ozeandampfer, und ihn betrat ich und fuhr aus und war in meinem Element, reiste und machte Entdeckungen, und erst nach Monaten kehrte ich von solcher großen Fahrt heim, gesättigt, und konnte wieder das Land betreten. Meine Fahrten bei geschlossener Tür führten mich nach China, Indien, Grönland, in andere Epochen, auch aus der Zeit heraus. Was für ein Leben.

Aber brachte ich von diesen Fahrten etwas heim?

Mit den Worten war ich ‹gereist› und hatte sie zum Bilden und Phantasieren benutzt. Was ließ sich von solcher Reise heimbringen? Ein Buch lag zuletzt da. Und ich war befriedigt, gesättigt, bis mich wieder die Unruhe und die Leere bedrängten und der Trieb in mir erwachte, und das wuchs heran und war eine Sucht, die Sucht zu reisen, zu wandern, zu fliegen, sich zu verwandeln. Es genügt nicht, diese einzelne Gestalt zu haben, dieser einzelne Mensch zu sein.

Aber ich erinnere mich auch und will es nicht vergessen: dieser einzelne Mensch, zwischen seinen Abenteuern und seinen Verwandlungskünsten, hatte und kannte noch etwas anderes. Durch seine Landschaft zog ein schmaler Fluß. Und er wurde nicht müde, am Ufer dieses Flusses entlang zu gehen.

Er wußte schon früh von dem Geheimnis, – von dem Geheimnis der Existenz der Welt. Er wußte, ohne daß es ihn einer gelehrt hätte, daß es vor dem Geheimnis nur eine einzige menschliche Bewegung gibt, das Hinsinken. Dies war mir vertraut. Und wenn ich von der Natur schrieb und sie durchdachte, hatte ich nur im Sinn, mich diesem Geheimnis zu nähern und ihm meine Verehrung zu weisen. Und an dieser Verehrung ließ ich alle meine Werke teilnehmen. Alle meine Abenteuer und Fahrten geschahen unter diesem Zeichen. In gewisser Weise waren sie alle Gebete.

Dabei mußte ich es hinnehmen, daß sie mich für einen Atheisten nahmen, der Umgebung wegen, unter die ich mich mischte, und ferner, weil ich nur von dem ‹Ursinn› sprach und nur in der Natur und Geschichte suchte. Von den großen Namen, den die Frommen gebrauchen, hielt ich mich fern.

Hier sitze ich nun und stelle fest: Ich bin eigentlich nicht beraubt durch die Katastrophe, sondern ich bin aufgedeckt worden. Eigentlich habe ich in meiner Armut gewonnen.

Eine Konsequenz aus dem ‹Ursinn›: Zu ihm gehört auch die Gerechtigkeit. Nicht allein die Naturformen sind sinnvoll geformt, auch die Vorgänge, die Geschichte. Die eigentliche Tiefe der Geschichte ist uns nicht zugänglich. Und wenn sich jetzt nicht Gerechtigkeit zeigt, – und dies ist das einzige, was ich nach der Katastrophe und der Aufdeckung meiner Armut in Händen habe, – dann habe ich zu erkennen: Dies ist nicht die einzige Welt.

Der Mangel an Gerechtigkeit in dieser Welt beweist, dies ist nicht die einzige Welt. Der Ursinn erstreckt sich nicht auf diese eine, unserem Sinn zugängliche Welt. Sein Wirken, auch seine Gerechtigkeit, umschließt und durchdringt die sichtbaren und unsichtbaren Welten. Ja noch andere Welten, unsichtbare. Welch einfache und naheliegende Gedanken. Ich fühle mich im Augenblick, wo ich dies denke, nicht mehr so getrieben. Aus den unsichtbaren Welten strömen auch die Winke und Zufälle, die Zeichen in diese sichtbare Welt ein. Das ist eine eigentümliche Erweichung der Realität. Die Realität wird transparent. Sie ist aber immer so. Nur sind nicht immer die Augen da, sie so wahrzunehmen. Wir lassen es uns genügen, mit unsern Bäumen, Tieren und Städten, – den Flächen, den Oberflächen.

7. Kapitel
Ein Zeitungsartikel und anderes

In der Hauptstraße liegen sich zwei Cafés mit Terrassen gegenüber: eins heißt ‹Café de la Paix›. Es ist das Ziel meiner Nachmittagsspaziergänge. Auf der Terrasse lungern andere meinesgleichen herum. Zu bedauern sind Militärpersonen, sie werden vertrieben, wenn sie vor sechs erscheinen, die Kellnerin flüstert ihnen, selbst wenn es Offiziere sind, etwas zu, sie sind verblüfft und zahlen. Immerhin hat man eine Kompromißlösung gefunden. Rechts an der Grenzmauer des Lokals steht eine grün angestrichene Gartenwand mit einem Gartentisch davor. Man unterstellt, daß dieser Tisch exterritorial sei und nicht zum Lokal gehöre. Hier wird zwar auch nicht bedient, aber hier dürfen Soldaten sich hinsetzen, Zeitung lesen und Briefe schreiben.
Der Wagenstrom der Flüchtlinge ist versiegt. Das gesamte Straßenbild hat sich seit dem Waffenstillstand verändert. Es wird von den Soldaten beherrscht, die auf ihre Demobilisierung warten. Nachmittags und abends spazieren auch Offiziere herum, in voller Uniform, aber ohne Waffen, ein trüber Anblick. In dem weiten Garten des ‹Grand Hotel› sehe ich einmal zwei Soldaten bei einer geheimnisvollen Arbeit: der eine kniet im Gras und jagt etwas. Der andere hat zwei dünne Äste, die er wie eine Gabel hält. Was treiben die beiden? Jetzt haben sie es geschafft! Sie haben – einen Schmetterling gefangen. Der mit den Ästen hebt einen zappelnden Nachtschmetterling hoch und demonstriert ihn uns am Zaun strahlend.

Am Fluß ziehen andere Soldaten. Hier wird geangelt. Die Leute stellen sich entfernt von den Wäscherinnen, die unten ihr Leinenzeug schlagen und ihnen das Geschäft verderben. Ab und zu schleudert ein Soldat triumphierend einen kleinen Fisch in die Höhe.
Die Tracht der Soldaten fängt an sich zu verändern. Sie geht ins Zivil über. Einer trägt einfache weiße Leinenhosen, ein anderer unten Militärhosen und oben die Uniformmütze, dazwischen ist er Zivilist. Sonderbar ist es, wenn durch die Gruppen dieser Halb- und Viertelsoldaten schwerbepackte kriegsmäßig ausgerüstete Soldaten mit Stahlhelm trotten, – ein Lied aus alten, alten Zeiten.

Ich erwische eine Nummer des ‹Paris Soir›, setze mich mit ihr auf den Kirchplatz und studiere die beiden Seiten – denn mehr hat die Zeitung nicht.
Ich finde einen Artikel von Gillet, Mitglied der Académie. Er schreibt von seinem verwundeten Sohn, den er besucht hätte, und was der ihm über die Deutschen sagte. Er schreibt Dinge, die ich auch sonst in meiner Baracke und unter den Leuten höre, die vormittags mit mir vor einem Buchladen auf eine Zeitung warten. Man hält sich da manchmal eine Stunde auf, die Zeitung wird von irgendwem mit Wagen gebracht.
Man lobt jetzt die Deutschen. Sogar die Soldaten loben sie, freilich mit dem Zusatz: unsere Führung taugt nichts.
Gillet im ‹Paris Soir› haut in dieselbe Kerbe. Aus den Schilderungen seines Sohnes hat er, berichtet er, eine Vorstellung gewonnen von der ‹elementaren Energie› da drüben. Frankreich erlebe jetzt, sagt er, die Überflutung und Überrumpelung ‹durch einen neuen Islam›. Im letzten Krieg, 1914–18, waren die Deutschen, wenn ich mich recht besinne, Hunnen und Barbaren, zum mindesten Boches. Und ebenso 1870–71. Jetzt – spricht man von ihnen mit Hochachtung, ja – mit Neid.

Dem französischen Geist fehlt, meint Gillet, die genügende Wucht.
Ich will die Frage beiseite lassen, ob Frankreich wirklich durch die Wucht irgend eines ‹Geistes› überrannt ist und ob man für die Niederlage nötig hat, eine Religion zu bemühen. Es gab und gibt in Frankreich viele Arten von ‹Geist›. In diesem großen und reichen Garten wuchsen viele Pflanzen, und zwar seit lange. Es hatten sich in letzter Zeit wenige neue überragende Figuren gezeigt, aber der alte Bestand war groß. Es gab das katholische, protestantische, calvinistische, neukatholi-

sche, neureligiöse, altreligiöse, laische, voltairianische Denken, – nebeneinander, und es war französisch. Man legte keinen Wert darauf, zu Massenbewegungen zu kommen. ‹Frankreich› als Kuppelbau, als die historische Gegebenheit genügte. Unter der Kuppel trieb man Politik und Geselligkeit und fragte nach dem Glück des Individuums. Alle Versuche, hierher den äußeren Kollektivwahn der Diktatorialstaaten und ihre Massenpsychosen zu verpflanzen, scheiterten.

Es ist klar, daß man so schlecht vorbereitet in einen Krieg gegen einen Kasernen- und Polizeistaat zieht. An sich hatte jetzt, nachdem das Unglück erfolgt war, grade aus dem Individualismus heraus ein erbitterter Kampfwille entstehen müssen. Man hatte doch gesehen, was da anrollte: eine einförmige Menschenmaschine, das Gegenteil von dem, was man bejahte.

Aber siehe da: jedenfalls in dieser Zeitung, und bei den Spießern, bewundert man die Menschenmaschine! Man ist so ‹objektiv›, zu bewundern, wie fein die Maschine Menschen plattquetscht.

Und man unterstellt der Menschenmaschine eine – neue Religion à la Islam und verherrlicht sie. Nun, das ist schon nicht mehr Individualismus, sondern eine Mischung von Stupidität und Masochismus.

Wie steht es mit dem Islam, von dem Gillet redet? Man ist den Nazis schön auf den Leim gegangen. Daß das preußische Exerzierreglement und seine Disziplin das Skelett des Nazismus ist, und daß Nazismus im Ganzen wieder einmal, neu eingekleidet und auf neue Weise gedrillt, der preußische Militarismus ist, das zu glauben, war manchen Leuten zu einfach. Um zu erkennen, daß sich einfach der alte preußische Kasernenhof geöffnet hat und nach Deutschland halb Europa verschlang, dazu mußte man offenbar schon in der Nähe des Kasernenhofs gelebt und Nazikolonnen auf den Straßen gesehen haben.

Es war diesmal eine andere Form des preußischen Militarismus, eine moderne Spielart, angepaßt. Der Kasernenbüttel hat sich emanzipiert, demokratisiert und den alten gebildeten Offizier verjagt. Es ist kein Zufall, daß ein ehemaliger Korporal das Ganze dirigiert.

Man hat hier die Novemberrevolution fortgeführt. Es kam übrigens schon früher nicht der Arbeiter, der Prolet an die Spitze, sondern der kleinbürgerliche Mittelstand. Und warum gerade diese Schicht? Von ihrer Verbreitung abgesehen, darum, weil sie sich nach beiden Seiten wenden kann und von beiden zu profitieren hofft. Es ist Fanatismus da, wie Gillet richtig bemerkt, aber was für ein Fanatismus? Ist er religiös?

Man hat im letzten Krieg den preußischen Militarismus, das heißt seine Kaste nicht zerstört, und hat damit den Hauptzweck des Krieges verfehlt. Man hat den preußischen Militarismus nicht nur leben lassen, sondern eher einem starken Reiz ausgesetzt, jenem, den eine Niederlage übt. Auf viele Weise hat dieser Reiz gewirkt. Er hat die Energie der Klasse und ihren kriegerischen Intellekt geschärft (mehr als das Siegesgefühl es konnte). Es gelang den Köpfen dieser Schicht, alles Unglück, das Deutschland traf, auf einen Nenner zu bringen: unverdiente, unverschuldete Niederlage, zu der man eine moralische Entehrung fügte. Es gelang, im Land zu verbreiten, daß Deutschland 1918 überhaupt nicht eigentlich besiegt war. Man überkompensierte das Gefühl der Niederlage durch eine kolossale Größenidee. Diese Idee war im Lande schon lang vorbereitet. Zuerst war es eine reine Niederlagepsychose, dann entstand die Größenidee zur Kompensation, dann die Bewegung zu einer militärischen Erhebung. Politisch legte diese Bewegung das Gewand des Nazismus an, der dann die wirtschaftlichen Umstände, Krise, Arbeitslosigkeit für sich arbeiten ließ.

Was hat das mit dem Islam zu tun?

Das Ganze demonstriert nur, daß man, wie schon Foch feststellte, den Sieg von 1918 nicht auszunützen verstand und daß man dem preußischen Militarismus Zeit gab, seine Wiederaufrüstung zu betreiben.

Man darf nachher nicht obendrein so kurzsichtig sein und verkennen, wen man in der neuen Panzerung und Verkleidung vor sich hat. Man darf da nicht von Islam reden, wo man gut täte, sich an die Brust zu schlagen. Rechnet man sich seine Trägheit und Gedankenlosigkeit als Verdienst an? Zum Schluß verklärt man das Böse und schmeichelt ihm: es wäre eine neue ‹Religion›.

Überraschungen

Langsam vergeht die Zeit im Lager. Ich habe mich hier fixiert, weil ich nicht weiter komme. Ich fürchte mich vor dem Essen im Lager. Essen muß man, was man einem vorsetzt, man darf nichts zurückweisen, ohne schief angesehen zu werden; aber diese Gerichte machen appetitlos. Die Speisen haben nicht den mindesten Geschmack. Es gibt keine Abwechslung: Nudeln, Bohnen, Kartoffelsuppe, Linsen. Einmal gibt es süßen, harten und angebrannten Reis. Ein kleines Fleischstück kommt – nicht immer – dazu, und ein Stück feuchtes Brot. Ich zwinge mich und würge alles herunter.

Ich erwäge öfter die Möglichkeit, daß meine Frau nach Bordeaux durchgedrungen ist und ein Schiff nach England gefunden hat. Ist sie drüben, so kann ich natürlich keine Nachricht erhalten. Welchen Plan habe ich aber dann für mich? Meine Tagesphantasien, die Wachträume werden in diesen Tagen hitziger und hitziger. Ich suche sie abzuschütteln, aber sie überfluten mich und erregen mich furchtbar. Es hängt damit zusammen, daß mein Leben ohne Plan und Ziel verläuft und ein bloßes Vegetieren ist. Das Schreiben, meine ich, würde meine Phantasie ablenken und ‹dränieren›, aber so wenig ich essen mag, mag ich schreiben, und auch nicht lesen, von den zwei Seiten Tageszeitung abgesehen.

Ich beschäftige mich manchmal mit der Frage, was ich später allein tun soll. Wo werde ich hinziehen? Und wenn meine Familie noch im Lande ist, was soll aus uns werden, wenn das Land langsam von den Nazis überzogen wird? Man wird versuchen, sich irgendwo zu verstecken, das Schwert des Damokles über sich.

Meine wilden Tagesphantasien, – besonders in der Koje, allmählich aber auch bei den einsamen Spaziergängen – nehmen manchmal einen räuberisch wilden Charakter an. Verlasse ich das Lager, so blickt mich das Plakat an: ‹16. Mai, Cirkus Büro, der einzige Cirkus ohne Bluff.› Die Phantasien rauben mir das Bewußtsein. Ich gehe wie abwesend. Meine Barackengefährten erzählen mir, sie hätten mich irgendwo auf dem Wege getroffen, hätten gegrüßt, ich wäre aber ohne aufzublicken vorbeigegangen. Meine Phantasien erschrecken mich manchmal selber. Ich beschließe, mich zusammenzunehmen. Aber ich werde blitzschnell in den Strudel gerissen.

Einmal, wie ich im Café aus einer solchen Schreckphantasie erwache, fällt mir ein: ich treibe es wie Torquato Tasso bei Goethe. Dasselbe wahnwitzige selbstquälerische Spekulieren, die Selbstquälerei, dasselbe atemlose Rennen, gipfelhoch einen Wolken- und Nebelberg hinauf, von dem man durch einen Hauch heruntergeweht wird.

Angenehm überraschen mich einmal bei einem Spaziergang ‹meine› beiden Kriminalkommissare. Kein Wunder, daß ich sie treffe. Die Stadt ist klein, und sie machen es wie ich: sie schlendern herum. Sie sitzen ab und zu in meiner Nähe im Café und beobachten und belauern Passanten. Sie erkundigen sich bei mir auf der Straße, wie meine Sachen stehen. Sie loben das Lager und raten mir, Geduld zu haben.

Ich erwarte jeden Abend den Augenblick, wo die Alte sich hinlegt, schlucke eine Schlaftablette und lege mich hin. Jede Stunde, um die ich die Zeit betrüge, ist gewonnen. Oft erscheint das Bild des Überfahrenen auf der Brücke vor meinen Augen. Er hat es hinter sich.

Einmal, gegen sechs Uhr abends, als ich von meinem planlosen Herumirren und Herumsitzen heimkomme – ich ging bergauf in eine sanfte waldige Landschaft, die mir wohltat – lese ich am schwarzen Brett des Lagers: ‹Gibt es im Lager Madame Doblin?›

Ich gehe ins Büro. Es ist ein Telegramm da, – nicht von meiner Frau, wie ich annahm, sondern von jemand anders. Das Telegramm liege auf dem Postamt. Man gibt mir einen Zettel, um das Telegramm abzuholen. Ich erfahre später, daß man meine Post öffnet.

Das Telegramm, das man mir dann gibt, ist völlig rätselhaft. Fräulein S. rät mir, mich wegen der Adresse meiner Frau an eine gewisse Behörde in Bordeaux zu wenden.

Darauf ziehe ich am nächsten Morgen auf die Präfektur und bitte den Kommissar, den mit der verbundenen Hand, für mich nach Bordeaux zu telefonieren. Er ist nicht geneigt. Erstens könne man nicht nach Bordeaux telefonieren, und zweitens seien doch, wie ich aus der Zeitung ersehen könne, die Behörden im Umzug, zum Teil in Clermont-Ferrand. Er schickt mich an eine andere Stelle: dort empfiehlt man mir, in zwei Tagen wiederzukommen. Dann wüßte man vielleicht, wo sich die wandernde Behörde befände. Ich könne aber selbst ein Telegramm schicken, freilich, ob und wann es ankäme, wäre eine andere Frage.

Ich telegraphiere nach Le Puy, daß die Bordeauxer Adresse nicht stimme, und woher denn die Absenderin wüßte, daß jene Behörde die Adresse meiner Familie hatte. Im Grunde war das ganze Telegraphieren überflüssig. Ich tat es nur, um etwas zu tun.

Sonntag ist über das Lager gekommen. In der Nacht gab es ein Hin und Her in der Baracke. Eine Schar Radfahrer besetzte die leeren Betten. Als sie Ruhe gaben, fingen die Kinder zu husten an, fast alle hatten Keuchhusten. Bald beginnt in der einen, bald in der anderen Box ein Anfall. Ich liege wach und ringe um Beruhigung. Gedanken von Tod und Sterben haben mich befallen. Ich suche gegen den Tod eine gute, bejahende Haltung einzunehmen. Furchtbar langsam verlaufen die Stunden. Morgens auf der Straße. Ich folge Kirchgängern, sitze in der Kathedrale. Ich betrachte das Kruzifix. Ich suche festzuhalten: ‹Herr, dein Wille geschehe.› Und dann denke ich darüber nach, was die Predigt gesagt hat und was die Messe verkündet: ‹Die Welt ist unglücklich und mangelhaft, durch unsere Schuld und unsere Schwäche. Aber die Gnade, die Liebe, die Erlösung wurde in die Welt geschickt. Gott kennt unsern Zustand. Er nimmt sich unserer an. Wir müssen nur kommen und wollen.› Ich spreche mir das vor. Nur kommen, nur wollen. Ich – möchte schon. Ich möchte. Aber es – gelingt mir nicht. Das Öl der Beruhigung fließt nicht in mich.

Zurück ins Lager. Ich gehe mißtrauisch am schwarzen Brett vorbei. Nachmittags, wie ich zurückkomme, werden mir – zwei Telegramme übergeben; das eine von meinem Freund, der mit seiner Frau zu Hause im Midi ist, er will alle ihm möglichen Recherchen machen, das andere aus Cahors aus jener Mädchenschule, wo wir uns aufhielten: meine Familie hätte sich nicht gemeldet.

Es wird wahrscheinlich: sie sind nach England gegangen.

Meine Gedanken haben etwas Schaukelndes, Schwingendes, Pendelndes angenommen. Ich habe keine Möglichkeit, es anzuhalten. Die Gedanken haben überhaupt nicht mehr den Charakter von Gedanken, sondern eher eines mechanischen Vorgangs in einem Triebwerk. Die Pleuelstangen stoßen vor und zurück.

Was mich am Abend, als ich an der warmen Luft spaziere, beruhigt, ist – der Anblick ‹meines› Plakates.

Und warum? Ich schreibe es nachher in mein Notizbuch ein: «Man darf sich den geheimen Kräften nicht widersetzen, die unser Schicksal leiten.» Dies – fühle ich. Wenigstens dies. Es ist mein Besitz. Ja, und es hat mein ganzes Inneres, meine Seele. Mit diesem Gedanken bin ich in voller Übereinstimmung. Diese Vorstellung drückt mich völlig aus.

Und sie läßt mich ruhig atmen. Sie erlaubt mir, den Schnittern auf der Wiese zuzusehen. Soldaten in Hemdsärmeln helfen ihnen. An der kleinen Brücke schwatzen die Elsässerinnen.

Wachträume und Gedanken

Demobilisierte Soldaten kehren zurück. Sie ziehen mit ihren Familien auf den Markt, wo es Gemüse und Obst, gelegentlich Eier, aber keine Butter gibt. Das alles ist der Friede und die ruhige Welt.

Auf dem Mairieplatz konnte man bis gestern den angefangenen Schützengraben bewundern. Heute – ist er zugeworfen.

Aus dem Platz stand die letzten Tage ein gedeckter, mäßig großer Lastwagen. Er diente gut gekleideten Beamten als Wohnung. Sie saßen drin auf Stühlen, schliefen auf Strohsäcken. Wenn sie sich hinlegten, hängten sie die Stühle heraus. Der Wagen ist weg. Durch die Gassen der Stadt schlendert müßiges Militär. Sie werden nach und nach demobilisiert. In Scharen steht man morgens an der Präfektur und wartet auf die Zeitung, den ‹Eclair› und ‹Petit meridional›. Er ist auch meine einzige geistige Nahrung.

Viele Sanitätswagen haben sich hier in den letzten Tagen angesammelt. Sie stehen an mehreren Stellen der Stadt. Es gibt komplette Röntgenwagen, Operationswagen.

Ach, diese vielen waffenlosen Soldaten, die Sanitätswagen, an der Brükke die leere Kaserne, die vorüberratternden Motorräder, – das Ganze hat den Charakter eines Angsttraumes. Die Stadt – mit ihren Winkelgäßchen, Holpersteinen, den Töpfen, Gemüsekörben vor den Läden, mit ihren schleichenden Soldaten, wirkt sie wie ein Alb auf mich.

‹Man darf sich den geheimen Kräften nicht widersetzen, die unser Schicksal leiten.› Ich spreche es mir oft vor. Ich habe dies Wort schon lange in mir gehabt, bald in der Form, bald in jener. Es drückt eigentlich ein altes Grundgefühl in mir aus. Wenn ich es ausspreche, habe ich meinen ganzen Glauben formuliert. Aber es fehlt etwas an dem Wort, das mich weiterführt. Es gelingt mir nicht, meine Gedanken an den Gekreuzigten, an Jesus zu heften, obwohl mich mein Gefühl fast dazu treibt. Nur das Wort von den ‹geheimen Kräften›, die unser Schicksal leiten, habe ich.

Oft fällt mir ein, während ich in der leeren Kathedrale sitze, ich müßte die ‹geheimen Kräfte›, die unser Schicksal leiten und den tröstenden raffenden Jesugedanken zusammenbringen. Ich mühe mich, es zu tun. Aber es gelingt nicht.

Ein neuer Tag.

Gestern beim Sonntagsgottesdienst wurde mir klar, warum mein Gefühl – von den geheimen Kräften, die unser Schicksal leiten – und der Jesugedanke so schwer zusammengehen.

Jesus am Kreuz mit der Dornenkrone sehe ich als Inkarnation des menschlichen Jammers, unserer Schwäche und Hilflosigkeit. Aber, es ist nicht das, was ich suche. Diese Wahrheit leugne ich nicht. Aber was kann sie mir jetzt bedeuten? Es ist eine Wahrheit für andere Situationen als für meine. Der Gekreuzigte ist ein Anblick für ‹glückverhärtete Herzen›. Aber wurde nicht auch gesagt, er sei der Heiland? Es hieß, er bringe ‹die gute Botschaft›, sei der Sohn Gottes, sein von Gott gesandt, um das Elend der Menschen zu wenden. Wo sehe ich das?

Statt dessen quälen sie mich. Sie reden von seiner Passionsgeschichte. Aber daß unser Dasein qualvoll und voller Leiden ist – dies uns zu sagen, braucht kein Gott zu kommen. Nötig wäre die Begründung, die Rechtfertigung unseres Zustandes und das siegreiche Wort, daß wir nicht vergeblich und hoffnungslos leiden.

Um den Passionsweg haben sie aber alles gruppiert. Es bleibt das Andere, das Eigentliche, das, was uns allen fehlt und was keine sonstige Wissenschaft lehrt: die Vernichtung des Elends und der Schwäche durch die Erhebung, der Sieg über die kreatürliche Bedürftigkeit.

Wie die Priester finster in der Kathedrale am Altar wirken. Wie die Gläubigen still herumgehen und sitzen. Warum nur, man ist in einer christlichen Kathedrale und es ist keiner gestorben, sondern einer auferstanden!

Wirklich, die Kirche hat aus Gründen, die ich nicht kenne, hier etwas vernachlässigt. Die Priester gehen meist schwarz. Vielleicht war es nötig, das Mitleid zwischen Menschen zu steigern, denn der kräftige gesunde Mensch neigt dazu, hart und fremd zu werden und sich mit seiner persönlichen Last zu begnügen. Wer hart und fröhlich ist, neigt dazu, unmenschlich zu werden. Für ihn muß man eine Form schaffen, die ihn im Menschlichen festhält: Daher der leidende Christus. Was ist nötig, uns stark zu machen? Das Elend und die Hoffnungslosigkeit ist da. Man ist widerstandslos gegen alles Mögliche, in Gesellschaft und im Staat. An Reichtum wachsen die Menschen unaufhörlich, dabei fühlen sie sich von Jahrzehnt zu Jahrzehnt ärmer. Was haben die einen erwartet vom Sozialismus, andere vom Kommunismus? Was ist nötig? Unser Dasein neu zu fundieren. Auf welchem Fundament?

Es gibt nur ein Fundament: der ewige Urgrund, durch dessen Akt wir sind. Unbegreiflich, was hinter dem Akt steckt und was wir bedeuten. Aber begreiflich und sicher ist, daß der ewige Urgrund uns hingestellt hat, mitsamt dieser Welt.

Anzunehmen, daß diese Welt nun abgelöst vom ewigen Urgrund existiert, ist unmöglich. Es ist die oberflächliche Auffassung des kreatürlichen Wesens. Danach lebt, wächst, stirbt und verwest Kreatur unter Kreaturen, ohne Vorder- und Hintergrund, ohne Boden.

Hier Jesus.

Ich sehe Jesus als Gegenfigur zu dem antiken Prometheus, Prometheus hat das irdische Feuer gebracht, den Menschen aus der Tierhöhle geholt und ihn zum Herrscher über einige Naturgewalten gemacht. Prometheisch sein ist menschliche Hoheit; nicht die Grenzen des Prometheischen erfassen, menschliche Torheit.

Ich saß wieder lange in der Kathedrale und suchte meine Gedanken – von den geheimen Kräften, die unser Schicksal leiten, von dem ewigen Urgrund, der uns trägt und hält – mit dem Bild des Gekreuzigten zu verbinden.

Es mußte zum ‹ewigen Urgrund› etwas ausgehen, das uns mit dem Ewigen-Jenseitigen verbindet, genauer: das die bestehende Verbindung hell werden läßt, in helles Licht stellt.

Der Gekreuzigte läßt mich nicht los. Seine Figur und wie sich die Religion um ihn gebildet hat, erregen mich. Aber ich gelange nicht dazu, das, was ich als wahr empfinde, mit seinem Bild zu verknüpfen.

Abermals ein Einspruch

Ich muß mich unterbrechen. Wie könnte beim Verfolgen dieser Gedankengänge ein Außenstehender argumentieren? Etwa so:

Der Mann befindet sich in einem physiologisch und psychisch unnormalen Zustand. Der Mann (Mediziner) sollte das eigentlich wissen. Zwei Wochen in ruhiger Umgebung, bei ausreichender Nahrung würden genügen, den Mann von seiner Theologie zu befreien.

Ich war wirklich unterernährt. Ich lebte in einer ungesunden Umgebung. Eine gewisse halluzinatorische Erregtheit stellte sich sogar ein, gelegentlich; so hörte ich eines Nachmittags, als ich gedankenlos auf dem Bett saß, in voller Tonstärke meine Frau sprechen; danach sprach eine andere Stimme, deren Besitzer ich nicht diagnostizieren konnte. Beide sagten irgend etwas Gleichgültiges. Es war vielleicht ein Tagesgespräch, das in der Ferne stattfand. Es erschreckte mich nicht, ich rieb mir danach die Ohren.

Die Unterernährung, die Abschnürung von äußeren Dingen, der Wegfall der gewöhnlichen Zusammenhänge bilden aber nur den Rahmen des Bildes. Die Dinge liegen anders: Wer Fett ansetzt, wer in seinem Alltagstrott hintreibt, wird nichts oder nur Plattes, Banales erfahren. Seine Ohren bleiben auf das Alltägliche eingestellt und nehmen nichts anderes wahr. Aus dem Alltagstrott muß man herausgeworfen werden, darum gingen Asketen in die Wüste, und Mönche schließen sich in Klosterzellen ein und fasten. Hunger und Unterernährung kämpfen gegen das Fett, die Verstumpfung. Bequemlichkeit und Alltagsroutine ersticken in uns, was lebendig ist und leben will.

Was ist der tägliche Komfort, der unser Leben leicht macht, was bedeutet er, was ist seine Rolle? Man sollte glauben, er begünstigt Besinnung und Vertiefung. Aber er führt faktisch nur ins Spielerische und zur Aesthetik. Wir träumen, wir lassen uns die tragischen Kämpfe, die Schmerzen und das Schicksal anderer, das Martyrium antiker und moderner Helden vorführen. Wir blicken sie an. Wir möchten uns damit von unserm Schicksal loskaufen. Wir begleiten diese Helden mit einem Schuldgefühl und einer leisen Selbstanklage, aber vor allem mit einem satten Vergnügen, weil nämlich wir nicht so dran sind. Wir genießen zynisch die dramatischen Leiden der andern, aus der Distanz. Wir sind der Meinung, daß die Helden das für uns tun. Diese Märtyrer und Helden also sind Ich-Vertretung, Ich-Ersatz, – wie man sich auch früher einen armen Bauern kaufte, um für einen in den Krieg zu ziehen.

Wir führen ein geregeltes, aber eigentlich unordentliches Leben. Wir haben längst aufgehört, etwas anderes zu tun, als zu organisieren, was sich draußen vorfindet. Aber wer regelt, ordnet? Wer und was ist das? Wir meinen, uns von dem Blick auf uns, von der Ordnung des Inneren dispensieren zu können.

Gibt es Schuld? Frage ich, ob es Schuld gibt? Ich erinnere mich, bei Nietzsche auf einen Satz gestoßen zu sein, der etwa lautet: ‹Schuld ist eine mir völlig fremde Vorstellung.› Nietzsche spricht damit aus, was viele empfinden. Schuld, Reue und Verzweiflung sind aber Dinge, die keinem (nicht vertrockneten) Menschen fremd sind. Keiner, der sich am Leben und als Kreatur erfährt, entgeht ihnen. Wer sagt, sein Ich gebe keine Gefühle von Schuld und Reue her, hat entweder sein Ich dem Leben entzogen und sich vor dem Leben versteckt, oder er hat sein Inneres schlecht erforscht, oder er versteckt sich.

Auf dem leeren Bett über mir liegt, unter meinem Mantel, neben einer Tüte Tomaten, die ich mir kaufte, und neben meinem Handtuch – der rote Eisenbahnfahrplan mit der Karte, die mich herbegleitete. Bald decke ich das Heft zu, bald lasse ich es offen liegen.

Wie glücklich die Menschen im Lager! Sie können nicht aufhören, von ‹Heimkehr› zu sprechen. Ob es für mich eine Heimkehr gibt? Ein ‹Heim› hatten wir schon lange kaum. Und nun das Andere, das Andere in mir.

Geduld. Nie hätte ich geglaubt, welche Kraft Geduld erfordert, und was Geduld eigentlich ist: eine unermüdliche Arbeit, dem Leiden standhalten und sich nicht untwerwerfen lassen.

Ich erlebe einige entspannte Stunden.

Ich gehe vor das Postamt und beobachte da Menschen. Schubweise halten Militärlastwagen und setzen Soldaten ab. Sie stürmen auf die Post, fragen nach Briefen und telegraphieren stehenden Fußes ihre neue Adresse in die Welt. Ich sehe, wie eilig sie es haben, wie sie die Büchse mit Telegrammformularen leeren und ihren Text schreiben. Ja, es beruhigt, geschrieben zu haben. Wenigstens das ist ein sicheres Faktum. Alles andere ist zweifelhaft.

An der Wand drin hängt ein Schild: ‹Telegramme werden mit großer Verspätung befördert.› Und sieht man hinter dem Schalter den Beamten mit dem glühenden Kopf, so versteht man. Die Telegramme liegen in hohen Haufen neben ihm. Von Zeit zu Zeit kommt ein Helfer, nimmt kopfschüttelnd ein Bündel – der Beamte zuckt die Achsel – und zieht mit ihnen ab. Die Soldaten lassen sich nicht abschrecken, immer neue Telegramme werden geschrieben und abgegeben.

Das Wetter ist schön. In den Sanitätswagen sitzt, liegt und schläft das Begleitpersonal. Die Ärzte spazieren in der Stadt herum; Stagnation. Und was wird geschehen, was kann geschehen, wenn die Leute zu Hause sind, und das Land liegt da unter dem Waffenstillstand, bewegungslos, zur Hälfte okkupiert.

Die ‹Zufälle› spielen weiter. Es ereignen sich und ich beobachte merkwürdige Dinge. Das ist keine gewöhnliche, ‹normale›, undurchsichtige Zeit. Einmal zeigt sich ein Mann auf Krücken in meiner Nähe. Im Lager vor der verhängnisvollen Brücke werde ich seiner ansichtig. Er schleppt sich in die Stadt.

Aber drüben von der Brücke her, wie ich mich diesem Mann nähere, bewegt sich ein anderer, auf mich zu, auch er auf Krücken, das rechte Knie in Schienen. Ich weiß, dieser Tag wird mich kaum erfreuen.

Ich marschiere ruhig weiter. Auf der Straße vor dem ‹Grand Hotel› taucht eine merkwürdige Figur auf. Ich weiß zunächst überhaupt nicht, was das vorstellt. Erst ganz in der Nähe erkenne ich, es ist eine unglaublich verwachsene alte Frau. Sie kommt kaum von der Stelle. Ihr Rumpf ist im rechten Winkel nach vorn übergebeugt. Den Kopf trägt sie tief abwärts. Es sieht aus, als ob die Frau etwas am Boden sucht. Man sieht wie wie eine Schnecke vorwärts kriechen. Das Gehen wird ihr unsäglich schwer; die Füße kann sie nicht vom Boden abheben, sie schiebt sie schlurrend, einen nach dem andern, stößt sie förmlich vorwärts. Eine schwere Arbeit, ein jämmerlicher Anblick. Ich sage: es ist ein Bechterew, eine Wirbelsäulenerkrankung.

An mehreren Tagen solche Serien. Dann tritt irgendwann, etwa abends, oder gegen Mittag, ein Umschwung ein. Eine Verwandlung vollzieht sich, die ‹Kraftlinien› (um es so zu formulieren) verlaufen in anderer Richtung, oder es zeigen sich andere Kraftlinien. Und nun erwärmt sich alles.

Ich empfange so nach einem schwierig verbrachten Tag nach Tisch zwei Briefe. Man bringt sie mir in die Baracke (ich hatte nicht den Eindruck, daß sie im Büro geöffnet waren, aber andere in der Baracke wunderten sich, daß ich die Briefe so spät bekomme). Mein Freund schreibt mir von seinen vergeblichen Anstrengungen. Und der zweite Brief, aus Le Puy von Fräulein S., enthält das Telegramm einer Behörde, die jetzt in Vichy sitzt, an die sich meine Frau in Bordeaux gewandt habe mit dem Ersuchen, ihr meine Adresse mitzuteilen. Fräulein S. will es übernehmen. An dem Abend, als ich diese Briefe erhielt, habe ich, versunken, wie ich war, nicht über sie nachgedacht. Es genügte mir, etwas von der Welt gehört zu haben, von der fernen Welt. Sie hat mich noch nicht aufgegeben.

Es spricht mich, wie ich die Baracke verlasse, die alte weißhaarige Frau mit der Brille an, die mir bei Tisch gegenübersaß. Sie klagt mir ihr Leid. Sie erzählt mir ihre Geschichte. Und ich bin wieder in meinem alten Fahrwasser: andere sprechen zu lassen.

Wie ich über die Brücke gehe, bei angenehmer Abendluft, unter einem rosig bestrahlten Himmel, und wie ich in die Hauptstraße einbiege, kommt mir ein Trupp städtisch aussehender Menschen entgegen. Ich treffe hier sonst nur bäuerliche Typen, männliche und weibliche, Vieh-händlerfiguren und ähnliches. Jetzt nähert sich mir die Stadt; auch das ein Brief aus einer anderen Welt.

Gegenüber dem Grand Hotel setze ich mich nun auf eine Bank. Drüben zwischen Zivilisten ein junger langer Offizier mit einem intelligenten Gesicht. Er liest in der Dämmerung in einem Buch. Was für eine Geste: zu lesen. Er trägt einen kurzgeschnittenen Kinn-Backenbart.

Als ich weiterspaziere, ziehen in munterem Gespräch drei Offiziere vorbei. Der mittlere sieht sonderbar aus; es ist ein Feldgeistlicher; ich hatte noch keinen Feldgeistlichen gesehen. Er hat ein kluges, bebrilltes Gesicht, ist etwa 35 Jahre alt, auf dem Kopf sitzt ihm eine regelrechte Soldatenmütze mit zwei Spitzen, aber die Mütze ist schwarz wie der ganze Mann. Er marschiert in Soldatenstiefeln mit hohen Gamaschen, der lange weite Priesterrock, der über den Knien abschneidet, wirft breite Falten und wird an der Hüfte von einem Gürtel zusammengefaßt, so daß er glockenartig herabfällt. Vor der Brust hängt dem Priester ein großes weißes Kreuz an einer Kette. So marschieren sie ins Zentrum der Stadt, an mir vorbei. Und als ich mich nachher in umgekehrter Richtung auf das Lager zu bewege, erscheinen sie wieder in fröhlicher Diskussion. Sie schritten stark aus und blieben von Zeit zu Zeit debattierend stehen.

Ich kam diesmal so spät wie nie in die Baracke zurück. Unterwegs traf ich Liebespaare und hörte Lachen.

Langsam war es Abend geworden. Langsam verlor sich die bunte Magie des Himmels.

Ein Gottesdienst

Ein Gottesdienst für Soldaten und Evakuierte in der Kathedrale.

Wie ich komme, ist die Kirche fast leer. Vorn am Altar ein Gestell mit französischen Fahnen. Ich sitze ganz hinten neben einem älteren Soldaten. Es kommen Schwestern und bitten uns, diese hinteren Bänke für die Waisenkinder freizulassen. Es stellt sich einer Gruppe Jungens und Mädchen ein, dirigiert von einem Geistlichen; sie schleppen von vorn und der Seite her Bänke und Stühle und setzen sie hinten an. Langsam belebt sich die Kirche. Erst kommen Soldaten, dann viel gut angezogenes Zivil. Das Städtchen zieht familienweise ein. Vor mir nimmt eine Mutter mit ihrem großen Jungen Platz. Sie knacken Mandeln. Der Junge hält ein neues Gebetbuch. Gegen zehn ist die Kirche voll; man steht hinten und an den Seiten.

Die Orgel beginnt zu spielen. Es ist ein furchtbarer Augenblick. Ich muß sehr nervös sein, kann mich vor Erregung kaum halten. Es läßt allmählich nach. Die Kerzen sind angesteckt. Ein altertümliches gregorianisches Requiem beginnt. Man weint an vielen Stellen der Kirche. Hinter mir schluchzt ein Mann laut.

Ich achte auf, als das ‹Dies irae› kommt. Ich erwarte ein dramatisches Krachen, das Strafgewitter bei Verdi. Aber es blieb einfach, ehrlich. Es wurde liturgisch im gleichen Ton gesungen. Das war kein Zorn; es war der Mensch, der von dem Zorn weiß, der ihn erwartet und der demütig davon meldet, ein ‹Dies irae› von großer Aufrichtigkeit. Erschütternd das ‹requiem aeternam› und ‹Amen›, – ‹Aus› und ‹Zu-Ende›.

In violetter Soutane, mit violettem Käppchen steigt der Bischof auf die Kanzel zwischen den Pfeilern, gefolgt von zwei Priestern.

Er spricht. In einem der schmerzlichsten Momente empfange heute die jahrhundertealte Kathedrale ihre Gemeinde. Er preist die Armee, ihre Tapferkeit, Unerschrockenheit und ihren Opfermut. Man habe die Ehre gewahrt. Er zitiert das Wort des Marschall Pétain, daß der Gegner soviel stärker an Mann und Waffen war. Er ruft zum Mut auf; man müsse an Aufbau denken. «Laßt uns beten.»

Der Gottesdienst ist noch nicht zu Ende, als ich gehe. Eine glühende Hitze draußen. Die Rede des Bischofs war leer. Er hatte über uns hinweg, nicht aus uns gesprochen. Ich hole mir eine Zeitung. Man meldet Vorbereitungen zu einem deutschen Angriff auf die englische Küste. Bestimmt werden die Nazis das versuchen; die Engländer sind allein, sie werden es nicht leicht haben.

Ich sitze hinter der Kirche auf einer Bank.

Ich werde nach einer kleinen Zeit das Lager verlassen und hier allein herumgehen. Was wird sein? Soll ich mich hinsetzen in einem Winkel und auf altgewohnte Art schreiben, – für wen, Deutsch schreiben?

Schreiben hat seine Zeit und seinen, einmal verschwindenden Sinn gehabt. Es kommt nicht darauf an, sich auf die und jene Menschen im Lande zu stützen.

Unwiderstehlich, wahr und kräftig strömt die Natur, in die ich auch gestellt bin, ihre Reize aus und durchdringt mich. Sie streut Wohltaten aus, wie ein blühender Baum seine Umgebung mit gelbem Blütenstaub bepudert. Diese Wohltat der Luft, des Windes, des Himmels. Ich empfinde sie auf meiner Bank.

Und wie ich nachher das Flüßchen entlang spaziere: fließt unten das Wasser, das biegsame, elastische Element, das dieses Flüßchen, aber auch den Amazonenstrom, die Ozeane, Katarakte, Eisberge, Hagel, Regen und Nebel bildet. Das Wasser, was für ein Wunder! Und die Natur im Ganzen – wie das Ich, – Werk, Akt, Zeichen der ewigen Urmacht. Und was für eine Urmacht! Wie geistig ist sie. Das zeigte mir schon lange das Wasser mit seinen Verwandlungen, seinem Reichtum und mit der Schönheit seiner Kristalle. Soll das ein Klotz und ein Ohne-Sinn sein, welches das arrangiert und hinstellt, welches dies Kostüm trägt? Die schreckliche, grauenhafte Natur ist nicht nur schrecklich und grauenhaft. Der Schrecken und das Grauen stehen nicht für sich da.

Zwischen vielen und guten Dingen leben wir. Und wie auch immer es sich verhalte: was für ein solides, gut gearbeitetes und verständiges Ding ist der Mensch, bei all seinen Verrücktheiten und Verruchtheiten. Schwierig sind wir, sehr zusammengesetzt, und, wie mir oft scheint, nicht ganz fertig. Wir sind noch ‹auf dem Wege›.

Im übrigen ist man auch in zu vielen Welten zu Hause, noch in mehr Welten als das Wasser.

Ein Weltkind bin ich also, trotz alledem! Warum nicht, frage ich mich. Wo diese Welt, auch die grüne Natur, die mich anredet, den Griff einer göttlichen Hand zeigt. Warum sich die Ohren vor der Sphärenmusik verstopfen?

Das Telegramm

Mein Name steht auf der schwarzen Tafel, als ich vor Tisch, sicherer und ruhiger als sonst, ins Lager zurückkehre.

Ich höre, es ist ein Telegramm für mich da. Der Bote hat es aber, weil er mich nicht antraf, wieder mitgenommen.

Das ist also das Telegramm, das ich erwarte. Momentan ist meine neue Gelassenheit umgestoßen und im Nun hat sich die alte triebhafte Unruhe meiner bemächtigt.

Förmlich Beklemmung legt sich auf mich. Ich schlucke, um mich zu beruhigen, eine Tablette. Das Essen nehme ich abwesend zu mir. Um zwei Uhr öffnet die Post. Ich werde die Zeit benutzen, um mich ruhig zu stellen.

Während ich unter dem Höllenlärm des Abwaschens und Fegens auf meinem Bett liege – der Staub zwingt mich, die Bettdecke als Filter über das Gesicht zu ziehen – suche ich zu denken. Ich bin verzweifelt über meine sinnlose Erregung. Rasende Phantasien, wie in den vergangenen Wochen, stellen sich ein, zwangsartig, und behalten die Oberhand. Kein Gedanke kommt dagegen auf.

Ich versuche dem Sturm zu trotzen. Mein neuer Besitz, dessen ich mich am Vormittag erfreut hatte, bewährt sich nicht.

Um zwei Uhr bin ich auf der Post. Ich soll in einer halben Stunde wiederkommen.

Ein Protest regt sich in mir. Ich will mich nicht abhängig machen von Postsendungen. Ich sollte das Telegramm erst am Abend abholen. Ich gehe ins Lager zurück, die Hitze ist greulich, müde sitze ich in der Baracke herum. Dann fragt man mich nach dem Telegramm. Ich gehe in die Stadt zurück.

Wie ich mich der Post nähere, befinde ich mich schon in einem festen, gefrorenen Zustand. Ich bin auf alles gefaßt, wie damals, als ich in Sturm und Regen in Le Puy ankam.

Am Schalter warten mehrere Personen; die Beamtin blickt auf, entdeckt mich hinten. Das Telegramm ist da. Die andern machen Platz. Sie reicht mir das Papier. Es trägt einen roten Streifen ‹Dringend›.

Ich öffne. Das Wort ‹heureuse› springt mir in die Augen. Ich lese die Unterschrift. Das Telegramm stammt von meiner Frau. Sie wohnt mit dem Kind in Toulouse.

8. Kapitel
Der Bann löst sich

Eine Stunde im Café

Darauf nichts, was einem Gefühlsausbruch entspricht. Das Telegramm bläst nur wie der Wind in einen Nebel und zerstreut ihn. Phantasien verschwinden. Ich werde munter und klar. Es ist die Lebendigkeit, die eine Aktion einleitet.

Auf der Post hängt eine kleine Landkarte. Sie hängt schlecht im Dunkeln. Ich suche festzustellen: wo liegt dieses Toulouse; wie weit liegt Toulouse von Mende? Das böse Reise- und Fahrproblem taucht wieder auf.

Wie ich dastehe und mit der Nase auf der Karte suche, fragt mich ein Mann, was ich suche. Ich antworte. Er lacht. Toulouse könnte ich hier nicht finden. Und er zeigt einen Viertelmeter unter der Karte: «da liegt

Toulouse». – Ich: wie ich da hin könnte? – Er, gemütlich und sachverständig: Es gäbe einen Autobus. Entweder führe der direkt oder ich müßte umsteigen. Jedenfalls solle ich mich in dem kleinen Café, das ich schon kenne, orientieren. Die Wirtin würde mir Auskunft geben.

Ich warte auf die Wirtin und stelle fest: ich bin in ein neues Spannungsfieber geraten. Ich sitze auf der Terrasse hinter meinem Glas schwarzen Kaffee und grüble:
Toulouse, da sind sie. Es ist merkwürdig. Als ich in Rodez nicht weiter kam, stand auf dem Markt ein Autobus. Ich fragte, wo er hinwolle, und man sagte mir Toulouse. Aber ich entschloß mich nicht. In meinem Kopf stand: Le Puy. – Als ich in Mende auf der Präfektur meinen ersten Besuch machte und um eine Fahrerlaubnis bat und man mich fragte, wohin ich wollte, sagte ich ‹Cahors› an, – und dann kam sonderbarerweise noch Toulouse. Aber mit Toulouse hatte ich gar nichts zu tun. Und man schrieb wirklich auf meinen Schein, auf das Sauf conguit, als Reiseziel: Cahors oder Toulouse. Und als ich in Mende das letzte Mal auf die Bahn ging, um mich nach Zügen zu erkundigen, da liefen eilig Leute, Zivilisten, mit Koffern über die Schienen, ich ging ihnen nach und sie sagten erklärend: es sei der letzte Zug, mit dem man mitkönne, und er führe nach Toulouse. Wieder stand ich da, entschloß mich nicht, nahm es nicht an.
Wir erhalten, scheint mir, in Wellenzügen, Kraftzügen Zeichen. Bald sind wir gute, bald schlechte Empfänger. Die Zeichen stoßen bei uns auf Verständnis, oder auf keins, oder werden mißdeutet. Blicke ich tiefer, so kann ich bei dem physikalischen Bild der ‹Resonanz› nicht stehen bleiben, denn wir sind in irgend einer Weise an dem Auftreten dieser Zeichen ja selber aktiv beteiligt. Einmal sind wir dauernd von ihnen umgeben, schwimmen in ihnen wie in einer Nährlösung und nehmen Bestimmtes auf, aber wir senden auch. Es ist doch also eine Korrespondenz, ein geheimnisvolles Gespräch, mit einem unbekannten Partner.

Endlich erscheint die Wirtin und klärt mich auf, es gäbe einen Autobus Richtung Toulouse, bis zu einer gewissen Bahnstation, von da ab Eisenbahn. Aber ob die Bahn fahre. –
Darauf marschiere ich zur Bahn und habe eine lange Unterhaltung mit dem Chef. Er lehnt es überhaupt ab, mich auf Grund meiner längst erloschenen ‹Ordre de mission› einen Zug benutzen zu lassen. Wenn ich

nach der Zwischenstation Canourgue mit dem Autocar fahre, würde ich da festsitzen. Man würde mich auf der Bahn nicht durchlassen. Ich brauche, meint der Herr, eine neue ‹Ordre de mission›.

Auf die Präfektur. Dort stempelt man mir, ohne sich in Unterhaltung mit mir einzulassen, rasch und schnöde auf einen Geleitschein das Wort ‹Vu›. Das ist alles.

Ich beende meine Aktion mit einem Telegramm an meine Frau: ich kann den Abreisetermin noch nicht bestimmen.

Das viele Hin- und Herrennen in der Hitze hat mich schlapp gemacht. Im Lager bricht am Abend eine kleine Revolte aus.

Revolte um die schlechte Abendsuppe

Es dreht sich um die Suppe. Sie ist schlecht. Natürlich. Sie war immer schlecht, das heißt: wäßrig, inhaltslos und grade warm. Aber bis heute genügte das, den andern und mir auch. Plötzlich genügte es nicht. Ich verstehe nicht, woher die Wendung.

Jedenfalls, als ich mich zu Tisch auf die Bank neben die Alte setze, war die Wendung schon eingetreten: die Suppe taugte nicht. Es herrschte eine erstaunlich einmütige Empörung an der langen Tafel, völlige Einmütigkeit darüber: die Suppe ist schlecht. Sie ist übrigens im Augenblick auf dem Tisch nicht sichtbar. Nur in meinem Teller und dem meiner Nachbarin schwimmt sie. Sonst haben alle ihre Teller umgekehrt, die Blechteller stehen mit dem Boden nach oben, in Reih und Glied, ein revolutionärer Anblick.

Wie ich die Suppe probiere, erweist sie sich als absolut unschuldig. Sie ist bei ihrer Geburt leicht angebrannt. Anders geschmeckt hat sie noch nie. ‹Man macht uns krank›, heißt es. Dagegen kann man nichts sagen. Einige werden sich krank fühlen und beschuldigen die Suppe. Das ist jedenfalls besser, als wenn sie die Juden beschuldigen. Besonders tobt ein Mann, der Vater der drei kleinen Proletarierkinder, Gatte der Frau mit der Sattelnase. Er hat kein feines Gesicht, in den Leutchen steckt immer Protest, aber sie sind nicht bösartig. Heute gefällt ihnen die Empörung als Abwechslung. Sie wird im Grunde von allen als angenehme Unterbrechung empfunden. Der proletarische Mann und seine Frau also sind aufgestanden und diskutieren laut über den Tisch hinweg. Sie halten Ansprachen. Zehn Franken würden für jeden hier täglich an die Lagerverwaltung gezahlt, von der Stadtgemeinde. Dafür könne man etwas verlangen.

Während wir Linsen und Brot schlucken, heißt es plötzlich: sie sind in der Küche. Wer? Jedenfalls stürmt alles zur Tür und hinaus.

Merkwürdig, diese Suppengeschichte. Das Gerücht von einer verdorbenen Suppe hatte sich auch zu den anderen Baracken verbreitet. Von wo und wem es ausging, war nicht zu ermitteln. Jedenfalls revoltiert nun das ganze Lager. Der Hof ist voller Menschen, die alle munter und gemütlich sind und deren Gesichter den Ausdruck einer frohen Neuigkeit tragen. Es geht nichts über verdorbene Suppen.

Vor der Küchenbaracke ballt sich der Haufe. Es heißt, der Lagerchef und der Doktor sind da, und sie prüfen drin grade die Suppe. Der Haufe teilt sich, und der einarmige Lagerchef, Kriegsteilnehmer, Ehrenlegion, Ortsvorsteher, wird sichtbar. Neben ihm ein ruhiger jüngerer Mann, auf den man von allen Seiten einredet. Das ist der Doktor. Er tut, was man in solcher Situation kann: er macht ein ernstes Gesicht und sagt nichts.

Dann wird er genötigt zu sprechen, und lauffeuerartig verbreitet sich über den Hof seine Antwort: die Suppe ist gut! Empört wiederholt man es: er hat sie gegessen und sagt, sie ist gut!

Das ganze Lager darauf in Erregung. Die beiden Herren werden eingekeilt. Der Lärm ist erheblich. Die Suppe ist schlecht! Was wird es geben? Plötzlich heißt es, man hat nach der Gendarmerie telephoniert. Darauf noch größerer Lärm. Sie sollen nur kommen. Vorsichtigerweise begeben sich einige in ihre Baracken. Es dauert nicht lange, da fahren zwei große Autos vor, fahren zum Lager hinauf und halten vor der Bürobaracke. Gendarmen springen herab, auch ein Polizeikommissar. Die Menge beobachtet sie spöttisch und herausfordernd. Die Gendarmen pflanzen sich vor der Küchenbaracke auf, der Kommissar begibt sich mit dem Lagerchef in die Küche, in die Teufelsküche.

Der Kommissar verläßt die Küche. Die Empörer drängen sich um ihn und protestieren wegen der Suppe. Die Suppe war schlecht. Sie erheben Klage wegen der Verpflegung und noch über andere Dinge. Die Gendarmen mischen sich ein, fragen die Leute aus und befragen einige Leute, die hier sehr rege sind, nach ihren Namen. Das gefällt denen nicht. Die Frau mit der Sattelnase, die Ruferin im Streit, und ihr Mann werden befragt.

Es zieht sich alles in die Länge. Um die Küche herum bis zur Chaussee herunter ein endloser Palaver. Allmählich verkrümeln sich dabei die Leute. Die Vorsichtigen stehen schon im Rückzugsgebiet vor ihren Baracken oder sind drin und blicken nur zum Fenster hinaus, Abtrünnige.

Die Gendarmen haben jetzt Fuß vor dem Büro gefaßt; es heißt, sie werden bald in alle Baracken treten und die Insassen einzeln vornehmen. Schließlich, als nichts erfolgt und die Tische abgeräumt sind, tut man so, als wäre nichts geschen und macht eine Abendpromenade, – um gegen neun Uhr festzustellen, daß sich im Lager alles beruhigt hat.

Nur ein Polizeiauto steht noch oben, zwei Gendarmen rauchen Zigaretten und unterhalten sich mit einigen Lagerinsassen, die auch rauchen.

Die Schuld an der Niederlage

Ein Schwarm junger Radfahrer ist wieder einmal nachts bei uns eingebrochen und zeigt sich morgens lärmend und lustig beim Kaffee. Diese Leutchen sind glücklich über das alte trockene Brot, das wir ihnen zuschieben. Sie weichen es in ihrem Kaffee auf. Sie kommen von St. Etienne und erzählen, wie es da zuging. Sie amüsieren sich über die völlig wertlose Barrage, die da gegen die Deutschen errichtet worden sei. Spielend seien die Deutschen damit gertig geworden.

Meine Tischnachbarn nicken dazu. Alle sind darin einig, die französische Kriegsvorbereitung zu tadeln. Aber man beschäftigt sich nicht zu sehr mit diesen Fragen, wofür man ja die Zeitung hat. Ändern kann man es doch nicht. Alle Debatten schließen mit der Bemerkung: Wenn man bloß erst wieder zu Hause wäre.

Die jungen Leute merken, ihre Geschichten sind hier nicht mehr aktuell. Man befindet sich unter erwachsenen Menschen, die andere Sorgen haben.

Mich beschäftigen die Erzählungen der Radfahrer. Ich hatte schon unterwegs den Eindruck, daß hier ein Krieg gegen einen Gegner verloren war, der einem nur die ersten Züge erlaubte. Man war schachmatt, bevor man an das eigentliche Spiel ging, und blieb mit der Mehrzahl seiner Figuren auf dem Brett.

Man erzählt sich, auch hier im Lager, Räubergeschichten von Verrat, von höheren Offizieren, die nicht kämpfen wollten usw. Man versteigt sich zu der Legende einer geheimen Offiziersverschwörung gegen die Republik, die man nicht siegen lassen wollte.

Mühselige und Glückliche im Lager

Die Revolte um die verdorbene Suppe blieb nicht ohne Konsequenzen. Die Leute am Tisch behaupteten zwar, es wäre eine Folge der Aktion, daß von jetzt ab die Suppe besser wurde. Ich fand keinen erheblichen

Unterschied. Eine sichere Konsequenz der Revolte war nur die Entfernung der kampflustigen Proletarierfamilie. Plötzlich wurden sie alle fünf ins Büro gerufen, im Handumdrehen in einen Wagen gesetzt und in ein anderes Lager transportiert.

Es geschah wohl auch im Zusammenhang mit der Revolte, daß an der schwarzen Tafel des Lagers ein Anschlag erschien mit dem Hinweis: wer etwa in einem anderen Lager Verwandte und Bekannte hätte, oder aus sonstigen Gründen lieber in ein anderes Lager wolle, möge sich im Büro melden.

Die Abreise der Proletairerfamilie wurde ohne Mitgefühl am Tisch zur Kenntnis genommen. Nebenbei: zu der Familie gehörte ein ungewöhnlich frecher und geweckter Junge, etwa sieben Jahre alt, der bei Tisch links von mir saß. Er war wie seine Eltern lustig und rebellisch. Linsen begrüßte er regelmäßig mit einem Freudengeschrei und schluckte den ersten Löffel mit dem Ruf ‹Les cailloux› (die Kieselsteine). Danach rieb er sich den Magen, um die Steine zum Kullern zu bringen. Diesen Jungen hatte die böse Großmutter, mit der ich hauste, angestellt, uns alle drei Tage Rotwein aus der Stadt zu holen. Er bekam dafür von mir zehn Centimes Trinkgeld, was aber auf den Einspruch der Alten auf fünf reduziert wurde. Der Junge wußte, daß die Großmutter an dieser Reduktion schuld war und erzählte es seinen Eltern, die daraufhin der Alten einen furchtbaren Krach machten. Diese war aber Kummer und Leid gewöhnt. Sie erzählte mir von ihrem Kampf mit dem Pack. Ihr Entscheid lautete: Entweder nimmt der Junge fünf Centimes, oder er darf überhaupt nicht mehr Wein holen. Ich hatte mich zu beugen. Und der Junge, dem die Eltern den Gang verboten hatten, tat ihn, als echter Sohn seiner Eltern, dennoch, heimlich natürlich, für fünf Centimes.

Die Alte gönnte ihm aber auch die fünf Centimes nicht. Und richtig, als das Pack weg war, stellte sich die Alte vor mich und fragte mich, ob ich damit einverstanden wäre, wenn sie den Rotwein hole! Selbstverständlich hatte ich nichts dagegen. Mir gingen die Augen über, als sie mir am nächsten Tage die Flasche zeigte und den Betrag berechnete, der auf sie fiel. Sie addierte zum Kaufpreis – fünf Centimes. Ich gab sie ihr, ungläubig –. Sie steckte sie ernst ein und trank den größen Teil der Flasche allein aus, wie es sich für eine Gastwirtsfrau gehört.

Die Alte, arm und geizig, war hilfsbereit gegen mich. Sie schüttete mir jeden Tag ihr Herz aus. Ich hörte immer dieselben Geschichten, betrachtete die gleichen Photos.

Was mich selbst anbelangt – wie hätte mich vor ein paar Wochen solch Telegramm erregt. Es bedeutete das Ende meiner Irrfahrt. Jetzt: – die Irrfahrt war nicht mehr Irrfahrt.

Jetzt reiste ich überhaupt nicht. Ich hatte den Fuß auf ein neues Land gesetzt.

Zwei Seelen wohnten auch in meiner Brust. Während die eine der neuen Melodie lauschte, rumorte die andere Seele, schüttelte mich, um mich abzulenken und trieb mich zu Aktionen. Sie trieb mich auf den Platz, von dem die Autobusse Richtung Toulouse abfuhren. Ich traf da einmal einen jungen Mann im Gespräch mit dem Chauffeur. Er wollte, als er mein Interesse an einer Toulouser Fahrt bemerkte, mich bewegen, mit ihm in einer Stunde aufzubrechen. Wir würden bis Canourgue kommen und von da würden wir uns schon ‹debrouillieren›. Zu zweit ginge das, meinte er, besser als allein. Er suchte mich zu locken. Aber ich war träge. Ich war innerlich gebunden. Ach, ich wollte das alte Spiel, die Jagd nach Autos und Eisenbahn, nicht von Neuem beginnen.

Kuriositäten im Lager

Es gibt Spanier im Lager. Sie stammen aus einem aufgelösten Spanienlager. Es kommen einzelne Autos an. Die Leute übernachten und morgens sausen sie nach dem Süden. Belgier und Franzosen sprechen von ihrer Heimkehr. Am Brett steht, Franzosen sollen ins Büro kommen, um ihre Personalien anzugeben. Es weht Morgenluft. Am Rathaus soll ein Anschlag hängen, der den Rücktransport aller aus den unbesetzten Gebieten betrifft. Es geht nur wenige von uns an, aber es macht auch den andern Mut.

Die Großmutter hat einen Brief von einem ihrer Söhne erhalten. Sie erzählt es allen, und die Nachbarn geben ihr gute Worte. Sie sitzt nun bei Tag stolz und zufrieden, quasi rehabilitiert, auf ihrer Bank und an der Barackentür. Sie lockt sogar die Kinder. Aber die rücken vor dem ‹General› aus.

Viel Sorgen hat die zarte junge Frau mit dem Töchterchen. Das Kind ist verwöhnt und ist krank. Der Doktor kommt. Die Mutter sagt, ihr Mann sei im Feld, wo ist er jetzt, – das Kind ist ihr alles. Sie erscheint nicht bei Tisch. Auch die alte Frau mit der Brille, ihre Kabinengefährtin, geht bedrückt herum. Die Nächte sind kalt, die Fenster schließen schlecht, und den Kindern fehlt Pflege, warmes Wasser und vieles andere.

Eine Frau, in den Dreißigern, hat zwei Kleine bei sich, einen Jungen von vier und einen Jungen von einem Jahr. Essen wollen beide nicht, Keuchhusten haben beide und elend genug sehen sie aus, einschließlich der Mutter. Man beobachte die Mutter aber bei einem Keuchhustenanfall der Kinder. Das Kind kann keuchen und blau werden, sie dreht sich nicht um. Wenn das Kind sich ausgehustet hat, holt sie es heran, um ihm das Gesicht abzuwischen. Einmal will der Größere nicht essen, rutscht unruhig von der Butter ab und wackelt auf seiner Bank, die unbesetzt ist, weil die andern schon fertig sind. Er kippt natürlich mitsamt der Bank um, ein Krach, ein gewaltiges Geschrei. Man läuft hin. Der Junge liegt da und brüllt. Die Bank ist ihm auf einen Fuß gefallen und hat den großen Zehn gequetscht. Die Mutter ist aufgestanden, sie faßt den Jungen beim Arm, zornsprühend, und wenn wir nicht da wären, würde er fürchterliche Hiebe bekommen. Er weiß es und flüchtet, sobald er auf den Beinen steht, humpelnd und winselnd in die Kabine, – während die Mutter sich mit empörtem Ausdruck wieder setzt und das Kleine weiter füttert, das nun auch streikt.

Sie hat es schwer, Tag und Nacht keine Ruhe. Ihre Nerven halten nicht.

Schließlich nimmt ihr hier auch keiner etwas ab. Je mehr ich mich in dieser Baracke umschaue, um so mehr staune ich, wie jeder für sich sitzt und sich mit sich selbst befaßt. Ich treffe den Lagerchef draußen, und wir sprechen über die Suppenrevolte und den Fall der nun abgeschobenen Proletarierfamilie. Er meint, vielleicht war die Suppe wirklich nicht ideal; aber man muß diese Krakehler raussetzen. Das fordere schon die Moral in den Baracken. Den Leuten hier ginge es nicht gut, um so weniger könne man Krakehler dulden.

Ich frage ihn, wie es um die gegenseitige Hilfe bei Lagerinsassen stehe. Er schüttelte energisch den Kopf. Da solle man sich keinen Illusionen hingeben. Jeder sieht nur, wie er zu dem Seinen kommt und daß der Andere nicht mehr kriegt als er. Keiner gönne dem andern auch nur eine Brotkrume.

Das war der behördliche Pessimismus. Er war bestimmt oberflächlich. Die Leute werden gezwungen, sich scharf darum zu kümmern, daß sie zu dem Ihren kommen, aber sie werden darum noch nicht Egoisten, die dem andern nichts gönnen. Geht es ihnen besser, so verhalten sie sich anders. Ich brauche nur auf die Grußmutter in unserer Baracke zu blicken. Sie war als böse und geizig verschrien und man mied sie. Sie war bettelarm und man ging schlecht mit ihr um. Wie sollte die Greisin reagieren? Schon zu mir verhielt sie sich anders. Man lebt hier unter unnatürlichen Bedingungen. Man ist schlechter Laune und wird verbohrt. Eigentlich gehen alle auf Wolken, nicht nur ich. Und wer möchte jetzt auf dieser Erde gehen.

Es gibt auch Zufriedene im Lager, ja, Glückliche.

Zufrieden sind z.B. die jungen Burschen aus St. Etienne, die längst zu Hause sein sollten. Aber sie bleiben, sie spielen Karten, sie schlafen in den Tag hinein und faulenzen. Man moquiert sich über sie, sie machten sich aber nichts draus. Ich bin überzeugt, sie bleiben hier, bis man sie heraussetzt. Als ich das Lager verlasse, sind sie noch da. Sie machen aus der Not – Ferien.

Und meine Nachbarn, der Buchhalter und seine Frau, diese beiden (jeder um die Fünfzig), fühlen sich, wie sie offen erklären, glücklich. Zuerst wäre es hier schwer gewesen, gesteht mir die Frau; sie hätten verzagt. Damals kannten sie noch nicht die Stadt, den Fluß und die Einkaufsmöglichkeit auf dem Markt. Jetzt habe man sich umgeschaut und eingewohnt. Sie habe sich einen Spirituskocher besorgt, und da kaufe sie ein und gönne sich und ihrem Mann allerhand. Sie hätte auch jemand, der ihr Eier verkaufe. Zuerst hatten sie ihre Kabine nicht allein, jetzt ist es aber ihre Wohnung, und sie sind zufrieden wie schon lange nicht. Der Mann, sagt sie, habe immer an Kopfschmerzen gelitten, von seiner Tätigkeit als Buchhalter, wo er bis zum Abend zu rechnen hatte, und die Zahlen hätten ihn noch bis in den Schlaf verfolgt, und der Sommerurlaub war immer sehr kurz. Jetzt: ich solle nur ihren Mann ansehen, wie frisch und munter er sei.

In der Tat. Er sah frisch und gebräunt aus. Ich traf ihn öfter am Fluß. Er hatte sich Angelgerät gekauft und saß halbe Tage am Wasser und freute sich, einen Fisch zum Abendbrot mitzubringen. Die Leute brauchten sich nicht um Miete und Ernährung zu kümmern. Sie blühten förmlich auf. Über Politik durfte man mit dem Mann nicht sprechen. Er saß oft Pfeife rauchend behaglich neben seiner Frau auf der Bank und las, während sie strickte, die Zeitung, die einer liegen gelassen hatte. Man sah ihm an: er las ‹von Krieg und Kriegsgeschrei, wenn hinten weit in der Türkei die Völker aufeinander schlagen›.

Ich werde verhört.

Als eines Mittags der Lärm nach Tisch und der Staub unerträglich wird, flüchte ich und treffe draußen vor der Türe die weißhaarige kleine Frau mit Brille. Es ist noch immer nicht gut mit dem Kind. Aber der Arzt habe gesagt, es sei nichts Schlimmes. Sie kommt dann ins Sprechen und erzählt, wie friedlich es doch hier sei. Sie hätte ihren Heimatort während eines furchtbaren Bombardements verlassen. Es waren deutsche und italienische Flieger. Noch als das Bombardement weit entfernt war, krachte es schon so ungeheuer, daß in ihrem Haus die Garagentür aufsprang. Ein Sohn von ihr steht bei der Truppe. Sie ist ohne Nachricht von ihm, aber hofft, er wird heil zurückkehren. Sie hat im letzten Krieg den Mann und den älteren Jungen verloren. Als die Bomben fielen, und sie und ihre Nachbarn vor Schreck nicht wußten, was tun, da wohnte zufällig in ihrer Nähe ein Herr vom Transportwesen; der nahm sie in seinem Wagen mit und setzte sie hier ab. Er selbst ging nach dem Süden, aber da wollte sie nicht hin, das sei zu teuer.

Ich finde jenseits der Kaserne eine Wiese. Da verbringe ich, meinen Mantel ausgebreitet, eine gute Stunde. Es wird ein Tag, an dem ich nichts unternehme. Wie ich aber abends im Lager eintreffe, gibt man mir ein Telegramm aus Le Puy von Fr. S., das die Toulouser Adresse meiner Frau wiederholt, und man bittet mich ins Büro, nein, man ‹ersucht mich›, herüber zu kommen. Man habe mit mir zu sprechen.

Im Büro finde ich außer dem einarmigen Lagerchef einen fremden Zivilisten, der am Schreibtisch sitzt. An ihn werde ich vom Lagerchef verwiesen mit der Bemerkung: «Der Herr Direktor will Sie sprechen.»

Dieser Herr Direktor ist ein Beamter. Er scheint sonst nichts Charakteristisches an sich gehabt zu haben, denn ich kann mich nicht mehr an sein Gesicht erinnern. Gegenwärtig ist mir seine kalte Art und das Mißtrauen, das er an den Tag legt. Er fragt mich nach den Briefen und besonders nach den Telegrammen aus. Ich staune. Was gehen ihn meine Telegramme an. Aber ich erinnere mich rechtzeitig: ich bin in einem Lager.

Er läßt sich von mir erzählen, was das überhaupt mit mir sei. Offenbar hat man ihm schon Bericht erstattet, aber er glaubt kein Wort. Ich bete meine Litanei her. Ich präsentiere alle Papiere, die ich besitze. Der Direktor wird vom Lagerchef darüber aufgeklärt, als ich von der Absenderin des letzten Telegramms spreche, daß dies Fräulein dieselbe Dame sei, die auch das frühere Telegramm unterzeichnet habe. Der Direktor will Näheres über diese Dame wissen. Er bemerkt, daß er das letzte Telegramm persönlich geöffnet habe, in seiner Amtsfunktion.

Mir ist es klar, daß ich als gebürtiger Stettiner verdächtig bin, und durch die vielen Telegramme noch mehr.

Es ergibt sich nichts bei dem Verhör.

Meine Barackengefährten wundern sich. Ich kann sie aber nicht aufklären; ich kann ihnen nicht sagen, daß man meine Post überwacht und daß ich Stettiner und daher verdächtig bin. Man ruft mich noch einmal. Jetzt hat der Direktor ein großes Formular auf dem Tisch ausgebreitet und nimmt meine Daten auf. Ich werde über Familie, Tätigkeit, meinen Eintritt in Frankreich etc. befragt.

Ein dunkles Gefühl hat mich bei Antritt der Reise bewogen, allerhand Papiere zu mir zu stecken. Ich kann also dienen. Der Herr schreibt ganze Partien ab. Es ist offenbar ein Bericht und er will sich den Rücken decken. Man läßt mich gehen. Man nickt mir kaum zu.

Unter normalen Umständen würde ich das Haus verlassen. Aber ich riskiere, daß man mich anderswo noch anders verfolgt. Ich muß bleiben, obwohl die Möglichkeit besteht, daß ich von hier in ein paar Tagen weggegrault werde.

Eine angenehme Serie

Ein anderer Nachmittag verläuft besser. Es gibt eben, wie ich schon weiß, die Strömungen, die Wellenzüge. Zu keiner Zeit meines Lebens habe ich es so deutlich erfahren.

Ich höre am Morgen, wie ich in die Stadt ziehe, um mir eine Zeitung zu kaufen, aus einem Fenster Radiomusik, Rossini, die Ouvertüre von Wilhelm Tell. Sie macht mir Freude und belebt mich. Der Weg will dann nicht recht vorwärts gehen. Wie es aber doch drei Uhr nachmittags geworden ist, schreibe ich in dem Café, auf der Terrasse, zwei Briefe und denke, das ist der Höhepunkt des Tages.

Da setzt sich ein Offizier neben mich und leiht sich meine Zeitung aus. Ich sehe ein Kreuz auf seiner Brust und frage danach. Nein, es ist keine Kriegsauszeichnung, sondern das Sanitätskreuz. Er ist Arzt. Er erzählt von allerhand Disziplinlosigkeiten, die vorgekommen seien. Es seien energische Maßnahmen nötig und schon im Gange.

Es geschieht das Wunder, daß beim Plaudern die Zeit so rasch vergeht, daß es, wie ich zur Uhr blicke, schon einhalb sechs ist, und um sechs muß ich im Lager sein. Wie wir uns trennen, meint er, vielleicht sieht man sich morgen oder übermorgen wieder. Ich bin einverstanden. Zeit habe ich scheffelweise.

Nach dem Abendessen will ich die Baracke verlassen. Da überquert der Chef des Lagers den Hof, trägt etwas in der Hand und kommt auf mich zu. Es ist wieder Post für mich, zwei Telegramme. Ob er sie schon geöffnet und wieder zugemacht hat, prüfe ich nicht. Ich gebe sie ihm sofort zu lesen. Er weist die Lektüre keineswegs zurück, sondern liest (wahrscheinlich zum zweiten Male), und läßt sich von mir Erklärungen geben. In dem einen Telegramm, einem dringenden, fragt meine Frau, warum ich denn nicht abreise, die Züge führen doch schon wieder. Das andere stammt von meinem Freund, der mir eine Adresse gibt, wo ich Erkundigungen einziehen könnte. Dem Lagerchef, wenigstens ihm, bin ich jetzt schon glaubwürdig.

Wie ich nun die Chaussee links zur Kaserne hinüberspaziere, lagern da im Gras hinter der kleinen Brücke Offiziere, rauchen und plaudern. Und da löst sich aus dieser Gruppe ein junger Offizier, kommt mir nach, grüßt und spricht mich an. Er kenne mich, und zwar von Paris: Und da erkenne ich ihn auch: es ist ein junger Redakteuranwärter, bei einer Pariser Zeitung. Wir haben uns im Pariser Buchladen eines gemeinsamen Bekannten öfter getroffen. Er tut seit Kriegsbeginn Dienst; an der Front war er nicht. Jetzt wurde seine Formation demobilisiert; man sei hier auf der Durchreise.

Es klingt für mich zauberhaft, unwahrscheinlich, was und wie er erzählt, von Paris, von Begegnungen, von Büchern, während man sich doch auf einer Polarfahrt befindet. Er nennt Namen von Bekannten und erzählt von ihnen. Die Welt weitet sich. Wie in einem Brunnen liege ich.

Es gesellt sich zu uns, während wir an einem Lager vorbeiziehen (man erkennt mich da; ich schäme mich förmlich, so großartig in Begleitung eines Offiziers zu spazieren), noch ein anderer junger Offizier, Freund des ersten, der mich auch kennt. Ich staune, was das heute ist. Wir marschieren hin und her.

Sie sprechen über Orte, an denen sie sich aufhielten und wo sie jetzt wohl hinkommen werden. Der erste Offizier fragt mich eingehend um Rat, was er machen solle nach der Demobilisation. Ob er nach Paris zurückkehren solle, wo er zu Hause sei. Ich denke mit ihm hin und her. Ich rate ihm ab, aus mehreren Gründen. Sie scheinen ihm einzuleuchten.

Dann erzählen die beiden Herren von dieser wunderschönen alten Stadt Mende, die sie eben entdeckt hätten. Sie erzählen, als ich mich wundere, von zauberhaften alten Gäßchen, von den Plätzen, – und dieser uralten

Kathedrale. Ich mag ihnen ihre Freude nicht nehmen und kann nur zuhören, scheinbar interessiert und lernbegierig.

Aber ich nehme nichts davon an. Ich weise es weit von mir. In einem Satz, den ich mir ruhig widerlegen lasse, sage ich es ihnen später auch: die Gäßchen sind nicht zauberhaft. Sie sind schmutzig und eng. Ich bin überzeugt, daß diejenigen, die in den baufälligen Häuschen dieser Gassen wohnen, in dunklen Zimmern, ohne Bequemlichkeit, keine ästhetische Begeisterung dafür aufbringen werden. Wer drin sitzt, denkt über mittelalterliche Städte anders als als Touristen.

Meine Gefühle bei dieser Unterhaltung wechseln: mal freue ich mich, wieder an einer ‹normalen› Unterhaltung teilzunehmen, mal drückt mich die Geistesverfassung der Herren, mal denke ich nur: wie gut ist es, daß ich sie getroffen habe. Es läßt mich dankbar gegen mein Lager und meinen Lageraufenthalt sein; sehr gründlich habe ich diesen Herrenstandpunkt hinter mir. Sie haben übrigens auch die Niederlage nicht wahrgenommen, nein, sie ist ihnen kaum zu Ohren gekommen.

Als wir eine Weile irgendwo auf dem Wege haltmachen – es ist die Gabelung der Straße an der Bahn – wundere ich mich und weiß nicht, wo wir uns eigentlich befinden.

Es ist dunkel geworden.

Aber die Straße ist lieblich erhellt, und vor uns ist ein freundliches Lokal mit einer Terrasse aufgebaut, auf der friedliche Menschen sitzen, trinken und plaudern. Solch Lokal habe ich nie gesehen, obwohl ich doch täglich vorbeikam! Wie die beiden Offiziere sich dann von mir verabschiedeten – sie versprechen, mich vom Lager abzuholen, falls sie nicht morgen schon fortkommen –, betrachte ich noch einmal das merkwürdige, belebte und so lieblich erhellte Lokal und erkenne es. Es ist eine Abendschönheit. Es ist das sonst so traurige Bistro an der Ecke, dicht vor der Brücke.

Aber nicht nur die Kneipe hat sich verändert und sieht wie ein mondänes Vergnügungslokal aus. Auch die Straße mit den auf- und abwandelnden Menschen macht einen traumhaft angenehmen Eindruck. Welche Verwandlung. Als wenn ich aus der Zeit herausgesprungen sei und eine Reise in eine längst entschwundene Landschaft machte.

Sehr spät kam ich an diesem Abend ins Lager. Es war halb zehn. Alles lag. Die Baracke war finster. Es war mir, wie wenn ich aus dem Theater kam. Ein rätselhafter Umschwung hatte sich vollzogen.

Eine Fülle von angenehmen Dingen hatte sich über mich ergossen.

Ich steige am Sonntag zu dem Säulenvorbau der Kathedrale auf. Aber oben kann ich nicht weiter. Denn grade ziehen aus der Kathedrale Priester in Ornat und Chorknaben, singend im Wechselgesang, und stellen sich draußen auf. Die Kirchentüren bleiben geöffnet.

Priester und Chorknaben stehen mit dem Gesicht gegen den offenen Platz, auf den der Regen herunterprasselt. Was sie singen, verstehe ich nicht. Die Chorknaben schwenken ihre Weihrauchgefäße. Nach zehn Minuten treten sie zusammen und zu zweit, die singenden Priester voran, ziehen sie wieder in die Kirche ein, wo sich alles erhoben hat. Die feierliche Handlung vor der Stadt, während der Regen herniederrauscht, gefällt mir ausnehmend. Es ist wie eine Weihe, eine Segnung der Stadt. Es kommt viel bei einem Gottesdienst, beim Dienst an Gott zusammen. Man muß ‹Ihn› wissen und die Dinge an ihn heranziehen. Die Straßen, die Häuser, das Land, das Feld – es ist gut, daß man auch sie alle, das Stumme, Bewußtlose, einlädt und nichts ausläßt.

Und da hängt die schmerzgewundene Menschengestalt.
Wer ist Jesus? Eine geschichtliche Figur?
Läßt es sich denken, der ewige Urgrund nähme sich, gewissermaßen außer der Reihe, noch besonders der Menschen an und rede in seine eigene Schöpfung hinein?
Es ließe sich argumentieren: entweder er ist Gott, hat die Welt geschaffen und sie vollkommen herausgestellt und so steht sie nun da – oder sie steht nicht so da und dann ist er nicht Gott. Jesus auffassen als einen geschichtlichen Gott, einen Zusatzgott?
Die Figur eines historischen Jesus, der ein palästinensischer Mensch wie tausende eines Volkes war, bedeutet nicht viel. Wenn ich mich frage: «Warum blicke ich auf ihn», so lautet die Antwort, weil ich hören will: Es ist Gott. Es kommt nicht auf menschlichen Zuspruch an, sondern auf die Feststellung eines Tatbestandes.

Ich sitze in Sichtweite des Kruzifixes.
Wenn ich die Augen schließe, fühle ich das Kruzifix oben rechts als eine strahlende Wärme.

Die Welt ist nicht fertig. Sie ist als Naturwelt nicht fertig. Sie bewegt sich, läuft ab und kommt zu keinem Abschluß.

Sie ist auch als Ichwelt nicht fertig. Da wird sie Schicksal. Eine vollkommene Welt hat der Urgrund nicht aus sich herausgestellt in dem, was beweglich, also nicht an seinem Ziel ist. Und in dem, was Schicksal, also auch nicht am Ziel ist, liegt ebensowenig Vollkommenheit.

So aber sind wir nicht geschaffen, daß wir in dieser Unvollkommenheit verrinnen, verkommen und uns in der Sinnlosigkeit der Existenz zerreiben sollen. Es wäre unbegreiflich, fühlende, wertende Seelen in das Zentrum der Welt stellen, um sie sich an einer brodelnden Materie erschöpfen zu lassen.

Sogar die ‹Materie› ist nicht bloß Materie und brodelt nicht nur. Ich weiß längst, sie ist in Kristallen, Pflanzen und Tieren sinnvoll, lebendig und mit bewundernswerten Vermögen und Einrichtungen ausgestattet.

Es ist uns allen mitgegeben, ursprünglich und an unsere Natur gebunden: die Lust, die Freude am Dasein, das Gefühl des Gelungenen, der Übereinstimmung, des Gleichklangs, – und für den Rest, der schmerzlich und schrecklich ist: wir haben die Möglichkeit und die Neigung zu wissen: dies ist nicht gelungen, es fällt heraus.

Und ‹Jesus› ist kein ‹Zusatzgott›, keine Korrektur am Dasein, sondern (so spekuliere ich) ein Zusatz in unserer Erkenntnis, zu unserer Klarheit darüber, was Dasein und Welt wirklich ist.

Die Klarheit heißt: Der ewige Urgrund, der uns emporgetragen hat, hat auch in dieser zerfallenen Welt die Beziehung zu ihm nicht aufgegeben. Wir fühlen uns verloren? Wir müssen nicht glauben, verloren zu sein, bloße trübe ‹Individuen›.

‹Jesus› sagt: ‹Die Welt ist schlimm, aber sie hat Geschichte, und wir haben ein Schicksal, das über die irdische Existenz hinausreicht.

Der Mensch neigt als Kreatur dazu, zu den Kreaturen zurückzufallen und zu verzweifeln. Er weiß um sich und sein Heil nicht.›

Wer wäre demnach Jesus, der, der dort am Kreuz hängt? Ich habe ihn oft vergeblich angesehen. Meine Blicke gingen leer hin und kamen leer wieder.

Er ist Gott, er ist ein- und dasselbe mit dem einigen Urgrund. Er ist die ganze Deutlichkeit, die herausgestellte Deutlichkeit in Bezug auf die Welt und auf uns. Er ist der Ruf, der uns von den beiden Abgründen zurückreißt, zwischen denen unsere Existenz verläuft: zwischen dem, der in den Sumpf des kreatürlichen Vegetierens fährt, und dem der Verzweiflung.

‹Jesus› ist am Menschen mehr als ein Wissen, – ein neues Organ. ‹Jesus› sagt: wir sind unterwegs, und er gibt das Licht der freien Durchfahrt.

Es ist unmöglich, den ‹Ewigen Urgrund› zu empfinden. Es muß, damit es ganz an uns herankommt, das Wort ‹Jesus› hinzutreten.
Als menschliche Personen erleben wir die Welt. Wenn wir dann die Wahrheit an uns heranziehen, so bekennen wir, indem wir den Kopf stumm und ehrfürchtig senken: ‹Gott›, – und indem wir den Kopf heben: ‹Jesus›.

So laufen meine Gedanken in der Kathedrale, und so notiere ich sie draußen auf der Bank und abends in der Kammer.

9. Kapitel
Und dies war das Lager

Die letzten Tage im Lager
Der Buchhalter aus der Nachbarkabine sieht frisch und erholt aus und hat den Tag über geangelt. Er versichert, er lebe hier in Mende wie im Traum.
Auf den Straßen tauchen Frauen in feldgrauen Uniformen mit Soldatenkäppis auf. Sie fahren Ambulanzen. Sonst versackt und verliert sich alles Militärische in der Stadt, man wird zivil. Die Soldaten, Zigaretten im Mund, Hände in den Taschen, sind überall zu finden. Die Uniformen werden immer schäbiger und nehmen einen grünen Ton an.
Bei uns im Lager entwickelt sich ein wirkliches ‹Lagerleben›. Denn es ist schönes Wetter, und alles macht es sich bequem, auf dem Hof und im Freien. Man stellt Stühle und Tische heraus. Die Frauen sitzen an der Chaussee, im Grünen, am Fluß. Sie haben ihre Kinder bei sich wie bei einem Ausflug. Dort wäscht man, dort sitzt die junge Frau mit ihren drei kleinen Kindern im Gras. Jene, welche bei Tisch öfter die Geduld verliert und, wenn eines der Kinder nicht essen will, brüllt: «Ich bring dich um, ich schwöre es!» Worauf das Kind plärrt und die Mutter entweder stärker brüllt oder alleine ißt. Der Anblick dieser Frau zwischen ihren drei Kleinen bei Tisch ist unbeschreiblich komisch. Die Kleinen sitzen mit großen blanken Vogelaugen da, blicken die Mutter an und schreien durcheinander: Du pain, du pain! (Brot, Brot). Es kann sich nur noch

um ein, zwei Tage handeln. Ich sehe Leute an der Bahn, gehe hin und stelle fest: einige zeigen Scheine vor, andere nicht. Jedenfalls gibt der Schalterbeamte Billets gegen Bezahlung. Ich frage und er antwortet: er kümmere sich um keine Scheine, er verkaufe Billets. Ich frage dann nicht weiter, sondern stelle fest, wann morgen ein Zug nach Toulouse fährt. «Früh um sechs Uhr fünf.» Da kaufe ich meine Karte. Das große Werk ist getan.

Ich habe die Karte, eine gewöhnliche Eisenbahnkarte. Sie sieht aus wie die, die ich in Moulins kaufte, Richtung Le Puy. Aber dieses Eisenbahnbillet hier soll mich in die normale Welt fahren. Ich gehe zur Post und telegraphiere die Neuigkeit nach Toulouse. Ich muß in Beziers umsteigen. Ich habe also eine Möglichkeit, etwas zu verfehlen.

Es ist Spätnachmittag. Ich gehe, mit einem plötzlich mich überfallenden Wehmutsgefühl zum letzten Mal an der Brücke und Schule vorbei, zum Lager zurück. Im Büro melde ich mich ab. Der Lagerchef ist nicht da, ich wollte mich verabschieden. Ich frage, ob mir morgen jemand beim Tragen meines Koffers helfen kann. Ein junger Mensch, ein Belgier, ist gegen ein Trinkgeld bereit.

Um halb neun lege ich mich hin. Die Alte schiebt mir als Wegzehrung den Rest ihres Brotes zu. Ich habe mir nachmittags Kirschen gekauft, sie bekommt die fast volle Tüte.

Ich stehe um sechs Uhr auf, die Alte ist wach und reicht mir die Hand. Sie wünscht mir Glück zur Reise und flüstert: «Das ist ein großer Tag.» Auf dem Bahnsteig geht ein Gendarm auf und ab. Er beäugt jeden. Ich werde nicht angehalten.

Wir fahren.

Und dies war Mende.

Ich sehe vom Zug aus ein anderes Lager, das zu Mende gehört, und wo sich grade der Hof belebt.

Toulouse – Wiedersehen

Wir fuhren in den Tag hinein. Nach etwa einer Stunde hatte man den Zug zu wechseln. Ich saß inzwischen wie ein Reisender in einem sonnigen Bahnhofslokal, auf einer erhöhten Terrasse im Freien, trank Kaffee und war kein Lagerinsasse mehr.

Ich kann mich in den neuen Zustand nicht hineinfinden. Taucht nicht einmal in mir die Vorstellung auf: das hier ist – eine Flucht? Ja, eine Flucht? Etwas wie – Verrat.

Ich sehe sie da alle im Lager, in Mende. Als wäre das Lager nichts, nahm ich meinen Kaffee und ging davon, meiner Wege. Welches sind meine Wege?

Es war doch etwas gut im Lager, dämmert mir. Es war gut für mich, aufschlußreich. Es hat etwas aufgeschlossen, aber es hat erst damit begonnen, es ist noch nicht zu Ende. Ich hätte noch länger dableiben müssen. Ich fahre. Ich sehe oft aus dem Fenster, zurück. – Ich fahre; hier ist aber alles geklärt; hier – wird mich kein Zufall mehr heimsuchen.

Es ging nach Beziers, ein unendliches Fahren. Es währte den ganzen Tag. In dem vollen Waggon waren wir nur zwei Zivilisten, die andern waren Eisenbahner, flüchtige, die jetzt repatriiert werden sollen. Sie hatten im Süden (denn wir fuhren nach Süden) an sich nichts zu tun, sie sollten meistens in die Pariser Gegend und erzählten die ganze Fahrt davon. Aber irgendwo hinter Beziers hatten sie ihren Sammelplatz, von dem aus man sie nach Norden in die besetzte Zone führen würde.

Wie lustig diese Leute während der ganzen Fahrt waren. Sie hatten sich mit Wein (in großen Spritzflaschen) und Eßproviant hervorragend ausgerüstet. Am Wein mußte ich mich einmal beteiligen. Sonst hielt ich mich zurück, um nicht in die Diskussion gezogen zu werden.

Da war ein älterer Beamter mit dickem Schnauzbart, ein gutmütiger Mann, der gewaltig trank, und ein jüngerer, der frischfröhlichfrei politische Reden schwang, die keiner anhörte. Er sprach über das ‹Geld›, das im Land bleiben müsse. Denn er hätte erfahren, daß die Reichen jetzt drauf und dran seien, ihre Kapitalien ins Ausland zu retten. Man müsse sie fassen. Er schlug vor: das Geld überhaupt abzuschaffen. Aber was dann, fragten die andern. Wie soll dann der Handel funktionieren, nach dem Ausland? Darüber kam man nicht hinweg.

Stündlich wandert der Spritzbeutel mit den verschiedenen Rotweinen herum. Wir kommen aus der Berggegend in eine warme, ja heiße Ebene. Graue glatte Steinbauten, ein südlicher, ja römischer Eindruck. Solche Fahrt hat einen kühnen epischen Charakter, schwingt über Epochen hinweg.

Um isoliert zu bleiben, verstecke ich mich, mangels einer Zeitung, hinter meinem kleinen Buch, das ich mir in Voraussicht dieser Situation in Mende gekauft habe, der ‹Zauberer Merlin›. Der Titel zog mich an, und ich wurde nicht enttäuscht. Ich las gern drin, nicht weil es sich um entlegne und irreale Dinge handelte, sondern weil es da Weite, Wechsel, Fülle gab. Ich nehme das Buch in kleinen Schlücken zu mir. Wie es dunkler und dunkler im Zug wurde, begann ich mich zu beunruhigen: nur nicht nachts ankommen, ich möchte nicht am Bahnhof sitzen. Aber sie sagten, Beziers sei eine richtige Stadt, und der Ort und der Bahnhof seien beieinander. Soldaten, die mir gegenüber saßen, sprachen von dem centre d'acceuil direkt an der Bahn.

Im Dunkel stiegen wir aus, und jeder wurde am Ausgang nach seinem ‹titre de Voyage› gefragt. Ein Anschlußzug nach Toulouse sollte um Mitternacht gehen, aber man zweifelte, ob dieser Zug Zivilisten mitnähme. Ich entschloß mich, hier zu bleiben und ein Nachtquartier zu suchen.

Ich erinnere mich der völligen Finsternis auf dem großen Platz am Bahnhof. Aber hinten leuchteten Schilder: große Hotels. Und nachdem ich bei zweien vergeblich angeklopft hatte, kam ich im dritten unter und fand ein Hotelzimmer mit fließendem Wasser. Meine Sachen legte ich ab.

Und da stand ich in dem einfachen Raum und dachte an Mende, an meine Baracke und die Koje mit der Alten.

Zum ersten Mal seit Wochen konnte ich mich ausziehen. Ich konnte meine Sachen an Bügel hängen. Ich lag unter einer richtigen Bettdecke auf einer mit Leinen bezogenen Matratze. Bis zum Morgen schlief ich fest.

Meine Schuhe wusch ich am Morgen mit Wasser, die alte Prozedur vom Lager. Aber der dicke Lehm ließ sich nicht entfernen. An meinen Hosen klebte der gleiche Lehm. Ich packte sie in den Koffer. Ich hatte noch einen anderen Anzug. Den legte ich an. Einen frischen Kragen, eine neue Kravatte band ich um. Mir waren meine Kragen zu weit geworden. Auch den Gürtel meiner Hose mußte ich stark anziehen.

Unten im Frühstücksraum war man lebendig. Und wie ich noch ging, mir eine Zeitung zu holen, rief mich eine Krankenschwester an, die ich im Zug gesehen hatte: «Eilen Sie sich, wenn Sie den Anschlußzug nach Toulouse wollen. Er fährt um einhalb zehn!» Es war neun. Da wurde nichts aus meinem Kaffeetrinken und der Zeitungslektüre. Ich zahlte und lief zur Bahn.

Ich fühlte schon, wie ich mich im Hotel in Beziers auf dem Zimmer umsah, daß ich nun den Strand, die Wildnis verließ und in die Welt der Städte zurückgesandt wurde. Die Dinge, mit denen ich früher gelebt hatte, erkannte ich wieder. Der Globus meiner Erinnerungen füllte sich.

Aber mein Gefühl meldete sich nicht. Kein Ich meldete sich und nahm die Erinnerungen an. Wie eine Krankheit waren die letzten Wochen verlaufen, und sie hinterließen mich nicht, wie ich war. Ich wußte mich schon mehr. Wie weit lag alles zurück, was sich vor dem 10. Juni, nein, vor dem 16. Mai begeben hatte. Ein normaler und pünktlich abfahrender Schnellzug stand an der Bahn. Er hielt nur, wo er sollte. Er rangierte nicht und fuhr nicht zurück. Es war vorauszusehen, daß er pünktlich ankam.

Während ich in einem glatt und schnell fahrenden Zug saß, fuhren meine Zusammenbruchserlebnisse mit. Sie blieben nicht hinter mir liegen. Je länger ich fuhr, je mehr ich mich der ‹normalen› Welt näherte, um so mehr kam mir vor, daß nicht sie es waren, die mit mir fuhren, sondern daß sie fuhren und mich mitnahmen, daß sie mein unbekanntes Ich waren.

Ja, je mehr ich mich von Beziers entfernte, und damit von Mende, und je länger ich in diesem ordentlichen Zuge unter ordentlichen Herren und Damen saß (sie lasen Zeitungen, sahen aneinander vorbei, wie es sich für gebildete Städter gehört), um so mehr fühlte ich meine Erlebnisse sich verändern und auf mich zukommen und mein ausgehöhltes Inneres ausfüllen.

Wehmut und Trauer in mir: warum bin ich weg? Warum konnte ich nicht warten? Die Dinge waren doch noch im Fluß. Es war doch alles erst angeschnitten und nichts zu Ende geführt. Warum die Flucht ergreifen?

Ja, solche Fragen stellte ich jetzt, als ich mich der ordentlichen Welt näherte, die ich doch so triebhaft, sehnsüchtig, ängstlich erreichen und festhalten wollte, als ich in Cahors aufbrach. Dazu war ich doch aufgebrochen, dazu – oder nicht dazu?

Nein. Unter dem Schein dieser Reise war ich zu einer andern Reise eingeladen worden. Zu einer Schicksalsreise.

In einer Stunde würde ich meine Frau und den Jungen sehen, die aufzufinden ich die traurige durcheinandergeratene Reise unternahm. Ich werde nun gut bürgerlich in einem Schnellzug ankommen. Nein, die Rapidität dieser Übergangs, dieser wenn auch nur vorläufige Abschluß des irdischen-überirdischen Abenteuers hatte für mich etwas Beschämendes.

Es ist nicht zu Ende, sagte ich mir. Ich schwöre es mir zu. Es kann nicht zu Ende sein.

Wiedersehen

Dann in Toulouse schleppe ich meinen Koffer durch die Sperre, es ist Mittag, an einer Barriere warten Menschen, ich blicke mich um. Da kommt der Junge erfreut auf mich zugelaufen und küßt mich, und dann meine Frau. Wir sind beieinander.

Wir gehen langsam zum Ausgang.

10. Kapitel
Eine andere Flucht

Hier nun berichtet meine Frau, wie es ihr und unserem Jungen nach unserer Trennung auf dem verdunkelten, menschenwimmelnden Pariser Bahnhof erging, bis zu dem Mittag in Toulouse, wo ich aus dem Wagen von Beziers stieg und der Junge mir an der Sperre entgegenlief.

Die Stille vor dem Sturm

Einmal wandere ich in Le Puy nachmittags zur Kathedrale hinauf und setze mich ihr gegenüber auf eine Bank an der steilen Straße. Man hat von da einen Rundblick über die Stadt und die Landschaft. Meine Gedanken wandern. Ich ziehe Briefe aus der Tasche. Nach einem Weilchen fragt eine Stimme vor mir: «Gute Nachrichten?» Und da steht eine alte Frau im Kostüm der Stadt, Spitzenhaube, weiter schwarzer Rock, große weiße Schürze. «Nachrichten von Ihrem Mann, Ihrem Sohn? Wird bald Friede sein?» Als ich antworte, die Lage sei ernst, wundert sie sich. In Belgien könne es doch nicht gefährlich sein, die Belgier seien tapfer und zuverlässig. Ich kläre sie auf, sie hört mir ungläubig zu. Ich frage sie, ob sie denn keine Zeitungen lese? «Zeitungen, nein, niemals.» Aber Radio, das höre sie öfter bei einer Nachbarin. Und sie ruft über die Straße: «Frau X, wissen Sie schon? Es geht schlecht in Belgien, ach Gott, ach Gott!»

Viele Spaziergänge mit meiner Freundin. Wir beruhigen uns und sprechen uns aus. Sie ängstigt sich um Verwandte in der Kriegszone. Sie ist Katholikin, die sich von der Kirche entfernt hat. Sie liebt ihr Land so sehr, daß sie sich jetzt fragt, ob sie nicht wieder fromm werden müßte. Das Ganze scheine eine Prüfung zu sein. Nein, wenn die Welt noch einen Sinn habe, so könne Frankreich nicht untergehen.

Wir wohnten einer grotesken Aufführung bei.

Eine Sitzung der englisch-französischen Gesellschaft im Theater. Der Raum war gedrängt voll. Als der Vorhang sich öffnete, saßen auf der Bühne hinter einem Tisch in schwarzen Anzügen zwei ältere Männer mit Glatzen, der eine klein und behäbig, der andere groß, dünn und fein. Der Behäbige stand zur Begrüßung auf und erklärte stolz zu sein, einen so angesehenen Mann heute in Le Puy zu haben (geschmeicheltes Lächeln des Langen), er lobte die englisch-französische Gesellschaft und lud zum Beitritt ein. Darauf erteilte er dem Langen das Wort.

Der trat lächelnd vor den Tisch. Ja, er wolle von England erzählen. Sein Thema sei: Die Freiheit in England und Frankreich. Man spreche nicht nur eine andere Sprache, man habe auch andere Gebräuche und andere Einrichtungen. Man finde keine Cafés, keine Terrassen. Man nehme andere Mahlzeiten ein. Die Autofahrer müssen auf einer anderen Seite überholen. Der Herr gehe auf der Straße nicht auf derselben Seite neben der Dame wie bei uns. Dreiviertel Stunden redete er so. Der Krieg zeige, wie gut es sei, daß sich die beiden Völker verständen. Er sprach viel vom Autoparken, von den Restaurants und Cafés.

Wir schütteln uns vor Lachen. Nachher kam ein besserer Teil. Ein Orchester von Schuljungen und Mädeln spielte die englische und die französische Hymne. Dann der Bürgermeister, um anzukündigen, es würden jetzt folkloristische Tänze gezeigt werden. Mit wahrer Inbrunst fiedelte das kleine Orchester, und zehn- bis vierzehnjährige Mädelchen tanzten. Sie waren charmant in ihren schottischen Röckchen und Blusen mit dem dazugehörigen Kopfschmuck. Sie waren so glücklich. Die Spannung wuchs.

Meine Nachbarn in der Pension, ältere Leute, der Enkelsohn gleichaltrig mit unserm Jungen, horchten alle aus, was sie machen sollten. Ihre Tochter sei noch in Paris, sie besitze einen großen Juwelierladen und der Schwiegersohn stehe im Feld. Wenn die Tochter wegginge, müsse man auch das Geschäft schließen. Sei das notwendig? Nach ein paar Tagen entschloß sich der alte Herr, selber nach Paris zu fahren.

Es kamen mehr und mehr flüchtige Familien an. Man brachte sie unter, wo man konnte, in Stuben, Garagen, Kellern. Sie kamen auf Lastwagen, in Autos mit Matratzen, besonders viele junge Leute auf Fahrrädern. Man hörte Radio bis in die Nacht hinein, diskutierte auf der Straße und in den Geschäften.

Meine eigene Spannung wuchs, als ein Telegramm mir mitteilte, daß mein Mann Paris verlassen hatte, ein zweites Telegramm, daß er nach Tours gegangen war, dann Nachricht aus Moulins mit dem Hinweis, daß man auch da nicht bleiben würde. Die Straßen sind von Menschen überschwemmt. Man gibt den Ankömmlingen Brot, warme Suppe, Kindern Milch. Wer keine Verwandten im Ort hat, wird in die Nachbarschaft transportiert. Vor dem Bahnhof, auf den Stufen sitzen stundenlang Menschen, die auf einen Platz in den ganz unregelmäßigen Zügen hoffen.

Panik

Dann kommt ein Morgen, wo ich auf die Straße gehe, getrieben von einer inneren Unruhe.

Ich sehe hinter dem Stadtpark den Präfekturplatz und die anschließende Hauptstraße voller Menschen. Auf dem großen Platz parken Lastwagen. Soldaten springen herunter. Sie sind unglaublich schmutzig und verschwitzt. Es folgen andere Wagen. Da hocken und liegen sie einer über dem andern. Sie stehen auf den Trittbrettern, hängen vorn und hinten an den Wagen.

Die Einheimischen stehen bestürzt. «Was ist passiert, von welchem Regiment seid Ihr?» Die meisten Soldaten tragen keine Abzeichen.

Eine unbeschreibliche Erregung kommt über uns alle. Einige suchen nach Angehörigen, vielleicht ist der Mann, der Sohn dabei, vielleicht weiß einer etwas von seinem Regiment.

Als ich mich der Straße zuwende, ist sie verstopft, von Militärwagen, Lastwagen, Tanks. Kleine Autos ziehen Bauernwagen hinter sich, in denen alles durcheinander liegt, Militär, Zivil, Hunde, Katzen. Unheimlich viel fliehendes Zivil drängt sich zwischendurch. Man kann nicht sagen, daß die Soldaten verzweifelt sind. Man hört sie sagen: wir gruppieren uns nur um, die Nazis haben noch lange nicht gesiegt.

Die Lebensmittelgeschäfte werden belagert, alles ist rasch ausverkauft, Brot wird nur an Soldaten gegeben.

Nach Tisch setze ich mich auf die Terrasse des Cafés. Man beobachtet und diskutiert, die Kellner beteiligen sich. Immer dichter wird die Schar der fliehenden Militärs und der Zivilbevölkerung. Abmontierte Flugzeuge, andere, die gebrauchsfertig scheinen, rollen auf Wagen vorbei. Und immer mehr Tanks und eine Fülle anderer sonderbarer Fahrzeuge. Auf den Militärwagen, die sich zwischen den andern hindurchzwängen, liegen Soldaten halb ausgestreckt, manche zusammengerollt und schlafen. Man sagt, die Deutschen sind noch mehrere hundert Kilometer entfernt. St-Etienne sei bedroht. Es heißt, es wird noch Widerstand geleistet und mehr als fünfzig Kilometer pro Tag könnten die Deutschen nicht vorwärts kommen.

Erschöpft komme ich zu Hause an. Meine Wirtin sucht mich zu bewegen, mein Zimmer abzugeben. Sie hätte Verwandte schon in der Garage unterbringen müssen. Mir kommt zum erstenmal der Gedanke, den Ort zu verlassen.

Die ganze Nacht hindurch rollten die schweren Wagen. Wir wohnten auf einem Hügel. Auf der anderen Seite, auf einer Erhöhung, fuhren sie ununterbrochen.

Das Fahren und Marschieren der Truppen dauerte drei Tage an. Die Truppen fuhren zum großen Teil in südlicher Richtung, zu meinem Erstaunen aber nicht alle.

Die Situation wurde schaurig. Es begann die Verbindung mit der Umwelt einzuschlafen. Post wurde nicht mehr bestellt, Telegramme nur auf eigene Verantwortung angenommen. Trotzdem lief man immer wieder zur Gartentür, wo der Briefkasten hing und hoffte auf Nachricht. Ab und zu kam noch ein Zug an, meist Eisenbahner, die aus dem besetzten Gebiet flohen.

Jetzt wurden die Schulen geschlossen. Man requirierte die Hotels.

Vorbereitung der Flucht

Die Deutschen waren noch zirka zweihundert Kilometer entfernt, da sprach ich erneut mit meiner Freundin. Sie meinte auch, ich müßte weg. Ich wandte mich auf der Bahn an einen Offizier, der dort eine Funktion beim Roten Kreuz ausübte. Er stellte mir zwei junge Leute vor, die aus Lyon in einem kleinen Auto entkommen seien und morgen nach Bordeaux wollten. Die Behörden seien nach Bordeaux gegangen, und wenn ich wollte, würden die beiden mich und den Jungen mitnehmen. Abfahrt morgen um neun Uhr vom Bahnhof. Aber ohne eine ordre de mission wäre es schwer.

Da wandte ich mich an eine Militärbehörde und trug meine Sache vor. Ein Offizier erklärte mir, er dürfe Zivilpersonen die verlangte Anweisung nur dann geben, wenn sie einen Auftrag zu erfüllen hätten. Ich solle mich noch an einen Vorgesetzten wenden. Von dem erhielt ich den Bescheid, man könne mir keinen Dienstbefehl geben. Man erkundigte sich auch noch in einem anderen Büro, mit demselben Resultat. Man riet mir, mich an eine Zivilinstanz zu wenden.

Auf dieser Behörde der Stadt empfingen mich mehrere freundliche, sympathische Herren, und einer riet mir, in die Berge zu gehen und mich in einem Bauernhäuschen zu verbergen. Da würde mir kein Mensch was tun. Ich fragte, wie lange ich da wohl sitzen solle. Sie konnten nicht antworten.

Ich ging am nächsten Morgen zur Bahn, um den jungen Leuten zu danken und ihnen zu erklären, warum ich nicht mitkönne. Ich wartete eine Stunde und länger. Sie kamen nicht, – bis ich hörte, sie waren schon in der Nacht abgefahren, weil ihnen die Situation zu gefährlich wurde.

Wir saßen mittags in unserem kleinen Restaurant, und auf der Gegenseite befand sich ein größeres Lokal mit einem starken Radioapparat. Als ich die Stimme des Ansagers hörte, lief ich hinüber, ein junger Offizier neben mir gleichfalls. Marschall Pétain sprach. Er verkündete die französische Bitte um einen Waffenstillstand.

Danach klang die Marseillaise. Alles im Lokal, Soldaten, Offiziere und Zivil, Männer und Frauen, hatten sich erhoben, die Soldaten standen in Grußstellung. Viel Schluchzen. Man stand wie betäubt. Nie wieder werde ich die Hymne hören, ohne mich an diesen Augenblick zu erinnern, der Lautsprecher, die furchtbare Nachricht, die grüßenden Soldaten.

Ich saß bei meiner Freundin und erklärte ihr: Ich weiß nicht, was aus uns wird. In die Berge gehe ich nicht. Sie beruhigte mich, ließ mich ein Glas Likör trinken. Ich sollte mich auf ihr Bett legen. Inzwischen wollte sie gehen und sich erkundigen. Spät abends kam sie bei mir vorbei, um mir zu sagen, erregt, es sei vielleicht doch noch etwas zu machen. Sie sei bei einflußreichen Herren für morgen wieder bestellt.

Es klopfte bei mir morgens gegen sieben Uhr, meine Freundin trat stürmisch ein und trieb mich an, aufzustehen, und auch der Junge solle sich anziehen. Sie lief sofort weg.

Verdutzt stand ich da, versuchte den Jungen aufzuwecken, er wollte weiter schlafen. Es klopfte bald wieder und zu meiner Verblüffung war es meine Freundin, völlig atemlos. Sie war wild gelaufen. Gleichzeitig mit ihr trat das Hausmädchen mit dem Frühstückstablett ein. Meine Freundin drängte: «Sie müssen weg, in längstens fünfzehn Minuten müssen Sie sich Ihren Schein abholen. Kein Frühstücken, kein Waschen nur weg!»

Ich warf mir das Kleid über. Der Junge lag noch dösig im Bett, wir rüttelten ihn beide, halfen ihm, sich anziehen. Meine Freundin holte mein Handköfferchen und den Rucksack für den Jungen und packte einige Sachen ein, zwei Decken, ein paar warme Kleidungsstücke. Alles übrige, Schmuck, Briefe blieben zurück.

Während wir herunterliefen, klärte sie mich auf: «Sie kommen mit dem Wagen einer Behörde weg. Aber laufen Sie, sonst fährt er ohne Sie ab.» Auf dem Amt war mein Schein schon vorbereitet, man kontrollierte noch rasch die Daten, wünschte mir viel Glück und die Treppe herunter.

Ein großer Wagen stand abfahrbereit, mit massiven Aktenpaketen gefüllt. Meine Freundin war glücklich, es für uns geschafft zu haben. Im Wagen, auf den Papierstapeln, saßen schon zwei Männer und eine Frau mit einem fünfjährigen Mädchen. Man hob uns hinauf. Vorn zum Chauffeur stieg ein älterer, putzig aussehender Herr, angeblich ein Zeichner.

Und schon fuhren wir. Winken, Rufen, Danken.

Reise nach Bordeaux

Wir halten noch einmal vor einem Gebäude und nehmen eine ältere Frau und ihre Tochter auf. Dann rattert unser Wagen los.

Die Mitfahrer sind von einer geradezu peinlichen Lustigkeit. Man ulkt über die drollige Reise. Es sind Angehörige von Beamten. Wohin es geht, weiß keiner. Wir fahren schnell und gleiten immer wieder von unseren Papiersitzen.

Die Fahrt geht herauf und herab. Unsere Mitfahrer fangen an, ihre Vorräte auszupacken, Brot, Käse, Wein. Wir haben ein kleines Paket Cakes und Schokolade bei uns. Unsere Mitreisenden bieten uns ein Stück Militärbrot an, es schmeckt muffig. Der Junge hat fast nichts zu sich genommen, und das Rütteln, Holpern und dauernde Heruntergleiten von den Papierstapeln nimmt ihn mit. Man ist mir behilflich. Wir betten den Jungen auf Stroh. Gegen vier Uhr nachmittags halten wir am Rande eines kleinen Städtchens. Wir betreten ein kleines Restaurant und trinken eine Tasse heißen Kaffee, ohne Milch, ohne Zucker, und eigentlich auch ohne Kaffee. Als wir wieder fahren, sind die meisten müde und schweigsam geworden. Gegen sieben Uhr nachmittags nähern wir uns der Stadt Rodez.

In Rodez werden wir abgeladen. Als wir unten sind, verabschieden wir uns von den anderen. Ich erkundige mich in einem Amtsgebäude nach den Dienstzeiten. Jetzt ist aber alles geschlossen. Wie ich wiederkomme, steht der Lastwagen da, leer und verschlossen. Alle Mitreisenden sind verschwunden.

Wir wandern auf die Wohnungssuche und haben festgestellt, daß die einzige Möglichkeit, unterzukommen, das Centre d'acceuil ist. Dieses Centre finden wir bald. Es ist gegen acht, als ein älterer Herr mit einem langen Bart auftaucht. Scoots laufen auf ihn zu, er hat die Schlüssel. Er bestimmt den Platz für jeden. Sobald er aufgeschlossen hat, rennt man. Die Kabinen sind alle gleich und liegen ohne Tür rechts und links an einem breiten Mittelgang.

Wir schlafen bald ein. In völliger Finsternis werden wir aufgeweckt. Es sind Soldaten, sie machen Licht, wandern schweren Schritts, mit Tornistern beladen, durch die Baracke, stecken den Kopf auch in unsere Kabine.

Gegen sieben Uhr packen wir unsere Decken zusammen. Soldaten liegen noch auf dem bloßen Holz des Mittelganges und schlafen. Der Junge klagt über Leibschmerzen und will nicht laufen. Ich rede ihm gut zu, wir wollen etwas trinken, dann wird es besser. Wir sind in dem Cafélokal zwischen Soldaten und einigen Zivilgästen. Das Kind sträubt sich, etwas zu sich zu nehmen. Wir gehen langsam durch die Straßen und kommen an der Hauptpost vorbei.

Da sich der Junge immer rabiater zeigte und über seinen Leib klagte, führte ich ihn in eine große Apotheke und redete der Verkäuferin, die erst nicht wollte, zu, ihm Tropfen zu geben. Wir kamen dabei in ein allgemeines Gespräch und sie bot mir an, den Jungen so lange bei sich zu behalten, bis ich meine Recherchen erledigt hätte.

So konnte ich allein auf das Amt gehen, das jetzt geöffnet war, meinen Fall erklären, meine ordre de mission zeigen, die auf Rodez lautete, und vor allen Dingen mich erkundigen, in welche Richtung ich mich zu wenden hätte auf der Suche nach meinem Mann. Man antwortete mir mit aller Bestimmtheit: nach Bordeaux. Aber wie komme ich dahin? Ich erzählte, wie ich von Le Puy hergekommen war. Man bedauerte. Grade heute Nacht sei auch solch ein Wagen von hier nach Bordeaux abgegangen.

Als ich aber auf die Möglichkeit eines Taxi hinwies, erklärte man sich bereit, mir Essenz zu verschaffen und auch die Fahrerlaubnis nach Bordeaux, und gab mir einen Herrn mit, der mich persönlich auf den Platz begleitete, wo die Taxis standen. Der Chauffeur wollte nicht recht, er habe am Vortage auch jemand gefahren und sei in Mitrailleusen hineingeraten, rechts und links seien Leute getroffen worden, und das wolle er auch für viel Geld nicht noch einmal riskieren. Man redete ihm gut zu und drängte ihn, bis er nachgab. Er würde also gegen ein Uhr abfahren und wir würden gegen acht Uhr in Bordeaux sein; immerhin werde er, sobald sich irgendwelche Zwischenfälle ereigneten, umkehren. Kostenpunkt 1500 Francs, und ich besitze nur 1800. Es ist mir gleich.

Als ich den Jungen abhole, der noch in der Apotheke sitzt, und sich inzwischen mit der jungen Verkäuferin angefreundet hat, und ihm sage, wir haben einen Wagen und werden heute abend in Bordeaux sein, ist er überglücklich. Die Tropfen haben auch gewirkt, er ist ohne Schmerzen, und seine Begeisterung: acht Stunden Fahrt in einem Einzelwagen, und abends in Bordeaux, beim Papa! Wir schlendern noch durch den Ort und nehmen in einem Hotel etwas zu uns. Als wir es uns aber da auf der Terrasse etwas bequem machen wollen, interveniert der freundliche Besitzer: er könne es uns zu seinem Leidwesen nicht erlauben, aber die Terrassen müßten nach einer behördlichen Anordnung frei bleiben.

Unser Chauffeur erwies sich als guter Fahrer, und er kannte die Umgebung seines Städtchens vorzüglich, aber nach Bordeaux war er noch nicht gekommen. Er blieb dabei: er hätte Angst. Er würde sofort kehrt machen, wenn er uns hingebracht habe, und wenn er die ganze Nacht fahren sollte. Wer weiß überhaupt, ob die Deutschen nicht schon da seien. Ich erlaubte ihm, so rasch zu fahren, wie er für nötig hielt. Wiederholt wurden wir von Polizei und Gendarmerie angehalten und nach Ausweisen gefragt. Die Ordre de mission tat allemal ihre Wirkung.

Wir machten große Umwege und kamen in eine schöne und friedliche Landschaft, der man wahrhaftig nicht ansah, daß man ein paar Kilometer weiter Krieg führte. Unser Chauffeur konnte sich freilich auf den Umwegen nicht seines Planes bedienen, verfuhr sich daher und mußte sich von Bauern Bescheid holen. Die Zeit rückte vor. Der Mann hatte gehofft, gegen acht Uhr in Bordeaux zu sein, er wurde unruhig und drängte auf die Hauptstraße zurück. Jetzt ließ man ihn die Route nationale nehmen. Es gab da keine Zivilfahrer, auch wenig Militär.

Als wir zwei Stunden vor Bordeaux wieder ein Städtchen durchquerten, wurden wir von einem Polizisten angehalten und zogen sofort unsere Papiere. Aber die meinte er nicht. Die Dame hier neben ihm stünde schon seit Stunden auf der Straße, Militär könne sie nicht mitnehmen, wir seien seit Stunden der erste Zivilwagen, wir möchten sie mitnehmen. Natürlich sagte ich zu. Eine einfache bürgerliche Frau in den Vierzigern, die eine kleine Handtasche trug, stieg darauf ein und dankte uns. Sie setzte sich neben den Chauffeur, wandte sich aber bald uns zu, um uns von sich zu erzählen.

Ihr Sohn lag hier, in dem Städtchen, das wir eben verließen, im Lazarett. Sie habe ihn nach langen Monaten jetzt wieder gesehen. Sie habe ein Telegramm bekommen, daß man ihn hierher gebracht habe, mit Rücksicht auf die Eltern in Bordeaux. Der zwanzigjährige junge Mensch sei verletzt worden, mehrere Schüsse, die sonstigen Körperverletzungen seien leicht, aber – er sei erblindet. Sie habe ihn gesprochen. Er sei ganz gefaßt gewesen, habe sie getröstet, sie solle sich nicht grämen, er habe nur seinen Tribut für die große Sache, die Freiheit des Landes gezahlt. Viele andere seien gefallen. Man werde ihn einen Blindenberuf erlernen lassen, er würde nicht arbeitslos sein. Und er sagte der Mutter zum Trost: nun hätte sie, die die Kleinen doch so liebte, wieder ein kleines Kind.

Die Frau schluchzte lange vorne. Der Junge wüßte noch nicht, wie es jetzt um Frankreich stand. Sie war vor drei Tagen zu ihm gefahren, mit der Kleinbahn.

Ich wollte mir von ihr etwas über Bordeaux erzählen lassen, aber sie war zu sehr mit sich beschäftigt. Wenn ich noch keine Unterkunft in der Stadt hätte, würde ich es schwer haben. Die Regierung und die Ämter seien da. Es hätte ein Bombardement gegeben und die Deutschen hätten genau gewußt, in welchen Gebäuden sich die Ministerien befanden.

Bordeaux – Waffenstillstand

Als wir gegen halb neun Uhr an die Stadt kamen, sahen wir viel Militär, Kasernen, Lazarette. Alle Augenblicke wurde uns unser Ausweis abgefordert.

Ich forschte gleich nach der Behörde, mit der mein Mann von Paris abgereist war. Auf der Präfektur weiß man nichts. Ein Beamter lacht:

«Behörden, Ministerien. Gott weiß, wo sie sind, vielleicht in Afrika.»
Man verweist mich an das Anschlagbrett. Man ruft noch einen Beamten, der mir erklärt, diese Behörde sei zum großen Teil aufgelöst. Aber Teile von ihr arbeiten in der Stadt, z. B. in dem Theater.

Darauf fahren wir zum Theater, wo man nichts von meinem Mann oder von seinen Freunden weiß. Man fährt mich zur Bourse de travail. Mein Chauffeur zieht die Uhr und erklärt, es sei neun Uhr, er müsse zurück. Wer weiß, ob er noch heil nach Hause komme. Man sagt mir, ich solle mich im vierten Stock erkundigen.

Da bezahle ich dann dem Chauffeur seine 1500 Francs, mir bleiben noch 300. Der Mann trägt mir mein Köfferchen die Stufen hinauf, legt den Rucksack daneben und verschwindet.

In der großen Vorhalle des Gebäudes liegt Stroh aufgeschichtet. Soldaten richten eben ihr Nachtlager ein. Man gestattet mir, nach oben zu gehen.

Im ersten Stock begegne ich Frauen und Militärpersonen. Man verweist mich nach oben. Ich steige weiter. Immer negative Antwort. Auch im vierten Stock.

Wie ich dastehe und nicht weiß, was ich noch tun kann, kommt die Stimme einer freundlichen Frau und nennt mich bei Namen. Wahrhaftig, sie kennt meinen Mann. Er ist nicht da und sie weiß auch nicht, wo er ist. Aber ich würde ihn morgen schon finden. Man ruft einen Lieutenant, der mich begrüßt und mir sagt: «Sie werden sich schwer auf mich besinnen. Ich war einmal bei Ihnen in Berlin am Kaiserdamm, in Ihrer schönen Wohnung. Es ist lange her.» Nun beschreibt er mir die Räume. Sonst meint er aber nur, es sei jetzt spät, aber er würde mir morgen zur Verfügung stehen.

Und ich stehe da mit dem Kind. Die Frau, die mich angesprochen hat, ist Polin, spricht fließend französisch und bemüht sich um uns. Die Stadt sei übervoll, keine freien Zimmer, jedes Bett sei besetzt, requiriert. In jedem Loch sitzen Menschen.

«Es gibt für Sie nur eins. Sie bleiben hier im Haus. Man kann Sie nicht zur Nacht mit dem Kind auf die Straße treiben. Wir haben Strohsäcke, ich lasse Ihnen zwei in ein Büro tragen. Gehen Sie inzwischen herunter und nehmen Sie etwas zu sich.» Wir sollen vor zehn Uhr wieder da sein.

Unten liegen Soldaten schon auf dem Stroh und schnarchen. Sie liegen in Hemdsärmeln und haben sich mit ihren Jacken und Mänteln zugedeckt. Beim Verlassen des Hauses erkennt mich der wachhabende Soldat und fragt: «Haben Sie ihn gefunden?» Und er zeigt mir, als wir auf die völlig schwarze Straße treten, ein schwaches Licht schräg gegenüber. Da kehren wir ein und trinken etwas.

Wir sind bald wieder im Gebäude. Man erlaubt uns, den Fahrstuhl zu benutzen. Wie wir ihn noch betreten, kommt ein hoher Offizier durch die Halle gelaufen, stürmt in den Fahrstuhl und grüßt. Auch er fährt zum vierten Stock. Er öffnet uns die Tür und verschwindet in einem der Zimmer. Aus allen Räumen hört man Radiomusik und Stimmen. Wir schleppen unsere Sachen in den Raum, in dem sich unsere freundliche Polin aufhält und beginnen uns gerade mit ihr zu unterhalten, als zu ihrem Schreck jener hohe Offizier eintritt, mit dem wir heraufgefahren waren, und sich im Raum umblickt. Sie entschuldigt sich und erklärt den Fall. Er nickt kurz. Da klopft es. Die Tür öffnet sich. Ein Soldat tritt ein: «Die Leitung funktioniert wieder. Der Waffenstillstand ist geschlossen.»

Die Tür ist im Augenblick umstellt von Soldaten und Beamten, die sich draußen sammeln. Alles ist aufs höchste erregt. Wir möchten das Zimmer verlassen, haben aber keine Möglichkeit zu verschwinden. Endlich wird der Eingang frei und wir schieben uns durch. Die Polin bringt mir noch leise meinen Mantel nach und entschuldigt sich hastig: sie könne sich im Moment nicht um mich bekümmern. Sie ruft aber jemanden auf dem Flur an, der möge sich mit uns befassen.

So stehen wir in der allgemeinen Erregung und Verwirrung auf dem Korridor. Waffenstillstand, ich bin konsterniert. Was besagt der Waffenstillstand, was bringt er?

Ein Soldat nähert sich uns und hilft uns. Er führt uns in ein nahe gelegenes Büro. Die Tür schließt sich. Rechts und links von der Tür hat man für uns einen Strohsack auf die Erde gelegt. Das Parkett ist schmutzig, der Sack ist nicht sauber, an mehreren Stellen quillt das Stroh hervor. Es gibt am Fenster keine Vorhänge. Das Mobiliar hier besteht aus einem Tisch, einem Wandschrank und zwei Stühlen. Die Tür ist nicht abzuschließen.

Wir breiten unsere Decken aus, legen uns darauf und bedecken uns mit unseren Mänteln. Noch stundenlang spielt die Radiomusik in den Büros.

Frühmorgens gehen wir in das Café von gestern und warten auf unsere Polin. Zwischen acht und neun Uhr erscheint jener junge Offizier von gestern abend, der mir von unserer Berliner Wohnung erzählt hat, und meint freudig lächelnd, er wisse jetzt, wo sich mein Mann befinde: wir brauchten nur nebenan zum Theater zu gehen. Obwohl ich da schon gestern abend war, gehe ich schnurstracks hinüber, – und finde natürlich niemand. Und wie ich da noch in verschiedenen Etagen, auf verschiedenen Gängen herumgeirrt bin, lande ich in einem Büro, wo man zwar auch nichts von der Behörde weiß, die ich suche, aber wo man mich wieder an die Präfektur verweist. Ich wandere auch dahin.

Und dort, auf dem Hof, fährt gerade ein Lastwagen ein, und von ihm steigen vier junge Frauen herunter, auch einige Männer in Zivil, und sie nehmen denselben Weg wie ich in das Gebäude und betreten dasselbe Büro wie ich. Man begrüßt die Neuankömmlinge freudig, und da vernahm ich, sie kommen von Cahors, wo sich Abteilungen des von mir gesuchten Amtes befunden haben. Ich mische mich ein und erfahre: diese Dienststelle ist aufgelöst, ihre Angehörigen in alle Welt verstreut. Aber sie kennen meinen Mann und unsere gemeinsamen Freunde, und das ist ein gewisses heimisches Gefühl, wie ich da zwischen ihnen stehe, weil man ihn hier kennt und er mit ihnen zusammen war.

Und wie ich dann wissen will, wo er sich nun jetzt befindet, da können sie mir nicht antworten. Eine meint: in Cahors ist er bestimmt nicht mehr. Eine andere sagt sogar: Er ist nicht mit seinen Freunden gegangen, sondern ist allein abgezogen, nach Le Puy, um Sie zu suchen. Ich staune sie an. Das kann doch nicht stimmen. Das wäre unausdenkbar.

Inzwischen erscheint der Chef dieses Büros. Der junge Leutnant stellt mich vor. Der Herr kennt meinen Mann flüchtig, wir haben auch gemeinsame Bekannte. Er ist liebenswürdig und tröstet mich. Er werde alles, was in seinen Kräften stehe, tun, um mir behilflich zu sein. Er werde nun versuchen, von amtswegen nach Cahors zu telefonieren. Er hoffe, das Gespräch werde möglich sein. Ich möchte in ein paar Stunden wiederkommen.

Damit verließ ich die Präfektur, sehr unruhig. Was soll ich tun, wer gibt mir einen Rat. Mir kommt ein Gedanke: ich mache nochmal kehrt und erkundige mich nach einer anderen Behörde. Bei ihr arbeitet ein hoher Beamter, ein Herr, der seit Jahren unserer Familie wohlgesinnt ist, und der uns über viele Schwierigkeiten der Emigrationsjahre hinweggeholfen hat. Ich gehe in die Schule, die man mir angibt und betrete den großen Schulhof. Und – schon von weitem sehe ich den Herrn. Er steht da mit andern.

Er erkennt mich sofort, wie ich mich nähere: «Mein Gott. Was machen Sie denn hier?»

Und wie ich es ihm erkläre, unterbricht er mich: «Nein. Sie wären überall besser als gerade hier. In ein paar Tagen sind die Deutschen hier. Wir wissen zwar noch nichts Genaueres vom Waffenstillstand. Aber die Stadt wird von den Deutschen besetzt werden. Auch die Ämter müssen wieder weg. Sie wären besser ich weiß nicht wo. Ich kann Ihnen nur einen Rat geben: weg, raus aus Bordeaux. Ja, sogar weg aus Frankreich, nur weg.»

Ich bin entsetzt. Ich kann doch hier nicht weglaufen, weiß nichts von meinem Mann, meinen Söhnen, habe auch sonst nichts, und welche Fahrmöglichkeit gibt es überhaupt?

Er bleibt dabei, ich solle sehen, daß ich rasch wegkomme. Er wolle mir dabei behilflich sein. Ich solle mir nur keine Illusionen machen. Ich würde meinen Mann auch überall eher finden als in Frankreich.

Wieder zur Präfektur, völlig niedergedrückt. Es ist inzwischen elf Uhr geworden. Auf den Straßen bilden sich Gruppen, man diskutiert den Waffenstillstand.

Man steht Schlange vor Schuhgeschäften, man stürmt sie gradezu. Besonders sind es Frauen, die da stehen, aber auch ältere Männer und Soldaten. Ein peinlicher Anblick. An diesem Tage, wo das Land in Trauer versinkt, stellen sich Menschen hin und ihre Sorge ist, ein Paar Schuhe zu erwischen.

Man hat das Gespräch nach Cahors für mich angemeldet. Ich müsse noch warten. Es vergehen weitere Stunden. Der Junge wartet auf der Straße. Endlich meldet sich Cahors. Man wiederholt, was mir schon die junge Frau mitteilte: mein Mann ist nicht mehr in Cahors. Er ist allein gegangen, er wollte nach Le Puy.

Ratlosigkeit

Was soll ich tun? Was soll ich nun tun? Keine Verbindung. Kein Geld. Wir können uns auch nicht wie Kreisel umeinander drehn. Mir scheint, ich muß unter allen Umständen hier bleiben.

Völlig erschüttert, ja fassungslos, verstört gehe ich mit dem Jungen durch die Straßen von Bordeaux. Es ist gegen 3 Uhr, die Essenszeit vorbei, außerdem die Restaurants werden so belagert, daß man sich endlos anstellen muß, um zu einer bescheidenen Mahlzeit zu kommen. Uns macht das jetzt nichts aus. Wir mögen nicht essen. Ich rechne auch, ich muß mit dem Rest meines Geldes sehr vorsichtig umgehen.

In einem Café in einer der Hauptstraßen erfrischen wir uns dann wenigstens mit einem Kaffee und einem Sandwich. Es ist Sonntag, das Café ist voll, meistens Einheimische. Draußen ziehen Spaziergänger in Scharen vorbei, wenig Uniformen, auch fast keine Wagen. Von Zeit zu Zeit eine Straßenbahn.

Nach einer kleinen Pause ziehn wir wieder zu dem Beamten, unserm Freund, in die Schule. Er ist abwesend. Wir warten auf einer Bank in dem großen Platanenhof. Es ist gut hier zu sitzen. Aber ich bin in einer schrecklichen, tiefen Erregung. Viele sitzen hier wie wir, auch ganze Familien. Auf dem zweiten Hof, hinter dem inneren Torweg, steckt alles voll Autos. Man spricht mich an: «Sie sind so traurig, können wir Ihnen helfen. Sie haben Nachrichten, schlechte?»

Man erzählt mir von einem Internat, wo viele untergebracht seien, mehr oder weniger komfortabel. Man rechnet damit, bald Befehl zur Abreise zu bekommen. Sonnabend würden die Deutschen in Bordeaux sein. Wohin diese Leute hier gehen werden, wissen sie nicht, – eines steht fest: ihnen kann nichts geschehen. Sie werden irgendwohin fahren, sie werden gedrängt mit ihren Familien im Wagen sitzen, das ist alles. Schwerer ist es schon für die, deren Söhne und Väter bei der Armee stehn, denn niemand hat Nachricht, und der Kummer über die schreckliche Niederlage.

Als der Beamte, mein Freund, mit seiner zarten Frau in den Schulhof tritt und nach allen Seiten grüßt, gehen wir zusammen in den großen Klassenraum, in dem sich sein Dienst abspielt. Jedem höheren Beamten ist eine Klasse zugewiesen worden.

Er zuckt die Achseln, als ich meinen festen Entschluß hierzubleiben mitteile, nachdem ich erfahren habe, daß mein Mann nach Norden gefahren ist, nach Le Puy, um mich zu suchen.

Nach einer Weile mache ich mich mit dem Jungen wieder auf den Weg, müde und eigentlich völlig unfähig etwas auszurichten. Wir gehen langsam zu dem großen Gebäude, in dem wir übernachtet haben, man kennt uns da schon, man läßt uns passieren. Oben Musik, Radiostimmen, wie gestern aus den verschiedenen Räumen. Wir begegnen niemand auf dem Korridor und finden das Büro, in dem wir übernachteten. Unser kleines Gepäck steht in der Ecke, die Strohsäcke sind ausgebreitet. Wir bleiben hier. Es ist Abend geworden. Wir können niemand um Erlaubnis fragen für die Nacht, es ist Sonntag. Wir bleiben einfach hier.

Man schaut aus dem Fenster. Wir sind ziemlich hoch. Wir sehen die Kathedrale. Unsäglich müde sind wir beide. Wir legen uns (unausgezogen wie gestern und vorgestern) auf die Strohsäcke.

Noch vor acht Uhr tritt ohne Klopfen ein Uniformierter in unser Zimmer und entschuldigt sich, als er uns da findet. Aber es sei sein Büro. Wir machen uns fertig und entfernen uns. Wir stoßen dann auf unsere Polin, die traurig ist, daß alles verkehrt geht, und leider müsse sie uns auch bitten, ein anderes Quartier zu suchen, es sei ja alles besetzt. Mein Gepäck könne ich hier noch abstellen.

Da wandre ich dann hilfesuchend zu unserm Freund.

Er steht, wie wir ankommen, im Gespräch mit einem hohen Offizier. Als er sich mir zuwendet, meint er, er würde früher als ich hier abfahren, vielleicht schon heute Abend. Es ginge in die Gegend von Vichy.

Ich bin völlig erschlagen. Dieser Mann war mein letzter Anker, er kennt uns seit Jahren, er ist ein aufrechter Mensch, ich konnte nicht nur Rat und Hilfe von ihm haben, sondern mich auch aussprechen. Und er will weg. Ich klappe zusammen. Ich muß in eine Klasse gehen und weine und weine. Es stürzt alles über mich. Es ist grausig.

Als ich wieder in Form bin, frage ich ihn, wo wir unterkommen können. Er gibt mir einen Empfehlungsbrief an einen anderen Herrn von einem andern Dienst.

Auf jenem Amt stehen schon Scharen von Menschen. Ich zeige meinen Brief, man läßt mich durch. Der Herr ist nicht da. Als er nach langem Warten kommt, erklärt er mir liebenswürdig: alle Zimmer wären militärisch belegt. Wenn noch was zu haben sei, müsse ich mich schon an eine militärische Stelle wenden.

Ich kann nicht mehr. Ich habe genug. Ich habe gehört, wie ungern die Leute Zwangseinquartierung aufnehmen.

Zurück in die Schule. «Bringen Sie uns, wo auch immer, unter», bitte ich, bettele ich. Diesmal gibt er mir einen Brief an die Direktorin einer Schule.

Also dahin.

Die Schule liegt weit draußen, eine halbe Stunde Wegs. Die Leiterin sagt, sie möchte ja so gerne helfen. Aber sie hätte auch keine übrigen Räume, ein Amt sei auch bei ihr einquartiert. Sie ruft eine Lehrerin, die gerade auf der Straße vorbeigeht. Lange Beratungen. Man kann mich nicht wegschicken, man telefoniert. Schließlich die Direktorin: «Ja, wenn ich Ihnen das anbieten kann», sie zögert, «ich geniere mich ein bißchen.» Ich sage gleich, mir sei alles recht, nur ein Dach über dem Kopf. Also, sie hätte eine kleine Küche, die würde im Augenblick nicht gebraucht, liege in einem kleinen Anbau, zu ebener Erde, sei etwas feucht. Man könne da zwei Drahtbetten aufstellen, Matratzen seien zu finden und es gäbe Wasser über dem Abwaschbecken.

Wir sind glücklich über dieses Angebot, machen den Weg in die Stadt, um unsere Sachen zu holen, dann denselben weiten Weg bepackt wieder zurück. Wir schleppen. Der Junge kann schon nicht mehr. Es gibt eine Elektrische, sie fährt nicht direkt und kommt nur alle zwanzig Minuten. Wir schleppen weiter. Es ist schon wieder Abend. Wir kommen an kleinen Kneipen vorüber. Drin sitzen, drängen sich Männlein und Weiblein. Ich frage den Jungen: «Wollen wir nicht versuchen, auch etwas zu bekommen? Seit Donnerstag haben wir nichts Warmes zu uns genommen.» Unsere Nahrung bestand aus mehreren Tassen Kaffee und einem Sandwich pro Tag. Der Junge mag nicht. Wir hätten so wenig Geld, und wo soll man essen? Es ist ja alles besetzt.

Ein Mann kommt vorbei, ich frage ihn, ob er sich hier auskenne, wir möchten gern was essen. «Kommen Sie mit. Man kennt mich hier. Man wird Ihnen schon was geben, vielleicht müssen Sie ein bißchen warten.»

Er spricht mit der Besitzerin einer Kneipe am Schanktisch. Lange Tische mit Bänken im Raum. Alles voll. Aber wenn die Leute ein bißchen zusammenrücken, gehts noch. Wir müßten aber an zwei verschiedenen Tischen sitzen. Das lehnt der Junge ab, die ganze Atmosphäre gefällt ihm nicht.

Also wieder hinaus. Weiter gewandert. Ich kaufe die Abendprovision: ein Stück Brot und Früchte.

In der kleinen Küche, die uns dann die nächsten Tage, richtiger Nächte, beherbergt, sind inzwischen die Betten aufgestellt. Man hat uns sogar Handtücher und ein Stück Seife hingelegt. Wie gut, sich wieder zu waschen.

Neben unserm Raum (er liegt zu ebener Erde) befindet sich die große Hauptküche der Schule. Eine freundliche alte Köchin begrüßt mich. Abends, wenn sie weggegangen sei, stände mir auch die große Küche zur Verfügung. Ich könne mir warmes Wasser machen. Vor unserem Fenster im Garten parken Autos. Der Junge geht bald hinaus und unterhält sich mit dem Chauffeur eines Wagens, der auf einen Offizier wartet.

Ehe wir uns schlafen legen, erscheint unsere Wirtin, nicht nur um sich nach uns zu erkundigen, sondern vor allem um zu sagen, daß unser Freund angeläutet habe. Er fahre doch noch nicht, er bliebe noch ein paar Tage. Das tat mir außerordentlich wohl.

Wie froh waren wir dann, uns wieder ausziehen zu können. Im Bett freilich (man lag an sich recht gut) wurde es bald weniger angenehm. Ein Summen begann, wir wurden gestochen: Mücken. Es war reichlich warm, aber wir mußten uns bis über den Kopf zudecken. Es schwirrte und schwirrte. Wir wachten furchtbar zerstochen am Morgen auf. Die Küche lag in einem feuchten Garten und war selber feucht. Alle Räume waren durch Netze geschützt, nur nicht unsere, ja sonst unbenutzte Küche.

Zur gewöhnlichen Stunde, nach 8 Uhr, waren wir auf der Straße. Diesmal mußten wir ein neues Café suchen, für unser Frühstück. In dieser sehr ‹populären› Gegend sah es wenig vertrauenerweckend aus. Wir spazierten weiter, zum großen Platz. Es ist Dienstag. Heute muß ein besonderer Tag sein. Denn alle Läden sind geschlossen. Als wir uns auf die Terrasse eines Cafés setzen wollen, teilt man uns mit, es wird nichts serviert. Es ist Volkstrauertag.

Wir kommen in der Hauptstraße an einem kleinen Laden vorbei, der orientalische oder südamerikanische Sachen verkauft und auch einen Kaffeevertrieb hat. Ich bin glücklich, nach einigem Bitten zwei Täßchen schwarzen Kaffee zu bekommen.

Die Straßen sind ausgestorben. Man zieht zur Kathedrale zum Gottesdienst.

Wir wandern zur Präfektur. Der Herr, den ich sprechen will, ist zur Zeit nicht da. Wir unterhalten uns mit anderen. Man erkundigt sich, wo wir essen. Der Junge: «Wir, wir trinken doch bloß Kaffee mit einem Croissant oder einem Sandwich.» Man sieht es uns an. Der Junge erklärt: «Wir haben doch kein Geld.» «Ist das richtig?»

Sofort bringt man einen Carton mit Süßigkeiten und nötigt den Jungen, sich zu bedienen. Und als der Chef erscheint, fängt man mit ihm zu flüstern an. Er: «Man sagt mir, Sie haben kein Geld und gehen nicht essen. Ist das wahr?» Ich bejahe, ich nenne ihm die Summe, über die ich verfüge, um noch einen Ausweg zu haben.

Der Herr: «Das geht nicht. Greifen Sie Ihr Geld an, versprechen Sie mir, heute essen zu gehen. Ich verspreche Ihnen, privat irgendwie Geld zu beschaffen. Ich kenne Sie nicht, kaum Ihren Mann, habe ihn einmal flüchtig in Begleitung eines Freundes gesehen. Aber dieser Freund hat mir so besonders herzlich von Ihrer Familie gesprochen. Les amis de mes amis sont aussi les miens. Zählen Sie auf mich. Was ich tun kann, soll geschehen. Es ist bald Mittag. Wieviel Geld haben Sie in Ihrer Tasche. Also Sie werden zunächst einmal essen.»

Ein Fräulein bietet sich an, uns zu begleiten, sie wisse ein kleines Lokal, man könne da billig essen, brauche nicht zu lange anstehen. Es sei nur etwas unbequem zu erreichen, die Nachbarhäuser seien beim Bombardement beschädigt worden, man sei in der Nähe mit Aufräumungsarbeiten beschäftigt, die Polizei habe einige Straßenzugänge abgesperrt. Aber gerade darum werde man da, nach einem Weg von zwanzig Minuten etwas zu essen bekommen.

Wir sitzen bald an einem gedeckten Tisch. Unsere Begleiterin fängt an, von sich und ihrer Familie zu sprechen. Sie beziehe kein Gehalt mehr, gehöre einer aufgelösten Abteilung an, sei Pariserin, ohne Nachricht von ihren Eltern. Sie habe gebeten, sie unentgeltlich zu beschäftigen, damit sie, wenn der Dienst Bordeaux verließ, mitgenommen würde, es sei die einzige Beförderungsmöglichkeit. Allerdings habe man ihr gesagt, daß ihr Büro noch eine Weile bleiben müsse und sie also wohl noch den Einzug der Deutschen erleben würde.

Sie ißt mit Hingabe. Die Herrlichkeit von etwas Salat, der als Hors-d'œuvre gereicht wird, reißt sie förmlich hin. Sie schilt den Jungen, der mäkelt und stehen lassen will. In dieser Zeit habe man kein Recht dazu. Es sei alles so wunderbar. Sie gehe nur einmal täglich essen, und das sei ihre Hauptmahlzeit.

Am Spätnachmittag ein kurzer Besuch in der Schule bei unserem Freund. Ich sehe amtliche Telegramme und frage ihn, ob man nicht in Le Puy nachforschen könne, ob mein Mann etwa dort angekommen sei. Er warnt mich vor Illusionen. Die Rückantwort brauche Zeit.

Wir sitzen am Spätnachmittag im Garten, bis uns die Mücken verjagen. Am Mittwoch arbeitet man wieder. Die Läden sind geöffnet, man steht Schlange vor den Schuhgeschäften, die schon fast geräumt sind, auch die Schaufenster beginnen sich zu leeren. Gelegentlich kommen Frauen mit Schuhstapeln heraus. Hie und da steht man vor Lebensmittelgeschäften an. Häufig findet man schon von weitem erkenntlich, an den Schaufenstern Schilder mit: ‹Pas de…› Butter, Milch, Zucker, Schokolade etc., auch Öl, Seife, Fleisch ist knapp, aber zu haben. Reichlich gibt es Gemüse und Früchte, auch Brot, sofern man nicht zu spät kommt.

Außer diesen ‹Schlangen› gibt es noch eine andere auffallende ‹Schlange›. Man steht an den Bordschwellen, als wollte man ein Defilé ansehen. Es heißt, es seien Deutsche angekommen. Sie hätten fabelhaft ausgesehen, starke Menschen und wunderbar ausgerüstet, Motocyclisten. Man müsse warten, vielleicht kämen noch mehr. Sie hätten freundlich gelächelt.

In der Schule bestätigt unser Freund, es seien Motocyclisten durch Bordeaux gefahren. Das sei gegen den Vertrag, aber – –. Ob ich nun nicht doch weg wolle?

Er schlägt mir vor, den Jungen in Bordeaux zu lassen, anonym. Dem würde hier nichts geschehen. Ich könnte mich dann natürlich bis zum Ende des Krieges nicht mehr um ihn kümmern. Er wüßte einen guten Pflegevater für ihn und auch ein gutes Internat. Für mich würde sich, wenn ich allein wäre, leichter eine Möglichkeit ergeben zu entschlüpfen. Der Junge hat zugehört. Er fängt an furchtbar zu weinen. Er klammert sich an mich. Ich sage ‹nein› zu unserm Freund.

Die Deutschen sind da

Auf der Straße sehe ich am selben Tag gegen zwei Uhr Deutsche, auf Motorrädern und in kleinen Autos.

Das Publikum staunt sie an, diese Ausrüstung, diese Ordnung. Ja, man bewundert sie, – mir kommen sie vor wie Figuren aus Pappmaché. Gesichter, eins wie das andere, ausdruckslos. Viele tragen à la Hitler kleine Schnurrbärte. Man beruhigt einander: sie tun keinem Menschen was. Ein paar Offiziere seien in einer Seitenstraße in ein Geschäft gegangen und hätten ein ausgesuchtes Französisch gesprochen. Bezahlt hätten sie, was man verlangte. Den herumstehenden Kindern hätten sie etwas geschenkt. Man staunt ihre Regenmäntel an; sie seien wirklich wasserdicht.

Auf der Präfektur ein großes Ereignis: jener Herr, der sich gestern so eingehend danach erkundigt hat, ob wir auch essen, teilt mir mit, es sei ihm gelungen, einen Herrn in der Stadt für mich zu interessieren, er gibt mir die Adresse; ich könnte den Herrn gleich aufsuchen, um diese Zeit sei er zu Hause.

Es ist nicht weit, wir sind in wenigen Minuten da. Ich will keine Einzelheiten erzählen, sondern nur sagen, daß dieser Herr, ein mir völlig unbekannter Mann in Bordeaux, mir anbot, uns behilflich zu sein. Er nannte einen größeren Betrag und fragte: «Wird Ihnen die Summe über eine bestimmte Zeit hinweghelfen?»

Ich war sehr froh. Selbstverständlich sagte ich ja. Ich bot ihm an, den Betrag zurückzuzahlen, sobald ich dazu in der Lage sein würde. Er winkte ab. Er kenne meinen Fall. Er könne nicht selbst am Krieg teilnehmen, aber wenigstens diesen Tribut wolle er zahlen. Ich kann wohl sagen, was ich fühlte, wie dankbar ich war. Ein Stein fiel mir vom Herzen. Nicht nur die Geldnot war für die nächste Zeit vorbei, mehr: ich wagte wieder Mut zu fassen. Was für eine überraschende Begegnung. Nun heraus aus der Stadt. Der Anblick der Deutschen hatte mir einen Stoß gegeben. Es war mir klar, daß Herr L. recht hatte und daß es vollkommen sinnlos, ja gefährlich für mich war, mich länger hier aufzuhalten.

Darauf gehe ich mit dem Jungen in Richtung auf die Bahn, ein langer Weg. Eine riesige Menschenmasse erfüllt den Bahnhofsplatz. Als ich näher komme, erkenne ich, es sind Uniformierte, Soldaten und Matrosen. Sie stehen dicht massiert vor und auf den Stufen, die zum Eingang heraufführen. Sie schwenken Ausweise und schreien. Oben steht ein Bahnbeamter. Man wählt aus, läßt ein.

Haben wir eine Chance, da mitzukommen?

Wir mischen uns unter die Drängenden. Es wird mir rasch klar, es ist vergebenes Liebesmühen, außerdem handelt es sich nicht um zivile Beförderung. Dies sind Soldaten und Matrosen, die man noch vor der Besetzung schleunigst abtransportieren will. Man spricht von der Möglichkeit, morgen auch Zivil mit Ausweisen abzutransportieren.

Am Donnerstagmorgen weiter deutsche Vortruppen. H. L. sagt mir, er bleibe noch: wie lange wisse er nicht. Andere rüsten schon zur Abfahrt, alles setze sich in Bewegung. Eine Antwort auf das Sammeltelegramm sei noch nicht eingelaufen.

Da entschließe ich mich, Bordeaux unter allen Umständen zu verlassen. Ich will, muß und werde es schaffen. Denn wenn ich länger hier warte, riskiere ich, daß die Deutschen uns fassen. Hierher kann mein Mann ja doch nicht kommen; man läßt seit Tagen niemand mehr in die Stadt hinein, Fahrgelegenheit würde er nicht bekommen und es wäre voller Wahnsinn, den Nazis in die Arme zu laufen. Aber wie fortkommen? Unser so hilfreicher Freund H. L. überlegt. Er weiß im Augenblick niemand, der uns mitnehmen könnte. Übrigens fährt alles, was fährt, in das Land hinein, und wir müßten unbedingt an die Grenze.

Auf der Präfektur orientiert man mich: Es gibt überhaupt nur eine Richtung für mich: Toulouse.

Da bitte ich denn um eine Ordre nach Toulouse. Man gibt mir das Papier. Eine Fahrgelegenheit kann man mir aber nicht verschaffen. Ich versuche einen höheren Beamten zu erwischen; aber es ist Mittagszeit, Kellner springen die Treppe hinauf, tragen mit Metallhüllen überdeckte Tabletts; denn die Beamten sind so beschäftigt, daß man ihnen ihre Mittagsmahlzeit hier serviert. Wer wird sich jetzt mit mir beschäftigen? Wieder nach unten in das Büro: «Helfen Sie mir».

Der Herr überlegt: «Ich möchte wirklich, aber was soll ich tun?» Er überlegt weiter. «Ich werde Herrn X fragen. Der ist literarisch interessiert. Ich will mich erkundigen, bitte warten Sie.»

Nach einer Viertelstunde ist er wieder da, lächelt freudig.

«Sie fahren um zwei Uhr. Seien Sie um zwei Uhr rue Y Nummer X, sehr pünktlich. Ich werde auch da sein. Man wird Sie mitnehmen. Verlangen Sie Herrn Z.»

Wir sind pünktlich zur Stelle mit unserm kleinen Gepäck. Wohin wir da eigentlich gehen werden, wer uns mitnehmen will, wissen wir nicht. Viele stehen in der Nähe, alle neugierig auf die Deutschen. Vor dem Haus halten Lastwagen mit Zeitungsstapeln. Man schleppt die schweren Stapel in das Haus. Nach einer Weile schleppt man ebensolche Stapel wieder heraus, verlädt sie auf andere Fahrzeuge, die gleich abfahren. Ich frage nach Herrn Z. Er ist da und ist im Bilde. Man wird uns mitnehmen, nach Toulouse. Wir müßten noch warten, bis sich ein Wagen fände, die hier fahren nach allen Richtungen.

Vier Stunden, vier lange Stunden verbringen wir auf diesem Hof und auf der Straße vor dem Haus. Von Zeit zu Zeit wende ich mich erneut an einen, der die Aufsicht hat. Ob man uns vergessen hätte? Nein, nein, aber die Camions sind alle stark überladen und außerdem fuhr bisher kein einziger nach Toulouse. Der Junge wird immer ungeduldiger. Es hilft nichts, wir haben ja keinen Anspruch auf Beförderung, es ist doch ein reiner Glücksfall. Wir schauen zu, was nur mit den Zeitungen geschieht, warum man sie erst mit so großer Mühe herein und dann wieder heraus schleppt. Sie werden gewogen und gezählt.

Nach Toulouse

Endlich kommt auch für uns der Augenblick der Abfahrt. Man kommt mit einem Chauffeur zu uns. Der soll uns außer seiner Zeitung mitnehmen. Er ist nicht begeistert davon, er hat nur einen kleinen Wagen. Man hebt die Hintersitzbänke aus, die in Bordeaux bleiben. Der freigewordene Raum wird bis oben mit Zeitungen ausgefüllt, dazwischen verstaut man unsere Decken und Mäntel. Wir steigen vorn ein und sitzen neben dem Chauffeur, der Junge in der Mitte. Zwischen den Knien hält er seinen Rucksack, das Handköfferchen dient als Fußkissen. Der Wagen soll über Toulouse nach Marseille fahren.

Es ist sechs Uhr geworden. Die Hauptsorge des Chauffeurs (auch unsere) ist, möglichst wenig den Deutschen begegnen, lieber die Route nationale vermeiden und etwas länger fahren.

Es ist zunächst nicht einfach, aus der Stadt herauszukommen. Wie er sich auch dreht, wir stoßen auf deutsche Wagen.

Er sagt: «Ich muß noch einmal umkehren, ich habe meinen Plan von Bordeaux vergessen, ich kann hier nicht an jeder Straßenecke fragen und den Leuten Erklärungen abgeben.»

Wir kehren um. Wir sind eine Viertelstunde spazieren gefahren. Der Mann springt aus dem Wagen, kommt zufrieden mit seiner Karte zurück und jetzt kommen wir vorwärts, aus der Stadt heraus.

Wir finden die Parallelwege zur Route nationale und kommen in der stillen Landschaft gut vorwärts. Wenn wir uns einem Städtchen nähern, springt fast allemal ein Gendarm auf uns zu und läßt den Wagen anhalten; er sieht, was wir transportieren, sein Gesicht erhellt sich und er verlangt keine weiteren Ausweise, er bittet nur – um eine Zeitungsnummer. Er steht hier auf der Landstraße, bei seinem kleinen Städtchen und möchte schließlich auch wissen, was vorgeht. Er fragt uns, ob wir schon den Deutschen begegnet sind und gibt uns Ratschläge, wie wir sie am besten vermeiden.

Wir benutzen Seitenwege und fahren hundert Kilometer die Stunde außerhalb der Ortschaften. Immer wieder Gendarmen; wir geben bereitwilligst Zeitungen, der Chauffeur legt extra für diesen Zweck eine Anzahl Überexemplare beiseite; gelegentlich werden noch Exemplare für Kollegen verlangt.

Gegen acht Uhr beginnt die Dämmerung. Wir müssen die Route nationale kreuzen. Wir sind noch auf einem holprigen Bauernweg, als uns ein französischer Gendarm winkt anzuhalten. Vor uns stehen zwei kleine Bauernwagen; ein alter Mann springt ab.

Auf der Route nationale Deutsche. Wir müssen ganze Regimenter vorbeiziehen lassen. Sie fahren in Mannschaftswagen, dazwischen sausen Autos und Motocyclisten. auf den Wagen sitzen sie in ihren wetterdichten Regenmänteln, von der Umwelt nehmen sie scheinbar keine Kenntnis.

Auf der breiten Straße trotten zwischen den Deutschen ein paar Bauernwagen. Sie stören die Deutschen. Dicht an unserer Ecke springt ein Offizier aus seinem Wagen, gibt mit heftigen Armbewegungen Anweisungen: ein energisches Verbot für Zivilwagen, den Militärtransport zu stören. Die Zivilwagen müssen herüber auf die andere Wegseite und halten da. Befriedigt springt der Offizier auf seinen großen Camion und brüllt: «Vorwärts». Und ein französischer Gendarm an der Kreuzung, nicht weit entfernt, brüllt mit, – ich weiß nicht wozu auf deutsch –, «vorwärts».

Unser Chauffeur murmelt dauernd: «Bon Dieu du bon Dieu», das Wort, das ich schon unzählige Male von ihm gehört habe, sobald etwas kritisch wurde.

Endlich war der deutsche Vorbeimarsch beendet. Einmal war auch ein deutscher Offizier von einem Wagen herabgesprungen und hatte die Zivilnachbarschaft scharf besichtigt, ohne daß aber etwas erfolgte.

Wir fuhren die Route nationale, in der richtigen Annahme, daß wir den Deutschen nun nicht mehr begegnen würden. Über eine halbe Stunde hatten wir verloren. Es war gegen neun Uhr, zunehmend wurde es dunkel, aber die Nacht war klar und unser Führer kannte sich gut aus.

Durch das nächtige Montauban fuhren wir ungehindert. Auf dem Herweg, bei der Fahrt nach Bordeaux, hatten uns hier die französischen Gendarmen abgeleitet, der französischen Transporte wegen. Die Stadt lag ganz still, man sah keinen Menschen auf der Straße. Da meinte der Chauffeur, er hätte zwar noch Essenz, möchte aber tanken, um nichts zu riskieren. Wir würden übrigens viel später in Toulouse ankommen, als er geglaubt hätte, vielleicht in der Nacht. So hielten wir an den zwei oder drei Tankstellen von Montauban, man wollte keine Essenz geben und blieb dabei, sie sei nur an die Armee verkäuflich. Das Einzige, was wir schließlich erhielten, war ein Liter Öl, «bon Dieu du bon Dieu», es mußte gehen.

Toulouse

Zwischen ein und zwei Uhr nachts kamen wir in Toulouse an, völlig versteift von der langen Fahrt in einer Zwangshaltung. Der Chauffeur hatte uns unterwegs getröstet, er würde uns an einem Hotel absetzen, – Centre d'acceuil kenne er nicht, und wenn es existiere, sei es sicher überfüllt, – aber eine Hotelvorhalle sei da, und hier könnten wir übernachten.

Wir befanden uns am Bahnhofsplatz von Toulouse. Der Chauffeur klingelte an einem Hotel und bat, uns einzulassen. Gewährt. Nun Abschied von unserm Chauffeur; ich bot ihm fünfzig Franken an. Er lehnte ab: die Fahrt als solche kriege er bezahlt, es sei Dienst, und wir – Ehrensache.

Wir traten von der pechschwarzen Straße in den nicht viel helleren Hotelvorraum. Schlafgeräusche. Es dauerte ein Weilchen, bis man sich orientierte: da lag man am Boden, man saß auch auf Strohsesseln. Der Hoteldiener bot uns eine Strohbank an, und da verbrachten wir die Stunden bis zum Morgen. Der Junge freilich ließ sich bald auf den Boden nieder.

Als es heller wurde, erkannte man seine Umgebung. Sogar unter dem Tisch lag man. Ein belgischer Soldat schnarchte am Boden, seine Frau schlief im Sessel. Sie erzählte später, sie seien schon so lange auf der Wanderung. Wohin könne man nur gehen? Gegen sieben Uhr mußte die Halle geräumt werden. Einer nach dem andern verschwand und suchte sich in Ordnung zu bringen. Ich hörte einige sagen: «A ce soir.»

Da waren wir wieder auf einer fremden Straße, diesmal in Toulouse. Nach einer Weile öffneten die Cafés. Wir waren zufrieden, uns erfrischen zu können. Dann pendelten wir durch die morgendliche Stadt in Richtung der Kathedrale, zu einer Schule, die uns H. L. mit einem Brief an den Direktor empfohlen hatte. Dieser Herr war da und nahm uns auf. Er entschuldigte sich, als er uns den Raum zeigte, in dem er uns unterbringen wollte: es sei nicht seine Schuld, die alte Schule sei in solchem kläglichen, verfallenen Zustand.

Für uns war es aber eine Wohltat, diesen Raum zu erhalten, einen wirklichen Raum für uns mit zwei richtigen Betten, einem kleinen Tisch und sogar mit der Möglichkeit, sich in einem Waschraum zurechtzumachen.

Sofort begann ich dann aufs neue die Recherchen nach meinem Mann, schickte ein Telegramm – der Telegraphendienst funktionierte wieder – an Frl. S. nach Le Puy, ob sie ihm begegnet sei. Ich suchte in Toulouse nach Bekannten, die vielleicht etwas von ihm wußten, ging auch auf die Universität, wo man eine Centre für Universitätsmitglieder aufgemacht hatte.
Und um die Mittagszeit suchte ich in den Hauptrestaurants. Vielleicht fand ich auch den Soldaten, mit dem mein Mann seinerseits in Paris vor seiner Abfahrt gehaust hatte und der bei Toulouse wohnen sollte. Wir studierten das zettelbeklebte Rathaus, liefen zum Bureau sur Place, zu den Anschlagsbrettern. Man schickte mich auch zu einer Abteilung jenes aufgelösten Amtes, vielleicht könnte ich dort etwas erfahren. In dem Gebäude saß tatsächlich eine junge Dame, vor sich einen Tisch mit Listen, sie hatte dem ehemaligen Amt angehört. In ihren Listen aber fand sie nichts.
Nun, meinte sie, wenn ich heute nichts fände, könnte morgen wieder etwas draufstehen, es kämen noch immer Leute.

Eine Familie, die auf dem gleichen Korridor mit uns in der Schule hauste, zeigte sich sehr freundlich. Mit der Frau und der Tochter führe ich lange Gespräche in unserem gemeinsamen Waschraum. Die Frau beklagt sich über die Toulouser, die Stadt sei übervoll und beherberge zur Zeit sicher doppelt so viel Menschen wie im Frieden; es seien viel Belgier, ganze belgische Regimenter in der Stadt und der Vorstadt einquartiert, auch holländische Zivilflüchtlinge und viele Nordfranzosen – aber die Toulouser gingen nicht gut mit ihren eigenen Landsleuten um. Statt hilfreich zu sein und sich zu bemühen um die, die aus ihrer Heimat vertrieben, kein Heim mehr haben, herumlaufen wie ich, schreckliche Dinge erlebt hatten und unter schwerem Druck standen. Man sieht in ihnen nicht beklagenswerte Mitbürger, sondern unerwünschte Mitesser.
Tatsache ist jedenfalls: Lebensmittel werden knapp. Reichlich vorhanden sind Gemüse und Früchte, aber Fett mangelt. Die große Überschrift, die man allerwärts findet, heißt: ‹nicht vorhanden› – ‹Pas de›. In

Le Puy galt das nur für einige Artikel, hier orientiert man die Leute durch ganze Listen am Schaufenster von dem, was fehlt.

In meiner Nähe liegt die Präfektur und ihr gegenüber hat man eine Abteilung zur Unterstützung mittelloser Flüchtlinge eingerichtet. Da sieht man von morgens fünf Uhr ab die Leute anstehen. Sie kommen zunächst ihre Formulare suchen und ausfüllen, und wenn ihre Angaben korrekt sind, gibt man ihnen zehn Franken pro Tag und Person, für den Staat sicher eine Menge Geld, für den, der es erhält, bitter wenig.

Ich beneide die Concierge unserer Schule, an deren Loge ich oft vorbeigehe. Sie hat ihr Zuhause, eine Küche, einen richtigen Herd. Das habe ich seit Monaten nicht mehr gesehen. Sie ist eine alte Frau und hier heimisch, und wo sie hinkommt, kennt man sie und bedient sie besser als uns Flüchtlinge. Als ich eines Abends an ihrer Loge vorbeikomme und wie üblich frage, ob keine Nachricht für mich da sei, steht bei ihr eine junge Frau, ihre Schwiegertochter, und dann kommt auch ihr Sohn, was für ein Glück.

Nach zirka fünf Tagen reicht mir die Concierge nachmittags ein Telegramm. Ich öffne in höchster Spannung, kann es zunächst nicht lesen, es ist vollkommen verdruckt, eine ganze Reihe von Worten übereinandergetippt.

Ich laufe in die Schule zu den Lehrern, die gerade eine Sitzung haben. Man hilft mir, und nach einer Weile haben wir die Depesche entziffert. Sie stammt aus Le Puy von meiner Freundin – und gibt die Adresse meines Mannes, ein Lager in Mende.

Ich verstehe nicht, was er in Mende tut, und in einem Lager. Und als ich dem Direktor sage, ich will nun sofort schreiben, damit mein Mann Nachricht hat und schnellstens nach Toulouse kommt, schaut mich der Herr merkwürdig an: «Ja, wie denn? Wie soll das sein. Er ist in einem Lager, verstehen Sie. Vielleicht ist Ihr Mann Gefangener.» Ich lehne entrüstet ab. Er ist Franzose. Vielleicht ist er da, meint der Herr mildernd, in irgend einer Funktion. Ich nehme auch das nicht an.

Jedenfalls muß ich abwarten, wie seine Antwort lautet. Lange Tage vergehen. Endlich ein Telegramm, die Adresse noch einmal, diesmal von meinem Mann selbst. Er meldet sich. Es folgen andere. Dann kommen Briefe. Ich bin glücklich über diese Verbindung. Aber ich fühle, daß sich mein Mann in einer schweren äußern und einer noch schwereren inneren Situation befindet.

Teil III
Rettung

11. Kapitel
In Toulouse

Sie stehen an der Bahn, meine Frau und der Junge, blaß und mitgenommen, und da bin ich, blaß und mager wie sie.

Wir sitzen in einem Restaurant an der Straße. Dann zieht man die Straße entlang, und ich erlebe wieder den Anblick einer großen Stadt, mein früheres Dasein. Wir steigen in eine Elektrische und fahren zur Schule. Ja, es ist ein altes Gebäude, und das Hintergebäude mit dem jetzt leeren Internat ist ziemlich verfallen, dunkel und feucht. Man blickt von dem Raum, in dem man uns unterbringt, in einen engen Hof, dessen Boden von grünem Schimmel überzogen ist. Es gibt drei Betten, einen Tisch und Stühle, es gibt Licht, und da es Sommer ist, hat man sich nicht um Heizung zu kümmern. Die Tapeten sind abgerissen, die Luft in dem feuchten Raum muffig. Aber wie viele Flüchtlinge haben einen besseren Raum?

Die Reise ins Ungewisse ist beendet. Wenn das Schicksal etwas will und an mich heran will, ich bin zu dritt. Die Dinge haben ein anderes Gesicht, die Angriffsfläche wird breiter, die Schläge werden besser aufgefangen.

Meine Frau führt mich in die Stadt, in die Gegend des Rathausplatzes. Das ist ein weiter, viereckiger Platz. Die eine Seite wird von dem Rathausgebäude, einem stattlichen Bau, eingenommen. An den andern Seiten haben sich Restaurants, Cafés, Geschäfte etabliert. Elektrische fahren um den Platz herum (am ersten Nachmittag lag der Platz übrigens fast leer, morgen wird er sich mir bunt und lärmend als Markt vorstellen).

Die Hitze war stark. Hinter Säulenreihen versteckt und gut im Schatten lag ein Café. Da saßen wir, als wäre es Frieden, und dann – begann meine Frau mit mir ein Gespräch.

Nach Toulouse hatte ich meinen Koffer mitgebracht und ferner mich, äußerlich verwahrlost und innerlich verändert. Ich hatte einiges erlebt und es waren in mir Gedanken aufgetaucht, mit denen ich nicht zu Ende kam. Ich trug sie in mir und bewahrte sie in mir als einen Besitz, wie eine Münze, die man nicht zeigt.

Da fing nun, während wir saßen und auf dem heißen Markt von Toulouse hin und her gingen und wieder zu den Säulenhallen zurückkehrten, da fing meine Frau an mich zu fragen, wie ich mir eigentlich die Zukunft vorstellte.

Ich erinnere mich nicht mehr meiner Antwort; sie wird mürrisch, uninteressiert gewesen sein. Möglicherweise habe ich die Gegenfrage gestellt, wie man in einem solchen Augenblick auf diese Frage kommen konnte.

Da rückte sie dann mit einem klaren Plan heraus. Er erschien mir verrückt. Aber nach einer Viertelstunde, noch auf dem Platz und ehe wir nach Hause gingen, erschien er mir weniger extravagant, und nach einer halben Stunde stimmte ich zu und war dabei, sofort an seine Ausführung zu gehen.

Sie meinte: «Hier in Frankreich können wir nicht bleiben. Wir sind Emigranten aus Deutschland, Franzosen geworden, unsere Söhne in der französischen Armee. Die Nazi werden uns jagen. Toulouse ist heute unbesetzte Zone, es kann morgen anders sein. Es ist für uns keine Sicherheit hier. Wir sind auch ohne Mittel.»

Ich: «Also?»

«Wir müßten sehen, so schnell wie möglich Frankreich zu verlassen und nach Amerika zu gehen.»

Mir schien das zuerst völlig phantastisch. Ich war im Vorjahre in Amerika, als Gast des Penklubs bei seiner internationalen Tagung, bei Gelegenheit der Weltausstellung in New York. Wer sollte jetzt für uns die Reise bezahlen?

«Wir müssen an Peter telegraphieren und ihn alarmieren.»

Unser Sohn Peter, der Älteste, um diese Zeit achtundzwanzig Jahre alt, war bald nach der Emigration nach Amerika gegangen und arbeitete als Buchentwerfer und Zeichner in New York. Die Idee ‹nach Amerika gehen› war mir völlig fremd. Im Laufe der Unterhaltung leuchtete mir ein, wir hatten keine Wahl und mußten weg. Ich drängte darauf, sofort den ersten Schritt zu tun. Meine Frau hatte nur auf meine Zustimmung zu dem Plan gewartet, um das erste Telegramm nach Amerika abzuschicken.

Ich war da, war heute gekommen, und wollte, daß das Telegramm abgefaßt und abgesandt wurde. Warum diese Hast? Ich erinnere mich gut. Ich war damals kein gemütlicher Geselle. Ich weiß nicht, ob ich sonst einer bin, aber in diesen Wochen nach meiner Robinsonade muß es mit mir nicht leicht gewesen sein, und etwas von meiner Gejagtheit erwachte wieder bei den Worten meiner Frau. Ich drängte, – so war ich – noch am Nachmittag des Tages, an dem ich ankam, auf die Post zu gehen und das Telegramm, den Hilferuf nach Amerika abzuschicken. Wir gingen auf die Post, ein Menschengewimmel. Alles schrieb wie in Mende, alles suchte, alles wartete, man war ein zertretener Ameisenhaufen. Das Telegramm wurde von meiner Frau englisch geschrieben, nannte unsere Adresse, bat für uns drei Visa und Billets zu besorgen, unser Sohn sollte unsere New Yorker Freunde und die Schriftstellerorganisation informieren.

Dies war geschrieben. Es wurde von der Polizei geprüft, gestempelt, – und abgeschickt. In zwei Tagen konnte es in New York sein, in vier Tagen konnten wir eine Antwort erhalten.

Flüchtlinge

Viele deutsche Emigranten waren in der Stadt, suchten, fragten, waren ratlos; Leute mit Namen dabei. Man hatte sie aus den Lagern entlassen, nun depeschierten sie wie wir in alle Windrichtungen. Ich entsinne mich eines jungen Ehepaares. Der kräftige Mann sprach davon, es müßte von den Flüchtlingen eine Kollektivaktion organisiert werden, da wir uns einzeln doch nicht helfen könnten; aber in den Details dieser Aktion blieb er stecken. Seine Frau saß ihm stumm gegenüber, sie kannte diesen Plan. Erst am Schluß der Unterhaltung mischte sie sich ein: ach, sie hätte schon so, so genug! Die Flucht aus Deutschland, das Elend hier, das Lager und jetzt der Zusammenbruch. Es stünde ihr bis oben an, und am liebsten möchte sie sich den Hals abschneiden. Die junge Frau war blaß und unterernährt wie wir alle, sie war nicht krank, nur zerbrochen.

Ein Mann sah dick und wohl aus. Der hatte Hilfsdienst getan und war – ich weiß nicht wie – frei gekommen. Der wußte zwar auch noch nicht wohin, aber er hatte private Pläne und schwärmte, ja er schwärmte davon, was er ‹erlebt› hatte. Es waren für ihn Erlebnisse, köstliche, besondere. Dieser Mann genoß alle Vorgänge hier schon bei Lebzeiten historisch. Er war sofort der spätere Feldzugsteilnehmer. Er fühlte sich ausgezeichnet, an solchen welthistorischen Ereignissen teilnehmen zu können. Der Marsch durch ein nächtiges Städtchen, diese Angst, Alarme, die Panik der Zivilbevölkerung, alles, geradezu dreißigjähriger Krieg, war für ihn eine Wallensteinaffäre.

Eine junge Frau hatte ich in Paris acht Tage vor dem Aufbruch gesehen. Sie schob damals einen Kinderwagen, in dem ihr Baby lag, und erzählte von ihrem Mann, der im Lager sei. Jetzt tauchten sie beide zusammen auf, Mann und Frau, und der Mann schob den Kinderwagen mit dem Baby.

Und dann – sah ich einen gut gekleideten Herrn, den ich nicht gleich erkannte. Es war jener Herr, den ich auf der Fahrt nach Le Puy auf einer Bahnstation traf, mit zwei Koffern am Strick über den Schultern, er suchte damals seine Mutter, ein Pariser Industrieller; er hatte in Mende seine Mutter gefunden und war zu seiner Frau nach Toulouse zurückgekehrt. Und da ging seine Frau neben ihm, eine elegante Person. Man war ins Bürgerliche, in den Frieden, zurückgekehrt! Wir schüttelten uns die Hände und lachten: «Was waren das für Zeiten damals!»

Auch einem uns wohlbekannten Professor aus Paris begegneten wir. Er bewegte sich hier frisch und elastisch. Er war enorm zuversichtlich: die Deutschen würden die Dinge nicht lange so laufen lassen. Denn man mag an den Deutschen allerhand auszusetzen haben, eines müsse man ihnen zugestehen: sie sehen auf Ordnung. Und darauf rechne er.

Und spätestens in zwei Wochen würde er nach Paris zurückkehren. Man bewegte sich auf den Markt. Und da stand ein Monument, das von dem Elend dieser Zeit Zeugnis ablegte. Es war das Rathaus, dessen halbe Außenseite, soweit sie für Menschen mit oder ohne Leiter erreichbar war, mit Zetteln behängt und beklebt war. Jedes dieser Zettelchen fragte nach einem Menschen. Bei ruhigem Wetter stand das Rathaus, wie es sich für ein festes Gebäude gehört, still und war nur an seiner Unterseite scheckig angelaufen, gesprenkelt wie von einem Ausschlag, – von jenen Zetteln. Wenn sich aber ein Wind erhob, so flatterten diese Zettel auf und sträubten sich wie Federn. Es war, als ob das Haus lebendig würde und die Zettel ihre Klagen in den Wind ausstreuten. Ja, es war, als ob sie das Haus aufheben und davontragen wollten, – suchen, suchen.

Die Unterhaltungen mit den Pariser Bekannten taten mir nicht wohl. Ich merkte, daß ich mich nur scheinbar beruhigt hatte und neu aufgewühlt und erregt wurde. Meine Unruhe war nur zurückgetreten. Ich suchte diesen Unterhaltungen auszuweichen. Schließlich: weder konnte ich die andern trösten, noch konnte ich erzählen von dem, was mich beschäftigte und was in mir gärte. Was würden diese Demokraten und

Sozialisten zu meinen Mender Gedanken sagen? Sie würden schweigen und nachher über mich höhnen.

Gelegentlich nehme ich mich selber beim Schopf. Aber mein eigener Hohn bringt die Gedanken nicht zum Schweigen. Ungerufen kommen sie wieder. Ich trage sie in mir, manchmal wie einen Stachel, manchmal – als einen Schatz.

Wie um uns zu quälen, fliegen alle paar Tage deutsche Flugzeuge über die Stadt. Sie fliegen absichtlich niedrig. Es macht ihnen nichts aus, daß hier die unbesetzte Zone ist. Dicht über meinem Kopf flog einmal eins dieser Flugzeuge, als ich still in dem kleinen Park an der Kirche saß, vormittags. Über den Markt flog es und ängstigte die Menschen, Frauen fielen in Ohnmacht.

Wartezeit

Wir hatten unseren Wohnsitz in dem alten feuchten Gemäuer genommen, aus dessen Ritzen abends die Mücken schwirrten. Öffnete man die wandschrankartigen Nebengelasse des Wohnraumes, so quoll eine dumpfe Luft heraus.

Wie lebten wir?

Man stieß morgens die Holzläden des Fensters auf, unten lag der grünschimmlige Hof und auch auf der Gegenseite die Fensterläden geöffnet, von Flüchtlingen, Noteinquartierten wie wir. Man hatte es nicht leicht, den Waschraum zu finden. Er war jedoch da. Man mußte nur durch einen kleinen Gang, dann durch einen weiten Schlafraum, der ca. 20 Betten hatte, dann mehrere Gänge kreuzen, alles nicht übermäßig hell, dann erblickte man in der Ferne einen bläulichen Schein, und auf ihn mußte man mutig zusteuern. Er hatte etwas Unheimliches, Mystisches – aber es war der Waschraum. Seine Fenster waren früher blau angestrichen.

Da gab es Becken und fließendes Wasser.

Wen aber ein menschliches Rühren ankam, der mußte seinen Marsch noch weiter fortsetzen, eine Tür des magischen Waschraums öffnen und durch sie hinaus auf eine Galerie treten. Von dort konnte er zunächst einen Blick auf den engen wassertriefenden Hof, einen Schacht, eine Schlucht werfen, die Mückenbrutstätte. Aber am Ende der Galerie fand sich auch, klein, verloren und versteckt, das, was man in seiner Herzensnot begehrte und vor das die Götter hier so viel Gänge, Säle und Galerien gesetzt hatten.

Unsern Raum verließen wir morgens zu dritt, manchmal nach der Einzelpatrouille unseres Jüngsten. Es ging in das Café.

Das Café befand sich, wenige Minuten von uns entfernt, in einer großen, von der Elektrischen durchzogenen Straße, gegenüber einer Kirche. Es wäre schnödeste Undankbarkeit, wenn ich in diesem Bericht außer von schwierigen und bitteren Dingen nicht auch von diesem Toulouser Café spräche und sein Lob verkündete. Es bot uns einen vorzüglichen Kaffee mit Creme, Milchschaum und Zucker. Dieses heiße Getränk wurde im Stehen genossen. Es ist klar, warum die Firma den Kaffee nur für Steher ausschenkt und an den Genuß ihres Getränks die Bedingung ‹Stehen› geknüpft hat: wer sitzt, schwatzt; wer aber zu einer Sache stehen muß, richtet seine Aufmerksamkeit konzentriert auf sie. Daher hat die Firma zu der verständlichen Maßnahme gegriffen, ihren erstklassigen Kaffee nur an Personen abzugeben, die durch ihre aufrechte Haltung zu erkennen geben, daß sie das gelieferte Produkt zu würdigen wissen. In Toulouse bot man, soviel ich weiß, diesen Kaffee nur in dem unauffälligen Lokal gegenüber einer Kirche aus, im Zentrum der Stadt. Zum Lob und zur Charakteristik der Einwohnerschaft von Toulouse sei aber gesagt, daß der kleine Raum nie leer wurde.

Hier erklommen wir am frühen Morgen die Höhe des Nahrungsgenusses. Denn von den übrigen Mahlzeiten ist wenig zu melden. Am Marktplatz, am Rathausplatz befand sich ein Restaurant, das für einen mäßigen Preis eine ebenso mäßige Mahlzeit bot. Um zu ihr zu gelangen, hatte man sich nach zwölf Uhr vor der verschlossenen Tür anzustellen. Dann öffnete von Zeit zu Zeit die Wirtin die Tür und ein Schwung Gäste schob sich hinein. Da es viel Menschen und wenig Bedienung gab, zog sich das Déjeuner über eine Stunde hin, beginnend mit einem geheimnisvoll angedeuteten Hors-d'œuvre, fortgeführt mit einem diskreten Stückchen Fleisch oder Fischspeise, abschließend mit einer viel versprechenden Gemüseplatte und einem wehmütigen Häufchen Creme. An Kalorien war es nicht viel, um so mehr an Tellern und freudigen Hoffnungen und Ermutigungen. Die Mahlzeit war ein Aphorismus. Es war, wie es sich für diese Zeit gehörte, eine hoch geistige Mahlzeit.

Man konnte mit Brot nachhelfen, auch trinken konnte man beliebig. Man konnte all das herunterspülen, was man wünschte gegessen zu haben.

Die Abendmahlzeit wurde im engsten häuslichen Kreise vollzogen. Man brachte sich mit: Brot, Käse, etwas Obst und Tomaten, – das ‹etwas› in des Wortes vollster Bedeutung. Auf die Brotscheibe drückte man, weil Butter oder Margarine als Klebstoff fehlte, energisch das Etwas des Käse. Über Quantitäten durfte in jenen Tagen sich niemand Illusionen hingeben. Sogar die kleinen Mengen waren aber nur mit List zu erringen.

Umspannt von diesen diskreten Mahlzeiten verlief unser Tag. Was mich anlangt, war ich, wie erwähnt, in Toulouse kein angenehmer Gesellschafter. Meine Frau sagte es mir später, und sie reagierte erst wenig, dann scharf sauer auf meine Sauerkeit. Ich war, wie es die Kleinstadt und das ungelüftete Lager mit sich bringt, muffig. Ich sprach nicht viel, war unlebendig, also klassisch, museumsreif. Wenn ich aber sprach, so gab ich einige, auch nicht sehr erheiternde Ansichten von mir. Ich wiederholte zum Beispiel oft den Satz, den ich aus Mende mitgebracht hatte: «Dies ist nicht die einzige Welt.» Meine Frau, mit Besorgungen, Einholen und anderen Dingen beschäftigt, hatte mehr zu tun, als dieser metaphysischen Feststellung auf den Zahn zu fühlen.

Ich hatte gegen zwölf Pfund verloren, aber dafür Zentner an geistiger Schwere zugenommen. So schob ich mich durch Toulouse.

Was tat ich, abgesehen davon, daß ich meiner Umgebung auf die Nerven fiel? Nichts. Ein Kopfarbeiter hat immer die Möglichkeit zu sagen: er denke.

Ich sitze hier viel in dem kleinen Park an der Kirche, an einem Springbrunnen, und beobachte im Bassin die Fischchen. Oder ich liege, wie ich es gewöhnt bin, nach Tisch auf dem Bett, meist mit einer Zeitung oder mit dem Buch – noch immer der ‹Zauberer Merlin› aus Mende – und lasse mir allerhand durch den Kopf gehen. Es läuft allerhand durch meinen Kopf. Aber man muß nicht glauben, daß es immer Gedanken aus Mende wären. Nein, ich rebellierte, ich hatte gar keinen Appetit darauf, sie fortzusetzen. Ich war oft ungeheuer wütend auf mich und hatte das Gefühl, mich lächerlich und unwürdig benommen zu haben. Ich hatte einen Klaps erlitten, einen allgemeinen, und einen speziellen auf den Kopf. Den allgemeinen ließ ich durch, aber in bezug auf den Kopf war ich empfindlich. Diese Absurdität: ein Kerl wird, egal ob durch eigene oder fremde Schuld, von einem Malheur betroffen, und zwar derart, daß er sich nicht mehr aufrecht halten kann. Dinge dieser Art sind möglich, man soll sie für sich behalten. Aber statt sich zu bemühen wie ein ehrlich Ausgeknockter, sich, bevor man ausgezählt wird, wieder auf die

Beine zu stellen, einen Strick nach dem entfernten Himmel zu werfen und sich an diesem natürlich wieder heruntergefallenen Strick in die Höhe ziehen zu wollen, – dazu gehört die Intelligenz eines modernen Städtebewohners, in deren Vollbesitz ich offenbar stand. So wütete ich gegen mich.

Wenn der französische Akademiker, den ich vorhin erwähnte, nicht merkt, daß die französische Armee von einem zahlenmäßig und durch Material überlegenen Gegner geschlagen wurde und meint, dahinter müsse eine Religion stehen, so kam mir das erstaunlich vor. Aber wenn ich selber eine kleine Weile unter die Räder komme – nein, ich will nicht daran denken. Lassen wir es auf sich beruhen. In Raserei könnte ich verfallen.

Und wieder vor einer Kirche! Man tritt ein, besichtigt sie. Mein Blick fällt auf das Kruzifix.

Ich saß in Mende auf der Bank, in der fast leeren Kirche, meine Blicke wanderten zu dem, der dort schrecklich hing, fragten, kehrten leer wieder. Ich erinnere mich. Jetzt – ist eine Vertraulichkeit da zwischen dem Kruzifix und mir. Es besteht ein Geheimnis zwischen uns. Der am Kreuz hängt, spricht nicht zu mir, aber ich spreche zu ihm. Ich frage nicht. Ich fühle: Oh du! Ich bin auf der Flucht, und da ist man gehetzt und es gibt Grauen. Aber was ist das, verglichen mit dem Grauen, durch das du hast gehen müssen auf unserer Erde, unter uns Menschen.

Siehe da, stelle ich fest: es ist doch nicht alles verloren und aufgegeben von Mende. Ich trage etwas davon in mir. Ich habe in Beziers meine Kleider gewechselt, aber alles habe ich nicht abgelegt.

Ich brauche nicht in die Kirche zu gehen. Der Anblick der Kirchen erfreut mich. Denn da drin, – weiß ich, hängt Er am Kreuz.

Oh ich habe oft ungeheure Sehnsucht nach Ihm, nach Dir. Aber – ich nähere mich nicht. Es ist über meine Kraft. Ja, ich fürchte mich. Es müßte einer kommen und mich anfassen und hinziehen.

Das Telegramm aus Amerika

In diesen Tagen serviert eine Zeitung einen scheinbar medizinischen Leitartikel betreffend das Toulouser Klima, ‹Doktor Toulouse› unterzeichnet. Das Toulouser Klima wäre großen Schwankungen unterworfen, nicht jeder könnte es vertragen, besonders wer nicht daran gewöhnt wäre, – so daß man den vielen Zuwanderern nur raten könne, in ihrem eigenen Interesse den Ranzen zu schnüren. Wer weiß übrigens, wer die Gerüchte verbreitet: morgen oder übermorgen kommen die Deutschen? Man munkelt, man habe Deutsche gesehen, sie seien schon da, eine kleine Zahl, zur Überwachung. Man gibt Details. – –

Wir hatten damals keine Vorstellung davon, was drüben in Amerika vorging, von der furchtbaren Erregung, mit der drüben die gesamte Öffentlichkeit die französischen Ereignisse verfolgte, und mit welcher Bestürzung man die französische Niederlage erfuhr. Wir, die hier herumgehen, wissen nicht, daß man drüben an uns denkt, daß sich schon an allen Ecken und Enden auch ohne unser Rufen drüben Menschen zusammentun und beraten, wie uns helfen. Wir – alle Flüchtlinge dieser Stadt – sind besessen von der Vorstellung: wir sitzen in der Mausefalle.

Nach einer Woche, wie wir von einem Spaziergang nach Hause kamen, finden wir die Antwort aus Amerika vor, unterschrieben von einem Berliner Freund drüben: wir würden in Marseille wahrscheinlich das amerikanische Visum erhalten, inzwischen würden sie drüben unsere Ausreise vorbereiten.

Es gab damals nichts, was uns erfreuen konnte, es gab in uns zu viel Unruhe, Angst und Sorge um unsere Söhne bei der Armee; man existierte, aber war nicht wirklich da, nirgends da. Die neue Nachricht, die wir genauer studieren, erscheint uns verheißungsvoll, aber unbestimmt. Denn, was bedeutet, wir würden ‹wahrscheinlich› das Visum bekommen? Es besteht also die Möglichkeit, daß sich die Dinge hinziehen.

In den Zeitungen finden sich Notizen, die von einer Revision der Naturalisierungen sprechen: also man kann eventuell unsere Pässe zurückbehalten.

Und da blicken wir zufällig in unsere Pässe und sehen, – daß sie abgelaufen sind! Jetzt Pässe verlängern! Wir machten uns Vorwürfe über unsere Gedankenlosigkeit. Wie lange lungerte man schon in Toulouse herum. Am nächsten Morgen auf die Präfektur. Auf der Präfektur einer Stadt kann sich vieles ereignen, und man kann mit den Behörden zusammenstoßen. Hier aber begegnete man im Paßbureau einer Sekretärin, die eine Frau war und einfach und ruhig ihren Dienst tat, ständig Pässe ausstellte, erneuerte, verlängerte. Unser Fall gehörte in ihr Fach; sie stellte sachliche Fragen und gab sachliche Antworten. Aber was sie uns mitteilte, machte uns unglücklich. Sie meinte, wir müßten mit einer Woche rechnen, denn wir müßten erst Anträge stellen, und sie gab uns die Formulare. Wir mußten sie ausfüllen und zogen damit auf die Polizei. Und dann hieß es, neue Photos besorgen, und darüber ging ein Tag hin. Und was wird das Ergebnis des Antrags sein?

Auf der Polizei drängten sich die Menschen; man stand an. Es wurden hier auch Scheine für Benzin ausgegeben. Der Beamte saß an seinem Tisch, die Leute zogen vorbei, er gab aber keine Scheine aus, natürlich nicht, weil er kein Benzin hatte. Auf unsern Beamten mußten wir warten, und das war gut. Denn dabei kamen wir ins Gespräch mit anderen, und da stellte sich heraus, daß man für die Pässe, auch für die bloße Verlängerung, Bürgen brauchte, zwei Bürgen. Zwei Bürgen, woher, und zwar sofort? Aber – da gab es genug Leute, und da wurden wir vom andern Tisch, von dem des fehlenden Benzins, von Pariser Bekannten begrüßt. Wir klagten ihnen unsere Not und waren von ihr befreit. Denn einfach sie waren unsere Bürgen! Als der Beamte erschien und unsere Papiere sah, war er von großer Liebenswürdigkeit, wir bekamen das Papier, eine Bescheinigung, daß gegen uns nichts vorlag, und nach einem halben Tag überreichte uns auf der Präfektur jene erfahrene Dame unsere verlängerten Pässe.

Ich stand vor einem neuen Verlaufstypus der Ereignisse. Das Geschick stempelte jetzt anders als auf der Reise von Cahors. Der Wind hatte sich gewendet. Daß ich dem Herrn aus Mende, den mit den zwei Koffern um den Hals, traf vor unserm Café, war das letzte Zeichen aus jener finsteren Periode; aber er selber hatte sich ja schon verändert: er war fröhlich und elegant geworden und spazierte mit seiner jungen Frau.

Wie sich der geistige Aspekt, das Klima, in dem ich mich bewegte, geändert hatte, erwies sich bei dem Kampf um das Ausreisevisum.

Eine dramatische Szene

Mit dem zivilen Paß allein kam man nicht über die Grenze hinaus, es war noch eine militärische Genehmigung nötig; man stand ja doch im Krieg. Und so hatten wir eines Vormittags das Büro der Kommandantur zu betreten, und trugen dort unser Anliegen vor. Es saßen da mehrere Offiziere an der Tafel und hörten, daß wir Frankreich verlassen und nach Amerika gehen wollten. Sie besahen sich unsere Papiere, zeigten sich Stellen daraus und flüsterten, bis einer der Herren nach einem bedruckten Blatt griff und uns etwas vorlas. Es ergab sich, daß auf diesem gedruckten Papier, welches die Ausführungsbestimmungen zu gewissen Abmachungen des Waffenstillstands berichtete, an uns gedacht war. Der Herr gestand uns, die Bestimmungen träten eben erst in Kraft, aber sie seien auf uns anzuwenden, und danach sei es unmöglich, daß wir, von deutscher Herkunft, das Land verließen. Ja, an uns arme Exilierte hatte man gedacht, und der Sieger, besorgt um uns, hatte bestimmt, wir hätten dazubleiben und uns zu seiner Disposition zu halten, zweifellos um an seinem Siegesrausch teilzunehmen. Der Paragraph wurde uns noch einmal vorgelesen. Es stand unleugbar da.

Meine Reaktion? Ich hörte, las, schüttelte den Kopf und senkte ihn. Das war alles, was ich mit meinem Kopf tun konnte. Sonst war da nichts zu machen. Der Offizier erklärte, er hätte sich an die Bestimmungen zu halten. Er empfahl, sich eventuell an die Regierung in Vichy zu wenden, – was freilich ein weites, weites Feld sei.

Wäre ich damals allein gewesen, so hätte ich noch eine Weile nachdenklich so dagestanden und hätte mit dem Offizier, der uns sein Bedauern aussprach, herzlich mitgefühlt und hätte es weit von mir gewiesen, – da die Sache doch feststand und Gesetzeskraft hatte – ihn in der Ausübung seiner Pflicht zu beirren, ja ich hätte ihn sehr beglückwünscht, daß er trotz seiner offenkundigen Antipathie gegen die Sache sie so rigoros exekutierte.

Es stand aber neben mir meine Frau. Sie war zunächst aufs äußerste erstaunt über die Eröffnung, die mich kaum verblüffte. Sie war empört, wirklich empört, ja außer sich, daß wir hier zur Verfügung der Nazi festgehalten werden sollten, – fehlte nicht viel, daß man uns sofort einsperrte und ihnen auslieferte. Sie konnte es nicht glauben. Um das Pflichtgefühl des Offiziers kümmerte sie sich nicht. Ich – sah die Fakten und sah, daß der Besiegte diese Bestimmung hatte akzeptieren müssen. Die Offiziere hier hatten nichts mit der Angelegenheit zu tun, überhaupt niemand hier am Ort hatte damit etwas zu tun.

Aber das interessierte wiederum meine Frau nicht, kam ihr nicht einmal in den Sinn. Sie war rasend empört und behielt ihre Empörung nicht bei sich. Statt die Dinge stoisch zur Kenntnis zu nehmen, statt den pflichtbewußten Offizier zu beglückwünschen, stellte sie den Offizieren unsere Situation vor: zwei unserer Söhne in der Armee, einer dekoriert, ich in Beziehung zu einem Ministerium. Sie ließ sich nicht zurückhalten, alles auszusprechen, was sie empfand und von diesem ‹Vorgehen› hielt. Sie nannte es, an der Offizierstafel stehend, unerhört und unglaublich. Es wäre eine beschämende Aktion, und sie könne nicht glauben, daß man das ernsthaft wolle, uns Wehrlose, die hier Asyl gefunden hatten und zu diesem Lande standen, festzuhalten. Sie weinte. Sie protestierte heftig und appellierte an die Offiziere, die nicht sprachen.

Ich verhielt mich ganz still; sie hatte natürlich völlig recht, aber was hilft unter diesen Umständen ‹recht›? Sie dachte menschlich, aber dies war keine menschliche Situation, sondern eine amtliche.

In diesen Wochen stand sie neben mir, auf einem anderen Boden als ich, auf einem realen und festen. Sie, eine Realität, warf ihre Gewichte in die Waage. Sie schlug um sich und behauptete sich. Es gab nicht nur den Krieg und das geschriebene und gedruckte Recht, sondern auch Menschen, die es anwandten.

Die Offiziere flüsterten, bis sich einer erhob und erklärte, die Sache dem General vorlegen zu wollen. Er nahm unsere Papiere und verschwand. Als er nach einigen Minuten wiederkam, sagte er: «Sie erhalten die Genehmigung.»

Das Land hatte eine Schlacht verloren. Es war keine Niederlage. Hier am Tisch in der Kommandantur von Toulouse erkannte ich es. So besiegt war man nicht, daß man sich verriet.

Forsche ich in meinem Gedächtnis nach, so fallen mir aus dieser Zeit nur heftige Rebellionen gegen Mende ein. Solche Rebellionen erfolgten immerhin nur selten. Es gab viel Glockenläuten in der Stadt. Erst mochte ich es nicht hören, – wer kann diesen ständigen Aufruf zu dem Ungeheuren ertragen? Dann – empfand ich es als eine Aussprache. Mir kam vor: sie haben es verstanden, das Dringende und Furchtbare zu mildern. Das Furchtbare? Wiederum und wiederum suche ich nach dem Zwischenglied zwischen dem Ungeheuren, dem Jenseits, und dem Menschen. Wieder stehe ich wie ein altbiblischer Anbeter vor einem schrecklichen Bild, dem man sich nicht nähern darf, oder wenn, so mit verschleiertem Gesicht und verbundenen Augen. Oft überfiel mich das Gefühl der Furcht, der Verurteilung, Verdammung. Sogar Todesgedanken und Todesphantasien suchten mich heim.

Als mein Freund, von dem ich mich in Cahors getrennt hatte, mir damals mein dickes Romanmanuskript in der schwarzen geplatzten Aktenmappe zurückschickte, mochte ich das Manuskript nicht sehen. Was für alte, verschollene Dinge.

Man hat die Pässe in Händen, weiß über die Züge Bescheid, darf ausreisen, – man wird nach Marseille fahren. Schwierigkeiten tauchen auf, alle werden vergrößert; man lebt immer dicht vor einer Katastrophe. Wir bleiben gejagt, auf der Flucht.

In dem weiten Schlafsaal neben unserer Stube in der Schule wird viel gesungen. Da rüsten auch andere zum Aufbruch, junge Leute, darunter zwei Elsässer, die von ihren Eltern nach Hause gerufen werden.

Uns drei sehe ich dann abends die Schule verlassen, mit Gepäck beladen die Straße entlang ziehen und an einer Straßenecke auf die Elektrische warten. Es ist gegen zehn, schönes Sommerwetter, unser Zug soll gegen Mitternacht fahren. Wir kommen durch unbekannte Stadtgegenden. Wir nehmen noch einmal das Bild einer großen, munteren lärmenden südlichen Stadt auf.

Am Bahnhof ziehen Scharen von Soldaten und Zivilisten die Treppen herauf. Und wie wir den Bahnsteig betreten, wieder das Bild aus dem Kriege und dem Kriegsende: der Perron schwarz von Menschen, sie hocken und liegen. Und immer neue kommen, Familien und einzelne, fragen, rücken den Bahnsteig entlang, lassen sich hier und da nieder, dann geraten sie plötzlich in Bewegung und laufen einem Zug entgegen, von dem sie annehmen, es sei ihrer.

Wir warten. Es dauert nicht lange, nicht so lange, wie wir vermutet hatten. Plötzlich heißt es: der Zug, der eben einfährt, geht nach Marseille. Und nun verhielt man sich wie die andern, stürzt herüber, preßt sich durch, klettert die Wagenstufen hinauf und erobert sich einen Platz. Schweißtriefend saß man in dem dunklen Coupé. Man orientierte sich und ordnete das Gepäck. Meiner Frau wurde von einem Mann, der sich als russischer Emigrant entpuppte, der Eckplatz, den sie gerade besetzte, mit einem robusten Stoß weggenommen. Nachher erwies sich der Rohling umgänglich; es war ein umgänglicher, nur gelegentlicher Rohling. Während der ersten Reisestunden waren wir nicht sicher, ob der Zug überhaupt nach Marseille fuhr. Denn schließlich hatte sich alles in den Wagen gestürzt auf das bloße Gerücht hin und keiner wußte wirklich, was der Zug vorhatte. Aber allmählich bildete sich die allgemeine Überzeugung heraus: der Zug fährt nach Marseille. Gewundert hätte ich mich aber nicht, wenn der Zug in Lyon angekommen wäre.

Wir kamen in Marseille an. Vor unseren Augen stand der Text des Telegramms: wahrscheinlich werden wir in Marseille das amerikanische Visum erhalten.

12. Kapitel
Marseille oder Die Jagd nach Visen

Ich habe gesagt: Ich würde diese Alltäglichkeiten nicht aufschreiben, wenn ich nicht noch das dunkle Gefühl hätte: dies ist keine gewöhnliche Fahrt. Ich war kein einfacher Passagier mit seinem Billet, sondern diese Reise geschah von mir und an mir und mit mir. Es sei eine Reise in mein Schicksal.

Ob es noch eine Schicksalsreise war? Ich träumte: Nein. Nicht mehr. Die Zeit ist vorbei, jetzt bin ich im Hafen, und was zu betreiben ist, fällt in den Rahmen des Normalen. Ja, ich plante, möglichst rasch wieder in meinen gewohnten Trott zu kommen.

Es wurde dafür gesorgt, daß es nicht erfolgte.

Ich stelle immer wieder fest: ich verharre in einer mich erstaunenden Passivität. Was ich unterwegs in Mende gesehen, gefühlt und gedacht habe, weicht nicht aus mir. Es lagert in mir als etwas Unbeendetes.

Welche Erinnerung jetzt an Toulouse? Menschenflutende Straßen, ihr Anblick tut wohl, aber nicht immer, eigentlich fatal, gerade jetzt in ein Stadtgewirr zu geraten, wo mir Einsamkeit nötig wäre.

Marseille ist eine herrliche Stadt. Sie hatte uns 1926, als wir sie zum ersten Male sahen, noch besser gefallen als Paris. Wir ließen das Gepäck an der Bahn und stiegen auf der breiten Treppe zur Straße herunter. Früher Morgen; den Weg in die Stadt, zur Cannebière, konnten wir nicht verfehlen.

Und dies war die Cannebière, und gleich an der Ecke setzten wir uns hin, in ein Café, auf die Terrasse.

Es wurde sonnig und heiß. Wir ermittelten, wo sich das amerikanische Konsulat befand und setzten uns langsam in Bewegung. Die große Stadt belebte sich, die Geschäfte öffneten, elegante Geschäfte. Oh, sie hatten mehr Lebensmittel als ‹wir› in Toulouse. Das mußte der Hafen machen oder eine reichere Umgebung, dazu weniger Flüchtlinge.

Wir gelangten auf einen großen, langgestreckten Platz, dessen eine Hälfte im Schatten prächtiger Bäume lag. Die Sonne wurde stechend. Auf den Platz stellte man Tische und Stühle, und das war ein angenehmer südlicher Anblick: ein Café auf den öffentlichen Platz gerückt. Allmählich setzten sich Menschen hin, lasen Zeitungen und rauchten. Der Platz war Endstation für eine Trambahnlinie. In der Nähe des Häuschens, vor dem die Elektrischen hielten, teilten sich die Menschen in zwei Gruppen: die einen drängten zu der Elektrischen, die anderen aber zogen sich zu einem Haus herüber, das ein kleines Messingschild trug mit der Inschrift: ‹Amerikanisches Konsulat›. Alle diese, ja, alle diese wollten auf das Konsulat. Einfache und gut gekleidete Leute, Männer und Frauen. Deutsch, französisch, holländisch, slavisch und jiddisch sprachen sie.

Als man öffnete, standen noch einige von den Stühlen der Cafés auf und schlossen sich an. Im ersten Stock auf dem Flur hinter einem Tisch gab eine Dame Auskunft. Bevor wir noch unser Anliegen ganz vorgetragen hatten, gab sie uns einen Zettel, der mit Schreibmaschine geschrieben fertig dalag: die Adresse des Vizekonsuls. Auch die Wegroute zu ihm war angegeben; die Elektrische war eine von denen, die draußen hielten. Wir glaubten, es ist nur um die Ecke. Aber wir fuhren und kamen nicht an. Es war nicht uninteressant, so zu fahren. Man kam durch die halbe Stadt. Aber unser Bedarf zu fahren war gedeckt. Aber wir fuhren. Wir fuhren offenbar aus der Stadt heraus.

Und da – das stahlblaue Meer, ein überraschender, herrlicher Anblick. Meine Frau und ich erinnerten uns, wie es hier 1926 war. Der Junge, der jetzt neben uns saß, war noch nicht geboren. Herrlich damals die Mole, die strahlenden Farben, die Brandung, der sturmartige Wind; wir fuhren später die Küste entlang nach Trajas.

An der Küste gab es einen Badestrand, es saßen jetzt welche im Sand, welche liefen zum Wasser. Wir fuhren zwischen kleinen Häusern und Villen, links erhob sich der Boden und war bewaldet. Immer glaubten wir, wir müßten aussteigen, aber der Schaffner beruhigte uns, – nicht nur uns, es wollten noch andere zum Konsulat. Man hielt an. So weit draußen wohnte der amerikanische Konsul, in dieser wunderbaren Landschaft.

Durch ein schmiedeeisernes Portal gelangte man in einen Park und folgte einem breiten Weg. Wir trabten hintereinander, ein gutes Dutzend. Man suchte Schatten. Endlich links ein stattliches Haus. Aber die Leute vorne schienen zu wissen und gingen daran vorbei. Man schwitzte und wurde müde. Mehrere Autos sausten an uns vorbei.

Und das mußte das Haus des Konsuls sein. Dann auf einer platzartigen Erweiterung des Weges hatte sich ein ganzes Rudel von Menschen angesammelt, Herren und Damen, gut und einfach gekleidete Leute. Sie gingen auf und ab, sie saßen auf Bänken und lasen. Sie hatten sich in den Schatten auf den Rasen gelagert. Sie warteten, warteten auf Einlaß.

Rechts führte eine kleine Treppe zu einer schönen, mäßig großen Villa herauf. Die Eingangstür stand offen. Leute schlenderten oben hin und her, lehnten an der Balustrade und blickten vor sich.

Der Himmel war strahlend blau, die Sonne warf ein blendendes Licht, vor dem man sich nicht retten konnte.

Wie andere, die vor uns gekommen waren, so wollten wir die Treppe hinaufgehen. Da erblickten wir aber Bekannte, aus Berlin und Paris. Die Hände in den Taschen ließen sie uns ankommen, nickten uns gelassen zu und wußten: es hat noch nicht angefangen. Man sprach miteinander, als hätte man sich gestern erst gesehen.

Man muß sich eine Nummer holen. Oben im großen Warteraum plauderten die Besucher in Gruppen. Sie saßen auf Bänken und lasen. Sie diskutierten mit einem Fräulein, das französisch und englisch Auskunft gab. Wir erhielten unsere Nummer, über ein Dutzend kamen vor uns, wir waren spät gekommen, wer weiß, ob wir heute empfangen werden; nachmittags wird geschlossen.

Da ging man mit seiner Nummer heraus und gehörte zu denen, die auf den Gartenbänken saßen, auf dem Rasen spazierten. Man unterhielt sich mit den und jenen Leidensgefährten, die man seit Paris nicht gesehen hatte. Die kamen aus Lagern und erzählten von andern, die unterwegs waren. Alles war in trüber Stimmung: man versucht es hier, aber viel Hoffnung besteht nicht. Man sprach über die politische Situation, ein bedrückendes Hin- und Herreden. Merkwürdig, wie die Unruhe und Angst in jedem die Vermutung steigerte, die Nazis hätten es gerade auf ihn abgesehen, und jeder suchte heraus, was er da und dort Verdächtiges oder Gefährliches gesagt und geschrieben hatte. Man hielt sich (und andern) sein vermeintliches Schuldregister vor und gab sich verloren.

Noch etwas anderes: Zwischen uns Exilierten besteht keine Solidarität. Wir hatten schon vorher sehr privat unser Privatleben geführt; jetzt dichteten wir uns noch besonders ab. Man sah den andern auf dem Konsulat und nickte: «Aha, du bist auch hier», und keiner verriet, was er vorhatte und auf wen er rechnete. Man bewahrte sein Geheimnis. Mißtrauen, Furcht, der andere könnte sich an dieselbe Stelle wenden und ihm zuvorkommen.

Wir gingen in dem herrlichen Park des Konsulats umeinander. Schließlich drängte alles in das Haus, der große Moment war gekommen, der Vizekonsul war erschienen. Man sah ihn im Warteraum am Tisch, einen jüngeren langen Herrn, ernstes gebildetes Gesicht, höfliche amerikanische Art, wenig Worte, aufmerksames Hören.

An seinen Tisch schob sich einer nach dem andern. Einige ließen sich von ihrer Ungeduld treiben und horchten und beobachteten den Vizekonsul, um zu wissen, was von ihm zu erwarten war. Man wies sie weg. Wir traten zu dritt an den Tisch. Der Beamte blickte uns von unten an; meist schaute er auf die Tischplatte und spielte mit seinem Bleistift. Wir legten unser Telegramm vor, das er aufmerksam studierte. Wir dachten, er hatte Akten, die uns betrafen, aber es war nichts da. Wir waren verblüfft. Man hatte doch telegraphiert, wir würden ‹wahrscheinlich› hier unser Visum erhalten; dann mußte man doch etwas unternommen haben. Nichts. Er beachtete unser Staunen nicht.

Ich erklärte unsern Fall, meine Frau ergänzte. Ich sagte, daß wir um Asyl bäten. Er wollte wissen, welche Verbindungen wir mit Amerika hätten. Wir wiesen auf den Herrn hin, der das Telegramm unterzeichnet hatte, auf unseren Sohn, auf einen namhaften Verleger, der schon eins meiner Bücher herausgebracht hatte. Ich legte auch die Korrespondenz mit einem anderen Verleger vor. Es gab noch mehr: in meinem Paß die Eintragung, daß ich im Vorjahr Amerika besucht hatte. Bei der Gelegenheit wurde der Penklub im ‹Weißen Haus› empfangen und zufällig (zufällig?) trug meine Frau meine Einladungskarte mit sich, schließlich allerhand französische Empfehlungsschreiben, für frühere Zwecke bestimmt.

Das machte auf den Beamten sichtlich Eindruck. Er stand auf und lud uns ein, ihm ins Nebenzimmer, sein eigentliches Büro, zu folgen. Dort stand man einige Minuten mit ihm an der Wand vor dem Heizkörper und vervollständigte die Angaben. Der Vizekonsul hatte alles begriffen, wollte nur seinen Gesamteindruck vertiefen. Er war ein stiller, sympathischer Herr. Die Unterhaltung wurde gestört. Der Beamte schrieb einen Zettel, den er uns gab: mit dem Zettel sollten wir übermorgen früh wieder kommen. Der Zettel enthielt außer seiner Unterschrift noch unsere Namen und die Nota: 2 (3) Visa.

Wir waren entlassen.

Was bedeutete der Zettel? Er hatte nicht gesagt, wir sollten die Visen abholen, sondern nur: wir sollten wiederkommen. Wir waren schon im Park, als meine Frau umkehrte, um festzustellen, ob wir etwa wegen Unterstützung unseres Antrags nach New York kabeln sollten. Der Beamte meinte: es sei nicht nötig. Er war einsilbig und sibyllinisch; nicht zu bewegen, ein glattes ‹Ja› zu sagen. So zogen wir ab. Sicher war nur: wir hatten kein ‹Nein› bekommen.

Es gab schwere oder hoffnungslose Fälle, wie den eines älteren Herrn, den ich kannte und auf den wir draußen im Parke stießen. Er hätte niemand in Amerika und hielte sich für so gefährdet.

Wir fuhren in die Stadt und je länger wir fuhren und je mehr wir das Resultat erörterten, um so positiver erschien es uns. Wie wir an dem großen sonnigen und schattigen Platz in der Mittagsglut ausstiegen – es war der Präfekturplatz – und in der Nähe ein kleines Restaurant fanden, stellten wir fest, daß es im allgemeinen gut in Marseille war und daß man sich besser als in Toulouse befand. Der Wirt zeigte uns auch ein Hotel gegenüber. Wir hatten Glück, wir kamen gut unter.

Ja, es war in Marseille besser als in Toulouse. Wir waren nicht so deprimiert wie in Toulouse; es gab die fröhlichen Terrassen. Auf dem großen schattigen Platz saßen dann auch wir unter Bäumen; in der Ferne tobte der Krieg, das Elend zog durch das Land. Millionen Männer lagen in Gefangenschaft, – und, oh großer Gott, himmlischer Vater, wo waren unsere beiden Söhne, die Soldaten, was war mit ihnen? Aber wir – saßen an einem Tischchen und ließen Licht und Schatten über uns gehen. Langsam stellte sich Beruhigung ein. Die Dinge verloren ihre Schärfe. Man gelangte in eine Übereinstimmung mit der Umwelt.

Das Damoklesschwert

Wir hatten es außer Amerika auch noch mit Spanien und Portugal zu tun. Der Abfahrtshafen war Lissabon. Man mußte durch Spanien. Wir stellten die Konsulate fest und erfuhren, man hatte sich zuerst um das portugiesische Visum zu kümmern.

Wir gingen auf dieses Konsulat. Da trat man nun in ein einfaches Haus und unten, parterre, vor dem Treppenaufgang, ballte sich ein Haufen Menschen. Die Tür links führte ins Konsulat, sie war aber geschlossen. Ich ging das erste Mal nicht mit. Meine Frau also befand sich in dem Haufen und als sich die Tür öffnete und eine Dame einen Besucher herausließ, wandte sie sich an sie. Die Dame gab energisch zu verstehen: der Besitz des amerikanischen Visums sei die erste Voraussetzung, ferner müßte man aber auch die Schiffskarte haben. Jawohl, man müsse die Schiffskarte vorzeigen, um das portugiesische Visum zu erhalten. Um Gotteswillen, wo kommen wir da hin! Es genügte immerhin, beruhigte die Dame, eine Bescheinigung, daß man die Schiffskarte bestellt und eine Anzahlung gemacht habe. Sie nannte die Gesellschaft Cook. Worauf sie die Tür zuschlug. Die Leute draußen drängten gegen diese Tür. Sie klagten, hier schon lange und nicht zum erstenmal zu stehen. Es würden niemals alle abgefertigt, und um zwölf sei Schluß.

Bedrückt verließen wir dieses Haus, das wir eigentlich nur betreten hatten um zu erfahren, wann das Konsulat geöffnet sei. Wie wollte man mit all diesen Dingen zu Stande kommen? Spanisches Konsulat, portugiesisches Konsulat, amerikanisches, Schiffskarte. Es war grausig. Wir hatten unser Telegramm, darin stand: man werde drüben unsere Überfahrt vorbereiten, das heißt, die Billets für uns bestellen. Jetzt sollten wir, wenn auch nur teilweise, hier bezahlen – aber wovon? Und wovon wollten wir schließlich die Reise nach Lissabon bezahlen? Das kam alles auf einmal über uns.

Die Schiffahrtsgesellschaften hatten ihre Büros an der Cannebière. Diese wunderbare Cannebière, wie sie plötzlich ihren Reiz verloren hatte. Sie war nun überfüllt von Menschen, die uns nicht durchlassen wollten. Und furchtbar lang war sie dazu. Die Büros fanden wir. Sie waren geschlossen. Man mußte morgen wiederkommen.

Morgen, das ist der Tag des amerikanischen Konsulats. Wir fahren hin. Wieder der Weg mit dem Blick auf das Meer. Schon gehen weißgekleidete Badegäste über den Strand. Vor das Haus des amerikanischen Konsulats haben die Götter eine lange Fahrt und einen beschwerlichen Fußweg gesetzt. Man schwitzt und wartet, und schließlich sitzt der Vizekonsul im Vorraum am Tisch und das Défilée beginnt. Er erkannte uns nicht wieder. Nein, er erkannte uns nicht. Er betrachtet erstaunt die Zettel, die er selbst geschrieben hat, blickt uns an und fragt uns noch einmal aus. Endlich nickte er und bat uns, in seinem Büro Platz zu nehmen. Wir sollten auf seine Sekretärin warten.

Wir saßen in dem Büro. Der Junge hielt sich inzwischen im Park auf. Wir wollten ihn rufen, wenn es so weit war. Er hielt sich instinktiv gern entfernt; er begriff, die Dinge waren ängstlich und traurig.

Es kam uns erst großartig vor, sofort hierher geführt zu werden und nun zu sitzen. Dann – saß man bloß, und wenn man es sich richtig überlegte, wußte man nicht einmal, warum man hier saß, um unsere Daten zu Protokoll zu geben? Und was dann? Erst dann würde man eine Antwort geben.

Im Raum wurden Protokolle aufgenommen. Eine englisch sprechende

Dame mit Kind erhielt ihr Einreisevisum, ein ganzes, großes Dokument. Auch das Kind mußte unterzeichnen. Oh, was traf man hier für Vorsichtsmaßnahmen. Wir wurden ungeduldig, als die erste Stunde vorüber war, ohne daß etwas erfolgte. Meine Frau stand auf und erkundigte sich mutig beim Vizekonsul selbst, als er durch den Raum ging: wann wir wohl abgefertigt würden? Er: es liege an seiner Sekretärin, die leider zu viel Arbeit hätte, jeder Fall beanspruche Zeit. Und dann erschien die Sekretärin, führte uns in einen anderen Raum, auch der Junge wurde hereingerufen. Und wie sie sich dann gesetzt hatte und die Schreibmaschine aufstellte, sahen wir, daß sie – ein Visum für uns ausstellte.

Während sie tippte, fragte, unsere Maße nahm, kam auch der Vizekonsul herein und sie fragte ihn nach der Dauer des Visums. Als er sechs Monate sagte, warf ich ein, daß uns daran läge, ein Visum für Kriegsdauer zu erhalten. Er winkte bestimmt ab; es sei eine Aufenthaltsbewilligung und sie gelte für sechs Monate. Nach Ablauf dieser Zeit hätten wir das Land zu verlassen. Aber – da wir französische Staatsbürger seien, könnten wir ja in die französischen Kolonien gehen.

Wir hörten es, erstaunt, mit gemischten Gefühlen. Wir widersprachen nicht, wir bestätigten nicht. Im Augenblick war es nur wichtig, ein Asylland zu finden. Sechs Monate, oh, das war eine lange Zeit.

Wie alles fertig war, zeigte sich der Vizekonsul wieder, machte uns noch einmal auf die sechs Monate aufmerksam und ließ uns schwören.

Im Drang der Geschäfte hatten wir vergessen, uns mit Paßphotos zu versehen. Man mußte noch einmal in die Stadt zurück, zu Schnellaufnahmen, dann am Abend hatten wir die kostbaren Visen in den Händen. Ein großer Schritt war getan. Er war wunderbar rasch und glatt gegangen. Man hätte froh sein können, aber – man war es nicht. Es gelang uns keine Fröhlichkeit.

Für die Schiffahrtskarte als Anzahlung wurden dann dreitausend Francs ausgegeben. Wir erkundigten uns bei der Gelegenheit nach den Kosten der Reise zur spanischen Grenze und nach Lissabon. Die Summe, die man uns nannte, war niederschmetternd, ungeheuerlich. Sie übertraf weit, weit das, was wir besaßen.

Wir flohen auf die Post und sandten hilferufend ein Kabel nach Amerika. Was konnten wir anders als kabeln und kabeln.

Um unsere Eile, die Sorge und den Druck, der auf uns lag, zu verstehen, muß man wissen, was als Damoklesschwert über uns hing. Wir hatten in Toulouse, nach jener dramatischen Szene auf dem Militärbüro zwar die Erlaubnis erhalten, das Land zu verlassen, aber es war eine befristete Erlaubnis. Das Visa de sortie erlosch nach sieben Tagen. Wir hatten noch fünf Tage vor uns, und es gab keine Möglichkeit zur Verlängerung der Frist. Wenn wir den Termin überschritten, hätten wir das ganze heroische, nervenzerrüttende Manöver noch mal zu unternehmen. Aber wir hätten keine Kraft dafür gehabt. Diesen Kampf konnten wir nicht noch einmal führen. Wie in fünf Tagen zu dem portugiesischen und spanischen Visum kommen, das Reisegeld von Amerika erhalten und ausreisen?

Wer nachher die Dinge sieht und prüft, könnte das Ganze gelassen das Modell einer glatten Reise unter den gegebenen Verhältnissen nennen. Wie sah es aber aus? Das Damoklesschwert hing über uns.

Es fiel uns schließlich zu, was wir wollten. Aber wie! Was man jedesmal erreichte, war allemal nur ein kleiner Schritt auf dem Wege, und aus schrecklich vielen Schritten setzte sich der Weg zusammen.

Wunderbare Hilfe

Man hatte die Anzahlung auf das Billet gemacht und stand eines Vormittags im Haus des portugiesischen Konsulats, erst zwischen andern, schließlich gegen die Tür gepreßt und dann am Tisch. Und dann ging es mühelos, beinahe ohne Worte.

An der Wand hing ein Plakat, das die Größe des angeblich kleinen Portugal zeigte, aber mit seiner Angolakolonie hatte es einen respektablen Umfang. Wir brauchten hier nicht viel zu bezahlen. Es war Mittag. Nun waren es noch vier Tage. Umsonst, daß meine Frau noch am selben Nachmittag auf das spanische Konsulat lief. Hier blieben die Türen verschlossen. Untätig lungerten Visumbettler noch stundenlang auf der Straße und in dem weiten Hausflur herum. Man kannte hier bald einige. Man fragte die Schutzleute, wann man eine Chance hätte, eingelassen zu werden. Sie lächelten: ganz früh, noch früher, am besten zwischen fünf und sechs Uhr morgens!

Da erhob ich mich denn am nächsten Morgen gegen fünf und ging durch die stillen Straßen der Stadt auf das spanische Konsulat. Vor der Haustür stellte ich mich auf. Ich war der erste.

Um sechs Uhr erschienen die Schutzleute und begrüßten mich. Schon bildete sich eine Reihe. Man unterhielt sich und ich sah dabei die sonderbarsten Pässe und Visen, mit denen die Leute hier auftraten. Gegen halb acht Uhr erschien meine Frau und löste mich ab. Ich ging nach Hause, legte mich hin. Und als ich gegen halb elf Uhr wieder da war, wurde sie gerade eingelassen. Man rief erst Spanier auf, die Rückkehrervisen wollten. Lange zog sich das hin. Als meine Frau mit unseren Pässen vor dem nicht gerade liebenswürdigen Beamten stand, meinte dieser Herr, man habe gerade unseretwegen von dem portugiesischen Konsulat angerufen: es stimme etwas mit unseren Pässen nicht. Wir sollten die Pässe dort noch einmal vorlegen.

Dazu hatte man diesen Tag um fünf Uhr begonnen. Man hatte diesen ganzen Tag verloren. Wir eilten zu den Portugiesen – es war nicht weit – was wollten sie. Aber der Portugiese schüttelte den Kopf, es sei eigentlich nichts. Er hätte nur vergessen, in einen der Pässe eine Stempelmarke einzukleben. Es sei absolut nicht eilig, er wolle es aber gleich tun. Darum! Und als es geschehen war, jagten wir zu dem Spanier hinüber. Vorsichtigerweise hatten wir dem Türhüter mitgeteilt, man hätte uns zu einem anderen Konsulat herübergeschickt, man käme sofort wieder, und so ließ er uns gleich ein. Der spanische Beamte sah uns erstaunt an: «Aber ich habe Sie doch auf das portugiesische Konsulat geschickt! Mit Ihren Pässen stimmt etwas nicht.» Ja, wir waren schon da. Es hätte sich nur um eine Stempelmarke gehandelt. Er wollte es nicht glauben und telefonierte sofort. Er überzeugte sich, daß die Sache stimmte. Von einem Wohlwollen war bei dem Herrn nicht die Rede. Darauf beschnüffelte er die Pässe. Diese Art Studium kenne ich gut. Er wird bemerken – ich weiß, was er bemerken wird. Und richtig, er brummt: «Hm, hm, französische Pässe. Geboren in Stettin, geboren in Berlin. Schöne Sachen.» Schöne Sachen, sagt er, um einen schärferen Ausdruck zu vermeiden.

Es war aber nichts zu machen; die ‹schönen Sachen› waren in Ordnung. Er gab die Visen. Er tat es gewiß nicht gern, – Visen geben, Leuten zur Flucht verhelfen, die der befreundete andere Faschist gerade greifen wollte. Es kam ihm gewiß vor, als ob er Verrat übte. Das war das Gegenstück zu dem Vorgang auf dem Toulouser Militärbüro. Es war das andere Ende des Stricks. An dem einen Ende hatte Rechtlichkeit, Menschlichkeit und Mitempfinden gezogen, an diesem hier zog politische Engstirnigkeit, Haß und Menschenverachtung. (Aber ich lernte bald in Spanien selbst, daß Faschismus und Spanien zwei Dinge sind.) Lange hatte der Aufenthalt auf diesem Konsulat gedauert, unheimlich lange. Aber es war erreicht.

Wir zählten: Toulouse hatten wir Montag abend verlassen, am Donnerstag hatten wir das amerikanische Visum, am Freitag das portugiesische und am Sonnabend das spanische.
Nun – fehlte das Reisegeld.

Wir hatten ein Konto auf einer großen Bank in Paris. Mit Mühe erkämpfte sich nun meine Frau den Zutritt zu dem Direktor der Marseiller Filiale dieser Bank. Er war nicht geneigt, auch nur einen Cent herauszugeben. Er brauchte Unterlagen. Er riet, nach Paris zu telegraphieren, telegraphieren ginge noch. Aber als wir auf der Post nach Paris telegraphieren wollten, ging es nicht. Wie der Direktor das hörte, konnte er nicht genug Worte des Bedauerns finden. Aber sein Herz blieb starr.
Dann, der Sonntag vormittag, der bittere Sonntag, an dem sich meine Frau auf den Weg in die Stadt machte und unbekannte Personen aufsuchte. Ich selbst richtete ein Telegramm an meinen Freund, der von Cahors zu seinen Verwandten in Südfrankreich gezogen war und flehte, mir Geld zu leihen. Die Antwort kam erstaunlich prompt: er verfüge selbst nicht über diesen Betrag.
Wen hat an diesem heißen Vormittag meine Frau nicht aufgesucht. Sie ging auf Zeitungsredaktionen und auf das ‹Rote Kreuz›. Wir besuchten eine Dame, deren Adresse mein Freund uns gegeben hatte. Die Dame war ‹gerade› auf dem Land. Nach den Zeitungsredaktionen und dem Roten Kreuz Besuch bei einer jüdischen Hilfsstelle für Flüchtlinge. Es war eine Art Suppenküche, und ein Rabbiner ließ sich sprechen. Der wohlgenährte, gutgekleidete Herr meinte: wenn wir einen Teller Suppe wollten, bitte. Aber nein, wir seien in einer schwierigen, gefährlichen Situation. Er hörte sich das an und lächelte überlegen: was schwierig, was gefährlich. Die Deutschen sind erstens noch nicht da, und zweitens: sie kümmerten sich wahrhaftig nicht gerade um uns. Meine Frau ließ nicht nach; wenn er selbst oder seine Hilfsorganisation nicht über einen solchen Betrag verfügten, ob er uns nicht wohlhabende Leute in der Stadt nennen wollte, an die wir uns wenden könnten. Sie nannte meinen Namen. Er wiederholte ihn und zuckte die Achseln. ‹Nie gehört.› Als sie erregter wurde, fehlte nicht viel, daß er sie vor die Tür setzte.
Zu tun hatte man eigentlich nichts mehr. Die Schlacht war geschlagen und verloren. Wir saßen in der Falle: kein Geld. Morgen, Montag, war der letzte Tag. Wenn man heute nicht abreiste, war der Termin überschritten, und alle Plage war umsonst gewesen.

Ich selbst hegte keine Hoffnung. Der Montag vormittag, auf den ich mich gut besinne, verlief in der tiefsten Depression. Wir blieben zu Hause. Wir hatten die Waffen gestreckt und bewegten uns nicht mehr. Es war schon Nachmittag zwischen vier und fünf, als Leben in uns beide kam. Dies waren die letzten Stunden. Meiner Frau fiel ein: der Schuldirektor in Toulouse hatte uns die Adresse eines Amtskollegen hier mitgegeben, der uns zu einem Quartier verhelfen sollte. Man hatte davon keinen Gebrauch gemacht. Vielleicht konnte man jetzt die Adresse benutzen.

Der Herr war da. Er empfing uns in seinem Büro und hörte uns verständnisvoll an. Mit Geld helfen könne er nicht. Aber vielleicht sei dazu einer seiner Vorgesetzten imstande, der auch hier im Amt sei, in Marseille. Er schrieb uns einen Zettel aus und wünschte uns Glück.

Da sahen wir rasch nach der Uhr und bemerkten, daß es schon sechs Uhr war. Wir nahmen einen Wagen und fuhren zur Präfektur. Denn dort sollte der Herr amtieren, dessen Name auf dem Zettel stand. Eigentlich bestand keine Wahrscheinlichkeit, daß wir ihn noch um diese Stunde auf seinem Büro antrafen.

Aber – er war da.

Wir hatten nicht lange zu warten. Es trat ein feiner, älterer Herr mit einem ernsten, sehr freundlichen Ausdruck an uns heran und fragte uns aus. Er ließ sich in Ruhe alles erzählen. Er hielt den Zettel in der Hand, den der Schuldirektor uns geschrieben hatte. Wir berichteten, in welcher Situation wir uns befanden. Abreisen, um über die Grenze zu kommen, müßten wir noch heute nacht. Wir zeigten die Pässe und das Datum der Ausreise. Amerikanisches Geld, worauf wir warteten, wenn es nicht noch hier ankomme, würde uns in Lissabon erreichen, aber wir brauchten das Reisegeld, heute, sofort, um an die Grenze und drüber weg nach Lissabon zu kommen. Er las wieder und wieder den Zettel. Auf diesem Zettel stand als Empfehlung der Name jenes ungewöhnlichen Mannes, jenes hohen Beamten, der uns in Frankreich beigestanden hatte und dem meine Frau in Bordeaux begegnet war. Der hohe Schulbeamte hier kannte uns nicht, und er wußte, der Direktor, der uns empfohlen hatte, kannte uns auch nicht. Wir baten ihn, uns doch in der Stadt jemand zu nennen, an den wir uns wenden könnten. Da meinte er, er wolle sich über uns bei dem Herrn, dem hohen Ministerialbeamten, orientieren, den wir als Referenz genannt hatten. Er kannte ihn selbst. Er wußte, das Ministerium und dieser hohe Beamte war von Bordeaux nach Vichy gegangen; er stand mit dem Herrn in dienstlicher Verbindung. Unser Marseiller Herr auf der Präfektur ging nun ins Nebenzimmer, um zu telephonieren.

Wir warteten. Die Begegnung mit dem feinen älteren Mann hatte uns besänftigt. Aber was geschieht jetzt dadrin? Anrufen in einer anderen Stadt, um diese Zeit? Es war doch eigentlich ein Wunder, daß wir ihn selber hier antrafen.

Es dauerte nicht lange, da trat er wieder ein. Wir blickten auf sein Gesicht: ah, ein freundlicher Ausdruck. Er sprach mit seiner leisen Stimme: Er habe den genannten Herrn in Vichy sprechen können. Wir seien ihm als ‹voll vertrauenswürdig› von unserem Freund bezeichnet worden. Und nun bitte er uns, in sein Büro zu kommen. Wir atmeten auf. Es war nicht zu glauben.

Wir standen an seinem Schreibtisch. Wir sagten, welchen Betrag wir für die Reise nach Spanien und Portugal bis Lissabon brauchten. Wir rechneten etwa viertausend Francs. Er meinte, er verfüge im allgemeinen nicht über Beträge in solcher Höhe. Aber zufällig sei er heute in den Besitz einer gewissen Summe gelangt und er wolle natürlich tun, was in seinen Kräften stünde, um uns zu helfen.

Und er griff in seine Brusttasche, zog sein Portefeuille und – überreichte uns den Betrag. Keine Quittung. Wir versprachen Rückzahlung, sobald wie möglich. Er wies jeden Dank zurück, wir seien in einer schweren Lage, er bedaure, nicht mehr tun zu können, sprach uns Mut zu, drückte uns die Hand.

Gleich hinter uns wurde das Dienstgebäude geschlossen. Es war sieben Uhr, die letzte Minute.

Es war uns gegangen wie den Schiffern in der alten griechischen Sage. Sie mußten über das Meer rudern zwischen zwei beweglichen Felsen, die wie Kiefer zusammenklappten. Die meisten wurden gefaßt und zerquetscht, kaum einer entkam. Das Wunderbare, nein das Wunderartige dieses letzten Vorgangs in Marseille in der letzten Minute, das Erscheinen des fremden Mannes, seine schlichte Art.

Ich vergaß. Ich wollte nichts von Ihm wissen. Er behielt mich im Auge. Er ließ nicht los. Er gab diesmal kein Zeichen. Er griff ein.

Ich war erschüttert und bin es noch, sobald ich daran denke. Wie sich zuhause der Junge freute: man fährt noch heute nacht!

Es wurde das Gepäck auf die Bahn gebracht, weil ja in der Nacht kein Wagen fahren würde. Unser Zug sollte ganz früh morgens gehen. Der Hoteldiener, der uns dann wecken sollte, schlief aber noch, als wir das Hotel verließen.

Zu Fuß durch die nächtige Stadt zur Bahn. Es ging nach Perpignan. Wir kannten Perpignan. Wir fühlten uns hier leichter und verbrachten den Tag auf der Straße. Wir telegraphierten nach New York: wir gingen jetzt nach Lissabon. Es ging mit Riesenschritten vorwärts. In diesem Augenblick wurde uns zugleich klar, und dabei das leise bittere Gefühl: wir verlassen Europa, wir müssen weg.

Abends an der Bahn sagte man uns, der Zug, der letzte, der für uns in Frage käme, würde heute nicht mehr fahren. Aber – er fuhr.

Wir haben die Grenze überschritten. Es kamen noch viele unvorhergesehene Schwierigkeiten.

Als am 10. Juni unsere Reisegesellschaft Paris am Bahnhof Porte d'Ivry verließ, geschah es unmerklich; die Augenblicksunruhen und Kleinigkeiten ließen uns vergessen, daß wir Paris verließen. – Jetzt wurde jeder unserer Schritte grell beleuchtet.

Wie es uns schwer wurde zu gehen. Und Menschen hier lassen, an denen wir hingen. Weggehen zu müssen aus einem Land, das uns beschützt hatte. Weg zu gehen im Augenblick, wo es litt.

Wieder wie in Paris die Scham, zu einer solchen Handlung gezwungen zu werden.

13. Kapitel
Liebliches Spanien

Port-Bou, die Grenzstation, spanischer Boden. Dutzende steigen mit uns aus. Welch trauriges Ding, so gerettet zu sein.

Einer körperlichen Untersuchung wurden wir unterzogen. Man wurde auch einem hochnotpeinlichen Verhör unterworfen. Wir besaßen unsere geliehenen Franken. Nur ein kleiner Teil davon konnte in Peseten umgewechselt werden, und es wurde uns mitgeteilt, daß wir mehr Peseten, als man uns jetzt einwechsle, nicht erhalten würden. Meine Frau klagte, die Summe reiche nicht für die Reise von drei Personen durch Spanien. Der Beamte blieb taub. Er schrieb in die Pässe, wieviel Geld wir besaßen und in welcher Geldsorte. Man rechnete nachher, als man die Billets nach Barcelona bezahlt hatte, wieviel man nun noch besaß für die Fahrt an die portugiesische Grenze. Wir waren ungeheuer knapp, Spanien schien ein neues, reizvolles Abenteuer zu werden. Wir saßen in alten Holzwagen der spanischen dritten Klasse. Lange sah man das Meer. Landleute stiegen ein und aus und führten ungeheuer laute und temperamentvolle Gespräche. Es kamen Bauern mit lebenden Hühnern, die sie in Körben trugen. Kläglich gebunden lagen die armen Tiere da und konnten kaum den Kopf heben. Die Körbe schoben die Bauern unter die Sitzbänke. Diese üble Behandlung hatten die Hühner aber nicht der Grausamkeit ihrer bäuerlichen Herren zu verdanken, sondern einer behördlichen Verfügung, wonach Hühner und Eier und noch andere Dinge nicht von einem Bezirk in einen anderen transportiert werden durften – ohne Zollzuschlag.

Wir waren französische Flüchtlinge, unsere Mitreisenden zogen uns ins Gespräch und zeigten sich doppelt beteiligt: einmal durch eine natürliche Sympathie für Frankreich, und dann durch ein tiefes Mitgefühl für das besiegte und leidende Nachbarland. Von Nazideutschland war keine Rede. Ich hatte den Eindruck, das geschah nicht in Rücksicht auf uns. Deutschland lag weit weg und ging sie nichts an, und Sympathien für das Naziland schienen nicht zu bestehen. Man vermied politische Gespräche; man hielt sich an den Krieg, an seine jämmerlichen Begleitumstände.

Sie hätten, erzählten sie, den Krieg lange im eigenen Lande gehabt. Sie zeigten uns während der Fahrt viele Ruinen. Sie erkundigten sich nach der Ernährungslage in Frankreich, das interessierte sie brennend. Sie, die mit uns fuhren, sowohl auf der großen Linie wie auf Teilstrecken, sahen zwar nicht unterernährt aus, sie aßen fleißig aus mitgebrachten Kochtöpfen, in denen anscheinend Sauce die Hauptsache war, und verzehrten dazu Brot. Aber es war sehr dunkles Brot und auch sonst nicht gut, und, so sagten sie, außerdem wäre es rationiert und käme nicht jeden Tag. Ein jüngerer Mann saß mir eine Weile gegenüber. Der Mann rauchte und bot mir eine Zigarette an. Ich nahm sie und erwiderte mit einer französischen Regiezigarette. Er warf seine weg und rauchte die Regiezigarette mit Hochgenuß. Ich hatte erst geglaubt, einem Eisenbahnspitzel gegenüber zu sitzen. Aber nichts davon. Er fuhr einige Stationen mit, ließ sich von den französischen Schwierigkeiten erzählen und sprach von der wirtschaftlichen Not seines Landes, die durch das französische Unglück noch vermehrt würde. Ob der Krieg vielleicht hier herüber käme?

Einmal sah er mein Taschenmesser mit dem eingravierten Namen, studierte den Namen sorgfältig (es stand übrigens nicht mein Name auf dem geschenkten Stück) und holte dann, um sich seinerseits vorzustellen, ein Büchelchen aus der Brusttasche heraus. Es sah wie das Mitgliedsbuch einer Gewerkschaft aus. Ich las seinen Namen und dazu ‹Vereinigung der Kampfgenossen gegen den Marxismus›.

Also dieser sympathische einfache Mann war einer von den verschrienen ‹Weißen›. So sah ein ‹Faschist› aus, in Spanien. Ich sehe, das machte keinen neuen Menschentypus aus ihm. Jedenfalls, wenn er so allein neben mir sitzt. Was aus ihm wird, wenn er zwischen seinen ‹Kampfgenossen› marschiert, weiß ich nicht.

Barcelona

Gegen Mitternacht in Barcelona. Ein weiter heller Bahnhof. Wie uns die Helligkeit eines Bahnhofes erstaunte: wir hatten in Frankreich seit Monaten die Kriegsverdunkelung.

Wir hatten vor, die Nacht auf dem Bahnhof zu verbringen, um in der Frühe nach Madrid weiter zu fahren, – um überhaupt rasch Spanien hinter uns zu haben und mit keiner Behörde in Berührung zu treten. Dazu wollten wir Geld sparen. Man durfte nachts nicht auf dem Bahnhof bleiben. Da berieten wir uns, noch am Zug, mit zwei Damen, einer belgischen und einer in Frankreich geborenen, in Barcelona ansässigen und verheirateten, welche während der letzten Stunden mit uns gefahren war. Gesprächsthema: die finanziellen Nöte und der Nachtaufenthalt. Die spanisch-französische Reisebegleiterin wollte uns helfen, aber wie?

Und wie wir draußen an einem Café vorbeigehen – helle weite Straßen – wird sie von einer Terrasse her begrüßt. Ein Herr kommt auf sie zu und – sie bittet ihn, ihr mit Geld auszuhelfen. Er ist glücklich, es tun zu können. Und die Dame kommt zu uns, und was der Zollbeamte nicht erlaubt hatte, korrigiert sie: sie wechselt uns einen Frankenbetrag, ausreichend für die Nacht. Wir sind froh. Aber in unserm Paß ist doch genau unser Frankenbesitz notiert. «Da werden Sie einfach Geld verloren haben.» Wir lachen über die Lösung. Die Dame verabschiedet sich.

In einem beliebigen kleinen Café sehen wir zwei Frauen, sie wollen den Laden eben schließen. Die eine Frau hört sich an, was man ihr sagt. Sie

habe kein Zimmer, aber: «Sie kommen aus Frankreich, direkt? Ach Gott, da werde ich mit Ihnen gehen, wir finden etwas.»
Und sie wirft ihrer Gefährtin im Laden ein paar Worte zu und kommt, wie sie steht und geht, mit uns.

Durch eine Reihe kleiner und enger Straßen führt sie uns, überall ist noch Leben und Fröhlichkeit, – oh unser fernes, trübes Frankreich –, wir halten vor einem sehr einfachen Haus. Im ersten Stock gibt es eine Art Ausschank, eine starke Dame spielt die Wirtin, unsere Begleiterin unterhält sich mit ihr. Wir können unterkommen.

Die Wirtin führt uns eine steinerne Wendeltreppe hinauf. Oben sind mehrere enge Kammern, ‹möbliert› mit einem Bett und einem Stuhl. Man zeigt uns eine kleine Waschgelegenheit. Wir akzeptieren ohne weiteres. Ich habe den Eindruck: dies ist ein zweifelhaftes Hotel. Unsere Begleiterin verabschiedet sich, wir danken ihr und planen – es ist ein Uhr nachts – uns zurückzuziehen. Da steht aber die Wirtin, und wie sie hört, wir wollen gleich morgen früh nach Madrid, erklärt sie, da bleibe zu ihrem Bedauern nichts weiter übrig, als noch jetzt in der Nacht auf die Polizei zu gehen mit uns. Die Fremdenbestimmungen seien sehr streng, es genüge nicht, daß sie die Papiere sähe, wir müßten sie selbst auf der Polizei vorlegen. (Sie radebrecht französisch.)
Sie geht die Treppe herunter, wir folgen. Wir sind nicht überrascht. Wir sind weit entfernt, Kritik zu üben. Wir stellen nur fest: sonderbarer Spaziergang eine halbe Stunde durch Barcelona, nachts zwischen ein und zwei Uhr.

Wir werden auf die Polizei geführt. Die Wirtin – in französisch-spanischen Substantiven – erzählt unterwegs von den Bombardements der Stadt. Vor einem monumentalen Gebäude machen wir Halt und steigen die Steintreppe hinauf. Wir irren hinter unserer Führerin durch einige Korridore, um in einem weiten büroartigen Raum zu landen. Hinter den Holzschränken stehen Bürotische mit Akten, aber am Mitteltisch sitzt in dunkler Uniform ein einsamer älterer Herr mit Glatze. Neben sich hat er einen Sekretär mit Schreibmaschine.

«Es ist der Vizepräfekt selber», flüstert ehrfürchtig die Wirtin. Ich zeige mich sehr erfreut, so rasch und noch in der Nacht an diese hohe Stelle gelangt zu sein. Der muntere Herr, Präfekt oder Vizepräfekt, läßt sich unsere Pässe geben. Unsere Wirtin erklärt ihm, wir seien auf der Durchreise, aus Frankreich, wir wollen weiter nach Madrid, an die Grenze. Er wirft einen Blick in die Pässe, blättert in ihnen herum, versteht und

schon hebt er die Hand: «Partir, partir.» Also: Abfahrt, raus.
Er winkt uns entsprechend zu. Wir lächeln dankbar und stecken die
Pässe ein. Wir können gehen. Ein gastfreundliches Land, Spanien.

Durch das glühende Land

Früh die Abfahrt nach Madrid. Die vielen Betteljungen an der Bahn, die
den Autos nachrennen. Auf dem Bahnhof Scharen von jungen Soldaten; es steigen auch welche in den Zug ein. Beim Lösen der Billets haben
wir eine angenehme Überraschung: der Junge, dessen Alter dreizehn
Jahre ist, braucht nur die Hälfte zu bezahlen. Meine Frau staunt: in Port-
Bou mußten wir den vollen Preis zahlen. Sie nimmt sich vor, sobald sie
kann, dieser Sache auf den Grund zu gehen. Die Klärung erfolgt noch
auf der Fahrt.
Wir fuhren den ganzen Tag, in einem Wagen mit offenen Abteilen. Auf
dem Korridor stand und wanderte ein mit Gewehr bewaffneter Gendarm. Die jungen Soldaten machten ungeheuren Lärm, spielten, sangen
und brüllten. Die spanischen Zivilisten (es waren nicht viel) nahmen
keinen Anstoß daran. Scharfe Paßkontrolle im Zug.
Der Tag hatte in Barcelona warm begonnen. Gegen Mittag stieg die
Temperatur in den Wagen zur Unerträglichkeit. Wir fuhren durch das
grausige spanische Hochland, eine einzige verbrannte Einöde. Selten
Reste von Grün, stundenlang bröcklige Bergwände, kahle gelbe und
braune Steinmassen, weite Trümmerfelder. Hier wurde einem klar,
warum dies weite Land so schwach bevölkert ist: das Zentrum des
Landes bildet ein großer schrecklicher lebloser Krater. Was leben will,
drängt an den Rand. Das Leben in solchem Land ist hart – auf andere
Weise hart, als die norddeutsche Mark; hier werden sich auf Steinbur-
gen, in den Einöden, Ritter und Räuber halten. Und Aristokraten und
Krieger werden gezüchtet. Kühnheit, Romantik und Menschenverachtung können entstehen. Sie werden sich einer Entwicklung, wie sie
flache fruchtbare Länder haben, entgegenstellen. Unerträglich die Hitze
in den Wagen. Steckt man den Kopf aus dem Fenster, so bläst einem die
Luft aus einem Backofen entgegen. Man hält die Fenster geschlossen,
aber – was nützt das Schließen von Fenstern, wenn die Scheiben zerbrochen sind? Diese Misere macht sich bitter beim Durchfahren der vielen
Tunnels bemerkbar, denn man hat den Weg für die Eisenbahn durch eine
ganze Reihe von Bergen brechen müssen. Ohne die praktische Erfahrung dieser Reise würde ich denken: wie gut, in den Tunnels entgeht

man von Zeit zu Zeit der Hitze. Aber in diesen langen finsteren Röhren fanden wir eine noch stärkere, eine dumpfe, stechende Gluthitze. Und dann der Rauch, der dicke Qualm der Lokomotive schlug in die Wagen, durch die zerbrochenen Scheiben. Zuerst fühlte man ein Kratzen im Hals, dann hustete man und duckte sich, dann preßte man das Taschentuch vor die Nase und hielt den Mund geschlossen, bis man am Ersticken war. Ein Segen, daß die Tunnels doch aufhörten; man wurde schon schwach.

Wasser und Getränke wurden an allen Stationen angeboten, man trank und trank und schwitzte. Man kaufte herrliche Aprikosen, und aß den Rest seines französischen Weißbrots.

Und als der Nachmittag kam, fiel uns ein, in den Speisewagen des Zuges zu gehen, um, wenn man schon nicht Mittag gegessen hatte, so doch Kaffee zu trinken. Zum Speisewagen mußte man nun durch mehrere Wagen. Wir hatten uns schon durch einige gedrängt, da stand der Kontrolleur vor uns. Wir wissen uns unschuldig und reichen ihm unsere Billets. Zugleich fragen wir nach dem Speisewagen, matt und ausgedörrt, wie wir sind. Der Kontrolleur aber betrachtet nur die Billets und sagt etwas. Er spricht spanisch, und so weit sind wir noch nicht. Er hat es mit dem Kinderbillet unseres Jungen zu tun. Das Billet ist uns ordnungsmäßig übergeben worden, wir haben es in Barcelona gekauft. Wir berichten. Wir haben gefragt, was ein Billet für den Jungen kostet und haben den verlangten Betrag bezahlt.

Der Kontrolleur sieht sich das Billet an und vergleicht den Jungen damit, der neben uns steht. Der Mann schüttelt den Kopf. Er redet mit Leuten, die sich im Gang um uns versammelt haben. Meine Frau wiederholt mit Hinblick auf den Jungen: «treize ans», was ja französisch dreizehn Jahre heißt –, und bei der spanischen Zuhörerschaft ein fröhliches Lachen auslöst. Sie lachen: «treize». Wir verstehen kein Wort. Warum? Was gibt es da zu lachen. Wir sind bereit, anhand unserer Papiere nachzuweisen, daß man uns völlig zu unrecht auslacht: der Junge ist wirklich treize ans alt. Aber da bugsiert uns der Kontrolleur, weil wir den Durchgang versperren, in ein Coupé, und da sitzt eine Dame, die, wie sie französisch hört, eingreift. Und jetzt verstehen wir, warum der Kontrolleur und die andern so gelacht haben. ‹Treize›, gesprochen ‹trez›, heißt spanisch – drei. Ja, dafür war unser Junge wirklich zu groß. Der Schalterbeamte in Barcelona hatte ihm zu unrecht ein Kinderbillet gegeben, und wir müssen nachzahlen. Was wir tun.

Und dann machen wir kehrt. Wir setzen den Weg zum Speisewagen nicht fort. Jetzt können wir keinen Kaffee trinken. Schrecklich war nun unser Reisefonds zusammengeschmolzen.

Die jungen Soldaten sangen und lärmten. Es wurde Abend. Die Glutzone Spaniens lag hinter uns. In den Gesprächen um uns tauchte das Wort ‹Ma-drid› auf.

Madrid

Und dies war Madrid. Hier brauchten wir kein Hotel zu suchen. Es kam uns entgegen. Von mehreren Seiten wurden wir an der Bahn französisch angesprochen. Einen Mann hörten wir an, er hatte einen Begleiter bei sich, der gleich das Gepäck nahm. Mit ihm gingen wir. Er war Angestellter eines Hotels, aber vermietete nebenamtlich selbst Zimmer. Was das Geld anlangt, so war er mit dieser Materie vertraut und wußte Rat: wir könnten morgen auf die Nationalbank gehen und ohne Umstände einen ausreichenden Betrag wechseln. Wir hätten das Recht, in jeder Stadt, wo wir uns aufhielten, einen Betrag zu wechseln, und nicht nur an der Grenze. Solch Kerl, dieser Mann, an der Grenzstation. Er hatte sich aufgespielt und uns Angst gemacht: mehr französisches Geld dürften wir nicht wechseln. Unser Führer lachte. Ein heiterer Empfang.

Wir kamen in seinem Hause an – außer uns drei noch zwei Damen, Flüchtlinge, mit denen wir im Zug bekannt geworden waren, nach einer viertelstündigen Promenade durch eine große moderne Stadt. Die Zimmer waren einfach und sauber.

Ohne Zwischenfall verlief unser Madrider Tag. Wir wurden auf keine Polizei wie in Barcelona geschleppt. Wir waren normale Reisende.

Am Morgen gingen wir auf die prächtige Nationalbank, wo uns wirklich, ohne Umstände, unter Vorlage der Pässe und mit Eintragung des gewechselten Betrages gegen Francs Peseten ausgezahlt wurden. So aßen wir wieder Mittag – (zuletzt in Perpignan vor drei Tagen). Man versah sich gleich mit Proviant für die kommende Reise. Man hatte ausreichend spanisches Geld, und es empfahl sich, nicht zu viel zu behalten. Wir spazierten auf den Straßen hin und her. An Bretterzäunen klebten gewaltige Plakate mit dem Bild des Generals Franco. Wir bemerkten bombardierte Häuser und Hotels. Es gab viele Soldaten und uniformierte junge und sehr junge Männer. Manche trugen rote Käppis. Wir holten uns Billets in einem Reisebüro (es hieß, man müsse das in der Stadt tun).

Und schon am Abend wieder Aufbruch und Wagenfahrt zu einem andern Bahnhof. Er lag in einer proletarischen Gegend und trug solchen Anstrich. Aber unser Zug stand da, mit den uns schon vertrauten Holzwagen. Spanier lärmten im Wagen neben uns, es dauerte eine halbe Stunde und schien Abschied zu sein. Der Zug fuhr, und so endete das Theater. Der Zug wagte sich in die Nacht hinein, und die munteren Leute neben uns begannen zu essen; dann schliefen sie ein.

Angenehm kam die Nacht. Ich erinnere mich des schönen Mondes und der mächtigen beleuchteten Wolken. Man stieg auf kleinen Stationen ein und aus. Draußen die Landschaft wechselte, war bergig, wurde flacher. In der Morgendämmerung bemerkte ich draußen eigentümlich geschundene Bäume. Man hatte ihnen quasi die Haut abgezogen. Ich begriff erst diese Roheit, diesen Baumfrevel nicht, bis mir bei Dörfern gewisse Holzstapel auffielen. Bündel viereckiger gelblicher Platten. Es waren Korkplatten. Die geschundenen Bäume waren Korkeichen. Sie schälen die Bäume wie sie Schafe scheren. Das Schaf läuft dabei, wenn es nicht gehalten wird, weg, die Bäume sind angewachsen und können nichts machen.

Wir sammelten morgens unsere Glieder und standen auf. Bänke werden nach meinen Beobachtungen während der letzten Monate vom längeren Sitzen nicht weicher.

Die Grenzstation hieß Valencia, nicht das berühmte Valencia, sondern ein bescheidener Ort, wie es sich als Reiseziel für Personen in unsern Umständen gehörte.

Dann schlug Spanien hinter uns die Türen zu mit derselben Vehemenz, mit der es sie in Port-Bou geöffnet hatte. Es drehte sich zuletzt wieder um Geld. In Port-Bou wollte man unsere Franken nicht annehmen, in Valencia wollte man uns wiederum unsere Peseten wegnehmen. Wir hatten auf der herrlichen gold- und marmorstrotzenden Bank in Madrid stolz unsere Franken gegen Peseten eingetauscht, dem Mann in Port-Bou zum Trotz. Jetzt waren es zuviel Peseten. Man fing an mit uns zu handeln. Wir hatten 200 Peseten; davon wollte man uns nur 120 lassen. Wir waren verdutzt, dann spien wir Feuer. Zollbeamte sind aber Eisberge, sie schmelzen nicht. 80 Peseten mußten durchaus in Spanien bleiben.

Der Beamte machte drei Teile aus ihnen: den ersten Teil sollten wir in Valencia verjubeln, für den zweiten Teil sollten wir erster Klasse an die portugiesische Grenzstation fahren. Und was den Restbetrag betreffe, so sollten wir ihn hier für (sagen wir) das Rote Kreuz lassen. Wir zögerten. Rotes Kreuz ist ein weiter Begriff. «Könnten Sie diesen Betrag nicht an das französische Konsulat in Madrid schicken?» Der Mann überlegte und sagte kühn: ja. Wir erhielten dafür eine Quittung, dahingehend, daß der Betrag ihm ausgehändigt sei für das französische Konsulat – und hörten nie wieder etwas davon.

Wir ‹verjubelten› also der Anweisung gemäß Peseten in Valencia, indem wir, da es Morgen war, eine Tasse Kaffee tranken. Unser Jubel war ungeheuer. Und dann die erste Klasse: zwanzig Minuten fuhren wir und waren während dieser ganzen Zeit damit beschäftigt, unser Gepäck im Gepäcknetz zu verstauen, – bis der Zug hielt. Er war schon da. Es war zu Ende mit diesem Jubel. Wir mußten jetzt das Gepäck, das bockbeinig immer heruntergefallen war (es war intelligent, es kannte die Strecke) wir mußten es endgültig herunternehmen und hinaustragen, und sogar, da uns keiner half, es herauswerfen, von oben herunter auf den Bahnsteig. Wir taten es rachsüchtig. Es hatte uns im Zug zu sehr geärgert und uns den ganzen zweiten Jubel verdorben.

Spanien, Spanien, kaum angefangen, lag hinter uns.
Ein neuer Abschnitt der Geschichte begann: Portugal.

14. Kapitel
Portugal

Ein neuer Abschnitt. Ich hatte im Beginn geschrieben: ‹Setze ich jetzt die Feder an und beginne diesen Abschnitt der Reise zu schildern, – einer Reise aus dem Mitte Juni 1940 eben niedergebrochenen Frankreich vor dem Abschluß des Waffenstillstands – so frage ich mich nach einem kurzen Überblick: Was ist denn an dem Ganzen? Lohnt es, das niederzuschreiben, die Fahrt von da nach da, die Schwierigkeiten, die sich erhoben und was es sonst gab? Bietet das wirklich Interesse? Wenn ich es genau und rundheraus sagen soll: es war keine Reise von einem französischen Ort zu einem andern, sondern eine Reise zwischen Himmel und Erde.

Von Anfang bis zu Ende hatte die Reise einen – ich wollte sagen: traumhaften, imaginären Charakter; ich meine mehr: einen nicht nur realen Charakter.

Bei der Reise von ihrem Anfang bis zu ihrem Abschluß (ist er erfolgt?) reiste ‚ich‘. Aber der Reisende war kein gewöhnlicher Passagier mit seinem Billet.

Die Reise verlief zugleich an mir, mit mir und über mir. Nur weil es sich so verhielt, begebe ich mich daran, die Fahrt und Umstände aufzuzeichnen.›

Und später schrieb ich: ‹Ich war erfüllt von dem Trieb zu fahren. Wie von einem Auftrag war ich berührt. Der Auftrag stand nicht nur in meinem Dienstbefehl, sondern er war auf das Papier, in den Dienstbefehl geworfen, auf meinen Wunsch. Auf ‚meinen Wunsch‘? Immer stolpere ich über die Worte ‚ich‘ und ‚mein‘.›

Und später: ‹Und es ist möglich, daß ich dem Feind in den Rachen laufe. Darauf war ich präpariert wie andere, die ich in Paris und auf der Reise sprach. Der und jener hatte seinen Revolver bei sich, um mit sich ein Ende zu machen, wenn er den ‚Nazis‘ in die Hände fiele. Ich war präpariert, aber anders als sie. Der Tod stand auch über mir und hinter mir, ich sah seinen Rachen. Aber – ich versagte mir das Handeln, oder eine Handlung zu durchdenken. An Händen und Füßen fand ich mich gebunden. In einer Weise, die mich manchmal selber entsetzte, war mein Wille beschlagnahmt, mein bewußtes Ich durchkreuzt und in den Winkel geschoben. Es war dabei keine Lähmung. Ich war heftig beteiligt. Ein dumpfes Trotzgefühl, ja, ein abgründiger Ernst, eine Trauer stand hinter meinem Trieb zu reisen.

Die Niederlage war gekommen. Die Niederlage, eine große Niederlage, drang in mich ein. Ich ging ihr entgegen.›

Und wie war es jetzt? Wie wurde es jetzt? Als ob die letzten Wochen meine Empfindungsfähigkeit erschöpft hätten. Jene frühen Wochen, ich mochte nun nicht an sie denken; nur manchmal, selten und seltener, dachte ich an sie mit einer tiefen Trauer, in die sich ein Schuldgefühl mischte. Es kam zu einer Art Einkapselung. So bewahrte ich die Erlebnisse auf, in diesem Zustand, gleichermaßen trocken, in Sporenform. Ich konnte sie nicht pflegen. Ich wußte nicht, wie sie pflegen. Ich versteckte sie sogar vor mir, als wenn sie etwas Böses, Verbotenes wären.

Transparent, von Zufällen, Zeichen und Winken erfüllt, war die erste Zeit gewesen, von der Abreise in Paris über Mende und Toulouse.

Danach ließ alles nach, meine Reizbarkeit, meine Reizempfindlichkeit, meine Aufnahmefähigkeit. Die Dinge um mich herum wurden wieder dicht, kompakt und undurchsichtig. Sie gerannen zur normalen Realität. So wurde ich in das heiße Portugal geführt, in eine bunte, südliche und friedliche Welt.

Wir sagten sofort: Portugal ist ein wunderbares Land.
Man machte uns keine Schwierigkeiten bei der Kontrolle, weder des Gepäcks noch des Geldes wegen. Man wechselte soviel man wollte. In den sauren Apfel der Wechselkurse mußten wir freilich auch hier beißen; der Wert des französischen Geldes war sehr gesunken.
Wie wir uns auf dem portugiesischen Bahnsteig umsahen, auf der Suche nach einem Aufenthaltsraum – der Lissaboner Zug sollte erst am späten Nachmittag fahren, – da geleitete uns der liebenswürdige Beamte, der sich mit unseren Pässen befaßt hatte, jenseits der Bahn in ein Häuschen an der Dorfstraße, wo uns einige freundliche Frauen empfingen.
Es sah wunderbar sauber hier aus, links in einem Zimmer saßen kleine Mädchen und lernten stricken und nähen. Man servierte uns ein ausführliches und gutes Déjeuner, und nachher stellt man uns zur Siesta bis zur Abfahrt unseres Zuges das Schlafzimmer zur Verfügung.
Ich vergesse nicht die Bewunderung und das Entzücken der einen portugiesischen Frau, die uns bediente, als sie hörte, wir kämen aus Paris. Sie schlug die Hände vor Glück zusammen. Sie staunte alles an, was meine Frau trug, auch den Jungen bewunderte sie. Nur an mir fand sie nichts zu bewundern, Gott sei's geklagt.

Letzte Reiseroute in Europa: von der Grenze nach Lissabon. Wirklich, wir waren lange genug gefahren.
Den Nachmittag und den Abend fahren wir. Wir fahren in die Nacht hinein. Die Wagen standen den spanischen nicht nach, im Mangel an Komfort. Offene Bankreihen, über die man von einem Abteil ins andere stieg. Nichts für das Gepäck. Eine lärmende Menge erfüllte den Wagen, es gab viele Stationen; man hatte den Eindruck, durch ein friedliches Land mit einem sehr regen Geschäftsverkehr zu fahren.
Wie in Spanien wurden wir bald ins Gespräch gezogen und als interessante Wesen beschnüffelt. Die Teilnahme hier übertraf noch die spanische. Sie wurde rasch eine aktive. Man bot uns nicht nur zu essen und zu trinken an; hier war übrigens kein Mangel wie in Spanien. Man machte

Platz in dem engen Abteil für den Jungen, der müde wurde. Man räumte auch für ihn eine ganze Bank, auf der er sich ausstreckte. Die früheren Besitzer stellten sich an das Fenster und in den Gang.

Es gab viele Reisende, die sich kannten und sich mit ungeheurem Lärm und gewaltigem Temperament unterhielten. Dieser Stimmenaufwand imponierte uns sofort; er erschien uns Nordländern excessiv, phänomenal. Das Phänomen sollte in seiner ganzen Naturmacht erst in Lissabon vor uns treten. Man war heiter und lachte viel. Ein Herr, der seinen kleinen Hut wie Chaplin in der Stirn trug, übergab uns seine Visitenkarte. Wir hatten mit ihm kein Wort gesprochen, er sprach nur portugiesisch, aber er hatte sich von andern informieren lassen. Er ließ uns wissen: er hätte gute Beziehungen, er wohne zwar nicht in Lissabon, aber wenn wir zu irgend einer Legitimierung etc. Hilfe brauchten, so sollten wir uns an ihn wenden.

Eine längere Unterhaltung führten wir mit einem Herrn, der französisch sprach. Er erkundigte sich unter anderm, wo wir nachher in der Nacht in Lissabon unterkommen wollten. Als nun der Zug an einer großen Station hielt, stieg der Herr aus für einige Minuten, um uns bei der Rückkehr mitzuteilen, daß er sich mit unserer Unterkunft beschäftigt habe: er hätte mit einer ihm bekannten guten und preiswerten Pension telephoniert und für uns zwei Zimmer bestellt. Er würde uns selbst hinbringen. Es schien uns fast unmöglich, daß man sich um uns so ohne praktisches ‹Interesse› bemühte. Aber es war so. Es steckte nichts dahinter – als Menschenfreundlichkeit und Wohlwollen. Wir sollten, nach den Erfahrungen des Krieges, nach dem Tumult des Rückzugs und der Flucht, nun darüber belehrt werden, daß sich hier nur eine Seite der menschlichen Art zeigte. Als ein Appell, sich zur Hilfeleistung in Bewegung zu setzen, wirkt die menschliche Notlage. Wir hatten es in Toulouse gesehen, in Marseille, auf der Reise durch Spanien und hier. Und es war noch nicht zu Ende.

Wenig angenehme Gerüchte über Portugal hatte man uns zugetragen: man würde gleich bei der Ankunft auf der Bahn festgehalten werden, man würde uns nicht nach Lissabon hineinlassen, in Lissabon hielten sich auch schon Tausende von Flüchtlingen auf, die Polizei schiebe die Neuankommenden in die Provinz und in Lager ab. Nun, wir verließen mutig, getränkt von diesen Gerüchten, den Zug. Wir gingen im Getümmel der Reisenden zur Sperre. Wir gaben wie normale Menschen unsere Billets ab. Keine Pässe wurden uns abgefordert. Niemand stellte uns. So selbstverständlich nahm uns Lissabon auf, so prächtig enttäuschte uns Lissabon.

Lissabon

Wir fuhren in die Stadt herunter. Es war zwei Uhr nachts. Wir fuhren durch strahlend helle Straßen, auf denen sich Scharen fröhlicher Menschen bewegten. Ja, so mit Licht, Musik und Lachen empfing uns Lissabon.

Wir werden den Stoß nicht vergessen, den uns das gab. In welchem gequälten Zustand wand sich, nicht weit von hier, das große Frankreich, Städte lagen in der Verdunkelung des Krieges, der nördliche Teil des Landes war von Eroberern überflutet. Man hungerte und man wartete, was der Sieger anordnen werde. Man litt und war gebrochen. Millionen Männer wurden in Gefangenschaft geführt, Millionen ängstigten sich, Zehntausende waren getötet – und hier strahlte das Licht. Man genoß den Frieden.

Wir konnten uns nicht freuen. Wir dachten nur an das dahinten.

Rasselnd fuhr man in die leuchtende, höllisch leuchtende (so kam es uns vor) Stadt herunter. Wir hielten vor einem geschlossenen Haus. Der Chauffeur klopfte und klingelte. Das Haus schien ein privates Wohnhaus zu sein. Der Mann erzählte uns etwas, aber Portugiesisch bleibt für uns Portugiesisch, auch wenn es von eindringlichen Gesten begleitet wird. Er wollte sagen, daß man nicht öffnet und daß er sich darüber wundere. Da näherte sich, als er weiter stark geklopft hatte, von der Seite ein Mann, wohl von einer Wachgesellschaft. Er hatte Schlüssel und öffnete. Und da kam auch schon eine Frau die Treppe herunter, und hinter uns langte das zweite Auto an, mit den beiden Frauen, unseren Reisegefährtinnen, und unserem portugiesischen Helfer von unterwegs. Nun war das Sprachproblem gelöst, der Chauffeur konnte bezahlt werden und die Diskussion mit der Dame auf der Treppe beginnen. Man diskutierte lange, rätselhaft worüber. Wir erfuhren später, daß der Herr hier selber öfter Gast war. Man diskutierte über die Räume und den Preis. Zwei zusammenhängende Räume gab man uns, der eine mit dem Fenster nach der Straße, ein großes Bett füllte ihn fast ganz aus (es gab da noch einen Schrank, Stühle, Spiegel, alles ordentlich und angenehm) – der andere Raum war ein Räumchen, ohne Fenster, also Kammer. Aber rechts und links stand ein Bett und der Preis war erträglich. Wir waren zufrieden. Wir waren angelangt und konnten uns ausstrecken.

Noch stundenlang aber scholl von der Straße die lustige Tanzmusik herauf. Es klingelten und knirschten die Elektrischen, Autos ließen fröhlich ihre Hupen hören, Menschen sangen.

Das hörte man und lag. Was für eine Welt. Was für eine Welt. Nicht zu fassen.

Und als wir uns morgens gegen zehn in den Speiseraum begaben, setzte uns ein munterer Piccolo einen schwachen, ja ohnmächtigen Kaffee vor, daneben aber baute er weißes Backwerk auf, das wir ohne weiteres als Schrippen identifizierten und als solche mit Butter verzehrten. Diese erste Begegnung mit der Lissabonner Ernährung war nicht trübe. Das Mittag- und Abendessen übertraf unsere Erwartungen. Es gab phantastisch viel: dicke, nahrhafte Suppen, Fische, Fleisch und Obst, an Umfang das Dreifache einer französischen Mahlzeit. Die Menge schien hier die Hauptsache zu sein; und wir waren so ausgehungert, daß wir, im Beginn, auf weiter nichts achteten.

Gleich an diesem Tag der erste Vorstoß in die Stadt.
Die Pension, in der wir wohnten, trug, wie wir jetzt sahen, den Namen ‹Gloria›. Es gab mir einen Stich. Was? Noch immer der Hohn, der mich um und vor Mende verfolgte? ‹Gloria›, Ruhm heißt das Quartier für uns Geschlagene. Ich dachte, das liegt weit hinter mir. Aber es ist gut, daß ich erinnert werde.
‹Gloria› blieb dabei eine wohlwollende Pension. (Übrigens hatte ich in Paris zuletzt schon in der ‹Rue de la Paix› gewohnt, und ich hatte oft gegrübelt, wenn ich die Straße entlang ging: von welchem Frieden ist hier die Rede? Und in dem Hause selber, in dem ich da zuletzt wohnte, gab es ein Atelier mit dem Namen ‹Pax›; aber das Atelier ‹Pax› war bezeichnenderweise ausgezogen.)
Bei unserer nächtigen Ankunft schien das Haus, in dem sich die Pension ‹Gloria› befand, ein einfaches Wohngebäude zu sein. Als wir aber am Morgen herunterstiegen, entpuppte es sich als ein belebtes Geschäftshaus, und die ganze Gegend war ein Geschäftsviertel. Ja, wir wohnten im lautesten Verkehrszentrum der Stadt. Ein Pelzwarengeschäft nahm die andere Hälfte unserer zweiten Etage ein, unten lagen Speiseräume, daneben die Konsultationsräume eines Arztes. Parterre am Fuß der Treppe und auf dem weiten Flur hatte ein Kleider- und Wäschehändler seine Waren ausgebreitet. Man mußte sich zwischen seinem Ladentisch und den Kunden durchwinden, um auf die Straße zu gelangen.
Die Straße, eng und lang, führte, wie wir annahmen, an das Meer. Aber es war nicht das Meer, wohin sie führte, sondern die Mündung des Tejo-

flusses. Elektrische fuhren unter wildem Gebimmel diese enge Straße herauf und herunter. Autos und Lastwagen rollten hin und her. Auf den schmalen Bürgersteigen standen und schoben sich Menschen. Die meisten Geschäfte boten Kleider- und Wäschestoffe feil. Mit ihren Tuchballen füllten die Kaufleute nicht nur Läden und Schaufenster, sie rollten sie auch vor den Läden auf und drapierten damit die Eingänge. Morgens sah man die Kaufleute an der Darbietung ihrer Kostbarkeiten arbeiten, abends rollten sie alles wieder ein. Am Sonnabend schrumpfte die ganze Gegend zusammen. Und am Sonntag standen sich in der nun völlig stummen Straße nur graue Privathäuser gegenüber, die die Augen niederschlugen, als ob sie bei einer Sünde ertappt worden wären. Aber im Geheimen brüteten sie natürlich auch jetzt über ihrer lärmenden Ruchlosigkeit und warteten nur auf den Montagmorgen, um ihr altes Treiben wieder aufzunehmen.

So wie unsere Straße eine Stoffstraße war, gab es andere Branchestraßen, zum Beispiel, breit und prächtig, wie es sich für sie gehört, die Bankenstraße. Sie nannte sich ‹rua aurea›, Goldstraße. Es ist aber nicht alles Gold, was Papier ist. Unsere bunte Stoffstraße sah lustiger aus, und dieses Lärmen, Lachen, Schreien und Ausrufen hatte Charakter.

Gelegentlich kam aus einer Seitenstraße eine Gruppe biblischer Figuren geschritten. Hintereinander im Gänsemarsch stiegen kräftige aufrechte Frauen, auf den Köpfen Krüge und Körbe, in die Stadt. In den Körben lagen Fische oder Früchte. In dieser Straße gab es eine große Markthalle, und da welch Überfluß an Obst, Gemüse, Fleisch und Fischen – ein unwahrscheinlicher Anblick. Wir entdeckten in der Nähe auch das Büro einer amerikanischen Schiffahrtslinie. Wir sollten es noch gut kennen lernen. Zuletzt stellten sich breite, monumentale Gebäude und Säulenhallen ein, und hier bog man rechts um, und war im Regierungsviertel und am Wasser.

Ein weiter viereckiger Platz öffnete sich. Eine steinerne Balustrade schloß ihn gegen das weite schimmernde Wasser ab, das wir erst für das Meer hielten, weil der Nebel uns das gegenüberliegende Ufer verhüllte. Das Wasser glitzerte. Auf ihm sah man mächtige und kleine Schiffe. Die gewaltigen, grau angestrichen, gaben sich durch ihren Aufbau als Kriegsschiffe zu erkennen. Und als wir uns dem Ufer näherten, sahen wir, sie trugen Flaggen, und da wehte – das Sternenbanner, die Fahne der Vereinigten Staaten.

Die Regierungsgebäude, gelb getüncht, waren gleichmäßig flache, langgestreckte Anlagen. Säulengänge umzogen den Platz. Von ihnen strahlten breite Straßen in die Stadt aus. Man hatte hier ein pompöses Tor gebaut, ein wahres Triumphtor. Es trug am Giebel Embleme und Inschriften. Und in der Mitte des weiten, grell von der Sonne beschienenen Platzes bäumte sich auf flachem Sockel, auf einer weit sichtbaren Bühne, ein Roß, ein Bronzepferd. Es bäumte sich, wie mir schien, erhitzt von der furchtbaren Sonnenglut, und trug einen Herrscher. Die Bewegung war wild, der Aufbau stürmisch; es erfolgte aber nichts weiter. Roß und Reiter blieben erregt beisammen. Ich traf sie immer da, so oft ich auf dem Platz erschien.

So mag es jener griechischen Jungfrau, ich glaube Daphne, gegangen sein, die ein Gott jagte. Sie rannte, streckte die Arme zum Himmel aus, und die Arme wurden Holz und sie – ein Baum.

Und drüben in der gleichen Sonnenglut, lag das Gebäude, welches wir dann täglich aufsuchen sollten und um das dauernd unsere Gedanken kreisten: die Hauptpost.

Die tragische Poste-restante-Stelle

Die Hauptpost von Lissabon war flach, langgestreckt, gelb getüncht und von einer Säulenhalle umgeben wie alle Gebäude hier. Im Innern erwies sie sich als modern, übersichtlich und hatte viele Schalter und viele Beamte. Uns interessierten nur die Schalter für Poste restante.

Sie lagen hinten in einem kleinen Seitengang, an die Wand geschoben wie wir selbst. Man fand sie aber leicht. Denn es waren viele, die sie suchten. Sie stellten sich hier in Trupps, in Reihen auf, die Flüchtigen, die Schiffbrüchigen und fragten nach Briefen und Telegrammen. Die meisten waren gut gekleidete Herren und Damen und trugen auf ihren Gesichtern und in ihren Bewegungen die Zeichen ihres Schicksals: die trübe Unruhe und Spannung. Manche fragten schon stumpf und gingen stumpf. Sie haben schon lange gefragt; man antwortet nicht. Manche bekamen einen Brief, dann stürzten mehrere hinzu und diskutierten mit ihnen. Man kam vormittags oder abends hierher. manche vormittags und abends.

Die Poste-restante-Ecke in Lissabon, in Portugal, im äußersten Winkel von Europa, wurde der tragische Treffpunkt für viele Menschen in diesem Unglücksjahr 1940, welches die Leichtfertigkeit und Gedankenlosigkeit des geruhigen Lebens in Europa aufgedeckt hatte. Völker wurden in Knechtschaft geworfen und Familien zerstreut. Europa büßte für seine Sünden und Unterlassungen. Und wir Flüchtigen, zu diesem Europa gehörig, wir standen hier in Lissabon und warteten auf den Rettungsball, der uns über den Ozean zugeworfen werden sollte. Einige warteten auch auf Nachrichten von Angehörigen aus Frankreich und Spanien.

Still saßen hinter ihren Schaltern die Beamten, meist Frauen, und ließen die Flut an sich vorüberziehen. Mit welcher Erregung verfolgte man ihre Bewegungen: wie sie nach den Kästen mit den betreffenden Initialen griffen, die Briefe vor sich legten und zu blättern begannen. Sie blätterten sorgfältig, Postkarten, Briefe, Telegramme.

Wir hatten bald Nachricht und trugen sie wie eine Beute aus dieser Schicksalsecke davon. Es war ein Telegramm, das uns Geld anzeigte. Es lag auf einer hiesigen Bank. Auch Nachricht von unserem Sohn Peter kam. Wir wußten, wie er sich unseretwegen anstrengte und bemühte. Er sprach uns Mut zu und wiederholte: wir sollten Geduld haben, man bereite für uns die Überfahrt vor. Wir begriffen: es war nicht leicht, den großen Betrag für drei Personen zusammenzubringen.

Nun hatte man wenigstens Geld, um zu warten. Man wartete lange. Es wurde, da man sich jetzt außer Gefahr wußte, ein unruhiges Dösen, oft unterbrochen von Gereiztheit und Ausbrüchen der Ungeduld.

Da man nicht wußte, wie lange man warten mußte, wagte man freilich nicht, das Geld leicht auszugeben. Man blieb viel in der heißen, engen und lärmenden Pension. Der Junge trug zerrissene Schuhe; man wagte nicht, sie besohlen zu lassen. Man hatte keine Wäsche. Wir trugen noch die wollenen Sachen aus Frankreich, die nicht zu der subtropischen Temperatur paßten. Von Kino oder anderer Unterhaltung konnte keine Rede sein.

Es war gewiß Entspannung nach den schlimmen letzten Wochen, aber ein träges, brütendes Dasein.

Durcheinander mit Schiffskarten

Wie wir – nach langen Tagen ohne Post – einmal an einem lähmenden heißen Donnerstag nachmittag zur Post gehen, liegen für uns drei Telegramme und ein Brief da.

Zwei Telegramme waren aus Marseille nachgesandt. Es waren die, die wir da so sehnlich erwartet hatten, und die jetzt überholt waren. Das dritte Telegramm aber kam von unserm Sohn Peter und stieß einen

Freudenschrei aus. Er unterzeichnete happiest, überglücklich: man hätte drüben unsere Billets kaufen können. Ein zuletzt fehlender Restbetrag, so telegraphiert er, sei von Freunden in Westport gestiftet worden.

Ja in Westport bei New York wohnte ein amerikanisches Ehepaar, das mich und Peter im Vorjahr mit großer Wärme aufgenommen hatte. Die Begegnung mit dieser Familie hatte mir ein anderes Bild von amerikanischer Art und Kultur gegeben, völlig anders als europäische Literaten übermitteln, und nach meiner Rückkehr nach Europa war Peter mit dieser Familie in Zusammenhang geblieben; auch ich hatte sie nicht vergessen. Unser Sohn Peter mit seinem mühsam ersparten Geld, unsere alten Berliner Freunde und jene amerikanische Familie in Westport hatten die recht große Summe für unsere Überfahrt zusammengebracht.

Der Brief stammte von einer jüdisch-amerikanischen Organisation, eine Einladung auf ihr Lissabonner Büro zu kommen, um eine wichtige Mitteilung entgegenzunehmen. Sie wußten sonderbarerweise unsere Adresse, vermutlich über New York. Wir gingen am gleichen Tage in das Hotel am Hauptplatz der Stadt, wo sich dieses Büro befand. Der Leiter des Büros war ein jüngerer amerikanischer Herr. Er brachte uns die Neuigkeit, daß schon ein anderer Amerikaner an uns geschrieben hätte, ohne eine Antwort zu erhalten. Wir hatten keinen Brief bekommen. Und was wollte der Herr?

Der Leiter des amerikanischen Büros hier vermutete, der andere Amerikaner habe die Billets für uns. Wir staunten: «Und wo sind die Billets?» – «Der Herr ist nach Frankreich gereist. Ich nehme an, er hat die Billets auf dem amerikanischen Konsulat hinterlegt.»

Es geht zweifellos vorwärts, dachten wir, es geht in letzter Zeit immer vorwärts, aber nie glatt. Immer muß sich ein Berg, zum mindesten ein Hügel dazwischen stellen. Der Büroleiter erklärt: er werde sich nach unsern Billets erkundigen; wir möchten nach zwei Tagen wiederkommen.

Wir sind nicht in Eile, denn das Telegramm spricht von dem 30. August als unserm Abfahrtstermin, aber wir verstehen die ganze Sache nicht. Sind dies die Billets, die uns unser Peter angezeigt hat? Der Tag ist da; der Herr teilt uns mit: der abgereiste Herr habe keine Billets hinterlassen. Es sei aber ausgeschlossen, daß er mit den Billets in der Tasche nach Frankreich abgefahren sei. Also wo sind die Billets, die, wie das Telegramm mitteilt, nach Lissabon gekabelt seien? Wir lesen das Telegramm gemeinsam: «Sailing August 30th. Greek Line tickets cabled Lisbon friend Westport presented with compliments half of it.» Wir studieren diesen Text. Wir haben geglaubt, die Billets seien an einen uns unbekannten Lissabonner Freund gekabelt worden. Wir kommen jetzt dahinter: das fehlende Komma ist hinter Lissabon zu setzen, und: die Billets sind bei der Schiffahrtslinie, der Lissabonner Greekline bestellt. Das amerikanische Hilfskomitee hat nichts damit zu tun; der verschwundene Herr interessiert uns nicht.

Wie doch alles bis in die Details schwierig ist.

Wo ist diese Greekline. Es ist halb zwölf. Wir tapern in der beginnenden Mittagshitze hin, es ist nicht weit, wir erfragen mühsam die Straße, das Haus, ein kleines einstöckiges Gebäude, der Zigarrenhändler unten weiß von nichts, hier gibt es keine Schiffahrtslinie. Man hat uns eine falsche Adresse gegeben. Meine Frau kommt nach einer halben Stunde wieder, sie hatte die Adresse auf dem amerikanisch-jüdischen Büro erhalten; sie weiß jetzt: es war nicht die Adresse der Schiffahrtslinie, sondern die eigene Filiale dieser Organisation, von der man annahm, sie hätte die Adresse der Greekline, man habe aber inzwischen schon telephonisch festgestellt, die Filiale hätte die Adresse auch nicht. Du lieber Gott, welche Confusion! Dafür fand man in einer Lissabonner Tageszeitung grad ein Inserat der Greekline und ihr Büro befinde sich in unserer Straße, dicht am Hafen. Es war zwölf Uhr mittags.

Es sprach alles dagegen, daß man jetzt die Billets ermitteln würde. Für mich sprach alles dagegen: die Mühseligkeit des Aufsuchens der Adresse, die Confusion, das Mißverstehen, die vorgerückte Mittagsstunde; auch war es Sonnabend. Aber wer läßt sich belehren. Natürlich ist es das Haus unserer Straße, an dem wir schon vorbeigegangen sind, das letzte Haus der langen Straße, wir steigen die Treppe hinauf, das Büro geschlossen. Schwitzend und gedankenlos tapern wir heim. Den Kopf hat man, um zu denken, aber auch, um damit Wände einzurennen.

Wie wir nun aber am Nachmittag auf die Post gehen, gibt man uns schon einen Brief von der Lissabonner Greekline, die wir so stürmisch und vergeblich gesucht hatten: es seien für uns in New York Billets bestellt worden, und wir möchten uns auf dem Büro melden.

Aber man will uns durchaus verdreht machen. Man überreicht uns auch ein Telegramm, gezeichnet von unserm Freund H.K., dem Schriftsteller, der auf einem New Yorker Hilfskomitee energisch für seine bedrohten Kollegen arbeitete. Er selber, dieser weise Mann, hatte Frankreich hellseherisch erleuchtet genau eine Stunde vor Kriegsausbruch verlassen und sich auf das wilde Meer und nach New York begeben, erstens, um sich selbst zu retten, und zweitens, um da zu sein, wenn das Schicksal uns andere, langsamen, nicht hellseherisch Begabten bei den Eselsohren packte. Dieser Weise flüsterte telegraphisch in diese Ohren: es ist nichts mit der griechischen Linie, die griechischen Billets seien schon gegen amerikanische umgetauscht, – daher würden wir schon am Donnerstag fahren. An diesem Donnerstag, der folgt, – in vier Tagen! Das Durcheinander hat nun schon einen komischen Charakter. Ich weiß nicht, wieviel Stellen sich an diesen Billets beteiligen; bestimmt geht es wunderbar durcheinander. Das war nach dem schwitzenden Vormittag ein froher Nachmittag.

Aus unserm Munde strömte nun ein einziges Lob auf den edlen H. K., den Weisen, den Hellseher. Und was taten wir darauf nachmittags, zur Feier der Ereignisse? Wir tranken statt der kleinen Tasse Kaffee eine große, und als wir gegen sechs am kühlen Ufer des Tejo saßen, ließen wir uns die Stiefel putzen! Es war ein erhebender Augenblick. H. K., der Hellseher, mußte von drüben, jenseits des Ozeans unsere Schuhe blitzen sehen, mußte daran erkennen, daß seine Botschaft angekommen war und wie dankbar wir ihm waren.

Wir wollten am liebsten gleich am Sonntag zu dieser neuen amerikanischen Linie, um ihr die frohe Botschaft zu verkünden, daß wir mit einem ihrer Schiffe fuhren. Aber die Herrschaften hatten sich diese Neuigkeit für die kommende Woche reserviert. Sie öffneten am Sonntag nicht. So behielten wir unsere Freude bei uns, wir ließen aber den Sonntag nicht ohne Taten vergehen. Wenigstens auf die Post, wie üblich, schlenderten wir, – eigentlich völlig überflüssiger Weise, denn wir fuhren ja am Donnerstag, und das war abgemacht. Nun, wir wollten uns nur auf der Post gezeigt haben.

Wir lächeln den Schalterbeamten an. Es ist eine Beamtin. Sie übergibt uns zu unserm maßlosen Erstaunen zwei Telegramme. Nachdem das Staunen vergangen ist, fangen wir an zu zittern. Zwei Telegramme, was kann drin stehen? Ein Widerruf des Widerrufs? Oder, da es sich um zwei Telegramme handelte, konnte das zweite Telegramm das erste widerrufen. Dann standen wir vor einem Widerruf des Widerrufs des Widerrufs. Wir sind völlig verwirrt. Wir erwarten doch jetzt nichts. Wir haben schon alle Telegramme, die wir brauchen, und mehr als wir brauchen. Die Telegramme wachsen uns zum Hals heraus. Wir werden

bald die Post boykottieren. Wir werden uns in unsere Pension einschlie-
ßen.

Immerhin, immerhin, die neuen Telegramme knistern in unserer Hand,
sie sind noch nicht geöffnet. Schließlich, mit ihnen in eine Ecke und Mut
gefaßt.

Wir packen, da es sich nicht vermeiden läßt, die Telegramme beim Hals
und reißen ihnen die Köpfe ab. Doch mit des Geschickes Mächten ist kein
ewger Bund zu flechten. Wir müssen die Telegramme lesen. Oh, diese
Hellseher, was haben sie nun wieder entdeckt?

Es war so, wie wir ahnten. In dem einen Telegramm widerrief unser
prophetischer Freund, was er gestern widerrufen hatte, die antiken Propheten standen mehr zu ihrer Sache. Wenn sie sich irrten, so irrten sie für
ein paar Jahrhunderte. Aber diese kurzfristigen Irrtümer von heute. Das
andere Telegramm stammte von unserem Sohn Peter. Er konnte offenbar auch den Ereignissen nicht mehr folgen. Er wollte uns besänftigen.
Er telegraphierte nur, wir würden am Montag Genaueres erfahren.

So standen wir da, am Sonntag. Dazu hatten wir unsere Schuhe putzen
lassen.

Etienne, unser guter Junge weinte, als er von der Bescherung hörte, und
lief nach Hause. Ja, er hatte schlechte Zeiten. Das Warten, das Hin und
Her, Erregung und Spannung taten ihm nicht gut. Er war auch unbeschäftigt, ohne Kameraden, seinen einzigen Umgang bildeten wir beiden
trüben Erwachsenen.

Als wir uns darauf, dem Schicksal trotzend, spät nachmittags in ein Café
setzen wollten, erklärte unser Junge trotzig: Er mache nicht mit und er
mache nicht mit. Wir müßten bis Oktober hierbleiben und darum
müßten wir sparen, und wenn wir Erwachsenen es nicht täten, so täte er
es. Er käme von jetzt ab überhaupt nicht mehr nachmittags in ein Café.
Darauf begleitete er uns zwar in das Lokal, stellte sich aber draußen vor
die Tür, Streik. Er wollte immerhin den ‹Paris Soir› kaufen. Der Junge
hing ungeheuer an Frankreich, und er wollte wissen, was drüben vorging. Sobald er ein französisches Auto hier in Lissabon sah, jubelte er
und klatschte in die Hände. Aber es gab heute keinen ‹Paris Soir›, alles
war verkauft.

Hitze und Lärm in Lissabon

Und in der Tat, nach diesem stürmischen Beginn zog sich unser Aufenthalt in dieser heißen Stadt noch über Wochen hin.

Die Hitze wurde unheimlich. Sie zwang uns, viele Stunden zu Hause zu bleiben, und uns erst abends zu bewegen. Dazwischen lungerten wir nachmittags in einem gekühlten Café herum. Wir mußten dann allemal im Laufschritt den großen, sonnigen Hauptplatz überqueren, wo die Tauben im Schatten eines Monumentes saßen. Öfters fütterte sie ein kleiner Herr mit langen weißen Haaren, sie saßen auf seinen Schultern und aßen von seinen Händen. Wir staunten ihn an und flohen weiter in das Café, das als Temperatur auf einem Schild zwanzig Grad verhieß, es hielt sein Versprechen und wir verschnauften und waren für Minuten sprachlos über den Weißkopf, der draußen die Tauben fütterte.

Die Temperatur war auch für Lissabon, hieß es, ungewöhnlich. ‹Ungewöhnlich› hieß es. Es war aber ein merkwürdiges Ding in diesem Jahr mit dem ‹Ungewöhnlichen›. Menschen und Naturgeschichte hatten es mit vereinten Kräften mit dem Ungewöhnlichen, wo gab es noch etwas Gewöhnliches; wie wir uns nach dem Gewöhnlichen sehnten, die Welt war in ein Experimentierstadium eingetreten.

Wir saßen vier Wochen in Lissabon in der Pension, die zu unserem Hohn ‹Gloria› genannt war, schräg gegenüber der Markthalle in der Straße der Stoffhändler, an einer Ecke, wo die Elektrischen umbogen. Die Elektrischen, muß man wissen, fahren von sechs Uhr morgens bis zwei Uhr nachts. Nachts glauben sie nicht fahren zu müssen. Dafür rollen die Gemüse- und Obstkarren zur Halle. Etwa gleichzeitig haben gewisse Gäste unserer Pension genug von der Nachtkühle und ab zwölf Uhr tapern sie heim, um noch in unserer Nähe eine Weile zu lärmen und zu rufen. Die Zimmer in unserer Pension haben mindestens zwei Türen, das aber, in dem ich mit dem Jungen liege, die Kammer, hat zum Ersatz dafür, daß sie kein Fenster hat, noch eine dritte Tür. Zwei Türen stellen Kontakt mit Nachbarn her, die dritte führt auf den gemeinsamen Korridor. Die Zimmer haben übrigens alle, ich weiß nicht warum, oben an der Wand Glasfenster, aus denen abends und nachts die Beleuchtung der Nachbarzimmer in unseren Raum fällt.

Die Hitze weicht spät abends aus der Stadt, – so scheint es. Es ist ein altes Täuschungsmanöver der Hitze. Sie verzieht sich aus den Straßen in die Häuser und Stuben. Morgens wachen wir schweißtriefend darunter auf. Während wir hier wohnten, stieg die Temperatur einmal über 36 Grad, und abends gönnte sie sich und uns nur eine Erholung von 31 Grad. Man legt sich unter diesen Umständen abends so spät wie möglich hin. Dann beginnt die schwere Nacht, morgens hält man sich bis neun auf dem Zimmer auf, dann nach dem Frühstück auf der Straße, gegen einhalb zwölf hockt man schon wieder zu Hause. Um vier hat man genug vom Haus und setzt sich in Bewegung, die Stunde des Labsals in dem kühlen Café ist da. Man liest da den ‹Paris Soir› oder ‹France›, ein in London erscheinendes Blättchen des ‹freien Frankreich›. Abends nach neun ein Spaziergang, meist am ‹Boulevard da liberdade›, welcher ein prächtiger breiter und langer Boulevard ist, wo es Kinos, Musik und für uns Bänke gibt. In der ersten Zeit lebten wir in Lissabon recht allein, später zeigten sich mit jedem Tag mehr Schicksalsgefährten.

Lissabon ist eine Stadt, von der ich bis da nur zweierlei wußte: erstens, daß sie Hauptstadt von Portugal ist und dann, daß um die Mitte des 18. Jahrhunderts sich hier ein grauenhaftes Erdbeben ereignete, im Anschluß an welches Erdbeben Voltaire seine bissigen Bemerkungen über den Optimismus und die beste aller Welten machte. Bei unserm Aufenthalt lernten wir nun einiges dazu. Zunächst: es ist eine prächtige Stadt mit einer großen Zahl interessanter Denkmale, mit vorzüglichen Geschäften und einem regen Handel. Die Stadt liegt auf Hügeln an der breiten Mündung des Tejoflusses. Der Hafen ist tief genug, um großen Schiffen die Einfahrt zu gestatten. Da die Stadt das Meer und einen großen Fluß in der Nähe hat, verkauft und ißt man hier unheimlich viel Fische. Wir spazierten öfter in der Gegend des Fischhafens. Da warteten immer Hunderte von Männern und Frauen mit Körben auf die einlaufenden Fischerboote. Sie trugen die Fische in die Stadt und die Markthalle. Wenn die Frauen mit flachen Körben auf dem Kopf, wenn sie mit stolz erhobenem Haupt, mit elastischen gleichmäßigen Schritten, den Leib leicht vorgebeugt, sich davon bewegen, so ist es allemal ein prächtiger Anblick. Manche transportieren so in einem Korbgeflecht über dem kleinen Stützring Feigen, die sie auf breiten, grünen Blättern gebettet haben. Wenn ich nun von einem ganz elementaren Ding in Lissabon sprechen soll, und nicht von der ungeheuerlichen, noch nicht erlebten Hitze, von der Feuerluft, so muß ich vom Lärm reden.

Die Henker dieser Erde haben sich verschiedene Quälereien für den Umgang mit ihren Mitmenschen ausgedacht. Ihre Poeten, der Liebe überdrüssig, haben von Feuer- und Eishöllen gewußt. Andere haben mit spezialistischem Raffinement verschiedene Methoden des Folterns, Streckens, des Köpfens beschrieben. Sonderbar, daß den Henkern und ihren Poeten der Gehörsinn entgangen ist.

Die Stadt Lissabon ist kein Henker. Ist auch nicht der Poet eines Henkers. Aber sie ist eine südliche Stadt und mit der Naivität und Gefühlsstärke, auch Ungeniertheit eines subtropischen Geschöpfes ausgestattet. Sie bedient sich, um sich uns vorzustellen und uns zu quälen, weniger der bekannten und schon banal gewordenen Naturgeräusche. So hörte ich zum Beispiel in Lissabon nicht das Donnern des Himmels, das Plätschern des Regens, wovon bei uns Komponisten und Lyriker so viel Wesens machen. Es sangen auch keine Vögel. Die vielen stummen Fische, die man in den Straßen herumtrug, bewiesen etwas anderes. Die Fische zeigte man offenbar, um anzudeuten, daß man auch das Schweigen kannte, wenigstens in dieser Gestalt, daß man es anerkannte und ehrte, um es gebraten zu sich zu nehmen.

Lissabon ist, industriell gesprochen, ein moderner Großbetrieb zur Erzeugung von Lärm. Er besitzt zunächst die Elektrischen. Sie fahren in großer Dichte hintereinander, mit oder ohne Passagiere. Sie rumpeln in den Schienen, sie rasseln über das Geleise, sie vermögen die Scheiben zum Klirren zu bringen. Der Fahrer hat mindestens eine Klingel, wahrscheinlich stehen ihm zwei zur Verfügung. Es gelingt dem portugiesischen Fahrer, daß sie tönen, wenn er anschlägt, – und er schlägt ununterbrochen an, es ist reine Freude – wie drei. Es ist ein Klingelfahrer. Sein Wagen hat vorn eine mächtige, schaufelförmige Schutzvorrichtung. Wenn der Wagen damit um die Ecken biegt, hat man den Eindruck: er will Passanten mähen. Die Wagen in Lissabon fahren gern um Ecken, ja vorzugsweise um Ecken, und Lissabon ist darum mit vielen Ecken ausgestattet, weil das Fahren um Ecken eine unglaubliche Vielheit von Geräuschen ermöglicht.

Oben ist die Lissabonner Elektrische mit einer Leitstange versehen, welche ihr wahrscheinlich den Strom vermittelt. Augenscheinlich, besser: ohrenhörlich leistet sie etwas anderes: die Leitstange rollt, sie springt, sie knattert, sie kracht. Der Strom beteiligt sich mit Funken und Explosionen. Die Lissabonner sind daran gewöhnt, sie fürchten sich nicht. Während der Fahrt hüpfen Straßenjungen auf die Wagen, nacktfüßig, in zerrissenen Jacken und Hosen, Zeitungsverkäufer. An einem Hügel kann man das originelle Denkmal eines solchen Jungen sehen. Sie verdienen ein Denkmal – vielleicht könnte man ihnen eines Tages auch Jacken und Hosen kaufen. Wenn die Jungen auf die Wagen springen, schreien sie. Das ist erstens ihre Natur von klein auf, zweitens jetzt noch ihr Beruf. Denn sie schreien ihre Zeitung aus. Einmal sah ich einen, der mit einer Zigarette in der Hand einem Wagen nachlief, er hatte im Wagen einen Mann entdeckt, er rauchte. Mit einem Satz war der Junge oben, hing außen an dem Wagen, der Herr gab ihm Feuer, der Junge dankte, schrie, sprang ab und schrie weiter. Das Rauchen bekam ihm. Die Autos fahren in großer Zahl durch die Straßen und keins ohne individuelle Musik. Die Marken der Wagen kennt man, aber im Lissabonner Stadtbereich offenbaren sie anderswo unbekannte Charaktere. Unbeschreiblich umständlich fahren sie schon. Das Abfahren, also die Idee, der bloße Plan, die Absicht einer Bewegung versetzt die Autos, die anscheinend rasch einschlafen, in einen gefährlichen Reizzustand, so daß sie anfangen, schlangenartig zu zischen. So äußert sich ihr Plan, abzufahren. Dann schnurren und brummen sie. Ich wich jedem Lissabonner Auto aus, denn ich verstand diese Sprache nicht und wer kann wissen, was in ihnen steckt. Ich lernte ihre Sprache nicht. Es scheint mehrere Autosprachen zu geben. Einige Wagen beginnen, wenn man sie beim Fahren sich selbst überläßt, behaglich zu schnarchen. Einige fangen unvermutet an zu trompeten. Einige schniefen wie verschnupfte Rhinozerosse. In der Nacht hörte man öfter welche in der Ferne, da zankten sie sich. Es mußte ein Ehepaar sein. Sie suchten einander zu überschreien. Sie haben auch Pferde in Lissabon. Viele Herrscher und Generäle haben sie in der Stadt auf Pferde gesetzt. Jedoch ist es bis heute nicht einmal den Lissabonnern geglückt, ihre Bronzepferde zum Wiehern zu bringen. Das Bronzepferd bezeichnet offenbar die Grenze der portugiesischen Erfindungsgabe. Pferde können in Bezug auf Mannigfaltigkeit der von ihnen hervorgebrachten Geräusche gewiß nicht mit Autos konkurrieren; ein Pferd kann eigentlich nur wiehern und mit den Hufen klappern. Immerhin – treten lebende Pferde in großer Zahl auf, so läßt sich schon allerhand mit ihnen erreichen. Daher lassen die Lissabonner eine ganze Anzahl Straßen von Pferdewagen befahren, angeblich um Gemüse und Heu zu befördern. Jedoch ist keines dieser Lissabonner Pferde ein normales Pferd; jedes ist ein kluger Hans, ein rechnendes Pferd. In Lissabon gibt es davon, soviel es Pferde gibt. Schritt für Schritt bewegt sich hier das einfache Straßenpferd vorwärts, den Wagen, der sein Auftreten legitimiert, hinter sich und zählt sorgfältig die Steine der Straßen. Gesenkten Hauptes und langsam zieht es seines Weges. Es hebt ein Bein und knallt dem gezählten Stein das Hufeisen auf den Rücken. Kein Pferd verheimlicht seine Gelehrsamkeit. Es knallt von morgens bis abends, sie sind es so gewohnt, eine fröhliche Wissenschaft.

Und die Menschen? Nun, die Lissabonner beteiligen sich freudig am Werk ihrer Stadtverwaltung. Sie tun, was sie können, und es ist nicht wenig. Wenn die Autos sausen, wenn die Elektrischen heulen und ihr Rumpeln gelegentlich einen großartigen Charakter annimmt, daß der Fahrer sich veranlaßt sieht, den Vorgang mit hallendem Glockenschlagen zu begleiten, – so nehmen die Lissabonner ihre Zuflucht zum Gesang, zum Ruf, zu Musikinstrumenten. Fröhliche Musikanten, Sänger und Sängerinnen trafen wir Tag um Tag in der Stadt. Eine ganze Woche lang scholl jubelnde Tanzmusik zu uns aus der Markthalle herauf. Wer die Zeitungsausrufer hier nicht um sieben Uhr morgens gehört hat, weiß nicht, wessen die menschliche Stimme fähig ist.

Man spuckt in Lissabon. Es ist kein Druckfehler, ich sage nicht ‹es spukt› in Lissabon, sondern ‹man spuckt›. Zu den Dingen, an die man sich erinnert, wenn man an Lissabon denkt, gehört das Spucken. Es ist ein Naturereignis. Sie machen es alle, jung und alt, Mann und Weib, Zivil und Militär. Sie spucken ohne Kaugummi, gewissermaßen aus der freien Hand. Sie schütteln sich die Spucke aus dem Ärmel.

Wer einige Länder durchwandert hat, weiß, daß es mehrere Arten des Spuckens gibt. Man kann schnippisch, schußartig durch die Zähne spucken. Das wirkt erstaunlich, überraschend, es geht schnell vorüber. Dann das Wald- und Wiesenspucken. Jeder kennt es. Es wird abseits getan, ohne viel Umstände. Meistens steckt eine Übelkeit dahinter, ein hohler Zahn oder ein Naziausspruch.

Lissabon kennt die furchtbarste Art des Spuckens, das anatomische Spucken. Das ist ein anfängliches Räuspern, ein Fauchen und Sammeln in den oberen Teilen des Nasen-Rachenraumes, wonach die eigentliche Arbeit einsetzt, welche in die Tiefe greift, also eine Bergwerksarbeit, ein sorgsames, überlegtes Baggern, Heraufpumpen, Heransaugen des Auswurfes, aus allen Ecken des Gaumens, des Rachens, aus dem hinteren Nasen-Rachenraum, aus sämtlichen Nebenhöhlen der Nase. Je nach dem Angriffspunkt begleitet die Arbeit ein Krächzen, Röcheln und Würgen. Zuletzt kommt es zu Explosionen, zum Ausstoßen des mühsam zusammengekratzten Besitzes. Man sehe sich vor, wenn der eigentliche Auswurf erfolgt. Der Abschluß kann am Gesicht vorbeispritzen oder auf die Füße zielen. Das Ganze flößt Schrecken ein, ist aber, wie gesagt, hier üblich.

Und was bedeutet dieses Spucken? Portugal ist ein neutrales Land. Wäre es überfallen und im Zustand von Holland und Norwegen, so würde ich glauben, dies ist hier die Art der politischen Betätigung; man macht sich so Luft. Aber sie sind zu unserem Heil unabhängig. Wir müssen zu einer Erklärung greifen. Sie heißt: der Lärm. Das Spucken gehört mit dem Lärm zusammen. Weil man nicht immerfort schreien kann und nicht jeder über eine Kuhglocke verfügt, so spuckt man und zeigt wenigstens so seinen guten Willen.

Die Sprache des Landes ist romantisch, klingt aber mit ihren vielen Zischlauten und den vielen rollenden R slavisch, bäuerlich hart. Ob man sie flüstern kann? Ich hörte in Portugal nie flüstern.

Am Ende einer breiten Allee steht ein ungeheuer schwungvolles, allegorisch verschnörkeltes und barock gesteigertes Denkmal in der Nähe einer schönen, noch nicht fertigen Parkanlage. Der Mann, den man da oben sehr hoch auf einen Sockel gestellt hat, ist der Marquis von Pombal, der autoritäre Staatsmann Portugals vom Ende des 18. Jahrhunderts.

Als ich vor einigen Jahren Glück und Ende der Jesuitenrepublik Paraguay schilderte, stieß ich auch auf Pombal. Der Marquis wurde von einer Königin-Mutter, bei Lebzeiten eines Schattenkönigs, zur Macht berufen und drängte mit der ihm eigenen Massivität rasch die gesamte Königsfamilie, einschließlich Königin-Mutter an die Wand. Er arbeitete mit Scheingeschichten, um seine adligen Gegner zu beseitigen, und hatte es auch mit den Jesuiten, von denen er eine Gruppe verjagte, eine andere auf Lebzeiten am Meer in unterirdischen Kellern einsperrte, und einen Jesuitenpater ließ er feierlich lebend verbrennen, weil er sich angeblich an einem Attentat auf den König beteiligt hatte. Der letztgenannte Jesuit war ein uralter, schon geistesschwacher Missionär, der aus den Tropen kam und am Fieber litt, und den die Inquisition aburteilte unter dem Vorsitz von Pombals Bruder. Pombal war ein aufgeklärter Despot, wie ihn die damalige Zeit serienweise hervorbrachte. Er förderte die Industrie, und darum und weil er die Jesuiten beseitigt hat, haben sie ihm hier ein Denkmal gesetzt.

Ein zeitgemäßes Monument. Damals freilich waren die Despoten aufgeklärt. Die von heute halten sich an mystische Ideen; sie predigen etwa die Rasse und den Nationsbegriff. Wie die Weltgeschichte sich aber auch dreht, die Tyrannen finden, womit sie tyrannisieren können. Dieser Marquis von Pombal hat sich nur so lange an der Macht gehalten, als sein Schattenkönig hinter ihm stand. Nachher wurde er verjagt. Er war aber darauf vorbereitet und hatte seine Gelder ins Ausland gebracht und lebte davon noch eine gute Zeit weiter.

Alle diese Pombals, ob sie sich nun auf den Thron setzen oder davor stellen – es ist reizvoller, sich davon zu stellen, man bekommt die Legitimität gratis hinzu und genießt noch den Spaß, einen lebendigen König an der Leine zu haben –, sie exekutieren nur Dinge, die im Zuge ihrer Zeit liegen, und es sieht nachher aus, als wären sie Reformer. Der Marquis Pombal war daher ein fortschrittlicher Mann, ein Voltairianer und Protektor der Industrie.

Das Volk aber und seine mitlebende, mitleidende Zeit kannte ihn darüber hinaus als Menschen. Sie kannte seine ‹Gerichtsverfahren›. Das Volk wußte, daß es trotz der vertriebenen Jesuiten und der jungen Industrie unterdrückt und rechtlos war. Es verjagte darum, als es endlich möglich wurde, den Tyrannen. Er war für sie ein Tyrann.

Zuletzt, zwei Jahrhunderte später, geht man dann in Lissabon spazieren, man hat auch einen Tyrannen auf dem Buckel, und da trifft man in Lissabon im Grünen auf einen Marmorsockel, versehen mit einer preisenden Inschrift, einen Marquis Pombal, jenen selben Marquis von Pombal, den sie seinerzeit geächtet und gejagt haben, Pombal, jetzt wieder Wohltäter der Menschheit!

Und wenn Sie sich darüber wundern und orientieren wollen, wo er eigentlich steht, so staunen Sie noch mehr: In der Freiheitsallee. Denn das ist die Weltgeschichte, welche einige Humoristen das Weltgericht genannt haben.

Aus französischen Zeitungen

‹Paris Soir› manchmal zwei, manchmal vier Druckseiten. Einmal diskutiert man darin die Ernährungslage. Der Arbeitsminister erklärt, sein Ziel sei, möglichst vielen Arbeit zu verschaffen, aber die ökonomische Lage Frankreichs sei particulièrement difficile. Ein anderes Kapitel: Wird König Carol seinen Thron behalten, wenn man Rumänien aufteilt? Der Krieg zwischen England und dem Reich nimmt, so wird gesagt, den Charakter einer ‹Concurrence de destruction› an, aber, so setzt man hinzu, während die Objekte der Engländer recht zerstreut seien, fänden die Nazis ihre Objekte auf einen kleinen Raum zusammengedrängt.

Und immer wieder die Frage nach der Schuld an der Niederlage. Wenigstens dies haben sie noch im Kopf: dem Krieg konnte man nicht entgehen, mit den Nazis stand der Krieg vor den Türen Frankreichs. Aber warum verloren, und warum so verloren? Und sie schreiben grimmig, das politische Sondergericht in Riom werde nächste Woche seine Arbeiten beginnen. ‹Die Stunde der Gerechtigkeit ist gekommen. Was habt ihr aus Frankreich gemacht?›

Notiz im ‹Paris Soir› vom 10. August: ‹Ein Leser schreibt uns, er lese im Lukas-Evangelium, Kapitel 14: Welcher König, der im Begriff stehe, gegen einen andern König ins Feld zu ziehen, gehe nicht vorher mit sich zu Rat, ob er mit seinen 10000 Mann wirklich gegen den Feind marschieren solle, der 20000 Mann habe. Andererseits schicke er ihm einen Gesandten und mache ihm Friedensvorschläge. So (schreibt ,Paris Soir' vom 10. August) handelt in der Tat ein vernünftiger Chef. Und hat man bei uns nicht genau das Gegenteil getan?› Nun, hätten die Franzosen den Nazis einen solchen Gesandten geschickt, so wäre er nach berühmten Mustern behandelt worden: die Tschechen haben es ja versucht. Man hätte alsdann kampflos die Okkupation von Frankreich und die Sprengung der Maginotlinie gehabt. Hatte man diese Absicht?

Woher wollte man übrigens wissen, daß der Gegner doppelt so stark war als man selbst? Einen Teil seiner Übermacht erlangte er ja erst durch den Wegfall, den Ausfall der Alliierten Frankreichs.

Man verkauft in Lissabon auch die Zeitung des ‹Freien Frankreich›, betitelt ‹France›. Ich finde in einer Nummer drei Bilder. Eines zeigt Naziflieger auf dem Flugplatz von Bourget, ein anderes deutsche Soldaten auf einer Terrasse der Champs-Elysées in Paris.

Das dritte aber ist eine Zeichnung. Ein Nazitüncher steht auf einer Leiter und streicht an einer Mairie die Inschrift ‹Freiheit, Gleichheit, Brüderlichkeit› aus. Aber siehe: Ein Bürger unten zieht die Pfeife aus dem Mund und bemerkt nach oben: «Du kannst sie übermalen. Sie wird immer wieder erscheinen.»

In Mende, weniger in Toulouse und gar nicht in Marseille habe ich mich mit Kirchen beschäftigt. In Lissabon ging ich an mancher Kirche vorbei, zweifellos, aber ich erkannte sie nicht. Ich kam eines Tages auf den Einfall, mich zu erkundigen, wo denn hier die Kirchen stünden. Da zeigte man mir welche. Man hat sie unkenntlich gemacht, und wer sie nicht sucht, findet sie nicht. Das ist kein schlechter Gedanke. Es sind Gebäude, die man von außen und von weitem für Turnhallen halten kann. Sie haben keinen Turm mit hoher Spitze, sie zeigen keine majestätischen Glas-

fenster. Sie könnten auch Verwaltungsgebäude sein. Die Behörde freilich, an die man sich in diesen Gebäuden wendet, hat schon, mit der
Erschaffung der Welt, so viel dafür getan, für jeden leicht auffindbar zu
sein, daß sie im Grunde recht daran tut, auf diese besondere Repräsen-
tation in Stein zu verzichten. Es ist ja das Ewige, der Ewige. Es ist ja der
Allgegenwärtige, Gott, von dem hier die Rede ist. Er freut sich gewiß
auch der prächtigen Gebäude, in denen die Menschen ihn zu feiern wünschen, wie es ihre Art ist. Herrliche Kunstwerke stellen sie da aus und
sind stolz darauf, ihn zu preisen in diesen Bildern und Statuen. Er läßt es
sich gefallen. Es ist ihm bekannt, daß sie, wenigstens sehr oft, wissen: Sie
können auch nicht einen einzigen Grashalm machen.
Einem Gottesdienst wohnte ich nicht bei.
Es bleibt etwas Schreckliches um das Grübeln; das mir noch keine Ruhe
läßt. Manchmal ist es, als ob ein Satan mir einen Strich durch die Rechnung macht. Die Dinge kommen nicht zur Ruhe, weil ich keinen Abschluß finde. Einmal sitze ich da und bekritzele das Papier mit Notizen.
Ich will schreiben: ‹Wer Gott ist und was er mit uns vorhat.› Und wie
ich es nachher ansehe, steht da: ‹Wer Gott ist und was er mit sich vorhat.›
Darüber sitze ich und kann nicht weiter.

Ich führe immer zwei Leben.
Das eine schlägt sich mit den Dingen herum, will hier ändern und da
ändern. Es phantasiert, quält sich, erreicht nichts. Es ist wie das Feuer am
feuchten Holz, qualmig und gibt kein Licht.
Das andere ist wenig sichtbar. Ich gebe mich ihm wenig hin, obwohl ich
weiß, es ist das wahre. Es ist merkwürdig: ich weiß das und möchte
mich ihm, um es anzufachen und zu steigern, widmen. Aber ich werde
immer daran verhindert. Der Qualm hüllt mich ein.

Was ist dieses schwache Feuer, das ich in mir trage und das immer
erlischt, das ich pflegen müßte und nicht pflege?
Es tritt vor mich als ein Gedanke, als ein sehnsüchtiger, bittender Gedanke. Ich kann ihm nicht folgen, wie ich möchte und sollte.
Das ist schlimmer als das Elend mit den Eisenbahnzügen, die ich nicht erreiche. Diesen Zug hier könnte ich besteigen, er fährt in mir vor, er
wartet auf mich, – aber ich besteige ihn nicht. –
Wenn ich ‹den Gedanken› in mir fühle, verändert er mit einem Zauber-

stab die Welt. Sie wird tief und wahr. Sie steht fest und freudig da, – und ich bin in ihr.

Der Jammer, die Schmerzen lassen nach. Wodurch werde ich da hellsichtig? Weil ich den trüben Schein durchbrochen habe. Meiner Ohnmacht bin ich entronnen. Ich fühle Kraft und bin Kraft. Mit allen Kräften der Erde und des Himmels bin ich zusammen. Ob ich spreche oder nicht spreche: da ist nur ein einziges jubilierendes Du und Wir. Ich habe keine Furcht vor etwas, nicht vor morgen, nicht vor dem Tod.

Schwer zu denken, was Jesus heute sagen würde, wenn er uns sähe – was er zu ‹Seinen› Kirchen, ‹Seinen› Priestern sagen würde. Unsere Not ist so groß wie zu seiner Zeit. Wir wissen uns nicht zu helfen, und man spricht nicht deutlich zu uns. Man spricht über uns hinweg. Wo sind wir nur? Man läßt uns nicht leben, Staaten, Einrichtungen, Konventionen handeln und nehmen die Bühne ein, unsere Bühne, und wir müssen uns mit den Plätzen stummer passiver Zuschauer begnügen.
Jesus wollte die Menschen einrenken, in ihre ursprüngliche Beziehung zum göttlichen Grund ihres Daseins bringen. Die natürliche Beziehung ist die der Kinder zum Vater. Das ist nicht die Beziehung von Geschöpfen zu ihrem Macher. Sogar im Alten Testament war der Mensch kein bloßer Erdenkloß; der göttliche Odem wurde ihm eingeblasen.

Die schweren Kirchen, der Prunk, der ungeheure Apparat und die Theologie. Was Jesus wollte, lief auf das Einfachste hinaus, das ist: Zu Gott beten, ihm für das Dasein danken, sich dem menschlichen Geschick unterwerfen, seine Verantwortung kennen, Brüder und Schwestern in allen Menschen sehen, und so leben, mutig und aufrecht, und auch den Tod als unsern Tod, zu uns gehörig, annehmen und begrüßen.
Wie sind wir abgeglitten.

Ein Brief aus Frankreich

Jetzt in Lissabon erreicht uns ein dicker Brief unseres Sohnes Claude. Er enthält einen langen, rührend einfachen sachlichen Bericht. Dies ist der aus dem Französischen übersetzte Text, nur in der Schlußepisode, die meldet wie es ihm in jenen Juniwochen erging, von denen hier die Rede war.
Noch einmal, bevor wir alles hinter uns lassen, ein Hauch von jenen unglückseligen Tagen, ein Hauch aus dem menschlich so schönen und

wunderbar feinen Land, dessen Geschick sich mit unserm verbunden hat.

Der Brief:

Jetzt glauben wir in Ruhe zu sein. Es ist eine Illusion, die Deutschen sollen in der Gegend sein, und den 21. mittags nehmen wir den Weg nach P. auf, zuerst 10 km zu Fuß, dann den Rest im Wagen. In C. habe ich einen Brief von Mama, der mich sehr erfreut. Man ist eingepfercht in Lastwagen, aber es ist besser als zu Fuß. Ich habe eine Feldflasche gefunden und kann mir nun Wasser holen. In L. Fliegeralarm. Unser Zug wird bombardiert und erhält Maschinengewehrfeuer: keine Verluste. Man besteigt die Wagen und auf nach P., wo wir um fünf Uhr ankommen. Wir halten in einem Vorort, setzen uns auf die Trottoirschwelle und warten auf die andern. Die Bevölkerung möchte uns gern los werden: sie haben Angst, bombardiert zu werden, wenn die Deutschen Soldaten in der Nähe der Stadt bemerken. Wir bleiben in den Straßen und nehmen Kampfstellung ein, die Maschinengewehre werden gegen eine Wegkreuzung gerüstet. Der Rest der Gruppe wird in einem Sträßchen versteckt. Es wird Nacht, wir legen uns auf das Pflaster und warten so, bis wir an die Reihe kommen zum Wachen.

Am Morgen des 22. Stellungswechsel, wir sind jetzt einen Kilometer von der Stadt entfernt, nahe der Kreuzung der Routes nationales. Wagen fahren dauernd an uns vorüber. Den ganzen Tag liegen wir im Gras. Am Abend gibt es endlich Verpflegung: etwas Brot, Wein und 20 g Käse: man hat Hunger und ist nie zufrieden. Unsere Sektion wechselt noch einmal die Stellung und um 22 Uhr heißt es: zurück.

Die Nacht über fahren wir. Ich stehe in dem kleinen Wagen, mein Kopf stößt gegen die zu niedrige Wagendecke, wir sind gepfercht, unmöglich zu schlafen.

Am 23. Juni viele Militärzüge, Tanks und Kanonen. Gegen neun Uhr morgens nehmen wir eineinhalb Kilometer von M. entfernt Stellung in einer Gruppe. Der Tag vergeht ohne Ereignisse, die Deutschen folgen dauernd, am Abend sind sie zwei Kilometer entfernt. Das Bataillon zieht sich 5 km von unserer Stellung zurück, unsere Sektion bleibt am Platz. Gegen neun Uhr abends fahren deutsche Autos 10 Minuten von unserer Gruppe entfernt vorbei und besetzen M. Sie haben uns nicht gesehen, sonst hätten sie uns gefangen genommen. Um zehn Uhr erhalten wir Rückzugsbefehl. Schweigend versammeln wir uns. Im Dunkel machen wir uns auf ohne die andern. Dann gehen wir durch den Wald.

Eine Stunde später lädt man uns ein, unser Zug setzt sich in Bewegung, dauernd von den Deutschen verfolgt. Unsere Sektion befindet sich in einem Autocar. Den ganzen 24. Juni über rollen wir. Am Morgen erhalten wir Lebensmittel. In A. wären wir beinah von unserer Colonne durch deutsche Avantgarde abgeschnitten worden. Eine Viertelstunde nach unserer Durchfahrt wird A. genommen. Unser überlasteter Wagen rollt langsam, in einer nicht endenden Reihe von Wagen, Kanonen.

Nachts halten wir in B. und dort erhalten wir die Nachricht vom Waffenstillstand am Morgen des 25. Juni 1940.
Ich möchte heulen.
Man hat sich so bemüht, um nun zu dieser Niederlage zu kommen. Wir sind alle so traurig, und am Abend in St. F., wo man uns während des Tages einquartiert hat, erfahren wir die harten Bedingungen des Waffenstillstands. Ich mache mir Sorgen für die Zukunft; viele meiner Kameraden scheinen sich nicht klar zu sein, was die Besetzung ihrer Departements bedeuten wird. Erst langsam fangen sie an zu verstehen, daß ihr Leben sich sehr verändern wird. Ungeduldig warte ich auf Nachricht von Mama, Papa und Vincent. Ich habe schreckliche Angst um Papa, wenn er nur nicht in Paris geblieben ist.
Nun geht es nach P., wo wir mehrere Tage bleiben. Die Besatzungstruppen sind 500 m entfernt. Wir fahren nach D., einem Flecken von 20 Häusern; dann nach D., einem kleinen Weiler. Nun rasten wir. Dort empfange ich später auch einen Brief von Mama, und später die erste Karte von Mama. Ich bin glücklich zu erfahren, daß sie zusammen in Toulouse sind. Ich hoffe, daß wir bald auch Nachricht von Vincent haben; ich fürchte nur, er ist in Gefangenschaft geraten.
Sold wird verteilt, und ich empfange die 100 frcs. von Mama, die so lange Wochen unterwegs waren. Wir befinden uns in der Gironde, nahe einer kleinen Stadt, wo sich unsere Feldpost in 10 km Entfernung eingenistet hat. Während der ersten Tage sieht man sich die Umgebung an. Es ist sehr heiß. Man ruht, man wäscht. Aber bald – unbeschäftigt wie man ist – beginnt die Langeweile. Man wandert ein bißchen und schläft viel. Ich spiele Karten und nachmittags halte ich mich in der Nähe des Büros auf und warte auf die Ankunft von Briefen. Man ist enttäuscht, wenn man mit leeren Händen zurückkommt, aber wie groß ist unsere Freude, wenn man seinen Namen beim Briefappell hört, und schnell zieht man sich in eine ruhige Ecke zurück.

Ich warte auf die Demobilisierung meiner Klasse. Ich hoffe, daß man mir aus St. Germain meine Zivilsachen schicken wird. Ich habe nichts anderes anzuziehen. Ich möchte schon frei sein, mit den Eltern vereint und Arbeit haben. Ich möchte arbeiten nach dieser Periode von fast drei Jahren, wo ich nichts tun konnte. Ich habe den Kopf voll von Ideen für die Schaufenster – wann werde ich sie realisieren können?

Ich denke viel an die Eltern und was sie jetzt wohl machen mögen. Bald wird der Tag der Freiheit kommen, und ein neues Leben wird beginnen.

Ich hoffe, daß es ein Leben ohne Zwischenfälle sein wird, glücklich und gedeihlich.

Ich habe Vertrauen in die Zukunft. Sie wird besser sein als die traurige Vergangenheit.

Erwarten wir den Tag der Entlassung, und dann an die Arbeit.

Auf Schiff

Wir haben uns auf der amerikanischen Linie eintragen lassen und sollen Anfang Oktober, in etwa sechs Wochen, fahren. Wir können uns natürlich damit nicht befreunden. Wir haben Zusatzbeiträge zu unserer Summe bekommen und machen Anschaffungen.

Es verbreitet sich das Gerücht: mit der griechisch-italienischen Spannung sei es nicht so schlimm, und man kann es wagen, das griechische Schiff zu nehmen. Es ist unterwegs. Wir wollen mit dem Schiff fahren und nehmen einen Umtausch vor, jetzt gültig auf der griechischen Linie.

Man schickt uns zum Impfen. Das Schiff ist angekommen: Nea Hellas. Wir gönnen uns eine Sonntagsfahrt auf dem Tejo nach einem populären Ausflugsort und fahren dabei an der Jahrhundertausstellung und an unserm draußen verankerten Schiff vorbei. Eine frischere Luft weht um uns. Bald geht es hinaus. Das Grauen der letzten Monate soll versinken.

Der freundliche portugiesische Herr, der uns auf der Fahrt das Zimmer in Lissabon besorgt hatte, hatte uns öfter besucht und beraten. Er erschien auch am Morgen unserer Abfahrt in der Pension ‹Gloria›, an deren Namen ich wieder herumdeutete. Wir verabschiedeten uns von ihm, von der Wirtin und unserer robusten, drolligen Hausmagd. Die Fahrt zum Hafen – eine Stunde und länger dauerte sie, bis man uns zum Schiff heraufsteigen ließ. Unten standen Dutzende. Und als schließlich das Signal zum Einsteigen gegeben wurde, entstand ein Gedränge, so daß ein Beamter begütigend herunterrief: «Nicht stoßen, Herrschaften, nicht drängen. Hier sind die Nazis nicht hinter Euch.» Man mußte vor dem Betreten des Schiffs seine Impfstellen zeigen, das Attest genügte nicht. Dann fuhr man noch lange nicht. Es wurde Mittag. Erst am Spätnachmittag zogen die feinen Herrschaften der ersten Klasse ein. Wir aßen zum ersten Mal im Speisesaal des Dampfers ein neugriechisches Abendbrot und erhielten noch den Besuch des Leiters der Auswandererstelle, die viele von uns betreut hatte. In der Dunkelheit setzte sich das Schiff in Bewegung. Langsam wurde es gedreht und den Tejo hinausgeschleppt.

Märchenhaft strahlte die Ausstellung herüber. Ihr zauberhaftes Licht war das Letzte, was wir von Europa sahen, in Trauer versenkt.

Die Überfahrt

Das Schiff war bepackt mit Menschen wie wir. In den ersten Tagen, bis zu den Azoren, herrschte noch die Unruhe: wird die Reise glatt gehen? Man dachte an Unterseeboote. Es gab eine nächtliche Kontrolle an den Azoren, von englischer Seite. Man merkte davon aber nur, daß das Schiff stoppte und eine Stunde stillag. Dann fuhr man glatt und ruhig – nach Amerika.

Als ich im vorigen Jahr in Le Havre ein amerikanisches Schiff bestieg, den ‹Präsident Harding› (es ist inzwischen versenkt; auch der schöne französische ‹Champlain›, mit dem ich zurückfuhr, wurde zerstört, er stieß im Hafen auf eine Mine), da trug dieses Schiff eine große Zahl deutscher Auswanderer, meist Juden, viele aus Berlin. Während der Fahrt kam ich mit einigen ins Gespräch. Es wurde eine merkwürdige Reise. Die Leute erzählten vom Naziland nur, wenn man daran tippte. Sie wollten nichts davon wissen. Einer hatte selbst solche Naziart an sich, daß ich bei der ersten Begegnung drauf und dran war, die Tischgemeinschaft mit ihm zu brechen. Es stellte sich heraus, daß dieser Mann Jude war und im Konzentrationslager gesessen hatte. Ich hörte, wie man drüben die Auswanderer ausgeplündert und schmählich behandelt hatte. Sollte das nun nicht eine tragische Fahrt sein? Eine nach einem Schiffbruch?

Denn sie waren doch, ohne etwas verbrochen zu haben, ausgeraubt und verjagt worden. Würden sie jetzt über ihr Schicksal nachdenken, würden sie zum Beispiel ihr Augenmerk darauf richten, daß sie nicht als Einzelne, sondern als Juden verjagt waren, wofür sie doch nichts konnten, und sie waren nicht einmal gläubig, – was also dachten und fühlten sie? Ich traf lauter Einzelne, lauter Privatleute. Manche waren erbittert, Frauen standen die Tränen in den Augen, wenn sie erzählten, wie man sie gedemütigt hatte. Aber das war alles, darüber ging es nicht hinaus. Womit sie sich befaßten? Mit Geschäftssachen. Sie machten sich Sorgen, wie sie in New York Geld verdienen könnten. Sie zuckten die Achsel: Man ist Jude, die Menschen tun mit einem, was sie wollen.

Sie waren gut angezogen. Zu Tisch, besonders zum Diner, erschienen die Damen elegant gekleidet. Sie hatten, als man ihnen das bare Geld wegnahm, schon viel in die Garderobe gesteckt. Und da passierte das Gespenstige, daß mittags und abends das Auswandererschiff sich in ein Hotelschiff verwandelte. Prächtig geputzt zeigten sich die Herrschaften, die Verjagten. Gingen in die Bar und tanzten zur Jazzmusik. (Das Leben geht weiter, sagt man. Nein, die Trägheit geht weiter. Sie nahmen nichts in ihr Bewußtsein auf, sie entschlossen sich in keiner Weise. Sie waren und blieben einfache Bürger, Kaufleute, Angestellte und merkten nicht, daß man auf diese Weise nicht existiert. In New York nach der Ankunft zerstreuten sie sich in alle Winde. Keine Stimme rief sie, keiner erweckte sie.)

Diesmal fuhren wieder welche mit uns. Einige waren Kaufleute. Viele gehörten intellektuellen, politischen und künstlerischen Kreisen an, also meist bewußte Menschen. Sie hatten, so gut sie konnten, für ihre sozialistische Überzeugung, für Demokratie, für ein Humanitätsideal gekämpft. Geschlagen fuhren sie, sozusagen ‹gerettet›. Sie waren bedrückt und trübe, obwohl sie sich lebhaft unterhielten. Viele aus Deutschland, Österreich, der Tschechoslowakei, viele über Deutschland und Frankreich aus Osteuropa. Viele sprachen jiddisch. Allen hat man die wirtschaftliche Existenz zerbrochen. Aber das war nur eine Seite der Sache. Die andere war nicht weniger schlimm, und diese hier wußten es: die geistige. Man hatte eine Niederlage erlitten. Was wollte man jetzt machen? Den alten Karren weiterschieben? Fest stand nur: man fuhr nach Amerika. Ich stellte fest: sie spinnen den alten Faden weiter.

Ich unterhielt mich mit einigen. Mit jiddischen Bekannten kam ich ins Gespräch über jüdische Dinge, mit deutschsprachigen über Politisches und Allgemeines. Es wurde die Vergangenheit durchstöbert. Man tippte alles nur an. Man blieb an der Oberfläche. Man war verstört. Und sie wollten nur nach Amerika. Was mich beschäftigte, konnte ich hier nicht sagen. Es ging mir nicht auf die Zunge. Erstaunlich festzustellen, wie fremd sie mir geworden waren. Waren die Gedanken, die mich beschäftigten schon so gediehen, hatten sie, ohne daß ich es bemerkte, sich schon so in mir verwurzelt, ja entstellt und ausgebreitet, unter der Decke, daß sie mein Inneres beschlagnahmten?

Wir kamen in New York an. Als unser Schiff in den Hafen einfuhr, stieß es mit einem andern zusammen und schlitzte seine Flanke.

Am Pier, vor dem Landen, sahen wir unsern Sohn Peter unten stehen und winken, und Frau R. in Schwarz. Auf der Fahrt in die Stadt erfuhren wir, ihr Vater war gestorben. Ich war ihm, einem lebenssprühenden Mann (ich hörte erst jetzt, daß er Ende Siebzig war), bei meiner ersten Fahrt in New York begegnet: eine glänzende Erscheinung, ein Kavalier alten Schlags. Es war eine Freude, ihm gegenüber zu sitzen. Ganz unerwartet starb er, verschwand er, drüben in Europa.

Was kam noch? Wir waren ‹gerettet›.

Man hatte uns schon nach Lissabon telegraphiert, eine große Filmgesellschaft in Hollywood halte für ein Dutzend von uns flüchtigen Schriftstellern einen Vertrag bereit. Wir hatten, skeptisch wie wir waren, die Sache nicht geglaubt. Aber sie stimmte. In Hollywood hatte W. D., ein sehr erfolgreicher und aktiver Schauspieler und Filmregisseur, ein prächtiger Mensch, den Einfall gehabt, die große Filmindustrie für uns, die in Frankreich verloren waren, zu interessieren. Die Idee wurde von seiner sehr aktiven Frau und von Frau L. F., der Gattin unseres Kollegen B. F., aufgegriffen und sie erreichten diese Verträge, die uns in den Schoß fielen. Nach einigen Wochen New York fuhren wir also nach Californien, quer über den Kontinent. Auf der anderen Seite des Kontinents, am Pazifischen Ozean, leben wir nun und genießen amerikanischen Schutz.

Ich habe wieder zu schreiben begonnen, und dies hier ist, Anfang 1941, das erste Werk, an das ich gehe, zu meiner Besinnung.

Wie ich einmal einen Koffer öffne, um nach einem Buch zu suchen, stoße ich auf mein Manuskript, auf jenes, das ich am 16. Mai beendete, dahinten, in St.-Germain, als ich an meinem Tisch saß und aus dem Nebenzimmer das Radio tönte und der Ansager meldete: die ‹Tasche› in der französischen Nordfront hätte nicht geschlossen werden können. Ich blättere in den Heften und sehe, es ist darin viel die Rede von – Jesus. Damals, lange vor der Niederlage, vor dem ganzen débacle. Die zentrale Romanfigur ringt um ihn. Ein Niederbruch, ein Zusammenbruch erfolgt, die Frage nach Jesus taucht auf. Die schrankenlose Hingabe erfolgt.

Was ich erfuhr, was nahte, die Krise, hatte ich geistig vorerlebt. Es war hingeschrieben, geahnt, – vorerlebt, aber nicht abgelebt.

In der Phantasie war es nicht ‹abzuerleben›. Es gab nur eine Fortsetzung: es zu erfahren. Aber dieser Held, der Friedrich Becker, ist doch viel weiter als ich.

Ich denke an das, was das Jahr 1940 über uns gebracht hat. Ich habe nichts vergessen. Ich will nichts vergessen. Darum schreibe ich dieses Buch. Und am wenigsten vergessen wir, meine Frau und ich, die Lieben, unsere beiden Söhne, die wir drüben lassen müssen.

Zweites Buch
AMERIKA

15. Kapitel
Wie es uns in Hollywood erging

55 Jahre war ich alt, als ich 1933 Deutschland verließ. Mit 62 Jahren verließ ich Paris und begab mich auf die Flucht durch Frankreich und kam mit meiner Frau und dem jüngsten Sohn über Spanien und Portugal nach Amerika.

Siebzig bin ich jetzt, 1948, ‹unjung und nicht mehr ganz gesund›, wo ich das Manuskript wieder vornehme, in dem ich damals um 1940 nach der Ankunft in dem palmenreichen Hollywood von einer Schicksalsreise berichtete. Nun will ich dieses Manuskript, das sieben Jahre geruht hat, zum Abschluß bringen.

Wir waren in Hollywood. Das kriegerische Europa lag weit entfernt. Zu dritt saßen wir hier, meine Frau, der Jüngste und ich, wie viele andere Flüchtlinge an der schönen und nicht immer nur schönen pazifischen Küste. Wir gehörten zu den ersten, die drüben ankamen. Ich erinnere mich des Empfangs, den mir eine Gruppe von ansässigen Emigranten in Hollywood bereitete. Das Versammlungslokal war eine Kirche, und wer mich begrüßte, war ein guter alter Bekannter aus Berlin, L.J., der ehemalige Intendant des Schauspielhauses. Wir fuhren hin im strömenden Regen, im Wagen eines bekannten Schauspielers. Beide sind jetzt, 1948, schon tot: der Intendant, der im Hotel neben uns wohnte und mir aus den Erinnerungen vorlas, die er gerade schrieb, und A.G., der elementare Schauspieler, der in der vollen Kraft seines Lebens stand und zuletzt famose Schilderungen aus seinem Leben publizierte. Ihm war es schon leidlich in Hollywood beim Film geglückt, auch die jämmerlichen Sprachschwierigkeiten hatte er leidlich überwunden, dann wurde er nach New York an ein Broadway-Theater gerufen, ein neuer Aufstieg kündigte sich an. Er fuhr hin und mußte sich bald einer Blinddarmoperation unterziehen, die glücklich verlief, aber eine Embolie tötete ihn und machte allen Hoffnungen ein Ende.

Sie hießen mich damals in der Los Angeles Down-Town-Kirche willkommen. Mehrere sprachen. Zuletzt redete ich auch, und von dem, was ich sagte, ist mir nur noch das Wort ‹dämonisch› in Erinnerung. Das brachte ich von den Fluchtwochen mit. Sie hatten von den politischen Umständen gesprochen, die uns über den Ozean trieben, ich schilderte, was in den letzten Monaten geschehen war, und wie ich es erlebte. Ich mußte davon sprechen und nannte die Vorgänge, an die ich mich im Augenblick erinnerte, dämonisch, – grauenhaft, unheimlich. Nicht einen einzelnen Menschen nannte ich dämonisch, sondern die Gesamtheit der Vorgänge, die über Europa fielen und in die wir verflochten waren. Es berührte auch sie, die hier scheinbar gerettet saßen.

So redete ich im Oktober 1940. Ich rede später wieder so, 1943, als man eine Feier zu meinem 65. Geburtstag in einem kleinen Theater veranstaltete. Ob ich in der Kirche begriffen wurde, weiß ich nicht. Im Theater war ich schon viel klarer geworden. Ich nahm mich und uns alle von dem großen Gericht nicht aus, das sich an der Welt entlud. Man lehnte mich schweigend ab. Es war keine Rede für eine Geburtstagsfeier.

Wir wohnten erst in einem Hotel, darauf in einer möblierten Wohnung. Ich arbeitete ein Jahr als Filmschriftsteller, entwarf wie andere Szenarios, erfand Stories. Jedoch nichts fand Gnade in den Augen der Filmgewaltigen. Es kamen allmählich noch andere Gerettete aus Europa herüber. Es erging ihnen nicht anders wie mir. Eine Anzahl blieb gleich in New York hängen und versuchte sich dort durchzuschlagen. Wir in den Filmstudios merkten bald, die Gesellschaften hatten nur Wohltätigkeit üben wollen und meinten es nicht ernst mit unserer Arbeit. Wir konnten schreiben was wir wollten. Es war eine Industrie. Der Dutzendgeschmack der Producers und die Barriere der eingesessenen Professionellen machte jede Bemühung illusorisch. Das Kontraktjahr verlief, und nun lagen neue Verhältnisse vor. Wir gaben die möblierte Wohnung auf und nahmen zwei leere Räume mit Nebengelaß in einem ‹Flat›. Man kaufte einige Möbel, möglichst second hand, Freunde stifteten etwas. Ich bezog noch einige Monate Arbeitslosenunterstützung. Dann mußte für uns die Charity einspringen, und während der folgenden Jahre hielt ein Hilfskomitee seine Hand über uns. Aber auch unser treuer Sohn Peter in New York vergaß uns nicht.

In welche herrliche Landschaft waren wir verschlagen. Los Angeles, wozu Hollywood gehörte, zog sich über Hügel hin und war so groß wie eine Provinz. Endlos die Hauptstraßen, durch die vom Morgen bis in die

Nacht die Autos rollten. Es gab über eine Million Autos, wer bewegte sich überhaupt zu Fuß, man ging zu Fuß nur in die nächste Nachbarschaft, zu einem market oder einer Haltestelle.

Man fuhr; die Straßen waren weithin unbebaut, dann stellten sich irgendwo wieder Häuser ein, dann gruppierten sich einige um ein Geschäftszentrum mit Läden, Kinos und Drugstors. Mächtig entwickelt war als solches Zentrum Down-town in Los Angeles, mit großen Warenhäusern, Geschäften jeder Art, mit Kinos, Restaurants, Theatern, Cafeterias. Es gab Kirchen und Bibliotheken. Ich sah ein mexikanisches Viertel. In der Mitte lag der Pershing Square.

Man fuhr nach Santa Monica hinaus; das lag am Meer, es war eine herrliche Gartenstadt, wo einige unserer Freunde wohnten. Oft lagerte man sonntags an der Beach, im heißen Sand, so Tausende kamen, nicht nur sonntags, badeten, unterhielten sich mit Wasserspielen, setzten sich in die Cafés und Erfrischungslokale, Händler zogen über den Strand und boten feil: Hotdogs und Doughnuts. Weiter entfernt lag Pacific-Palisades.

Während der fünf Jahre sah ich Hollywood im Frieden, im Krieg und zuletzt beim Waffenstillstand. Das große politisch-militärische Geschehen warf nur leise Wellen an unseren verlorenen Strand. Hier war man nur Zuschauer oder Leser und Hörer. Was tat ich, was konnte, was mochte ich tun? Ich beobachtete die Menschen auf der Straße, in den Lokalen und in Gesellschaft, wie ich immer tat. Ich las Zeitungen und Zeitschriften und studierte die Bücher, die mir zugänglich wurden. Ich hörte viel Radio. Ich sammelte während dieser Jahre Zeitungsausschnitte und Bildmaterial aus Zeitschriften. Ende 1940 gab es den Wahlkampf um die Präsidentschaft, Roosevelt gegen Wendell Wilkie 1944 den Wahlkampf Roosevelt gegen Dewey. Dann der plötzlic Tod Roosevelts, nachdem der Präsident schon, wie die Kinos und Photos zeigten, bei den berühmten vorangegangenen Auslandsreisen nur mit Mühe sich aufrecht gehalten hatte. Es gab das Völkertreffen in San Francisco und die Bildung einer Liga der Vereinten Nationen. In den Kirchen wurde für das Gelingen des Planes gebetet.

Es gab Sensationsprozesse: der Alimentenprozeß Charly Chaplins, – eine junge Schauspielerin, Angestellte seiner Gesellschaft, bezeichnete ihn als Vater ihres Kindes. Er bestritt die Beziehungen nicht, alle Details wurden von der Presse breitgetreten, die Blutprobe schloß die Vaterschaft Chaplins aus, aber dennoch verurteilte ihn die Jury, – sie bestand in ihrer Majorität aus Frauen. – Der Selbstmord der mexikanischen Tänzerin Lupe Vegas, eines Filmstars, eine Frau in den Dreißigern, ein wildes Temperament; sie war schwanger, sie nahm Schlaftabletten, sie liebte den Vater des Kindes, einen jungen, französischen Schauspieler, der sich von ihr zurückgezogen hatte. – Andere eigenartige Kriminalfälle: die junge Tochter eines reichen Mannes, die in der Stadt allein lebte, wird nach Besuch eines Soldatenballs nackt und tot in ihrer Badewanne aufgefunden. Der Mörder blieb unbekannt. Daneben liegen in meiner Mappe Ausschnitte mit Bildern von Soldatenfriedhöfen, Kreuz bei Kreuz. Ein Bild zeigt einen Rekruten bei der Aushebung; er ruft: «Es wird mir Spaß machen!»

16. Kapitel
Es ruht nicht in mir

Während dieser langen Zeit ruhte es nicht in mir. Ich dachte an die Reise von Cahors nach Mende, und ich fühlte diese Reise war noch nicht beendet. Es wurde mir von Monat zu Monat klarer.

Unser Jüngster besuchte eine Junior-High-School. Sie gefiel ihm, er paßte sich rasch an, ich nahm einmal an einer Unterrichtsstunde als Besucher teil und konnte das Ganze nur loben, besonders den Gemeinschaftsgeist, die Kameradschaft, die Abwesenheit jeder Art von Obrigkeit. Aber in einem wichtigen Punkte sagte mir diese Art Belehrung und Erziehung doch nicht zu. Und darüber kam es zu Gesprächen zwischen meiner Frau und mir. Es zeigte sich, wir waren einer Meinung.

Man konnte den Jungen nicht so aufwachsen lassen, ohne Wissen von dem, was die Welt und die menschliche Existenz war, ohne Kenntnis von unserem Los, ohne Weg und ohne Halt. Denn weder der Unterricht in Sprachen, Mathematik, Naturkunde noch der gute Gemeinschaftsgeist konnte es leisten. Woran sollte eine junge Pflanze sich hochranken? Wir waren selbst so aufgewachsen. Wir hatten Sprachen, Mathematik und Naturwissenschaften geschluckt, mit welchem Ergebnis? Wie hatte es uns geformt? Der Junge sollte besser geführt werden. Wir sprachen vom Christentum. Wie kam ich darauf, davon zu sprechen? Es war so: ich ließ die Dinge, wie es meine Gewohnheit war, sich hinziehen, ohne sie zu bedrängen. Aber wie ich den Jungen so sah, schien es mir, man konnte zwar mit sich so umgehen und die Dinge so hinziehen lassen, aber ihn so zu lassen, war unrecht.

Ich hatte mich inzwischen nicht bewußt um die christlichen Dinge bemüht. Ich ließ sie in mir arbeiten. Ich wartete, bis die Dinge reif wurden und etwas an mein Bewußtsein kam.

Wir waren, meine Frau und ich, nun der Meinung, man müßte die bisherige unernste Art unseres Hinlebens beenden. Wir konnten den Jungen nicht in derselben Weise an die Schule, den Staat und die Dinge des Tages weggeben, wie man uns ihnen einmal hingegeben, weggegeben, hingeworfen hatte, und wir sollten sehen, wie wir mit ihnen fertig würden, falls sie nicht vorher mit uns fertig wurden. Ein wirkliches Koordinatensystem mußte das Leben haben, und keinen bloßen, leblosen Rahmen.

Der Tag, die Politik, Krieg und Frieden durfte nicht das A und O der Existenz bilden. Unter dem Namen: ‹Der Ursinn› stand mir ja seit lange eine Wahrheit fest, ich hatte sie dunkel im Gefühl und fand sie sichtbar bestätigt in der Natur, in ihren großen und kleinen Dingen, – aber weder auf mein Handeln noch auf die Ordnung des täglichen Lebens gewann diese Wahrheit Einfluß. Sie blieb stumme Wahrheit, regloses Wissen. Ein Kind ließ sich damit gewiß nicht führen, und ich selber konnte sie nicht in meinen Alltag tragen. Nun sollte das, was ich in mir trug, an den Tag. Es verlangte danach. Es war so weit. Das Herz war voll und der Mund ging über.

Die Katastrophe, in die ich hineingerissen war, sollte aufbewahrt werden und der Verschüttung durch die Zeit entgehen. Es sollte ihr ein Denkmal gesetzt werden. Und das sollte kein bloßes Erinnerungszeichen sein.

Das Christentum, – war ich schon so weit? Womit? Worin? In Gedanken, in formulierbaren, war ich kaum fortgeschritten. Aber die dunkle Neigung, der Hang, ja der Wille war gebieterisch geworden. Mir war sicher, obwohl ich nicht wußte warum: es war das Christentum, Jesus am Kreuz, was ich wollte. Ich hatte keine Schritte getan, um mich ihm zu nähern, ich hatte keine Bücher gewälzt. Kaum daß ich einmal in die Evangelien blickte. Ich mochte es nicht. Ich mochte nichts tun, um mich zu nähern, – aus Scheu, denn ich fühlte, jede Bewegung in dieser Richtung, von mir ausgeführt, konnte falsch sein, gefährlich. Wie ein zartes Flämmchen hielt ich, beschützte ich ein Gefühl in mir, das da seit langem brannte. Es brannte wahrhaftig verloren, wie eine einzelne Altarkerze in einem schwarzen Dom.

Als es darum ging, sich um die Erziehung des Jungen zu kümmern, öffnete ich den Mund. Ich sprach mit meiner Frau und brachte das Gespräch auf das Christentum. Wenn auch über meine Gedanken das Christentum noch keine Kraft hatte, mein Schiffchen suchte diesen Kurs und ließ sich nicht aufhalten. Ich empfand eine große Wärme, eine unbedingte Sicherheit in mir, wenn diese Dinge in mir auftauchten. Ich sollte mich jetzt konkreter und bewußter mit ihnen befassen, die ich geglaubt hatte, noch weiter sprachlos, formlos als Gefühl in mir zu bewahren.

Ich überzeugte mich in den Bibliotheken: es gab nicht nur die alte Spaltung in zwei orthodoxe Kirchen, und nicht nur die jüngere Spaltung in eine orthodoxe und reformierte protestantische Kirche, sondern noch innerhalb der abgespaltenen protestantischen Kirche gab es Hunderte Spielarten, verschiedene Bekenntnisse und Sekten. Soviele Kirchen und Kirchlein, und alle gruppierten sich um das Kreuz.

Wo war die Wahrheit, wohin sollte ich mich wenden? Wie sollte ich mich orientieren, was diese verschiedenen Bekenntnisse voneinander trennte, – denn ich mußte zu einem bestimmten Bekenntnis gehen und konnte nicht isoliert und im leeren geistigen Raum bleiben. In welche Haut sollte ich schlüpfen?

Man mußte sich schon umsehen; es war eine zum Verzweifeln schwere Sache. Wie sollte das überhaupt sein, daß man eine Religion ‹wählte›, und sie sich quasi aus einer Kollektion aussuchte! In der Tat, nachdem ich einige Wochen in Bibliotheken gesucht und gelesen hatte, sah ich keinen Weg. Diese Bemühung ermüdete und war sinnlos. Ich hatte sogar Furcht, dabei das Flämmchen in mir auszulöschen.

Ja, man lebte in einem fremden Land. Die Sprache verstand und sprach ich unvollkommen, und Menschen kannte man wenig. Gelegentlich hatten wir, wegen der Verbindung mit Europa, mit einem Unitarier zu tun. Es war ein praktischer Mann. Ich las, was also diese Unitarier meinten, planten und betrieben. Es war nicht schlecht, wie vieles andere, wovon man hörte, nicht schlecht war; aber es berührte mich nicht, sie besaßen nicht den Schlüssel zu mir.

Wie sich aber schon auf der Reise, bei der Flucht, so oft der Finger Gottes gezeigt hatte, so tat er es jetzt. Und nachträglich meine ich: es war eigentlich selbstverständlich, nein, naheliegend und zu erwarten, daß er sich hier einmischte, der Himmlische, wo es sich um den Weg zu ihm selber handelte. Wir standen in freundschaftlicher Verbindung mit einem Kunsthistoriker, einem deutschen Gelehrten, der erst vor kurzem mit seiner Familie Deutschland verlassen hatte. Er war Westfale und aus einem frommen katholischen Hause. Mit ihm kamen wir ins Gespräch, auch über das Thema, das uns beschäftigte, und da meinte er: wir wohnten ja in der Nähe einer Kirche, an der gute, gebildete und aufgeschlossene Priester waren, eine jesuitische Kirche. Die Priester seien gewiß zu Besprechungen bereit.

Es kam zu einer Verabredung mit ihnen. Die Priester wußten, was wir wollten. Wir kamen oft. Von uns wurde es aufgefaßt als eine Gelegenheit, sich zu informieren. Es wurde rasch mehr und etwas anderes. Man gab uns Katechismen in die Hand. Und so verlief die Stunde: der Priester las einen Paragraphen oder auch mehrere, und erläuterte sie. Das war uns recht, und so bekam man eine Vorstellung und lernte außer den Paragraphen noch mehr kennen. Man fragte und erhielt Erläuterungen. Es war schon nicht mehr eine Information; es wurde eine Belehrung, in die man aktiv hineingezogen wurde.

Ich nahm an den Stunden teil, wie gesagt, um über den christlichen Glauben etwas zu erfahren aus dem Munde eines Katholiken. Ich wollte wissen, wie der katholische Glaube das Christentum, die Lehre von dem Gekreuzigten, vom Gott am Kreuz, begriff, aufbewahrte. Ich nahm Kenntnis, zunehmend mehr Kenntnis. Aber was bedeutet Kenntnis in diesen Dingen?

Da war zunächst der Priester. Wir sprachen während der Monate mit dreien, denn die Belehrung zog sich über Monate hin. Der eine ging nach San Francisco, und der uns am längsten lehrte und aufklärte, war der Pfarrer dieser Kirche, ein ernster und entschiedener Mann, und dann war da noch ein jüngerer Priester, alle vom Jesuitenorden. Es war merkwürdig, daß ich auf diesen Orden stieß, denn mit ihm und seinen Angehörigen hatte ich mich jahrelang in Paris befaßt, in meinem Südamerika-Roman, der von der Gründung einer christlichen Republik in Paraguay erzählte. Männer also dieses christlichen und sehr aktiven Ordens saßen uns gegenüber, sehr gebildete Männer, die mir, obwohl sie ‹Jesuiten› hießen, gar keinen Schrecken einjagten. Sie gaben sich in ihrer sicheren Gläubigkeit, und was sie sagten und wußten, entbehrte jeden aggressiven Charakters. Sie waren Menschen, deren Charakter und Haltung sichtbar vom Christentum geformt war. Sie waren Christen und Priester, so wie Menschen Christen und Priester sein können. Es tat wohl, vor ihnen zu sitzen und ihnen zuzuhören und zu erfahren, was sie überlieferten von den irdischen und himmlischen Dingen. Sie übermittelten uns den christlichen Glaubensschatz, so wie ihn die alte und jetzt katholisch genannte Kirche aufbewahrte und behütete.

Was für greuliche Dinge hatten wir früher gerade über diese Kirche gehört. Sie sollte eine gräßliche Entartung, Entstellung des Christentums geben. Sie sollte eine Fratze sein, ein Wust von Aberglauben. Der größten Verlogenheiten, ja Verbrechen wurde sie beschuldigt. Aber Vertreter dieser Kirche, Priester, saßen vor uns, die wie wir über unseren Verstand verfügten und realistisch, naturwissenschaftlich gebildet waren. Es sollte ihnen schwer fallen, uns zu überrumpeln. Nun, wir erlebten mit ihnen keine Teufelei. Es war etwas ganz anderes.

Das reiche, pompöse Äußere vieler katholischer Kirchen hatte man früher mit ästhetischem Interesse zur Kenntnis genommen, wie sich das für Gebildete gehört. Kirche und Religion war zu Kunst verblaßt. Jetzt ging es uns nicht um Kunst und um das herrliche Äußere. Wir traten in das Innere ein, und hier war Religion.

Die Priester entwickelten Paragraph nach Paragraph des Katechismus. Nicht alles verstand ich, nicht alles wurde durchsichtig und plausibel. Aber darauf kam es nicht an. Es konnte schon dies und jenes unklar bleiben, und war dennoch nicht falsch. Ich war in ein uraltes, weitläufiges Gebäude eingetreten. Man führte mich durch Saal um Saal, durch viele Säle, über breite Treppen, durch hallende Korridore. Man öffnete diese Tür und jene. Ich blickte in neue, weitere Räume, helle und dunkle. Es war nicht nötig, daß ich das ganze Gebäude besichtigte und in jedes Zimmer eintrat. Für vieles wird sich noch Zeit finden. Die Gelegenheit wird es mit sich bringen.

Es war uns klar, wenn wir uns zu den Priestern aufmachten, daß wir nicht mehr zu einer Information, sondern zu einer Vorbereitung, zu einer Instruktion gingen; und daß wir mehr und mehr bereit waren, ja herzlich wünschten, zu dieser Gemeinschaft zu gehören, deren geistige Grundlagen diese waren, deren Mitglieder sich dieses Bild von der Welt, von unserer Existenz und unserem Geschick machten, und deren Vertreter so waren und so sprachen, wie die Jesuväter.

Es war uns nicht zweifelhaft, daß wir zu ihnen gehören wollten, ja schon zu ihnen gehörten. Denn die Begegnungen und Gespräche mit ihnen, das Nachdenken, Vorfühlen und Nachfühlen, das Aufnehmen der mitgeteilten Lehren erfüllte uns mit Freude, ja mit einer Seligkeit, wie wir sie nie empfunden hatten.

Der Finger Gottes! Das Zeichen! Nun wurde das Zeichen in dieser Form gegeben, in dem Glücksgefühl. Wie noch zweifeln, ob man auf dem rechten Weg war.

Wir zögerten nicht, den Weg zu gehen.

Der Junge wurde in die religiöse Schule bei der Kirche zu Schwestern gebracht. Er verstand im Beginn nicht, warum wir ihn umschulten. Das wurde bald anders. Die große gläubige Menschlichkeit der Schwestern übte ihre Wirkung. Seine Seele entnahm gesunde und ihr gemäße Nahrung und fühlte es.

17. Kapitel
Kirche und Religion von innen

Und nun kam zu uns, was aus der Kirche wuchs, was Menschengeschlechter, ringende, leidende, fühlende Menschen durch die Jahrhunderte angesammelt und hinterlassen hatten. Das war die unsichtbare Gemeinschaft der Gläubigen und der Wissenden, der Frommen und der Heiligen. Es war der mystische Leib Christi, die Kirche.

Was gelehrt wurde, wurde über das Jahr ausgebreitet und gefeiert. Diese Feiern zu entdecken, an ihnen teilzunehmen, wurde in der Folgezeit, nach der Einführung und Zulassung, ungeheuer lehrreich, spannend und aufregend.

Weihnachten war ein Kinderfest gewesen, zu dem man Geschenke machte und erhielt. Dazu waren es zwei freie Tage. Jetzt wurde der Hintergrund klar: welch ungeheures, nicht auszudenkendes Faktum: der Eintritt Gottes in die Welt, – und diesen Tagen vorangehend und mit diesem Faktum verbunden: der wunderliebliche, nein wunderherrliche Bericht von einem erlesenen Menschenwesen, von einer Menschenblüte ‹voll der Gnaden› –, die verborgen lebte, aber über alle frühere und spätere Menschheit herausragt: Maria, der bestimmt war, Gott auf Erden mit menschlichem Fleisch einzuhüllen und ihn in die Natur und zu den Menschen zu tragen.

Die Natur ist herrlich, sie ist ja Gottes Natur, aber sie ist von Gott so fern wie eben das Geschaffene fern vom Schöpfer ist. Aber der Umstand, daß Gott in die Natur, und besonders in die Natur des Menschen, eintrat und die Gestalt des Menschen annehmen konnte, zeigte, wie nah ihm diese

Natur war. Und nun ist es Maria, voll der Gnaden, der Mensch vor dem Abfall und vor dem Sturz in die Natur, die sich für ihn bereitet. Das Himmlische, Paradiesische, ist noch Zentrum in ihr.

So saß sie da, als sie das Dasein überdachte und als sie fühlte, was diese wilden, gierigen Menschen trieben, und wo war ihr eigentlicher Platz, was tat, was vermochte sie hier. Als sich eine Stimme meldete, die Stimme kam, und der Engel brachte die Verkündigung. Das ging über alles Denkbare hinaus. Aber es ging nicht über das hinaus, was in ihr lag. Sie war vorbereitet. Sie wunderte sich nur einen Augenblick. Sie trug in sich andere Bezüge und Zusammenhänge als wir. Und sie antwortete: ‹Ich bin die Magd des Herrn. Mir geschehe nach deinem Wort.›

Als Gott Mensch war, und als der Mensch Jesus auf dem Ölberge wußte, daß sich ihm die schwere Stunde nahte, entfernte er sich einen Steinwurf von den Jüngern, kniete nieder und betete: «Vater, wenn Du willst, so nimm diesen Kelch von mir. Doch nicht mein, sondern Dein Wille geschehe.»

Und da erschien, heißt es weiter, ein Engel vom Himmel und stärkte ihn. aber da ist und bleibt die Todesangst, die ganz natürliche, der auch Gott im Menschenleib, im Leib der vergänglichen Kreatur nicht entgeht und nicht entgehen kann, wofern er wirklich Mensch ist. Es ist die Todesangst, durch die zu gehen er beschlossen hat, und er betet noch inbrünstiger. Es geschieht, daß sein Schweiß wie Blutstropfen wird. So ungeheuer ringt er, und so ungeheuer lastet die Todesangst auf ihm. Denn er ist ja zwar Mensch, ein einzelner Mensch, aber er ist die ganze Menschheit.

Er ist Adam. Und so erleidet er den bittern Tod aller Menschen, die gestorben sind und noch sterben werden. Auf ihn dringt der Tod ein, und er ringt mit der Todesangst aller Menschen, die wo auch immer gestorben sind, in welcher Haut auch immer, unter welchem Klima, unter welchen Umständen, – die wissen, daß sie ihr Leben verfehlt haben. Ihr Sterben, das Sterben aller dieser Sünder und Verlorenen, Verstockten und Verpfuschten soll und will er sterben. Diese Trauer und diese Qualen will und muß er leiden, – wie sie irgendwie armselig und zufällig erstickten und erschlagen sind, in Wüsten vertrockneten, im Eis erfroren, im Wasser bei Schiffbruch ertranken, vom langsamen Siechtum kläglich verzehrt wurden – Menschenlos nach einem kurzen Blühen, nach den Illusionen und der Honigsüße der Jugend, der Tod nach allen den Täuschungen der Lüste.

Diese Tode, – die Betrübnis, der Ekel, die Ratlosigkeit, Verzweiflung des Menschen, fallen über ihn. Er nimmt sie an, er hat sie ja gerufen und will sie nicht abweisen. Der Jammer, die Schärfe des Schmerzes läßt ihn Blut schwitzen. Aber er weicht nicht. Er erhebt sich vom Gebet und geht zu seinen Jüngern, welche vom Schlaf übermannt sind. Und während er zu ihnen redete, erschien auch schon die Rotte und Judas an der Spitze. Er sah ihr nach dieser Nacht vielleicht schon sehnsüchtig entgegen.

Als zu Adam und Eva das Verbot kam, vom Herrn, nicht von jenem Paradiesesbaum zu essen, und als es sie dann doch trieb und sie von dem lockenden Baum aßen, da leisteten sie kaum Widerstand. Es war in ihnen alles vorbereitet. Die Schlange sprach ihre eigene Meinung aus. Sie sprach sie zynisch aus, die der lüsternen Urmenschen, bisher Engelmenschen: «Gott hat gesagt, ihr sollt nicht von dem Baum essen, damit ihr nicht sterbt. Ihr werdet mitnichten sterben, sondern Gott weiß: an welchem Tag ihr davon esset, werden eure Augen aufgehen und ihr werdet sein wie Gott und wissen das Gute und Böse.»

Adam und Eva rangen nicht. Sie waren mit Zustimmung, mit ihrem Begehren und Wissen, schon im Fallen, und fielen.

Dreimal ein Verhalten des Menschen vor Gott: der Urmensch, Engelsmensch, Adam und Eva vor ihrem sehnsüchtig frechen und ahnungslosen Sturz in ihre Freiheit; – Maria, widerstandslos, menschliche Person, aber was an ihr Person ist, kennt nichts, was ihr mehr entspräche als der göttlichen Stimme aus dem Mund des Engels zu folgen: ‹Siehe, ich bin die Magd des Herrn, und mir geschehe nach seinem Wort.›

Und das dritte: Jesus. Jesus, Gott selber. Er hat sich auf diesen Weg gemacht. Das himmlische Gebot wird ihm nicht von außen zugetragen; es ist sein eigenes. Es ist der lebende, weltschöpferische Wille, der am Anfang dieses Wegs steht, so wie am Anfang dieses Wegs der Engelsmensch mit seinem Hochmut stand.

Es wird klar, daß Er wahrhaft Mensch und wahrhaft Gott ist, Gott in anderer Weise als jene mythologischen Figuren der Antike, die Zauberkunststücke exekutierten.

Von jener erlesenen Menschenblüte Maria geboren liegt dann der, der vor allen Zeiten, vor aller Schöpfung den Sturz der Welt voraussah und ihn aufhalten wollte, liegt – das ist Weihnachten – ein Kind in einer Krippe und es entwickelt sich eine Szene, die nicht aufhören wird, ihre Wunderkraft zu erweisen.

Hirten halten in der Nähe bei ihrer Herde Nachtwache, und wie der Göttliche den Erzengel Gabriel zur Verkündung geschickt hatte, so begleiten ihn jetzt Engel vom Himmel, Gott hörte ja nicht auf, mit der Erde zusammenzufließen, solange Jesus Mensch war. Der Engel aber sagte den Hirten, die sich fürchteten, sie sollten sich nicht fürchten: «Heute ist euch in der Stadt Davids ein Heiland geboren, der Messias und Herr. Ihr werdet ein Kind finden, das in Windeln gewickelt und in der Krippe liegt.»

Und die himmlischen Heerscharen sangen im Himmel «Ehre sei Gott in der Höhe und Friede auf Erden, den Menschen guten Willens.» Und so fanden dann die Hirten das Kind.

Aber wohin gerate ich, ich will ja nicht das Evangelium erzählen. Was ich wollte, war, von den Entdeckungen zu sprechen, die ich machte, nach der Einführung und Zulassung, wie sich mir die Feste und Feiern näherten, und wie sie ihren Inhalt langsam vor mir ausbreiteten. Was wurde, vom Zukünftigen schwanger, Advent, die vier Wochen vor der Erscheinung des Himmlischen, gesättigt mit nicht auszuschöpfender Realität. Jesus in der Krippe, die singenden Heerscharen, die Weisen aus dem Morgenland, – wie wird dies, was wird es in dem Augenblick, wo es nicht mehr Bild, Erzählung, Geschichte, sondern Wirklichkeit und Wahrheit von wachsender Tiefe ist.

Was ist es schon an der Oberfläche. Der Donner des apokalyptischen Gerichts leitet Advent ein. Zugleich dringt neues Licht durch die Finsternis, Licht, das klarer und klarer wird. Das Kind liegt in der Wiege. Welche Innigkeit, seelenbildend, seelenbefestigend.

18. Kapitel
Nachher

Nachher, nach der Zulassung und Aufnahme. Es gibt ein Nachher. Man fängt nicht von vorne an. Man ist etwas Bestimmtes. Man wird von Jahr zu Jahr bestimmter, fester, wobei man aber nicht glauben soll, man werde auf diese Weise immer mehr das, was man eigentlich ist. Man ist bestimmter geworden, aber man ist nie völlig durchbestimmt, ausbestimmt, so wie eine Salzlösung sich auskristallisiert. Man behält durch alle Umstände, alle Lebensalter hindurch eine Portion Mutterlauge. Das ist eine schwebende, wolkenartige, keimträchtige Masse, welche den Kampf mit der Zeit aufnimmt und welche die gefräßige Zeit speist und an sie abgibt, soviel ihr die Zeit entreißen kann, welche sich aber nie erschöpft und sich immer bewahrt. Diese Masse hat die Zeit nicht zu fürchten, sie ist nie auf der Flucht vor der Zeit. Sie schenkt ihr immer neue Bestimmtheiten und Formen.

Immer mehr wirft dieser Sternennebel in die Zeit, in die Natur, in den Tod hinein, und jedes Stück, das er hinwirft, zeichnet er mit seinem Namen, neue Organismen, Pflanzen, Tiere, Kristalle, und alle sind Einzelwesen, alle bestimmt und können sich als unverwechselbar vorkommen. Die riesige ungeformte Nebelmasse bleibt bestehen, denn sie hat ja in sich die stürmische Wucht der Worte des Schöpfers. Sie triumphiert freudig über das, was sie an die Finsternis, an die wuchernde Natur, an die Gebrechlichkeit, an den Tod, sogar an den Tod geliefert hat und hat abgeben können, aber sie zieht weiter ihres Weges, ihre Sache ist das Leben.

Was ist Religion? Was leistet sie, wohin gehört sie, was tut sie mit dem Menschen, der sich ihr hingibt? Dabei macht es einiges, aber nicht viel aus, ob die Religion an den zarten, ganz jungen Menschen oder an den Erwachsenen herantritt. Denn in beiden Fällen erfolgt eine Wirkung aus dem Schöpferischen, auf etwas Vorhandenes, Bestimmtes, an etwas, was sich schon zur Natur gesellt hat.

Religion berührt den Menschen – wie? Wie ein mechanischer Körper den andern? Wie die Hitze, die Kälte das Fleisch? Verändert sie den Körper wie eine Speise? Das Wirkungszentrum der Religion liegt sehr weit zurück, und man kann überhaupt nicht in den Worten unseres Umgangs und der Erfahrung von ihr sprechen. Es ist da – die Welt, der Zusammenhang der Welt, die Formung und die Abstimmung der Dinge, und es ist da und dringt aus der Religion auf den Menschen ein: die Kraft, welche die Geschichte der Welt macht, welche die Welt zur Geschichte macht. Es ist da: das Urfaktum der Schöpfung und das Eintreten Gottes in diese Welt und wie er sich, Gott, selber wie ein Samenkorn, als sterbender sterblicher Mensch in diesen schon verharschten Boden senkt und mit der Gewalt seines Wachstums die Krusten sprengt.

Von hier leitet sich Religion ab: Das Samenkorn keimt und berührt den Menschen an seiner wahren, hinter der Gestaltung liegenden Wurzel. Sie berührt ihn in der Person. Die Person wird der Schicksalsträger, und für die Reise, die er vorhat, der eigentliche Passagier.

Person heißt das, was den Menschen zur geistig-körperlichen Ganzheit macht. (Natur ist an der Ganzheit beteiligt, da man Mensch ist.) Und da ist genau so viel Wunderbares und Großartiges wie an allen Dingen der Natur so an diesem Menschen, daß man begreifen kann, wie Leute, die sich in die Geheimnisse dieser Figur vertiefen, hingerissen sind und finden: Sie bewegen sich hier schon im Göttlichen; über die Gebrechlichkeit, über das Schlechte und oft Schändliche dieser Figur gehen sie hinweg. Als bloße organische Gebilde gehören die Menschen zu den Produkten der fruchtbarkeitsschwangeren Urwolke. Ich sage nicht: sie entstammen ihr, sie entstammen der Urwolke, welche durch die Zeit zieht und Tiere, Pflanzen, Kristalle in den Tod regnet.

Immer können wir in dieser Wolke leicht das Nachklingende, in der Zeitlichkeit nie völlig ausklingende Schöpfungswort erkennen. Hier ist nicht Flucht vor der Zeit, sondern die Unendlichkeit der Flucht aus der Zeit. Krankheit und Tod reißen die einzelnen Wesen nieder. Sie nagen an den Gebilden, sie zernagen aber die Bildkraft nicht.

Das Schöpfungswort an die Natur ist nicht das Schöpfungswort an die Menschen. Kein Wesen setzt wie der Mensch solch unbezwingliches Nein der Natur entgegen und hat solch sicheres Wissen: ‹Dazu gehöre ich, aber das bin ich nicht.› Was bedeutet diese fehlende Zustimmung, dieses Mißtrauen gegen die Natur? Das freie vernünftige Wesen Mensch, das besondere, ausgewählte, ursprüngliche unsterbliche Wesen Mensch meldet sich zum Worte. Eine Unzahl menschlicher Tragödien, böse und wüste Seelenkonflikte, die auf das Private beschränkt bleiben können, aber auch über ganze Völker ausströmen, erwachsen aus der höhnischen, vom Intellekt vorgenommenen Leugnung dieses ursprünglichen Nein zu der Natur, das man nicht wahrhaben will. Und man will Freiheit durch das Instrument Intellekt, den man nicht durchschaut. Man besteht auf Freiheit aber nur, um zu einer besonderen Knechtschaft zu gelangen. Man will seine Freiheit mit und in der Natur. Daß aber in der Person mit der Vernunft und Freiheit zugleich Inhalte gegeben sind und Bindungen liegen, die sich bemerkbar machen, will man übersehen. Wie sollten in der Person nicht solche inhaltlichen Bindungen, Richtungslinien liegen, wo in allem, was man sonst trifft, die Erscheinung zugleich eine Wesenheit trägt. Das gefällt den von der Natur und von den menschlichen Künsten Bezauberten nicht. Aber was für kleine Künste, diese menschlichen Künste. Sie möchten gern sagen zu ihrem Vermögen: ‹Klein aber mein›, ‹dies bin ich wirklich, und dies ist mein›. Es ist aber gewiß nur klein, und sogar in seiner Kleinheit nicht mein.

Religion führt durch den Glauben die menschliche Person an die zentralen Dinge, die schöpferischen Kräfte der Welt. Und so führt Glauben zu einer psycho-physischen Veränderung.

Ich sage noch einmal: man fängt nicht von vorne an. Man ist etwas Bestimmtes, man ist aber nicht durch und durch bestimmt, nicht völlig auskristallisiert, und durch alle Lebensalter hindurch behält man eine Portion Mutterlauge. Unmöglich nun zu sagen, wie viel keimfähige Substanz, wie viel Wachstumsreserve noch herangezogen werden kann und sich beteiligt, wenn ein erwachsener Mensch sich der Religion zuwendet. Jedenfalls erfolgt auf ihn zu eine Bewegung aus dem uns unbekannten und unerreichbaren Zentrum, welches auch das Zentrum seiner Person ist.

Nun war alles, was ich dachte, zu revidieren. Frisch erobert war das Land, der Eroberer nahm eine neue Aufteilung der Güter vor. –
Ich las viel. Es war ein eigenartiger Lernprozeß. Denn hier galt es ja nicht Neues zu assimilieren und zu dem Bestand hinzuzufügen, sondern das Neue zentral einzufügen und es da aktiv werden zu lassen. Nur so konnte eine Entwertung der alten Vorstellungen erfolgen.
Ich bedrängte die Entwicklung nicht. Allmählich mußte sich eine geistige Veränderung ergeben. Einmal las ich, seit langer Zeit wieder einmal, die Bekenntnisse des heiligen Augustinus und seine ‹Dreieinigkeit›. In seinen Büchern zeigt der ehemalige Manichäer, wie vollkommen er mit dem heidnischen Wissen seiner Zeit getränkt war, und wie er nun, Christ geworden, sich mit der heidnischen Welt auseinandersetzt. Es kommt zu einer großartigen Sichtung und zu einer Verschmelzung. Die neue Kirche wuchs nicht im luftleeren Raum. Das Christentum befiel die Menschheit als eine höhere Gesundheit, als die wahre Gesundheit der Menschen. Mir kam vor, ähnlich verlaufen die Dinge in jedem einzelnen, der sich dem Glauben nähert.
So begann bei mir nach den jugendlichen ‹Entdeckungen› der Hölderlin, Kleist, Dostojewski, Nietzsche eine zweite, aber andere Entdeckungszeit. Was zu einem kommt und was zu einem nicht kommt (ich habe es oft erfahren), hängt von ‹Zufällen› ab, aber ich habe auch gesagt, was ich von ‹Zufällen› halte und wie ich sie sehe. So ging ich jetzt auf die Nahrungssuche in die Bibliotheken, zumeist in die Stadtbibliothek von

Los Angeles und nahm, was sich da fand und was mir in die Hände fiel. Mir fiel die ‹Summa gegen die Heiden› des heiligen Thomas von Aquin in die Hände.

Sonderbar, geht mir da durch den Kopf, wo ich diesen neuen Namen Thomas von Aquin nenne, daß ich bei der Aufzählung meiner Götter und Helden von früher Karl Marx und Sigmund Freud vergaß. Wie fremd sie mir geworden sind, wie fern mir diese Zeit liegt, so daß ich mich schwer erinnere. Marx, sein ‹Kapital›, andere Schriften, besonders die Jugendschriften, las ich und studierte ich nach dem ersten Weltkrieg. Und fast gleichzeitig kam ich zu Freud. Ich nahm auf von den beiden, was ich von ihnen aufnehmen konnte, und dem Mediziner und Empiristen konnten beide nicht entlegen erscheinen. Ich hatte als Student Hegel gelesen, bei dem alten Hegelianer Lasson. Von da wurde mir der Zugang zu Marx nicht schwer. Und da ich mich jahrelang in Irrenanstalten als Arzt bewegt hatte, lockte mich Sigmund Freud. Aber diese beiden wurden für mich nicht Götter oder Helden, Erwecker, so sehr sie mich beschäftigten, und wenn ich ihnen auch in vielen Dingen zustimmte und einige von ihren Gedanken zu meinen machte. Keiner von beiden erschütterte mein Inneres, keiner veränderte mein Weltbild. Ich griff später noch oft zu ihren Büchern, aber sie entschwanden mir.

Als ich nun der ‹Summa› des heiligen Thomas von Aquin begegnete, da war mein Bedarf an Nahrung für lange Zeit gedeckt. Ich kann mich besinnen, wie fremd mir im Beginn hier vieles war, zum Staunen, etwa die Lehre von den Engeln, von den höheren unsichtbaren, geschaffenen Wesen. Meine Vorstellungen waren also noch völlig die der Eckensteher und Frösche von heute, der sogenannten objektiven Naturwissenschaftler. Das Mittelalter kannte zweierlei, das natürliche Licht, welches die natürliche Erkenntnis bringt, und das übernatürliche Licht. Die übernatürliche Erkenntnis erfolgt nicht durch Vermittlung der Sinnesorgane, jedenfalls nicht allein durch sie und das an sie gebundene Schlußverfahren. Die Person tritt mit ins Spiel.

Langsam verloren sich im Lesen und Assimilieren, stellte ich fest, gewisse Widerstände, die aus der alten Denkweise stammten.

Nach einer Pause gab ich mir Rechenschaft, wo ich stand und was ich wirklich augenommen und mir einverleibt hatte, was also ‹mein› geworden war. Und um es ganz zu meinem Besitz zu machen, mußte ich es vor mich stellen und in meine Sprache übersetzen. Ließ es sich so vortragen, fragte ich? Der Eintritt in meine Sätze, in meine Sprache würde die Probe sein, und indem die Gedanken in meine Sätze eingingen, würden sie noch stärker und fester in mich eindringen. Also die aufgenommenen Gedanken sollten sich bewähren und beweisen, indem sie unter meiner Flagge kämpften.

Das wurde das Religionsgespräch: ‹Der unsterbliche Mensch›. Es sollte diese Funktion erfüllen. Aber beim Schreiben schob ich ihm noch eine zweite Aufgabe zu. Mein Weg konnte nicht nur meiner sein. Bestimmt war er auch der Weg vieler anderer. Ich war nicht nur Schriftsteller, um mich selber aufzuklären, ich hatte auch die Pflicht zu sprechen. Wann ich wirklich zu solchem Sprechen und zum Gehörtwerden kommen würde, war mir in dieser Zeit noch nicht bekannt. Aber klar war mir, daß ich eine gute, aber sehr gefährliche Position bezogen hatte. Ich sah die Argumente gegen mich, gegen meine Gedanken und meine Haltung voraus.

Der transzendentale Wille schlägt in die Person wie Feuer hinein. Die transzendentale Kraft wird nicht als fremde angenommen und ist auch nicht fremd. Sie erscheint als Segen und Gnade. Ohne weiteres bringt sie Sicherheit mit sich, so daß man ihr zustimmt, ohne Beweis und Frage. Furchtbar zwingt uns unsere Epoche, die naturwissenschaftliche, ins Sachliche und Anonyme hinein. Sie isoliert die Person, wie sie alles andere zunächst isoliert, um dann Zusammenhänge zu suchen und gelegentlich zu finden. Da ist Natur, Welt – und hier bin ich. Da ist Vergangenheit, Geschichte, und hier bin ich, Gegenwart und Zukunft. Aber das gibt es nicht. Das ist die Welt auf dem Seziertisch, und man bildet sich ein, etwas auf dem Seziertisch zu haben; man seziert aber ein Phantom.

Das Große an der Religion, groß für unser Bewußtsein und unser Empfinden, ist, daß sie den Menschen öffnet, ihn in die Welt führt und mit dem Weltablauf zusammenschließt. Die Welt ist Geschichte, Tat – und die Person ist herrlich daran beteiligt.

Es gibt keinen Tod. Kein Selbstmord ist möglich.

19. Kapitel
Kriegsende und eine Nachricht

Am 7. Dezember 1941 erfolgte der japanische Überfall auf die amerikanische Flotte in Pearl Harbour, und nun stand auch Amerika im Krieg. An unserer Küste, der Westküste, gab es eine Zeitlang das black out, auch gelegentlich Fliegeralarm. Das Gesicht der Stadt veränderte sich, alles stellte sich auf den Krieg um, neue Fabriken wurden angelegt, es gab eine große Wanderung von der Ostküste und auch aus dem Landinnern an unsere Küste, wo man Schiffe und Flugzeuge in Serien baute. Damals wurde unser Peter zum Heeresdienst eingezogen und kam in ein Ausbildungslager.

Wie hatten wir uns bemüht, sogleich nach unserer Ankunft, unsern Sohn Claude, der in Frankreich demobilisiert war, herüberzubekommen. Es lag am Geld, wieder einmal. Ich selbst konnte die Summe nicht aufbringen, und an wen wir uns auch wandten, man wies uns ab. Und als zuletzt dieselbe Dame in Westport, die schon zu unserer Rettung zur Überfahrt von Lissabon beigetragen hatte, als sie zusagte, da war es zu spät. Er mußte in Frankreich bleiben. Wir blieben aber noch lange, so lange nämlich Südfrankreich unbesetzt war, in Verbindung mit ihm. Die Aufrüstung der Westmächte, ein ungeheures Unternehmen, zog sich über Jahre hin. Ein schwerer Defensivkrieg mußte von England und Amerika an der asiatischen Küste geführt werden. Die Japaner konnten vordringen. Dies alles geschah quasi im Rücken der Westmächte. Dann kamen die großen, mit Spannung erfüllten Tage, welche das irdische Gericht über die Verbrecher einleiteten. Es kam die Invasion Nordafrikas, es kamen die schweren Schlachten, die den Angreifer bis nach Ägypten führten. Dann wurde seine Gewalt gebrochen, er wurde aus Afrika vertrieben, und darauf die Besetzung von Sizilien und Süditalien, anschließend der Sturz des faschistischen Regimes.

Man zeigte in den Kinos von Hollywood um diese Zeit grausige Bilder von der Erschießung führender Faschisten; einmal zeigte man einen großen Platz, ich glaube in Mailand, wo Mussolini und seine Geliebte zur Schau gestellt wurden, beide tot, an den Beinen aufgehängt, eine jubelnde Menschenmenge umgab sie.

Bei Stalingrad hatte den Nazis im Osten die Totenglocke geläutet. Nun war man endlich fertig, um die zweite Front in Bewegung zu setzen. Die westlichen Alliierten landeten in der Normandie mit einer nicht zu überbietenden Macht an Menschen und Material. Der blutige Vor-marsch in Europa setzte ein. Frankreich wurde befreit. Dann der Schlußakt: Deutschland, das Äußerste an verbissenem Widerstand, das Äußerste an Zerstörung der Städte, Zusammenschluß der westlichen und östlichen Front und Selbstmord des nationalsozialistischen Staats-chefs. Darauf die deutsche Kapitulation. Und nicht lange danach, – der schwere Krieg im Pazifischen Ozean hatte weiter getobt, Australien schien bedroht, – da fielen die ersten beiden Atombomben auf asiati-schen Boden. Die Kapitulation Japans.

Noch Anfang 1945, als sich der Krieg zu Ende neigte, das Ergebnis aber nicht mehr zweifelhaft sein konnte, mußte uns auch unser Jüngster ver-lassen, er war in all er Unruhe achtzehn Jahre alt geworden und mußte nach amerikanischem Gesetz Heeresdienst tun. Er hatte wie wir die fran-zösische Nationalität, aber er konnte auch in das amerikanische Heer eintreten. Endlose Debatten bei uns darüber. Zuletzt entschied er sich für die französische Armee, in der seine beiden Brüder gekämpft hatten. Wir machen gemeinsam zu dritt eine Reise nach San Francisco zur Erle-digung der Formalität. Er hatte sich auf dem Generalkonsulat zu mel-den. Nicht lange später begleiteten wir ihn in Los Angeles an die Bahn. Ich sehe uns noch an der Bahn sitzen, in der überfüllten Wartehalle, und dann wurde sein Zug, der nach Chikago, ausgerufen. Wir begleiteten ihn an die Sperre. Er nahm Abschied von uns, der Jüngste. Er ging nach New York, wo er seinen ältesten Bruder, unseren guten Peter, traf und noch andere, unsere europäischen Freunde. Kurze Zeit blieb er in einem französischen Trainingslager. Dann fuhr er nach Europa.
Wir erhielten gleich nach der Befreiung Frankreichs Briefe von unserm Sohn Claude. Er hatte sich tapfer während der schweren Zeit gehalten, hatte, im Rahmen der Organisation ‹Ort› vielen Bedrohten helfen kön-nen, bis er, als die Gestapo in Südfrankreich erschien, flüchtig werden mußte und über die Schweizer Grenze ging. Es kam für ihn noch der Aufenthalt in einem Arbeitslager. jetzt hatte er es nicht weit, nach Frankreich zurückzukehren.

Und nun konnten wir endlich, endlich auch etwas über unsern Zweit-ältesten, Wolfgang, Vincent genannt, erfahren. Wir hatten die langen Jahre nichts von ihm gehört. Wir dachten, er sei in Gefangenschaft. Meine Frau hatte in Gedanken an ihn laufend für die Gefangenenhilfe gespendet. Jetzt war Frankreich befreit und es kamen Briefe. Man hatte ihn auch in Frankreich gesucht. Es war keine Spur zu ermitteln. Nun war der Brief da, von der Hand einer Studienfreundin. Der Brief gab Aufschluß.

Er war die Aufhellung, die ein Blitz gibt, der in ein Haus schlägt. Sein Grab lag in den Vogesen. Er war vor dem Feind gefallen, 1940 im Juni, am 21. Juni. Das war jener ‹fatale› Tag, an dem meine Frau und ich in Rodez aneinander vorübergingen, ohne sich zu sehen; sie, um mich auf der Fahrt nach Süden zu suchen, ich, um meine finster trotzige Fahrt nach Norden fortzusetzen.

Wir saßen nun, meine Frau und ich, nach der Abreise des Jüngsten, allein in Hollywood. Wir betreuten seinen kleinen Hund, den lustigen schwarzen Cockerspaniel, Zita geheißen nach dem Schäferhund, den er in St.-Germain bei Paris, wo wir zuletzt wohnten, so bewundert hatte. Stumm hatte ich während der fünf Jahre in Hollywood gehockt, in der Ecke. Das Land im ganzen, Amerika, gefiel mir sehr. Es tat mir wohl, aber es nahm mich nicht an, es war nicht mein Land oder: Ich war nicht ein Mann für dieses Land.

Amerika gefiel mir. Da war die Hochstadt, New York, San Francisco, Los Angeles, die Drugstores, die bequemen zahlreichen Bibliotheken mit ihren Lesesälen, die offenen Menschen, die sympathischen Umgangsformen, nichts von Subalternität und die große private Hilfsbereitschaft. Der Atheismus war in diesem Lande nicht obligatorisch für Gebildete und für Politiker wie in Europa. Es wirkte da fort eine alte christliche Religiosität, gewiß in einer verdünnten Form, aber sie besaß eine große moralische Kraft. Dies und anderes hinderte nicht, daß ich in Amerika in einem luftleeren Raum lebte. Ich füllte meine Schubladen mit neuen und immer neuen Manuskripten.

Nun kam ein Nachmittag, – ich spazierte gerade wie üblich gemächlich mit der Zita an der Leine durch den Hollywood Boulevard, als rechts und links Leute aus den Läden stürzten und riefen. Andere öffneten die Fenster und schrien in derselben Erregung auf die Straße hinunter. Sie winkten und lachten. Geschäfte leerten sich. Die Läden schlossen. Man schrie: Japan kapituliert. Waffenstillstand, Waffenstillstand!

Es begann ein Schauspiel, das mir neu war. Die Menschen in den Häusern an den Fenstern zerrissen Zeitungen, alte Bücher, Hefte, alles was Papier war und schütteten es auf die Straße herunter. Ein Papierregen ließ sich auf die Straße nieder und bedeckte Trottoir und Asphalt.

Der entsetzliche Krieg war zu Ende. Diese letzte Bedrohung der Menschheit gehörte der Geschichte an. Dieser Drachen lag gebrochen am Boden. Man hatte Grund, sich erleichtert zu fühlen, aber fühlte man Freude? Wir, nachdem dieses Unwetter abgezogen war, nachdem das Brausen der Fliegergeschwader, das Dröhnen und Pfeifen der Bomben, das Sausen des Feuerwindes und das Knattern der Mitrailleusen verschollen war, freuten wir uns, vergaßen die Katastrophe und dachten wir selig an die Zukunft? Empfand ich die Tatsache: Sieg? Wie viele Menschen gab es, denen, selbst wenn der Krieg sie nicht direkt berührt hatte, nicht die Verwüstungen der Länder und das unerhörte allgemeine Unglück vor Augen stand. Und was sich hier offenbart hatte, an Schauerlichem im Menschen, an Rohem, Eisigem, das machte den Eindruck: Der Mensch ist zwar eine Einheit, etwas Ganzes, eine Person, aber in der natürlichen Ebene schleppt er ein grauenhaftes Gemenge mit sich. Keine Zukunft aus diesem Menschen – aber die Gnade ist da, allein die Gnade, ein Blinder mußte es sehen.

In diesen Wochen sprach ich den und jenen alten Schicksalsgenossen. Sie gingen alle in gleicher Weise still und gedrückt herum. Die Vergangenheit lastete auf ihnen, und es regte sich kein neuer Mut, keine Hoffnung. Erst war man auf der Flucht gewesen und man konnte denken: Es ist nicht aller Tage Abend, es renkt sich alles wieder ein. Langsam während der Jahre wurde man resigniert und jetzt sah man das Ende: Europa ausgeblutet, das Innere des Kontinents auf weite Strecken Wüste.

20. Kapitel
Das Abfahrtssignal

Damals kam also die Korrespondenz mit Europa wieder in Gang und ich erhielt Briefe auch von jenem Freund, mit dem ich Paris verlassen hatte. Es wurde, erfuhr ich, auf deutschem Boden im Zusammenhang mit dem allgemeinen Plan einer Umerziehung der Deutschen, ein Kulturamt auch in der französischen Zone eingerichtet. Bekannte und Freunde aus dem früheren Amt, mit denen ich in Verbindung stand, interessierten sich dafür und fragten mich selber, ob ich mich daran beteiligen wollte. Die Unterhaltung zog sich eine Weile hin. Ich zögerte. Was sollte mich locken, nach Deutschland zu gehen: Meine Frau, nun noch nach dem Verlust unseres Zweiten, schüttelte sich bei dem Gedanken, den Boden dieses Landes wieder zu betreten – es erschien ihr eine Art Verrat an dem Gefallenen.

Aber ich – mochte und konnte nicht ewig in der Sommerfrische Hollywood bleiben. Auf meinem Zimmer hatte ich gearbeitet, gelesen, geschrieben, die Existenz eines Einsiedlers. Der Geist, der mir im Busen wohnt, er kann nach außen nichts bewegen. Wie war ich früher an Tätigkeit gewöhnt, an Tätigkeiten, an vieles Durcheinander. Ich bewegte mich unter Menschen, griff ein, diskutierte. Das Schreiben stellt nur eine Seite meiner Existenz dar. Das rein Ästhetische und Literarische widerte mich an. Da kam nun ein Ruf von drüben und lockte mich. Das bedeutete: Es gab wieder Zugang zu dem Alltag, den ich liebte. Ich konnte wieder in dem Alltag da sein, soweit ich überhaupt noch da war. Und dann kam auch das Zeichen, das mich schon nicht mehr überraschte. Ich wollte und mußte von der Wohltätigkeit der andern weg. Und auch meine Frau wollte herüber, ja, nach Europa, nach Frankreich, zu den beiden Jungs, die drüben lebten, und vor allem an das Grab des geliebten Zweiten.

Als nun feststand, daß wir hinübergingen, billigten es alle unsere Bekannten, die davon hörten und hielten es aus dem und jenem Grunde für selbstverständlich. Wir begannen mit den Vorbereitungen der Abreise. Zum letzten Mal mußten wir um Hilfe bitten für die Kosten der Fahrt über den Ozean. Es war ein großer Betrag, denn es ging ja auch über den Kontinent hinweg. Aber der Betrag kam zusammen. Was uns an Möbeln in unserer Wohnung gehörte, verkauften wir, die Bücher, die sich inzwischen um mich angesammelt hatten, gingen wieder ihrer Wege. In einigen festen Koffern verstauten wir alles, was wir nach Europa mitnehmen wollten. Wir gingen doch mit schwererem Gepäck weg, als wir gekommen waren. Man machte uns auch Geschenke, besuchte uns, um Abschied zu nehmen. Wir hatten einige wirkliche Freundschaften hier geschlossen.

Im Anfang des Jahres hatten wir den Jüngsten zur Bahn gebracht. Wir wußten, er tat jetzt Dienst in Paris, nachdem er in Marseille beschäftigt gewesen war, von wo aus er auch einmal nach Nizza fuhr, zur Hochzeit seines Bruders Claude. Jetzt kletterten wir selber in die Eisenbahnwagen zu zweit. Zita, der kleine Hund, kam nicht mit, er mußte hier bleiben, er durfte nicht aufs Schiff. Aber, wie uns streng von seinem Herrn, unserem Jüngsten, aufgetragen war: Er wurde nur in Pflege gegeben. Der Junge war gewiß, er würde eines Tages wiederkommen und den

Hund holen. (Jahre sind vergangen, auch er hat sich verheiratet, er hat einen kleinen Sohn Francis. Den Hund hat er nicht geholt.)

Auf der Hinfahrt hatten wir einen kurzen Abstecher an den Gran Canyon gemacht. Der Gran Canyon ist eine geologische großartige Sehenswürdigkeit, ein phantastisches Produkt der Erosion des Coloradoflusses. Man sah da in einen ungeheuren Sandsteintrichter hinab, der in die Tiefe ging, enger und enger mit scheinbarem Boden, Türmen und Toren. Jetzt wollten wir die Gelegenheit eines Besuches bei meinem Neffen in Buffalo benutzen, um das Weltwunder des Niagarafalles zur Kenntnis zu nehmen.

Wie bequem man in diesen amerikanischen Wagen fuhr. Es ging tagelang, das Klima änderte sich. Man fuhr östlich und nördlich und öfter ging es in beträchtliche Höhen. In Chikago verließen wir den Zug und wurden nach einem anderen Bahnhof verfrachtet. Die riesige graue Stadt hatten wir schon auf unserer Herfahrt gesehen. Auf dem ungeheuren Zentralbahnhof von Chikago gab es ein kleines Intermezzo, das ich berichten will.

Wir hatten da zu warten und es waren Billets nach Buffalo zu lösen. Meine Frau übernahm den zweiten Teil, die Billets zu lösen, ich den ersten, ich wartete. Nun war es, wie gesagt, ein ungeheurer Bahnhof, und die Räume waren überflutet von Zivil und Militär, das von Osten nach Westen und von Westen nach Osten strömte. Die Massen wurden immer dichter. Sie standen schließlich, als die Abfahrtszeit der Züge sich näherte, in geschlossenen Haufen. Irgendwo hier, wußte ich, befanden sich seitlich und etwas tiefer die Schalter. Da mußte meine Frau sein. Ich saß irgendwo mit meinem Koffer und tat meine Pflicht: ich wartete. Die Zeit verging. Ich weiß schon lange, sie vergeht auch ohne daß ich etwas tue. Es dauert länger und länger.

Wo blieb meine Frau? Ich verließ meinen Platz und ging suchend herum. Es war nicht durchzukommen. Es gab übrigens auch viele Schalter und überall standen Menschen. Ich schlich dahin und dorthin und verkroch mich schließlich wieder an meinen Platz, auf meine Bank, neben meinen Koffer. Aber ich war nicht gewiß, ob ich wirklich dieselbe Bank gefunden hatte. Gegen vier Uhr sollte der Zug nach Buffalo gehen. Es fehlten noch zehn Minuten. Die Türen zum Bahnsteig sind schon geöffnet. Die Menschen drängen sich und stürmen vor. Die große Halle hier leert sich. Ich sitze einsam und immer einsamer da mit meinem Koffer und wieder gehe ich suchend herum. Eine düstere Erinnerung steigt in mir auf, an meine Frankreichfahrt, an die Bahnhöfe, auf denen ich stand und wartete und wartete auf Züge, die nicht ankamen.

Es wurde mir klar: Wir haben uns verfehlt. Sie ist wohl schon auf dem Bahnsteig. Der Zug muß ja bald abgehen. Ich strecke die Waffen. Dann werde ich also nicht nach Buffalo fahren. Dann bleibe ich hier und fahre mit dem nächsten Zug nach New York. Es waren noch zwei Minuten zuviel. Da kommt jemand auf mich zugestürzt außer sich und ist meine Frau. Aufgelöst, ja in Tränen. Sie zieht mich ohne weiteres hinter sich her und überhäuft mich mit Vorwürfen. Was ich denn mache, was ich denn bloß treibe. Sie suche mich seit einer Ewigkeit. Sie habe schon den Bahnhofsvorstand alarmiert. Mein Name sei dort durch den großen Lautsprecher gerufen worden. Ob ich denn nichts gehört hätte? Ich habe nichts gehört. Was soll man denn bei dem Lärm hören können. Ich habe ja auch gesucht.

Sie zerrt mich sprachlos durch die Sperre. Es ist der letzte Augenblick. Wir sind in einem Wagen und haben sogar Platz. Der Zug setzt sich in Bewegung.

Vom Zug aus warf ich noch einen Blick auf die Landschaft, die wir hinter uns ließen. Fabriken über Fabriken, so weit man sehen kann. Wie ist dieses Land industrialisiert. Welche Macht, welch technischer Wille. Welch Reichtum und welches Können.

Spät kamen wir an, in der Nacht. Mein Neffe erwartete uns. Wir fuhren nach Snyder, einem Ort bei Buffalo. Da arbeitete seine junge Frau, die wir erst hier kennenlernten und die mit ihm aus Deutschland herübergekommen war. Sie war hier Lehrerin an einer Privatschule. Er selber, mein Neffe, ist Musiker, ein Cellist wie sein Vater, mein ältester Bruder, auch Kapellmeister. Wir wurden vorzüglich aufgenommen und lernten in den wenigen Tagen, die wir uns hier aufhielten, auch einige Lehrer und Lehrerinnen des Instituts kennen, keine Schüler. Es waren gerade Ferien. Und dann, ich hätte beinahe gesagt: begegnete uns auch der Niagarafall, genauer: begegneten uns die Niagarafälle. Man fährt zu den Fällen von Buffalo eine kleine Strecke. Ich erinnere mich der Fabriken am Weg, die wahrscheinlich von der Wasserkraft lebten. Dann ging man durch grüne Alleen, über welliges Land. Es gab da Lokale, Hotels, Restaurants. Dies ist ein beliebter Ausflugsort für Hochzeitsreisende. Und hier waren die Niagarafälle.

Ich will dem Katarakt nicht näher treten, aber ich kann es nicht unterschlagen: Mir kam vor, ich hätte schon größere Katarakte gesehen, zum Beispiel in der Schweiz. Unzweifelhaft vollführte dieser hier ein enormes Wassergeschiebe. Aber das war nicht das, was man von einem Katarakt verlangt und verlangen kann, nämlich etwas Vertikales. Dabei haperte es bei dem Niagara. Ich will nicht sagen, es war gleich Null was er leistete im Vertikalen. Es war anständig, respektabel, aber für die Kataraktklasse Niagara nicht ausreichend. Ein hartes Urteil. Aber es ist so, wenn man etwas Vorzügliches durch Reklame falsch aufmacht.

Ich hatte mich also bei dem ersten Spaziergang von der Propagandaidee Niagarafälle befreit und konnte dann friedlich und unvoreingenommen das zweite und dritte Mal hinspazieren. Die Sache bekam ein ganz anderes Gesicht. Sie fragen nicht nach horizontal und vertikal. Sie sehen sich jetzt unbefangen das Ding an und nehmen es für das, was es ist. Es ist höchstwahrscheinlich, aber mir fehlt die Vergleichsmöglichkeit, der kolossalste Katarakt der Welt, jawohl, dennoch. Er ist ein völliges Monstrum, wogegen alles was andere Länder leisten, zum Beispiel die Schweiz, puppenhaft wirkt und verschwindet. Es kommt ja nicht auf das Spritzen und Stäuben von einer gewissen Höhe an. Es kommt nicht an auf die Entwicklung eines koketten Schleiers von Gischt. Das sind poetische europäische Maßstäbe. So ist das Gehabe eines bürgerlichen, wohlerzogenen europäischen Katarakts, der in kleinen Verhältnissen aufgewachsen und noch aus der Vorkriegszeit stammt. Und der, man kann es ihm gut und gern zugestehen, mit bescheidenen Mitteln das Erdenkliche aus sich herausholt.

Aber der Niagara, meine Damen und Herren, das ist der Erdteil Amerika, gewaltig und so eigentümlich wie es Asien ist, welches den Himalaja und Tibet und die chinesische und indische Landschaft trägt.

Amerika, ich kann es hier nicht beschreiben, von der Ostküste bis zur Westküste, es erstreckt sich nicht von der Ostsee bis zum Mittelmeer, sondern vom Atlantischen zum Pazifischen Ozean. Und so ist dies zuerst einmal nicht der Niagarafall, sondern es sind die Niagarafälle. Sie liegen an der Grenze Kanadas, bei der amerikanischen Stadt Buffalo. Das Hotel, das man drüben erblickt, liegt schon in Kanada. Und zweitens, was das ungeheuerliche an diesen Fällen anlangt: Vor der Ungeheuerlichkeit der sich hier heranwälzenden Wassermassen versagt das Wort. Das sind Wassermassen in drängender, treibender, stürzender, tobender Bewegung, die mit resoluter stoßender und mahlender Kraft arbeiten.

Davor verstummt und versagt, ja erstarrt unsere Phantasie. Das hat schon keinen irdischen Maßstab mehr, keinen tellurischen, sondern einen kosmischen. Hier ist die Erde noch Kind des Weltalls, noch Stern. Man denkt nicht, wenn man auf einem bequemen breiten Schiff über den Ozean fährt und in seiner Kabine oder auf Deck eine Zigarette raucht, was das für ein abenteuerliches, ja unirdisches oder unterirdisches Wesen da ist, das Meer, also Wasser in Kilometertiefe, mit Fischen und Pflanzen, Kristallen und nie gesehenen Gewächsen. Man hat einiges läuten gehört in der Botanik und Zoologie. Aber was ist das? Dies ist die Erde als Stern, Erde im kosmischen Raum. Oh, lehrreich könnte eine Fahrt über den Ozean sein, wenn man das Radio abstellte und die Herzen und die Augen aufmachte. Aber über den Ozean fahren wir, und für uns ist der Ozean eine Art flüssiger Asphaltstraße, die befahren wird von besonders konstruierten Automobilen, den Ozeandampfern. Den Niagarafall befährt man nicht, er hält nicht still. Er ist nicht da. Er kommt von drei Seiten auf einmal. Er ignoriert ästhetische Ansprüche. Er hat von keiner Bildung nie nichts gehört. Und da weiß dieser Gigant, dieses Rudel von Giganten nur sich zu produzieren Tag um Tag, Nacht um Nacht, sich zu produzieren, sich zu tummeln und zu toben, sich zu brüllen und zu werfen, seit Jahrhunderten, seit Jahrtausenden. Das Rudel, die Bande fragt nach keinem Zweck und Sinn. Es geht ihm auch nicht um Wirkung und Leistung. Er ist da.

Und übrigens: Nicht dieses Rudel tut etwas, brüllt, schlägt und tobt und produziert sich hier. Etwas anderes äußert sich. Aber wer kann davon sprechen, ohne – den Mund zu halten, ohne stumm zu werden, ohne auf die Knie zu fallen, Gott zu loben und um Gnade zu bitten.

Wir nahmen Abschied, dankbar für die herzliche Aufnahme, Abschied von unserem Neffen, dem Musiker, einem famosen Jungen, und unserer neugewonnenen Nichte, eine kluge, gewandte junge Frau, und dampften nach New York. Da empfing uns unser treuer Peter. Wir waren rasch untergebracht. Wir sahen und sprachen in den Tagen, die folgten, viele Bekannte und besuchten unsere alten Freunde. Wir würden nach Europa gehen: Wir waren alle nicht mehr jung, ob man sich noch einmal wiedersehen wird, das ist die Emigration, hin und her, man bleibt zerrissen. Viele von den Schicksalsgefährten haben sich hier schon eingelebt. Mir kam vor, sie hielten es für recht lobenswert, daß ich nach Europa zurückkehrte, ihr eigenes Herz sträubte sich dagegen, eigentlich war es doch verfrüht und waghalsig, man hatte manche nachdenkliche Unterhaltung. Ich dachte, schade, daß dies alles hier nun jenseits des Ozeans sitzen bleibt, weit vom Schuß, und ist doch ernstes und echtes Europa. Viele werden hier wohl immer in der Schwebe bleiben, einige werden sich auf irgend einem Gebiet noch durchsetzen, das Ganze ist bitter und schwierig, und bleibt schwierig. Aber sie meinten dasselbe für mein Vorhaben.

Die wimmelnden Straßen, die riesigen Warenhäuser, die ich so liebe. Überall bewegen sich Menschenmassen, die aber noch lange nicht der Massenmensch sind, was der freche und leere Aristokratismus meint. Unser Peter und unsere Freunde waren uns behilflich. Alles ging glatt, anders wie vor Jahren in Lissabon. Das Schiff war da.

Als ich einmal im Beginn, das Schiff fuhr, auf Deck ging, zogen wir gerade langsam an der herrlichen, unvergeßlichen Front der Wolkenkratzer vorbei. Es war noch hell, kurz vor der Dämmerung. Bald werden sich zehntausend Fenster erhellen. In der Finsternis, während wir draußen über den Ozean schweben, werden zehntausend Lichtlein herüberflimmern, zauberhaft, unirdisch.

Viel ist uns in diesem Land zuteil geworden.

Leb wohl, Amerika.

Du hast mich nicht gemocht.

Ich liebe dich doch.

Drittes Buch
WIEDER ZURÜCK

21. Kapitel
Europa

Ein mächtiger Ozeandampfer, der zum Transporter umgewandelt worden war, trug uns, meine Frau und mich, Anfang Oktober 1945 von Amerika nach Europa zurück, von der Neuen in die Alte Welt. Sechs waren wir, als wir 1933 Nazideutschland verließen. Ein Sohn, der älteste, war nun Amerikaner geworden und blieb drüben, – einer konnte uns ja nicht folgen, als wir nach Amerika gingen und saß nun schon in Frankreich, in Nizza, jung verheiratet, – der Jüngste, der uns zuletzt verließ, stand jetzt in Paris – und er, der uns auch nicht folgte, uns, die immer an ihn dachten und so lange nicht wußten, wo er bloß blieb und warum er nicht schrieb: er lag in seinem Soldatengrab in den Vogesen, unser Wolfgang, Vincent, der Liebling, die Herzensfreude seiner Mutter.

Vor zwölf Jahren hatte ich Deutschland verlassen. Es war schon lange vorher unerträglich im Lande gewesen. Dieser Wirrwarr, die Ausweglosigkeit, die Dumpfheit. Auf meinem Platz rang ich gegen die Stagnation. In mir setzte sich 1932 ein merkwürdiges Bild fest, ich begriff seine Bedeutung nicht: ein uralter, verschimmelter Gott verläßt vor dem Eintritt der letzten Verwesung seinen himmlischen Wohnsitz; ein düsterer Strafbefehl, dem er sich nicht entziehen kann, zwingt ihn auf die Erde Erde herunter. Er soll büßen für seine alten Sünden. Und so wandert er durch das heiße Land, zwischen den Trümmern der Tempel, in denen er verehrt wurde. Was war das? Es wurde mir erst beim Schreiben dieser babylonischen Wanderung klar: Es war das Gefühl meiner eigenen verlorenen Situation. Es war das Gefühl von Schuld, vieler Schuld, großer Schuld. Unerträglich war das geworden, und der Wille zum Entrinnen ließ nicht nach. Es wurde ein Befehl zum Aufbruch. Das geisterte in dem Bild des verschimmelten babylonischen Gottes. Es war die Vorwegnahme des Exils, und noch vieles mehr.

Aber wie empfing mein Bewußtsein das Bild, wie verarbeitete ich es? Freudig, hochgemut, hochmütig! Mein Gott ‹Konrad› wollte nicht büßen und bis zum Schluß hielt er stand, blieb in einem Lachen und – büßte nicht. Ein stolzes Wort begleitete mich hinaus, das aus dem Taucher von Schiller: ‹Es ward ihm zum Heil, es riß ihn nach oben.› Ich verhöhnte die tiefere Erfahrung, über die ich schon verfügte und das Bild, in dem diese tiefere Erfahrung sprach, benutzte ich lange zu nichts anderem als zu Späßen.

Ja, ich war frei, als ich hinausging. Ich flog, ich dachte, es wäre nur der Flug aus einem Käfig.

Als ich Abschied nahm, als ich wiederkam.

Als ich wiederkam, da – kam ich nicht wieder. Du bist nicht mehr der, der wegging, und du findest deine Wohnung nicht mehr, die du verließest. Du weißt es nicht, wenn du weggehst. Du ahnst es, wenn du dich auf den Rückweg machst, und du siehst es beim Betreten deines Hauses. Dann weißt du alles, und siehe da: noch nicht alles.

Wir fuhren über den Ozean nach Europa. Das Letzte, was wir 1940 bei der Ausreise sahen, waren die Lichter von Lissabon. Nachts sind wir ausgefahren. Nachts kehrten wir wieder heim.

Das gewaltige schwarze Schiff hielt an dem künstlichen Pier von Le Havre. Der alte Pier war im Krieg zerstört.

Und dies war das erste, was ich von Europa sah, vom Schiffsdeck aus: Unten, in der Finsternis, fuhr ein Wagen mit einem starken Scheinwerfer an. Er warf sein blendendes Licht auf die untere Partie unseres Schiffes. An die offene Tür des Laderaumes dort wurde eine breite Leiter gelegt. Und nun kroch, im Lichtkegel des Scheinwerfers, eine Schar Männer, alle gleich gekleidet, die Treppe hinauf. Sie sahen von oben wie Gnome aus. Sie verschwanden im Bauch des Schiffes, tauchten wieder auf, schleppten Kisten und Kasten, kletterten damit, immer zwei nebeneinander, die Treppe herunter, setzten ihre Last ab und begannen wieder den Weg. Es verlief ganz maschinell wie bei einer Theateraufführung inszeniert; man hörte kein Geräusch. Das waren Deutsche, Kriegsgefangene. So sah ich sie wieder. Ich hing fasziniert an dem Bild.

Als wir ausstiegen, standen sie in einem Haufen beieinander. Sie betrachteten uns Wanderer von jenseits des Ozeans, stumm, ohne Ausdruck. Die Leute gingen an ihnen vorüber, als wären sie nichts. Das war die erste, die furchtbare, niederdrückende Begegnung.

Der unheimliche Eindruck (die Geschlagenen, die Gestraften) verließ mich nicht.

Ich sah das arme, leidende Paris, das sich abends nicht gegen die Finsternis wehrte und froh war, seinen Schmerz in der Schwärze der Nacht zu verbergen.

Dann brach ich auf, nach Norden. Meine Frau blieb noch in Paris bei unserem Jüngsten.

Ich fuhr allein, wie bei der unbekümmerten Ausreise Februar 1933. Was ich dachte, was ich fühlte, als ich die Nacht über fuhr und mich der Grenze näherte? Ich war wach und prüfte mich. Nein, da war nicht das Gefühl, das ich früher kannte, wenn bei der Rückkehr nach Berlin die Lichter der Stadt aufblitzten: ich atmete auf, fühlte mich wohl, ich war zu Hause. Ich erinnerte mich meiner ersten Reise nach Frankreich vor zwanzig Jahren; ich hatte ein Manuskript mit, ich wollte daran schreiben, unterwegs. Aber ich mußte es wieder schließen, und erst als wir am Ende der Ferien Halt in Köln machten, konnte ich es wieder öffnen und konnte schreiben, als hätte ich gestern aufgehört; ich war zuhause. Jetzt – suche ich in mir. Ich befrage mich. Aber da meldet sich kein Gefühl. Es meldet sich allerhand, aber nicht das von früher. Ich bin nicht mehr der, der wegging.

Am Bahnhofsplatz in Straßburg sehe ich Ruinen, wie im Inland: Ruinen, das Symbol der Zeit.

Und da fließt der Rhein. Was taucht in mir auf? Rhein war früher ein Wort voller Inhalte. Jetzt fällt mir ‹Krieg› und ‹strategische Grenze› ein, nur Bitteres. Da liegt wie ein gefällter Elefant die zerbrochene Eisenbahnbrücke im Wasser. Ich denke an die Niagarafälle, die ich drüben, dahinten in dem verschwundenen großen, weiten Amerika sah, die beispiellos sich hinwälzenden Flutmassen.

Still, allein im Coupé, fahre ich über den Strom.

Und dies ist Deutschland. Ich greife nach einer Zeitung neben mir: Wann betrete ich das Land wieder? Am 3.3.33 fuhr meine Familie über die Grenze. Welches Datum heute? Die Zufälle, die Zeichen, die Winke! (ich dachte, das hätte mich losgelassen), – betroffen lasse ich das Blatt sinken und betrachte die Zahl noch einmal: der neunte November! Revolutionsdatum von 1918, Datum eines Zusammenbruchs, einer verpfuschten Revolution.

Wird alles wieder so kläglich wie damals verlaufen? Soll und muß es nicht hier, auch hier eine Erneuerung geben?

Ich fahre in das Land, in dem ich mein Leben zubrachte, und aus dem ich hinausging, aus einer Stickluft, das ich floh, in dem Gefühl: es wird mir zum Heil.

Und dies ist das Land, das ich ließ, und mir kommt vor, als ob ich in meine Vergangenheit zurücksinke. Das Land hat erduldet, wovon ich mich losreißen konnte. Ein Moloch ist hier gewachsen, man hat ihn gespürt, er hat sich hochmütig gespreizt, gewütet, gewüstet. Sie haben ihn mit Keulen erschlagen.

Du siehst die Felder, wohlausgerichtet, ein ordentliches Land. Sie haben die Wiesen gesäubert, die Wege glatt gezogen. Der deutsche Wald, so viel besungen! Die Bäume stehen kahl, einige tragen noch ihr buntes Herbstlaub. (Seht euch das an, ihr Californier, ihr träumt unter den wunderbaren Palmen am Ozean von diesen Buchen und Kastanien. Da stehen sie.)

Nun wird es deutlicher: Trümmerhaufen, Löcher, Granat- oder Bombenkrater. Da hinten Reste von Häusern. Dann wieder Obstbäume kahl, mit Stützen. Ein Holzschneidewerk intakt, die Häuser daneben zerstört.

Auf dem Feld stehen Kinder und winken dem Zug zu. Der Himmel bezieht sich. Wir fahren an Gruppen zerbrochener und verbrannter Wagen, verbogenen und zerknickten Gehäusen vorbei. Drüben erscheint eine dunkle Linie, das sind Berge, der Schwarzwald, wir fahren weit entfernt von ihm an seinem Fuße hin.

Dort liegen in sauberen Haufen blauweiße Knollen beieinander, ausgezogene Rüben. Der Ort heißt Achern. Unberührt Fabriken mit vielen Schornsteinen, aber keiner raucht. Es macht alles einen trüben toten Eindruck. Hier ist etwas geschehen, aber jetzt ist es vorbei.

Schmucke Häuschen mit roten Schindeldächern. Der Dampf der Lokomotive bildet vor meinem Fenster weiße Ballen, die sich in Flocken auflösen. Wir fahren durch einen Ort Otterweier, ich lese auf einem Blechschild ‹Kaiser's Brustkaramellen›, friedliche Zeiten, in denen man etwas gegen den Husten tat. Nun große Häuser, die ersten Menschengruppen, ein Trupp Soldaten, eine Trikolore weht. Ich lese ‹Steinbach, Baden›, ‹Sinzheim›, ‹Baden-Oos›. Der Bahnhof ist fürchterlich zugerichtet; viele steigen um.

Baden-Baden. Ich bin am Ziel. Am Ziel, an welchem Ziel?

Ich wandere mit meinem Koffer durch eine deutsche Straße.

(Angstträume während des Exils: ich bin durch einen Zauber auf diesen Boden versetzt, ich sehe Nazis, sie kommen auf mich zu, sie fragen mich aus.)

Ich fahre zusammen: man spricht neben mir deutsch! Daß man auf der

Straße deutsch spricht! Ich sehe nicht die Straßen und Menschen, wie ich sie früher sah. Auf allen liegt, wie eine Wolke, was geschehen ist und was ich mit mir trage: die düstere Pein der zwölf Jahre. Flucht nach Flucht. Mich schauderts, ich muß wegblicken und bin bitter.

Dann sehe ich ihr Elend und sehe, sie haben noch nicht erfahren, was sie erfahren haben.

Es ist schwer. Ich möchte helfen.

22. Kapitel
In Baden-Baden

Der Kurort, in dem ich nun wohne, Baden-Baden, steckt voller Menschen, aber es sind keine Kurgäste. Die kleine ansässige Bevölkerung ist da, und hier residiert die Militär- und Zivilverwaltung der Zone. Mit ihren vielen Büros besetzt sie die großen Hotels, darunter Luxushotels, und belegt mit ihrem Personal Räume in manchen Villen und Häusern. Man hat hier nicht, wie die Amerikaner es tun, ganze Blocks für die Besatzung frei gemacht. Der Anblick der Straßen wirkt nicht erhebend. Es ist Kriegsende, Waffenstillstand, und Krieg und Niederlage werden sich noch auswirken. Die Armut ist noch nicht ganz sichtbar. Die Läden sind größtenteils geschlossen, und wenn sie offen sind, haben sie nichts in den Auslagen und sehr wenig zu verkaufen.

Was ist das für ein Kurort, was wird hier nur kuriert, frage ich mich bald. Mir kommt vor, man kann hier eher krank als gesund werden, so viel Nebel, Feuchtigkeit und Regen gibt es. Man sagt mir, die Stadt liegt in einem Kessel, von Bergen eingeschlossen, und da fangen sich hier die Wolken. Mag sein. So habe ich wenigstens eine Erklärung, aber mein Rheumatismus wird davon nicht besser. Auf den Hügeln, – die Stadt zieht sich weithin, und bietet einen schönen Anblick – ist es besser, ja erfreulich. Vielleicht könnte man da leben und gesund bleiben. Aber wem fallen solche Wohnungen zu. Ich hause im Zentrum der Stadt, in einem kleinen Zimmer, in einer nicht gerade erstklassigen Familienpension. Eine kleine Lampe glüht an der Decke, eine Tischlampe gibt es nicht, aber man leiht sie mir aus der Stadt. Das große Friedrichsbad in der Nähe gehört zu den wenigen Bequemlichkeiten, die mir wenigstens im Beginn der Ort gewährt. Es gibt hier heiße Quellen, und das Bad ist nicht zerstört.

Nach einigen Monaten entschließt sich meine Frau und kommt aus Paris herüber, wo der Jüngste nun allein ist. Und nun wohne ich mit ihr weiter draußen, aber noch immer in dem Kessel, und habe zu meinem Arbeitsplatz Tag um Tag, und manchmal zweimal am Tag, eine längere Fahrt mit der Elektrischen. Fahrten mit dieser Elektrischen muß man erlebt haben. Man steht eingekeilt oder man hängt auf den Trittbrettern außen am Wagen. Einmal wurden durch vorübergehende Autos Menschen von den Trittbrettern heruntergemäht und schwer verletzt. Darauf verbot man für eine Weile das Stehen draußen, aber das Übel war nicht auszurotten. Zu viele Menschen sind in der Stadt und die Beförderung reicht nicht.

Außer dem Nebel, dem Regen und der Feuchtigkeit, falls dies mir noch nicht an Nässe genügen sollte, habe ich hier draußen in der Nähe noch ein kleines fließendes Wasser, Oos geheißen. Wenn man sich in den Kuranlagen bewegt und an ihrem Ufer steht, das sehr schön ist, besonders im Frühling, sofern man die Anlagen pflegt, mag das Wässerchen, das sehr flink rieselt, eine Freude sein. Ich kann mir aber nicht helfen; ich habe hier ganz gegen meine Art eine Abneigung gegen das Wasser. Ich betrachte auch diese Oos mißtrauisch.

Wir sind in einem kleinen Siedlungshäuschen untergebracht, jetzt in zwei Zimmern, bei einer freundlichen Wirtin. Die Wände sind dünn, wir wohnen parterre, vom Boden steigt Kälte auf. Wer kann sich hinstellen und neidisch und vorwurfsvoll ausrufen: Da hausen die Sieger! Dagegen schön trocken und warm ist es in meinem Büro, da bin ich ‹Sieger›. Da bin ich in einem großen Hotel, wo ich fast die ganze Zeit meines Aufenthaltes arbeite, wo ich meine ganze Zeit vormittags und nachmittags zugebracht habe, ohne Bücher zu schreiben, – um abends leer und müde mich nach Hause zu trollen, auf die Elektrische zu warten, in der stillen Hoffnung, daß man mir nicht zuviel Knöpfe abreißt oder mich nicht ganz erstickt.

Ich war garnicht, wie ich bald in Zeitungen las, in diesem Haus in ‹verantwortlicher› Stelle beschäftigt, oder als ‹Kulturberater›, wie andere schrieben. Ich hatte eine begrenzte Aufgabe, nämlich Werke der Belletristik, Lyrik, Epik und Dramatik zu lesen und meine Ansicht über ihren ästhetischen Wert, auch ihre Haltung, in größerer oder geringerer Ausführlichkeit, am besten kurz niederzulegen. Also ich war Lektor. Es gab solche Stellen auch für die andern Gebiete der Literatur. Es gab solche Stellen auch für die andern Gebiete der Literatur. Noch andere Stellen nahmen unsere Äußerungen und Unterlagen zur Hand und benutzten sie, um das Urteil zu fällen. So las ich während der drei nächsten Jahre eine Unmasse Manuskripte und Bücher, auch mit Gehilfen. Viele Werke waren nur zu durchfliegen, andere mußten geduldig durchpflügt werden. Ich wußte, wie wichtig diese Vorbereitungsarbeit war.

Ich konnte mich so, innerhalb gewisser Grenzen, über den Geisteszustand des Landes orientieren. Und nachträglich kann ich sagen zu dieser ersten Begegnung mit den Resten der aus der Kriegszeit hinterbliebenen Literatur und mit der ersten keimenden neuen: Es war eigentlich zum Verzagen. Und erst später faßte ich mehr Mut und fand mich mehr zurecht. Welche Hilflosigkeit trat vor einen. Wie viel Krampf und Verworrenes, und vor allem wie viel Verblasenes, das sich für ‹mystisch› hielt. Und dazwischen; wie viel Bemühung von hundert einsamen Schreibern, die zum ersten Mal wieder schreiben konnten, ohne sich zu fürchten und die nun etwas herausschrien, meist Deklamationen und tief gefühlte Rhetorik. Sie schreiben in ihren armseligen Räumen. Sie wußten nicht hin und her. Sie hatten wenig gelesen und gelernt, und da verfielen sie darauf, zu schreiben und auf diese Ideen. Der Boden brachte zuerst nur Gras und Unkraut hervor.

Ich hatte auch mehr direkt mit den Schriftstellern in dieser Ecke Deutschlands zu tun und verhalf ihnen zu einem Verband. Und dann gründete ich eine literarische Zeitschrift, was um diese Zeit sehr viele taten, – nicht daß so viel Geist da war, der nach Papier schrie, sondern weil hier so viel Papier war, das nach Umsatz schrie. Zu den wenigen Dingen, die man kaufen konnte, gehörten in dieser ersten Zeit Zeitungen, Zeitschriften und Broschüren. Im Grund tauschte man, wenn man in der Reichsmarkzeit kaufte, ein fragwürdiges Papier gegen das andere. Daneben waren manche Zeitschriften um diese Zeit dennoch nützlich, denn sie bildeten den Buchersatz. Wenig und langsam kamen Bücher im Beginn heraus, Maschinen fehlten, Einbandmaterial. Was ich selber mit meiner Zeitschrift wollte, lag auf der Hand: Die verdrängte Literatur heranlassen, – die junge, die kam und sofern sie kam, vorstellen und dazu beitragen, soweit eine Zeitschrift das kann, einen gesunden und normalen Zustand im Lande auf dem Gebiet der Literatur wieder herzustellen.

Es galt, den soldatischen Geist zurückzudrängen, indem man etwas

Besseres an seine Stelle setzte, indem man die frühe auch in Deutschland beheimatete europäische, christliche und humanistische Gesinnung an ihren alten, ihr gehörender Platz stellte, ja ihren Platz erhöhte. – Sobald mehr Einläufe kamen, und das dauerte nicht lange, wurde deutlicher, wie das literarische Deutschland sich verändert hatte. Die deutsche Mentalität, jetzt nicht mehr nazistisch verkleidet, erwies sich tief heidnisch verseucht. Sehr unterschied sie sich da von der, trotz Voltaire, Rousseau und der Französischen Revolution, christlich durchbluteten französischen Literatur. Es müßte hier im Lande das Zeichen gegeben werden, schien mir, daß nicht die Totenglocke für das Christentum, sondern für das Heidentum geschlagen hat.

23. Kapitel
Wie das Land 1946 aussieht

1933, als ich hinausfuhr, stand das Land, das nun aufgehört hat, Deutsches Reich zu sein, noch in Blüte. Es hatte hunderte große und kleine Städte, von denen ich viele kannte, und in der größten Stadt war ich zu Hause. Ich nahm die wachsende Spannung wahr. Es gab Millionen Arbeitslose und man sah ihre Trupps auf den Straßen. Auf den Straßen konnte man aber auch SA-Kompanien marschieren sehen und ihr abgehacktes gellendes Singen hören. Das warfen sie den Passanten ins Gesicht. Sie waren schon damals an der Oberfläche und bildeten eine Macht. Keiner wehrte ihnen. Man fühlte, man sah: Der Staat war im Zerfall.

Aber so trüb damals die Situation erschien, – das, was dem Lande darauf geschah, hätte keiner vermutet. Man hatte nicht angenommen, weder daß das Land in die Hand eines Einzelnen, und was für eines, auf Gedeih und Verderb fiel, und daß es sich aus einem blühenden Gemeinwesen in eine rasselnde Kriegsmaschine verwandelte, noch daß es schließlich so, so verwüstet werden würde.

Wenn ich zurückdenke und mir das Bild dieses Landes vor Augen halte, so bin ich gewiß: Nicht durch das Gehirn des schwärzesten Pessimisten irrte damals eine solche Phantasie, wie sie jetzt Realität geworden ist. Es gibt Städte, von denen wenig mehr als die Namen existieren. Andere sind so umgelegt worden, daß sie völlig ihren Charakter einbüßten. Aus einem, gewiß von Krisen geschwächten, aber leistungsfähigen Land ist eine Wüste geworden.

Man greift nach den Klageliedern Jeremias und liest von der Zerstörung einer Stadt. Der alte Prophet klagt um eine einzige, wenn auch besonders volksreiche und ihm heilige Stadt. Man erinnert sich an lang zurückliegende Ereignisse, an die noch heute nicht vergessene vulkanische Vernichtung der römischen Städte Pompeji und Herkulaneum, an einen Untergang, dem schon etwas Sagenhaftes anhaftet. Wenn man diese ruckartige Verwüstung ungeheuerlich findet und eine Generation der andern die Erinnerung daran überliefert: Wie will man die Verwüstung des Landes, das ehemals Deutschland hieß, nennen.

Die Menschen dieses Landes scheinen in einem eigentümlich distanzierten Verhältnis zu den Vorgängen ihrer eigenen Epoche zu stehen. Sie lassen sich noch heute ergriffen und mit Schaudern von jenen alten Katastrophen und vom Sturz des römischen und babylonischen Reiches erzählen. Die Klagelieder des Jeremias um sein Jerusalem erschüttern sie heute noch. Aber das riesenhafte Zugrundegehen, in dessen Mitte sie selber stehen, nehmen sie knapp zur Kenntnis. Sie nehmen die sintflutartige Katastrophe wie irgend einen Unglücksfall, wie ein Groß-Schadenfeuer hin. Manchmal strengt sich einer ihrer Poeten oder Verseschmieder an, das doch alles Maß übersteigende Unheil zu beschreiben und dafür apokalyptische Bilder heranzuziehen. Es bleibt ein künstliches, äußerliches Ding.

Man denkt an ein (angebliches) Hauptmotiv, an eine der stärksten Leidenschaften der Menschen, und gewiß auch dieser hier: an ihren Besitz- und Gewinntrieb. Sie rannten und schufteten sich doch ab, um Geld zu erwerben. Sie prozessierten um ein paar Mark. Sie waren einzeln und in Klassen aufeinander neidisch. Jetzt: Ich habe von Fällen gehört, wo ehemalige Millionäre in armseligen Kammern hausen, und sie sitzen da still. Es geht ihnen schlimmer als den Expropriierten in der bolschewistischen Revolution, und damals gab es schäumende Wut und furchtbaren Protest. Jetzt, man teilt dem Besucher mit, daß man ihn leider so empfangen muß, daß man Haus und seine kostbaren Sammlungen verloren hat, aber was will man machen?

Man zuckt die Achseln. Man hat eben den Krieg verloren und alle sitzen im selben Boot. Um die kleine Lebensmittelration der Woche abzuholen, stehen friedlich nebeneinander an die elegante Haustochter, der

Herr Professor und die Portiersfrau. Ich glaube nicht, daß es Selbstmord gegeben hat wegen des Verlustes von Vermögen, – aber aus politischen Gründen gab es viele. Das alles enthüllt das merkwürdige Faktum, wie wenig der angeblich so besitzgierige Mensch am Besitz hängt, und zweitens, welche Macht die Kollektivität besitzt.

Ein Haupteindruck im Lande, und er löst Ende 1945 bei dem, der hereinkommt, das größte Staunen aus, ist, daß die Menschen hier wie Ameisen in einem zerstörten Haufen hin und her rennen, erregt und arbeitswütig zwischen den Ruinen und ihr ehrlicher Kummer ist, daß sie nicht sofort zugreifen können, mangels Material, mangels Direktiven.

Die Zerstörung wirkt auf sie nicht deprimierend, sondern als intensiver Reiz zur Arbeit. Ich bin überzeugt: Wenn sie die Mittel hätten, die ihnen fehlen, sie würden morgen jubeln, nur jubeln, daß man ihre alten, überalterten, schlecht angelegten Ortschaften niedergelegt hat und ihnen Gelegenheit gab, nun etwas Erstklassiges, ganz Zeitgemäßes hinzustellen.

Das Menschengewimmel in einer volksreichen Stadt wie Stuttgart. Durch Zuwanderung von Flüchtlingen aus anderen Städten und Gegenden noch mehr geworden, bewegten sich hier die Menschen, auf der Straße zwischen den fürchterlichen Ruinen, wahrhaftig, als wenn nichts geschehen wäre und als wenn die Stadt immer so aussah. Auf sie jedenfalls wirkt der Anblick der zerbrochenen Häuser nicht.

Und wenn einer glaubt oder früher geglaubt hat, das Malheur im eigenen Lande und der Anblick einer solchen Verwüstung würde die Menschen zum Denken bringen und würde politisch erzieherisch auf sie wirken, – so kann er sich davon überzeugen: er hat sich geirrt. Man sagt mir und zeigt mir bestimmte Häusergruppen und konstatiert: das war dies Bombardement und das war jenes, und man schließt gewisse Episoden an. Und das ist alles. Es erfolgen darauf keine besonderen Mitteilungen, und bestimmt werden keine weiteren Überlegungen angestellt. Man geht an seine Arbeit, steht Schlange hier wie überall nach Lebensmitteln.

Schon gibt es da und dort Theater, Konzerte und Kinos und ich höre, alle sind stark besucht. Die Elektrischen fahren, grauenhaft voll wie überall. Man ist praktisch und hilft sich. Man kümmert sich um das Heute und Morgen in einer Weise, die den Nachdenklichen schon beunruhigt.

Man hat (eine kluge Idee der gegenseitigen Hilfe) Tausch-Ring-Geschäfte eingerichtet. Das ist eine Vereinigung von Firmen der wichtigsten Branchen, also der Schuh-, Möbel-, Kleider- etc. -Branche. Man zahlt mit einem Tauschobjekt, das man besitzt und erhält in einem anderen Geschäft das gesuchte Objekt, falls es vorhanden ist.

Das flache Land sieht gepflegt aus. Wüst sind nur die Städte. Und wie wüst. Man hat draußen in Amerika im Kino Bilder von diesen Städten gesehen. Man kann durch die Straßen vieler Städte spazieren, der Damm und oft auch der Fußsteig ist freigemacht. Man stellt dann rechts und links etwas fest, was früher Häuser waren, sich aber dem Blick jetzt als geöffnete Steinkasten ohne Deckel präsentiert. Diese Steinkasten sind verschieden gespalten und geöffnet worden. Manche stehen noch mit allen vier Wänden, aber in der Mitte ist nichts, unten liegt ein Schutthaufen. Manchmal ist ein ganzer Kasten seitlich umgeknickt oder nach innen gefallen. Manchmal steht die Vorder- und Hinterwand, aber die Seiten fehlen. Und recht oft steht überhaupt nichts, was einem Haus ähnelt, und da wo sich wahrscheinlich früher ein kräftiges Gebäude hinstellte, wölbt sich jetzt ein breiter Steinhügel, aus dem verbogene Eisenträger, Fensterrahmen und Türen ragen. Man entdeckt da auch manchmal verbogene Heizkörper, zerquetschte Eimer und Leitungsröhren. Der Schutt birgt auch viele Leichen. Da liegen sie und machen die Straßen furchtbar still. Viele Menschen sind in ihren Wohnungen überrascht worden und wurden in den zusammenstürzenden Häusern, in den unzulänglichen Kellern erschlagen und sind erstickt. Es sind auch viele verbrannt. Was die Bombe mit ihrer Sprengkraft verschonte, fraß das vom Phosphor genährte Feuer. Manchmal ist das Pflaster aufgerissen, als wenn sich der Boden gehoben hätte. Fast überall aber hat man schon die brauchbaren Ziegelsteine ausrangiert und sauber an den Hauswänden aufgestapelt. Sie warten auf neue Verwendung. Denn wie ich schon sagte, hier lebt unverändert ein arbeitsames, ein ordentliches Volk. Sie haben, wie immer, einer Regierung, so zuletzt dem Hitler pariert, und verstehen im großen und ganzen nicht, warum Gehorchen diesmal schlecht gewesen sein soll. Es wird viel leichter sein, ihre Städte wieder aufzubauen als sie dazu zu bringen, zu erfahren, was sie erfahren haben und zu verstehen, wie es kam.

Den unmittelbaren Eindruck eines Strafgerichts erhält man in einer Stadt wie Pforzheim. Diese existiert eigentlich nicht mehr. Sie ist rasiert, wegradiert. Da steht Häuserskelett neben Häuserskelett und hinter dem

Skelett eine chaotische Schuttmasse. Hier kommt es einem vor, als ob man durch eine Filmstadt geht, Kulissen, Staffagen und Vordergrundbauten, – eine tote, verlassene Stadt. Aber wer schärfer hinblickt und sich länger aufhält, stellt zu seinem Erstaunen fest, daß sich sogar hier unterirdisch Leben regt.

Wenn sich in einer halbzerstörten Stadt die Menschen mit Rucksäcken, Taschen, mit Plunder beladen durch solche Straßen bewegen, so wirken sie, so wirkt das Ganze gespenstisch. Ich sah oft Menschen auf die Ruinenhügel steigen. Was wollten sie da? Etwas suchen, graben? Sie hatten Blumen in der Hand. Auf dem Hügel hatten sie Kreuz und Tafeln errichtet. Es waren Gräber. Da legten sie die Blumen hin, knieten und sprachen Gebete.

Vielfach sieht man in den Straßen normal gekleidete Menschen. Die Leute tragen noch Lederschuhe, zur selben Zeit, wo die Straßen und Treppen von Paris klapperten unter den Holzschuhen. Und welch schäbige und zerrissene Kleidung sah ich doch vor kurzem, im Herbst 1945 in Paris auf Schritt und Tritt, bei bürgerlichen Personen, Professoren und Studenten in der Universität. Die Kleider von früher tragen sie hier, sie werden eine Weile halten. Wer freilich bei den Bränden und Bombardements alles verloren hat – wie es ihm geht – –

Wo wohnen nur die zahllosen Menschen nach einer so massiven Vernichtung von Wohnstätten? Man wohnt nicht mehr wie früher, für ganz große Teile der Bevölkerung hat das bürgerliche Dasein, nicht nur das bequeme Dasein ein Ende genommen, auf lange Zeit. Man wohnt in alten Bunkern, Luftschutzkellern, Baracken, auch in Teilen von Ruinen, in Kellern.

Man lebt und will leben, man richtet Wohnungen und Geschäfte ein, schon jetzt, in baufälligen Häusern. Die vielen Miniaturläden in solchen Mauerresten. Die Kaufleute laden durch Plakate draußen ein, sich durch den wüsten Flur den Weg in ihr Etablissement zu bahnen. In einer Stadt war ein Warenhaus niedergelegt, aber vom Parterregeschoß stand noch die Eingangspartie, und davor hatten sich fliegende Händler etabliert, aber im Keller unten florierte das Warenhaus. Da bot der Besitzer selber seine Herrlichkeiten aus in einem einzigen Raum auf vielen Tischen und Regalen. An jedem Tisch stand eine Verkäuferin und die Menschen preßten sich und suchten etwas. Es gab nur rationierte Artikel und zum freien Verkauf standen nur überflüssige Dinge: kleine Stoffpuppen, Buchzeichen etc. Soweit ich herum kam, habe ich bis zur ersten Hälfte des Jahres 1946 keinerlei nennenswerten Aufbau gesehen. Die Häuserskelette warten noch auf die Niederlegung und überall starren die Kulissen-Straßen.

Das ehemals ‹Deutschland› genannte, zuletzt von den Nazis okkupierte Gebiet wird jetzt von den Alliierten verwaltet, und auf Zeitungen, Briefmarken, an öffentlichen Gebäuden erscheint zwar das Wort deutsch, also ‹Deutsche Post›, aber nicht das Wort Deutschland. Mit einer einzigen Ausnahme: Das Berliner Organ der Sozialistischen Einheitspartei nennt sich ‹Vorwärts›, Berliner Volksblatt, das Abendblatt der Hauptstadt Deutschlands, was weniger eine Tatsache als ein Programm bezeichnet. Das ehemals Deutschland genannte Territorium findet man jetzt in vier Gebiete aufgeteilt, die Zonen heißen. Daß Zone kein bloßes Wort ist, spürt jeder, der hier im Lande wohnt und sich bewegen will. Jede Zone hat ihre Militärregierung, ihre Ökonomie und es kann hier ausreichend Papier geben zum Druck, aber man kann knapp an Druckereien sein, während man drüben Druckereien ohne Beschäftigung haben kann, weil das Papier fehlt. Das ist im Prinzip nicht anders, als wenn man in Europa hungert und in Amerika noch allerhand hat.
Es gibt Schlagbäume und Paßkontrollen. Wer von einer Zone zur anderen will, muß umständliche, ordnungsmäßig begründete Anträge stellen. Jede Zone prüft jeden der ihr angedrohten Einreisenden auf Herz und Nieren. Teils ist es Bürokratie, teils Notwehr, man befindet sich in einem Land, das man überwacht. Das hat vorsintflutliche Konsequenzen, jedenfalls um diese Zeit. Reden wir nicht von der Nahrung, obwohl man in allen Zonen von nichts so viel redet als von der Nahrung. Reden wir von Zeitungen. Mainz und Frankfurt a. M. liegen etwa in derselben Gegend. Versuchen Sie es aber einmal in Mainz, eine Frankfurter Zeitung zu kaufen. In der amerikanischen und englischen Zone erscheinen, selten aber doch, Broschüren und Bücher. Wir erfahren gelegentlich davon. Ein Reisender berichtet es Ihnen. Sie schreiben darum. Wenn Sie Glück haben, ist das Opus noch nicht vergriffen. Alles verschwindet rasch, und man schickt Ihnen also per Post ein Exemplar, das aber lange braucht, um anzukommen. Interessiert liest dann jeder die Zeitung, das Buch, das von weit hinten, weither, wenn auch nicht aus der Türkei, so doch ein paar Dutzend Kilometer entfernt herauskam. Wir leben in der Zeit der schnellsten Flugzeuge und der Chinesischen Mauer.

Wer in dem, ehemals ‹Deutschland› genannten Gebiet reisen will, der kann etwas erzählen. Er fährt wenig und erfährt viel. Es geht alles beruhigend langsam. Dahinter steckt wahrscheinlich der von der Gerechtigkeit diktierte Sinn: Nachdem die Deutschen von hier bis tief nach Rußland, nach Afrika gedrungen sind, kann ihr Reisebedürfnis für absehbare Zeit als befriedigt gelten und sie können nun einmal zu Hause bleiben. Die meisten, sofern sie ein Zuhause haben, tun das auch gern und freiwillig. Sie reisen nicht. Jede Abfahrt und jede Ankunft stellt den Reisenden vor eine Fülle von Problemen, die eine hohe Begabung als Detektiv voraussetzen und zudem enorme Zähigkeit erfordern. Nur wer zugleich gerissen und anspruchslos ist, darf sich auf die Reise begeben.

Selten fahren Züge von dem Ort, an dem Sie sich befinden, direkt zu dem Ort, nach dem Sie wollen, die meisten Züge planen etwas anderes als Sie planen und es heißt, sich dem Willen der Eisenbahn unterwerfen. Falls die Züge gut gelaunt sind und fahren, sind sie überfüllt. Sie sind heimatstreu und halten an jedem Ort, an jedem Dorf und es gibt unzählige Dörfer in jeder Zone. Diese Dörfer stehen in keinem Atlas und man ist nach einer kurzen Tagesreise enorm an Kenntnissen gewachsen. Ja nach einem halben Jahr Aufenthalt hier in diesem Lande und nur mäßiger Reisetätigkeit können Sie sich als Geographie-Professor niederlassen. Die Eisenbahn sorgt auch dafür, daß Sie sich bewegen: Sie müssen einsteigen und aussteigen, sehr oft, noch öfter. Sie müssen nämlich umsteigen. Das geschieht auch, um Ihnen zu zeigen: Es gibt viele Linien, und so schlimm ist es mit der Zerstörung im Lande doch nicht. So treibt die Eisenbahn Propaganda.

Seien Sie vor Autos gewarnt. Dieses in Amerika weit verbreitete Verkehrsmittel kommt hier selten vor und ist in der Regel kaputt. Das große Wort der deutschen Landstraßen heißt: Panne. Ich bin ein paarmal Auto gefahren. Und jedesmal, wenn die Panne kam, war ich froh, zufrieden und erlöst. Ich war aus der Spannung heraus.

Es trägt alles, die Zoneneinteilung, die zerbrochenen Autos, das schlechte Benzin, dazu bei, die Bevölkerung daheim zu halten. Außerdem kann man, wie bemerkt, bei einer ernsthaften Fahrt ins Land verhungern. Und da komme ich auf das Kapitel Ernährung.

Ich sage, man könnte bei einer Fahrt ins Land verhungern. Der Durchschnittsdeutsche wird das korrigieren und mich darauf aufmerksam machen: Dazu braucht man nicht erst zu reisen, das kann man schon zu

Hause haben. Das ist aber übertrieben. Eine große Anzahl Deutscher setzt sich Tag um Tag in Bewegung, um sich von anderswo Lebensmittel zu beschaffen. Wer essen will, muß nicht nur arbeiten können, sondern auch warten. Er muß auch Märsche machen können. Man muß auch geschickt sein und Strapazen nicht scheuen. Neulich saß mir im Zug ein jüngerer Deutscher gegenüber, Familienvater, und wie man auf die Ernährung zu sprechen kam, also sehr bald – es ist wie in Amerika, wo man nach dem ‹How do you do?› gleich mit dem Wetter beginnt –, meinte er, es sei im Grunde erstaunlich, ja medizinisch ein völliges Wunder, daß bei dieser Ernährung die Menschen nicht in Scharen auf der Straße hinfielen. Denn kalorienmäßig sei es absolut unzulänglich. Wir dachten gemeinsam über dieses Wunder nach und kamen zu dem Schluß: Ein Wunder, das sich täglich an so vielen Tausenden zeigt, kann es nicht geben. Die Sache müsse einen anderen Grund haben. Und ich schlug wahrhaftig vor: Die Menschen essen einfach noch allerhand außerhalb der rationierten Nahrung.

Worauf sich bei meinem Gegenüber ein diskretes Grinsen um die Mundpartie etablierte und er zögernd zugab, die meisten fänden zweifellos auch etwas. Ich bat ihn, mich hierüber weiter aufzuklären, und mir zu sagen, wie die Leute, er einbegriffen, es denn machten, um hier etwas zu finden. Ja, dazu sei er sogar jetzt unterwegs, gestand er. Hielt aber seine persönlichen Geheimnisse im dunkel, verriet immerhin ganz allgemein: Man müsse eben wissen, wo es etwas gebe, an einem der vielen Orte, wo man hier halte oder noch etwas weiter, wohin man sich zu Fuß zu begeben hätte. Aha, erkannte ich, auch darum hält die Eisenbahn so oft. Und dann müßte man, verriet er weiter, organisieren. Organisieren ist hier das große Wort. Das erfuhr ich rasch. Man organisiert Kartoffeln, was heißt das? Das heißt: Man weiß, wo es welche geben kann. Dann ermittelt man direkt oder von zwei oder drei Stellen, was der Betreffende dafür haben will. Dann denkt man darüber nach, wie man selber direkt oder indirekt zu dem gesuchten Tauschobjekt gelangen kann, welches dann in dem vorliegenden Fall Priorität vor andern Angeboten hätte, und dann muß man arbeiten, um zu dem Objekt zu gelangen. Also ein ganzer Feldzugsplan ist nötig. Es ist dazu eine riskante Angelegenheit. Denn gewisse Lebensmittel sind beschlagnahmt, dürfen also nicht weiter verkauft werden. Und wenn da also jemand nach der Durchführung seines Feldzugsplanes in den Besitz des organisierten Objekts gelangt ist und zieht damit friedlich und siegreich seines Wegs, auf der Chaussee (denn in die Eisenbahn würde er sich damit nicht trauen, an der Sperre ist ihm die Kontrolle gewiß) dann begegnet ihm die Polizeistreife und er muß mit seinem Wägelchen halten und den Rucksack öffnen und auspacken und alle Liebesmühe war vergeblich.

Viele magere und blasse Gesichter sieht man bei Älteren, auch die Jugend auf der Straße ist mager. Der Hunger hier im Lande ist eine fürchterliche Gewalt. Er besonders, er macht die Menschen finster und rebellisch. Man kann bekanntlich schlecht mit einem Menschen verhandeln, dem die Gedärme knurren, und wenn ihm schon die ganze Politik keinen Spaß macht, wie kann sie ihm jetzt gefallen, wo er noch dazu besonders die Leute haßt, die, wie er glaubt, ihm das tägliche Brot nehmen.

Ich habe übrigens gesehen, daß man gegen den Hunger auch mit Schriften kämpft. Ich habe eine kleine Schrift gelesen, in der Winke gegeben werden, was man durch Gedanken und mit dem Willen gegen den Hunger machen kann. Es ist leicht darüber zu lachen. Es spricht Bände. Überdies: Der Hunger hat eine psychologische und eine physiologische Seite, – man kommt an die physiologische nicht heran, so müht der Arme sich, den Hunger psychologisch zu besänftigen.

Die Menschen sind dieselben, die ich 1933 verließ. Aber es ist allerhand mit ihnen geschehen. Ich stelle es im täglichen Umgang mit ihnen fest. Sie haben dieselben Interessen, Allüren wie früher, haben unverändert Sinn für Musik, viele besitzen Kenntnisse. Aber sie sind im ganzen weniger mannigfaltig, weniger persönlich als früher. Sie erscheinen mir, jedenfalls mir, der von draußen hereinkommt, viel uniformer. Sie haben eben zwölf Jahre wenig Einflüsse von außen erfahren und diese Einflüsse waren stark kontrolliert. Eine gleichsinnige Propaganda, ein ununterbrochener Druck von behördlicher Propaganda lastete auf ihnen und nivellierte sie, ob sie gebildet oder ungebildet waren.

Ich habe den Eindruck und ich behielt ihn die ganze erste Zeit hindurch: Ich habe ein Haus betreten, das voller Rauch steht, – aber die Bewohner merken nichts davon.

Neu ist mir eine gewisse geistige Schwerfälligkeit. Sie sind wie eingerostet. Sie verfügen über ein kleines Repertoire an Vorstellungen, das man ihnen eingeprägt hat, und damit arbeiten sie, und man kann sie schwer daraus ziehen. Das hat das Regime hinterlassen. Und darum prallen von ihnen auch alle Aufrufe ab, die man an sie richtet, und die Broschüren zur Aufklärung wirken darum kaum und werden ablehnend und empört gelesen, als wenn der Diktator noch im Lande wäre. Und darum kann man auch bei Diskussionen über die Schuldfrage mit ihnen nicht weiter kommen. Darum sperren sie sich auch gegen politische Unterhaltungen mit Leuten, die eine andere Auffassung haben. Sie sind verstört, gequält und wollen zufrieden gelassen sein. Wie begreiflich. Wie kommt man hier nun weiter? Vor allem mit Vernunft und nicht drängen, kommen lassen, die Umstände wirken lassen. An sich könnten Berichte und Daten aus den Konzentrationslagern und von andern Greueln, wie man sie jetzt publiziert, aufklärend wirken. Aber man ist einfach nicht geneigt, sie zu glauben, da es in der Regel Fremde sind, die diese Mitteilung machen. Ebenso könnte ja auch der Anblick der zerstörten Städte wirken. Aber nun ist da die Okkupation. Okkupation ist den Anhängern des alten Regimes, die es natürlich in Massen gibt, als Geschenk in den Schoß gefallen. Okkupation kann benutzt werden, wie man nach 1918, nach dem ersten Weltkrieg die Revolution und ihre Vorgänge benutzte, zur Verhinderung der Aufklärung, zur Bildung einer neuen Dolchstoßlegende. Während der Okkupation, während sich sukzessive die Kriegsfolgen auswirken, – was liegt näher, als alle Kriegsfolgen auf die Okkupation zu schieben? So schwierig ist die Situation.

Denkt man an die Lage nach dem ersten Weltkrieg, so erscheint die unruhige Zeit jener Jahre von geradezu freskenhafter Klarheit, verglichen mit dem Bild von heute.

24. Kapitel
Sie hätten Chancen gehabt

Ich hatte eine lange Unterhaltung mit einem Fräulein aus guter Familie. Ich berichte per ‹er›. Es war der Versuch einer Unterhaltung, eine Sondierung. Sie (anfangs Zwanzig, groß, frisch, Haustochter) sagt: Wir waren damals, anfangs 45, in solcher Spannung. Vater wartete den ganzen Tag auf den Abend, wenn die deutsche Sendung von London kam. Immer die Frage: wann kommen sie endlich, die Alliierten? Warum? Wir wußten doch alle, daß es aus ist. Und dann immer die Flieger und die Angst. Und dann erzählten sie, sie stehen schon in X.

Aber das glaubten wir nicht, das war schon oft gesagt worden. Diesmal stimmt es.

Wir waren in solcher Aufregung. Wie ich einmal morgens runter gehe in die Stadt, um einzuholen, sagen sie, jetzt sind die Deutschen unten im Park. Da waren sie auch, Hunderte, in was für einem Zustand, hungrig und erschöpft. Man gab ihnen. Sie blieben nicht lange.

Da wußten wir, jetzt ist es aus. Wir konnten kaum schlafen vor Aufregung. Und am Morgen, ganz früh, wie ich gerade ein bißchen gedämmert habe, fahre ich hoch und frage mich: was ist das: Unser kleines Häuschen wackelt richtig. Es kracht und kracht. Flieger? Ich auf und ans Fenster. Da sind es Kanonen, die schießen über uns weg, von beiden Seiten, die Alliierten drüben und unsere da. Das dauerte eine ganze Zeit.

Am Nachmittag sagten sie: die Alliierten stehen bei X, und am Abend: sie sind bei Y. Und wie ich am nächsten Morgen wieder runter will zum Einholen, sagen sie, ich soll nicht. Die Alliierten sind da, alles voll Militär. Ich gehe aber doch runter, und es stimmt, sie waren da.

Wir waren ja alle so froh. Die Zeit war schrecklich, nun war es aus.

Er: Worüber waren Sie alle so froh, Fräulein E.?

Sie: Weil es aus war. Und ich sage Ihnen, wir haben die Alliierten so freudig empfangen, als Befreier. Und in den ersten Wochen hat sich alles gefreut. Die Alliierten hätten solche Chance bei uns gehabt. Dann fing es aber an mit dem Requirieren, Zimmer, Hotels, Wohnungen. Man durfte nichts wegtragen. Da flaute es ab.

(Man spaziert stumm den Berg hinauf.)

Er: Was hatten Sie erwartet, Fräulein E.? Die Alliierten waren da, wo sollten sie unterkommen?

Sie: Ja, aber so. Ich kann Ihnen nicht alles sagen, was die Leute erzählen. Fragen Sie einmal.

Er: Immerhin. Sie selbst, ich habe neulich bei meinem Besuch festgestellt: Man saß recht bequem in Ihrem Wohnzimmer.

Sie: Ja, wenn man uns noch das Wohnzimmer wegnehmen wollte...

Er: Sie selbst haben Ihr eigenes Zimmer, und dann war ich im Zimmer Ihres Vaters; er hat einen großen, hellen Arbeitsraum.

Sie: Aber den braucht er doch.

Er: Natürlich. Ich stelle es nur mit Vergnügen fest.

Sie: Bei uns geht es auch noch. Aber Sie müßten die anderen sehen.

Er: Ich weiß. Und dann gibt es viele, denen es noch viel schlechter geht.

Sie wissen, wie man in Berlin, Köln, Saarbrücken und anderswo haust. Sie: Da ist auch fast alles zerstört.
Er: Und in Paris und in Lyon, Le Havre, wissen Sie, wie es da ist? Sie wissen es nicht. Ich kann es Ihnen verraten. Das ist das Land eines der Alliierten. Man hockt aufeinander. Die Wohnungsnot ist unvorstellbar. Man existiert so gut man kann, und friert im Winter. Das große Wort, das einzige dazu, das alles sagt, heißt: Krieg. Sie dachten damals, wie Sie schießen hörten und die Deutschen abzogen: der Krieg ist zu Ende und der Frieden ist da. Sie haben sich damals gefreut, weil Sie im Ernst dachten: morgen vormittag ist der Friede da. Die Schießerei ist zu Ende und der Fliegeralarm, und alles, alles wird gut.
Sie: Und warum soll es nicht zu Ende sein?
Er: Erstens war damals der Krieg noch nicht zu Ende, zweitens ist er heute noch nicht zu Ende, und drittens wird er morgen noch nicht zu Ende sein. Wenn in einem Haus ein Betrunkener getobt hat und alle Möbel zerschlagen und den Ofen umgeworfen, das Geschirr und die Scheiben zerbrochen hat und man hat ihn nun weggebracht – ist dann alles gut? Denken Sie an eine Krankheit. Einer hat einen Typhus, acht Wochen lang. Er ist durchgekommen. Jetzt liegt er da. Der Typhus ist weg. Aber er hat eine Neuritis, er hat kalte Abszesse; er fühlt sich hunde-elend. Er fühlt sich schwächer als vorher. Er kann nicht essen, kann nicht sitzen, er hat sich durchgelegen und überall Schmerzen. Er weint. Man erkennt ihn nicht wieder. Aber – er hat keinen Typhus mehr.
Sie: Wie ich Typhus hatte, sind mir die Haare und sogar ein paar Zähne ausgefallen.
Er: Sehen Sie. Man nennt das Nachkrankheit und Schwächezustand. Aber genauso verhält es sich mit dem Krieg. Er fing mit Fahnen und Paraden an. Er ging mit Schießen und Kanonen, mit Trommeln und Trompeten zu Ende. Das Fieber sank. Und nun kommt das dicke Ende. Das schleicht hinterher.
Sie: Und wann ist es zu Ende?
Er: Wenn alle Ruinen niedergelegt sind, wenn der Schutt beseitigt ist, wenn man neue Häuser errichtet hat, wo alle Platz finden, daß sie die Bunker und Baracken verlassen können. Wenn die Wirtschaft wieder angekurbelt ist und alles Politische feststeht. Fräulein E. Sie sind jung, Sie werden den Frieden erleben. Sie werden später, wenn Sie sich an die jetzige Zeit erinnern, staunen, daß Sie so jung waren zu glauben: nun sei Friede.

Sie (ist nachdenklich und bleibt manchmal stehen; dann schüttelt sie energisch den Kopf unter der Pelzkappe): Man könnte jedenfalls mehr Rücksicht auf die Zivilbevölkerung nehmen. Ich versichere Ihnen: Wir waren damals wirklich und ehrlich froh und begeistert und erleichtert. Die Alliierten hatten bei uns alle Chancen.

Er: Fräulein E., die Sache steht so: Sie haben sich geirrt und klagen jetzt die anderen an.

Soll ich Ihnen sagen, was manche auf alliierter Seite, die wissen, wie die Völker drüben geblutet haben, zu Ihrer Auffassung sagen würden? Empörend.

Sie (trotzig): Ich bin jedenfalls in großer Gesellschaft. Wir sind enttäuscht, ich bleibe dabei. Wir hielten die Alliierten für Befreier.

Er: Und sie waren es nicht? Und sind es nicht? Auch jetzt nicht, weil die Okkupation Unbequemlichkeiten mit sich bringt? Haben Sie den Nazismus, das ganze System schon vergessen? Oder billigen Sie es?

Sie: Ich bitte. Sie wissen doch, wie ...

Er: Also. Davon sind Sie befreit. Und darin waren die Alliierten Ihre Befreier und sind es noch heute.

(Sie machen in der Nähe ihres Hauses halt und blicken in das Tal hinunter.)

Er: Also von da kamen die fremden Truppen, und da standen Sie hier oben und waren bereit, sie ‹mit offenen Armen› zu empfangen. Sie waren gewillt und bereit, in diesem Soldaten Ihren Befreier – nämlich von Kriegsnot, von der lästigen Rationierung, auch vom Nazismus – zu begrüßen.

Ihm – war nicht danach. Können Sie es begreifen? Er hatte etwas anderes im Kopf. Daß Sie ihm ‹eine Chance bieten› wollten, hätte er sprachlos zur Kenntnis genommen oder (natürlich nicht in ihrer Gegenwart) mit einem brüllenden, ja mit einem Hohngelächter beantwortet. Er dachte an das, was Frankreich in den Jahren der Okkupation erduldet hat, an die Massendeportationen, an die Kämpfe des Maquis, die ungeheuerliche Ausraubung. Sie – wußten von alledem nicht, aber die Soldaten wußten es.

Sie (räuspert sich, schlägt den Kragen hoch, reicht ihm die Hand, ohne ihn anzusehen, und sagt spitz): Ich muß mich verabschieden.

Er: Habe ich Sie gekränkt?

Sie: Aber ich bitte Sie. Es sind eben zwei Standpunkte.

Er (verzweifelt): Zwei Standpunkte? Noch immer zwei ‹Standpunkte›!

Sie (lächelt ihn an, nickt ihm von oben zu und öffnet die Gartentür zu ihrem Haus): Natürlich. Was denn? Vater sagt es auch. Auf Wiedersehen!

Er (allein abwärts trottend): Zwei Standpunkte! Sie nennt das ‹Standpunkt›, – weil sie darauf stehen bleibt. $2 \times 2 = 5$ ein ‹Standpunkt›?

(Erst unten beginnt er nachzudenken): Sie gibt es nicht zu. Sie sieht es wahrscheinlich ein, aber irgendetwas, ein Trotz, hindert sie, es einzugestehen. Man müßte sich einmal in solch ein Menschenkind hineindenken.

Sie (allein, während sie den Hut ablegt, den Mantel anhängt): Er hat mich nach oben begleitet. Eine Leistung für ihn. Er hat sich furchtbar angestrengt, mich zu überzeugen. Als ob ich nicht alles wüßte. Er könnte mir noch mehr erzählen. Daß so ein Mann das nicht sieht: man ist traurig, nichts hat man vor sich, keine Freude, gerade das Dach über dem Kopf und das tägliche Brot. Jedes Kind würde wissen, wie einem da zumut ist, und würde einem ein richtiges Wort sagen.

Ich könnte ihm ins Gesicht schreien: recht hast du, tausendmal, ich gebe es dir schriftlich. Aber du kannst mir gestohlen bleiben mit deinem Recht.

(Sie setzt sich wütend hin und weint.)

25. Kapitel
Kleine Fahrt nach Mainz

Einmal machte ich eine kleine Fahrt nach Mainz, wo man eine neue Universität einweihen wollte. Um fünf Uhr nachmittags stieg ich mit drei anderen in ein Auto, das Wetter war schön, wir sausten aus der Stadt heraus.

Auf der Chaussee zogen unter den grünen Bäumen Frauen und Mädchen ihres Weges, sie gingen nach Rastatt, trugen Körbe und zogen Wägelchen: Sie ‹organisierten› Lebensmittel. Bei Rastatt war vieles gesprengt, die große Autostraße lag in Schutt. Dann lief unser stählernes Rößlein durch den dichten Auwald. Erstaunlich schnell standen wir am Rhein und das Rößlein wußte nicht weiter. Eine Brücke sah es nicht und wir auch nicht; sie war eben nicht da.

Aber was für Wassermassen. Es lohnt sich schon, so dicht am Rhein zu halten und nicht weiter zu können. Seine Oberfläche liegt glatt, sie ist ein fließendes, laufendes Band, ein fließendes Land. Eine Fähre nähert sich, auf ihr standen Männer, sie sahen gefährlich aus in ihren Schwimmwesten. Sie boten auch uns welche an, aber wir dankten lachend, wir hatten keine feuchten Experimente vor, wir wollten nur zur Eröffnung der Gutenberg-Universität nach Mainz und weiter nichts. Sie ließen es sich gefallen und nahmen uns an.

Und wie das Auto auf der Fähre stand und die Fähre schwamm, zeigte es sich erst, was das für ein gewaltiger Strom war. Ihm machte unser schweres Gewicht nichts aus, wir ritzten seine Haut gerade, wir trieben, Fähre und Auto und Menschen, und trieben schräg über sein Wasser, wie es die Strömung wollte. Schlau wie der Mensch ist, bemerkten wir, hatte er dieses mächtige Wesen beobachtet und wußte, wie es sich benahm. Und darum hatte man ein eisernes Kabel über den Strom gespannt, ein eisernes Leitseil führte zu unserer Fähre herunter, es rollte um eine Winde, an der die Fährleute drehten. So trieb uns zwar die gewaltige Strömung, aber wir Menschen hatten auch unseren Willen und kamen ans andere Ufer auf dem Rücken des fließenden Wesens, der von uns und unserer List keine Notiz nahm.

Das Dorf drüben hieß Selz. Seine Kirche bekamen wir sofort zu Gesicht, sie stand nämlich offen, wie ein Mensch offen steht, dem man die Brust aufgerissen hat. Die Kirche war durch Bomben halbiert und nur die Turmpartie stand. Da, wo die andere Hälfte sein mußte, wucherte das liebe Gras und pflanzte sich in das Kircheninnere fort; ja, es wallfahrte unschuldig hinein, und der Raum, immer noch heilig und seines Amtes bewußt, empfing die zarten Geschöpfe mit franziskanischem Wohlwollen.

Auf einem Dach in der Nähe, auf dem Schornstein, in einem breiten Nest stand auch ein Storch auf einem Bein und hielt Umschau, gewiß nicht nach uns. Wir bewunderten ihn und erwogen: wie entgeht er und seine Familie oben der Räucherung, ja, der Röstung? Ein Erleuchteter unter uns fand die Antwort: Er setzt sich nie auf rauchende Schornsteine. Wir lobten zu viert seine Klugheit.

Wir setzten uns in das Gasthaus nebenan und dachten, wir machen eine Pause. Tatsächlich hatten wir eine Panne. Unser Auto hatte sich krank gemeldet, mehrere Ärzte bemühten sich draußen um das lahme Vieh. Sie sprachen ihm zu, eine Stunde lang und noch eine halbe Stunde und dann hat man es überredet, und es meinte, es könne nun laufen. Es ist aber nichts daraus geworden, wir warteten bis acht. Wir waren schon drei Stunden unterwegs und wollten doch bald in Mainz sein, um dort zu übernachten. Wir wollten gut ausgeschlafen im goldenen Mainz am frühen Morgen dem Festgottesdienst beiwohnen. Endlich fahren wir, aber erst nach Lauterbach.

Ein Schlagbaum hebt sich und läßt uns ein; dies ist die Pfalz. Was da am Wege liegt, Kisten und Stapel mit Stroh bedeckt, ist Wehrmachtsgut, verlassene Munition, mit welcher die Elemente fertig werden sollen. Wo wir jetzt fahren, zog sich 1940/41 das Niemandsland hin; man kämpfte wütend, das zeigt noch der arme Wald. Wie Binsengestrüpp sieht er aus, die Tannen sind abgebrochen und zersplittert. Wie hat man die demütige Natur mißhandelt! Aber wenn die Herren streiten, so leiden die Völker.

Um uns nun ihre Macht zu zeigen, erläßt die Natur jetzt am Himmel eine souveräne Kundgebung, einen Sonnenuntergang. Es ist für sie eine einfache Geste, für uns ein majestätisches Schauspiel, gestellt mit einem beispiellosen Reichtum der Inszenierung. Teilnehmen daran alle Pflanzen, Tiere und Menschen, sowohl aus Niemands- wie Jedermannsland. Der blendende Schein der Sonne verfärbt sich gelb, das große Gestirn rafft von weither Wolken an sich, drapiert sich mit ihnen und gießt Ströme von goldenem Glanz über sie.

Währenddem rollen wir, rollen durch Kandel und sehen mit Vergnügen Reihen von unzerstörten Häusern und langgestreckte schmucke Straßen. Dunkle Wälder nehmen uns auf und der Himmel geht zu Rosa über. Ja, es hat sich ein Abendrot entwickelt, himmelweit zur Linken soweit man sehen kann. Was aber rechts liegt, sinkt aus dem hellen Blau ins Grau. Was rechts liegt, wird vom Licht verlassen und langsam einer anderen Macht übergeben. Dämmerung und Nacht rücken vor, die Nacht, die andere Gewalt, ungeheuer wie die Sonne. Wie um sich der dunklen Schwestermacht in ganzer Hoheit zu präsentieren, leert die Sonne vor dem Scheiden all ihre Schränke aus und winkt gegen die Finsternis und die Erde. Sie wirft zehntausend Farben in vielen Schattierungen heraus, und ist noch lange nicht fertig. Wer kann die zauberhaften Nuancen beschreiben: Was für ein schwacher Gebrauchsartikel ist unser Wort, nur ein Passant, der einer Hochzeitskutsche nachläuft. Was sagen Vergleiche. Der Himmel brennt lichterloh, die Tannen, sogar die verstümmelten, flackern freudig auf. Es wühlt oben. Der Regisseur bereitet etwas Neues vor. Er kann es sich leisten, die Szenen ohne Vorhang zu wechseln. Schmale, lange Wolkenstreifen, ausgespannte Laken, fangen die furchtbaren prasselnden Flammengarben auf und tragen sie der Nacht zu.

Nun feierliche Stille oben. Dies ist die letzte Stunde des Tages. Tiefer sinkt das Licht. Lautlos sinkt das Dunkel und besetzt das preisgegebene Terrain. Keinen Schaden hat das brennende Licht hinterlassen. Man blickt dankbar hinüber, wo es verschwunden ist.

So fahren wir in eine mächtige Stadt ein, winden uns durch heile Straßen und sind in Speyer, wo wir übernachten. Wir haben Mainz nicht erreicht. Wir möchten um acht Uhr morgens da sein, sofern das Rößlein will.

Um sechs Uhr morgens sitzen wir im Wagen, zu vieren, wie wir gestern gesessen und uns in Baden-Baden plaziert haben: Zwei Priester, ein Theatermann und ein Schriftsteller. Ein Priester fährt.

Und heute ist alles grau. Es regnet und regnet. Längst sollte die Sonne da sein, aber sie kommt nicht. Sie hat schwere Wolken vor sich gezogen. Sie gönnt heute den Schatten den ganzen Tag.

Aber wenn es auch nicht die Sonne sein soll, die uns unterhält, so ist ein anderer, nicht so gewaltiger, aber auch herrlicher Begleiter erschienen und fließt neben uns auf der Erde, der Rhein, derselbe Rhein, über den uns gestern die schlaue Fähre trug. Unsere Straße führt links an ihm entlang, und wenn wir gestern entrückt, hingerissen ein brausendes Flammenwesen über uns tanzen sahen, so ist uns heute das Wasserelement, das sprudelnde, rinnende, gießende Wasser gegönnt, Regen um uns, Rhein neben uns. Durch ein schönes, fruchtbares Land rollen wir, zwischen Getreidefeldern. Schlanke hohe Halme, grün von oben bis unten, stehen in Scharen und Genossenschaften beieinander. Sie haben eine wichtige Ratsversammlung und bewegen im Gespräch ihre braunen Köpfe. Sie gehen nicht zu Bett, sie klagen nicht über Wohnungsmangel. Sie stehen immer hier, mit dem Fuß im Boden, essen und trinken und schlafen hier, bringen Kinder zur Welt und vergehen. Regen, Sonne und Wind gehören zu ihnen: Was für eine gesunde Lebensweise.

Frankenthal ist furchtbar mitgenommen. Im Regennebel zeigt eine Kirche ihr zerstörtes Dach. Rechts ist eine eiserne Brücke in die Flut gestürzt, Lagerhäuser sind zerschossen. Wir gleiten über den spiegelnden Asphalt nach Worms. Der Rhein ist jetzt ein breiter See.

Nun wird die Landschaft hügelig, und wir bemerken mit Freude, wir treten in eine Weingegend. Hier winden sich grüne Reben um Stöcke. Sie stehen weiter auseinander als die Weizenhalme und führen keine Gespräche. Sie stehen, jedes für sich, an einen Stock geschmiegt, und träumen in sich hinein. Was sie denken, werden wir später aus ihrem Saft erfahren. Wir rollen durch Oppenheim und Nierstein, große Namen. Ein graublauer Dämmer hat sich auf das Wasser gesenkt und greift auf die Hügel über. An der Uferstraße stehen Gasthöfe und Wirtshäuser; der Krieg hat sie nicht berührt, zur Freude der Verehrer eines guten Weines. Die Erde aber hat sich von dem herrlichen Strom anlocken lassen und hat sich in ihn hineingewagt, der Fluß hat sie empfangen und sich mit ihr vermählt. Nun lassen sich grüne Inseln mit Büschen, langgestreckt und schmal von den wallenden Wassern zärtlich umspülen.

Nur eine Viertelstunde sind wir noch von Mainz entfernt und hoffen bald anzukommen. Der Schrecken der Zerstörung nimmt aber zu, starke Fabriken sind wie von einem Erdbeben niedergelegt. Mit welchem Fleiß wurden sie aufgebaut, wieviel Menschen konnten sie beschäftigen, was mögen sie geleistet haben, und das ist alles hin, umgebrochen und erledigt, als wäre einem der Hals umgedreht.

Und wie unser Rößlein nun bis hierher gekommen ist und hat so viel geleistet seit dem Kirchenplatz in Baden-Baden, und hat so viel gesehen oben am Himmel und neben sich und auf dem Wege, da konnte es nicht weiter und streikte. Es hatte schon vorher Zeichen unbezwinglicher Müdigkeit gegeben. Nicht einmal hupen wollte es mehr. Wir sahen, diesmal sieht es bedenklich aus. Es hatte uns noch aus Mitgefühl, unter Anspannung seiner letzten Kraft, bis an die Endstation der Mainzer Elektrischen geschleppt, – dann brach es zusammen. Wir stiegen aus und schoben das müde Geschöpf, das mit sich machen ließ und keinen Schritt mehr tat, in eine Seitenstraße, zu vieren: Zwei Geistliche, ein Theatermann und ein Schriftsteller schlugen sich seitwärts in die Büsche, sie gewannen die Elektrische, sie eroberten ein Passantenauto und erreichten die Universität, ehemals eine Flak-Kaserne. Da war es vormittags halb zehn. Sie waren angelangt.

Auf der Elektrischen sah man, dies war ein großer Tag für Mainz. Der Verkehr in Richtung Universität war umgeleitet. Man fuhr, aber wo war Mainz? Da lagen, soweit man sah Trümmer, gesichtslose Massen, Mauern, Eisenträger, leere Fassaden. Das war Mainz.

Wir rollen durch ein Tor in den weiten viereckigen Hof eines mächtigen Gebäudes, das sauber und fast schloßartig dasteht, ein Geretteter nach einer Katastrophe.

Wir geraten im Vorraum einer Halle in ein Menschengewühl, drängen durch die Sperre und nun nimmt uns ein weiter lichter Raum auf; zartrote Fenstervorhänge, weiße gut aufgeteilte Wände und das helle Holz, das die Bühne eines Podiums umrahmt, machen ihn heiter. Rechts an der Wand haben sich Filmoperateure installiert. Mehr und mehr belebt sich der Saal. In Scharen sind Studenten und Studentinnen gekommen; nur ein kleiner Teil findet Platz. Um zehn Uhr setzt man seitlich Stühle ein. Zivilisten und Militärs sitzen blätternd in den Übersetzungen der Reden, die man verteilt hat. Man sieht englische und amerikanische Uniformen. Die Temperatur in dem Saal steigt.

Gegen zehn Uhr beginnt hinten im Vorraum eine zarte, ja wunderfeine Musik. Das ist Mozarts ‹Zauberflöte›. Es nähern sich Schritte, und dies ist der Einzug der Universität. Man kennt diese feierlichen Prozessionen, zu zweien nebeneinander, langsamen Schrittes gelehrte Herren in weiten Roben. Die Roben sind meist von schwarzer Farbe, sie tragen auch auf ihren nicht mehr dunklen, oft weißen, oft kahlen Häuptern die schwarzen Tellermützen, die ihnen ein vergangenes Jahrhundert hinterlassen hat. Merkwürdig, daß sich unsere Wissenschaftler, Träger und Verbreiter des Fortschritts, so kostümieren. In Amerika sah ich junge Abiturienten so geschmückt zu ihrer ‹Graduation› über die Straße stolzieren. Es scheint: der Mensch traut seinen Künsten doch nicht zu sehr, er hat den Wunsch, sich durch Vergangenes zu legitimieren. Manche Professoren haben sich farbig kostümiert, und einer wandert sogar in lustig Rot. Wer zählt die Völker, nennt die Namen? Die Herren blicken geradeaus und wir starren sie an. Um diese Gelehrten zu hören, haben sich dreitausend Studenten gemeldet, zur Hälfte aus der englischen und amerikanischen Zone. Tausend Studenten und fünfhundert Studentinnen wurden angenommen, dazu dreihundert Hörer.

Der Prozession der kostümierten Herren folgt eine bürgerlich zivilisierte Gruppe, Honoratioren, Beamte und darauf Uniformen. Wir kennen einige. Man hört gelegentlich die süßen Klänge der ‹Zauberflöte›. Das Rauschen, Scharren und Flüstern verschlingt die Musik.

Auf dem Podium hat man Platz genommen, die Zeremonie nimmt ihren Anfang. Wir lauschen andächtig, denn dazu sind wir hierher gekommen von Baden-Baden.

Als erster erhebt der Bürgermeister seine Stimme und der Lautsprecher trägt sie zu den Hunderten draußen im Vorraum, auf der Treppe und auf dem Hofe. Der Bürgermeister kann nicht umhin, zu gestehen, er hätte, als man ihn dazu drängte, eine Studienkommission für die Neuerrichtung der Universität zu bilden, nicht an ein greifbares Resultat dieser Studien geglaubt. Zu groß wäre die Zerstörung der Stadt und die Niedergeschlagenheit der Bevölkerung gewesen. Die Sorge um die tägliche Nahrung, um Kleidung und Unterkunft so vordringlich, daß alles, wie es schien, dahinter zurücktreten mußte. Mit Vergnügen bekenne er nun, sich getäuscht zu haben.

Der Regierungspräsident, nun an der Reihe, nennt die Gutenberg-Universität den Schlüssel zum materiellen und kulturellen Aufbau dieses Gebietes. In ein schönes Bild kleidet der Bischof seine Wünsche für die neue Schöpfung: Wie der Mainzer Dom in seiner Architektur alle Stile vereinigt, so möge dieses geistige Zentrum alle intellektuellen Dinge an sich nehmen, sie assimilieren und durch die ewigen Wahrheiten krönen. Eine Orgel für den Festraum spenden die evangelischen Gemeinden.

Man will die Hochschule auf eine neue Basis stellen und nach neuen Prinzipien leiten, – verkündet Magnifizenz von Mainz. Er erinnert an das Wort des Grafen Sforza: ‹Das europäische Problem ist ein moralisches Problem› und an ein Wort von Thomas Carlyle: ‹Trauriges Schauspiel, wir sind zur höchsten Spitze der Zivilisation gelangt, aber neun Zehntel der Menschheit muß den schwersten Daseinskampf kämpfen und einen wilden tierischen Kampf gegen den Hunger führen. Der Wohlstand der Länder erreicht einen nie gesehenen Stand, dabei sind die Menschen dieser Erde arm, ärmer als je an inneren und äußeren Gütern, arm an Geld und Brot, arm an Erkenntnis und Glauben.› Ja, woran liegt es? «Werden wir wieder Menschen, um wieder Bürger zu werden, und Bürger, um Staaten zu werden.»

Ein Redner in Uniform, General Schmittlein, Chef des Erziehungswesens, – die Neugründung der Universität seine Initiative, – charakterisiert die Männer, die diesem Werk hier vorstanden, an der Spitze den General König, welcher die Sache der Freiheit rettete, indem er vor vier Jahren die ‹ungeheure Flut› aufhielt, die die alliierte Stellung überrennen sollte. Sich selbst nennt der Redner nicht; ich höre: Ein abenteuerlicher Weg führte ihn von Norwegen über Rußland nach Afrika.

Musik aus dem Vorraum, der Zug formiert sich wieder, das Podium leert sich. – Es regnet, und als es sich aufgeklärt hat, wandert man durch die zerbrochene Stadt. Straße um Straße ohne Menschen, das ist nicht nur abenteuerlich, es ist unheimlich und man kann es nicht lange ertragen. In einigen Ruinen regt es sich, vom Boden hebt sich eine Luke, ein Kopf streckt sich heraus, in den fensterlosen Kellern hausen Menschen. Man zeigt uns den Dom, seine verschiedenen Stile, ich habe im Augenblick wenig Sinn dafür. Nach einer Weile erscheint der Lenker unseres Autos, das, wie er verlockend verkündet, völlig genesen auf uns warte. Wir beglückwünschen den Lenker dazu, ziehen aber einen Autobus vor. Er verhöhnt uns und nennt uns feige. Wir lassen den Makel auf uns sitzen. Er schwört, er werde vor uns in Baden-Baden sein. Wir stecken auch diesen Fluch ein.

Und dann auf den bequemen Lederbänken des Autobus zurück, durch all die Orte, die wir gestern und heute passiert haben. Es hat sich nichts geändert, aber es sieht alles anders aus. Unser Blick streichelt wehmütig die Ruinen, die gestürzte Brücke jammert uns, wir begrüßen die Weinberge und fragen die grünen Reben, was sie zu diesem Elend sagen. Sie sind still und ziehen weiter aus ihren Träumen den köstlichen Saft. Nebel wehen über den Rhein. Welch ein schönes, fruchtbares Land! Wie gemacht, irgend jemandes immer wieder ersehnte und geliebte Heimat zu sein, – und so von der Barbarei des Krieges zertreten.

Es wird Nacht. Wir fahren lange, lange. Wir haben keine Panne, nein, das nicht; aber es scheint, wir haben uns im Finstern verfahren. Auch das ist eine Möglichkeit für ein Auto. Als wir gegen Mitternacht ankommen, erfahren wir, der kleine Wagen ist schon anderthalb Stunden da.

26. Kapitel
Wiedersehen mit Berlin

Vierzehn Jahre war ich abwesend, 1947 sah ich zum ersten Male Berlin wieder, wo ich seit 1888 gelebt hatte. Damals war Berlin schon Großstadt, Hauptstadt Preußens und des Bismarckischen Reiches. Aber die eigentliche riesenhafte Entwicklung kam erst später über die Stadt. Es gab noch keine Elektrische, keine Autos auf den Straßen, die Wohnungen hatten Gas und das Gasglühlicht war ein großer Fortschritt. Es gab noch kein Telefon, welch selige Zeiten. Dies alles fiel uns dann zu. Ich sah auch noch auf dem Tempelhofer Feld das erste Flugzeug der Brüder Wright aufsteigen: Siehe, sie kamen wahrhaftig mit ihrem Kasten in die Höhe und hielten sich eine Weile oben. Das war ein Spiel. Später wird man anders zu Flugzeugen aufblicken. Es kamen auch die Warenhäuser und die Untergrundbahn.

Als ich 1933 diese Stadt verließ, stand sie reich und prächtig, geräuschvoll, quasi gemästet da, mit einem Übermaß von Leben. Berlin war wirklich eine Kapitale, ein Zentrum, ein Umschlagsort für Geistiges und Politisches, auch für die Wirtschaft geworden, für den Fremden eine tosende Stadt. Aber, wer hier lebte wußte, daß sich durch alle Veränderungen hindurch der Berliner Menschenschlag in seiner Art erhielt: Trocken wie der Sand der Mark, auf dem sich die Häuser erhoben, zu Ironie und Scherz geneigt, durchaus nicht roh, wenn auch nicht hoch gebildet, nüchtern, skeptisch und arbeitsam, ein regsamer, sehr anstelliger Menschentyp, den man in allen Schichten finden konnte. So war dieser Menschenschlag schon in der Fritzischen Zeit beschrieben worden.

Draußen im Lande, im Westen und Süden, aber auch in der Provinz, war Berlin nicht beliebt. Er war der Wasserkopf und erschien protzenhaft. So verließ ich damals Berlin. Es war mein wirkliches Zuhause, ich hatte dieses frohe Gefühl des Zuhause jedesmal, wenn ich von kürzeren Reisen zurückkehrte. 1947 aber fuhr ich zögernd nach Berlin zurück. Ich lebte schon eineinhalb Jahre auf deutschem Boden. Ich wußte, las und hörte: Dort oben gab es Berlin, aber ich scheute mich, ich ängstigte mich beinahe hinzufahren. Warum alles aufreißen? Ich wußte ja, da drüben waren nicht die, die ich verließ, und ich selber, war ich noch derselbe?

Durch eine Hintertür trat ich ein, von Frohnau. Und dann die Stadt. Ich wußte schon alles. Es ist keine große Phantasie nötig, nachdem man ein Dutzend zertrümmerter Städte gesehen hat, sich auch diese vorzustellen. Verstümmelung ist Verstümmelung, also auch hier die traurigen Reihen der Häuserskelette, die leeren Fassaden, die Schutthaufen, alles, was die Kriegsfurie und der Brand übriggelassen hatten. Eine Anzahl intakter Häuser, überfüllte Elektrische, trübe bepackte Menschen, die rollenden S- und U-Bahnen, abends Finsternis in den Straßen, menschenleere Plätze. Die Realität gibt mehr als die Phantasie.

Ich wohnte in Hermsdorf. Dahin fuhr man früher öfter, Sonntag nachmittags. Jetzt wohne ich hier mit meiner Frau.

Doch ein wunderbares Gefühl, hier zu sein. Langsam traten die Häuser und Bäume aus ihrer gleichgültigen Haltung hervor und rührten an etwas in mir. Ich erkannte die Bäume, ich erinnerte mich an sie, und sie erinnerten mich an mich. Hier in Hermsdorf war es gut und wurde von Stunde zu Stunde besser. In mir vibrierte etwas, ein sonderbares, ungewöhnliches Gefühl.

Es kam vieles zusammen. Die Luft war besser, mir angepaßter, genehmer. Übrigens die Bäume hier: Unten an ihren Stämmen hängen Zettel. Man bietet allerhand an, man will kaufen, verkaufen, tauschen. Und diesen Anblick kenne ich, er ist mir unvergeßlich, – das war doch vor sieben Jahren, im Schicksalsjahr 1940, da war ich auf der Flucht in Toulouse, und da drängten sich viele Flüchtlinge zusammen, man hatte sich verloren und suchte sich, und da hatten auf dem Hauptplatz der Stadt, an den Rathauswänden, die Flüchtlinge solche Zettel angeheftet, Suchzettel – ich habe es erzählt. Und das bot einen merkwürdigen Anblick, weil die ganze Front des Gebäudes rund herum von einer gewissen Höhe an solche Zettel trug. Wenn der Wind kam, flatterten die Blättchen auf, und das sah aus, als wenn sich Federn sträubten, das Gebäude schien sich aufzuplustern und davonfliegen zu wollen.

Daran erinnerten mich die Papiere an den Bäumen von Hermsdorf. Ein Abgrund liegt zwischen damals und heute, – ich staune, daß ich gerettet wurde und den Abgrund heraufkriechen konnte.

Von hier führt eine Bahn nach Berlin. Sie war früher die Vorortbahn, mit Dampfmaschinen. Jetzt läuft sie elektrisch wie die Untergrundbahnen. Es lassen sich enorm viel Menschen hineinstopfen. Was sind das für Menschen, die in die Stadt wollen. Sie sind schlecht gekleidet, schleppen Säcke, Pakete, – armseliges Volk, das sich müht, ein Notstand, man sieht es auf einen Blick. Das hat es früher hier nicht gegeben. Viele Kinder dabei. Der Ausdruck der Erwachsenen unfroh und stumpf. Es geht ihnen nicht gut, darum können sie nicht froh sein.

Man fährt nach dem Stettiner Bahnhof. Es ist merkwürdig für mich, daß ich jetzt, wo ich nach langer Abwesenheit hier wieder auftauche, die Stadt an demselben Platz betreten soll wie vor sechzig Jahren, als ich sie zuerst sah. Eine schon traumhafte Kindeserinnerung taucht auf, so weit werde ich zurückversetzt: Wir kamen von Stettin, meine Mutter und wir Kinder, nachher fuhren wir mit der Stadtbahn weiter, und wie ich von einem Stadtbahnhof zum andern fuhr, einer genau wie der andere, da dachte ich, wir fahren nur hin und her. Dahin also geht es jetzt.

Unterwegs zeigen sich Bilder von einer fürchterlichen Verwüstung, einer maßlosen Zerschmetterung. Es hat beinahe nicht mehr den Charakter des Wirklichen. Es ist ein unwahrscheinlicher Alptraum bei hellem Licht.

Die Stadt muß sich in der Finsternis in einen fürchterlichen Kampf eingelassen haben und ist daraus so hervorgegangen, verstümmelt, mit greulichen Verletzungen. Was war das für ein Kampf, was hat sich hier abgespielt? Es geht so von Station zu Station. Gut, daß die Bahn rasch vorbeisaust.

Zuletzt wird die Fahrt unterirdisch. Über finstere Treppen schieben wir uns nach oben.

Tageslicht. Wir sind in Berlin. Durch eine zerbröckelte Bahnhofshalle gelangt man ins Freie. Dieses hier war immer eine graue, armselige und unsichere Gegend. Und da stehen also die bekannten, alten finsteren Mietskasernen. Ich sehe sie wieder, am Bahnhofsplatz. Ja, das ist Berlin. Hinten die Seitenstraßen, in denen es die Lokale mit den roten Laternen gab. Dieselbe Faust, die ganze Fabriken von oben nach unten zerquetscht hat, hat auch diesen schmutzigen Bauwerken furchtbar mitgespielt. Den alten verrotteten Vetteln sind die Zähne eingeschlagen worden. Aber das steht noch herum, in der Mitte und im Innern zusammengesunken, ohne Eingeweide. Aber es steht Gerippe, hat noch die Gestalt von Häusern und gibt sich nicht auf. Lange Straßenreihen, ein jämmerlicher Zustand, tot und nicht tot.

Manches Haus trägt noch außen Bilder, Ankündigungen, Plakate – Erinnerungen an die Zeit, wo man noch lebte – eine Leiche, die noch eine bunte Schürze und ein Armband trägt. Wie ich mich vor dem Bahnhof umsehe, schallt eine gewaltige Stimme aus einem Lautsprecher, der hier irgendwo angebracht ist, an der Haltestelle der Elektrischen hier, wo sich viele arme Leute sammeln und auf die Elektrische warten, die sehr selten kommt. Was ruft diese Stimme? Ein billiger Conférencier trägt seine Späße vor, in trauriger Umgebung. Es soll die Leute erheitern. Und nachher singt jemand aus dem Lautsprecher Verdi. Ja, am Stettiner Bahnhof singt er laut Verdi, vor diesen Fensterhöhlen, in denen, wie es im Gedicht heißt, der Schrecken und das Grauen wohnen. Der Gesang ist grauenhaft. Wir machen, daß wir weiterkommen.

Der weite Platz vor dem ehemaligen Vorortbahnhof ist leer. Er ist von halbverfallenen Häusern umgeben. Wir nähern uns der Chausseestraße.

Drüben auf der andern Seite ein merkwürdiger Anblick! In einem leidlich intakten Haus ein elegantes Restaurant mit Kronleuchtern und hellen Gardinen, draußen russische Zeichen. Es wird für Offiziere sein. Und dies ist die Chausseestraße, die breite Straße, die sich nach Süden über die Weidendammer Brücke in der Friedrichstraße fortsetzt. Wir müssen weiter zu Fuß gehen, es ist noch immer keine Elektrische gekommen, um uns zum Lehrter Bahnhof zu bringen. Oh, dies ist ein tausendmal von mir begangener Weg, zur Charité und zu den Naturwissenschaftlichen Instituten. Wir gehen an dem U-Bahn-Schacht Invalidenstraße vorbei, über den Damm. Man muß vorsichtig gehen, der Asphalt hat gebrannt und ist löchrig. Das Naturwissenschaftliche Museum, das archäologische, beherbergte einmal auch Tierreste aus Vorzeiten; es hat sich nun selber in solch Gebilde verwandelt. Verkohlt, zusammengebrochen die Institute. Hier ist man ein- und ausgegangen, vor Jahrzehnten; gerade die Fassaden stehen da, die Treppen führen noch hinauf, ja, ein Flügel scheint noch erhalten, im Untergeschoß. Über den Rest ist die Zeit weggegangen. Hier herrscht jetzt am frühen Nachmittag ein unheimliches Schweigen. Man stelle sich vor, in einer Riesenstadt wie Berlin, eine breite Straße ohne Wagen, mit wenigen Menschen und kein Laut. Links drüben der Luisenplatz, früher eine Grünfläche; auf den Bänken saßen Menschen, da spielten Kinder. Jetzt blickt man die leere Luisenstraße hinunter, wo es früher von Studenten und Wagen wimmelte. Einzelne russische Soldaten begegnen uns. Sie haben ernste, ruhige Gesichter und blicken an uns vorbei.

Wie wir uns dem Lehrer Bahnhof nähern, strömen uns Haufen von Menschen entgegen. Es ist ebensolch Elendszug, wie wir ihm schon unterwegs begegneten. Alles schleppt und ist beladen mit Taschen und Säcken. Hier sehen viele lumpig aus, einige geradezu wie Höhlenbewohner.

Am Bahnhof Savignyplatz hat sich das Bild verändert. Einige Häuser sind erhalten, und die Menschen, die sich hier bewegen, sehen sauberer aus. Aber die Bleibtreustraße wieder, zu der wir wollen, sie ist zum Jammern. Wir suchen ein Haus, eine bestimmte Nummer, aber wie soll man zählen. Dann steht plötzlich zwischen zwei Schutthaufen das Haus, das wir suchen. Und wie wir den Flur betreten, den Hausflur, ist da alles sauber und ordentlich, und wie wir auf den Knopf drücken, klingelt es normal. Und wie wir eintreten, gehen wir über einen Teppich. Und dann öffnet eine gut gekleidete Dame vor uns eine Tür und dies ist ein weiter, schön eingerichteter Wohnraum mit Sofa, Klubsesseln, mit Bildern an der Wand, auch mit Blumen und Stehlampen und allem, was es in alten, alten, versunkenen Zeiten gab. Ja, so ist das Haus stehengeblieben. Warum dies Haus und die andern nicht? Sogar die Möbel hat keiner weggeschleppt.

Und dann setzen wir uns hin und trinken, eine märchenhafte Situation. Wir trinken aus feinen Tassen Tee und rauchen Zigaretten, als wäre nichts geschehen, und draußen gäbe es den Kurfürstendamm und die Vergnügungslokale, und wir unterhalten uns. Wir sitzen wie auf einem Schiff in einem tobenden Meer; aber es ist alles gut abgedichtet und kein Laut gelangt von draußen an unsere Ohren.

Wir sind fünf. Außer uns beiden der Verleger S. und der junge Hausherr mit seiner Frau. Nachher kommt noch ein zweijähriges pausbäckiges Bübchen hinzu, das gleich ruft und die Feder auf dem Hut meiner Frau mit Put-Put anruft. Und nun erzählt man sich allerhand, wie man am Leben geblieben ist, wie man die letzten Zeiten verbracht hat. Und draußen die Einöde, die Wüste, das schweigende, meilenweite Schlachtfeld, einmal eine Stadt, die den Namen Berlin trug.

Ich frage: Was schaffen die Menschen hier, wovon leben sie? Man erzählt mir, manche verkaufen ihren Besitz, wenn sie noch welchen haben, leben von dem Erlös, geben ein Stück nach dem andern weg. Manche treiben Schwarzhandel, sehr viele.

Später der Kurfürstendamm. Er war eine breite Straße, mit Bäumen bepflanzt, ein Boulevard, der sich bis nach Halensee hinzog, mit Prunk- und Protzhäusern, mit Kinos und Bars. Wer bewegt sich jetzt hier? Der Reichtum ist verjagt. In den Wracks der Häuser Läden, Parfümerien, Blumengeschäfte. Ein Laden nennt sich Raumkunst, man sieht in den Schaufenstern sorgfältig und geschmackvoll angeordnet Schachteln, Lampenschirme, auch Armbänder. Ab und zu stößt man auf eine Bar. Wir gehen am ‹Café Wien› vorbei, das gibt es noch. Man sitzt draußen im Freien. Es sitzen Leute an Tischen und spielen friedliches Leben. Und warum nicht? Es ist schönes Wetter, und das konnten die Bombardements nicht beseitigen. Elegant sehen die Gäste nicht aus, und was sie trinken soll kein Kaffee sein, und was sie Schorle nennen, wird nicht viel mehr als gefärbtes Selterwasser sein. Manche Passanten, denen wir begegnen, scheinen aus der früheren Epoche zu stammen und gespenstern hier herum.

Das Trottoir ist immer wieder aufgerissen, der Luftdruck der Bomben hat die Platten verschoben. Man sieht hinten einen Turm mit einer rundlichen schwarzen Spitze. Diese Ruine ist die Kaiser-Wilhelm-Gedächtniskirche, stark verkohlt, ein durch und durch gebohrtes Wrack. Das Romanische Café ist offen, man kann hineingehen, wenn man Lust hat; es steht enorm weit offen. Man kann von der Straße in die Hinterräume blicken, in den ersten Stock. Drüben gab es ein Kino. Ich finde den Platz nicht mehr; es brachte einmal die Premiere eines Films nach meinem ‹Alexanderplatz›. Auch der dicke Schauspieler, der damals die Hauptrolle spielte, existiert nicht mehr, im Osten gestorben. Nur ich bin noch da – und konstatiere alles.

Das Riesenlokal am Zoo, die Wilhelmshallen, zusammengeschlagen. Der Zoo; hier fiel einmal eine Phosphorbombe auf einen Elefanten, das Tier kämpfte entsetzlich, um das Feuer zu ersticken. Aber da die Sonne auf Gerechte und Ungerechte scheint, wurde das riesige, ahnungslose Tier in den menschlichen Jammer hineingerissen und kam um. Es gab ein entsetzliches Toben in der Stadt, davon hört man jetzt nichts mehr, das anorganische Toben der Elemente. Es entstand bei der furchtbaren fressenden Hitze ein Feuersturm, der durch die Straßen raste, Heulen und Rauschen.

Das kann man sich leidlich vorstellen; schwerer jetzt, nachdem alles vorbei ist, wie hier, überschrien von den Elementen, das Lebende schrie und nicht schrie. Es wird auch damals kaum gehört worden sein, dieses Angst- und Entsetzensgeschrei der Kreatur. Den Menschen waren ihre Schöpfungen über den Kopf hinweggewachsen, und nun rasten über ihren Köpfen diese Gebilde, die Elemente, die ihnen bis da gedient hatten und triumphierten.

Wenn Alarm zu spät gegeben wurde, stürzten die Menschen die finsteren Stufen der Keller hinunter, und wer einmal umgestoßen wurde und lag, den sah man nicht und niemand richtete ihn auf. Es wurden Kinder und Hilflose von der Herde der Geängstigten totgetreten, – bevor sie allesamt verschüttet wurden.

Dinge dieser Art geschahen in einer reichen Stadt Europas, während zugleich im selben Europa Musik und Literatur blühten und Asepsis und Immunität entwickelt wurden.

27. Kapitel
Gang vom Bahnhof Friedrichstraße
nach den Linden

Wir haben uns mit einem Zeitungsmann verabredet, der mich ausfragen will, an der Bahnhofsuhr gegenüber dem Admiralspalast. Aber was sieht man noch vom Admiralspalast, wo es Theater und herrliche Bäder gab? Auch das Haus, das große Gebäude gegenüber, einmal Pepiniere für Militärstudenten, ist gefallen. Da wächst hinter dem Bretterzaun Gras und Unkraut.

Man spaziert los. Man registriert, was es gibt und nicht mehr gibt, was man aus seiner Erinnerung streichen und in eine andere Sphäre einreihen muß, zu den Verstorbenen.

Es gibt nicht den Wintergarten, das große Varieté mit seinem Sternenhimmel, – nicht das Zentralhotel. In der Ecke zu den Linden gab es das große Viktoria-Café. Du entdeckst Höhlen, Eisenschienen und Mauersteine. So überall. Wozu eigentlich darin stöbern? Aber man will es erst zur Kenntnis nehmen, denn auch das muß zu einem kommen. An der anderen Ecke Friedrichstraße – Unter den Linden fällt mir etwas auf.

Arkaden? Unter den Linden Arkaden? Ja, höre ich, da war das Schweizer Verkehrsbüro. Ich schüttle den Kopf. Noch nachträglich, wo sie schon zerstört sind, ärgern mich diese Arkaden.

Unter den Linden – welche Geschmacklosigkeit und Stillosigkeit! Und das sind also die Linden, früher eine Prachtstraße der Stadt. Der Grundriß ist noch da, – die Straßen verschwunden. Wie weit die Linden sind, leer, ein Riesenplatz, der sich lang hinzieht. Keine Bäume. Man sieht über Häuser hinweg, durch Häuser hindurch. Hinten, am Pariser Platz, erkenne ich das Brandenburger Tor. Es steht im leeren Raum, rechts und links nichts. Auf seinem Dach, wo das Viergespann fuhr, liegt oder steht noch etwas, aber das Bild hat sich verändert.

Still und leer die Friedrichstraße, und so diese Linden, durch die sich früher Menschenmassen und Wagen wälzten. An der Kranzler-Ecke mußten – früher – Schutzleute den Verkehr regeln. Wie wir hier stehen, nähert sich von der Friedrichstraße her ein junger, russischer Soldat, am Arm eine junge Frau in einem einfachen blauen Kleid. Ernst gehen sie an uns vorbei. Ein Bild, eine Halluzination: über die verwüsteten menschenleeren Linden, zwischen den Ruinen dieser verwüsteten Stadt, spaziert einsam, ernst und ruhig ein junger russischer Soldat mit seiner Frau. Hätte sich dieses Bild irgend einer vor fünf Jahren ausdenken können, oder gar vor fünfzehn Jahren, als ich noch hier war.

Ich spreche davon zu dem jungen Zeitungsmann neben uns. Er zuckt die Achseln und schließt seine politische Betrachtung mit dem Hinweis: «Wie die Dinge laufen, in Europa und in der Welt, kann noch allerhand möglich sein, und wer kann wissen, ob nicht nach zehn, zwanzig Jahren ein russischer Soldat seine Frau über den Boulevard auch verwüsteter westlicher Städte spazieren führt.»

Da steht das Denkmal des zweiten Friedrich, den sie den Großen nennen. Das Denkmal, eingemauert, steckt in einem häßlichen, viereckigen Steinkasten am Eingang der Linden vor dem Palais des ersten Wilhelm, des ersten neudeutschen Kaisers. Sein historisches Eckfenster ist auch nicht mehr da, so wenig wie das Opernhaus gegenüber, dessen aufgerissener Bühnenbau Massen von Eisenwerk in die Höhe streckt.

Warum hat man nur den zweiten Friedrich so sorgsam eingemauert? Ich erinnere mich aus 1933 einer Radioübertragung des Hitlerbesuches in Potsdam am Grab dieses manchmal auch Flöte spielenden Königs. Potsdam wurde wieder einmal gegen Weimar gestellt. Es war der Auftakt, das Abfahrtszeichen für die Fahrt ins Dritte Reich, zur Aufrüstung, zum Krieg und zur Zerschmetterung. Das Potsdamer Radiozeichen spielte ‹Üb immer Treu und Redlichkeit›. Man sah schon eine Koalition gegen sich voraus und vielleicht hoffte man auch am Schluß noch auf ein solch Wunder wie das, welches den preußischen König rettete. Ironie der Geschichte: es war eine Russin, die russische Kaiserin, die sich des Preußen, der verloren war, annahm. Die Russen haben den faux pas von damals revidiert.

Wir gehen nicht weiter. Diese Gegend habe ich nie geliebt. Hier an der Schloßbrücke, an der Puppenbrücke, stellte man uns als Schüler auf, in der Kälte, zu Kaisers Geburtstag am 27. Januar. Der zweite Wilhelm kam mittags zu Fuß zwischen seinen Söhnen und Generälen vom Schloß herüber, er ging zum Zeughaus hinüber, zur Paroleausgabe. An dem heißen Augusttage 1914 stand ich hier eingekeilt in einer Menschenmenge vor dem Schloß, das jetzt in Schutt liegt. Die Menge sang ein Lied nach dem andern. Sie zogen dann die prangenden Linden herauf, im Delirium des Krieges. Nach vier Jahren sah ich in denselben Straßen revolutionäre Arbeiter hinter roten Fahnen ziehen. Kapellen spielten die ‹Internationale›, die Weimarer Republik schien da zu sein. Und drüben im Lustgarten und auf dem Schloßplatz versammelten sich die Arbeiter am 1. Mai, Musik und ein Flaggenmeer. Nichts mehr davon ist sichtbar, hörbar, nichts von den Menschen, nichts von den Gebäuden. Diese Gegend ist eine Bodenpartie, durch die die Spree fließt. So sieht Geschichte aus.

28. Kapitel
Am Alexanderplatz

Die U-Bahn brachte uns am Nachmittag zum Alexanderplatz. Es ist noch alles zu erkennen und zum Schweigen gebracht. Ich habe, wie ich den Bahnhof verlasse und auf den Platz blicke, wieder das bittere Gefühl, das in mir aufstieg, als ich vor zwei Jahren von Frankreich her die Grenze überschritt und die ersten deutschen Dörfer sah. Das bittere Gefühl drängt sich mir wieder hoch und ich muß fragen: Was tue ich eigentlich hier? Sollte ich nicht eigentlich Hals über Kopf davonrennen und nichts davon ansehen? Sie haben sich schänden lassen. Ich komme mir vor, ich habe das Gefühl eines Mannes, den man verraten hat.

Diesen Platz, ich kenne ihn noch. Ich kannte ihn schon, als sich noch nicht einmal der mächtige Tietz-Palast hier erhob, derselbe Palast, den man jetzt samt seiner Kuppel niedergeboxt hat. (Das Gebäude sieht aus wie ein Mann, dem ein Stoß das Genick gebrochen und den Schädel in den Brustkasten heruntergeschoben hat.) Ich kenne den Platz noch aus der Zeit, wo es hier sehr ruhig herging und sich in seiner Mitte ein kleiner Hügel erhob, den ein freundlicher grüner Rasen bedeckte; da gab es auch ein Gebüsch, in dem Bänke standen, auf denen man friedlich beieinander saß, friedlich im Grünen, mitten in Berlin auf dem Alexanderplatz.

Wir saßen oft hier, meine Mutter und ich, auch einer meiner Brüder, wenn wir zur großen Markthalle gingen und der Mutter die Tasche trugen. Wir gingen gerne mit. Wir wohnten Blumenstraße, Grüner Weg, später Landsbergerstraße. Ich besuchte die Gemeinde-Schule am Friedrichshain, Höchstestraße, etwa 1888–90. Wie weit das zurückliegt. Es fuhren noch Pferdebahnen, es gab noch kein elektrisches Licht. Ich erinnere mich, wie ich staunte, als man auf den Straßen für die Elektrischen die Drähte spannte; es gefiel mir nicht, es machte den Eindruck eines Gitters über der Stadt. Ja, damals fuhr man noch Pferdebahn. Es gab auch keine Autos. Ich erinnere mich eines gewaltigen Fahrzeuges, das öfters unter den Linden und Friedrichstraße, gegenüber dem Café Bauer stand und Fremde zu Rundfahrten durch die Stadt einlud. Solche Fuhrwerke hießen Mail-Coach. Sie waren eine Art Omnibus, diesmal ohne Pferde, und mir fehlte vorne an ihm etwas, eben die Pferde, und wie sich dieser Autobus dann mit großem Geräusch in Bewegung setzte, machte er auf uns einen verkrüppelten Eindruck.

Damals also trug der Alexanderplatz noch einen Hügel, und in der Markthalle gab es viel zu sehen. Man beobachtete die Fische in großen Marmorbassins, ging die Reihe der Fleischstände entlang, und einen Vers, der da zu lesen war, habe ich noch in Erinnerung. Man wollte begründen, warum der Käufer auch Knochen akzeptieren mußte: Alle Tiere hätten außer Fleisch auch Knochen: ‹Drum muß beim Fleischverwiegen jeder einen Knochen kriegen!›

Die Zeit rückt vor, Warenhäuser, umstritten und lächerlich gemacht, im Beginn wirklich nur Ramschmagazine, betraten die Bildfläche. Hier auf diesem Platz stand auf der Nordseite eine große Schneider-Akademie, sie wurde abgerissen und das erste Warenhaus, Tietz, nahm ihren Platz ein. Es erschien auch hier das mächtige Bronzemonument der Berolina, welche groß einen Arm ausstreckte, vielleicht einzuladen oder zu grüßen. Sie wurde vor das Warenhaus gestellt und beherrschte den Platz.

Wie von gewissen alten Kirchen in manchen Städten strahlten von diesem Platz kleine finstere und zweifelhafte Straßen aus. Das Scheunenviertel in der Nähe hieß mit Recht Scheunenviertel, ich erinnere mich noch der Holzbuden; damals gab es hier noch keine pompöse ‹Volksbühne›. Und an dem Platz, nach Süden, stand ja auch der gewaltige finstere Kasten, das rote Polizeipräsidium.

Als ich mich später in der Frankfurter Allee als Arzt niederließ, machte ich meine täglichen Spaziergänge zu Fuß bis hierher und manchmal noch ein bißchen weiter, bis in die Königsstraße hinein in die Nähe des Rathauses. Da landete ich gegen zwölf bis ein Uhr oft in dem Café Gumpert, einem großen, sehr lebendigen Lokal, in dem sich die Geschäftsleute dieser Gegend trafen. Man las da Zeitung, es gab Zeitungen aus der ganzen Welt, und trank seinen Kaffee. Öfters hatte ich auch mein Manuskript mit, hörte bald zu, was man sich erzählte und bald schrieb ich. Der wirre Lärm war mir beim Schreiben angenehm.

Ich habe den Platz auf der Höhe seiner letzten Entwicklung nicht mehr gesehen. Ich bedaure es nicht.

Ich komme aus der Königsstraße, die stumm und menschenleer liegt. Das ehemalige Warenhaus Wertheim, sehr zerstört, ist geschlossen. Ich stehe unter dem Stadtbahnbogen. Da ist noch das Lokal ‹Zum Prälaten›, da mache ich Halt und betrachte die Menschen, die wenigen, die hier vorbeigehen und herumstehen. Wie ich neben ihnen stehe, höre ich, man spricht über Nahrungsmittel. Neben mir steht ein russischer älterer Soldat und beobachtet wie ich. Er geht nach einer Weile weiter.

Der Platz ist nicht leer, hier fahren einige Lastwagen, und Frauen schieben Kinderwagen, in denen sie Holz transportieren. Vor dem Warenhaus Tietz, dessen Kuppel und Globus tief liegt, stehen Tische, und Straßenhändler verkaufen das billige Zeug, das man jetzt in allen deutschen Städten feilbietet.

Ich blicke in die großen Straßen, die vom Platz ausgehen. Ich wandere die Münzstraße hinunter, hier gab es früher viele Lokale, auch zweifelhafte. Auch viel kriminelle Dinge sind hier passiert; es war ein ungeheuerliches Menschengewühl. Die Lokale entdecke ich nicht mehr. Ich bin wie Diogenes mit der Laterne, ich suche und finde nichts. Ich kehre zum Platz zurück und erinnere mich an das Lehrer-Vereinshaus, wo es so viel Versammlungen gab, und ein großes Café. Das Gebäude steht, gebrochen. Es gibt keine Versammlungen mehr.

Nein, das ist alles Geschichte, Vergangenheit. Hier wie in der Friedrichstraße, am Lützowplatz, am Stettiner Bahnhof, alles zerbrochen und niedergetreten. Die menschliche Siedlung zerstört, an der sie jahrhundertelang gebaut haben. Sie haben einen ungeheuren Fleiß darangegeben. Sie wurden wohlhabend, aber sie konnten das Ganze nicht meistern. Zuletzt fiel alles zusammen.

Aber von diesem Platz und seinen Menschen ist die Vernichtung nicht ausgegangen. Hier pulsierte friedliches Leben, so wie menschliches Leben ist, mit Schwächen und Lastern und Verderbnis. Das ist hingesunken und zum Opfer geworden, die Wohnhäuser, die Warenhäuser, die Läden, die Cafés, die Gaststätten, die kleinen versteckten Hotels, Aschinger, und mit ihnen alle Gegenstände, die das tägliche Leben erfreuen. Darin steckte nichts Übertriebenes und Gewaltsames.

Und wenn es jetzt mit Mann und Maus untergegangen ist und zu Mauerwerk zerfällt, so kam das U-Boot, das alles zur Strecke brachte, doch nicht von hier.

Die Frankfurter Allee, wo ich so lange wohnte.

Die weiteren Straßen, was für eine Gegend.

Dies war keine Gegend des Abgrundes.

Das war keine Gegend des Vergnügens und des friedlichen Behagens. Schwer hat der Landmann, der Bauer und seine Familie zu arbeiten, es gibt Fehlschläge, Enttäuschungen und harte Zeiten, – aber was gibt es hier in der ganz großen Großstadt, in ihren Armen- und Elendsvierteln? Was hier lebte, in den finsteren vier- und fünfstöckigen Mietskasernen, die sich straßenlang kilometerweit hinziehen, und was ihre düsteren Höfe und die Quer- und Hintergebäude bevölkert, das kennt noch Schlimmeres als Armut und mühselige Arbeit. Es sind die Fabrikarbeiter und ihre Familien, die kleinen Angestellten, Kleinhändler und was sonst sich müht und sich aus dem Elend entwickelt. Eine oft furchtbar verwahrloste, sich überlassene Welt, in der zu dem Besten, was sich regt, gehört: der Protest gegen diese Art zu leben. Zum menschlichen Dasein, wie es der Schöpfer geschaffen hat, – er gab den Menschen doch alles Lebende auf der Erde, in der Luft, im Wasser, zum Beherrschen, und damit es ihm diene, – gehört Behagen, Sonne, Natur, Freundschaft, und jenes Ausruhen und Besinnen, das einem Menschen ermöglicht, sich innerlich einzurichten, um zu wissen, wo er in der Welt steht.

Aber wo ist hier die Möglichkeit? Welches schwere Unrecht erleiden die Menschen. Ich bin durch meine alte Gegend im Osten Berlins gegangen. Der Anblick war erschütternd. Eine furchtbare Kriegsgewalt mußte kommen, um diese Häuser niederzulegen.

Ich zog durch die Gegend, in der ich lange gewohnt hatte und wo die Kinder zur Schule gingen. Hier und da ließ sich eine Fassade ermitteln, dort mußte das Haus gestanden haben. Es erinnerte, aber es erinnerte nicht einmal. Weit war das alles von dem entfernt, was früher war. D' ist nicht mehr das, was ich kannte und worin ich lebte. Aber es ist auf neue Weise mir nahe gerückt. Es ist von einem göttlichen Strahl getroffen und gezeichnet. Hier müßte man, sprach ich aus und kam mir immer wieder vor, zwischen den Trümmern sitzen und sie auf sich wirken lassen.

Ich habe mich dann doch gefreut, den und jenen zu sprechen und von dem und jenem begrüßt zu werden. Andere traf ich, die wichen mir aus und schwiegen. Aber ich kann nichts dafür, daß ich mich geändert habe. Ein Mensch hat es leichter als eine Stadt, sich zu ändern, ein Mensch kann leben bleiben, eine Stadt stürzt ein.

Bin ich ein verlorener Sohn, der nicht zurückkehren will? Wie viele sind in alle Welt zerstreut, wie viele modern schon und ich gehe noch hier herum und lebe. Ich trage das Bild der alten Stadt in mir. Sie sollte und mußte sich wandeln. Die Stadt konnte es nicht. Bleiben wir Lebenden, sind nicht zertrümmert und nicht mehr dieselben.

1947 war ich zögernd nach Berlin gefahren. Ich scheute mich, ich ängstigte mich beinahe, hinzufahren. Warum alles aufreißen. Ich wußte ja, da drüben lebten nicht die, die ich verließ, und es war nicht die Stadt, die ich verließ.

Und nun 1948 zum zweitenmal nach Berlin zu einer Diskussion und einer Vorlesung. Ich las vor einer Gruppe, die mir nahestand. Und dann die Diskussion in einem öffentlichen Saal, eine konfuse, ergebnislose Schaustellung. Ich bedauerte schon nach der ersten Viertelstunde, daß ich mich dazu hergegeben hatte. Man diskutierte über schwere und subtile Dinge und mußte in den Saal hineinsprechen. Es ging um Kunst, Dichtung und Wirklichkeit; der Wirklichkeitswert der Kunst oder ihre Wirklichkeitsfremdheit sollte erörtert werden, und dies auf einem offensichtlich politischen Hintergrund. Es geschah ohne Plan und Vorbereitung. Man sagte, was einem gerade einfiel und wozu einen der andere lockte.

Wieder das Bild der Stadt. Wir sehen die traurigen Reihen der Häuserskelette, die leeren Fassaden, alles was der Brand und die Kriegsfurie übrig gelassen hat. Ja, hier war etwas geschehen, wieder sah ich es. Dies war der Hauptschauplatz des Spuks. Hier machte sich das Verbrechen breit, das Volk ließ sich betäuben, singende Jugend, enthusiastische Zuschauer. Das wogte durch die Straßen und scholl von den Häuserwänden, die nun nach vorne auf die Stirn gefallen sind. Versuche einer hier dem Gedanken an ein Strafgericht zu entgehen. Die damals hier lebten, haben gewiß zu Millionen nicht mitgemacht. Sie haben nur zugesehen, wie der Hexensabbat gefeiert wurde. Und dann sind aber ihre Häuser eingestürzt und Menschen getötet worden. So furchtbar spricht das Gericht in der Geschichte.

Die Straßen. Weit ist das alles von dem entfernt, was früher war. Es ist nicht mehr das, was ich kannte. Aber es ist mir auf neue Weise nahegerückt: Vom göttlichen Strahl getroffen und gezeichnet. Ich sagte auch bei der Diskussion: Zwischen den Trümmern müßte man sitzen, lange und sie auf sich wirken lassen, und den Schmerz und das Gericht ganz fühlen. Ja, es geht mich sehr an.

Und wieder sehe ich: Ein Mensch hat es leichter als eine Stadt, sich zu ändern. Ein Mensch kann sich wandeln. Eine Stadt stürzt ein.

Rede und Gegenrede

In Berlin hatte ich gesprochen. Obwohl ich schon anderswo gesprochen hatte und obwohl auch einiges von mir aus der letzten Zeit gedruckt war, kam mir vor, sie wußten wenig von mir und kannten mich nicht. Ich hatte irgend einen Namen, der sich an das Wort ‹Berlin Alexanderplatz› knüpfte. Das war aber kaum mehr als ein Wort, denn das Buch selbst war längst verschwunden, und wo ich jetzt stand und was hinter mir lag, wußten sie nicht. Statt meiner hatte man schon früher ein Phantom, das eine oberflächliche Kritik verfertigt hatte. Wie viele große Bücher hatte ich übereinandergetürmt und hatte mich auch im Tageskampf bewegt in dieser Stadt, gegen die Rückständigkeit, den unausrottbaren militärischen Geist, gegen die anrollende nazistische Welle, gegen das verräterische Bonzentum. Ich hatte im Literarischen, soviel ich konnte, die eitlen gespreizten Schönredner und Traditionalisten gezaust, die Nachahmer, die Parasiten, die von fremdem Gut lebten. Und besonders waren mir zuwider jene Literaten und ihre weit verbreiteten Cliquen, welche die Großstadt nicht gelten lassen wollten, – sie lebten dabei meist in der Großstadt und schwärmten für Provinz und Kuhglocken, während rings im Lande, und gerade in diesem Deutschland, moderne und modernste Wissenschaft, Technik und Industrie machtvoll die Szenerie beherrschten. Der Schatten des fürchterlichen deutschen Provinzialismus fiel schwer über die Großstadt, – die Großstadt, die reale Macht, im Grunde die einzige Macht, aus der der Reichtum und die Stärke des Landes kam, – aber die andere Macht, der geistige Rückstand aus der Vergangenheit erwies sich als noch stärker, im literarischen, politischen und im gesellschaftlichen Leben. Schwer war es, dagegen anzukämpfen und der Gegenwart zu ihrem Recht und zu ihrer Würde zu verhelfen.

Wie anders dieser Wettlauf zwischen Vergangenheit und Gegenwart in Amerika, in England und in Frankreich. Wie stolz hatte Walt Whitman von der ‹Demokratie› gesprochen, und er meinte alle arbeitenden Männer und Frauen, gleichermaßen die auf dem Land und die in der Stadt. Welche Lobgesänge hatte er auf Manhattan geschrieben; es sollte in Amerika keinem einfallen, ein provinzielles Landleben gegenüber den gewaltigen Städten zu erheben. Mir ist nichts bekannt von solchem

Antagonismus Stadt und Land und seiner vergiftenden Wirkung in England. Und Frankreich: In ihrem eigenen Saft, so hatten sich, Stadt und Land zusammen mit ihrem besonderen Gepräge, die verschiedenen Provinzen entwickelt und hatten durch die Jahrhunderte hindurch der König mit seinem Hof tonangebend in Paris gesessen, und ohne Leben und Eigenart der Provinz zu stören, floß von Paris eine feingeistige Kultur, und Paris erwies sich als Hauptstadt, unbestritten die Hauptstadt, auf deren Glanz alle stolz waren.

Es hatte mir auch nicht geholfen, daß ich früher einen epischen Bericht schrieb von den ‹wahrhaft Schwachen›, in dem das Thema des ‹Alexanderplatz› anklang, dann die Geschichte eines Kaisers aus dem Dreißigjährigen Krieg, der mit der Macht nicht fertig wurde und den die Macht entsetzte, die fürchterliche Leistung der Gewalt, und der dabei sich tragen läßt von seinem Feldherrn, Wallenstein, bis er von seiner Passivität verschlungen wird, – auch er ein wahrhaft Schwacher. Und ‹Manas›: die Wanderung eines Menschen in die indische Totenwelt; er bereut seine irdische Wildheit. Das nützte alles nichts. Sie hatten mich auf eine Formel gebracht: Schriftsteller des Milieus, der Unterwelt, der Berliner Unterwelt, so daß, als ich in Berlin sprach, mich wieder diese Formel empfing.

Ich sprach in Berlin davon, wie die Organisation den Geist verschlingt und verdirbt und gab dafür allerhand Beispiele und ging nicht an dem letzten Beispiel vorbei: Wie der Sozialismus im staatlichen Gebilde verdarb und zu einem Bonzentum verfaulte. Und was sei nun zu tun? Mir konnte die Antwort nicht fraglich sein. Man mußte über Formulierungen wie ‹Sozialismus› hinweg frisch zu den Grundwerten vorstoßen. Man mußte zu der eigentlichen Quelle gehen, zurück zu dieser Quelle. Ich nannte als notwendige Grundhaltung nach dem frechen Hochmut nationaler und atheistischer Art, der vorausgegangen war, die – Demut. Ich sprach offen davon, sprach auch vom Beten.

Wie sie nun froh waren in Berlin (ich sage nicht alle, aber gewisse Kreise, besonders die, die früher mit mir zusammenhingen), als sie diese Wendung hörten: ‹Zehn Schritte zurück zu der Quelle.› Ich wußte voraus, was sie daraus machen würden. Es kümmerte mich nicht. Mir kam es nur auf Klarheit an.

Ihre Zeitungen, die ich in den nächsten Tagen erhielt, verhöhnten mich. Ein Journal schrieb: ‹Wir erlebten eine vollendete Hingabe zur Mystik, gefährlich noch dazu, wenn sich der Mensch, wie der Autor des ‚Berlin

Alexanderplatz' tat, lossagen will von Partei, Organisation, von Staat und klassenkämpferischem Sozialismus, – um zehn Schritte zurück zu tun und – zu beten.›

Ich hatte gesagt: Es gelte neu den Standpunkt gewinnen, um mit den Gebilden Staat, Organisation, Partei richtig umgehen zu können.

Ein anderer: ‹Was Alfred Döblin uns im Charlottenburger Schloß sagte, haben wir so oder ähnlich oft gehört und es wurde nicht besser dadurch, daß ein berühmter Schriftsteller und seltener Gast es vorbrachte.› Ich antworte: Sie haben es nie gehört. Und wenn sie es mit ihren Ohren gehört haben, so haben sie es nie verstanden, und weil sie nicht wollen, werden sie es auch niemals verstehen.

‹Flucht aus der Wirklichkeit› schreiben andere Artikel. ‹Alfred Döblin, einst der schärfste, rücksichtsloseste Intellekt unter deutschen Schriftstellern, Vertreter einer naturwissenschaftlichen nackten Dichtung, ist als überzeugter Christ aus der Emigration zurückgekehrt. Seine Konversion hat Aufsehen erregt.›

Später, bei einem Empfang, sah ich eine Anzahl in Berlin ansässiger Schriftsteller, von denen ich einige kannte. Einen rechten Kontakt gab es nicht. Überdies antwortete ich auf eine Begrüßung in einer Weise, die vielen nicht gefiel. Sie sprechen und schreiben dauernd von Aktualität und Gegenwärtigkeit, ich aber fand nicht, wie ich ihnen sagte, daß sie recht in dieser Gegenwart lebten, und man müsse erst feststellen, mit welcher Jahreszahl man die Gegenwart bezeichnen sollte, in der sie lebten und aus der sie dachten.

Natürlich gab es später auch Angriffe auf mein Religionsbuch, und einer schrieb: ‹Das Buch ist ein Zeugnis vom Wege eines Avantgardisten, der zur anti-religiösen, Radikal-Linken gehörte, um zum Kreuz Christi zu gelangen.›

Wozu ich nur zu sagen habe, daß ich keine Zeit meines Lebens antireligiös war. Es wird mir schriftlich gegeben, daß ich ‹als Denker vor der Mystik kapitulierte›. Ich sehe in der Anerkennung der Rätselhaftigkeit und des Geheimnisses dieser Welt nichts von Kapitulation. ‹Er trat seine Flucht aus der Welt der realen Dinge an.› Aber im Gegenteil ließ ich Illusionen fallen und stand der Realität gegenüber. ‹Wenn rationales naturwissenschaftliches Denken schon dem Lehrer des Thomas, Alfred von Bollstädt, als größte Errungenschaft galt, lenkt der siebzigjährige Döblin die letzte Strecke seines Lebens in die Metaphysik, ins Irrationale und Mystizistische.› Ich bin rational wie nur einer. Wie verhalten sich aber die Herren vor der jenseits jeder Rationalität liegenden Realität? Sie drehen ihr den Rücken. Aber sie existiert und verliert dadurch, daß sie ignoriert wird, weder ihre Existenz, noch ihre Wichtigkeit. Wenn sie, wie es den Anschein hat, der Meinung sind, dies sei die einzige Welt, die ganze, und wir hätten uns hier zu bewegen und uns in Denken, Tun und Haltung auf das zu beschränken, was die Sinnesorgane liefern, so stimme ich mit ihnen nicht überein. Sie isolieren sich damit und engen künstlich sich auf einen kleinen Ausschnitt der menschlichen, sogar der menschlichen Vermögen ein. Nicht einmal das Denken findet bei ihnen den richtigen Platz; nicht einmal, was Ratio ist, verstehen sie richtig. Sie haben Theorien und versperren sich damit den Blick in die Wirklichkeit. Sie kämpfen gut, wenn sie gegen die Tyrannei des Zwangsstaates kämpfen oder gegen soziale Ungerechtigkeit. Aber der gute Kampf genügt ihnen nicht. Sie glauben aus einer selbstverfertigten Theorie sich erst die Berechtigung holen zu müssen. Die Theorie schadet der Sache. Sie sind Idealisten.

Ein Bruch zwischen Religion und Wissenschaft wurde zur Zeit der Renaissance deutlich. Überraschend drangen damals neue und verschüttete Erkenntnisse ans Licht. Bei den Gläubigen und Vertretern der Religion erregten sie Besorgnis. Es kam zur Ablehnung und Versteifung und, nun nicht erfaßt und richtig aufgenommen, warfen sich die neuen Wissenschaften völlig grundlos auf die religionsfeindliche Seite. Zu eng hatte man damals, zu ängstlich und ohne Notwendigkeit auf religiöser Seite sich an das geschriebene Wort gehalten, das gewiß offenbart, aber durch menschlichen Geist geflossen und in menschlicher Sprache geformt war. Aber als Christus schied, hatte er nichts geschrieben. Erst spät fing man an zu schreiben, und von seinem Leben und seiner Lehre gibt es vier Evangelien. Als Christus schied, war er noch wochenlang, bis zum Pfingsttag besorgt um seine Jünger und daß sie richtig seine Schafe weideten. Er wußte, warum er versprach, ihnen den ‹Heiligen Geist› zu schicken, – den Geist gewiß, aber den Heiligen Geist.

Es ist etwas geschehen und es ist mehr als ein Entschluß, wenn man sich als erwachsener Mann, ja als alter, auf die Knie niederläßt, vieles in Gedanken an sich vorüberziehen läßt, vieles beklagt und bereut und nichts denken und fühlen mag als: «Herr vergib uns unsere Schuld», und ferner: «Dein Wille geschehe wie im Himmel also auch auf Erden.»

Jedoch ist dies keine menschliche Entmachtung, nicht das Gefühl einer Entmündigung und knechtmäßigen Unterwerfung. Wenn ich in Italien wohne, in der Nähe des Vesuvs, entmanne ich mich da und werde ich passiv, begebe ich mich meiner Aktivität, wenn ich beim Bau meines Hauses, bei der Anlage meines Ackers und meines Weinberges die umliegende Natur berücksichtige, auch die Eigentümlichkeiten und Kaprizen eines Vulkans und mit ihnen rechne? Handle ich gegen die Vernunft, wenn ich bestimmte Gegenden überhaupt meide?

Aber diese Welt ist noch rätselhafter, noch weniger übersehbar, noch gewaltiger und furchtbarer als ein Vulkan. Ich tue gut daran zu wissen, wie mit ihr umgehen. es ist ein Segen, daß wir keine Mathematik und keine Physiologie zu lernen brauchen, um zu essen, zu schlucken und zu verdauen. Das ‹wissen› wir, wie wir sagen, das ‹haben› wir so, ohne weiteres, von Geburt, von Haus aus. Ich kann sagen: ‹so›. Aber ich kann nicht sagen: wie. Es fällt uns zu, das bringt unsere Natur mit sich. Diese Einsicht erweitere ich und habe sie fest in meinen Gedanken, und mit ihr arbeite und handle ich. So bin ich in besserer Kenntnis des Terrains und ‹vernünftiger› als die, die bloß mit ihren fünf Sinnen und vernünftig, das heißt unvernünftig und halbblind und halbtaub arbeiten.

Es gibt eine blinde und eine sehende Aktivität. Durch das wirkliche Sehen wird die Aktivität stärker und ergebnisreicher.

Daß sie die Kirche angreifen, und zwar mit Zitaten aus der Bibel, den Evangelien, – eine billige und schon langweilige Sache, – Hinweise auf die prächtigen Bauten, auf Prozessionen, auf glänzende Gottesdienste: Auffassungen eines Spaziergängers, eines Vergnügungsreisenden.

Dagegen: Der Reichtum der Liturgie, die wunderbare Einfachheit und Wahrheit der Messe, die Wahrheit und Tiefe der Lehre.

Hinweise auf gewisse Päpste, Mißstände, Entartungen, Machtkämpfe. Dagegen: Die stille, wie übernatürlich wirkende Existenz der Kirche. Der von ihr gespeiste fortdauernde Fluß der Gläubigkeit, durch die Jahrtausende, bei Millionen.

Um 500 zieht sich Benedictus aus der sittenlosen Umgebung der Stadt in die Einsamkeit zurück nach Subiaco und gründet Klöster.

Um 350 lebt in Ostia Frau Monika. Sie ist eine Christin, mit einem Heiden verheiratet. Sie bekehrt ihn. Ihr Sohn ist der spätere Bischof von Hippo, der heilige Augustinus. Als Sohn eines Reichen wird Franziskus geboren, der alles wegwirft und sich mit den Armen heiligt.

Die große spanische, von Visionen heimgesuchte Therese.

Um 1500 der mächtige Ignaz von Loyola. Er lernt auf dem Krankenbett seinen Glauben kennen. Die Kirche ist in Gefahr. Er sammelt die Jesu-Gesellschaft um sich.

Ein Gefährte von Ignaz ist Franz Xaver. Er predigt bis nach Indien und Japan von Gott und dem Erlöser. Er stirbt auf einer südchinesischen Insel.

Thomas von Aquin.

Franz von Sales, in Savoyen geboren, im 17. Jahrhundert. Er verteidigt die Kirche gegen Kalvinisten.

Die zarte Therese von Lisieux, sie stirbt jung, sie ist die Freude von Millionen.

29. Kapitel
1948

Und so ist das Jahr 1948 zu Ende gegangen, und ich habe die siebzig überschritten. Auf der unruhigen und unheimlichen Reise durch Frankreich im Sommer 1940 hatte ich oft das Gefühl des Beraubtseins und der völligen Entblößung. Es kam mir vor, als sei mir alles aus den Händen geschlagen. Dann erfaßte ich: ich nahm nur wahr, was schon bestand; es wurde mir demonstriert. Nun, 1948, geht es mir ähnlich. Das Alter und die zunehmende Kränklichkeit erschüttern und zermürben den Bau des Körpers. Es scheint, hier wird mir etwas weggerissen. Tatsächlich ist eine neue Situation im Entstehen. Stück für Stück werden Ziegel aus meinem Haus gerissen und man sägt Balken an. Mein Haus, aber das war ich nicht, das war ich nicht.

Das Haus war mir mitgegeben, aber es war mir nie gesagt, wie es mir vorkam: ‹Das Haus bin ich.›

Mein Körper, wußte ich schon lange, hat viele Schichten. Eine Anzahl Elemente bauen ihn auf, sie sind in der ganzen Welt verbreitet, sie sind aus der ganzen Welt zusammengezogen, sie werden harmlos ‹chemische Elemente› genannt, aber sie sind keine einfachen Gebilde, sie sind komplizierte Gestalten. Was sie aber sind und wie sie zu diesem Konzert ‹Ich› beitragen, das weiß ich nicht.

Man nennt dann Zellen die einfachste Grundform des Körpers, sie bilden sich, vergehen, sind sehr verschieden, und das ist eine Flora und Fauna.

Und wenn ich fühle, will, empfinde, begehre, – aus welcher Schicht kommt dies und aus welcher Schicht kommt jenes? Was dominiert? Was repräsentiert? Ich ‹empfinde› sage ich. Aber was alles ist darin, aus wievielen Welten zieht sich mein Ich zusammen. Bin ich überhaupt einfach?

Wenn jetzt Körperliches von mir abgeschlagen wird und der Bau zu morschen beginnt, so weiß ich nur: Einiges hier hat seine Rolle ausgespielt, aber es war, scheint es mir, schon vorher nicht das, womit ich mich wirklich identifiziere.

Ich habe bestimmt nicht mein Leben durchgestürmt: ‹Erst groß und mächtig, nun aber geht es weise, geht bedächtig.›

Als irgend ein Bürger lebte ich die größte Zeit meines Daseins in demselben Land, aus dem ich vor sechzehn Jahren hinausging. Ich tat, was ich zu tun hatte, blickte viel auf die Natur und die Gegenstände, dachte und phantasierte allerhand, wovon ich einiges aufschrieb. Zuletzt, jetzt, ach in welcher zerrissenen und wirren Zeit, in welchem zerrissenen und wirren Lande lebe ich.

Als ich das erste Mal Berlin aufsuchte (ich berichtete davon), und wir uns von der Friedrichstraße her den wüsten menschenleeren Linden zubewegten, da näherte sich uns von der anderen Seite der Linden ein junger, frischer, russischer Soldat mit seiner Braut. Arm in Arm mit ihr spazierte er über die wüsten, menschenleeren Linden, im Hintergrund stand eingemauert das Denkmal des Königs Friedrich II. Ein apokalyptisches Bild empfand ich. Mein Begleiter ergänzte auf seine Weise den Gedanken; er sprach von dem Vordringen des Ostens und bemerkte spitz, die Bewegung würde wohl nicht unter den Linden halt machen. Wir sollten uns in zehn Jahren noch einmal darüber unterhalten. Dinge dieser Art hört man und liest man jetzt viel. Was für eine Zukunft malt man sich da aus, in einer Gegenwart, die schon so gequält und geschlagen ist. Wenn aber gewiß diese Städte in Trümmer liegen, wir stehen auf einer anderen Seite der Schöpfung und bewegen uns von einer anderen Seite her, wo es keine Zerstörungen gibt. Dies alles ist die negative Seite der Welt.

Es ist dem Menschen dieser Weltära auferlegt, sich in Völkern zu versammeln und sich mit zugehörenden Völkern zu vereinen. Aber dem Verlangen ist fast im Augenblick, wo es sich zu realisieren beginnt und wo die Abgrenzung gegen Dritte deutlich wird, beigemischt der Hang, sich mit den Dritten und Vierten zu messen und sich über sie zu erheben,

– obwohl man weiß, oder wissen könnte, wie wenig man der Dinge im eigenen Haus Herr wird. Und wieder einmal entsteht in dem Meer der Geschichte eine Welle, die aber nur gegen das starre Festland anrennt, um brandend zurückgeworden zu werden.

‹Jesus kam in sein Eigentum, doch die Seinigen nahmen ihn nicht auf.› Er rang in Gethsemane, – ich habe davon gesprochen. Ich muß noch einmal darüber meditieren. Er ging, heißt es, mit den Jüngern abseits und fing an zu trauern und zu bangen. Zu den Jüngern sprach er: «Meine Seele ist betrübt bis in den Tod. Bleibet hier und wachet mit mir.» Er kniete nieder und betete: «Vater, wenn du willst, so nimm diesen Kelch von mir, doch nicht mein Wille geschehe, sondern der deine.» Am Himmel erschien ein Engel und stärkte ihn. Er suchte noch einmal die Jünger auf, kehrte zurück. Todesangst befällt ihn und er betet noch flehentlicher. Es heißt, sein Schweiß ward wie Blutstropfen.

Was ist geschehen? Was überfiel ihn? Was brachte ihn zum Bangen und Trauern und ließ seinen Schweiß zu Blutstropfen werden?

Jesus hatte bis da eine Aufgabe erfüllt: sich zu offenbaren, zu lehren und Liebe in die Welt zu tragen. Ergebnis: Sie hatten ihn, bis auf die kleine Zahl der Jünger abgelehnt, verjagt, mit Steinen bedroht. Sie hatten sich enthüllt. Der Höhepunkt sollte kommen: sie wollten ihn fassen und ihm den Prozeß machen. Aber er hat noch eine zweite Aufgabe vor. Die erste Aufgabe, das Mißlingen des Versuchs, die Welt wie sie war, seine Welt, aufzuheben und an sich zu ziehen, bildete die Voraussetzung und den Übergang zur zweiten eigentlichen Aufgabe: den Boden, den Charakter dieser Welt zu ändern. Gott, der Urgrund, Träger und Schöpfer dieser Welt selber, greift – in das Vipernnest der menschlichen Verderbtheit. Wieviel Gift kann ein Lebewesen ertragen, ohne umzukommen? Gott, hier in Menschengestalt, Jesus, greift nach allem Gift, das sich auf der Erde, in der Menschenwelt befindet. Er will und er will nach allem Bösen greifen. Das zu tun, das auf sich zu nehmen, ist seine Aufgabe, sein Plan.

Die Stunde der Ausführung naht. Auf Gethsemane tritt die Frage an ihn heran, ob er will. Der Urgrund, Gott, die unendliche Liebe, hat das beschlossen. Es ist keine äußere Todesart, die ihn erschreckt, die ihm den Blutschweiß austreibt und ihn bangen und trauern macht. Es ist die ungeheure Masse Gift, eine Welt von Tod und Todeskeim, die er aufnehmen, in sich aufnehmen und paralysieren soll.

Als er einmal in einer großen Menschenmenge ging, näherte sich ihm von hinten eine Frau, die, wie es heißt, an Blutfluß litt. Sie berührte den Saum seines Gewandes. Es heißt, sie wurde sofort gesund. Aber er fühlte, wie die Kraft von ihm ging und daß ihm Kraft genommen wurde.

Jetzt wird ihn kein einzelner kranker Mensch berühren, sondern die ganze Menschheit. Den Tod des Menschen Jesu hat es zur Folge. Der Sohn Gott des Vaters, der die Welt schuf, steht, wie er vorausgesagt hat, am dritten Tage auf.

Was vor ihn gesetzt und auf ihn geladen wurde, war die molluskenhafte, zitternde und heulende Hölle der Sünde, die Verworfenheit nicht bloß der Großverbrecher, sondern die Schmierigkeit, Erbärmlichkeit und die Niedertracht, die Bosheit, die sich in den Alltag verbreitet hat und da wie eine Kloake rinnt, – die eisige Gleichgültigkeit der Wohlhabenden, die um sich Armut und Not wissen, – der unauslöschliche Haß der Krimhilde, die satanische Perfidie Richards III., – alles dieses: Mensch, Abkömmling von Adam, selbstherrlicher, selbstfaulender Mensch. Die Frage trat vor Jesus. Er fiel auf das Gesicht und betete: «Wenn es möglich ist, so gehe dieser Kelch an mir vorüber.» Beim zweitenmal kennt er nur Gehorsam gegen den Willen seines Vaters.

Das Adamserbe, die adamitische Hinterlassenschaft umgab den sterbenden Gott am Kreuz, nicht abstrakt als bloßer Gedanke, sondern das Kreuz wurde unsichtbar umgeben und umschwärmt in seiner ganzen Höhe und Tiefe, so wie es aufgerichtet stand zwischen Himmel und Erde, von der unermeßlichen Flut der schon in das Grab gesunkenen Menschheit. Es witterten ja nicht nur während seines Weges über die Erde die Teufel den Gott in Menschengestalt. Auch die Menschen suchten ihn, sie näherten sich dem Kreuz. Das alles war der erste Adam, der kranke Adam, der das Kreuz oder gar den Körper am Kreuz zu berühren suchte, von wo der Strom des Heils ausging. Wie jene Frau suchten sie Genesung. Und sie umgaben das Kreuz, und wichen nicht, bis es ‹vollbracht› war.

Und dann zog es ihn noch in die Unterwelt, wohin sich schon das Seufzen und das Freudengeschrei verbreitet hatte: Das Heil ist gekommen, wachet auf.

30. Kapitel
Ende des Berichts und Ausklang

Damit endet – nicht die Schicksalsreise, sondern was ich von ihr zu berichten habe. Alter und Kränklichkeit sind über meine Schwelle getreten. Sie wohnen unter meinem Dach und bereiten mich auf einen neuen großen Umzug vor.

Eine Weile war diese Körperlichkeit und die Energie, die sie gab, eine Quelle von selbstverständlichem Behagen, und dies war der eigentliche Berechtigungsnachweis für das Dasein. Die Existenz in dieser Körperlichkeit schien ein ständig fließendes Gewässer zu sein, aus dem man trinken konnte, wenn man wollte und solange man konnte. Jetzt – senkt sich der Spiegel des Wassers. Wird ein Flußbett sichtbar?

Das Vergehen der Bäume

Ach, ich kenne Euch, die ihr wie ich in der Körperlichkeit steht, ich kenne Euch Bäume. Ich betrachte Euch täglich. Ihr steht vor meinem Fenster. Jetzt ist Winter. Ihr steht schwarz und holzig da. Ihr bereitet Euch auf einen kleinen Ausflug vor. Ihr ahnt den neuen Frühling. Es wird in Euch gären. Die Wurzeln im Boden fangen an, neue Fasern zu bilden und zu saugen und zu pumpen. Langsam setzt sich euer Maschinenwerk in Bewegung. Es kommt der Ruck, der Stoß, das Abfahrtssignal; ihr wißt es dunkel voraus, ihr gebt euch nicht Rechnung davon, ihr braucht euch keine Rechnung davon zu geben, denn es kommt alles über euch und ihr willigt ein. Dann bricht euer Inneres durch zur Helle. Draußen ist die Sonne stärker und wärmer geworden. Eure Äste bedecken sich mit zarten Punkten; das werden Knospen. Sie runden sich, sie quellen auf, sie entfalten sich, erst bräunlich dann grün, es sind Blättchen, es werden bald Blätter sein. Ja, es ist sicher. So war es schon früher, schon im vorigen Jahr, schon vor drei Jahren, vor zehn Jahren, vor dreißig Jahren, vor fünfzig Jahren und vielleicht noch länger. Ihr habt es im Gefühl. Dann steht ihr über Nacht verwandelt da, grün in grün, belaubt, seid ein Baum neben andern Bäumen. Es ist April geworden. Ihr fühlt, es wird bald Mai und Juni werden. Es kommt euch vor, als werden sich bald Blüten bilden; das ist der Lauf der Dinge, so wie nach April der Mai und Juni kommt. Und das heißt dann ‹der Sommer›, und die Blüten werden sich öffnen und die Bienen werden über den Blüten kreisen und den Honig saugen, den sie zu ihren Waben tragen, da bauen sie Zellen aus Wachs, sie wohnen zu Hunderten zusammen, sie sind tüchtige Werkleute. Ameisen werden am Stamm hochkriechen.

So steht ihr stark und rüstig eine Weile, im Sommer und im Herbst. Ihr seid jeden Augenblick da in der Zeit. Und dann bringt es die Zeit mit sich, – die aber keine fremde Zeit ist, – und eure Blüten welken. Die Blätter spreizen sich noch eine Weile und lassen sich behaglich vom Wind heben und senken, ihr schöner Tanz mit dem Winde. Dann fangen sie an, schwerer und müder zu werden und zu gilben, zu bräunen. Ihre Stengel werden trockener, mürber. Die Blätter lösen sich vom Baum. Sie verlassen euch und vermischen sich mit dem Boden, mit der Erde, aus der ihr wachst und auf der ihr steht und die euch Nahrung gibt. Und dann stürmt schon der Wind über euch, – nicht um zu spielen, sondern um zu zerren und zu rütteln und die Blätter abzudrehen. Ich sehe schon, wie sie über den Boden tanzen, mit Staub vermischt, und vielleicht ist ja dieser Staub selber lange zerfallenes Laub. Und so grüßt, von Jahr zu Jahr, im gleichen Baum eine Generation die andere, und die letzte heißt immer die ‹junge›. Und ihr steht wieder schwarz und kahl im Herbstnebel. Ihr fühlt voraus, es wird Winter, man muß nach Hause gehen, muß zu Hause bleiben und die Türen schließen. Denn draußen schnaubt ein schreckliches Ungeheuer und stößt an die Stämme und will ihnen die Flanken aufreißen: die Kälte, die Kälte. – So geht es Euch. Ihr geht eigentlich nie nach Hause, ihr bleibt immer zu Hause. Aber wir Menschen –.

Das Vergehen der Menschen

Wir setzen nicht einfach Jahresringe an. Es gibt bei uns nicht solche Wiederholung, keine einfache Addition und nach Erreichung einer bestimmten Ziffer den Schlußstrich, die Natur läßt dich fallen, falls dich nicht vorher das Beil umgelegt hat. Uns befällt auch die Erschöpfung, – aber bei uns kommt es zu Ergebnissen.

Wer alt und älter wird, sieht um sich neue Generationen aufwachsen. Sie wissen nichts und gehen frisch in das Spiel hinein. Unsichtbar oder versteckt sind schon da, zu jeder Zeit, die Millionen, die krank und siech sind und so hinleben. Umgeben sind aber beide, Gesunde wie Kranke von Friedhöfen, auf denen die früheren Geschlechter ruhen. Nur ein Bruchteil, ein minimaler, der Menschheit lebt. Die ungeheure Masse, die die vergangenen Jahrtausende bevölkert hat, ist tot. Aber erst das Ganze, das sich durch die Zeit bewegt und sich in ihr entfaltet, ist der

Mensch, der Adam. Größer an Zahl und an Bedeutung sind die Toten, die wir tot nennen, weil unser Verstand und unsere Sinnesorgane sie nicht erfassen. Ihr Leben flutet, zum Teil niedergeschlagen und befestigt in unserer Körperlichkeit, durch uns und über uns hinaus.

Geheimnisvoll durchwirkt, gewaltig und furchtbar für uns, die sich isolieren, ist diese Welt. Aber die Liebe hat sie geschaffen, und eben sie, die den Kern ihrer Wesen bildet, läßt sie nicht ruhen und nicht fallen. Es gilt für die ganze Schöpfung, was Jesaias sagt: ‹Wie der Regen und der Schnee vom Himmel niederfällt und nicht mehr zurückkehrt, sondern die Erde tränkt und bewässert und fruchtbar macht, und Samen zum Säen gibt und Brot zum Essen, so wird es auch mit dem Worte sein, das aus meinem Munde kommt. Es wird nicht leer zu mir zurückkehren, sondern alles vollbringen was ich will. Es wird Erfolg haben bei allem, wozu ich es spende, spricht der Herr der Allmächtige.›

Schopenhauer meinte, das Wesen der Welt sei blinder Wille. Buddha dachte ähnlich. Sie dachten auch an ein bestimmtes Ende der Reise für die Aufgeklärten, an ein Ergebnis, nämlich wenn man den ‹Trug der Welt› durchstoßen hätte. Der Urwille würde nach und nach geschwächt, zur Auflösung gebracht, und zum Schluß würde man in das Nichts gelangen.

Aber es ist kein dumpfer Wille da, kein unsinniger oder irrsinniger Wille, der die Welt bildet und aus dem sie gequollen ist. Für uns gibt es darum nicht bloß Addition der Zeit und Hinsinken, sondern Geschichte und Schicksal. Geist ist und ‹Urgrund› heißt die unermeßliche Schöpferkraft, Liebeskraft. Ein Urgeheimnis, das man nur nennen, nicht durchdringen und aufdecken kann. ließ die Welt aus sich hervorgehen. Darum verschlingt kein Nichts diese Welt, die so entstanden und getragen ist. Daß ich dem fressenden Moloch, der Anonymität, entronnen, daß ich weiß, Gott sprach: «Ich bin, der Ich bin.»

Gott ist Person, – das war die erste Erhellung, die mir auf meinem Wege wurde.

Daß der Urgrund unermeßliche Schöpferkraft, Liebeskraft ist, war die zweite Erhellung, die mir wurde.

Der Wille aller Zeitlichkeit

Ich sitze in der Elektrischen auf dem Wege nach der Stadt. Im Nebel stehen draußen die Hügel. Die Bäume sind entlaubt und schwarz. Traurig hängen die kahlen Äste. Aber die Früchte, die Samen, die Keime sind schon in den Boden gesunken und warten. Die Bäume können ruhig vertrocknen.

Und das rauscht so durch die Zeit, keine bloße Erinnerung, sondern ein Drang nach der Ewigkeit. Sie ahmen die Ewigkeit nach in der Zeit. Sie rennen hinter ihr her, durch das Sterben, durch den Tod hindurch, der kein echter Tod ist. Sie suchen sich wieder herzustellen. Darum dieser erschütternde Schrei, dieses Betteln der Fruchtbarkeit.

Vor ihnen, zwischen ihnen der Mensch. Dies ist ja seine Natur. Die Dreifaltigkeit, ein einziger Gott und dreipersönlich: gesättigte, geistige und gemütliche Fülle: Der Schöpfer-Vater, aus dem vor aller Zeit der Sohn, das Wort, das liebende Bewußtsein tritt, welches sich ausschüttet.

Das große Grundgesetz ist nicht der Kampf ums Dasein.

Durch die Sakramente werden wir von dem Dreifaltigen Gott schon in der Vergänglichkeit angehoben und an die eigentliche Realität, die Urliebe, herangetragen.

Eine frohe Botschaft ist uns verkündigt. Blicke ich jetzt auf das Evangelium, wo ist das Finstere, Schwarze, Leidende, das mich früher erschreckte? Er kam in die Welt um Liebe zu bringen. Nur nicht erkalten. Sich an Gott entzünden.

‹Mitten im Leben sind wir mit dem Tod umfangen› singt ein altes Lied. Aber das ist unvollständig. Hinzu gehört: ‹Mitten im Leben sind wir von Paradieses Glanz beschienen.› Denn was sind Freude, Glück, Schönheit, Liebe, Innigkeit anderes, so selten und schwach und gestört sie auch bei uns auftreten, als ein Rest, aber mehr als eine bloße Erinnerung an unsere frühere, eigentliche menschliche Existenz.

Dieses, Freude, Glück, Schönheit, Liebe soll niemand herabsetzen. Der heilige Thomas von Aquin selber hat sich vor sie gestellt und sie ‹gut› genannt.

‹Mitten im Leben sind wir mit dem Tod umfangen.› Das ist wahr. Aber hinzu kommt der Satz aus dem Johannes-Evangelium: ‹Er kam in sein Eigentum.› Es heißt da: ‹Christus war in der Welt und die Welt ist durch ihn geworden. Allein die Welt hat ihn nicht erkannt. Er kam in sein Eigentum, doch die Seinigen nahmen ihn nicht auf.›

Als ich im Beginn meiner Schicksalsreise in Frankreich einem christlichen Gottesdienst, – damals von außen – beiwohnte, wunderte ich mich über seinen schweren traurigen Charakter. Das Christentum verkündet doch die frohe Botschaft. Ich sah, daß hier von Trauer nicht eigentlich die Rede war. Die Menschen, die dem Glauben anhängen, zerstreut und verspielt, ja kindisch wie sie sind, müssen sie erst an die wirkliche Wirklichkeit, zum Ernst und an große und größte Dinge herangeführt werden. Hier mußte Feierlichkeit, Ehrfurcht und Demut gefordert werden. Man war fast ein Nichts vor dem unfaßbaren Urgrund, an den man aus dem Alltag herausgeführt wurde, um sich als Geschöpf und als Kind zu fühlen. Und da mußte sich wohl, angesichts unserer wenig angemessenen und wenig unschuldigen Existenz, auch Trauer, Bedrücktheit und Reue einmischen, ja vordrängen. Und wenn gar das Beispiel der Beispiele echter und reiner Existenz, die Passionsgeschichte, an uns vorbeizog und man erlebte, wie die Urliebe von uns empfangen wurde, und wenn so auf unsere klägliche Art zu existieren ein schreckliches Licht fiel, – da konnte im Grunde nur Platz sein für einen kummervollen, bittenden, wenn nicht gar verzweifelten Ernst.

Aber – es bleibt dabei: Diese Welt ist Sein Eigentum.

Und wenn sie Ihn nicht erkannten, Er erkannte sie, und Er wies sie auch nicht ab, wie sie sich auch gegen Ihn verhielten. Er hatte auch, um keinen Zweifel über sich aufkommen zu lassen, keinen ‹Messias› bestimmt für eine spätere oder ganz späte Zukunft, der unter schwer erfüllbaren Bedingungen erscheinen sollte. Die Urliebe bedurfte keiner Zwischenperson. Sie kam in Ihr Eigentum, wie es Ihre Art war: unbemerkt, schlicht. Wenn sonst nur Reste von Liebe, Güte, Glück, Friede und Schönheit unter uns sind, an denen wir uns laben, so war nun unvermittelt der Quell da, das Ganze, das konzentrierte Licht, von dem dieser herrliche, von uns so ersehnte Schein ausgeht.

Es hätte, denkt man, alles nun zurechtgerückt werden müssen und Glück, Schönheit, Freude und Liebe wären an ihren richtigen Platz getreten. Aber der Mensch blieb der freie Mensch, Herr seines Geschickes. Der Mensch und die mit ihm verbündete Natur gebärden sich jetzt autonom; ja, sie reklamieren die Reste von Liebe, Glück und Frieden, die sich in ihrer Existenz vorfinden, als ihre Erzeugnisse, als Güter, gewonnen aus der Natur. Und das himmlische Paradies, die Schöpfung mit dem Zentrum der Liebe wurde (und wird) ignoriert, die Wahrheit auf den Kopf gestellt, und die Täuschung erreicht ihre Höhe: Gott und die vollkommene Urschöpfung seien Illusionen und Phantasmen, und die Wüstheit und Sinnlosigkeit, der blinde Zufall – die Wahrheit und Maß aller Dinge.

Und da man der wahren Wahrheit und der Möglichkeit, die gegeben ist, den Rücken kehrt, so quakt man aus Frosch-Perspektive und nennt es Philosophie.

Glück, Schönheit, Liebe in diesem Leben

So gewiß es ist, daß diese Weltära von Kriegen und Zwistigkeiten der Völker durchzogen ist und daß auch die Menschen einzeln miteinander streiten, obwohl sie die Wohltat des Friedens und des freundschaftlichen Zusammenlebens kennen, – so gewiß es ist, daß Krankheiten über die Menschen fallen, daß viele verkrüppeln, ertauben, erblinden, daß sie das Alter heimsucht und sie unbehilflich und siech macht, – so gewiß es ist, daß sie gleichmäßig, wie sie auch ihr Leben geführt haben, vom Tod hinweggerafft werden, – so gewiß dies ist, so gewiß ist auch, daß sie alles dieses beklagen und nicht wünschen und den öffentlichen und privaten Zwistigkeiten, auch den Krankheiten, dem Alter und dem Tod zu entrinnen suchen. Und dieses hat jener Buddha, der so ins Herz getroffen wurde von den Fakten der Krankheit, des Alters und des Todes, gesehen und doch nicht in ganzer Vollständigkeit gesehen. Denn daß der Mensch diese Dinge überhaupt sieht, daß sie ihm schrecklich auffallen, daß er vor ihnen zurückprallt und von ihnen ins Herz getroffen wird, zeigt an: Der Mensch weiß noch etwas anderes. Er vermag das Los, das über ihn gefallen ist, nicht anzuerkennen und nimmt es nicht in sein Wesen auf. Diese bitteren und schlimmen Dinge stehen draußen. Sie stehen im Widerspruch nicht nur mit dem was er wünscht, sondern mehr noch: mit dem, was ihm angemessen erscheint, zugehörig zu seiner Natur. Und er erkennt sie auch als widersprechend der Großartigkeit, Herrlichkeit und Schönheit der Schöpfung. Er kann nicht anders, er sieht diese Dinge als einen Makel, als eine von außen in das herrliche Gefüge eingedrungene Störung an. Unvermittelt stehen nebeneinander Schönheit, Großartigkeit und Ordnung der Welt und die Zwietracht, der Haß, die Bosheit, dazu auch die Krankheit, das Alter und der Tod.

Die antiken Griechen hatten den ‹Streit› mit der ‹Liebe› zusammengebracht, in ihrem Wort ‹Eros›. Die Liebe ist aber süße Innigkeit, Wille zur Verschmelzung bis zur Aufgabe des Ichs. Eros, der Streit, ist der Kampf, mit dem Ziel der Selbstbehauptung und der Auslöschung des andern. Wenn oft Tod und Liebe, in Dichtungen und auch im Leben, zusammentreten, so zeigt das nur den Grad der natürlichen Entartung und die völlige Verdunklung der Wahrheit.

Im Frieden, im Glück, in der Liebe fühlen wir uns vollkommen dargestellt und zum Dasein gekommen. Von hier aus, und nicht umgekehrt, ist auf den Haß, die Kriege, auf Krankheit, Alter und Tod zu blicken. So erscheinen Glück, Schönheit, Friede und Liebe als der menschliche Normalzustand. Das ist das ‹Paradies› der Bibel, und ist eine Erkenntnis und ein altes Wissen, eine tief begründete Erinnerung und keine Legende.

Niemand kann dieser Weltära ihren Charakter nehmen, wie er ihr durch die Urschuld aufgeprägt wurde. Es sollte jeder Tod, jede Krankheit, jeder Streit an diese grausige Urschuld erinnern, wodurch das Elend in die vollkommene Welt getragen wurde. So kam es zum Zerreißen des Zusammenhangs mit dem Urgrund und zu der zunehmenden Verkümmerung. Daher das Drängen zur Rückkehr, zur Umkehr, ohne daß man von sich aus findet: Gewaltig ist man noch im Sturz. Der Urgrund selber mußte sich melden, als die Liebe, und zeigen, was Liebe ist. Das Wandern Jesu auf Erden ist darüber eine einzige Offenbarung und Belehrung. Er kann und will nur einzelne heilen. Innerhalb ihres jetzigen natürlichen Rahmens wird, auch von ihm, die Welt nicht wieder hergestellt. Aber diese einzelnen kann er vollkommen heilen, da er das schöpferische Wort ist.

Daß diese Schöpfung aus der Urliebe hervorgegangen ist und daß nichts anderes das Zentrum der Welt bildet, tritt rein bei der Verkündung an Maria hervor und bei ihrer nicht zögernden Zustimmung. Sie steht nämlich als einziges Menschenexemplar noch, oder wieder, im Urzusammenhang mit der Unschuld des Paradieses und der Seligkeit.

Einer neuen besseren Aufklärung entgegen

Demjenigen ist nicht zu helfen, der sich auf seine Sinnesorgane und nur auf sie, und auf seinen Verstand und nur auf ihn verläßt. Er kann sich eine Philosophie zurechtmachen oder kann es auch lassen, – sein Leben verläuft und verrinnt irgendwie. Er stellt fest, er ist geboren und da, er nimmt es hin. Er bemerkt, was ihm vorgesetzt wird, von der Familie, der Gesellschaft, dem Staat. Er nimmt es an oder nimmt es nicht an. Er heiratet, er hat Kinder, oder er heiratet nicht und hat keine Kinder. Er wird krank oder er bleibt gesund. Er wird alt oder er stirbt jung oder verunglückt.

Da ist kein Sinn und darum auch keine Bewegung in solchem Leben. Es nennt sich Leben, aber es ist Tod. Und in manchen Stunden sieht er es ein, wenn ihn die Flucht ruhen läßt, die Flucht in die Tätigkeit des Alltags, in den Beruf, in die Politik, in die Liebe, in die Kunst, in den Sport, in einen Erfolg, – oder wenn ihm keine Flucht gelingt.

Dagegen ist dem zu helfen, ja ihm ist schon geholfen, der an sich noch mehr bemerkt als seine fünf Sinne und die Möglichkeiten seines Verstandes. Er schätzt seine fünf Sinne und die wunderbaren Eindrücke, die sie vermitteln, er benutzt seinen Verstand. Aber er fühlt, beides, Verstand und Sinn, hervorgegangen aus seinem Wesen, aus seinem menschlichen Wesen, und fühlt zugleich: Sie erschöpfen ihn nicht. Wie die Sinne und der Verstand, so ist ihm das Leben überhaupt als Geschenk von einer Urmacht zugefallen. Was kann er anders, als das Geschenk vertrauensvoll annehmen und sich an ihm erfreuen, solange es ihm vergönnt ist.

Er sieht nicht ein, warum er die Sinne und den Verstand auf einen Thron über sich erheben soll. Und wenn ihm aus großen und dunklen Tiefen und aus alter Zeit noch Nachrichten, Belehrungen, Offenbarungen zugegangen sind, so greift er nach ihnen, und sie bestätigen und bestärken sein eigenes, ihm gewordenes Grundgefühl. Er erweitert und sichert sich an ihnen.

Die transzendentale Kraft wird von ihm, den sie berührt, als Gnade empfunden. Sie bringt Glauben mit sich. Es ist begreiflich, da sie zentralen Ursprung hat und da hier Gleiches auf Gleiches trifft, daß man ihr zustimmt, ohne Beweise zu fordern.

Die Wirklichkeit ist nicht nur finster und verworren, wie wir alle empfinden. Sie ist auch, was wir oft übersehen, von ihrem Ursprung her mit Unschuld und Seligkeit gesprenkelt. Zahllose Menschen leben hin im Nichtwissen, entspannt, von Tag zu Tag, wie junge Tiere. Sie leben, als gäbe es nicht Schuld und Erkenntnis. Sie schweifen durch die Existenz. Sie schlafen. Soll man sie aufwecken? Nehmen wir an, sie ließen sich aufwecken, – wozu? Damit sie beginnen, was die andern schon treiben? Nein, nicht dazu. Aber es wäre für die Welt ein Gewinn, wenn sie erhellt, geklärt und zum Leben geführt würden, wenn sie aufgeklärt und zum Licht geführt würden. Es gab schon eine Aufklärungsperiode. Eine neue bessere muß kommen.

Es ist schon alles gesagt und gedacht, geoffenbart und gelehrt worden.

Die heiligen Schriften sind da, die Erörterungen und Erläuterungen, mit Klärung und Aufhellung, soweit sich das Geheimnis aufhellen läßt. Die Speise steht da. Wir haben keine neue Speise zu suchen. Es sind Menschen nötig, die an die Tafel führen und servieren. Die Epoche des Keimens und des jungen Wachstums ist für die Religion vorbei. Der Stamm hat sich gebildet mit Ästen. Die Krone steht voll Laub. Schwere Stürme haben schon an dem Baum gerissen. Der Baum steht. Die Blüte- und Reifezeit naht.

So kündigt sich die Weltära an, in der nicht mehr von Nationen und ihren Kämpfen und von ihren schrecklichen Bemühungen sich zu vereinen die Rede ist. Diese Weltära aber, mit ihren Katastrophen, in ihr leben wir nicht nur und wir exekutieren nicht blind und automatisch ihr Gesetz. Wir gehören zu ihren Urhebern, wir sind zu ihrer Überwindung aufgerufen. Wir wissen es. Die Menschen strengen sich an, sie prüfen ihre allgemeine Lage, die jeweilige geschichtliche Situation, sie analysieren, aber sie bleiben bei äußeren Zeichen, die nicht Ursache sondern schon Folge sind; dazu gehört das Soziale und der Versuch, eine Wendung herbeizuführen von hier aus, weil dies die Wurzel sei. Aber es ist nicht die Wurzel. Man behandelt nur ein Symptom.

Zur Innerlichkeit gelangen, die ‹Frömmigkeit› pflegen, – aber weiß man, was das ist? – sie echter, intensiver, inbrünstig werden lassen. So, nur so nähert man sich der Tat, der Entscheidung und greift das Steuer an, das den Kurs des Schiffes herumwirft.

Es muß aus der Bewegung, der Hinneigung, aus der Einsicht und der Erkenntnis, aus Anspannung und Beharren die echte und immer tiefere Umwandlung mit der Haltung ‹Frömmigkeit› wachsen. Hier fließen die Tugenden zu, die Milde, die Gerechtigkeit, die wirkliche Klugheit, die Festigkeit und die Geduld. Zweierlei also wird entscheidend: Das Heranbringen der Wahrheit und ihre Neuaufschließung, – und das Beispiel.

Von dem Vorgang wird die Person erfaßt und ihre Umwandlung setzt ein. Dies ist aber im großen gesehen eine Befreiung und Wiederherstellung. Denn die Person entstammt einem anderen Schöpfungskreis als dem, dem sie jetzt angeschlossen ist, einem höheren und dem Urgrunde näheren Schöpfungskreis als die natürlichen Geschöpfe, den Engelwesen. Die Umwandlung ist die durch den göttlichen Rettungsakt möglich gewordene Ablösung von der Natur und das damit gegebene Ende der Verwirrung, Verstrickung und Verkrampfung, der menschlichen Hilflosigkeit und der inneren Beängstigung, die sich in Vorstößen und Ausbrüchen in der Natur und Geschichte Luft macht, – das Ende der Pervertierung, der Schuld- und Strafperiode.

Bei dieser Annäherung an den Urgrund fließen der Person die Tugenden und Gnaden zu und wirken sich am Menschen und seiner Gesellschaft aus. Und das bewirkt etwas Neues und anderes, als was der Mensch allein aus sich vermag und was er mit sich und seiner Gesellschaft im Rahmen seiner ‹Geschichte› erreichen kann.

Er geht durch die Tore des Leidens und der Entbehrungen, durch die Tore der Krankheit, des Alters und des Todes. Das ist auf ihn gelegt und das – ist ihm verliehen.

Denn wenn er durch diese Tore schreitet, wird er da nicht von Zuversicht und Hoffnung begleitet, von Freude und Gewißheit geführt?

Friede und Freude wird in ihn gegossen. Die schweren Krusten lösen sich, wie in einem Bad. Die alten schmerzenden Narben erweichen.

Eine schwere Maske fällt von ihm. Er sieht, daß ihn eine dicke Tonmaske preßte und sich für sein Ich ausgab.

ABSCHIED UND WIEDERKEHR

Morgens um neun hörte ich am Radio: der Reichstag sei in Brand gesteckt worden, das Feuer hätte gelöscht werden können, es sei gelungen, einen der Verbrecher an Ort und Stelle zu ergreifen; es handle sich um ein kommunistisches Attentat, – eine unerhörte Untat, die sich gegen das deutsche Volk richtete usw. Ich stellte den Apparat ab. Mir fehlten die Worte. Ich war vom Radio und seinen jetzigen Beherrschern allerhand gewöhnt; das war die Höhe. Offenbar war der Reichstag wirklich angesteckt worden, – von den Kommunisten? Solchen faustdicken Schwindel wagte man anzubieten. Man mußte ‹cui bono?› fragen; wem nützte die Brandstiftung? Die Antwort lag auf der Hand.

Ich war unbekümmert für mich, wenn auch tief beunruhigt und empört, – bis man mich anrief und fragte, was ich machen wollte. Ich war erstaunt: warum? Nun, die Verhaftungen; ich solle mich vorsehen. Ich dachte: lächerlich. Das Telefon riß aber nicht ab. Dann kam man zu mir; der Tenor immer derselbe: ich möchte, wenigstens vorübergehend, verschwinden; ich sei gefährdet, es gebe Listen. Das leuchtete mir alles nicht ein. Die innere Umstellung von einem Rechts- auf einen Diktatur- und Freibeuterstaat gelang mir nicht sogleich. Gegen Abend war ich soweit.

Meine Frau war auch dafür. Es war ja nur ein Ausflug; man läßt den Sturm vorübergehen. Zuletzt rief mich noch ein mir bekannter Arbeiter an: ich solle doch gehen, gleich, er wisse allerhand, und es sei ja nur für kurze Zeit, längstens drei bis vier Monate, dann sei man mit den Nazis fertig.

Man besuchte mich, es gab Tränen. Ich lachte und war ruhig. mit dem kleinen Koffer in der Hand zog ich ab, allein.

Unten erwartete mich eine Überraschung. Ein Nazi, über der Uniform einen zivilen Mantel, stand vor meinem Arztschild, fixierte mich – und folgte mir zur Untergrundbahn. Er wartete, ab, welchen Zug ich nehmen würde, stieg in dasselbe Abteil. Am Gleisdreieck stieg ich aus, er auch. Wenigstens diese Situation hatte ich sofort durchschaut. Er ging hinter mir her. Dann gab es aber ein Gedränge, ein ankommender Zug entleerte sich, ich lief eine Treppe herunter und fuhr von einem anderen Bahnsteig erst in irgendeine Richtung, dann an mein Ziel: Potsdamer Platz, Möckernbrücke. Ich wollte zum Anhalter Bahnhof. Der Zug in Richtung Stuttgart fuhr gegen zehn. Ich fand einen Schlafwagenplatz;

das Billett habe ich während der ganzen zwölf Jahre Emigration in meiner Brieftasche mit mir herumgetragen; jetzt habe ich es herausgenommen, es liegt unter meinen anderen Papieren. Als ich abfuhr, stand ich am Fenster im Gang. Es war finster. Ich bin viele Male diese Strecke gefahren. Die Lichter der Stadt; ich liebe das sehr. Wie war es mir immer, wenn ich von draußen hereinfuhr nach Berlin und dies sah: ich atmete auf, ich fühlte auch wohl, ich war zu Hause. Nun, ich fahre jetzt, ich lege mich schlafen. Merkwürdige Situation, gehört eigentlich nicht zu mir.

Ein paar Stunden in Stuttgart; friedliches Leben, die Nazis rufen zu Versammlungen auf, – burlesk, warum laufe ich eigentlich weg? Eine alberne Sache; ich werde mich später schämen. Überlingen, Übernachten, Fahrt über den See nach Kreuzlingen. Jetzt die Grenzüberschreitung, in einem Auto, es ging alles glatt.

Ich besuchte in Kreuzlingen einen Sanatoriumsarzt, bei dem ich ein Jahr zuvor mit meiner Frau zu Gast war (welche frische heitere Zeit). Nun kam ich in der mir komisch und sinnlos erscheinenden Rolle eines Flüchtlings. Aber wer flüchtete denn? Wovor? Es sah doch überall so friedlich, normal, völlig normal aus. Ich machte mich wirklich lächerlich. Wie ich mich schämte, als ich ihm die Geschichte erzählte. Nun, er hielt Vorsicht für besser als Nachsicht.

Da war ich also, wie in plötzlichen Ferien, schrieb Briefe nach Hause. Bis ich eines Tages aus dem Sanatorium nach draußen gerufen wurde; man fragte nach mir. Es war (ich habe einen, nicht zu starken, Zahlenaberglauben) der 3. 3. 33. Schon am Morgen, als ich eine Zeitung las, war mir das Datum aufgefallen. Was sagt es, was wird es bringen? Draußen stand, bis auf einen Jungen, meine ganze Familie. Oh, das war nun ein ganz anderes Bild. Meine Frau, heftig erregt, erzählte von ängstlichen Dingen in Berlin, von der fürchterlichen Hetze, von dem, was sie im Zug gehört hatte. Die ganze Familie wäre bedroht; sie könnten nicht bleiben.

Nun, sie war da. Er erschreckte mich, der 3. 3. 33. Er machte mich bedenklich. Aber ich kam drüber hinweg; ich hatte mich mit anderen Dingen zu befassen, zum Beispiel mit dem Suchen einer provisorischen Unterkunft, mit Spazierengehen, Gesprächen, Planen. War ich nun jetzt draußen oder wartete ich bloß? Ich wußte es nicht. Es machte mir auch nicht viel aus.

Meine Frau sah die reale Situation, sie wußte, daß sie von ihrer Häuslichkeit Abschied genommen hatte, daß die Kinder aus allem herausgerissen wurden, der Berg der Sorgen, die Wolke der Unsicherheit – sie weinte viel; dagegen ich (was konnte ich gegen mich machen) hochgestimmt. Ja, hochgestimmt.

Wodurch? Mich begleitete in jenen Monaten das Wort aus dem ‹Taucher›: ‹Doch es war ihm zum Heil, es riß ihn nach oben.›

Was war mir zum Heil? Ach, es war in Deutschland alles, nicht nur politisch, auch geistig unerträglich geworden. Es war, als ob der politische Wirrwarr, die Stagnation das geistige Leben erfaßte und es lähmte. Auf meinem Platz rang ich dagegen. Zuletzt, Ende 32, hatte sich in mir ein Bild festgesetzt, das ich nicht los wurde: ein uralter, verschimmelter Gott verläßt, seiner kompletten Verwesung nahe, seinen Wohnsitz im Himmel und fliegt, um sich zu erneuern und seine alten Sünden abzubüßen, auf die Erde zu den Menschen hernieder, er erst Gott und Herrscher, jetzt Mensch wie alle (‹Babylonische Wandrung›). Es war die Ahnung und Vorwegnahme des Exils.

Ja, das Exil, die Ablösung und Isolierung, das Heraus aus der Sackgasse, dieser Sturz und das Sinken schienen mir ‹zum Heil› zu sein. In mir sang es: ‹Es reißt mich nach oben.› Ich konnte mich nicht dagegen wehren. Ich war in einer einzigen gehobenen Stimmung (die auch auf das Buch, das ich das ganze Jahr über schrieb, übergriff).

So trat ich das Exil an. So erging es mir, ‹als ich Abschied nahm›.

ALS ICH WIEDERKAM...

Und als ich wiederkam, da – kam ich nicht wieder. Es gibt einen schönen amerikanischen Roman mit dem Titel: ‹Du kannst nicht nach Hause zurück›. Warum kann man nicht? Du bist nicht mehr der, der wegging, und du findest das Haus nicht mehr, das du verließest. Man weiß es nicht, wenn man weggeht; man ahnt es, wenn man sich auf den Rückweg macht, und man erfährt es bei der Annäherung, beim Betreten des Hauses. Dann weiß man alles, und siehe da: noch nicht alles.

Ein mächtiger Ozeandampfer, der zum Truppentransportschiff umgewandelt war, trug uns, die zu dreien zusammengeschmolzene Familie, Anfang Oktober 1945 von Amerika nach Europa zurück, von der Neuen Welt in die Alte Welt. Sechs waren wir, als wir 1933 Nazideutschland verließen. Ein Sohn war nun Amerikaner geworden und blieb drüben, –

einer konnte uns nicht folgen, als wir nach Amerika gingen 1940, und saß nun in Nizza, jung verheiratet, – und einer konnte uns nicht folgen, die immer an ihn dachten und nicht wußten, wo er bloß blieb und warum er nicht schrieb: er lag seit dem 21. Juni 1940 im Soldatengrab in den Vogesen, vor dem Feind, den Nazi gefallen, unser Wolfgang, ein begnadeter Mathematiker, der Liebling, die Herzensfreude seiner Mutter.

Als wir Europa verließen, im Oktober 1940 (die Babylonische Wanderung, hat es mich also ‹nach oben› gerissen? Ich bin schon lange nicht mehr frohgemut, ich weiß schon viel mehr als damals nach dem Überschreiten der Schweizer Grenze, da war das letzte von Europa das Lichterstrahlen Lissabons. Nachts fuhren wir aus, nachts kamen wir nun wieder an. Das gewaltige schwarze Schiff hielt an dem künstlichen Pier von Le Havre (der alte Pier war zerstört). Und dies war das erste, was ich von Europa sah, vom Schiffsdeck aus: Unten, in der Finsternis, fuhr ein Wagen mit einem starken Scheinwerfer an. Er warf sein blendendes Licht auf die untere Partie unseres Schiffes. An die offene Tür des Laderaums dort wurde eine breite Leiter gelegt. Und nun kroch, im Lichtkegel des Scheinwerfers, eine Anzahl Männer, alle gleich gekleidet, die Treppe hinauf. Sie sahen von oben wie Gnome aus. Sie verschwanden im Bauch des Schiffes, tauchten wieder auf, schleppten Kisten und Kästen, kletterten damit, immer zwei nebeneinander, die Treppe herunter, setzen ihre Last ab und begannen wieder den Weg. Es war ganz maschinell, wie bei einer Theateraufführung inszeniert; man hörte oben kein Geräusch. Das – waren Deutsche, Kriegsgefangene. So sah ich sie wieder. Ich hing fasziniert an dem Bild. Als wir ausstiegen, standen sie in einem Haufen beieinander. Sie betrachteten uns Wanderer von jenseits des Ozeans, stumm, ohne Ausdruck. Die Leute gingen an ihnen vorüber, als wären sie nichts. Das war die erste, die furchtbare, niederdrückende Begegnung.

Der unheimliche Eindruck (die Geschlagenen, die Gestraften, der Krieg) verließ mich nicht während des Aufenthaltes in Paris. Ich sah auch das arme, leidende Paris, das sich abends nicht gegen die Finsternis wehrte und froh war, wenn es seinen Schmerz in Nacht verbarg. Dann brach ich auf, nach Norden, nach Deutschland.

Ich fuhr allein, wieder allein, wie bei der unbekümmerten Ausreise 1933. Meine Frau und der Jüngste kamen nicht mit; sie zogen es vor, obwohl nicht in eigenen Räumen und in kalten Räumen, in Paris zu bleiben.

Was ich dachte, was ich fühlte, als ich die Nacht über fuhr und man sich der Grenze näherte? Ich war oft wach und prüfte mich.

Nein, da war nicht das Gefühl, das ich früher kannte, wenn bei der Rückkehr nach Berlin die Lichter der Stadt aufblitzten: ich atmete auf, fühlte mich wohl, ich war zu Hause. Ich erinnerte mich meiner ersten Reise nach Frankreich, vor zwanzig Jahren; ich hatte ein Manuskript mit, ich wollte daran schreiben, unterwegs. Aber ich mußte es wieder schließen, und erst als wir am Ende der Ferien Halt in Köln machten, konnte ich es wieder öffnen und konnte schreiben, als hätte ich gestern aufgehört. Jetzt – suche ich in mir, befrage mich. Aber da meldet sich kein ursprüngliches Gefühl. Es meldet sich allerhand, aber nicht das von früher. Ich bin nicht mehr der, der wegging.

Ja, leicht und froh flog ich aus meinem Haus. Es war wie eine Befreiung von einer erstickenden Atmosphäre. Das Schicksal hatte mir das zugeworfen. Ich triumphierte: ‹Es war mir zum Heil, es riß mich nach oben.› In jener ‹Babylonischen Wandrung› lacht der entthronte Gott, nimmt mit Hochgenuß die als Strafe gedachte Veränderung auf sich und geht ungebrochen, eine einzige Heiterkeit und Lebensfreude, seines Wegs.

Dieser Gott war ich – nicht. Ich erfuhr es langsam, teils allmählich, teils ruckweise.

Las ich nicht in einem Artikel eines literarischen Heimkriegers das Wort von den ‹Fauteuils und Polstersesseln› der Emigration? Es wird viel gedruckt, es könnte noch mehr gedruckt werden, die Ahnungslosigkeit hat ja keine Grenze. Zu fliehen von Land zu Land – alles verlieren, was man gelernt hat, wovon man sich ernährte, abermals fliehen und jahrelang als Bettler leben, während man noch kräftig ist, aber eben im Exil lebt – so sah mein Fauteuil und Polstersessel aus und so vieler, die hinausgingen.

Man schrieb und arbeitete wie nie, in seinen vier Wänden, und war nicht nur zur völligen Stummheit verurteilt, entmündigt, sondern noch mehr: degradiert, weniger als ein Analphabet des Landes, der sich wenigstens mit seinen Nachbarn unterhalten kann.

Es gab Emigrationsgewinnler, gewiß; sie brachten es zu etwas in den fremden Ländern, die nicht das richtige Maß für sie besaßen. Wieviele waren es? Die meisten waren froh, wenn sie heil über den Monatsersten oder -fünfzehnten hinwegglitten. Kaufleute, Maler, Musiker hatten es leichter (mit Niveausenkung); Frauen, unbeschwert, entwickelten sich dann und wann vorzüglich. Aber wir, die sich mit Haut und Haaren der Sprache verschrieben hatten, was war mit uns? Mit denen, die ihre Sprache nicht loslassen wollten und konnten, weil sie wußten, daß Sprache nicht ‹Sprache› war, sondern Denken, Fühlen und vieles andere? Sich davon ablösen? Aber das heißt mehr, als sich die Haut abziehen, das heißt sich ausweiden. Selbstmord begehen. So blieb man, wie man war – und war, obwohl man vegetierte, aß, trank und lachte, ein lebender Leichnam. Nun fahre ich, geographisch, zurück. Am Bahnhofsplatz in Straßburg sehe ich Ruinen wie im Inland: Ruinen, das Symbol der Zeit.

Und da der Rhein. Was taucht in mir auf? Ich hatte für ihn geschwärmt, er war ein Wort voller Inhalte. Ich suche die Inhalte. Mir fällt Krieg und strategische Grenze ein, nur Bitteres. Da liegt wie ein gefällter Elefant die zerbrochene Eisenbahnbrücke im Wasser. Ich denke an die Niagarafälle, die ich zuletzt drüben, dahinten in dem verschwundenen großen, weiten Amerika, sah, die beispiellos sich hinwälzenden Flutmassen. – Still, allein im Coupé fahre ich über den Strom.

Und dies ist Deutschland. Ich greife nach einer Zeitung neben mir: wann betrat ich das Land wieder nach jenem fatalen 3. 3. 33? Welches Datum? (Ich habe etwas mit Zahlen.) Betroffen lasse ich das Blatt sinken, betrachte die Zahl noch einmal: der 9. November. Es ist das Revolutionsdatum von 1918, Datum eines Zusammenbruchs, einer verpfuschten Revolution – um diese Zeit fuhr ich 1918 auch von Frankreich nach Deutschland hinein, und das Datum hat mich nicht losgelassen: um den ‹November 1918› habe ich in den letzten Exiljahren vier Romanbände geschrieben. Was sagt das Datum? Wird alles wieder so kläglich wie damals verlaufen, soll und muß es diesmal nicht eine Erneuerung, eine wirkliche, geben?

Die Glocke ‹9. November› hat angeschlagen, ich fahre in das Land, in dem ich mein Leben zubrachte und aus dem ich hinausging, aus seiner Stickluft, floh in dem Gefühl: es wird mir zum Heil. Und da liegt das Land, das ich ließ, und mir kommt vor, als ob ich in meine Vergangenheit blickte. Das Land hat erduldet, wovon ich mich losreißen konnte. Jetzt ist es deutlich geworden: ein Moloch ist hier gewachsen, man hat ihn gespürt, er hat sich hochmütig gespreizt, gewütet, gewüstet, – und da sieht man, was er hinterlassen hat. Sie haben ihn mit Keulen erschlagen müssen.

Du siehst die Felder, wohlausgerichtet, ein ordentliches Land. Man ist fleißig, man war es immer. Sie haben die Wiesen gesäubert, die Wege glatt gezogen. Der deutsche Wald, so viel besungen! Die Bäume stehen kahl, einige tragen noch ihr buntes Herbstlaub (seht euch das an, ihr

Californier, ihr träumtet von diesen Buchen und Kastanien unter den wunderbaren Palmen am Ozean. Wie ist euch? Da stehen sie).

Hier wird es deutlicher: Trümmerhaufen, Löcher, Granaten- oder Bombenkrater. Da hinten Reste von Häusern. Dann wieder (bunte Reihe) Obstbäume, kahl, mit Stützen. Ein Holzschneidewerk intakt, die Häuser daneben zerstört.

Auf dem Feld stehen Kinderchen und winken dem Zug zu. Der Himmel bezieht sich. Wir fahren an Gruppen zerbrochener und verbrannter Wagen, verbogenen und zerknitterten Gehäusen vorbei. Drüben erscheint eine dunkle Linie, das sind Berge, der Schwarzwald, wir fahren weit entfernt von ihm an seinem Fuße hin.

Dort liegen in sauberen Haufen blauweiße Knollen beieinander, auch ausgezogene Rüben. Dieser Ort heißt ‹Achern›. Da stehen unberührt Fabriken mit vielen Schornsteinen, aber keiner raucht. Es macht alles einen trüben, toten Eindruck. Hier ist etwas geschehen, aber jetzt ist es vorbei.

Schmucke Häuschen mit roten Schindeldächern. Der Dampf der Lokomotive bildet vor meinem Fenster weiße Ballen, die sich in Flocken auflösen und verwehen. Wir fahren durch einen Ort ‹Ottersweier›, ich lese auf einem Blechschild ‹Kaiser's Brustkaramellen›, friedliche Zeiten, in denen man etwas gegen den Husten tat. Nun große Häuser, die ersten Menschengruppen, ein Trupp französischer Soldaten, eine Trikolore weht. Ich lese ‹Steinbach, Baden›, ‹Sinzheim›, ‹Baden-Oos›. Der Bahnhof ist fürchterlich zugerichtet; viele steigen um: Baden-Baden; ich bin am Ziel.

Am Ziel; an welchem Ziel? Ich wandere mit meinem Koffer durch eine deutsche Straße (Angstträume während des Exils: ich bin durch einen Zauber auf diesen Boden versetzt, ich sehe Nazis, sie kommen auf mich zu, fragen mich aus).

Ich fahre zusammen: man spricht neben mir deutsch. Daß man auf der Straße deutsch spricht! Ich sehe nicht die Straßen und Menschen, wie ich sie früher, vorher sah; auf allen liegt, wie eine Wolke, was geschehen ist und was ich mit mir trage: die düstere Pein der zwölf Jahre, Flucht nach Flucht. Manchmal schaudert's mich, manchmal muß ich wegblicken und bin bitter.

Dann sehe ich ihr Elend und sehe, sie haben noch nicht erfahren, was sie erfahren haben. Es ist schwer. Ich möchte helfen.

EPILOG

Es ist wohl Zeit, einen Epilog zu schreiben.

Es liegt ein Haufen Bücher da – ‹da› ist ein falscher Ausdruck, es muß heißen: er liegt vor, ist geschrieben innerhalb von fünf Jahrzehnten, aber nicht da. Einiges erscheint wieder, das meiste ist verschollen. Würde ich nun stolz sein, wenn alles vor meinen Augen stände und wenn es von mir, als wäre ich ein sehr geschätzter Autor, ‹Gesammelte Werke› gäbe? Ich glaube nicht. Dies ist nicht die Zeit für ‹Gesammelte Werke›, für solchen dicken Prunk. Es soll sich jetzt keiner etwas vormachen.

Wenn die Städte in Ruinen liegen, wenn jeder sich schlecht und recht behilft, jeder am Vergangenen krankt und keiner weiß, was morgen wird, und sich auch nirgends Hoffnung regt (noch regen kann), da ist solch Ding wie ein ‹Sammelband› richtig: Bruchstücke, Torsi auf einen Platz nebeneinandergekarrt. Wo fängt es an, wo hört es auf? Man frage nicht danach.

Was wollten diese Bücher? Ich erinnere mich noch. Ich, der ich mich noch als ‹Ich› fühle, wollte nichts mit ihnen. Es wurde nichts mit ihnen bezweckt, gewollt, beabsichtigt. Da fesselte mich zu irgendeiner Zeit eine Meldung, ein Bericht. Es muß wohl allemal eine besondere Nachricht und Schilderung gewesen sein, denn wenn sie zündete und wirkte und ich sie festhielt, dann erwies sie sich als Keim in einer Mutterlauge, einer übersättigten Lösung: nun schossen die Kristalle zusammen.

Ich kann auch sagen, mir fiel ein Faden in die Hand, er erwies sich als das Ende eines Knäuels, und ich fing an, das Ganze aufzurollen, bis ich ans andere Ende gelangte. Was ich aber aufrollte, was da in Bildern aus mir floß, natürlich, das war ich, meine Art zu dieser Zeit, und dann noch mehr: etwas, was unpersönlich, als Natur in mir arbeitete und sich im Geistigen, im Phantastischen zu formen beliebte, ein Meteor, eine Steinbildung, die sich aus meiner Substanz löste.

Am Schluß war ich allemal zufrieden, daß es vorbei war.

Das überfiel mich öfter, im Abstand von Jahren, und Dinge dieser Art gehören (man liest davon) zur Alltagspsychologie der ‹Produktiven›. Nachher mochte ich die Geburt, mein ‹Produkt›, nicht sehen, und wenn es mir in die Hände fiel, erkannte ich es schlecht wieder und schob es von mir weg. Ein bißchen ekelte mich davor.

Eigentlich die Befangenheit, die ‹Aura›, in solcher Periode. Sie verlieh ein eigentümliches Wissen, eine Hellsichtigkeit.

Was wußte ich von China oder vom Dreißigjährigen Krieg? Ich lebte in dieser Atmosphäre nur während der kurzen Spanne des Schreibens. Aufdringlich, grell stellten sich dann plastische Szenen vor mich hin. Ich griff sie auf, schrieb sie nieder und schüttelte sie von mir ab. Da standen sie dann schwarz auf weiß. Ich war froh, nichts mehr mit ihnen zu tun zu haben.

Vom Schreibtisch besessen war ich früh. Mit vierzehn Jahren machte ich die ersten Aufzeichnungen, in einem kleinen blauen Heft. Und was notierte ich damals? Gott sei das Gute. Er sei das Gute in der Welt. Das bilde die Auflösung des Rätsels ‹Gott›.

Früh merkte ich, daß ich der Religion und der Metaphysik verfallen war – und suchte mich zu entziehen. Ich las unheimlich viel, weniger ‹schöne Literatur› als Philosophie (noch in meiner Gymnasialzeit, also bis 1900), Spinoza, Schopenhauer und Nietzsche. Am intensivsten Spinoza.

Warum suchte ich mich der Metaphysik und Religion zu entziehen? Vielleicht weil sie mich in zwei Wesen teilten. Wenig konnte ich mich über die Dinge, die mich beschäftigten, aussprechen. Man diskutierte in der Studienzeit viel, aber da begegnete mir nichts und niemand, der mir geistige Geburtshilfe hätte leisten können. Und so blieb ich, der in der bürgerlichen Gesellschaft lebte, ein Mediziner und einer, der an den Dingen der Welt sehr interessiert und beteiligt war, der zwischen ihnen so gut er konnte (unordentlich, ohne Disziplin, ohne Direktiven) sich bewegte. Im Innern aber trug diese Gestalt eine besondere Figur, die mit jener draußen, mit jenem Mediziner, mit jenem Dahinlebenden zankte und mit ihr zu keiner Verständigung kam. Sie konnte zu keiner Verständigung gelangen.

Ich legte beim Schreiben Wert darauf, nicht mit der Natur zu konkurrieren. Es war mir von vornherein klar, daß man dieser Realität gegenüberstand. Es galt, nachdem überall naturalistische Prinzipien als Forderungen verkündet wurden, dies Gegenüberstehen zu zeigen.

Um 1900, zu Ende meiner Schulzeit, im Beginn meiner Studentenzeit kam ich mit Herwarth Walden in Berührung (er wohnte auch im Osten von Berlin, in der Holzmarktstraße, sein Vater war Sanitätsrat). Wir mokierten uns über die damaligen Götzen der Bourgeoisie, Gerhart Hauptmann und seinen unechten Märchenspuk, über die klassizistische Verkrampfung Stefan Georges. Es gab schon damals den Autor der ‹Buddenbrooks›, er kam nicht in Frage.

Man traf sich mit der Lasker-Schüler, Peter Hille im Café des Westens, gelegentlich bei Dalbelli an der Potsdamer Brücke. Man hatte Tuchfühlung mit Richard Dehmel, mit Wedekind, Scheerbart.

Damals (1905) schrieb ich ein Stück ‹Lydia und Mäxchen. Tiefe Verbeugung in einem Akt›, das 1906 im Residenztheater in Berlin bei einer Matinee mit einem Scheerbartstück aufgeführt wurde. Es war der Protest eines geschriebenen und gespielten Stückes gegen seinen Autor. Die Figuren und die Szenerie werden lebendig und machen sich selbständig. Sie sprechen und agieren anders, als der Autor glaubte bestimmen zu können. Sie treiben während der Aufführung den Verfasser und den Regisseur von der Bühne und führen frech und provokant das zahm angelegte Stück zu einem blutrünstigen Ende.

Damals saß ich übrigens in Regensburg als Assistenzarzt in der Kreisirrenanstalt und schrieb eine abstrakte lange Betrachtung (ich weiß nicht mehr, wie ich darauf kam), betitelt ‹Gespräch mit Kalypso über die Musik und die Liebe›. Das Opus wurde teilweise im ‹Sturm› abgedruckt. In den ‹Sturm› gab ich auch meine früheren Novellen, phantastische, burleske und groteske Stücke, die ich später in dem Band ‹Die Ermordung einer Butterblume› sammelte. Die Herrschaften im ‹Sturm› (zu denen Rudolf Blümner, Lothar Schreyer, Stramm und Maler wie Franz Marc, Kokoschka stießen) goutierten diese Sachen. Sie schienen ihnen ‹expressionistisch› und Fleisch von ihrem Fleisch und Blut von ihrem Blut zu sein. Als ich aber das Visier hob und vom Leder zog im ‹Wang-lun› (1912), da war es aus, – dabei fing ich erst an. Kein Wort äußerte Walden oder ein anderer aus dem Kreis der Orthodoxen über den Roman. Wir blieben aber freundschaftlich verbunden. Sie entwickelten sich (geführt von Stramm und Nebel) ganz zu Wortkünstlern, überhaupt zu Künstlern. Ich ging andere Wege. Ich verstand die drüben gut, sie mich nicht.

Expressionismus und die mit ihm zusammenhängenden Kunstarten erinnern an die ostasiatische Zen-Philosophie. Wie dieser der ‹normalen›, das heißt, eingefrorenen Logik und Vernunft ausweicht, so kehrt die Kunstart des Expressionismus der glatten, flachen ‹Schönheit› den Rükken. Sie attackiert und demoliert sie. Es dreht sich dabei nicht um eine bloß formalistische Abwendung, wenn auch der Kampf bei ihm um die Form geht.

Dies genügte mir aber nicht. Ich drehte der überlieferten ‹Schönheit› noch mehr den Rücken als meine Expressionisten, die mich deswegen für einen Abtrünnigen hielten. Ich hielt Literatur und Kunst überhaupt nicht für sehr ernst. Man hat sich, war meine Auffassung, der Worte und

der Literatur zu bedienen für andere Zwecke, für die wichtigen Zwecke.)
Welche waren das?

Ich sah, wie die Welt – die Natur, die Gesellschaft – gleich einem tonnenschweren eisernen Tank über die Menschen, über den Menschen rollt. Wang-lun, der Held meines ersten umfänglichen Romans, erfuhr dies. Er zieht sich, am Leben geblieben, mit einer Anzahl ebenso Blessierter von dieser gewaltigen, menschenfeindlichen Welt zurück, und ohne sie anzugreifen, fordert er sie heraus. Sie rollt dennoch über ihn und seine Freunde. Es ist bewiesen, in diesem Fall, sie ist stärker. Sonst ist nichts bewiesen.

Der Vorgang war zu schwer und finster, als daß ich dabei stehenbleiben konnte. Ich mußte die Dinge weiter verfolgen. Ich wollte mich auch nicht vom Schweren und Finstern fesseln lassen. Und da schlug ich um und geriet ohne Absicht, ja völlig gegen meinen Willen ins Lichte, Frische und Burleske. ‹Wadzeks Kampf mit der Dampfturbine› sollte noch ein ‹Kampf mit dem Ölmotor› folgen. Aber als ich die ‹Dampfturbine› geschrieben hatte, war der Krieg (1914–18) gekommen, ich diente als Militärarzt in Lothringen und im Elsaß, und der Kriegslärm, aber auch das Elend der Kriegskrankheiten umgaben mich. Wochenlang Kanonendonner von Verdun herüber.

Da sprang ich von meinem Pferd ‹Wadzek› und schwang mich auf einen anderen Gaul, den ‹Wallenstein›. Im ‹Wadzek› zappelte der Mensch atemlos hinter der Technik her, er strampelte, schrie, stolperte, lag und streckte alle viere aus, dann kam ein anderer, lief, rannte, keuchte. Aber im ‹Wallenstein› stand einer und bewegte sich nicht. Das Buch müßte eigentlich heißen ‹Ferdinand der andere›. Ich wußte es. Aber ‹Wallenstein› bezeichnet die Zeit und die Umstände. Hier ließ ich mich los. Ich planschte in Fakten. Ich war verliebt, begeistert von diesen Akten und Berichten. Am liebsten wollte ich sie roh verwenden. So wie die Dinge in der Geschichte vorkamen, waren sie echt und vollkommen.

Zwischen ihnen, als Anführer und Kommandeur der Fakten, als ihr Motor, stand der Tatsachenmensch, der Kulissenschieber der Historie: Wallenstein, Holz aus ihrem Holz, Eisen von ihrem Eisen, Granit von ihrem Granit, bestimmt nicht Fleisch von ihrem Fleisch, denn da gab es kein Fleisch. Und wenn ich diesen Mann sich selbst überlassen hätte, so wäre es eben ein dreißigjähriger Krieg geworden. Warum das aber spiegeln und die Erinnerung daran heraufbeschwören, während der Donner von Verdun herüberschlug? Weder der Dreißigjährige Krieg noch der Donner von Verdun besagten mir etwas.

Also Ferdinand der andere, der Kaiser (den ich zu machen hatte). Ihn setzte ich ins Gespräch mit den allmächtigen Fakten. Er antwortete auf den Donner. Ergebnis? Er gibt es auf.

So sah ich die Dinge damals. Wie Wang-lun erlosch Ferdinand vor der ‹Welt›.

Nein, es bleibt einem nichts anderes übrig, als es aufzugeben. Das war meine Generaleinsicht von damals. Ich fand offen und insgeheim Gefallen an den grandiosen Phänomenen. Den Menschen, sein Ich, sein Leiden sah ich wohl. Aber ich erbarmte mich seiner und meiner nicht. So wurde ich noch einmal hierhergeführt. Denn alle weltfrohe Umhüllung der historischen Vorgänge täuschte mich nicht über die Schwäche der Position, über die Unentschiedenheit, die Mutlosigkeit dieses selbstmörderischen Gegenüber.

Da nahm ich mir dann keinen isolierten historischen Vorgang, sondern die Technik, die im Menschen liegende Kraft, vor, und begann die ‹Berge Meere und Giganten›. Thema, diesmal ganz allgemein: was wird aus dem Menschen, wenn er so weiterlebt? (Die Folgezeit hat einige Proben gegeben.) Ich rief mich quasi zur Ordnung.

Ich konnte in einem Epochen und Räume überfliegenden Buch berichten von der Entwicklung und dem Mißbrauch der Technik, bis sie sich zur biologischen Praxis steigert, Veränderungen am Menschen, dem Urheber selbst, vornimmt, und wie sie den Menschen in die Kreidezeit zurückführt.

Entsetzt sinkt nun, was vom Menschen übrig ist, in die Knie und opfert demütig den Urgewalten.

‹Opfer› und ‹Demut› waren gefunden, diese Erkenntnis, noch nicht die innere Macht. Ich war damit den Weg der Massen und großen Kollektivkräfte zu Ende gegangen. Ja, bis hierher, bis zu dem Buch der ‹Giganten›, hatte ich an der Großartigkeit der geschaffenen Welt gehangen und ihre Partei ergriffen. Mit der erschöpfenden Anstrengung des Gigantenbuches war mir hier genug getan.

Es gab eine Pause, – und ich ging wieder daran, festzustellen, wo ich stand. Solch Ermittlungsverfahren stellt der eine an bei einer Lektüre, der andere in Gesprächen und in langer eindringender Besinnung. Ähnliches geht auch meinen Büchern voraus. Aber der eigentliche Prozeß der Besinnung und Feststellung erfolgt im Schreiben selbst. Das Eigentümliche, Bittere, Fatale ist dann: jedes Buch endet (für mich) mit einem Fragezeichen. Jedes Buch wirft am Ende einem neuen den Ball zu. Nachdem ich den ‹Massenweg› abgelaufen war, wurde ich vor den Einzelmenschen, den Menschen geführt. Ich zog nicht bewußt diesen Schluß aus dem Vergangenen, aber mein Unbewußtes, das ich ja auch sonst unbekümmert für mich arbeiten ließ, tat es.

Ich fand einmal (in Berlin, in der Stadtbibliothek am Marstall) einen Reisebericht aus Indien mit vielen Bildern und mancher Historie. Das Milieu war mir fremd und war abenteuerlich, tropisch reich. Ich blieb hängen an den Berichten vom Hinduismus, von Shiwa, dem Gott, von einem Totenreich. Ich sah einen Menschen hier eindringen, einen aus unserer Welt, der sich von dem Jammer, den er in dieser Welt der Toten findet, zerreißen lassen will. Allen irdischen Schmerz will er auf sich stürzen lassen, mit allem Schmerz will er sich verbinden, weil er (aus einem Krieg) weiß, wir sind alle eines und dasselbe, Brüder, die Mörder und Gemordeten, der Henker und seine Opfer.

Er wagt die Schreckensfahrt und bricht zusammen. Aber Sawitri, seine Frau (es ist eine Göttin, die göttliche Liebe), hebt ihn auf; als neuer Mensch, als Halbgott kehrt er zurück.

Das ist, in freien Rhythmen geschrieben, ‹Manas›, eine epische Dichtung.

Meine Bücher hatten bis da eine Art Achtungserfolg. Die eigentliche Bühne des Büchermarkts wurde von anderen Autoren besetzt. Man behandelte da Liebes-, Ehe- und Kriminalgeschichten, gab viel Psychologie, und das gebildete Publikum liebte es auch, sich Bildung im Roman vorsetzen zu lassen; man servierte Zeitfragen, kulturelle Probleme mit philosophischem Einschlag. Das ist die feuilletonistische, essayistische Degeneration des Romans.

Meine Bücher konnten da nicht mit. Ich gab Bilder, und alles war dicht, viel zu dicht für Zeitungsleser.

Zudem hatte jedes Buch seinen Stil, der nicht von außen über die Sache geworfen wurde. Ich hatte keinen «eigenen» Stil, den ich ein für allemal fertig als meinen (‹Der Stil ist der Mensch›) mit mir herumtrug, sondern ich ließ den Stil aus dem Stoff kommen.

Hier nun, im ‹Manas›, freie Rhythmen und eine indische Welt: das war zu viel. Dieses Buch wurde abgelehnt.

«Wie sind Sie nur darauf gekommen?» fragte mich entsetzt, nachdem das Unglück geschehen war, mein Verleger, der alte Fischer.
Das Buch war für mich in Ordnung. Von hier an datieren die Bücher, welche sich drehen um den Menschen und die Art seiner Existenz.

Der ‹Manas›, auch er, entließ mich, obwohl ich ihn in seine mystische Landschaft als Halbgott zurückkehren ließ, unbefriedigt. Die Frage, die mir der ‹Manas› zuwarf, lautete: Wie geht es einem guten Menschen in unserer Gesellschaft? Laß sehen, wie er sich verhält und wie von ihm aus unsere Existenz aussieht. Es wurde ‹Berlin Alexanderplatz› (ein Titel, den mein Verleger absolut nicht akzeptieren wollte, es sei doch einfach eine Bahnstation, und ich mußte als Untertitel dazusetzen ‹Die Geschichte vom Franz Biberkopf›.
Natürlich schrieb ich dies Buch, besser, schrieb sich dies Buch nicht in freien Rhythmen, sondern im Berliner Tonfall. Aber blind, wie einmal Kritiker unserer Epoche sind, konnten sie bequem mit dem Buch fertig werden: ‹Nachfolge von Joyce›. Wenn ich durchaus jemandem hörig sein und folgen soll (was ich gar nicht nötig habe, ich finde mich stofflich und stilistisch schon selbst zurecht. Mein Vers ist: ‹Ich wohn' in meinem eignen Haus, hab niemandem nie nichts nachgemacht und lachte noch jeden Meister aus, der sich nicht selber ausgelacht›), also wenn ich schon einem folgen und etwas brauchen soll, warum muß ich zu Joyce gehen, zu dem Irländer, wo ich die Art, die Methode, die er anwendet (famos, von mir bewundert), an der gleichen Stelle kennengelernt habe wie er selbst, bei den Expressionisten, Dadaisten und so fort. Der ‹Alexanderplatz› hat den ihm gemäßen Stil wie der ‹Manas› oder der ‹Wallenstein› (die man freilich dazu kennen muß).
Dies Buch war beim Publikum ein Erfolg, und man nagelte mich auf den (als Schilderung der Berliner Unterwelt mißverstandenen) ‹Alexanderplatz› fest. Es hat mich nicht gehindert, meinen Weg weiter zu verfolgen und die Leute, die Schablonenarbeit verlangen, zu enttäuschen.
Das Opfer war das Thema des ‹Alexanderplatz›. Die Bilder vom Schlachthof, von der Opferung Isaaks, das durchlaufende Zitat: ‹Es ist ein Schnitter, der heißt Tod› hätten aufmerksam machen sollen. Der ‹gute› Franz Biberkopf mit seinen Ansprüchen an das Leben läßt sich bis zu seinem Tod nicht brechen. Aber er sollte gebrochen werden, er mußte sich aufgeben, nicht bloß äußerlich. Ich wußte freilich selbst nicht wie. Die Tatsachen springen den Menschen an, aber bloße Starre rettet nicht.

Ich setzte nun, um das Problem zu ergründen, um hinter das Geheimnis eines Bruchs und solcher Wendung zu kommen, abermals einen Menschen in Bewegung, einen Mann, der gleichfalls gut in seinem Fleisch sitzt, diesmal einen wirklich exzessiv hochmütigen, einen babylonischen Gott. Ich suchte ihn zu drängen, sich aufzugeben. Dieser Gott ‹Konrad› war schuldbeladen, ein viel schwererer Verbrecher als Franz Biberkopf, der einfache Transportarbeiter aus Berlin. Aber er war noch weniger geneigt, mit sich und an sich etwas vorzunehmen.

Dies Buch ‹Babylonische Wandrung› verspottet schrecklicherweise die Opferidee des ‹Alexanderplatz›. Der Gott Konrad denkt absolut nicht daran zu büßen, er fühlt sich nicht einmal entthront, abgedankt, und in dieser Haltung verbleibt er. Ich weiß nicht, wie mir mein Plan so im Schreiben ausrutschen konnte. Ein spitzbübischer Kobold spielte mir den Streich. Es war ein Rückschlag. Ich stand im Kampf mit seinem Hin und Her.

So, mit diesem Buch ging ich ins Exil, 1933. Es hatte mich nicht weitergebracht und zeigte einen Widerstand, eine Sperrung und Versteifung in mir an. Es ist, als ob ich etwas nahen fühlte und mich verbarrikadierte.

1934, schon in Maisons-Laffitte bei Paris (ich hatte im Exil viel Zeit zum Denken), plänkelte ich herum in einem kleinen Berliner Roman ‹Pardon wird nicht gegeben›. Eine Familiengeschichte mit autobiographischem Einschlag. ‹Autobiographisch› sage ich. Das ist ein Fortschritt. Ich wagte mich an den Herd heran. Stolz hatte ich früher gewußt und gesagt: ‹Die Epiker haben Augen, um nach außen zu sehen.› Ich mochte Lyrik nicht, ich wollte nur Abläufe, Begebenheiten, Gestalten, eine steinerne Front – und nicht Psychologie. (Dabei beobachtete ich viel, und mein ärztliches Fach war die Psychotherapie – der anderen.)

Sehr bald nach diesem Tasten in Romanform stieß ich auf Kierkegaard, in der Nationalbibliothek in Paris, und blätterte, zuerst ohne Geschmack an ihm zu finden, in dem zweibändigen ‹Don Juan›. Aber das Buch ließ mich nicht los. Seit langer Zeit zum ersten Male merkte ich bei einer Lektüre auf. Ich schrieb mir einiges ab.

Aber da, in derselben großen Bibliothek, stieß ich auf etwas anderes, das ich schon immer liebte: auf Atlanten. Und dann gab es herrlich bebilderte Ethnographien. Man hatte mich gefangen, von Kierkegaard weggelockt. Die Südamerikakarten mit dem Amazonenstrom: was für eine

Freude. Ich hatte immer etwas für das Wasser, für das Element der Ströme und Meere. Im ‹Ich über der Natur› habe ich vom Wasser geschrieben, in dem Utopiebuch die Meere gefeiert.

Nun der Amazonenstrom. Ich vertiefte mich in seinen Charakter, dieses Wunderwesen, Strommeer, ein urzeitliches Ding. Sein Ufer, die Tiere und Menschen gehörten zu ihm.

Eines zog das andere nach sich. Ich las von den indianischen Ureinwohnern, stieg in ihre Geschichte und las, wie die Weißen hier eindrangen. Wo war ich hingeraten? Wieder das alte Lied, hymnische Feier der Natur, Preis der Wunder und Herrlichkeiten dieser Welt? Also wieder eine Sackgasse?

Bald fing ich an zu schreiben, tatsächlich mit der einen Idee: diesem Flußmeer zu geben, was des Flußmeeres war, auch seine Menschen zu zeichnen und die Weißen nicht aufkommen zu lassen. So wurde der erste Band ‹Das Land ohne Tod›. (Oh, sehr langsam macht man Fortschritte.) Aber zum Schluß mischte sich Las Casas ein. Der Mensch begann zu klagen. Die Stimme ließ sich nicht übertönen vom Rauschen des herrlichen Wassers. Ich ließ den Menschen zu bei der hymnischen Feier, und schon war das nächste Buch beschlossen, der Ball flog.

Las Casas' Auftreten am Ende des ersten Bandes machte alles andere zum Vorspiel. Es wurde keine Sackgasse.

Und nun wurde es der großartige Menschheitsversuch, die Jesuitenrepublik am Parana. Das Christentum steht im Kampf mit der Natur, und auch im Kampf mit den unzulänglichen Christen. Ein neues Thema, ich wollte dabei lernen und mich erproben. Ich konnte dem Thema nicht ausweichen, es lief mir nach, es stellte mich am Schlusse des ersten Band vom ‹Land ohne Tod›, als ich so tat, wie wenn ich ihm entronnen wäre.

Und dennoch, ich wich ihm aus, ich entzog mich, so gut und so glatt ich konnte. Von da kommt in den Band ‹Der blaue Tiger› das Vibrieren und Schillern des Stils, von da auch die Heiterkeit (vom Konrad, der nicht büßen will), von da die Anbetung der natürlichen Urmächte. Aber mitten darin steht unbeweglich eine scheue und tiefe Ehrfurcht. Religion steht da und schweigt –

Der Abgesang dieses Südamerikawerkes (‹Der neue Urwald›) kann nicht umhin, die furchtbare, trostlose, brütende Verlorenheit, die nachbleibt, zu zeichnen.

Danach trat Kierkegaard hervor, und jetzt, 1936, verschlang ich einen

Band nach dem anderen (oh, damals waren meine Augen noch gut, ich konnte lesen und lesen).

Ich zog lange Partien aus, schrieb Hefte voll. Er erschütterte mich. Er war redlich, wach und wahr. Seine Resultate interessierten mich nicht so wie seine Art, seine Richtung und der Wille. Er drängte mich nicht zur Wahrheit, aber zur Redlichkeit.

Und nachdem ich im Südamerikabuch meine Abenteuerlust befriedigt hatte, wandte ich mich den heimischen Gestaden zu. Ich dachte an Berlin, an die ferne Stadt, und prüfte nun im Geist, ähnlich wie 1934 in ‹Pardon wird nicht gegeben›, wodurch alles gekommen war. Die alte Landschaft wollte ich hinstellen und einen Menschen, eine Art Manas und Franz Biberkopf (die Sonde), in diese Landschaft ziehen lassen, damit er sich (mich) prüfe und erfahre.

Ich warf erst die Landschaft auf, gab (im ersten Band des Erzählwerks ‹November 1918›) die Szenerie des Elsässer Lazaretts, in dem ich während der letzten Kriegzeit 1917–18 als ordinierender Arzt arbeitete. Und es trat mir bald der Mann als Kranker entgegen, den ich formte und bestimmte, seine (und meine) Last in die Erzählung zu tragen.

Es liefen zwei Dinge nebeneinander und zusammen: das tragische Versanden der deutschen Revolution 1918 und der dunkle Drang dieses Menschen. Es erhebt sich für ihn die Frage, wie er überhaupt zum Handeln gelangen soll. Aber dies will er. Von wo aus, von welcher Basis? Er muß es ablehnen, sich hier zu entscheiden. Er kann nicht zwischen zwei und drei Sandbänken wählen, um sein Haus aufzubauen. Es wird eine himmlische und höllische Geschichte. Der Mann, Friedrich Becker, wird von Halluzinationen umgeben. Durch das ‹Tor des Grauens und der Verzweiflung› muß er gehen. Er bleibt am Leben. Er findet sich zuletzt gebrochen und gewandelt als Christ. (Das bringen Band zwei und drei.)

Sein gewonnenes Christentum trägt er durch den Schlußband (‹Karl und Rosa›). Himmel und Hölle kämpfen weiter in ihm. Er verkommt äußerlich; innerlich wird er zerfressen. Aber – er wird aufgehoben.

Das Buch ‹1918› war mir vorausgeschwebt. Es wurde im Jahre 1941 in Kalifornien beendet. Zwischen Band drei und vier liegt das Jahr 1940, der finstere Einbruch in Frankreich. Eine ‹Schicksalsreise› durch das Land habe ich später darüber geschrieben.

Dann war mir selbst das zuteil geworden, was meinem Konrad nicht, aber Friedrich Becker wurde – eine Klärung. Die Klärung war vollständig. Der Standpunkt war gegeben. Ein anderes Weltbild, ein anderes Denken war da. In einem Buch ‹Der unsterbliche Mensch› prüfte ich meine neue Situation durch. Ich sah mich in dem Haus um, das ich betreten hatte. Ich schritt durch die Räume, deren Türen sich mir geöffnet hatten. Nichts Neues wollte ich sagen, nichts erfinden, wollte nur mitteilen, was ich vorfand und wie es hier aussah. Kein Roman, nein – Mitteilung, Beschreibung und ein Vergleich mit früher: daher der Dialog und das Auftreten des Jüngeren.

Nachdem ich dies niedergeschrieben, niedergelegt hatte – ging es mir nicht so wie sonst nach einem Roman. Ich hatte schon früher lange Besinnungsakte zwischen Werken eingeschaltet, wobei ich mit meinem Bewußtsein, in Gedanken, und nicht in Bildern und Gestalten, das auffing, was die Person, die meinen Namen trug, zu sich und zur Existenz sagte. Da schrieb ich einmal (nach den ‹Bergen›) ‹Das Ich über der Natur› und (nach dem ‹Alexanderplatz›) ‹Unser Dasein›. Ein wenig war ich mit jeder solchen Klärung weitergekommen, nur... ‹Ich› fand: die Gestaltung und das Vis-à-vis mit einer ganzen wirbelnden Welt brachte weiter, der Kontakt mit dieser Wirklichkeit bedeutete etwas. Jetzt, – wie sollte ich mich jetzt vor die Dinge schleppen? Wie sollte ich, der ehemalige Anbeter der ‹Welt›, vor sie treten? Das kam nicht in Frage. Alle meine epischen Bücher bis da waren Teste. Es gab jetzt nichts mehr zu ‹versuchen›. Ich hatte mich nun vor die ‹Welt› zu stellen. Es galt sich fester und sicherer auf dem Boden zu etablieren, der keine rutschende Sandbank war.

Ich hatte mich nicht verloren, ich war kein Finsterling geworden. Überraschend schossen ein paar Erzählungen auf, ich schrieb sie schnell nieder und gestehe, ich weiß nicht recht, wie ich zu ihnen kam: wieder Koboldstücke. Das sind ‹Der Oberst und der Dichter› und die beiden heiteren Geschichten, burleske Späße und Mischungen von Ernst und Clownerie: ‹Märchen vom Materialismus› und ‹Reiseverkehr mit dem Jenseits›.

Ich hatte aber außer diesen kleinen Erzählungen noch anderes skizziert. Ich kam darauf, sie zusammenzufassen und auszuführen. Man müßte sie, dachte ich, formal für jemanden erzählen wie in ‹1001 Nacht›. Also wie und für wen?

Wie ich fragte, schrieb ich schon und bereitete schon den Menschen vor, an den die Geschichten sich richten sollten.

Er lag krank, war verwirrt, zerrissen – es war Edward, der vom Kriege heimkehrend sich nicht mehr in sich zurechtfindet. Er wird ein ‹Hamlet›, der seine Umgebung befragt. Er will nicht richten, er will etwas Ernstes und Dringliches: er will erkennen, was ihn und alle krank und schlecht gemacht hat.

Und in der Tat: da liegt eine furchtbare Situation vor, und er hellt sie langsam auf. Die Wahrheit, nur die Wahrheit kann ihn gesund machen. Und aus vielen Zerstreuungs- und Ablenkungserzählungen werden indirekte und immer mehr direkte Mitteilungen, schließlich Bekenntnisse und Geständnisse. Ein fauler, träger Zustand enthüllt sich, die Familie kommt mehr und mehr in Gärung. Schließlich ist die Tragödie da, aber mit ihr die Katharsis.

Das Buch könnte eine neue Reihe einleiten, die dritte, wäre ich jünger. Aber einmal endet alles Fragen. Das Buch wurde größtenteils schon auf deutschem Boden geschrieben.

Das also wurde in den Jahrzehnten hingeschrieben, und ich kann darauf blicken und soll sagen: ‹Das bin ich.›

Eine Art Denken ist das Ganze, manchmal (ausnahmsweise) abstrakt, meist gebunden an tausend Fakten und Begebenheiten. Das Denken mag nicht nackt gehen, es reißt eine Unmenge Tatsachen an sich und zieht sie sich wie eine Kapuze über den Kopf. Fragen kann ich stellen und Gedanken fassen. Das Ganze aber, diese Maskerade und warum diese und nicht jene Maskerade, diese Mixtur ist etwas Besonderes. Es ist Dichtung, Verdichtung, Wachstum, die Bildung eines Gewächses und gehört in das Gebiet der geistigen Keimung, Sprossung und Bildung von Ablegern. (Das Wort ‹Kunst› ist dunkel.)

Produkte dieser Art durchbrechen die Form des Individuums. Wie im Körperlichen sich bei Geschwulsten Metastasen bilden, so stülpt der Geist solche Produkte aus. Das vorangehende abstrakte Denken ließe sich als Reiz vor der Knospenbildung deuten.

Ob hier irgend etwas Einfluß auf andere, auf das ‹Volk› hat, habe ich nie gefragt. Aber ich war mir bewußt, daß, auch ohne daß man auf die Umwelt blickt, sie immer gegenwärtig ist. Man wächst nicht allein. Sogar wenn man erloschen ist und nicht mehr Knospen treibt, wirkt man in dem ungeheuren geistigen Gewebe und ist gegenwärtig. Vielleicht träume ich alles.

Was weiß ich eigentlich? Ich weiß, daß wir in dieser Weltära, gestoßen, verstoßen, gebannt in den düsteren schweren Kreis dieses Äons, daß wir Menschen es schwer haben. Wir scheuern uns wund an den Mauern, die uns umgeben. Wir schlagen gegen sie und hören unsere Hände klatschen und wie wir schreien. Wir suchen auszubrechen aus dem Bagno, und das ist der andere Sinn der ‹Dichtungen›, solcher ‹schöpferischen›, denkerischen, poetischen Bemühungen.

Aber wir geben keine Ruhe. Wir können uns nicht bescheiden. Unser verruchter Geist kann nicht still sein. Es ist sein Kainserbe. Jeder unserer Tage wiederholt den Sündenfall. Unser Geist träumt und hofft dennoch, er erreiche etwas, er weiß nicht was.

Satan geht zwischen uns. Man darf nicht daran zweifeln. Man lasse sich durch die Helligkeit des Tages nicht betrügen. Auch die Elektrizität gibt nicht das wirkliche Licht, und die Atombombe sprengt nichts.

Aber es gibt den ewigen, gütigen und gerechten Gott. Nur vor ihm wird der Graus verständlich. Wie sehr wir uns von ihm abgelöst haben, wird deutlich. Die Beklemmung, Trostlosigkeit, die Erbärmlichkeit hier ruft nach ihm.

Wie Sonne und Freude als Zeichen und Reste himmlischer Vollkommenheit da sind, so ist der ganze Himmel da, und der ewige Gott – ‹Jesus› unter uns genannt – hat sich einmal in unser Fleisch gesenkt und in diesem wüsten Gehäuse das alte Feuer angezündet.

Nur Gott preisen, nur die Himmlischen loben sollte man, und zuerst diese Bewegung, die uns vor dem Nichts schützt: Jesus von Nazareth, getragen von der süßen Gottesmutter, gelegen in der Krippe, erwachsen, Gnadenspender, Wundertäter, Lehrer unter den Menschen, der sich geradeaus auf das Marterholz hin bewegte, um unsere Gärung und Verfaulung, die menschliche Verwesung aus der Welt zu schaffen. Denn er sah: wir können uns nicht helfen.

Was kann die Existenz zum Inhalt haben, welche Aufgabe kann sie uns stellen, wodurch die düstere Art unseres Daseins rechtfertigen, – wenn nicht dies: Reinigung, Erhebung, Aufrichtung verschaffen, die Befreiung von dem Bösen vorbereiten, sich lösen aus der Verstrickung, aus der schändlichen Erniedrigung durch den Bösen. Wohl dem, der mehr hat als seine Augen, mehr als seine Logik und seine Mathematik. Glückselig der, der mühelos reifen konnte. Aber wohl auch uns, die wir zeit unseres Lebens gefragt, gesucht und geirrt haben, wohl uns, wenn wir auch als Wrack noch in den Hafen einlaufen und am Fuß des Leuchtturms stehen oder liegen, den unser inneres Auge immer erblickt hatte.

JOURNAL
1952/1953

Es mag sich in Bezug auf Entstehung und Art dieser Welt verhalten, wie es will, – ich bin da, zusammen mit dem, was den Himmel und die Erde erfüllt. Wer ich bin, was ich bin, was mit mir ist, das weiß ich nicht. Ich finde mich so und so ausgestattet, eingelagert und angepaßt vor, wie ein Rädchen in einer unübersehbaren Maschinerie. Ich stelle fest: manches ist mir mitgegeben, manches nicht, – auch daß ich einiges erkenne, ist mir mitgegeben, aber nicht vieles. Immerhin besagt dieses, daß ich denke und mir einiges bewußt mache, daß ich doch nicht bloß ein Rädchen in einem Uhrwerk bin, oder daß dies ein besonderes Rädchen in der Uhr ist, und daß dieses Ganze, worin einem Rädchen Erkennen selbst in beschränktem Umfang mitgegeben ist, daß dies eine besondere Maschine ist. Was meine Rolle und Funktion hier anlangt, so wäre besonders zu fragen, ob mir allein dies mitgegeben ist, zu erkennen und erkennen zu wollen, – oder ob vielleicht noch anderen Gliedern des Ganzen und mit mir Verbundenen Erkenntnis als Eigenschaft zukommt.

Wenn diese Welt da ist und ich in ihr und mit ihr, und zwar so wie ich persönlich und privat bin, – wie hänge ich und meine Art und mein Schicksal, mein Tun und Treiben, Gedeihen und Verderben mit dem Schicksal, mit Ursprung und Wesen dieser Welt zusammen? Ich muß mir aber im vornherein darüber klar sein, daß man sich nicht am eigenen Schopf aus dem Sumpf ziehen kann.
Der Frager gesteht, daß er sich sofort in doppelter Beleuchtung sieht: einmal im Rahmen der großen Zusammengehörigkeit, der gesamten Welt und dessen, was man Natur nennt. Das andere Mal findet er sich hier in einer Ecke dieser Natur, teilnehmend an ihren Abläufen, – und das andere Mal sieht sich der Frager durch seine Gabe des Erkennens unnatürlich und gegennatürlich.

Der Hinweis darauf, daß man sich nicht am eigenen Schopf aus dem Sumpf ziehen kann, ist immer und allemal nützlich, aber man muß ihn mit Reserve gebrauchen. Wenn einer sagt, der Mensch könne aus sich heraus kein Gegenüber der Welt werden, so gilt dieser Satz nur, wenn man den Menschen als einzelnes Naturobjekt gelten läßt. So aber hat man das, was Mensch heißt, sofort tödlich eingeengt und mit Voreingenommenheit betrachtet. Er fühlt, denkt, will und erlebt sich aber, – ich möchte sagen: Brust an Brust mit dem Ganzen. Denn er erlebt ja nicht die Natur der Wissenschaftler, objektiv, sondern in seinem Schicksal, und selbst wenn er sich in einer Höhle versteckt, erlebt er sie als Ensemble von Erfahrungen, von Schönheiten und Herrlichkeiten, Erwartungen und Enttäuschungen, beladen mit unverständlichen, ungeheuerlichen Schrecknissen, mit zauberhaften Reizen, die hier emporschießen, die er nicht an sich kennt. Ja, er steht, geht, schwimmt und fliegt in einem traumhaft wechselnden Ablauf.

EIN REGNERISCHER SEPTEMBERTAG

In diesen Monaten war ich, da das Gehen mir schwer fällt, sehr viel an das Zimmer gebunden. Ich sitze in der Nähe des Fensters. Eine Reihe von Kakteen liegt da auf schmalen Brettchen und will Licht. Zwischen den kleinen Töpfen vermag ich auf die Straße zu blicken.

Dies ist nun ein grauer regnerischer Septembertag. Die Stadt heißt Mainz. Die Frauen unten haben Schirme aufgespannt. Es bewegt sich da unten nicht viel. Ich versäume nichts. Versunken dämmere ich und lasse es passieren.

Dies alles, so erlebe ich es, zusammen mit der Stube, ist da und geht vor. Ich habe den Sinn für den Alltag verloren. Ein anderer Sinn hat sich vorgedrängt. Was ist das für ein Sinn? Wie sehe ich die Straße jetzt mit ihren Figuren? Die Frauen wandern auf dem spiegelglatten Asphalt, mit Kindern an der Seite und an der Hand. Die Frau und die Kinder bewegen sich. Sie geschehen. Es geschehen die Frau und die Kinder auf dem spiegelnden Asphalt im Regen. Gewiß denkt diese und jene da, die mit der schwarzen Markttasche, sie will einholen und das ist ihr Plan, an der Ecke bei dem Kaufmann, der jeden Morgen seine Schiefertafeln rechts und links mit neuen Zeichen bemalt und aushängt, er nennt die Waren, die er vorrätig hat, die Preise wechseln. Die Frau steht vor seiner Tür, sie wirft einen Blick auf die Tafel links und rechts, rafft ihren nassen Rock und tritt über die Schwelle. Sie verschwindet im Laden. Es ist ein Vorgang wie der Regen, der fortdauert. Schwere Lastwagen mit Anhängern rollen über den Damm und erschüttern das Haus. Es ist vorbei. Jetzt ist es bald 6 Uhr nachmittags. Der Himmel wird dunkler und dunkler. Die Wolkenmassen oben verlieren ihre Weiße, sie werden noch von einer unsichtbaren Sonne angestrahlt.

Und so geschieht das Vorrücken, das man Tag nennt. Er wird davongegangen sein, der Tag, der jetzt noch ist. Er wird geschehen sein. Aber er war nicht da als Tag, – es geschah Tag. Und das geht nun in den sogenannten Abend über und schwimmt ein in Nacht, um dann langsam wieder vom Licht, von der Morgendämmerung überholt zu werden. Und inzwischen werden von der Straße die Wagen und die Frau und die Kinder verschwunden sein. Der Kaufmann drüben hat seine Kreidetafeln von der Tür abgenommen, die Jalousien vor den Fenstern herabgelassen und den Laden geschlossen. Und die Ruhe ist da und die Schwärze. Große elektrische Glocken brennen noch eine Weile. Ich werde dann nicht mehr am Fenster hinter den Kakteen sitzen. Mein Körper liegt im Bett, und das, was man Schlaf nennt, hat mir Bewußtsein und Willen genommen.

Ein anderer Tag. Ich habe meinen Sitz geändert, der Stuhl wurde mir zu hart. Ich sitze im Nebenzimmer auf einem Fauteuil an der Wand und blicke in den Raum. Mögen andere Schreiber dramatische Erlebnisse berichten, ich berichte, was ich von meinem Fauteuil aus an der Wand im Raume hier sehe. Das Radio unter mir spielt alte Tanzweisen. Viele Kakteen haben sich hier angesiedelt, kleine Töpfe, große Töpfe. Sie besetzen den Mitteltisch. Drüben an der Wand steigen sie an einer mehrstöckigen Etagère hoch. Oben auf dem Büfett streckt eine zierliche Zimmerpalme ihre Wedel in die Höhe. Auch auf dem Boden Pflanzen. Sie wollen in diesem Raum die Oberhand haben. Aber sie sagen nichts und tun nichts. Ihre Blätter, ihr Körper atmen. Ihre Wurzeln saugen. Sie stehen in verschiedenen Lebensaltern, diese Pflanzen und Pflänzchen. Eines ist wie das andere gut oder böse. Sie sind alle etwas, drücken etwas aus. Jedes Gewächs in seinem Topf hat seine Art. Einige tragen Blüten, tiefes Rot. Jedes führt ein Dasein, breitet sich aus. Es weiß nicht, was ihm geschieht, und wenn es so weit ist, wird es verdorren. Kein allgemeines Geschehen in der Welt. Das Geschehen hat sich zu diesen Gewächsen zusammengezogen, es ist individuell geworden. Kein grenzenloses Hinfließen, keine inhaltlose Zeit, sondern Leben in Abschnitten, Jugend und Entwicklung, Reife, neue Keime, langsames Verdorren und Welken. Das ist das Geschehen dieser einzelnen Gewächse. Immer bemächtigen sich welche der Gegenwart und verdrängen andere.

Aber der Himmel, der Regen, die Wolken und die ungeheure Gleichmäßigkeit der Gestirne, was ist das, was hat das für ein Gesicht, hat es eins? Spricht es etwas? Ich kann nur fragen. Gewisse Zeichen nehme ich als Antwort hin. Die Pflanzen sind wie Engel aus dem Himmel gefallen, sie sprechen von ihm, und Sonne, Mond und Sterne äußern sich dazu. Sie sind eine Botschaft von weither, und sind so wie wir Menschen und dazu in mancher Hinsicht mehr. Da schreibt ein Etwas keine Bücher, sondern stellt Pflanzen und Tiere hin, und das ist eine Sprache mit vielen Dialekten.

Es ist alles miteinander, füreinander und gegeneinander da. Und da muß ich wieder denken: es fließt aus einer einzigen großen Wesenheit und es bildet ein einziges Wesen.

20. SEPTEMBER

Dieses notierte ich im Herbst 1952.

Schon lagen Schatten auf mir. Ich fuhr wie immer in das Büro gegen 9 Uhr vormittags, zur Zitadelle hinauf und hatte begonnen, nach Durchsicht einiger Briefe etwas zu diktieren. Die Sekretärin saß seitlich an ihrem Tisch mit dem Rücken gegen mich. Da fängt sie plötzlich an zu sprechen. Ich höre es. Und wie sie sich umdreht, sitze ich, berichtet sie später, in mich gesunken auf meinem Stuhl, habe ein eingefallenes bläulich weißes Gesicht. Und wie sie sich nähert, kann ich ihr zuflüstern, sie möchte den Doktor, den ich ihr nenne, anrufen, er möchte zu mir in die Wohnung kommen, mir wäre nicht gut, ich würde bald da sein. Ich murmelte auch: «Kalt kalt.» Kalter Schweiß fließt in Strömen von meiner Stirn und rieselt am Hals herunter. Sie nimmt ihr Taschentuch und sucht mich abzutrocknen, aber es läßt nicht nach.

Was war mir? Traumhaft verschwommen erschien mir alles, und ein eigentümlicher Druck und Schmerz meldete sich hinter dem Brustbein und stieg in den Hals hinauf. Ich war nicht bei vollem Bewußtsein. Man schleppte mich die kleine Treppe hinunter in das Auto, bald lag ich auf meinem Bett und wurde notdürftig entkleidet. Wenige Minuten später erschien meine Frau, der Arzt war grade gekommen. Sie begriff beim Eintreten die Situation sogleich. Die Sekretärin und der Chauffeur lehnten an meinem Bett, sie verschwanden jetzt. Und nun fingen der Arzt und meine Frau an, fieberhaft an mir zu arbeiten. Er gab mir Injektionen und ließ sie elektrische Heizkissen und auch Wasserheizkissen bringen. Sie machten Kompressen auf die Brust. Wärme Wärme überall. Die Spritzen brachten den zunächst völlig aussetzenden, dann fadenförmigen Puls zurück. Da bat meine Frau den Arzt, der den Zustand für ernst hielt, doch unverzüglich einen Spezialisten hinzuzuziehen.

Ich hatte keine Beschwerden. Es hatte gleich im Beginn des Zustandes etwas eingesetzt, was mich überraschte: ein Wohlbehagen. Ich fühlte mich zufrieden, die Schmerzen waren nicht erheblich, ich war froh zu liegen. Ich dachte an Todesschweiß, aber mir war nicht ängstlich zu Mute. Stark lief der Schweiß mir noch immer vom Gesicht, von der Stirn den Hals herunter. Schwierig, das Schweiß zu nennen, es war eisiges Wasser, das ohne Grund meinen Körper verließ. Und während ich so lag, freute ich mich darüber, daß meine Frau da war und sprach. Während sie mich betastete, küßte ich zärtlich ihre Hand und war eigentlich wie nie. Später hörte ich, der Arzt hatte ein Kampferdepot angelegt, der Spezialist, der Internist spritzte Strophantin.

Von dem, was an den folgenden Tagen mit mir geschah, weiß ich nichts zu melden. Es ist alles verwaschen und verworren, eins in das andere geronnen. Nicht ein einziges Datum aus diesen drei Tagen weiß ich mit Sicherheit. Es handelte sich um den Bruch eines Kranzgefäßes im Herzen, der Herzmuskel und eine Partie seiner Hinterwand war paralysiert, mein Gehirn anämisch.

Sonderbar, wie da Erinnerungen und Vorstellungen durcheinanderlaufen. Als ich am dritten oder vierten Tage in ein naheliegendes Krankenhaus transportiert wurde, hatte ich die Vorstellung in Kalifornien zu sein und sagte, man möchte doch den armen indianischen Kindern draußen etwas zu essen geben.

Und dann lange Wochen einsames Liegen, bewegungslos im Krankenhaus. Aus den erst angegebenen 6 Wochen völliger Bettruhe wurden 10. Ich war ganz appetitlos und blieb es noch viele Wochen. Mein Magen- und Darmapparat wollte nicht funktionieren. Und wie immer bei länger dauernden Krankheiten stellten sich neue Übel ein. Eine äußerst schmerzhafte Zystitis entwickelte sich, während in meiner Brust das Herz sich schon beruhigte. Die Schmerzen der Blase, krampfhaft, lokalisiert am Schließmuskel, waren so stark und durch kein Medikament zu beeinflussen, daß man Morphiumspritzen verabfolgte. Sie wirkten zauberhaft, sie und die Hitze und dazu noch Spritzen von Penicillin. Währenddessen lag ich und lag, mein Kopf wurde wieder heller, aber es war etwas Neues in mich eingezogen. Ich konnte liegen ohne zu denken, gewissermaßen vollkommen von der Materie verschluckt. Ich ließ mir dann aus der Zeitung vorlesen und schlug wenigstens für ein und zwei Stunden eine Brücke zwischen mir und der Außenwelt. Ich brachte aber die Außenwelt niemals ganz mit mir zusammen und vergaß immer wieder, wo ich war. Nach Wochen durfte ich mich aufsetzen, ja einige Schritte versuchen, und schon erfolgte ein Rückfall der Zystitis.

Ein merkwürdiger Krankenhausaufenthalt. Es war ein Hospital der Hildegardisnonnen. Wer Hildegardis war, hatte ich vorher nicht gewußt. Ich hörte, sie war eine Heilige und starb auf dem Rupertusberg bei Bingen. Man feiert sie am 17. September. Im Benediktinerinnenkloster wurde sie erzogen, wurde Priorin und verlegte ihr Kloster nach dem Rupertusberg. Sie war Seherin und eiferte für eine Annäherung von Klerus und Volk. Groß waren auch ihre Kenntnisse der Medizin. 81 Jahre war sie alt, als sie im Jahre 1179 starb. Nonnen, Krankenschwestern dieses Ordens umgaben mich jetzt. Unverwechselbar der Geist in diesem Hause, das wir Kranke bevölkern, als Gäste, wenn ich so sagen soll, der Nonnen. Bete und arbeite heißt die allgemeine Parole, aber diese Nonnen hier, regelrecht medizinisch ausgebildet, ackern nicht und bebauen nicht den Erdboden. Sie haben es mit Menschen zu tun. Diese Arbeiten an Kranken zu verrichten, ist ihr religiöser Dienst. Ihre freundliche, vertieft herzliche Art, mit Kranken umzugehen, ihre Geduld, ihr sanftes Lächeln fiel mir auf, sobald ich überhaupt hier um mich blickte. Welch Unterschied zu den weltlichen Schwestern, die ja auch erfahren sind. Diese können medizinisch gut und äußerlich freundlich sein, hier kommt die mehr als herzliche Vertiefung des Gefühls hinzu, mit der sie sich bewiesen. Indem sie mit uns Leidenden, Geschlagenen umgehen, sprachen und verhandelten, arbeiteten sie ja an sich und für sich. Da waren jüngere und ältere Nonnen, sie hatten alle, welch ungeheurer Entschluß, auf die Freuden und Zerstreuungen dieser Welt verzichtet. Sie gingen nicht aus, sie tanzten nicht, besuchten kein Kino, – sie pflegten ihre Kranken und beteten zu Gott. Ja, sie beteten viel, frühmorgens um 5 Uhr kamen die ersten drei Glockenschläge, die sie weckten, bis 8 Uhr abends verlief der Tag, eine heilsame bildende Monotonie, und kein Geschwätz. Sie hatten eine sichere Antwort auf alle Fragen, ich bin bei keiner auf Zweifel gestoßen, sie waren dabei ohne große allgemeine geistliche Kenntnisse. Aber Glaube war da, und herzlich und siegreich hatte er ihre Seelen in Besitz und teilte sich anderen mit. So sah ich sie in

Gruppen gehen, in ihre schöne Kapelle wandern, leicht und ruhig, da waren sie zu Haus. Vor dem Altar lag ihr Jerusalem. Welch schönes Beispiel. So zu fühlen, so aufgehoben zu sein.

Ich lag und grübelte.

Ich finde bestätigt, was ich draußen sah: Ich bin da, mit dem, was Himmel und Erde erfüllt, zusammen mit Himmel und Erde. Ich stehe aber in einer doppelten Beleuchtung: einmal zugehörig zu der Natur, das andere Mal ihr gegenüber. Aber wo fängt die Natur an, bei mir, der hier liegt, und wo hört sie auf, wo fange ich an? Mein Körper, das Fleisch, die Knochen, das Blut, wie weit bewegt sich hier die Natur hinein und wo findet sich mein Ich. Rätselhafte Dinge, nein, allbekannte, natürliche wie Geburt, Reifen und Welken, geschehen auch an mir. Draußen gibt es Tag und Nacht, Kriege und Gewitter, an mir arbeiten Krankheiten, wie durchschaue und erkenne ich sie. Ich spekuliere darüber, wie diese Herzattacke zusammenhängt mit meinem alten Nerven- und Knochenleiden, mit denen ich mich schleppe. Was geschieht da an mir? Was arbeitet, was vollzieht sich an mir, an diesem fleischernen und knöchernen Ding, mit dem ich hingestellt bin?
Danach seit vielen Jahren etwas schmerzhaft an meinen Nerven. Sie haben es mit meinem rechten Arm zu tun. Wir fuhren einmal in die Pyrenäen, nach dem schönen Luchon, Dampfbäder linderten die Schmerzen, aber in Amerika plagten sie mich wieder. Jetzt wurde an eine Nervenwurzel gedacht und auf die Halswirbelsäule wurden wohltätige Röntgenstrahlen gerichtet, Grenzstrahlen. In Europa aber, in Baden-Baden fing das Gespenst an, von neuem sich mit mir zu befassen und nun mit einer besonderen Herzlichkeit. Jetzt begannen die Finger meiner Hände zu vertauben, die ganze rechte Hand, dann die linke Hand schlief ein. Das Gespenst ging systematisch vor, immer eins nach dem andern. Ich hatte ja auch noch Beine, jetzt wurden sie erfaßt. Wie war das alles gemeint? Mit Staunen sah ich den sogenannten positiven Befund im Röntgenbild. Die Schatten der Knochenwucherungen. Die Abläufe draußen folgten Gesetzen, welche die Wissenschaft feststellte. Man kann große Zusammenhänge herstellen. Aber hier? Es ging weiter seinen Weg. Ich hatte das Gefühl bei dem Einschlafen und Vertauben des Ertrinkens. Und nun das Herz. Es ist ein Stück Natur. Es ist ein starker Muskel, aber Muskel ist nicht bloß Fleisch. Umsponnen werden die Muskelzellen von Nervenfasern, die Muskeln sind Erfolgsorgane. Und was die Nerven

anlangt: das vielleicht äußerlich ruhige Leben eines Schreibers birgt Gefahren in sich. Ich erinnere mich während der Arbeit an meinem Buch ‹Berge Meere und Giganten› in einen fast neurotischen Zustand geraten zu sein, der mich zwang, die Arbeit zu unterbrechen: die Phantasien waren zu wild und mein Gehirn gab mich nicht frei. Und so ging es eigentlich Jahr um Jahr mit kleinen Unterbrechungen. Dann kam 1933 der äußere Schlag und nach 1940 die Schicksalsreise, die uns über die Pyrenäen, über Spanien und Portugal nach Amerika führte. Und unbemerkt begleitete uns alle der Schatten des Knochenmanns, das Alter, der immer dichtere Schatten des Alters.

MEINE TOTEN

Am Tode war ich vorbeigeglitten. Mich beschäftigten die Toten.

Da sind größere und kleinere Kreise, einige, die aus der Tiefe auftauchen, andere die mich nur rasch berühren. Zuerst – mein eigenes Blut. Ich kann davon sprechen.

Noch vor unserer Rückkehr nach Europa erfuhren wir von seinem Tod, dem Tod unseres zweiten Sohnes Wolfgang. Er war französischer Soldat, 25 Jahre alt, schon Doktor der Mathematik, hatte wissenschaftliche Arbeiten veröffentlicht und stand im Briefwechsel mit Professoren des Auslands. 1945 mußte ich zuerst die Dienststelle aufsuchen, bei der ich arbeiten wollte, meine Frau aber, die Mutter, reiste in die Vogesen und suchte sein Grab. Und dann erhielt ich in Baden-Baden von ihr einen Brief. Sie schrieb, sie habe sein Grab, sein armes ungepflegtes Grab, das kahle nackte Grab gefunden. Dort oben, dort hinten lag er auf einem Dorffriedhof, zwischen Gräbern, die den Stahlhelm mit Hakenkreuz trugen. Das also war sein Ende, die letzte irdische Ruhestätte. Ich betete damals in Baden-Baden Tag um Tag für ihn, morgens und abends. Ich bat ihn, der so entsetzlich rasch und ohne Wort verschwunden war, um Verzeihung für alles, worin ich ihm gegenüber versagt hatte, nochmal um Verzeihung, nochmal um Verzeihung. Ja, so betete ich und warb um ihn und rief ihn morgens und abends, auch nachts, wenn ich erwachte. Ich habe als Erwachsener selten in meinem Leben geweint, auch der Tod meiner Mutter griff mich nicht so an. Jetzt, bei dem Schwinden dieses Sohnes kamen mir oft Tränen, ich konnte mich lange nicht beruhigen. Er war in den vergangenen Wochen wegen seines Muts und seiner Tapferkeit ausgezeichnet worden. Als Akademiker sollte er zur Ausbildung ins Inland geschickt werden, aber grade als die Anweisung dazu kam, hielt er sich zu seinem letzten Urlaub bei uns auf. Es war für diesmal zu spät, und für das nächste Mal im Herbst war es nun ganz zu spät, er hatte keine Ausbildung mehr nötig. Er hatte mehrmals den Rückzug seiner Abteilung allein mit dem Maschinengewehr gedeckt und seine Truppe wieder gefunden. Diesmal kehrte er nicht zurück.

Wolfgang, du warst der zweite unter den Brüdern, der ernsteste, reifste, klügste und tiefste, auch der verschlossenste. Deine Mutter brach in Hollywood auf dem Bett zusammen, als nach den langen Jahren des Wartens endlich ein Wort über dich kam. Der Brief war von einer Studienfreundin von dir. Nach einem einzigen Blick auf die Zeilen hatte deine Mutter das Wort ‹tué› gesehen, und wie ein Schuß traf es sie selbst mitten ins Herz. Er war hin. Er hatte alles kommen sehen. Beim Heranrollen der Nazihorden befiel ihn wohl dasselbe Staunen, die dumpfe Beklemmung und die lähmende Beängstigung, die über mich von Zeit zu Zeit fiel, gemischt mit Ekel, in den Wochen der Flucht. Ein teuflisches, schon nicht bloß physisches Verhängnis. Der Teufel machte sich ungehindert an uns heran, schon war uns das Ich genommen. So ging es dir. Du sahst die Übermacht. Du fielst, du strecktest die Waffen nicht vor jenen. Was magst du erlebt und erlitten haben in diesen Tagen.

Meine Toten. Nur wenn ich an den Schöpfer denke, treten eure Bilder vor mich und fügen sich in mich ein und wir sind wieder beieinander. Jetzt, ich noch am Leben, jetzt frage ich: was war das mit uns? Waren wir Teile eines Spektrums, muß ich mich wieder unter euch mischen? Ein anderer Kreis. Meine Mutter. Ja, kommt hervor, zeigt euch alle, die ich in mir trage, taucht aus eurer Tiefe auf, laßt auf mein Bewußtsein ein kurzes Licht fallen.

Meine Mutter, mein Vater. Wieviel lebte in euch noch von dem Adel des biblischen Volkes. Der Vater riß sich von seinen Eltern los, dann trennte er sich von seiner eigenen Familie. Es war etwas Spielerisches und Unernstes in ihm. Da war Leichtigkeit, Leichtfertigkeit und oberflächliche Freude an der natürlichen Existenz. Man kann Leichtsinn auch als Roheit lesen, wenn es dazu kommt, daß ein erwachsener Mann seine Familie, seine Frau mit fünf Kindern verläßt, um mit einem 20jährigen Mädchen davonzugehen. Damit war er seinem Trieb gefolgt, und an dem Punkt blieb er stehen, es ging nicht weiter mit ihm, weder in die Breite noch in die Tiefe, und er hockte für den Rest seines noch langen Lebens dort hinten in Hamburg mit ihr. Dann kam der Kehlkopfkrebs, und das Spiel hatte seinen natürlichen Abschluß gefunden. Der flüchtigen Natur hatte er sich verschrieben. Hätte er doch einmal nach dem Buch der Propheten gegriffen und gelesen, was sie sagen. Aber ich weiß, sie drangen auch bei ihrem Volk in alter Zeit nicht durch. Etwas anderes mußte kommen, und es kam.

Und nun unsere Mutter, der unsere Liebe bis über das Grab hinaus gehörte. Sie lebte für ihre Familie. Andere Freuden kannte sie nicht. Das Schicksal drückte sie am Ende sichtbar zusammen. Wir waren in Stettin eine große Familie, in den Jahren 1870 bis 1880. Mein Vater war ein sonderbarer Mann mit großem Lebensappetit, nun in seine Knochen zerfallen. Meine Mutter lebte bis in die 20er Jahre dieses Jahrhunderts hinein. Ihre Überreste liegen in Weißensee auf dem jüdischen Friedhof, und neben ihr liegt ihre einzige Tochter. Meine Schwester war noch jung, sie war verheiratet, hatte mehrere Kinder, dann gab es den Kapp-Putsch, sie wollte in Berlin ihr Haus verlassen, um Milch für die Kinder zu holen, da traf sie ein Schrapnellstück von der Warschauerbrücke her. Ich sehe noch meine Mutter in ihrem Zimmer, sie wohnte bei meinem ältesten Bruder, eine Pflegerin half ihr die Haare machen, sie litt an Parkinson, sie konnte die Arme nicht mehr heben. Sie fragte sofort, als wir eintraten und flüsterten: «Ist sie tot?» Und als wir stumm blieben, sagte sie: «Warum sie und nicht ich?» Aber sie hatte noch die letzten furchtbaren Jahre ihres Leidens zu passieren. Man verläßt diese Welt durch ein mit Eisenspitzen garniertes Gitter, durch dieses Gitter drängt man hinaus, Fleisch und Haut bleiben in Fetzen hängen.

Auf dem Friedhof liegt auch ihr ältester Sohn, der kräftigste, energischste von uns. Er war Kaufmann, Holzhändler, er hatte es zu etwas gebracht, er hatte eine Frau und drei Kinder. Da kamen die Krisenjahre von 1929. Es ging abwärts. Er war ein nervöser und aufgeregter Mann. Er spielte mit Selbstmordgedanken, er zeigte mir seinen Revolver. Dann eine Liebesgeschichte. Er hatte eine jüngere verheiratete Polin kennengelernt. Ich wußte davon. Er sprach mit Begeisterung von ihr. Aber ihr Mann, der an Zuckerkrankheit litt, starb in diesen Tagen. Da kam das Erstaunliche oder auch Begreifliche, daß die Frau sich von ihrem Liebhaber losriß. Sie bereute es jetzt, ihren Mann gelassen zu haben, der sich wenig um sie gekümmert hatte. In den kritischen Wochen stand mein Bruder allein. Ich weiß, wie er an der Frau gehangen hatte. Er war einen ganzen Tag in der Stadt nicht aufzufinden. Er irrte in den Straßen herum, bis er auf dem Bahnhof Friedrichstraße sich in eine

Toilette zurückzog und sich eine Kugel in die Schläfe schoß. Er schoß schlecht. Ich wurde in der Nacht angerufen und sah ihn in der chirurgischen Klinik, er war bewußtlos, blind, mit hervorquellenden Augen. Man gab keine Hoffnung. Es dauerte noch 2 Tage. Seine Familie wußte nur von der geschäftlichen Katastrophe. Wir begleiteten seinen Körper zu dem Krematorium. Ich sehe noch, wie seine Tochter sich der Mutter an die Brust warf, als sich der Sarg in die Tiefe senkte. Die Frau hatte gesagt: wenn er blind bleibt, werde ich ihn pflegen. Aber als sie die Wahrheit, die ganze Wahrheit dieses Selbstmordes erfuhr, nahm sie die Bilder von ihm von der Wand, und da war nur Empörung und Haß. Der Familie gehörten noch 2 Söhne an. Und als der braune Schrecken kam, flüchteten die beiden nach Amerika. Der Ältere, Akademiker, Nationalökonom, ein sehr ernster Mensch, fand in Washington einen guten Posten. Nach einer kleinen Anzahl von Jahren heiratete er, und dann war er nach einer kurzen schweren Erkrankung tot. Der Jüngere trug die Musikbegabung seines Vaters weiter und heiratete noch auf der Flucht in Deutschland ein kluges und feines Mädchen, arisch, das ihn hinüberbegleitete. Sie waren gerettet. Aber in Europa war inzwischen etwas geschehen, wovon sie keine Ahnung hatten. Jetzt waren Mutter und Tochter an der Reihe. Sie wurden von den Schergen der braunen Verbrecher ergriffen, nach Auschwitz gebracht und vergast.

Das war das Ende der blühenden Familie unseres Bruders, der uns lange Jahre beschützt hatte. Es war aber noch in Deutschland mein jüngster Bruder. Er suchte in den letzten Jahren den braunen Häschern zu entrinnen. Es fehlten ihm die Mittel, und er fand keine Hilfe 1940 geschah ihm und seiner Frau das gleiche wie vielen anderen. Er ging nach Auschwitz.

Meine Toten. Andere Kreise. Da sind noch Freunde. Ich sehe Kurt Neimann und Herwarth Walden. Die wohnten wie ich selber im Osten der Stadt. Die Neimanns waren drei Brüder, Kurt verließ ungefähr gleichzeitig mit mir die Schule, das Köllnische Gymnasium, er gehörte einer wohlhabenden Familie an. Ich ging da ein und aus. Kurt, wir sagten Kurtchen, spielte glänzend Klavier und komponierte. So kamen wir zusammen, so lernten wir auch den etwa gleichaltrigen Georg Lewin kennen, der sich bald Herwarth Walden nannte, er, der Sohn eines praktischen Arztes aus der Holzmarktstraße. Das war ein großer Organisator. Ich erinnere mich der Konzerte, die er in seiner ersten Gründung, dem Beethovenverein, veranstaltete, in der Aula der Mädchenschule, Ifflandstraße. Es war immer Leben und Auftrieb um ihn. Früh lernte er, der sich in vielen Kreisen bewegte, auch in literarischen, die bildschöne junge Frau des Arztes Lasker kennen. Sie führte eine unglückliche Ehe, Walden befreite sie daraus und heiratete sie, und ihr kleiner Sohn, Paulchen, ging mit ihr. Sie wohnten in der Joachimsthalerstraße, das Ehepaar Walden. Walden, mit seinem Spürtalent, hatte die große Begabung der jungen Frau erkannt, aber ihr Temperament, wie mir scheint, nicht mit derselben Sicherheit. Ich wohnte heftigen Szenen zwischen den beiden bei. Sie war leidenschaftlich und unbändig. Es hat lange gedauert, bis sie sich trennten, und das kam so: einmal fuhren die beiden, Kurtchen und Walden, nach Schweden, wo Waldens Schwester verheiratet war, und sie lernten dort eine schöne junge Dame kennen, von der sie beide nach der Rückkehr viel sprachen. Und eines Tages zeigte sich diese junge Dame, die Schwedin, in Berlin vor dem Café des Westens und wartete, wie man sagte, auf das schöne Kurtchen. Er war wirklich um diese Zeit ein sehr ansehnlicher, schlanker junger Mann mit einem gut geschnittenen dunklen Backenbart. Kurtchen bewegte sich zwischen vielen und wechselnden Liebesaffären, und um diese Zeit war er besonders stark beschlagnahmt und kam wenig ins Café. Aber Herwarth Walden zeigte sich wie gewöhnlich, und so lernte sie ihn näher kennen, er hängte sich an sie, und sie an ihn, und sie haben geheiratet, nach furchtbaren Auseinandersetzungen zwischen Walden und der Lasker-Schüler. Das Hauptquartier der jungen künstlerischen Bewegung, die sich um Walden gebildet hatte, wurde nun nach der Potsdamerstraße verlegt. Hier arrangierte er auch seine Bilderausstellungen und die Redaktion der Zeitschrift ‹Der Sturm›.

Ich glaube, an dieser Stelle muß ich ausführlicher sein und allgemeiner von unserm Zirkel berichten. Es war um die Jahrhundertwende. Ich war Student der Medizin und hörte noch den alten Rudolf Virchow, sah Bergmann operieren und besuchte philosophische Vorlesungen von Paulsen. Ich nahm auch mit, was der alte Lasson uns in Friedenau über Hegel und Aristoteles vortrug, – sie alle sind längst dem stillen Lockruf aus dem Jenseits gefolgt. Damals, ich weiß nicht genau das Jahr, begegnete ich in dem Kreis Waldens und der Lasker-Schüler auch Peter Hille, dem Westfalen, dem Wanderer und Stromer, dem Bettler, der wie später Mombert und Däubler nicht recht von dieser Welt war. Man saß jetzt oft an der Potsdamer Brücke in dem Weinlokal Dalbelli im Hinterzimmer. Dort holte Peter Hille gelegentlich aus seinem Manuskriptensack ein Blatt heraus und las.

Bei Dalbelli war es auch, wo wir – ich leitete eine kleine Zeit eine literarische freie Studentengruppe ‹Finken› – wo wir Richard Dehmel empfingen nach einer Vorlesung bei uns, im Architektenhaus. Wir saßen an den Tischen, Dehmel war mit seiner zweiten Frau, der Isi, erschienen, die ihn verhimmelte. Die gute bürgerliche Paula, die ihm mehrere Kinder geschenkt hatte, hatte er verlassen. Isi schenkte ihm keine Kinder. Damals bei Dalbelli, unter den Studenten feierte jeder, der von den Anwesenden wollte, den hohen Gast mit einem Trinkspruch, und der Gast, wenn er wollte, antwortete. Und da ist mir in Erinnerung geblieben mein Klingenwechsel mit Dehmel. Ich hob mein Glas und sagte: «Es stellt sein Licht nicht untern Schemel der große Dichter Richard Dehmel.» Darauf Lächeln und Schmunzeln. Nach kurzer Zeit klopft Dehmel an sein Glas und antwortet mir: «Wäre nicht der Attentäter dieser Döblin, so würde ich ihn arg vermöblin.»

Dehmel, der sich freiwillig gemeldet hatte und krank aus dem Krieg zurückkam, überlebte das Jahr 1918 nicht lange. Damals war Peter Hille schon lange von uns gegangen. Er war im Tiergarten von einer Bank gefallen, es heißt im Schlaf, es folgte eine Kopfverletzung und eine Wundrose. Aus Frankreich herüber kamen um 1910 – unsere Aufbruchsbewegung hatte auch andere Länder erfaßt – zu uns Guillaume Apollinaire, der starke Lyriker, aus Italien die Führer der Futuristen: Marinetti, der später ganz ins Politische abschwenkte, der Maler Boccioni. Aufsehen erregte das futuristische Bild ‹Panpantanz›. Die Herren aus Italien trugen und benahmen sich auffällig in dem geruhigen und bürgerlichen Berlin. Einmal begleitete ich Boccioni in der Leipzigerstraße, als ihm ein Berliner Spießer entgegenkam, sich vor ihn stellte und frech anstierte. Ohne weiteres erhielt er von Boccioni einen kleinen Schlag in das unverschämte Gesicht. Der Mann, der Herr, folgte uns bis zum Potsdamer Platz, wo er Boccioni von einem Schutzmann feststellen ließ, wir mußten zusammen auf die Wache ziehen. Der Italiener verstand kein Wort Deutsch, die Beamten notierten allerhand, es war viel Lärm um nichts, denn am nächsten Tage verließ Boccioni Berlin.

Ich will Arno Holz nicht vergessen, der aber keineswegs mit uns zusammenhing. Ich lernte ihn näher erst in den 20er Jahren kennen, damals, als er bei mir erschien mit einer Luxusausgabe seines ‹Phantasus›. Er ging damit herum, sagte er, bei Behörden, und suchte Abnehmer. Kein leichtes Leben war ihm beschieden, er drang mit seiner Theorie nicht durch, und auch seine Dichtung hatte nur vorübergehenden Erfolg. Er blieb aber aufrecht und passierte so das dunkle Tor.

Jakob Wassermann, später, wie stand er für ein Jahrzehnt da, vom literarischen Ruhm bestrahlt, auch an Geld fehlte es ihm nicht. Fast Jahr um Jahr erschien er bei mir in Berlin. Er war das erste Mal zu mir gekommen, um mir von dem mächtigen Eindruck zu erzählen, den mein ‹Wallenstein› auf ihn gemacht hätte. Dann riß eine Gruppe handfester und verschlagener Männer in Deutschland, das sie vorher zersetzt hatten, die Gewalt an sich und nannte sich ‹Reichsregierung›. Wassermann brauchte nicht zu fliehen, aber sein Opus verschwand aus dem Buchhandel, sein Name wurde verdeckt, er war schon lange krank. Der gnädige Tod griff nach ihm. In der Neujahrsnacht 1934 starb er in seinem eigenen Haus in Altaussee.

Ich hatte schon früh, in der Schule, zu schreiben begonnen. In der Bank, unter meinem Tisch lag immer ein Heft, in das ich allerhand Eintragungen machte, allgemeine, politische, wie ich sie verstand, religiöse Ideen.

Das Schreiben war über mich gekommen, ich weiß nicht wie. Ich zeigte die Notizen keinem, aber ich kam nicht aus dem Schreiben heraus. Es wurden niemals Gedichte. In der letzten Schulzeit (da besuchte ich schon das Gymnasium) schrieb ich die ersten novellenartigen Prosastücke; sie sind lyrisch gehalten, und mein erster Roman, wenn man ihn so nennen will, ‹Die jagenden Rosse› ist ‹den Manen Hölderlins› gewidmet. Es war von vornherein etwas in mir, das mich bewegte und beunruhigte und zum Denken und Schreiben, zum Phantasieren und Träumen trieb. Als ich das Gymnasium verließ, war die Arbeit an dem kleinen Roman ‹Der schwarze Vorhang› beendet. Ich wollte damals das Opus ‹Die jagenden Rosse› jemandem zeigen und mit ihm darüber sprechen. Aber ich schämte mich. Da entschloß ich mich eines Tages an Fritz Mauthner zu schreiben, ich las regelmäßig seine Theaterkritiken im Berliner Tageblatt. Und dann gab es eine kuriose Korrespondenz und das Ganze nahm einen charakteristischen Verlauf. Er wohnte bei Berlin und erklärte sich gern bereit, das Manuskript zu lesen oder von mir vorlesen zu lassen und mit mir darüber zu sprechen. Ich schrieb ab. Ich ging nicht hin. Ich schrieb ihm, ich sei aus irgend einem Grunde in diesen Wochen verhindert und würde mich wieder melden. Übrigens hatte ich ihm nicht meine Adresse angegeben, sondern ein naheliegendes Postamt. So schämte ich mich. Ich erinnere mich, wie ich dann verwirrt mit meinem Manuskript von diesem Postamt nach Hause ging.

Aus der Enge der Familie rissen mich die Zeitumstände heraus. Ich konnte mich nicht in der griechischen und fernen Landschaft Hölderlins halten, denn etwas anderes umgab mich, beschäftigte mich, griff mich an und forderte mich heraus. Ich hatte ja auch Gefährten gefunden. Kurt Neimann studierte Jura. Er war ein sehr zarter und aufmerksamer Mensch, mit großem Sinn für Musik, auch als Komponist begabt. Er demonstrierte mir am Klavier Wagner, die Nibelungen und den Tristan, später Brahms, in dessen Art er selber komponierte. Wie diese Musik mich erregte und meine innere Spannung steigerte. Was das für ein Erlebnis war, die Teilnahme an einer Aufführung des ‹Fliegenden Holländers› von Richard Wagner. Wir standen erst unten am Opernhaus eine gute Stunde vor Beginn bis man öffnete, dann stürmten wir, denn wir hatten natürlich Stehplätze auf der Galerie, die Treppe herauf, und jeder versuchte vorn an die Rampe zu kommen. Da stand man dann drei Stunden.

Damals galt uns Politik gar nichts. Sie war der Alltag. Sie war eine Angelegenheit der Spießer. Gegen Musik und Literatur kam sie nicht auf. Es war die ruhige Zeit des Kaiserreichs. Wohlstand entwickelte sich. Es gehörte in der bürgerlichen Welt zum guten Ton, patriotisch zu sein. Dostojewski und Tolstoi wühlten uns alle auf, vor allem Dostojewski, der Mann des Raskolnikow, und alle zwei Jahre erschien ein neues Stück von Ibsen, das an den Pfeilern der bürgerlichen Sicherheit und Ruhe rüttelte. Was die deutschen Autoren schrieben, auch Hauptmann und später Stefan George, kam dagegen nicht auf. Ich war Medizinstudent geworden, die Kosten des Studiums wurden mir gestundet. Und wenn man fragt, warum Medizinstudent, so ist dies der Grund: sie wollten zu Hause, wie begreiflich, daß ich rasch verdiene, und darum sollte ich Zahnarzt werden, man hielt das für einen lukrativen Beruf. Ich aber hatte mich viel mit Philosophie beschäftigt und wollte weiter erkennen, was die Welt im Innersten zusammenhält. Mir fehlte aber die Anschauung und die Kenntnis der Natur. Darum ging ich in gewisser Weise auf den Plan der Familie ein und stimmte zu, zwar nicht Zahnarzt, aber Mediziner zu werden. Denn hier konnte ich Naturwissenschaften treiben und bekam auch den realen Menschen zu sehen. Ich wollte erfahren, wie es allgemein, ganz allgemein um den Menschen steht.

Ich betrieb allerhand in dieser ersten Studentenzeit. Von der freiheitlichen Studentengruppe sprach ich schon. Ich beteiligte mich auch an einer anderen, in der man griechisch den Aristophanes las, ‹Die Vögel›. Ich bin aber jetzt nicht im Stande, ein komplettes und richtiges Bild zu entwerfen, es treibt mich immer zu ‹schwimmen›, dies zu berichten und jenes zu berichten. Daß ich nun als Mediziner mich in den Kliniken herumbewegte und beobachtete, ging in merkwürdiger Weise zusammen mit meiner literarischen Neigung, mit dem Phantasieren, und es ergaben sich da die ersten besonderen Verschmelzungen. In Freiburg im Breisgau im letzten Studienjahr kam mir beim Spazieren über den Schloßberg das Thema der Novelle ‹Die Ermordung einer Butterblume›, ich wußte nun etwas von Zwangsvorstellungen und anderen geistigen Anomalien. Es liefen da Jungens über die Wiese und hieben mit ihren Stecken fröhlich die unschuldigen schönen Blüten ab, daß die Köpfe nur so flogen. Ich dachte an die Beklemmungen, die wohl ein feinfühliger oder, wenn man will, auch belasteter Mensch nach einem solchen Massenmord empfinden würde. Auch andere seltsame Geschichten fabulierte ich hier zusammen. Ich schrieb einen kleinen Einakter nieder, der 1905 auch gedruckt wurde, mit dem phantastischen Thema: die Personen eines Theaterstücks machen sich während der Vorstellung selbständig, vertreiben den Dichter und Regisseur, die sich einmischen, von der Bühne, das Stück nimmt einen anderen Verlauf als der Autor vorgesehen hatte. Dem Stück gab ich den Titel ‹Lydia und Mäxchen› und den Untertitel ‹Tiefe Verbeugung in einem Akt›. Wie man aus der Inhaltsangabe schon sieht, war ich fern vom Naturalismus und Realismus, es war früher, frühster Expressionismus, oder, wie später Guillaume Apollinaire es nannte: Döblinismus. 1906 wurde der Einakter in Berlin aufgeführt im Residenztheater, bei einer Matinee zusammen mit einem Stück von Paul Scheerbart, in demselben Residenztheater, dessen Publikum sich abends an den französischen Pikanterien delektierte. Darauf verfiel meine Phantasie auf etwas anderes: sie beschäftigte sich mit der Musik. Ich hatte ein Thema gefunden, in dem ich zugleich Literatur, Musik und Philosophie zusammenfassen konnte. ‹Die Gespräche der Kalypso über Musik und die Liebe› entstanden. Es werden da Personen an die Insel der Kalypso verschlagen, außerhalb unserer Welt, und kommen mit dieser noch immer lebenden Göttin, die sie aufnimmt, in Gespräche. Es werden abenteuerliche Unterhaltungen zwischen den Schiffbrüchigen und der ehemals so leichtfertigen Göttin. Um diese Zeit saß ich in Regensburg als Assistenzarzt in einer Irrenanstalt.

Ich schrieb da in meiner Freizeit auf meinem kleinen Zimmer oder im Garten. Ich erinnere mich eines kleinen sonderbaren Vorfalls dort im Garten: plötzlich bewegte sich etwas im Gras an der Mauer und eine große häßliche graue Ratte stand da im Grünen und blickte zu mir herüber, der an dem Gartentisch saß und sich mit der Göttin Kalypso befaßte. Ebenso plötzlich, wie sie gekommen war, verschwand die Ratte. Ich ging darauf nach Berlin und arbeitete an der Irrenanstalt Buch. Ich war wieder in engem Kontakt mit dem alten Kreis. Walden, der unermüdliche Antreiber, Propagator und Organisator, steckte in dauernder Geldklemme. Er ließ drucken und drucken, er fand immer neue Drucker. In der Literatur bildete sein ganzes Entzücken August Stramm, in der Malerei die Abstrakten Kandinski und Klee. Ich will nicht Kokoschka vergessen, dessen Plakat am klarsten den Charakter der jungen Bewegung ausdrückte: das Bild eines ernsten jungen Mannes, der in seine offene Brust hineinzeigt. Es tauchten dann noch andere Erscheinungen auf, in engem oder losem Zusammenhang mit der künstlerischen Bewegung. Wir begegneten so Erich Mühsam, der sich meistens in München aufhielt, aber das Café führt ja viele zusammen. Schwer einzureihen war Hugo Lyck. Wer das war? Es gab nichts Gedrucktes von ihm, auch legte er nirgends etwas Geschriebenes vor. Er stand in unserm Alter und kam, wenn ich mich recht besinne, aus Breslau. Er war nur er selbst, ohne erkenntlichen Beruf, nur Persönlichkeit, schlank, energisch. Ja, ich weiß nicht, welche Einzelheiten ich von ihm berichten soll. Der Zauber und die Macht seiner Persönlichkeit lagen auf ihm, und viele Männer und Frauen verfallen dieser Macht. Die Erinnerung an Hugo Lyck hat mich nicht losgelassen, er verschwand später und tauchte dann wieder auf. Er gab an, in Amerika gewesen zu sein, es waren inzwischen Jahre verflossen, er sprach mit einem englischen Akzent, war noch derselbe, sah aber blaß und mager aus. Er sagte, er sei krank. Es stand fest, daß er allerhand Drogen nahm. Zu meinem Erstaunen brachte er einmal, als er mich in meiner Sprechstunde besuchte, Gedichte mit, selbstverfaßte, und bat mich, sie zu lesen und zu beurteilen. Angeblich interessierten sich einige Verleger dafür. Es waren Pflanzen aus dem Garten Stefan Georges. Die Gedichte sind, soviel ich weiß, nicht herausgekommen. Seine Anziehungskraft übte Lyck unverändert weiter aus, jetzt besonders auf Frauen, die ihn auch unterhielten. Er kam mir aus den Augen. Ich hörte, er starb. Ich habe an ihn gedacht, als ich 1934, schon in Paris, einen kleinen Roman schrieb mit dem Titel ‹Pardon wird nicht gegeben». Er ist da die starke Natur, der Weckruf, er sprengt die Bande der Familie.

Die Lasker-Schüler sah ich noch einmal auf der Flucht 1933 in Zürich. Sie landete glücklich dort, wohin sie wollte, in Palästina, und sie starb, nachdem schon vorher in Europa ihr einziger Sohn, Paulchen, dahingegangen war. Ich sah ein Photo ihrer Totenmaske. Erst schienen es mir Züge einer Hexe zu sein, dann erkannte ich in dem armseligen eingeschrumpften Gesicht den Ausdruck der Verzückung.

Soll ich aufzählen, wer von denen, die in der Frühzeit um uns waren, schon den großen finsteren Weg gegangen ist? Franz Marc, der Dichter und Postbeamte August Stramm, wo ist Wolfenstein? Albert Ehrenstein, der Lyriker des Tubutsch? Einen tragischen Fall erlebte ich in den letzten Jahren noch. Da war Albrecht Schaeffer, der Mann des Helianth, nach Amerika gegangen, hatte drüben Bände über Bände geschrieben und kam nun zurück über den Ozean. Zuletzt wollte er nach Hannover, die Stadt plante ihm dort einen Preis zu geben. Auf der Hinreise stand er in München plaudernd auf der Plattform der Elektrischen, da wurde er schwach und sank um.

Man liest mir aus der Zeitung vor. Es hängt nicht mit der Literatur zusammen. Es war diese Geschichte: eine junge Frau hatte einen jähzornigen, eifersüchtigen Mann und einen sanften Liebhaber. Sie beschlossen beide, den Mann zu vergiften, die Frau gab den Rat, sie würde ihm das Gift in den Kaffee mischen. Als sie aber einmal zuviel hineintat, da schmeckte der Kaffee bitter, und der grobe Mann, der schon kränkelte, fing an zu brüllen und schlug mit der Faust auf den Tisch. Da fiel gehorsam die kleine Kaffeekanne um, zerbrach und zeigte unschuldig reuig, was sich da auf ihrem Grunde zutrug: kleine grüne Körner. Der Mann beschnüffelte sie, entsetzt. Was war das, was machte das Weib mit ihm, die will mich vielleicht –. Und ging auf die Polizei mit den Körnern, und es war Rattengift. Und tags darauf holte die Polizei die junge Frau ab, und aus der Liebesehe zwischen ihr und dem zarten andern Mann kann nichts werden.

Tragisch das Ende von Kurtchen. Eine feine Person, die ihn liebte, verschmähte er. Eine derbe arische, gewöhnliche eroberte ihn. Er war Rechtsanwalt, als Hitler kam, hielten sie in Berlin noch eine Weile zusammen, dann ließ sie ihn im Stich, sie ging andere Wege. Er erblindete, und so wurde er zur gegebenen Zeit nach Auschwitz transportiert. Und ihr Leben, welchen Abschluß fand es? Am Ende des Krieges fand man sie eines Tages tot in einem Ruinenkeller der Stadt, erschossen, ermordet.

Mit welcher Gleichgültigkeit, ja mit welchem Zynismus ließ man es damals geschehen, daß massenhaft ernste, rechtschaffene, fähige und erprobte Menschen verschleppt, vertrieben und vernichtet wurden. Ich denke an das Jahr 1933, an den Beginn des sogenannten Umbruchs, welcher der Beginn der Emigration wurde, aber es war schon immer meine Auffassung, daß nicht wir, die Flüchtigen, emigrierten, sondern mehr und mehr das Volk, das drüben zwar sitzen blieb an seinem Ort, in den Grenzen, die Deutschland umfaßten. Damals 1933, diese Erinnerung stellt sich bei mir ein, geriet ich von ungefähr in die Aula der Züricher Universität und hörte dort einen vorzüglichen Mann sprechen, den ich aus seinen Werken kannte, dem ich aber nicht persönlich begegnet war. Stefan Zweig sprach vor einem vollen Saal, er sprach warm und schön und überzeugt, ein Humanist. Draußen vor der Universität unterhielten wir uns, und als dritter gesellte sich zu uns Alexander Moissi, der große Schauspieler. Da standen wir in Zürich auf der Straße, sprachen und hörten einander. Hinüber ist Stefan Zweig, er ging zugrunde trotz seiner Erfolge. Das Miterleben der grausigen Vernichtung, die auch seine eigene Existenz, seinen geistigen Existenzraum betraf, erdrückte ihn. Er nahm sich das Leben zusammen mit seiner jungen Frau, nach einer langen Irrfahrt, die ihn zuletzt nach Südamerika führte. Was ist nun mit ihm, ist er tot, soll er fort sein? Die zerbrechliche Hülle des Menschen wird zertreten, der geistige Funken ist nicht auszulöschen. Und ich weiß, man ist nicht allein. Später hörte ich in Los Angeles in einer Trauerversammlung die Rede, die einer, der ihm nahestand sprach. Er rätselte um das Geheimnis dieses Todes. Denn hier war kein Gehetzter gestorben, nein, ein vom äußeren Glück Gesegneter. Es war ein sehr eindrucksvoller Tod. Er war nicht improvisiert und keine einzelne private Handlung. Alexander Moissi, der wunderbare Schauspieler, stand auf dem Universitätsplatz in Zürich neben uns. Ich weiß nicht viele Schauspieler zu loben, aber ihn kann ich nicht vergessen. Auch er ist nicht mehr, auch er ist dahin; und wo ist das, und was ist das, was sich hier einmal Moissi nannte? Die Dinge nehmen eine andere Daseinsform an.

Und nun von einem, der später, 1940, floh, fliehen wollte, über den

Ozean wie viele von uns, und dem die Flucht nicht gelang: der robuste Publizist Robert Bräuer. Er floh zusammen mit seinem Freund Kurt Kersten.

Beim Einfall der Nazis waren beide wie viele andere in ein französisches Lager in Südfrankreich gebracht worden, man ließ sie aber, als den Fremden der Einbruch gelang, als Antinazis laufen. Nach Amerika wollten sie wie die meisten. Aber man nahm sie nicht, und ihr Schiff trug sie nach Martinique. Das Fieber und die Unterernährung, Krankheit und Hunger und das heiße Klima machten den knochigen Bräuer in kurzer Zeit fertig, die sozialistische Pressesäule zerbarst in der heißen Südsee. Bis zuletzt beschäftigten ihn die politischen Vorgänge drüben. Schwarze trugen ihn in einer rasch zusammengehämmerten Kiste zu Grab.

Es gehören nun zu meinen Toten auch Granach, der Schauspieler, er wohnte im selben Hotel wie wir im Beginn in Hollywood, auf derselben Etage. Er schrieb damals ein farbiges kraftvolles Buch aus seiner Jugend, es ist auch erschienen. Er sprudelte über von Lebenskraft, seine Heimat trug er in sich. Er war in dem fremden Land nicht ohne Erfolg, ja es winkte ihm ein neuer Aufstieg, da wurde er an dem Broadway in New York an ein großes Theater gerufen und studierte schon seine neue Rolle. Dann kam das Schicksal. Eine Blinddarmentzündung befiel ihn, die Operation war schon gelungen, und plötzlich die Herzembolie, und das war also Alexander Granach. Auch der ehemalige Schauspielintendant Leopold Jessner, damals mit uns auf derselben Etage, wurde davongetragen. Franz Werfel selber, er war noch jung, aber was fragt das Schicksal danach. Die Angina pectoris hatte ihn befallen und auch Bruno Frank, beide sehr menschliche Figuren, große Könner. Sie nahmen sich gewiß noch sehr viel vor. Sie gingen in den Boden.

Wie lang könnte noch diese Reihe sein. Ernst Toller hielt sich draußen auf. Ich war ihm oft in Berlin begegnet. Als ich 1933 zum internationalen Pen-Kongreß nach New York kam, traf ich Ernst Toller wieder. Er zog mich sofort aus dem Saal heraus und berichtete draußen, wie es ihm ging, tobte er oder klagte er? Er sagte, er appelliere an mich als Arzt, der ja auch schreibe und darum besser verstehen müsse, wie es sich mit ihm verhielt. Ich wußte schon, als er mich durch den Saal zog, er befand sich in einem psychotischen Zustand, nicht dem ersten, der ihn befallen hatte. Er kam an den nächsten Tagen fast Abend um Abend zu mir ins Hotel zu Gesprächen und Konsultationen. Einmal, an einem Freitag oder Sonnabend kam er nicht. Am folgenden Vormittag wurde ich angerufen, Toller hätte Selbstmord begangen. Er hätte sich am Gurt seines Bademantels aufgehängt, nachdem er noch kurz vorher mit seiner Sekretärin gearbeitet hatte. Er besaß bereits das Rückreisebillet nach England. Hatte ihn der Jammer der Zeit umgebracht, lag sein Fall so wie der von Stefan Zweig? Sein psychotischer Zustand gibt die Antwort. Später erfuhr ich noch, was er mir verschwiegen hatte, daß er bei einem amerikanischen Arzt in Behandlung stand, der bei ihm eine Schocktherapie versuchte, ambulant, ein ungeheuer leichtsinniges und fahrlässiges Unternehmen. Ich hatte an einem der folgenden Tage noch eine heftige Auseinandersetzung bei einer kleinen Zusammenkunft, in der wir über den Fall Toller diskutierten. Ein bekannter und erfolgreicher österreichischer Dramatiker vertrat mit Energie die These, Toller wäre eben solch Opfer der Zeitumstände wie Stefan Zweig. Mit meiner medizinischen Auffassung konnte ich hier nicht durchdringen. Und das war das Ende des Lyrikers und Dramatikers Ernst Toller, Enthusiast, Politiker und Menschenfreund.

Und nun noch Heinrich Mann. Mit ihm war ich von der Berliner Dichterakademie her persönlich in den besten Beziehungen, wir waren zuletzt zusammen im Sommer 1932 in Gastein. Man kennt diesen ausgezeichneten und in seiner Überzeugung absolut sicheren Mann. Ich war seiner Zeit, als die Wahl zum Vorsitzenden unserer Gruppe ventiliert wurde, selbst in seine Wohnung gegangen, um ihm angesichts der politischen Situation, die Klarheit erforderte, nahezulegen, eine solche Wahl anzunehmen, wenn sie auf ihn fiele. Es gab außer Loerke zwei Mitglieder dieser Akademie, mit denen mich Persönliches verband, Heinrich Mann und Ricarda Huch. Ricarda saß an der Sitzungstafel dort am Pariser Platz meist neben mir. Wir plauderten zwischendurch und hinterher, wir spaßten, die Sitzungen hatten einen Ertrag für uns, der nicht in dem Protokoll stand. Ach ich will gleich den Abschluß meiner Erinnerungen an Ricarda Huch hier erzählen. Siehe da, als ich unstet und flüchtig Berlin verließ und die Stadt der braunen Meute verlassen mußte, damals, um diese Zeit, waren alle, mit denen man ehemals zusammenhing, so verdattert, daß sie, soweit sie nicht Reißaus nahmen, sich in ihre Mauselöcher zurückzogen, welche sie mit Vorrücken der Zeit gemütlich dekorierten. Es gehörte dazu die spätere innere Emigration. Weder nach Zürich noch nach Paris erhielt ich darum von diesen in ihr Inneres Emigrierten irgend ein Lebenszeichen. Man hätte die Herrschaften für tot, erstickt in ihren Löchern halten können. Aber dem war nicht so, im Gegenteil. Sie bewegten, sie tummelten sich heiter, einzeln und in Rudeln, und sie kamen gut aus in den neuen Verhältnissen mit ihrer Mystik. Mir fiel bei einer außerordentlichen Gesamtsitzung der Akademie, auf der wir Heinrich Mann absetzen sollten, mir fiel auf, die Dinge waren im Fluß, es war der Beginn des Jahres 1933, daß wir Dichter an unserer Tafel nur ein kläglich kleines Fähnlein bildeten. Wo waren die andern? Wo war unser angestellter und bezahlter Sekretär Oskar Loerke? Siehe, er war nicht da, aber er wohnte doch nicht so weit, in Frohnau. Wer hatte sich zwischen ihn und das Telegramm, das einlud, gestellt? Aber – er war da. Aber nicht bei uns. Die oben genannte Vergeistigung hatte sich noch nicht komplett vollzogen. Aufrecht saß er dahinten, drüben, bei den Musikern oder Malern und gab kein Lebenszeichen, wenigstens nicht zu uns herüber. Also er war da und andererseits nicht unter uns. Es war ein Zwischenzustand, mit dem wir fertig werden mußten. Es kam die traurige, peinliche und jämmerliche Szene, es ging um die Ausstoßung oder Diffamierung von zwei Mitgliedern der Akademie, von Heinrich Mann und von Käthe Kollwitz. Die Namen dieser beiden fanden sich unter einem Aufruf an die zerrissene Arbeiterschaft, sich angesichts der drohenden Gefahren zusammenzuschließen. Als der Präses der Gesamtakademie erschien, ein Musiker, Komponist und Dirigent, Herr von Schillings, ergab sich, daß Käthe Kollwitz von sich aus die Verbindung mit der Akademie gelöst hatte. Es grämte uns. Aber was war mit dem entschwundenen und mutigen Heinrich Mann? Er war nach seiner Wahl damals politisch aktiv geblieben und war derselbe vorher wie nachher. Man rief nun gleich in seinem Hotel an, er war da und erklärte, gleich kommen zu wollen. Unsere Herzen schlugen höher. Wir berieten untereinander, und Leonhard Frank übernahm es, ihn unten am Haus abzufangen, zu informieren und in unserem Sinne zu instruieren. Parole: nicht zurückweichen, gemeinsam mit uns zu protestieren und in der nächsten Sektionssitzung einen entsprechenden geharnischten Entschluß zu fassen. Es verlief alles wie verabredet. Heinrich Mann fuhr vor, Leonhard Frank schnappte und instruierte ihn.

Und nun erscheint im großen Sitzungssaal unter allgemeinem Schweigen Heinrich Mann und wird von dem langen und sehr blassen Herrn von Schillings begrüßt, – und nicht nur begrüßt, sondern (Staatsstreich) gebeten, ihn vor dem Eintritt in die Debatte in das Präsidialzimmer nebenan zu begleiten. Mann zieht mit ihm ab.

Wir sitzen da, – und sind wie man in Berlin sagt, neese. Wer will hier wen einseifen? Wir ängstigen uns, ohne es uns zu gestehen, wir sind aber vernünftig vorgegangen, und doch überrumpelt? Loerke bewegte sich nicht, er sitzt noch immer bei den Musikern oder Malern, es scheint, er ahnt, was kommen wird.

Schillings ist wieder da, ohne Heinrich Mann. Was ist geschehen? Was hat er mit dem Unglücklichen gemacht? Man hatte bei uns gemunkelt, noch konnten wir spaßen, als die beiden abzogen, jetzt muß unser Freund Heinrich Mann den Schillingsbecher trinken. Wo war Mann? Schillings präsentierte sich strahlend der Korona, der Henker lächelte (sehr bleich), er hatte den Krebs im Leibe, nach einigen Monaten war es aus mit ihm, er eröffnete uns, es sei alles wunderbar glatt verlaufen, das Opfer hätte keinen Widerstand geleistet, nicht geschrien und nicht protestiert: Heinrich Mann hätte abgedankt.

Ja, er hatte abgedankt. Er hatte die offene Feldschlacht nicht angenommen. Er hatte uns im Stich gelassen. Wir konnten es nicht verschleiern. Wie war das möglich? Heinrich, mir grauts vor dir. Die Sitzung wurde aufgehoben unter Tumult. Wir drangen in das Nachbarzimmer, wohin Schillings sein Opfer entführt hatte. Ob es noch Lebenszeichen von sich geben würde, wenigstens Zeichen, die uns etwas verrieten? Er, – saß friedlich da, nebenan, drückte uns die Hände. Entschuldigend? Dauernd? Er sagte, denn er sprach: es wäre nicht anders möglich gewesen. Er lasse sich nicht zwingen. Wir verstanden gleich: die Art des Kämpfens, die wir vorhatten, war nicht seine Art. Er war mutig, aber er ließ sich nicht seine Kampfart vorschreiben.

Als wir uns dann eine Weile später zur Erörterung der Situation in unserm alten Sitzungszimmer einfanden, nunmehr zur Formulierung einer öffentlichen Erklärung und eines Protestes, zugegen war auch Loerke, natürlich nicht Heinrich Mann, da war die Zeit schon vorgerückt, und es war Ende Februar. Eingefunden hatte sich auch, zum Zeichen, daß wir unter Kontrolle standen, in unserm Raum zu dieser Sitzung, die offenbar als gefährlich galt, von Schillings, der Musiker, der uns auch jetzt aufspielen wollte. Aber nicht wir, die uns zum Protest hier hinsetzten, sondern zwei andere, tumultuöse Personen drängten sich in den Vordergrund, es waren Rudolf Binding und Benn, Gottfried Benn. Letzteren hatte ich zusammen mit Loerke selbst in die Akademie hereingebracht, es wurde ungeheuer schwierig, ihn durchzusetzen, weil er urologisch dichtete, zugleich kosmisch und prähistorisch, jedenfalls hochgebildet und weithin unverständlich. Solche Zusammensetzung: Kosmos und Jauche aus stinkenden Kavernen gab es bis da in der Preußischen Akademie der Künste noch nicht. Aber er kam durch. Als ich meine Nachbarin Ricarda Huch vor der Wahl seine Erstlingsgedichte mit dem charakteristischen Titel ‹Morgue› gab, nahm sie sie ahnungslos mit nach Hause, brachte sie aber entrüstet das nächste Mal wieder und hatte nur ein Wort: abscheulich. Da saß er nun in jener Sitzung auf dem Platz unseres ehemaligen Vorsitzenden und spielte selber den Vorsitzenden. Binding, der eine sehr feine und edle Sprache in seinen Prosawerken fand, führte hier mit Gottfried zusammen ein überaus freches Theater auf. Die Protesterklärung, durchdiskutiert, kam doch nicht heraus. Es war das letzte Mal, daß mich diese heiligen Hallen am Pariser Platz umgaben. Es kam ja der Reichstagsbrand Ende Februar. Ricarda Huch unterwarf sich durchaus nicht. Sie unterschrieb nichts von dem, was ihr die Schergen, die Beauftragten des neuen Regimes vorlegten, der Briefwechsel wurde später veröffentlicht, auch mein Name kam in den stolzen Antworten der Ricarda vor. Sie hatte lange in jenen Hallen neben mir gesessen, und wir hatten viel zusammen gelacht. Darum hatte sie mir auch nach der Flucht nach Paris geschrieben und in diesem Brief aus ihrem Herzen keine Mördergrube gemacht. Sie schrieb da aus der Ferne, wie sehr sie mich beneide, daß ich nun draußen sei. 1947, als ich mit meiner Frau zum ersten Besuch nach Berlin fuhr, begegnete uns in einem Hotel Fasanenstraße Ricarda Huch.

Ja, sie war es, und wir saßen nachher zusammen. Was man sich erzählte, weiß ich nicht mehr. Sie wollte bald nach Frankfurt am Main und sammelte jetzt Material über die Widerstandsbewegung hier im Lande gegen die Nazi. Man ehrte sie damals, indem man ihr den Vorsitz in dem ersten großen Schriftstellerkongreß übergab, sie fuhr dann ab. Man hätte sie gerne hier behalten. Sie ist bald gestorben.

Wo und wann Loerke, der Lyriker von einigen Graden, gestorben ist, weiß ich nicht. Er arbeitete weiter in dem alten Verlag, den er den neuen Umständen ‹anpassen› sollte. Man erzählt, zu seiner Ehrenrettung, er sei buchstäblich an gebrochenem Herzen gestorben. Die tapfere Ricarda Huch wußte nichts von solchem Herzen. Es erlosch auch der tapfere Rudolf Binding nach einigen Jahren.

Um aber von Heinrich Mann zu sprechen, er war nicht einmal einer vorübergehenden Schwäche erlegen, ich habe es schon gesagt. So rasch er konnte, ging er nach Frankreich und zeigte wieder, wer er war und kämpfte mit offenem Visier. Er ließ sich auch 1940 nicht fangen, als die Hunde ihn hier hetzten. Es gelang ihm, begleitet und geleitet von seiner kräftigen lebenslustigen Freundin, der Nelly, die er jetzt heiratete, die spanische Grenze zu überschreiten. Auch ihm winkte drüben in Hollywood wie einem Dutzend anderer der Flüchtigen ein Filmvertrag. Und wie endet dieses Lied? Sie bezogen eine möblierte Wohnung draußen in Beverly Hills. Oft sahen wir die beiden, Heinrich Mann und die Nelly. Wir machten schöne Autofahrten mit ihnen, sie fuhr. Und als nun die Zeit unserer Verträge abgelaufen war, das eine Jahr, da wurde kein Vertrag erneuert, denn erstens waren wir gerettet, nämlich aus Europa, und zweitens hatte keiner von uns, wir waren etwa 12 Schriftsteller, eine Filmstory zu Stande gebracht, mit der wir vor den Augen der Filmmagnaten bestanden. Wir schrieben viel, sogar in eigenen Büros, aber es gelang uns nicht. Darauf schieden wir in Frieden, beziehungsweise in Unfrieden von den großen Filmgesellschaften und bezogen noch einige Monate die Arbeitslosenunterstützung. Ich selbst ging dazu einmal in der Woche stempeln, Heinrich Mann war begeistert davon, daß er nun auch stempeln gehen sollte. Aber man erlaubte es ihm nicht, wegen seines Alters. Das Stempeln nahm im ganzen ein Ende, aber man tat für uns, was nur möglich war, die Namen der Frau Dieterle und Liesel Frank, die für uns arbeiteten und warben, sollen nicht vergessen werden.

Einige von uns zogen nun nach New York, wir aber blieben und hielten bis zum Kriegsende durch. Und jeder schrieb, als wäre es Frieden, Bücher über Bücher, für seinen Schreibtisch. Hätte der Krieg noch länger gedauert, so hätte ich für meine Manuskripte einen besonderen Autobus zur Bahn benötigt. Heinrich Mann schrieb und schrieb unter der tropischen Sonne, aber das Ganze bekam ihm nicht gut.

Es hing zusammen mit der Nelly. Sie hatte in jener Zeit viel zu lachen und viel zu weinen, zu lachen, weil es ein Auto und den Alkohol gab, zu weinen, weil es mit Heinrich Mann und ihr nicht gut ging. Es stimmte etwas zwischen den beiden nicht. Sie war seine Freundin gewesen, sie kam aus kleinen Kreisen, und es wurde keine rechte bürgerliche Ehe, man verstand sich nicht. Sie war einfach, herzlich und liebenswürdig, und er war, der Autor von ‹Professor Unrat› und ‹Henri Quatre›, kompliziert, hochgebildet und in gewisser Hinsicht herzlos. Sie konnte es ihm nicht recht machen, sie kam nicht an ihn heran. Und andere, zum Beispiel die Familie von Heinrich Manns Bruder, von Thomas Mann, lehnten sie ab. Es muß stimmen, denn wie soll man es sonst verstehen, daß sie, wie sie einmal berichtete, ihren Mann zu seinem Bruder fahren mußte, aber draußen wie ein Chauffeur im Auto zu warten hatte, bis das Diner drin beendet war. Sie ließ sich mehr, als ihr gut bekam, mit dem Alkohol in verschiedenen Formen ein, und fuhr doch Auto, und beides tat sie gern, die heitere Nelly. Es gab aber auf den Straßen andere Autos, und am Rand der Straßen Bäume, durch die schon manche Autofahrer ins Unglück gekommen sind. Nelly fuhr nicht wild, aber sie hatte Pech und gab gelegentlich einem anderen Auto einen freundlichen Rippenstoß. Es gab aber auch einmal eine kräftige Karambolage, die Polizeistreife pfiff neben ihrem Wagen, sie mußte aufs Revier, sie weinte und schrie und schwor, sie hätte nur einen einzigen Cognac zu sich genommen.

Das Folgende, Abschließende in Kürze: die Einleitung eines Verfahrens, sie verstand es, sich Veronal zu verschaffen, aber es war nicht die gehörige Menge. Man brachte sie in ein Sanatorium, sie brannte durch, sie sauste später abermals durch die Landschaft, wieder standen Bäume überall und Autos sausten vorbei rechts und links, Karambolage. Die Polizeistreife. Der alte Fall war noch nicht verhandelt, Nelly legte sich zu Bett, mindestens kostete es jetzt ihren Führerschein, von sonstiger Strafe nicht zu reden. Sie ließ es im Hause von Heinrich Mann nicht dazu kommen. Sie hatte vorgesorgt. Sie hatte erkannt, es stimmte mehreres mit ihr und um sie herum nicht. Jetzt schluckte sie das nötige Quantum Veronal. Sie schloß die Augen und streckte sich. Nun konnte sie ruhig den morgigen Tag erwarten.

Wir fuhren weit hinaus zu ihrer Beerdigung. Wir kamen etwas zu spät und blickten in das offene Grab. Eine kleine Trauergesellschaft hatte sich eingefunden. Man stand stumm nebeneinander. Und wir taten wie die andern, wir drückten den Verwandten unser Beileid aus. Erst nach Wochen wagten wir uns zu Heinrich Mann. Man wollte ihn mit Trauergesprächen verschonen. Wir fanden ihn in guter Stimmung und munter wie nie. Man sprach von allerhand. Auch Ludwig Marcuse und seine Frau, die Sascha kamen, er war ‹wie erlöst›.

So mußte die gute prächtige Nelly zugrunde gehen. Als wir Amerika verließen, schrieb er fleißig, mit seiner gleichmäßigen regelmäßigen Schrift: Mann hatte einen Bericht vor über die deutsche Vergangenheit. Er schrieb einen merkwürdigen Stil. Es las sich teilweise wie eine Übersetzung, die nicht ganz geglückt schien. Man wünschte ihn gern nach Deutschland herüber, die Ostzone ließ es gewiß an Einladungen nicht fehlen. Es kam offenbar zuviel dazwischen.

Und dann war seine Zeit um, er starb und liegt wahrscheinlich auf demselben Friedhof wie seine Geliebte und spätere Frau, die ihn über die Pyrenäen geführt hatte.

RÜCKBLICK

Die blassen rührenden Bilder meiner Toten, zu mir, während ich hier im Bett liege, schon den zweiten dritten Monat. Sie tanzen um mich, nehmen mich in ihren Reigen auf.

Es mag sich in Bezug auf Entstehung und Art dieser Welt verhalten, wie es will, – ich bin da, zusammen mit dem, was den Himmel und die Erde erfüllt. Wer ich bin, was ich bin, was mit mir ist, das weiß ich nicht. Ich finde mich so und so ausgestattet, eingelagert und angepaßt vor, wie ein Rädchen in einer unübersehbaren Maschinerie. Ich stelle fest: manches ist mir mitgegeben, manches nicht, – auch daß ich einiges erkenne, ist mir mitgegeben, aber nicht vieles. Immerhin besagt dieses, daß ich denke und mir einiges bewußt mache, daß ich doch nicht bloß ein Rädchen in einem Uhrwerk bin, oder daß dies ein besonderes Rädchen in der Uhr ist, und daß dieses Ganze, worin einem Rädchen Erkennen selbst in beschränktem Umfang mitgegeben ist, daß dies eine besondere Maschine ist. Was meine Rolle und Funktion hier anlangt, so wäre besonders zu fragen, ob mir allein dies mitgegeben ist, zu erkennen und erkennen zu wollen, – oder ob vielleicht noch anderen Gliedern des Ganzen und mit mir Verbundenen Erkenntnis als Eigenschaft zukommt.

Wenn diese Welt da ist und ich in ihr und mit ihr, und zwar so wie ich persönlich und privat bin, – wie hänge ich und meine Art und mein Schicksal, mein Tun und Treiben, Gedeihen und Verderben mit dem Schicksal, mit Ursprung und Wesen dieser Welt zusammen? Ich muß mir aber im vornherein darüber klar sein, daß man sich nicht am eigenen Schopf aus dem Sumpf ziehen kann.

Der Frager gesteht, daß er sich sofort in doppelter Beleuchtung sieht: einmal im Rahmen der großen Zusammengehörigkeit, der gesamten Welt und dessen, was man Natur nennt. Das eine Mal findet er sich hier in einer Ecke dieser Natur, teilnehmend an ihren Abläufen, und das andere Mal sieht sich der Frager durch seine Gabe des Erkennens unnatürlich und gegennatürlich.

Was bedeutet das Erscheinen und Vergehen jener Figuren um mich, was hat ihre Existenz bewirkt und was bewirkt sie noch weiter. Die Leiber sind von ihnen abgefallen, sie haben ihr lebendes Fleisch abgeworfen, Knochenreste überdauern am längsten. Aber dies war nicht das Wesen, das ich kannte. Es gab da auch einen Motor. Er trieb den Körper unaufhörlich, bis der Motor und damit das Leben zerbrach und erlosch.

Gegenstände und Leiber umgeben diesen Leib. Sie suchen in ihn einzudringen und hier eine Bresche zu schlagen. Die Bresche heißt Krankheit.

Natur ist ein flüchtiges Element. Und wie steht es um das Geistige? Und ist es nicht auch flüchtig?

Meine Finger sind klamm und steif, mit großer Mühe gelingt es mir, einen Bleistift zu halten. Aber es hat sich noch etwas anderes eingestellt. Das stammt nicht von den Fingern oder aus der Schwäche eines andern Organs, sondern aus der Veränderung der inneren Tönung. Ich mag nicht mehr gern an konkrete Themen herangehen nach dem massiven Schlag, der aus einer geheimnisvollen, über mir stehenden Region auf mich gefallen ist. Dieser Schlag hat bewirkt, daß mich jetzt nur ganz allgemeine Themen beschäftigen, nur Fragen allgemein menschlicher und religiöser Art brennen mir auf den Nägeln. Was ist das also, so grübele ich und frage mich wieder, was ist das, worin ich erschüttert bin, was ist das Leben, und was ist das Tor, der Hohlweg, an den ich von dieser dunklen Instanz geschoben werde? Ich lasse meine Gedanken laufen.

Ich stelle fest: zuerst ist da die Kindheit, ein klares einheitliches Dasein, wir nennen dieses Dasein natürlich. In ihm lebt das Kind dahin wie eine Pflanze, ein Tierchen, schläft und wacht, trinkt und spielt und verdaut. Das Kind betrachtet sich nicht. Es entwickelt in sich keinen Spiegel. So ist es da, und das ist die erste Periode. Daran schließt sich die zweite, in welcher die Einheitlichkeit der kindlichen Existenz verloren ist. Das Kind beginnt zu fragen. Es fängt an zu verstehen und zu begreifen. Eine Spaltung macht sich in ihm bemerkbar. Das ist ein auffallendes fremdes Ding. Ein neues Element ist in dieses Lebewesen eingedrungen. Bisher lebte das Kind als Objekt unter Objekten. Nun distanziert es sich, das Bewußtsein ist erwacht, das junge Wesen isoliert sich, es lernt sich erkennen.

Was ist das für ein Element, das da in das einfache natürliche Wesen eingetreten ist? Ein Element, welches das Tier und die Pflanze nicht kennen. Wir nennen es Geist. Der Geist hat eine gewisse Entwicklungsstufe des menschlichen Lebens abgewartet, dann sah er seine Bedingungen gegeben, er breitet sich aus und wächst hier ein und formt sich selber. Zuletzt steht er wie ein Wächter oder eine Burg inmitten zahlreicher anderer Wesen und Abläufe.

Welch sonderbares Geschehen. Es sieht nun aus, als ob der anfängliche ungebrochene Zustand des Kindes ein ursprünglicher Zustand, der ursprüngliche Zustand war, in den räuberisch der Geist eindrang. Nehme ich nun aber den Geist für sich und betrachte ihn, so finde ich ihn eigentümlich wirr und gestört. Er bildet keine klare und zusammenhängende Masse wie der Körper. Unsere Gefühle, Urteile, Gedanken sind zerrissen und zerflattern. An seinem eigenen rechten Weg steht offenbar der Geist, der hier so aktiv aufgetaucht ist, nicht. Der erwachsene, der reife Mensch findet sich nun im Besitz einer solchen Wesenheit, ja er identifiziert sich damit so weit, daß er glaubt, hier sein Wesen ansprechen zu können. Und er findet sich wiederum hier nicht, und bei diesem Hin und Her bleibt es. Er kann sich nicht mit der Natur identifizieren, und er kann sich nicht mit dieser vom Geist dominierten Existenz abfinden, weil auch sie nur treibt und treibt, nie zur Ruhe und zum Abschluß kommt.

Aber was will er denn? Er weiß es selbst nicht. Es hat jedes Kind, jede Katze, jede Pflanze ihre Vollkommenheit. Sie hat ihre Ruhe, ihre Harmonie. Aber er, der reife Mensch, ist dazu bestimmt und verdammt, den klaren Spiegel jedes Wassers zu trüben. Im Natürlichen findet er Lust und Freude, wie die andern Wesen, die er sieht, aber da mischt sich sofort der Geist ein und verdirbt ihm die Freude, zu einem wirklichen Ausruhen kommt es nicht. Aber die Harmonie des Glücks muß er erstreben.

Es ist den Menschen sehr viel gegeben, mehr als sie ertragen können. Die Bibel erhebt den Menschen sogar zum Ebenbild Gottes. Wenn er dann sein Elend heute erfährt, so ist dafür gesorgt, daß sich keiner, auch nicht ein einziger Mensch für das Ebenbild Gottes halten kann. Und dennoch etwas davon anzunehmen und zu glauben, wird er immer wieder gedrängt, und er empfindet es als eine Qual. Bald dieses bald jenes drängt ihn immer wieder dazu, sich in der Nähe des Schöpfers zu fühlen. Blicke ich zum Beispiel jetzt auf das Gespinst und Gewebe des Geistes, so springt mir in die Augen das Vermögen des Geistes sich über Zeit und Raum hinweg zu bewegen und zu ungeheuren Allgemeinheiten und Übersichten zu gelangen. Und da kann ich nicht umhin, in dem Wesen, das hier arbeitet und spielt, etwas Übernatürliches zu erkennen, ja etwas aus der Übernatur.

Dahin bin ich also gedrängt, mich, der so schwach ist und sich eigentlich nach der willenlosen Kindheit sehnte und der das junge Kind beneidete, sich als Verwandten der Übernatur zu empfinden. Aber wie soll ich diesem Gedanken ausweichen, der mich eigentlich nur stolz machen müßte, aber nun entsetzt. Denn nun kann und darf ich nicht nur einfach hinnehmen. Nun wacht und spricht da etwas in mir und durch mich. Aber wer spricht, was spricht, und was bin ich nun, der im übrigen ein Knochengestell und Humus für den Boden ist. Aber es sind Alter, Krankheit und Tod nicht aus dem menschlichen Dasein hinwegzudenken. Weder das eine Dasein noch das andere, noch beide zusammen bilden ein harmonisches Ganzes. Ich sehe, ich muß noch tiefer graben.

UM WEIHNACHTEN 1952

Ich war nicht orientiert, wo sich eigentlich das Hospital befand, in das man mich transportiert hatte. Nachher sagte man mir, es läge in der Nähe meiner Wohnung. Wie ich später feststellte, lag das ziemlich ausgedehnte Gebäude draußen im Freien zwischen Hügeln. In beiden Zimmern, die ich nacheinander bezog, stand mein Bett so in den Raum hinein, daß sich mein Blick nach der Tür wenden mußte, und nichts vor meinen Augen als die Wand und die Holztür. Wäre ich in einem normalen Zustand gewesen, so hätte ich nach einiger Zeit um die Gnade gebeten, das Bett so zu drehen, daß ich wenigstens einen Ausschnitt der Welt durch das Fenster erblicken konnte. Das wurde mir dann in den letzten Wochen gewährt, als ich die ersten Schritte machte.

Da sah ich nun, was mir schon die Geräusche von draußen nahegelegt hatten: dieser Flügel des Gebäudes ging nicht nach der Hauptchaussee hinaus, sondern war durch einen Drahtzaun und Gärten gegen einen bewaldeten Hügel abgegrenzt. Man baute. Was baute man? Ich sah, man mauerte an einem mehrstöckigen Gebäude. Es sollte ein Ergänzungsbau für das Krankenhaus werden, nicht bestimmt für Kranke, sondern für die religiösen Schwestern, die Nonnen, die zur Zeit noch in dem Haus hier wohnten. Drüben bekamen sie eigene neue Räume. Es sollten ferner in dem Neubau große Unterrichts- und Lehrräume eingerichtet werden, und ganz unten Badezimmer.

Ich merkte am Bellen eines mächtigen Hundes jeden Morgen, wenn draußen das Leben sich in Bewegung setzte, das heißt wenn die Maurer kamen. Sie hatten den Hund hier angebunden, und jetzt wurde er anderswohin geführt. Ich sah draußen auch niedrige Ställe, da grunzten und quietschten Schweine, manchmal im Chor, wenn aus dem Hause Abfalleimer gebracht und für sie ausgeschüttet wurden. Und einmal gab es auch ein gewaltiges Quietschen und Rülpsen und Trompeten, da trieb man mehrere Schweine aus dem Stall und in einen Wagen. Sie mußten ahnen, wohin es ging: zum Schlachthof. Sie hatten nun das nötige Gewicht erreicht, und das war das Zeichen für das Ende ihres Daseins. Schön war das Dasein für sie gewesen, so zu grunzen, sich im Schlamm zu wälzen und in die vollen Abfallkübel hineinzuwühlen. Jetzt wurden sie im Schlachthaus quiekend vor den Mann getrieben, der ihnen eine Art Pistole an die Stirn setzte, er drückte ab, ein Knall und Krach und sie fielen um und zuckten noch, und dann fuhr ihnen das lange Messer in den Hals und öffnete die Schlagadern. Man nahm ihnen das Blut und das Fleisch und was noch. Man nahm alles, was an ihnen zu kochen und zu braten war. Und dann drang frühmorgens das Rülpsen und heisere Röcheln und Pfeifen nicht mehr zu mir herauf.

Auf den Tisch am Fußende meines Bettes, um mich abzulenken und zu zerstreuen, stellte meine Frau kleine Bilder aus der Wohnung und dazu frische Blumen. Die schönen Farben taten mir wohl, sie sangen mich heimlich an. Übrigens gab es auch einmal wirklich Musik im Haus, vor Weihnachten. Mehrere Schwestern und Hausangestellte hatten fromme alte Lieder eingeübt, die sangen sie im Chor, mehrstimmig, auf dem Korridor. Die Türen der Krankenzimmer hatte man weit geöffnet. Es war abends. Und einmal um Weihnachten gab es für uns, die sonst nur still zu liegen und zu warten hatten, eine Überraschung. Im Zimmer wurden Kerzen angezündet, auf den Tisch am Fußende des Bettes wurde eine kleine Figurengruppe, Christi Geburt gestellt. Und da kam draußen den Korridor entlang ein Zug gefahren, ein kleiner geschmückter Wagen, auf dem sich ein prächtig gekleidetes engelhaftes Kind hielt, ein Mädchen von vier fünf Jahren, mit ungeheuer ernstem Gesicht und ganz großen strengen Kulleraugen. Es hielt im Fahren den rechten Arm erhoben, zwei Finger einer Hand spreizten sich zum Gruß und zum Zeichen: es war das Christkind. Engelein, Mädchen mit weißen Flügeln zogen und umgaben den Wagen. Vor jeder Zimmertür hielten sie, zu dritt traten sie ein. Das Christkindchen näherte sich dem Bett. Das rührend ernste Gesicht wandte sich dem Kranken zu und sprach Verse von einem frommen und tröstlichen Gedicht. Es deklamierte mit großer Würde, und die Äuglein hörten nicht auf zu rollen und sich nach oben zu wenden. Ich will aber nicht vergessen, daß das kleine Mädchen mit der himmlischen Krone beim Deklamieren eines Poems an meinem Bett eine gewisse Unruhe befiel. Ihr rechter Nasenflügel zuckte und zuckte, ihre rechte Hand wollte nach der Nase greifen, aber das Kind nahm sich zusammen. Schließlich aber konnte es sich doch nicht bezwingen, und die Hand griff an die Oberlippe und bohrte an der Nase, denn es juckte offenbar sehr stark.

JANUAR 1953

Das Krankenhaus habe ich nun verlassen und bin zu Hause. Meine Frau betreut mich, zusammen mit einer älteren Krankenschwester. Wieder die alten Räume, die bald aussehen, als wäre es meine Wohnung, aber sie sind es nicht, ich habe keine eigene Wohnung mehr, man hat mich hier untergebracht. In meinem Schreibzimmer kann ich mich an den Tisch setzen. Der Tisch, – das ist ja wieder der Tisch mit den Kakteen und Büchern. Und daneben rechts an der Wand, von einem einfachen Schwarzwälder geschnitzt, ein schöner Christuskopf, Christus der Bekenner und Dulder mit der Dornenkrone.

Über der roten Chaiselongue links aber hängt ein großes gerahmtes Bild, die Reproduktion eines Gemäldes von Petrus Christus, holländische Schule. Es sitzt da an seinem Arbeitstisch in purpurner Robe ein ernster Mann, er trägt einen Heiligenschein um den Kopf. Er hat Ringe und allerhand Werkzeug vor sich ausgebreitet, es ist offensichtlich der Arbeitsplatz eines Goldschmiedes. Er blickt seitlich nach oben auf ein Paar, das eben eingetreten ist, kostbar, ja fürstlich gekleidet. Es ist der legendäre König Dagobert mit seiner Verlobten Godebertha. Alle drei sind sehr ernst, der junge König aber blickt trübe. Denn die Verlobte neben ihm hat die Augen gesenkt und hält ihre linke Hand dem seltsamen Goldschmied am Tisch hin. Diese Hand trägt jetzt keine Ringe. Den Verlobungsring hat Godebertha abgestreift und der Goldschmied ist im Begriff, und dazu sind sie gekommen, ihr einen anderen zu geben. Und was für einen gibt er? Einen goldenen Reifen, den aber ein dunkler Rubin schmückt. Und wenn wir noch nicht wissen, worum es hier geht, so offenbart es uns jetzt der Goldschmied am Tisch. Denn er ist der heilige Ägidius, der Schutzpatron der Goldschmiede und der Ring, den er der jungen Godebertha über den Finger streifen will, zeigt eine mystische Vermählung an, nicht mit dem jungen König Dagobert, sondern mit Jesus, dem himmlischen König.

Wenn ich hinter meinem Fenster sitze, nun zu Hause, und auf die Straße blicke, – so wie es im Nachbarhaus der junge Mann tut, der da ein Jahr nach Kriegsende von der schrecklichen Kinderlähmung befallen wurde und sich nun auf seinem Rollstuhl durch das Zimmer bewegt, und wenn unten die jungen Frauen und die Älteren mit den Kindern an den Häusern vorbeiziehen, und dazwischen humpeln Einbeinige, und eisgraue gekrümmte Greise schleichen am Stock ohne vom Boden aufzublicken, – so kann ich nicht meinem Gefühl ausweichen und muß das trügerische und böse Los dieser Existenz empfinden. Wie sich da noch jemand freuen kann, der Augen hat und über seine fünf Sinne verfügt. Wie er frisch wandern kann und dies alles sieht und vielleicht auch bedenkt, daß er in diesem Augenblick nicht sieht, was drin in den Häusern liegt und sich nicht an die Luft wagt und was vielleicht zweistündlich, dreistündlich eine Morphiumspritze erhält, die Frau hat einen Brustkrebs, jener Mann liegt mit einem Mastdarmkrebs, und in einer andern Wohnung hockt ein blindes Mädchen und wartet, daß man sie zurechtmacht und an ihren Spieltisch führt.

Wie kann ich dem Gefühl ausweichen, der niederdrückenden Trauer, der Bitterkeit angesichts solchen Jammers, und wie kann ich meinem Kopf verbieten, hier an Betrug zu denken. Solch Jammer, und dazwischen das Zuckerbrot für ein paar Stunden der Freude, der Erwartung auf nachher und der Hoffnung. Das Geistige mag uns Qualen bereiten und in Unruhe und Verzweiflung stürzen, aber wäre nur diese Sichtbarkeit da, so wäre es trotz allem Sonnenschein, trotz der lustigen Schneeflocken besser, man machte so früh als möglich und so jung als möglich nach erlangter Einsicht Schluß.

Man kommt zu einem Entschluß, und zwar zu dem allein möglichen, diesem jetzigen Zustand, diesem tollen, die Würde und den Stolz des Menschen beleidigenden Zustand, ein Ende zu bereiten. Aber es ist doch gut, daß wir nicht nur Augen haben, sondern auch Gedanken zum Überlegen, und vieles Wissen wird uns von andern übermittelt. Von da werden wir belehrt, wenn wir still und mit geschlossenen Augen denken, daß dies hier doch wohl mehr als bloßer Betrug und Täuschung ist, so wenig ein Betrug und Täuschung vorliegt, wenn einem bei der Jagd ein Hase vorbeiflitzt: eben war er sichtbar und jetzt ist er verschwunden. Mit dieser Erkenntnis müssen wir uns bewegen und uns von ihr tragen lassen. Dann können wir auch ernst und friedlich still, ja vielleicht mit Hoffnung und inmitten allen Malheurs voll Sehnsucht hinter unsern Fenstern sitzen und hinausblicken, um am Schluß den Kopf zu senken, die vom vielen Sehen ermüdeten Augen zu schließen und zu sagen: es mag so hingehen, der Wille und der Gedanke der geheimnisvollen Urmacht, die dies alles schafft und erhält, möge geschehen.

Herr, erlöse uns von der unsinnigen Trauer, von der wirren Verzweiflung, von dem Tumult der falschen Gedanken.

Ich denke an das Wunder des Miteinanderlebens von Geist und Körper. Zum tausendsten Male die Frage nach der Berührung der beiden Sphären. Ich denke an das Herz.

Der Körper, der lebendige, natürliche, ich kann auch sagen der tierische, ist sinnvoll und zweckmäßig aufgebaut, aber mehr als nur sinnvoll. Wie er lebt, und daß er sich so zweckmäßig entwickelt, geht über jeden menschlichen Sinn hinaus. Der Körper ist zentriert um die Achse des Nervensystems. Das Gehirn, das Rückenmark schickt unzählige Nervenfasern in den Körper hinein und umgibt alle Teile bis in die Zellen der fleischlichen Organe mit seinem Gespinst. Unter den Organen aber ragt ein Einzelnes, massives, muskulöses, hervor, das Herz, das für den Umlauf des Blutes sorgt. Aber dieses Herz ist kein bloß mechanischer Motor. Es reagiert auf Gemütsbewegungen, und es regiert.

An diesem Stück Fleisch, das an der Grenze der beiden Sphären steht, geht keine Freude und kein Schmerz vorüber. Hier werden alle Gefühle gebildet, gefärbt und verarbeitet, und auch registriert und buchstäblich bricht das Herz. Man denke und erfasse, bei einer Überanstrengung seelischer Art brechen die Gefäße. Hier berühren sich Innen und Außen. Gäbe es bloß gleichbleibend Freude und Wohlbehagen, so wäre ein Organ wie das Herz überflüssig. Aber es ist in den Körper eingebaut als Botschafter des Geistes und der Übernatur. Das menschliche Dasein in unserer Weltära trägt eine gleichmäßige Farbe, Lust und Leid spielen durch- und übereinander. So wurde dieser Körper in die Natur und in den Wechsel der Zeitlichkeit eingefügt. Durch das Herz, durch dieses Organ dringt Übernatur in die Natur. Es dämpft und erregt, es ängstigt und erfreut. Aber zugleich steht es im Dienst, im höheren Dienst, und bestimmt unser Schicksal.

Es ist der 24. Januar 1953. Am 9. November 1945 fuhr ich, damals allein, mit meinem ganzen Gepäck von Paris kommend, über die Grenze. Ich sitze und denke zurück, die Jahre sind um. Was, frage ich mich, habe ich inzwischen geleistet, was ist geschehen, quasi wie einer, der wund aus einer Schlacht heimgebracht wurde. Trübe erhebt sich im Hintergrund die Frage: wäre es nicht besser gewesen, ich wäre damals der Einladung hier zu arbeiten, nicht gefolgt? Ich wäre weiter wie vor fünf Jahren friedlich in Kalifornien geblieben in meinem Zimmer, und hätte mich da aufgehalten nur umgeben von den vier Wänden, von einem kleinen Bücherregal und zwei Betten, – das eine für mich, das andere für unsern Jüngsten, – hätte eine Erzählung, einen Roman, eine Betrachtung nach der andern niedergeschrieben. Ich hatte nicht gleich ja gesagt. Aber es lockte mich aus der Enge heraus, aus der ewigen Sommerfrische, und die fremde Sprache ließ mich täglich fühlen, ich lebe im Exil. Ich wollte wieder aktiv werden, wollte auch den Druck der Almosen abwerfen. So war ich aufgebrochen, diesmal in Gesellschaft meiner Frau, die alle Unrast und Pein mitmachte und noch verstärkt erlebte, da sie dichter an der Tagesrealität stand. Bei dem eigentlichen Auszug 1933 hatten wir noch unsere vier Söhne um uns. Jetzt – nicht einmal der Jüngste, der in den letzten Jahren hier recht amerikanisiert wurde, konnte uns bei der Fahrt aus dem Gastland begleiten. Denn es war inzwischen der Krieg ausgebrochen, und er stand in dem Alter, in dem er nach amerikanischem Gesetz sich zum Heeresdienst zu melden hatte. Aber für welches Heer? Er besaß wie wir alle die französische Nationalität, aber weil hier wohnhaft hatte er auch das Recht, in die amerikanische Armee einzutreten. Damals gab es bei uns ein aufregendes Hin und Her vor der Entscheidung. Er wählte aber Frankreich. Er war Franzose und sein Bruder war drüben gefallen. Wir hatten damals zur Vorbereitung noch eine schöne Reise nach San Francisco zu machen, zu dem französischen Generalkonsul, und dann nahm er eines Tages von uns Abschied, um im Osten des Landes in einem französischen Lager provisorisch ausgebildet zu werden. Wir selber rollten dann später, Monate später, ganz allein zurück, über Chicago und New York.

Die Jahre sind um, in meinem Buch ‹Die Schicksalsreise› habe ich darüber berichtet. So war ich also am 9. November 1945, da meine Frau noch allein in Paris zurückblieb, bei dem Jungen, den wir hier trafen, war noch allein über den Rhein gefahren und ging nun mit meinen Koffern, die ein halb fertiges Romanmanuskript und anderes enthielten, wieder durch die Straßen einer deutschen Stadt.

Aber war das wirklich eine Stadt, wie ich Städte kannte? Es war eine leblose Mittelstadt, ein Kurort, Baden-Baden. Ich marschierte. Was fand ich in Deutschland vor? Und was wollte ich hier? Ich sah mit Widerwillen die ungepflegten Fassaden, die leeren Geschäfte. Es gab Schaufenster und Schaufenster, die nichts ausstellten. Wenig Menschen auf den Straßen, viele in schmutzigen und zerrissenen Kleidern, unbedeutender Wagenverkehr. Ich fragte mich durch zu dem Hotel Stefani an das ich verwiesen war. Den Leiter dieser Stelle hatte ich schon in Paris kennen gelernt. Mir wurde jetzt von ihm meine Tätigkeit angewiesen: ich sollte Chef des literarischen Büros sein. Literarisches Büro, – das war zunächst nur ein Name, es war alles erst zu entwickeln, und ich hatte mich umzusehen. Man ließ mich erst in der Stadt in einem andern Hotel arbeiten, kurze Zeit, in einem großen unsauberen leeren Raum. Es gab drin immerhin einen Tisch und Stühle und leere Schränke. Später hauste ich mehr komfortabel und praktisch und bequem im Stefani mit den andern zusammen. Es hieß kulturell auf die Deutschen einwirken, zunächst natürlich sie aufzuklären über ihre Situation, da sie sich über ein Jahrzehnt von der übrigen Welt abgesperrt hatten.

Sie mußten erfassen, in welchem Zustand moralischer und geistiger Art sie sich befanden, welches unsichtbare Trümmerfeld sie umgab. Ich wollte aktiv sein, wollte helfen. Aber mir kam schon im Beginn vor, es war ein ungeheuerliches Unterfangen.

ICH KANNTE DIE DEUTSCHEN

Ich kannte die Deutschen aus der Zeit vor 33. Danach war der Nazismus über sie gekommen. Ich suchte mich zu informieren, ich suchte nach einem überzeugten Nazi und traf keinen. Wen auch immer ich sprach: er wußte nichts, er wußte von nichts, er leugnete, bemäntelte und verschwieg. Es wäre eigentlich alles eine riesige Übertreibung, eine Propagandaangelegenheit gewesen, die das Radio und die Zeitungen so mächtig aufbauschten. Ein einziges Mal traf ich einen Verräter, das war ein Arzt, der erklärte, mich von den Berliner Anstalten her zu kennen. Unaufgefordert begann er mir zu erzählen, wie die Nazis bei Kriegsbeginn vorgegangen seien, um sich der chronisch Kranken, der unheilbar Geisteskranken zu entledigen. Er erzählte grauenhafte Details. Er gab mir einiges am Schluß noch schriftlich. Ich habe Stücke aus seinem Bericht zu einem Zeitungsartikel zusammengestellt, – ich schickte den Aufsatz an eine badische Zeitung, es brauchte Monate über Monate, bis sich die Zeitung dazu entschloß, den Artikel zu drucken.

Sonst hörte ich, das alles ginge keinen etwas an, natürlich gab es auch Exzesse gegen die Juden, aber mit Antisemitismus können auch die anderen Völker aufwarten. Schließlich, um es offen zu vertreten, war es den Deutschen unter den Nazis nicht schlecht gegangen. Man hätte draußen die Nazis mit dem deutschen Volk identifiziert, man hätte das Volk verleumden und verdammen wollen. Übrigens sollten nach diesem Krieg und nach den Vorgängen, die man hier erlebt habe, die andern an die eigene Nase fassen. Man hätte den Einmarsch der feindlichen Armeen erlebt, die jetzt das Land okkupierten und bei diesem Einmarsch und seit damals hätte es immerhin allerhand bedauerliche Zwischenfälle gegeben. Einige brüsteten sich und erklärten, sie hätten diesen Einmarsch seit Jahren herbeigewünscht, aber nicht grade diesen. Keiner gab solche Ansicht von sich, ohne mildernd hinzuzufügen, es wäre für ihn eine schwere Enttäuschung gewesen.

Vor diesen Leuten von Demokratie zu reden, war schwierig. Sie lächelten oder grinsten. «Das Fräulein Demokratie kennen wir nun schon aus der Nähe.»

Ich wohnte zuerst in einer kleinen Pension, in einem möblierten Zimmer. Ja, so lebten zuerst die Angehörigen einer Siegermacht. Ich sah, hörte und las vieles. Es stieß mich oft ab, es ekelte mich. Aber noch mehr jammerte es mich, wenn ich die Armut und den Hunger sah. Man mußte gut Gesinnte um sich sammeln. Zunächst entschloß ich mich eine kleine faßliche Broschüre zu schreiben, die ich betitelte ‹Der Nürnberger Lehrprozeß›. Ja, der Nürnberger Prozeß, der grade in großer Öffentlichkeit lief, sollte sie etwas lehren. Die Broschüre erschien, sie wurde Ende 1946 in einer Massenauflage von 200000 Exemplaren verkauft. Hatten diese Hefte eine Wirkung? Mir scheint: kaum. Sie hatten vielleicht eine entgegengesetzte Wirkung und wurden darum so gekauft, nämlich wegen ihrer Bilder, der Photos der Hauptakteure in diesem Prozeß. Als ich mich genügend umgesehen hatte, ging ich an eine Schilderung der literarischen Situation in Deutschland. Ich beschrieb sie, schlug unter anderm vor, flüchtige und verdrängte Schriftsteller und Dichter einzuladen und hierher zurückzurufen, um sie hier einzupflanzen und neue Kerne und Widerstands-Herde zu schaffen. Ich schrieb persönlich an mehrere draußen die ich kannte. Aber man begriff die Sachlage nicht.

Ich sah nach wenigen Wochen deutlich: Befreier und Befreite standen sich hier im Lande vielleicht wie Sieger und Besiegte gegenüber, aber noch immer zugleich als Feinde. Ich habe mich bemüht, denn ich sah den Schaden, Franzosen und Deutsche nebeneinander zu setzen und zueinander zu führen. Das war unsere allgemeine Tendenz. Wir versuchten es jeder auf seine Weise, von welchem Zentrum auch immer.

Ich versuchte diese unmittelbare persönliche Annäherung, indem ich, wie man es auch anderswo tat, Gesellschaftsabende veranstaltete, wo sich Franzosen und Deutsche trafen. Die Einladungen waren persönlich. Man hatte das Foyer des Kleinen Theaters zur Verfügung. Es war eine deutsch-französische Gesellschaft, die einlud. Da gruppierte man sich um kleine Tische. Belegte Brote und Wein wurde serviert. Es wurden auch Ansprachen gehalten, freundliche, begrüßende. Es wurde auch Musik gemacht, einmal spielte die berühmte Pianistin Monique Haas, es war eine Freude und konnte die Herzen bewegen. Nichts hier von Politik. Aber es wurde bald sichtbar und unter den Teilnehmern sprach es sich rasch herum, daß eine wirkliche Berührung doch nicht stattfand. Es stand eben ein Etwas zwischen den beiden Gruppen. Da war einmal der Turmbau von Babel, die Fremdheit der Sprachen. Und dann die Situation, sie drückte. Man mühte sich, aber man kam nicht weiter. Es standen mir und meinen Helfern auch nur kleine Mittel zur Verfügung, und wir konnten das Experiment nicht lange weiter treiben. Der zündende Funke blieb aus, man kam nicht zu einander.

Wie konnte man die Türen öffnen? Man stieß auf Mauern rechts und links. Andere Stellen wollten tiefer bohren und das Übel an der Wurzel angreifen. Sie wollten das Schulwesen reformieren. Das war dringend nötig. Man brachte neue Lesebücher heraus, die besten Autoren, Klassiker, gute Einführungen. Zu einem Goethebändchen, ‹Die Campagne um Mainz›, schrieb ich selber die Einführung. Nun wurden diese Lesebücher an die Schulen gegeben. Das war gut. Aber es war ein Tropfen auf heißen Stein. Denn wer lehrte an den Schulen, und wer sollte lernen? Es lehrten eigentlich immer die alten Lehrer oder die mit der alten Mentalität. Es hatte sich anderswo rausgestellt, daß es eigentlich unmöglich war, wirklich zu entnazifizieren. Die Lehrer blieben wie das übrige Volk, was sie waren und wie sie waren. So rasch schaltet man nicht um. Gewiß, die gröbsten Nazischlagworte legte man beiseite, die Fassade

war nicht mehr möglich, jedenfalls nicht jetzt, während der Besatzungs-
zeit. Aber in sehr vielen brannte natürlich der Haß und die Rachsucht
weiter. Man war ein geschlagenes Volk, nachdem man eben ganz Europa
beherrscht hatte, und es sorgten viele im Land dafür, daß die schlimmen
alten Dinge, auch das Gefühl der Niederlage lebendig blieb.

Auf einem Hügel der Stadt in einer Villa saß schon vor der Nazizeit und
den Krieg hindurch ein bekannter Schriftsteller, den man wohl fort-
schrittlich nennen kann. Er war der erste Schriftsteller, den ich nach
meiner Rückkehr persönlich aufsuchte und mit dem ich mich unterhielt. An seinem Tisch saßen andere Intellektuelle. Man hörte nichts von
‹Befreiung›. Man sprach von den Franzosen nur als von den ‹Okku-
panten›.

EINE KLEINE BILANZ

Hier lebe ich in diesem Land, meinem Geburtsland, in das ich vor sieben
Jahren zurückgekehrt bin, um aktiv zu sein und zu helfen. Was geschah
mit mir, nachdem ich hier verschlagen wurde?

Aus diesem Land vertrieben, war ich erst nach der Schweiz, dann nach
Frankreich, dann nach Amerika geflohen, mit Frau und Kind, bis es
hieß, die Feinde seien niedergeworfen und gefesselt worden. So konnte
ich mich wieder in das Land wagen. Die Aktionsformel, die ich von
draußen heimbrachte, lautete: der Nazi, mit Hitler an der Spitze, preßte
einen fremdartigen bösartigen Fremdkörper ins deutsche Fleisch, eine
Krebsgeschwulst. Hitler hatte mit Lug, List und Gewalt Deutschland
zersetzt, wie später die Tschechoslowakei und andere Länder. Freilich
was den Antisemitismus anlangt, so war er eine trübe Selbstverständlichkeit im Lande. In den sieben Jahren, die ich nun, aus Amerika zurück,
zubrachte, habe ich einiges dazu gelernt. Ich sah, dieser Mann und seine
Clique waren die Konzentration eines zu Deutschland gehörigen Geistes
und Willens. Daß es dazu gekommen ist, war ihm seit 1933 gelungen.
Man kann also schwer über ihn urteilen, ohne zugleich über Deutschland
zu urteilen. Sein Wille und sein Geist erfaßten keineswegs das Volk in all
seinen schrecklichen Tiefen, es gab Gruppen, die nicht davon erfaßt wurden. Diese Guten und Besseren, von der Manie nicht Erfaßten oder wenig
Berührten, zu schwach, Widerstand zu leisten, hielten immerhin an
vielen Stellen die Infiltration auf. Und was wollte man denn hier? Nicht
national wollte man sein, sondern zunächst über die eigene Nation herr-

schen und ihr einen neuen Sinn geben. Und nach erfolgter Vorbereitung wollte man das neue Gebilde, das nun mehr als bloß Volk war, über die Umwelt herfallen lassen. Man nannte sich auch sozialistisch, nachdem man das Wort seines ursprünglichen Sinnes entleert hatte, denn hinter Sozialismus steht das Wort: alle Menschen werden Brüder, und der historische Sozialismus war eine Blüte am Baum des Humanismus. Das wilhelminische Deutschland bis 1918 mag noch so sehr von Machtideen erfüllt gewesen sein, aber Träger dieses Staates war kein Eroberungsplan. Die Nazis machten den Antisemitismus zum Vorspann für ihren Sensenwagen. Es muß immerhin festgehalten und niemals vergessen werden, daß es trotzdem in jeder Periode dieses Regimes Gegenströmungen, wenn auch nicht offen politische, so doch geistiger Art gab, die das Regime niederhalten mußte.

Es ist das Jahr 1953, die Zeit ist um, hier sitze ich. Was habe ich gesehen, gewollt und getan in den Jahren von 1945 bis 1953?

– Und nun, mein Sohn, laß hören, was du zu sagen hast. Du kannst annehmen, wir wissen das meiste, was sich in der Zeit, in der großen Zeit des 1000jährigen Reiches hier zutrug. Wir haben verfolgt den Nürnberger Prozeß. Wir lasen viele Publikationen und sind auch orientiert über die Rolle wichtiger Persönlichkeiten. Und wir finden am Schluß, all diese Ereignisse und Handlungen sind nicht von ungefähr aus dem Land hervorgegangen. Gewiß nicht. Sie kamen nicht aus dem Wesen dieses Volkes, wenn man überhaupt von dem ‹Wesen eines Volkes› sprechen darf. Noch lange nicht werde ich jenem Regime den Gefallen tun, dies zuzugeben. Hier ging vieles Hand in Hand. Die Dinge müssen sorgfältig analysiert werden.

– Gewiß, mein Sohn, laß sehen, laß hören. Wir wollen nicht ungerecht sein.

Was habe ich gewollt, und was getan?

Ich sprach, eingeladen von dem Intendanten, lange Zeit, im Beginn alle zwei Wochen, später mehr unregelmäßig, aber bis ins letzte Jahr hinein, am Südwestdeutschen Rundfunk. Mein Thema war so weit wie möglich: ‹Kritik der Zeit›. Ich konnte sprechen Politisches, Literarisches und allerhand vom Tage. Es ist ein altes Leid für den, der am Radio spricht; er erfährt nicht, ob er gehört und wie er aufgenommen wird. Aber ich habe getan, was ich konnte. Ich habe mich geäußert, und ein Hundsfott, der mehr gibt als er hat. Es wird hier und da gewirkt haben.

Ich hatte zu jäten. Ich helfe auf meinem Platz in der Villa Stefanie beim Jäten des Unkrauts: ich lese Zensur, mit einem Gehilfen. Die Werke, die jetzt herauskommen wollen, bedürfen der Genehmigung der Besatzungsbehörden. Belletristisches, Romane, Essays, Gedichte laufen bei uns zur Begutachtung ein. Es sind im Monat 60 bis 70 Werke. Verleger und Autoren melden sich, wenn die Arbeit nicht rasch genug vonstatten geht. Gejätet wird, was den Militarismus und den Nazigeist fördern will.

Schwerer als ich hat es der Herr, der in einem anderen Büro mit demselben Ziel gegen Zeitungen und Zeitschriften der Zone vorgeht. Es war ein Mann meines Alters, er ist jetzt schon hinüber. Er kam öfters zu mir, erschöpft nach stundenlangen Unterhaltungen mit Redakteuren, die nicht nachgeben wollten. Sie kämpften, sie suchten sich zu verbessern. In diesen ersten Jahren betrieb man diese Zensurarbeit, und sie wird im Gröbsten Gutes geleistet haben. Was sich aber in den kleinen Volksbibliotheken abspielte, was man da aus Büchern und Zeitschriften mitschleppte und verbarg, das entzog sich meiner Kenntnis, und ich hatte Lust, da nachzuforschen und in die Ecken zu leuchten.

Ein Einzelner ist aber nichts, seine Stimme ist zu klein, es müssen sich viele erheben, es müssen Gleichgesinnte zusammen sprechen. Es müssen Kerne im Volk gebildet werden. Ich wußte, es hatten sich hier und da im Lande Kerne gebildet, aber nicht grade solche, wie man wünschen konnte. Es hatten sich Verlage und Zeitungen etabliert, traten nicht offen auf. Ich stieß einmal auf eine Gruppe, die eine ‹Elite› bilden wollte, etwas im Stile von Stefan George, man hatte dabei im Auge ein Bild aus der Chemie: in übersättigten Lösungen bringt man die Körper zum Auskristallisieren durch Einpflanzen eines entsprechenden Keimes. Daß eine solche übersättigte Lösung nicht für unsere Arbeit zur Verfügung stand, lag auf der Hand. So habe ich mich denn daran gemacht, Schriftsteller und Intellektuelle zu einer Gruppe zusammenzuführen, um mit ihr gegen die herrschende Indifferenz und gegen die gefährlichen Rückstände zu kämpfen.

Ich fuhr damals, 1946 nach Freiburg, und lud eine Handvoll Herren ein. Ich plante, mich ihnen, von denen ich einen Teil kannte, gegenüberzustellen, einfach und persönlich mit ihnen zu sprechen und sie zu ermutigen. Ich wollte ihnen ein Bild von der gesamten Lage am Kriegsende geben, von der Lage nach dem Fall des Regimes, und sie entflammen. Eine solche Zusammenkunft fand statt. Das Ergebnis war traurig, völlig negativ. Nachträglich kann man über die Aktion den Kopf schütteln. Aber sie war mir ernst in dieser Zeit. Während das ganze Volk taubstumm dalag, sollten sich die Träger des Bewußtseins, eben Leute von der Art, wie ich sie eingeladen hatte, nicht kompromittierte Leute zusammentun und zunächst miteinander sprechen. Was ich tat, sollte nur die Initiative sein. Bei unserer Zusammenkunft sprach dann widerwillig einer nach dem andern, einzeln gebeten sich zu äußern, und was sie mit Umschreibungen vorbrachten, war nur nein. Sie wollten nicht zu einer Gruppe zusammentreten, – welche mit Franzosen kollaborierte. Sie fanden das Ganze beinah beleidigend. Dementsprechend äußerten sie sich zum Teil mit großer Heftigkeit. Ich hatte übrigens einen Tag vorher denselben Protest gehört, als ich zwei Germanisten, Professoren der Universität, aufsuchte, welche mit großer Entrüstung riefen: «Nein, nichts von der Art, wir sind nicht schuldig. Wir erkennen nicht an, daß wir schuldig sind.»

Ich hatte natürlich nicht von schuldig oder unschuldig gesprochen. Wie sollte ich mit meinem Plan hier durchdringen. Ich ließ das Geplänkel bei der Zusammenkunft mit den Schriftstellern eine Weile laufen. Aber als ich das Negative des Ergebnisses erkannte und hervorhob, griffen einige abschwächend ein: Sie seien mit diesem Projekt quasi überfallen worden, man solle ihnen Zeit lassen, sich zu beraten, und so wurde von ihnen ein Herr gewählt, der mich informieren sollte, nachdem sie sich untereinander besprochen hätten. Aber in der nun folgenden Woche trat ein Ereignis ein, das mich nachdenklich, ja bedenklich machte: grade dieser Herr, der gewählte Vertrauensmann – starb plötzlich. Es bestand nun keine Verbindung mehr zwischen mir und jener Gruppe, und ich hatte nichts in der Hand, und offen gesagt, mir war auch der Mut genommen, mit diesen Herren noch einmal etwas anzufangen. Da entschloß ich mich, meinen Blick von Freiburg zu wenden und es einfach an dem Ort selbst zu versuchen, wo ich wohnte. Das wurde dann der Plan eines Verbandes der südwestdeutschen Autoren, gegründet in Baden-Baden. Hier war die Grundidee schon abgeschwächt und, um sie annehmbar zu machen, mit einer literarisch-gewerkschaftlichen verschmolzen. Ich muß auch zugeben, daß das Niveau der Schriftsteller hinter dem in Freiburg zurückstand. Aber es war ein Anfang. Ich wollte etwas Derartiges auf die Beine stellen, und es gelang.

Ich war, ich persönlich, in eine Epoche eingetreten nach der Rückkehr aus Amerika, welche unter dem Zeichen der Besinnung stand. Aber die

Hauptthemen der Besinnung bildeten die Vorstellungen Vergänglichkeit und Tod. Ich fühle mich gedrängt, noch einmal von jenem Vorgang in Freiburg zu sprechen. Ich hatte hier im Lande Aufgaben, und als Helfershelfer wollte ich in Freiburg eine Anzahl Schriftsteller aufrufen.

Ich fühlte, es war ein schwieriger Versuch, denn sie waren enttäuschte und ehemals hochmütige Deutsche, und es sollte jetzt an alte gute Zusammenhänge angeknüpft werden. Wie sie damals, die kleine Gruppe von etwa 10 Personen, mich fremd und stumm anhörten und wie mir vor ihnen das Wort im Mund erfror. Es war schwer, hier Glut und Flamme zu entfachen. Als man stumm blieb, mußte ich einen nach dem andern bitten, sich zu äußern. Das Nein wußte ich schon vorher. Nun kam es heraus: sie wollten nicht kollaborieren, gemeint war mit Franzosen, sie wollten ihren alten wüsten nationalen Weg weiter laufen. Es wurde streckenweise sehr erregt geredet, sie spieen Empörung, weil ihnen das angetan wurde.

Dann kam der Vorschlag von ihrer Seite, ihnen eine Bedenkzeit zu geben, ein Herr wurde gewählt, der mich dann informieren sollte, das ominöse Ereignis: der gewählte Vertrauensmann starb plötzlich. In Baden-Baden, dem Ort, wo ich es dann versuchte, ging es besser, alles lief glatt, ich sagte es wohl schon, und dies wurde die Geburtsstunde des Verbandes südwestdeutscher Autoren.

Das Schifflein schwamm, der Bann war gebrochen, man hatte Grund von einem Erfolg zu sprechen. Es gab große Zusammenkünfte, einen Zustrom von Mitgliedern.

Frage: Entstand hier eine Aufklärungsgruppe, eine Kampfposition gegen das nazistische Übel, das okkult im Lande wütete? Es gab Veranstaltungen auf Veranstaltungen, aber was weiter?

In Baden-Baden war ich auf der Suche nach wohlgesinnten Schriftstellern Heinrich Berl begegnet, der hier mit seiner Frau und seiner Tochter lebte. Die Frau etwa gleichaltrig mit ihm, Ende 40 oder Anfang 50, war ein interessantes Geschöpf, dunkel, sie war Jüdin, und hatte etwas von einer Zigeunerin an sich. Sie sprach das reinste Badisch, das mir begegnete. Sie war groß in Naturheilkunde und im Kräutersuchen. Die beiden waren während der Nazizeit zusammengeblieben, er erhielt zwar Schreibverbot – er befaßte sich fast ausschließlich mit der Heimat –, aber sich von seiner Frau zu trennen, diese Idee kam ihm nie. In der Ehe hatte sie die Hosen an, sie stritten viel, das gehörte zum Klima dieser

Ehe. Sie behandelte sich in den letzten Monaten, als sie Beschwerden hatte, selbst, stieg in aller Frühe morgens auf die Berge, nahm an Ort und Stelle in einem Quell ein kaltes Bad und schluckte zu Hause ihre Tees. Ununterbrochen kämpfte sie gegen die Nazis, aber sie war nicht böse. Viele Sonntage zog ich nachmittags den Berg herauf zur Familie Berl, oft mit meiner Frau, die Unterhaltung war fast immer sehr animiert. Aber einmal lag sie dann im Bett und bat mich als alten Doktor, ihren Leib anzusehen, der geschwollen war. Ich sah den Leib und die Füße, es war eine Wassersucht. Ich riet sofort: Krankenhaus. Und jetzt kam kein Protest gegen die Schulmedizin. Sie wurde dann lange im Landesbad behandelt an einer Leberzirrhose, und nach einigen Wochen ging es ihr besser. Aber dann kam der Rückfall, ich habe ihn nicht mehr in Baden-Baden erlebt. Ihre eigenen Mittel, die sie natürlich zwischendurch versuchte, schlugen nicht an, aber auch die Schulmedizin versagte. Sie war schon in einem elenden Zustand, als man sie zur Bühler Höhe hinauffuhr, sie wünschte andere Luft. Sie bildete sich ein, sie brauche sich nur zu erholen. In einem kläglichen Zustand landete sie zuletzt wieder im Krankenhaus und starb, dieses ungebrochene Naturkind.

Ich war erschüttert als die Nachricht von ihrem Tode kam durch einen Brief des Mannes. Er hatte einen gedruckten Nachruf beigefügt. Er schilderte sie herzlich auf seine Weise, aber mittendrin hieß es: nun wo sie tot sei, gäbe er ihren Leib ihrem Volke zurück. Sie hatte sich aber, er wußte es, der christlichen Religion genähert, ohne freilich den letzten Schritt zu tun. Es kam wieder auch bei ihm, sogar bei ihm, die Naziidee. Nur einmal sprach ich später noch die übrig gebliebene Familie, den Mann und die Tochter, in Mainz, sie hatten in Wiesbaden etwas zu besorgen. Auf der Rückfahrt gab es einen Unfall. Die Tochter, die das Auto lenkte, fuhr im Finstern einen Abgrund herab, es geschah weiter nichts, sie blieben stecken, aber das Ganze sah ominös aus. Ich weiß dann nicht, von Baden-Baden entfernt, wie sich der Schriftstellerverband im einzelnen entwickelte. Eines Tages erhielt ich die Nachricht von seinem Tode. Ich las es in der Badischen Zeitung. Dann schrieb die Tochter, er sei ‹buchstäblich verhungert›, er hätte zuletzt an einem Speiseröhren- und Magenkrebs gelitten. Er war schon nicht mehr der Vorsitzende des von mir inaugurierten Verbandes. Der war in den allgemeinen deutschen Schriftstellerverband aufgegangen. An der Spitze aber des südwestdeutschen Verbandes stand Wilhelm von Scholz, derselbe Wilhelm von

Scholz, der auch einmal der Dichterakademie in Berlin vorgestanden hatte, aber dann von den Nazis hochgeehrt und gefeiert wurde.

Einer, der lange Zeit in Deutschland im KZ saß, fragte mich, ob ich glaube, daß sich Goethe, wenn er heute lebte, dem Nazismus widersetzt hätte und ob er ein Verfolgter des Naziregimes geworden wäre. Ich stellte die Gegenfrage, da ich sah, daß er etwas im Hintergrund hatte, was er wohl selbst glaube. Er: Sie sehen es an meiner Frage, daß ich stark zweifle, Goethe hätte schon gewußt, wie er mitmachen könnte. Schiller, so meinte er, hätte rebelliert, erst schwach und dann stärker und wäre wohl zuletzt im KZ gelandet. Goethe wäre doch wohl, so sagte er, der Mann gewesen, der anläßlich eines Vorfalls bei der Belagerung von Mainz sagte: «Ein bißchen Unrecht ist besser als Unordnung.» Ja, es ging Goethe gut, fast immer, er achtete als hoher Beamter scharf darauf, daß keine Unordnung im Land eintrat. Er warnte davor, auf das Niederträchtige zu schimpfen, es sei das Mächtige, was man auch sage. Die Deutschen haben sich von den Wahrheiten ihrer Klassiker durchdringen lassen. Theologisch haben sie sich viel mit Religion befaßt, aber der Olympier Goethe half ihre Seele bilden. Besitzende, Gebildete, Professoren, Schulen freuten sich an ihm.

‹DAS GOLDENE TOR›

Es kamen nach Kriegsende viele neue Zeitschriften auf, sie traten 46/47 gradezu in Rotten auf, mit Illustrationen und ohne Illustrationen. Sie trugen Namen, die leer waren und etwas versprachen, wie ‹Die neue Zeit› oder ‹Die neue Welt› oder ‹Die Zukunft› oder ‹Blick in die Welt›, ‹Heute› oder ‹Der Horizont›, ‹Der Strom›. Eine Zeitschrift nannte sich schlicht ‹Sie›, eine andere ‹Die Frau von heute›, eine dritte ‹Die Frau›, eine vierte weiß sich gar keinen Rat und flüstert nur ‹Für dich›.
Ich glaubte, in diesem Stimmgewirr auch etwas sagen zu müssen. Ich wußte, was ich wollte, der Titel war mir zuerst nicht klar. Aber ich hatte seiner Zeit in San Francisco die herrliche Einfahrt, The Golden Gate, gesehen, die Verbindung der Neuen Welt mit Asien. Ich nannte nach einigem Hin und Her die literarische Zeitschrift, die ich plante und dann herausbrachte ‹Das Goldene Tor›.
In dem Geleitwort sagte ich: ‹Golden strahlt das Tor, durch das die Dichtung, die Kunst, der freie Gedanke schreiten.

499

Das Tor ist herrlich. Aber was sich jetzt unter seinem weiten Bogen aufhält, sieht nicht nach Friede, Freude, Besinnlichkeit aus. Das schimmernde Gold des Tores und die heiteren stolzen Reliefs passen schlecht zu den schlaffen abgerissenen Figuren, die hier am Boden kauern und kaum ein Wort miteinander wechseln.

Das war anders nach dem ersten Kriege.

Damals flutete eine Welle von Spannung und Erregung in den Frieden hinein. Das Kriegsende entband Kräfte. Menschen taten sich zusammen und befehdeten sich, man sprach und warb um den andern. Man ließ Fahnen wehen, verschiedene Fahnen. Man fühlte, es wollte sich etwas erneuern.

Jetzt sieht und fühlt man: eine Feuersbrunst hat sich ausgerast und hat einen verbrannten Boden und Ruinen hinterlassen. Schutt ist über Menschen und Städte geworfen. Nicht wunderbar, wenn da die Menschen matt herumstehen, hocken, und versuchen zu sich zu kommen. Sie sind in eine sonderbare Pause der Isolierung eingetreten.›

‹Das Goldene Tor›, Symbol für die Freiheit und Solidarität der Völker wollte die vom Nazismus unterbrochene geistige Kontinuität wiederherstellen und den Realitätssinn im Lande stärken. Die Zeitschrift wies auf Lessing hin. Wahrheit sollte verbreitet werden, die Gewissen aufgerufen und Mut eingeflößt werden. Es gab in der Zeitschrift, die erst monatlich, später zweimonatlich erschien, Novellen, Gedichte, Essays, Buchkritiken, Berichte über Ausstellungen und Kundgebungen im Lande. Es gab ausgezeichnete Übersetzungen aus dem Französischen und Englischen (aber nicht zuviel, denn man hatte es nicht nötig, und es galt, an die deutsche Tradition anzuknüpfen).

Wirkte die Zeitschrift, zwischen den vielen andern? Sie erschien ja bis zum Jahre 1951. Setzte sie sich und ihre Themen durch? Nein, nicht sie, sondern andere setzten sich durch. Andere setzten sich so durch, daß man nach zwei Jahren etwa ein Schund- und Schmutzgesetz plante! Damals, es war wohl im Jahre 1949, übernahm ich es von der inzwischen gegründeten Mainzer Akademie der Wissenschaften und der Literatur, unsere Auffassung in Bonn zu vertreten. Ich erschien in Begleitung eines andern Herrn in einer Kommission des Bundestags, welche das Gesetz vorbereitete. Was ich da hörte, über die Verbreitung der anderen Literatur, der militaristischen, nazistischen, der obszönen, überstieg weit das, was ich geahnt hatte. Skrupellos arbeiteten Geschäftsleute im Lande und beuteten niedere Instinkte aus und lebten von der Galvanisierung des Kriegsnazismus. Was man zur Eindämmung dieser Schlammflut vorschlug, schien mir wenig wirksam. Den guten Willen mochte ich den Damen und Herren nicht abstreiten. Aber ich vermißte das Positive. Was bot man denn für den Schmutz und den Schund? Was ich vortrug, wurde protokolliert. Es war eine einzige Sitzung der Kommission, an der ich teilnahm. Ich weiß nicht, ob ich einen guten Eindruck auf die Herren und Damen machte, jedenfalls Roß und Reiter sah man niemals wieder.

Ein kühnes und falsches Wort findet sich am Schluß zum ‹Goldenen Tor› meiner Einführung: ‹Jetzt kann sich keiner hinter eine Bewegung stellen und verstecken. Keine Fahne nimmt dem Einzelnen das Nachdenken und die Entscheidung ab und erspart ihm das Gegenüber mit sich selbst.›

Das war ein Wunschtraum. Man konnte sich gut verstecken und man tat es, und nach einer Weile versteckte man sich nicht mehr und trat hervor. Im letzten Jahre ist das Wort ‹unterwandern› bekannt geworden. Es kam auf im Zusammenhang mit der Verhaftung von sechs bis sieben ehemaligen leitenden Nazis durch die Engländer in ihrer Zone. Sie hatten zugelassene Parteien unterminiert und planten angeblich einen Staatsstreich. Man stand in der Zeit nach dem Kriege, der Nazidrache war erlegt, aber sein giftiges Blut floß weiter, ohne einzutrocknen, über den Boden.

ASCHERMITTWOCH

Wieder am Fenster. Eine feuchte garstige Kälte, dazu Nebel. Das ist Mainz. 1946 fuhr ich zum ersten Mal hierher, zur Einweihung der Gutenberg-Universität. Die Stadt machte auf mich einen greulichen Eindruck. Aber es gab da den Rhein, ich sah ihn zum ersten Mal wieder in seiner strömenden Fülle, und als wir später in der Stadt landeten, erlebten wir auch den mächtigen Nebel des Rheins, die weißen undurchdringlichen Massen, die den Boden bedeckten und die Häuser umschlossen. Heute ist Aschermittwoch. Man hat aufgehört zu schreien, zu singen und zu rennen. In den Wirtschaften werden sie heute den Karneval begraben und werden den Tag über ihre ausgeleerten Portemonnaies im Rhein waschen.

Die Zeit des Vorfastens beginnt. Der Sonntag trägt den Namen Septuagesima und meint die 70 Jahre babylonischer Gefangenschaft, in die vor Jahrtausenden das schon damals geschlagene jüdische Volk geführt wurde. Eingeleitet wird die Messe dieses Sonntags mit den Worten des

17. Psalms: ‹Todesstöhnen hält mich umfangen. Der Unterwelt Qualen umschließen mich. In meiner Not schrie ich zum Herrn, und Er erhörte meinen Ruf, von Seinem heiligen Tempel aus. Dich liebe ich, Herr, oh meine Stärke.›

Paulus sagt später in einem Korintherbrief: ‹Brüder, wißt Ihr nicht, daß die Wettläufer in der Rennbahn zwar alle laufen, aber nur Einer den Preis erlangt? Jeder, der sich am Wettkampf beteiligt, übt in allem Enthaltsamkeit. Sie tun es, um einen vergänglichen, wir aber tun es, um einen unvergänglichen Kranz zu empfangen. Ich laufe aber daher nicht ins Ungewisse. Ich kämpfe aber nicht wie einer, der bloß Luftstreiche ausführt, sondern ich züchtige meinen Leib und bringe ihn in Dienstbarkeit, damit ich nicht verworfen werde.›

Folgt der 129. Psalm: ‹Aus der Tiefe rufe ich, Herr, oh Herr, höre mein Rufen. Wenn du meine Sünde nicht vergessen könntest, Herr, Herr, wer noch könnte dann bestehen?›

Nun hat die Zeit der 40 Tage begonnen. Sie führt auf den Karsonntag hin. Es ist Fastenzeit von Buße und Reue begleitet. Aschermittwoch: die Frommen, die in Kirchen gehen können, haben sich heute geweihte Asche, ein Kreuz auf die Stirn zeichnen lassen. In Kalifornien versäumten wir nie diese Zeremonie und hörten den Priester, während sein Finger unsere Stirn berührte, sprechen: «Bedenke Mensch, Staub bist du und kehrst wieder zu Staub zurück.»

Den Gottesdienst leiten die Worte ein, die uralten Worte der Weisheit: ‹Du Herr, erbarmst dich aller und verläßt keines deiner Geschöpfe. Du siehst hinweg über die Sünden der Menschen und erbarmst dich ihrer, weil du ihr Herr und ihr Gott bist.› Und später heißt es reuevoll: ‹Herr, hadere nicht mit uns durch unsere Sünden und vergib uns nicht na‹ unsern Missetaten.›

WAS ICH SELBER SCHRIEB

In diesen sieben Jahren schrieb ich selbst allerhand, von Texten für Vorträge und vielen gelegentlichen Artikeln nicht zu sprechen.

Was schrieb ich sonst? Meinen Hamlet-Roman, dessen erstes Drittel ich von drüben mitgebracht hatte, beendete ich in Baden-Baden. Es wurde eine Rahmenerzählung von enormem Umfang. Ich will von ihr nachher sprechen. Zunächst die beiden kleineren Werke, die Erzählung ‹Die Pilgerin Aetheria› und das Religionsgespräch, das an das schon erschienene Gespräch ‹Der unsterbliche Mensch› anschließt, betitelt ‹Der Kampf mit dem Engel. Ein Gang durch die Bibel›.

Meine Pilgerin Aetheria hat mit der historischen Figur dieses Namens nichts zu tun.

Im Meßbuch fand ich an mehreren Stellen den Namen einer Pilgerin Aetheria und dazu die Mitteilung: sie besuchte in einem frühchristlichen Jahrhundert die heiligen Stätten. Ihr Name und die Mitteilung fesselte mich. Es gab Christenverfolgungen damals, sagte ich mir. Was suchte die Pilgerin Aetheria um diese Zeit in Bethlehem und in Jerusalem? Ich hatte sofort die Antwort: ein bestimmtes Ereignis hatte sie von Hause weg und hierher getrieben, ein bestimmtes. Und ich sah sie als süditalienische Bäuerin, die oberflächlich Christin geworden war. Aber sie wurde aus einem besondern Grunde mit ihrem Christentum nicht fertig. Es war ihr etwas in der Heimat geschehen. Was? Und so fing meine Geschichte an: Sie liebte ihren Mann mit der ganzen Innigkeit ihres Herzens. Er war ein Fischer, aber wie viele in dieser Gegend auch Straßenräuber. Er wurde bei einem Raubversuch niedergestochen. Ich sah sie verzweifelt zuerst nach Rom wandern, den Christengott um die Kraft zu bitten, Rache an dem Mörder ihres Mannes zu üben. Seinen Dolch trug sie bei sich. Aber sie stand in einem besonderen Gnadenverhältnis zu Gott. Der Mensch betet zu Gott. Aber Gott ringt um den Menschen. Sie wollte sich dann vom Christentum lösen als die Rache nicht gelang. Und so ging sie mit andern nach Palästina, aber hier wurde ihr noch ein besonderes Gnadenzeichen zuteil.

Und mit Schaudern und Entsetzen, mit äußerstem Widerstreben mußte Aetheria wahrnehmen, daß sich etwas Fremdes – aber es war das Göttliche – mit ihr befaßte. Das ließ sie nicht los, wohin sie auch rannte. Sie bot sich zu einer Teufelsaustreibung an, sie meinte jene furchtbare göttliche Gewalt. In diesem Ringen gegen Gott wird sie schließlich besiegt und unterwirft sich. Sie bricht zusammen. Es treibt sie nach Italien zurück, zu Hause will man sie binden, die Stricke fallen von ihr ab, sie gelangt nach Rom, als man grade einen der Ältesten zum Tode führt. Ihr Kopf fällt mit seinem, ihre Seele durchdringt die unteren Sphären des Himmels, und zuletzt heißt es: ‹Sie hatte sich der himmlischen Gnade entwunden, nun ward sie an Gottes Stuhl gebunden.›

Historisch war diese Pilgerin Aetheria, von der ich im Meßbuch las, nur eine Touristin, eine gelehrte Äbtissin, die Aufzeichnungen über ihre Reise machte.

Weder mit diesem Opus noch mit einem größeren, welches ein Gang durch die Bibel war, betitelt ‹Der Kampf mit dem Engel› fand ich Gnade bei den deutschen Verlegern. Der Wind hatte sich gedreht, es war nicht mehr 1946 und 1947, sie waren Geschäftsleute, und mich hatte man einen Renegaten genannt. Ich las viel christliche Bücher und Zeitschriften und ich gestehe, trotz besten Willens konnte ich dabei nicht warm werden. Das Wort Brauchtum ist hier am Platze. Sie waren Deutsche und übten ein christliches Brauchtum. Das war in Amerika anders. Als wir konvertierten, erlebten wir auch die Gemeinde, etwas Lebendiges, das auf uns einwirkte und uns in seinen Kreis aufnahm. In Deutschland habe ich nichts Ähnliches erfahren. Das Christentum färbt sich in jedem Land anders. In Deutschland, so scheint mir, gehört es völlig zu dem Ererbten, wie die Nation, der Stamm, man nimmt daran teil.

Es war wie in Palästina nach der Erbauung des Tempels durch den König Salomon, der auch schon herrliche, gar zu herrliche Predigten vom Stapel ließ. Der mosaische Glaube aber vertrocknete darunter, und ehe man sichs versah, hatte man die ‹Synagoge›. Denn ‹Synagoge› was war das? Strengstes und härtestes Brauchtum. Man hatte die Rinde eines Baumes, aber die Säfte drangen nicht mehr durch. Was tut dann derjenige, was bleibt dem übrig, durch den noch Kräfte pulsen? Er muß sich allein mit Gott auseinandersetzen. Die Kirche spricht von dem geheimnisvollen mystischen Leib Christi. Wer sich dem Brauchtum ververschreibt, verholzt. Aber freilich ein Unglück ist auch die Vereinsamung.

Drüben in Kalifornien hatte ich vor 1944 eine große epische Arbeit begonnen, deren Gegenstand die Schuld der Väter bildete. Die Arbeit wuchs unmerklich zu dem großen Werk ‹Hamlet› heran. Es wurde eine Art psychoanalytischer Roman, eine umfangreiche Rahmenerzählung. Woher die Kriege, wer war schuld an dem letzten Krieg, wer wird schuld an den neuen Kriegen sein? Von diesen Fragen nimmt das Buch seinen Ausgangspunkt. Bei Shakespeare erscheint im 1. Akt der ermordete Dänenkönig auf der Bühne und verrät sogleich mit klaren Worten dem Sohn, der zur Hochzeit seiner Mutter mit dem neuen König aus Wittenberg gekommen war, wie es sich mit seinem Tod verhielt: es war ein Mord an ihm verübt worden, und er war aus der Hölle aufgestiegen und unfähig, Ruhe zu finden, ruft er nun den Sohn auf, Rache zu üben. Solchen sichtbaren und gepanzerten Geist gibt es in meinem ‹Hamlet› nicht. Ein unbeschreibbares schweres Schreckgefühl, das er nicht abschütteln kann, sitzt seit der Kindheit in der Brust des jungen Mannes, des Hamlet, der hier Edward heißt, und das ihn jetzt, als er verstümmelt aus dem Krieg heimkehrt, völlig lähmt und irre macht. Was steckt hinter diesem rätselhaften Schreckbild, das mit der Stärke einer Halluzination immer wieder über ihn fällt? Ein düsteres Gefühl, mit diesen Halluzinationen zusammenhängend, hatte ihn schon vor dem Krieg aus dem Haus getrieben. Es ist die Zeit des Zweiten Weltkrieges. Ich zeige das gequälte Wesen, wie es im Krieg gegen Japan auf einem Schiff, von einer Bombe getroffen und in die Höhe geworfen, verstümmelt niederfällt. Man rettet den jungen Edward, schrecklich bricht jetzt das Leiden aus. Das Geschwür bricht auf. Man versucht sich psychotherapeutisch an ihm, vergeblich. Ihn selber zieht es in das Haus seiner Eltern. Sobald er sich bewegen kann, wandelt er in dem Haus herum und sucht Fühlung mit den Menschen dort. Sie kommen, ihn zu unterhalten. Es beginnt dann eine Serie hinterhältiger Gespräche. Auf Vorschlag des Vaters und auf seinen eigenen Wunsch erzählt jeder, was ihm einfällt. Sie wissen alle, worum es sich dreht. Sie glauben, frei zu phantasieren, aber sie kennen dunkel die Zusammenhänge, und vor dem jungen Edward geraten sie alle in dasselbe Fahrwasser. Man nähert sich der Erklärung. Bei jeder Erzählung, auf jeder Stufe, erfolgt eine stärkere Erregung. Was wird da erzählt? Zunächst, vom Vater breit entwickelt, das Abenteuer der mittelalterlichen Prinzessin von Tripoli nach einem Gedicht von Swinburne. Dann steigt die Geschichte von dem Knappen, der seinen Ring verlor – an die himmlische Maria. Schon hat sich der grübelnde Held seinem Geheimnis so weit genähert, daß er seinen Oheim bittet, ihm etwas von Hamlet zu sagen, von der blutschänderischen Ehe einer Mutter mit einem Vater. Bei Shakespeare versucht Hamlet einmal das Geheimnis zu lüften und die Schuldigen in einer Theateraufführung zu entlarven. So einfach ging es hier nicht. Der Oheim erzählt nicht von Hamlet, sondern von dem König Lear. Sie ergehen sich alle breit. Man will ja den unruhigen Helden, den kranken, unterhalten. Schließlich ist man durch die Erzählungen an einen Kernpunkt geführt, und die letzte Aufklärung gibt dann das Leben. Die Schuld der Väter, nein, die Schuld der Eltern wurde aufgedeckt. Die Familie bricht auseinander. Aber sie ruhen nicht, sie können nicht zur Ruhe kommen. Die Vergangenheit war aufgerührt, sie müssen jetzt das Leben zu Ende führen, als hätten sie bis jetzt nicht gelebt, – um sich von der Schuld zu befreien. Da führt die Mutter das eigene Leben, das sie gewünscht hat, ihr früher Wunschtraum kann sich realisieren, sie verjüngt sich – und sinkt und sinkt, aber nun wird es eine Buße. Und auf der tiefsten Stufe, schon fast verloren, findet sie sich mit dem Vater zusammen, er hat nun die Prinzessin von Tripoli gefunden, er küßt sie noch stärker. Da ist ihr Leben auch bald zu Ende. Und Hamlet selber, Edward, sieht nun alles klar, sieht die Welt, wie sie ist, und geht in ein Kloster.

Aber dieses Buch liegt noch bei mir.

Es wurde viel verbreitet im Lande das Religionsgespräch ‹Der unsterbliche Mensch›. Ich habe ihm folgen lassen ein zweites Gespräch, in dem ich zu weiterer Klarheit über das Christentum kommen wollte. Und so begann ich jetzt im engen Anschluß an die Heilige Schrift von der Schöpfung zu erzählen, und wie es sich mit dem Menschen verhält, und wie sich Gott ein priesterliches Volk zu schaffen versuchte, und wie da alles mißglückte, bis schließlich die Römer kamen. Und dann verbot sich die Gerechtigkeit zu strafen, und das Lied der Liebe fing an; da stehen wir im Neuen Testament. Auch dieses Opus liegt noch bei mir.

Die Südamerika-Trilogie, der Gesang vom Amazonenstrom, konnte in Baden-Baden erscheinen. Als ich von da wegging, nach etwa drei Jahren, witterte der Verleger schon neue Luft, es war die alte Luft, die er gut kannte und die er nicht ungern atmete.

Ich hatte aber auch fertig gestellt, um mich direkt auseinander zu setzen mit jener fatalen Zeit, ein Erzählwerk ‹November 1918›, das in seinen vier Bänden demonstrierte, wie das Volk, wodurch, durch welche Schichten es damals in den Abgrund getrieben wurde. Zwar wurde der erste Band dieses Werkes ‹Bürger und Soldaten› jetzt nicht gedruckt, aber die drei andern kamen heraus, aber statt in die Öffentlichkeit hinein zu wirken, wurden sie von der feindseligen Kritik unterdrückt und in die Ecke geschoben. Es sah schon nach regelrechtem Boykott aus. Man war schon daran, das alte Gift wieder unter die neuen Getränke zu mischen, – so daß es dazu kam, daß mir ein Verleger, mein letzter, als ich ihm meine unveröffentlichten Schriften anbot, antworten konnte: «Die Sachen bleiben mir liegen, mein Verlag kann Ihnen keine Heimat bieten.» Ich wußte es schon lange. Anders als Heinrich Heine ging es mir, der seufzte: ‹Denk ich an Deutschland in der Nacht, so bin ich um den Schlaf gebracht.› Ich war schon lange zum Wachsein gebracht.

So stand es um meine Zeitschrift und so um die Bücher, die ich produzierte, und die ich nicht in den Wolken geschrieben hatte. Es hatte auch eine Akademie der Wissenschaften und eine Akademie der Künste in Berlin gegeben. Dieser Sitz war durch den Krieg in den Bereich der Russen gefallen und eine Anzahl Gelehrter sah sich genötigt, sich auf die Wanderschaft zu begeben. Sie versuchten allerhand, kamen nach München und kamen auch nach Mainz, wo man die alte Johannes-Gutenberg-Universität neu erweckt hatte. Der Plan einer Akademie der Wissenschaften mochte hier nicht abwegig erscheinen. Freilich, die kleine Landesregierung hier kam für das große Projekt nicht in Frage, es gab auch in den deutschen Nachbarländern schon andere Akademien, so wandten sich die Herren an die kulturelle Direktion dieser Zone, die französische, und trugen ihr ihren Plan vor. Bei der Besprechung mit dem Chef des Kulturdienstes tauchte auch der Plan auf, vielleicht auch die Literatur, die ebenfalls ihren Berliner Zentralsitz verloren hatte, hinzuzuziehen. Von der Berliner Dichterakademie aus der Weimarer Zeit, und wie sie Anfang 1933 abgemurkst wurde, habe ich schon erzählt. Unsere Kunstakademie stand in keinerlei direkter Verbindung mit der Akademie der Wissenschaften. Sofort nun hier zwei neue Akademien aufzustellen, das schien etwas viel. Andererseits lockte es, auch die Literatur hinzuzuziehen, und sie könnte an dieser Stelle gut wirken. Wie gesagt, das Projekt interessierte. Ich, in der Villa Stefani tätig, wurde als ehemaliges Mitglied der alten Akademie hinzugezogen und befragt und plädierte lebhaft für das Projekt. Mir wurde freilich sofort klar, daß die heimatlos gewordenen Herren der Wissenschaften vor allem Plätze für sich und möglichst dotierte suchten. Wir wurden um einen Voranschlag ersucht, und rasch und ohne mit der Wimper zu zucken, forderten sie einen gewaltigen Betrag. Aber siehe da, nach erfolgter Information wurde die Summe bewilligt, und man konnte nun daran gehen, den Grund zu dieser neuen Akademie zu legen, welche also eine Akademie der Wissenschaften und der Literatur sein sollte. Diese wurde gegründet in der Stadt Worms 1949. Ich, mit der ersten Formierung der Literaturabteilung befaßt, zog bald meine alten Kollegen und Freunde von der Dichterakademie, Walter von Molo und Schmidtbonn hinzu.

Zu der neuen Körperschaft einzuladen, war keine leichte Sache. Ich weiß nicht, ob die Herren von der Wissenschaft die gleichen Schwierigkeiten fanden wie wir. Daß sie namhafte Professoren drüben waren, ehemals in Amt und Würden, war mir bekannt, aber nach Amt und Würden hatte ich bei den Herren der Literatur nicht zu fragen, – da wir in Deutschland waren, fehlte ihnen beides. Man hatte vor Augen, in Buchform, greifbar, die geleisteten Werke und kannte im übrigen wenigstens allgemein die Haltung. Besonders in Bezug auf letzteren Punkt mußte ich mich ganz entschieden verhalten. So hatten wir von vornherein eine andere Wurzel, einen anderen Ursprung, einen andern Impuls und eine andere Marschroute als die von der Wissenschaft.

In Baden-Baden hatte ich eine Anzahl Bücher aus der Nazizeit gesammelt, als Wegweiser durch die damalige literarische Produktion. Diese Werke informierten einigermaßen. Wenn ich mich nicht irre, so waren wir etwa elf Personen, dabei zwei von der Literatur, die sich da in Worms in einem Hotel nahe der Bahn zusammenfanden. Die Namen der drüben eingeladenen Herren waren mir bis zu diesem Augenblick unbekannt, ich hatte aber eines meiner Literaturbücher mitgenommen und sah mich genötigt, gegen einen der drüben eingeladenen Herren prinzipielle Einwände zu erheben. Der Name dieses Herrn verschwand darauf von der Gründerliste, er wurde aber nicht vergessen, bei späteren Diskussionen gab es immer wieder einen oder den andern, der ihn absolut haben wollte. Es war peinlich für mich, es ärgerte mich, man begriff da offenbar nicht, was auf unserer Seite mit einer Akademie gemeint war, und ich gab nicht nach. Ich gestehe, immerhin, wenn ich vorher eine gewisse Begeisterung für den Plan hatte, so war diese nun leicht gemindert. Ich wagte nicht, den Vorhang der politischen Vergangenheit bei mehreren Herren zu lüften. Meine Beängstigung wurde etwas gemildert bei der Beratung der Statuten. Man formulierte eine Präambel, welche der Akademie eine weitgehende Selbständigkeit sicherte und sie vor Eingriffen des Staates schützte. Sonderbar aber, – die sehr schöne und ausführliche Präambel, Männerstolz vor Königsthronen in mehreren Paragraphen, verschwand lautlos, spurlos von der Bildfläche, als die Statuten von der Landesregierung genehmigt werden sollten. Unser Botschafter bei der Landesregierung konnte, als er zu uns zurückkehrte, von einem großen Erfolg berichten, die Akademie hatte den Status einer Anstalt des öffentlichen Rechts erhalten und die Angelegenheit sei im Prinzip gebilligt worden, aber unsere schöne Präambel, sie war über Bord gegangen. Selbstmord? Man zuckte die Achseln, man forschte nicht weiter. Die Präambel war über Bord.

Ich, zum Vizepräsidenten dieser Klasse der Literatur gewählt, achtete zusammen mit den neu hinzugekommenen Kollegen, scharf darauf, uns vor jeder Infektion mit der braunen Pest zu schützen. Es gab da manche Debatten, und öfter wollte man da zudecken, wo ich Lust hatte aufzudecken. Aber jedenfalls drang bei uns keiner von früher, keiner der Geehrten und Gefeierten, keiner der frisch Getarnten ein. Etwa viermal im Jahre kam man zusammen, Wissenschaftler und Schriftsteller, in drei Zügen verhandelte man, denn es gab die naturwissenschaftlich-mathematische Klasse, die geisteswissenschaftlich-philosophische und auf leisen Katzenpfoten hinterdrein die literarische Klasse. Wir hatten Gelegenheit, durch Vorträge und in der Diskussion auf einander einzuwirken, man lernte einander auch persönlich kennen. Wissenschaftler und Literaten erwiesen sich, wie vorauszusehen, charaktermäßig sehr different, und rückblickend kann ich nur sagen: über eine bloße Annäherung der beiden Gruppen hinaus kam es nicht. Für uns waren die drüben einfach die fest Angestellten, die Pensionsberechtigten und die Professoren, wenn nicht gar Geheimräte. Wir dagegen waren bürgerliche Nullen und Hungerleider.

Wir konnten nicht recht zur Geltung kommen. Unsere Kräfte wurden nicht mobilisiert. Ich sehe jetzt: wir mußten von vornherein auf einen andern Boden, nämlich auf unsern gestellt werden. Wir hätten mehr an die Öffentlichkeit treten sollen, aber die Akademie tagte hinter verschlossenen Türen. Das ist auch verständlich für die Wissenschaft, das Gegenteil galt für uns. Keine Freude für mich, dem an der Beeinflussung der deutschen Mentalität lag. Es gelang mir, eine Schriftenreihe ‹Verschollene und Vergessene› in unserer Klasse anzuregen und durchzusetzen. Es handelte sich um vorzügliche, große und schon halb verklungene Namen. Auf sie wurde bei uns also hingewiesen, und man hat in der Öffentlichkeit dies auch beachtet.

Soviel zum Kapitel der Mainzer Akademie der Wissenschaften und der Literatur. Sie war und sie ist ein Zentrum der Berührung jedenfalls von Wissenschaftlern und Schriftstellern. Sie war und sie ist eine gewisse deutsche Realität. Wie im allgemeinen, so ist auch hier noch nicht das letzte Wort gesprochen.

21. APRIL

Mainz.

Es ist mit Macht Frühling geworden, grüne Bäume, aber die Temperatur widerspricht einigermaßen. Weil es nachmittags wärmer war, setzten wir uns in ein Auto und wurden nach dem Rosengarten gesteuert. Schon unterwegs die herrlichen Blütenbäume, am Boden blaue und gelbe Krokusse, Narzissen, Tulpen, Vergißmeinnicht und Stiefmütterchen. In dem gepflegten Garten spazierten Hunderte, Kinder liefen herum, und es schleppten sich Einbeinige und Kranke. Man setzte sich auf eine Bank. Vom Rhein herauf kam das Tuten der Dampfer, und gelegentlich gab es dicht vor uns ein schrilles Pfeifen, da sah man unten die Eisenbahnschienen, die Wagen fuhren zum Südbahnhof. Ein Gewächshaus, geheizt, war geöffnet. Hier saßen wir eine kleine Weile, mir kam die Erinnerung an den Botanischen Garten in Berlin, an die Zeit, wo ich meinen chinesischen Roman schrieb und hier die Pflanzen, die Bäume, die Sträucher suchte, von denen ich zu berichten hatte. Wir wanderten herum, in Mainz, und nachher ging es wieder in die Stadt herunter.

In diesen Tagen, lese ich, wird Winston Churchill nach Amerika fahren, wo der General Eisenhower zum Präsidenten gewählt ist, und wird auf Eisenhowers Entschlüsse und Pläne einzuwirken versuchen. Churchill, wie mir scheint, der größte Mann des letzten Krieges, ein Mann hoch in den Siebzig, wie mag er auf das, was geschehen ist, zurückblicken? Die Vergänglichkeit. Wie mag er jetzt die Welt ansehen? Wofür hat er gekämpft? Welches Ergebnis? Neue Situationen haben sich gebildet, das stellt er fest. Man glaubt, im politischen Stoff zu arbeiten, aber man planscht im Wasser. Man erhält eine trübe Quittung von der Zeit und wird aufgeklärt, wenn man statt Resultate eine veränderte Situation vor sich sieht. Nun wird dieser starke Churchill, noch immer aufrecht, drüben in Amerika auf den Präsidenten einzuwirken versuchen. Er wird sich bemühen, dessen Pläne den britischen anzupassen. Denn schon hat man eigene Wege gehen müssen in Ostasien, man hat Persien verloren, Indien ist selbständig geworden, und was ist mit Ägypten? Er wird sich abends in sein Bett legen und fühlen: es läßt sich nichts schablonisieren, die Dinge sind im Gleiten, o dieser scheußliche Charakter aller Realität, dieses Spukhafte, Erregte, und man muß wie ein Narr dahinter rennen. Wer kann es wagen, wissenschaftlich Geschichte zu schreiben? Wie kann man hier von Wissenschaft reden.

Von einem Verlag erhalte ich ein purpurrotes Heft. Ein bekannter Autor stellt da die Frage, was Vergänglichkeit sei. ‹Wenn man mich fragt, woran ich glaube und was ich am Höchsten stelle, so antworte ich die Vergänglichkeit.›

Nun wird kein Mensch auf den Einfall kommen, einen Schriftsteller zu fragen, woran er glaube und was er am Höchsten stelle. Man weiß, er glaubt an nichts, und am Höchsten stellt er sich selbst. Hier, der Autor in dem roten Heft, äußert sich so: die Vergänglichkeit sei ‹die Seele des Seins›. Sie sei das, was allem Leben Wert, Würde und Interesse verleihe. Denn sie schaffe Zeit, und Zeit, wenigstens potential, sei die höchste unersetzbare Gabe, in ihrem Wesen verwandt, ja identisch, mit allem Schöpferischen und Tätigen, mit aller Regsamkeit, allem Fortschritt. Ich lese das langsam und wiederholt und staune. Nachher wird behauptet: zu den wesentlichsten Eigenschaften, welche den Menschen von der Natur unterscheiden, gehöre das Wissen von der Vergänglichkeit.

Ich habe an einer andern Stelle etwas über Vergänglichkeit gelesen, bei dem Apostel Paulus. Hier finde ich kein Bekenntnis zur Vergänglichkeit. Vielmehr hat der Saulus, der ein Paulus geworden war, in der Zeitlichkeit den Tod erkannt. Und mehr: mit dem Tod zusammen die Sünde. Da heißt es in einem Römerbrief: ‹Doch bleibt der Schöpfung die Hoffnung, daß sie von der Knechtschaft der Vergänglichkeit frei werde und an der herrlichen Freiheit der Gotteskinder teilnehmen werde.› Und nun kommt ein großartiger Satz, der alles, was man über Vergänglichkeit sagen konnte, überschattet, und ich glaube, ich werde ihn noch öfter zitieren: ‹Wir wissen ja, durch die ganze Schöpfung zieht sich ein Seufzen. Sie liegt in Wehen bis zur Stunde.› Und vorher: ‹Der Sünde Sold ist der Tod.› Davon weiß der deutsche Schriftsteller nichts. Erst so, bei Paulus, bekommt Zeitlichkeit ihr wahres Gesicht, vor dem Hintergrund der Sünde. Nicht die Vergänglichkeit hat man zu betrachten, von der Knechtschaft der Vergänglichkeit hat man sich zu befreien, wozu auch die Ablehnung des Glaubens an menschlichen Fortschritt gehört.

Aus Romain Rollands Kriegstagebuch 1914/19 ein Brief von Louis Gillet, 25. Oktober 1914: ‹Ich habe Mitleid mit dem armen Schultz. Ich habe Mitleid wie unsere heilige Jeanne d'Arc mit den Siegern wie mit den Besiegten. Man muß die höllische Macht zerstören, die Kriegsmaschine. Man muß den alten Schultz befreien, muß wieder erwecken die alte Poesie, die Seele der jungen blinden Sängerin aus ‚Jean Christophe‘, die deutsche Seele. Man muß die Preußen und ihr Kaiserreich beseitigen.›

In einer französischen Zeitschrift wird geschildert, wie es einem gelang, zu den verlorengegangenen Manuskripten von Dostojewski zu kommen. Die Manuskripte waren gefunden und waren nun da. Ja, die Manuskripte, die er suchte, waren da, aber die Menschen und die Zeit für sie war nun plötzlich nicht da. Er, der suchte, war noch aufgewachsen mit dem Raskolnikow und dem Karamasow, aber die Neuen: da ist doch inzwischen die technische und optimistische Literatur gewachsen, die einen neuen Staat und eine neue Gesellschaft aufbauen will. Neue Perspektive: Dostojewski gehört zur bürgerlichen Zerfallsliteratur. Sie glauben auf die Zukunft zuzusteuern, und wenn sie die Zukunft erlangt haben, ist sie noch die Zukunft, und wie bald sind sie selber eine bloße Etappe. Wir suchen den ruhenden Pol in der Erscheinungen Flucht. Aber wohin wir blicken, wir stoßen nur auf die Erscheinung und ihre Flucht.

Die Nazis waren eine kurze Zeit hin, schon regen sie sich wieder, in verschiedenen Trachten. Welcher Krieg ist wirklich beendet?

Draußen Nebel und feuchte Kälte. Das ist Mainz. Meine Ausreise aus diesem Land nähert sich.

Ja, wir werden wieder dieses Land verlassen, und das Ganze sollte keine Heimkehr sein, das wurde mir nicht gegeben, es wurde ein verlängerter Besuch.

Es ist geblieben, wie es war. Ich finde hier keine Luft zum Atmen. Es ist nicht Exil, aber etwas, was daran erinnert. Nicht nur ich, sondern meine Bücher haben es auch erfahren: im Beginn mit einem unwahren Freudengeschrei begrüßt, blieben sie zuletzt verhungert liegen. Ich will nicht ungerecht sein, im Anfang und später habe ich manche gute Stimme gehört. Ich erinnere mich noch, daß mir einmal eine Frau bei Berlin ihr Häuschen zum Geschenk machen wollte, wenn ich herüber käme. Zu meinen stärksten Eindrücken im Beginn gehörte auch, was ich nicht vergessen werde, inmitten der ganzen Unrast dieser Monate ein Eichendorff-Abend im Kleinen Theater. Es wurde irgend ein Gedenktag Eichendorffs gefeiert. Der Raum war dicht besetzt, es wurde musiziert, und als ich Eichendorff-Lieder mit Schumanns Musik hörte, wußte ich: nicht bloß dieses und jenes draußen war Deutschland, sondern auch Eichendorff und die Musik hier und dazu die Menschen, die sich davon erheben ließen.

Wenn sie doch bei der Heimatliebe stehen blieben, wenn sie doch nicht so rasch zur Selbstverherrlichung und ins Politisch-Nationale gerieten.

DAS GLOCKENLIED VON NIETZSCHE
Eins
Oh Mensch gib acht
Zwei
Was spricht die tiefe Mitternacht?
Drei
Ich schlief, ich schlief
Vier
Aus tiefem Traum bin ich erwacht
Fünf
Die Welt ist tief
Sechs
Und tiefer als der Tag gedacht
Sieben
Tief ist ihr Weh
Acht
Lust tiefer noch als Herzeleid
Neun
Weh spricht vergeh
Zehn
Doch alle Lust will Ewigkeit
Elf
Will tiefe tiefe Ewigkeit
Zwölf

Dies das Mitternachtslied von Nietzsche.

Wie steht es um das Weh und den Schmerz in der Welt, welchen Platz haben sie, – wie soll man Krankheit, Alter und Tod verstehen angesichts einer unveränderlichen schöpferischen Glückseligkeit? Muß der einfache Verstand da nicht zweifeln an einem wirklichen väterlichen Gefühl des Schöpfers? Weh spricht vergeh, sagt das Glockenlied, doch alle Lust will Ewigkeit. Das Weh hat nicht Bestand vor der Lust. Die Dinge sind nicht einfach, man kann nicht aufhören darüber nachzudenken. Man erfährt, das Leben verläuft in einigen Partien ruhig und in Behagen, in einer gewissen gedämpften und gemäßigten Glückseligkeit. Aber darin hält es sich nicht, das ist dem Einzelwesen, dem Menschen nicht gegeben. Es setzt der Einschmelzungsprozeß ein und dabei zerbrechen diese Gebilde wieder. Es muß erkannt werden, daß das Feuer, so fremdartig das auch klingt, aus der schöpferischen Liebe kommt. Es liegt der Mensch nicht einfach auf dem Scheiterhaufen, auf dem glühenden Rost, sondern er erfährt lebend am eigenen Leibe die Zugehörigkeit zum wirklichen Dasein, in brennenden Schmerzen. Er erlebt die Überführung. Man wird vom Tod anders zu denken haben, als wir es tun. Ich weiß, es ist schwer, sich dies inmitten unserer realen Situation vor Augen zu halten.

UNTER DEN KLÄNGEN DES TRIUMPHMARSCHES AUS ‹AIDA›

Nein, ich kann diese Zeitungen nicht mehr lesen. Die Kommentatoren im Radio bereiten mir Übelkeit. Wie selbstgefällig sich das alles gibt. Nun ist der Chef der Regierung aus Amerika zurückgekehrt, stürmische Ovationen wurden ihm zuteil auf einer Kundgebung in Hamburg. Eine Zeitung hier schreibt: ‹Die Angaben über die Zahl der Teilnehmer in der riesigen Ernst Merckhalle schwanken zwischen 7000 und 12000. Tagelang waren alle Eintrittskarten ausverkauft. In der Halle hatte ein riesiges Aufgebot von Angehörigen der Jungen Union, deren Armbinden das Symbol des Parteitages zeigten, den Ordnerdienst übernommen. Hamburg hatte einen ganz großen Tag gegen den sich der kümmerliche Versuch von Angehörigen der Freien Deutschen Jugend durch Aufmärsche im Zentrum der Stadt und Sprechchöre zu stören kläglich ausnahm. Der äußere Ablauf der Kundgebung zeigte deutlich, daß die größte Regierungspartei dabei ist, einen neuen Stil für solche propagandistischen Veranstaltungen zu entwickeln, bis zu den scheppernden Sammelbüchsen nach Beendigung der Kundgebung. Aufforderungen, die Gänge des Saales frei zu halten, kündigten den Einmarsch der Fahnengruppen der Jungen Union an. Er vollzog sich unter Marschklängen in zwei Kolonnen. Kräftige junge Männer im weißen Hemd trugen die Fahnen auf das eigens errichtete einzige Podium. Triumphmarsch aus Aida. Händeklatschen begleitete jeweils die Ankunft der Prominenz, bis unter den Klängen des Triumphmarsches aus Aida der Kanzler selber mit seiner Tochter und den Herren seiner Begleitung die Halle betrat. Jubel umbrauste ihn. Die Menschen stiegen auf die Stühle und klatschten Beifall, während Adenauer mit beiden Händen nach allen Seiten winkte. Ein kleines Mädchen in Althamburger Tracht überreichte ihm einen Strauß gelber Tulpen, während Lotte Adenauer aus der Hand eines Bübchens in Zimmermannstracht einen Strauß weißer und roter Nelken, die Farben Hamburgs, empfing. – Wie sehr der Kanzler in diesen Gedankengängen lebt (er hatte am Nachmittag ein Flüchtlingslager besucht und mit dem Zuruf an die anwesenden Flüchtlinge ‹Ihr werdet eines Tages in eure Heimat zurückkehren› ein tausendfaches beifälliges Echo ausgelöst) wie sehr der Kanzler in solchen Gedankengängen lebt, mag eine kleine Episode erläutern. Als er den Empfang durch die Staatsbehörden in Kanada schildern wollte, begann er mit den Worten: ‚Der Bundeskanzler des deutschen Reiches‘, um dann, sich korrigierend fortzufahren, ‚das ist noch ein bißchen verfrüht, sagen wir Deutschland‘.›

Ein französischer Dozent war eingeladen worden und hatte vor einer gelehrten Gesellschaft gesprochen. Nachher saß er mit den Herren an einem Tisch und bei der Mahlzeit erzählte einer der Herren, ein Physiker, von seinen Arbeiten während des Krieges. Und da sagte er strahlend zu dem fremden Gast, dem Franzosen: «Ja, wir waren schon sehr weit. Hätten wir noch ein paar Monate gehabt, so hätten wir gesiegt. Denn schließlich waren wir doch auch Patrioten.»

MITTWOCH, DEN 29. APRIL 1953
Über die Grenze, – aber nicht flüchtig wie 1933 vor einem Diktator und seinen Helfershelfern, – sondern einfach nicht recht angelangt, so fuhr ich mit meiner Frau im Schlafwagen und hatte Mainz verlassen. Ich schlief fest bis in die frühen Morgen. Wir waren schon bei Bar-Le-Duc, als ich mich umblickte. Mehrmals war meine Frau, wie sie sagte, in der Nacht herabgestiegen, um nach mir zu sehen, aber ich schlief, ich schlief. Ich habe auch nichts geträumt, was ich festhalten wollte.

Am Mittwoch abend fuhren wir ab. Odysseus lag, als er erwachte, am Strand. Es war nicht Ithaka, sondern die Insel der Phäaken. Jetzt am frühen Morgen waren wir in Paris. Man half mir nun aus dem Wagen, da kam auch unser jüngster Sohn. Bequem fuhr ich in einem Rollstuhl hinaus, und dann saßen wir nebeneinander in der Taxe, und dann die Straßen, die Straßen, und nach nicht zu langer Zeit auch der breite Boulevard, den ich schon kannte, durchrollt von der Metro. Und nun noch die Treppe hinauf, die Wohnung ist da, schön anzusehen, ganz mit Teppich ausgelegt: arrivée, Ankunft. Dies notiere ich nun zwei Wochen nach meiner Ankunft. Zwei Wochen hause ich hier. Die Stadt, so weit ich sie zu sehen bekomme, wirkt auf mich wie immer, es ist mit den blühenden Bäumen und Gärten eine bezaubernde Stadt. Nur die Jahreszeit, ich meine die Temperatur ist nicht so wie ich möchte: es ist nicht so kalt, daß man heizen muß, und nicht so warm, daß man eigentlich ohne Heizen auskommt, Resultat: man trägt einen Mantel in der Stube.

Ich bin hier und tue nichts. Ein paarmal wagte ich, in Begleitung meiner Frau, den Abstieg auf die Straße, auf jenen breiten Boulevard, der in der Höhe des 2. bis 3. Stocks von der Metro durchrollt und durchbraust wird. Die Gleise ruhen auf einem mächtigen Eisenbau, der von gewaltigen Betonsäulen getragen wird. Da oben flitzen nun die Züge, meist vier oder fünf Wagen aneinander gekoppelt, alle paar Minuten an mir vorüber, der vom 1. Stock aufblickt. Menschen erkenne ich von unten nicht in den Wagen.

Hier sitze ich also hinter dem Fenster und blicke nicht zwischen Kakteen, die auch mitgekommen sind aus Deutschland, sie stehen in ihren Töpfen, man hatte sie sorgfältig eingepackt und transportiert. Sie breiten sich nun auch in dieser Wohnung aus. Kurz vor der Abreise wurde noch eine prächtig rankende Fettpflanze vom Schrank herunter gerissen und das schöne Wesen zerschmettert.

Ich sitze an meinem Schreibtisch, und wahrhaftig, ich schreibe hier oder tue so, als ob ich schreiben will. Es ist kein Wunder geschehen an meinen Händen, aber ich habe eine kleine Beobachtung gemacht. Infolge der Vereisungsgefühle in den Händen trage ich gelegentlich im Zimmer einen Handschuh, und so nahm ich auch einmal einen Bleistift in die Hand, und siehe da, er rollte und sprang mir nicht einfach weg, er blieb an seinem Platz. Das war eine Entdeckung. Und so schreibe und notiere ich jetzt. Mir scheint, es ist zwar nicht meine alte Handschrift, aber sie ist verzerrt, doch immerhin lesbar.

Ich sitze an meinem Schreibtisch, und siehe da, es ist nicht irgendein Schreibtisch, sondern mein erster eigener Schreibtisch, an dem ich in Berlin 1912 saß, ein breites höchst solides Möbel mit drei Schubfächern und zwei sehr geräumigen Unterschränken rechts und links. Die Türen unten sind mit gedrehten Säulen geschmückt, ich erkenne alles wieder, lang ist es her. Nur der Bezug, der ehemals grün und zerrissen war, ist nicht mehr der alte, er ist ersetzt durch einen neuen braunledernen. Der Tisch, ich erinnere mich, stand schon in der ersten Wohnung Blücherstraße, siedelte nach dem Osten mit uns über, stellte sich wieder am Kaiserdamm ein. Und da konntest du doch nicht zurückhalten 1933, als die Zeit gekommen war, und du mußtest Farbe bekennen, du schmuggeltest dich bei einer harmlosen Reisegesellschaft ein, sie wollte auch grade das Land, das eben von einer Pest befallen wurde, verlassen, und es gelang dir, man konnte mich nicht fassen und dich nicht fassen, und so saß ich da, in Maisons-Laffitte und dann in Paris mit dir. Da kam es dir gewiß vor, weil es in Paris sieben Jahre dauerte, du wärest nun angelangt. Aber wir bemerkten, die Pest näherte sich auch diesem Land, und wir steckten dich, noch bevor wir selbst die Flucht ergriffen, in einen Speicher. Das war roh und herzlos, dich wie ein beliebiges Möbelstück zu behandeln, aber wir wußten uns keinen Rat und wußten selbst nicht mit uns hin noch her. Ich dachte mir auch, du wirst es begreifen, denn es dauert sicher nur ein Weilchen. Aber es wurde ein Weilchen, dann noch ein Weilchen und dann viele Weilchen und dann wurden es fünf Jahre, und als wir wieder in Paris in deine Nähe kamen, da ging ich kalt und gedankenlos an dir vorüber, ja ich fuhr nach Deutschland, nach demselben Lande, aus dem wir uns damals gerettet hatten, es hieß, die Pest sei drüben jetzt erloschen.

Ich kam, sah, und sah, daß es nicht stimmte. Jedenfalls nur ganz ungefähr. Und da bin ich wieder, abermals, über die Grenze gefahren, und da hast du dich doch als der Schlauere erwiesen, du bist gleich dageblieben, und jetzt sehen wir uns wieder und ich nehme an dir Platz und begrüße dich.

Und es ist auch sonst allerhand anderes wieder da. Auf einem breiten Sessel mit Armlehne sitze ich. Er ist wie der Schreibtisch mit gedrehten Säulen geschmückt. Ihr habt euch also wieder gefunden, Schreibtisch und Sessel, und weil ich, der noch Lebende, auch da bin, denkt ihr, wir fangen von neuem an. Und da glotzt auch zu mir herüber das Bücherregal, die ganze Zimmerwand einnehmend bis zur Decke, Bücher und Bücher und Bücher, solche noch aus der Zeit meines Studiums und des Studiums meiner Frau, und solche aus den späteren Epochen, aus der Zeit der Flucht und neue aus den letzten sieben Jahren. Ich bin damals, so etwa um 1923, als in Berlin in der Gollnowstraße es zu Judenpogromen kam und der Gedanke des Zionismus stärkere praktische Bedeutung gewann, ich bin damals so wenig wie jetzt, wie Ricarda Huch vermutete, nach Palästina gegangen, aber die Klagemauer fand ich auch hier. Ich kann, wenn ich dieses großmächtige Bücherregal mit seinen hunderten Büchern betrachte und vor ihm stehe, täglich und stündlich beten, und habe alle Weisheit der letzten Jahrhunderte schwarz auf weiß vor mir und kann mir hier an die Brust schlagen und mir einen Gebetsmantel über die Stirn ziehen und die alten Psalme weinen. Wie seid ihr hingegangen, und was ist jetzt noch von euch, ihr Vorkämpfer der Menschheit, ihr Wissenden. Aber ich weine nicht, ich drücke meine Stirn nicht gegen eure Einbände, ich bleibe auf meinem Platz sitzen und laß die Schultern fallen. Niemals habe ich Bücher und Büchersammeln sehr gemocht, zahllose von diesen Werken sind ohne meinen Wunsch ins Haus gekommen. Und was meine eigenen Bücher anlangt, so habe ich sie nicht hergerufen. Sie sind ganz von ungefähr zu mir gekommen, ich wäre nicht im Stande, tief in ihre Entstehung hineinzuleuchten, ich habe mich ehrlich zum Geburtshelfer hergegeben, oder war ich nur der Uterus, in dem sie entstanden. Und nun will ich also nach den Jahrzehnten hier sitzen und auf die Zeiten zurückblicken und auf meine eigene Existenz. Ich werde aber nicht nur zurückblicken, es ist nicht meine Art.

PARIS, MAI 1953
Ende April erschienen in der Gegend von Mainz, so las ich noch drüben, Maikäfer in so ungeheurer Zahl, daß sie in der Umgegend den Straßenverkehr für Autos erschwerten. Sie fraßen, wo sie hinkamen, nachdem sie als Engerlinge die Winterzeit in Ruhe überdauert hatten, Wälder über Wälder im Handumdrehen ab. Und das, und noch vieles andere geschieht in der Natur. Und bei den Menschen: ich komme noch einmal zurück auf die gute Rolle, die jetzt England bei der Ost-Westspannung spielt. Der alte Churchill scheint sehr krank zu sein, er hat das Schiff der Welt durch die Nazistürme gesteuert, vor allem er, er läßt sich jetzt nicht von den Amerikanern ins Schlepptau nehmen. Er haust näher an Europa als jene. Noch ist die Unterhaltung Europa-Rußland kein Dialog Amerika-Rußland. Wer hat Furcht vor wem? Darum spricht Churchill zuerst von der Änderung des Klimas und verlangt jene Viererkonferenz, von der man jetzt so viel liest.

In Mainz fing ich dies Journal so an: ‹Es mag sich in Bezug auf die Entstehung dieser Welt verhalten wie es will, – ich bin da mit dem, was den Himmel und die Erde erfüllt. Wer ich bin, was mit mir ist, weiß ich nicht. Es kommt offenbar wenig auf mein Wissen an.›
Ich bin in Paris, es ist Frühling, heute nacht hat es gewittert und geregnet. Mit mir hat sich kaum etwas geändert, manche Tage, an denen es möglich ist, verlasse ich das Zimmer und das Haus, um ein bis zwei Stunden draußen zu sein. Heute Streik der Metro, ich weiß es seit heute früh um sechs, die Wagen rollen nicht mehr.
Das Glockenlied. ‹Oh Mensch gib acht, was spricht die tiefe Mitternacht? Ich schlief, ich schlief, aus tiefem Traum bin ich erwacht, die Welt ist tief, und tiefer als der Tag gedacht. Tief ist ihr Weh, Lust tiefer noch als Herzeleid, Weh spricht vergeh, doch alle Lust will Ewigkeit, will tiefe tiefe Ewigkeit.›
Das tönt weiter in mir. Es sind keine Gedanken, sondern eine allgemeine Stimmung, ja es ist eine Wahrheit, die ich noch nicht aussprechen kann und die mich nicht losläßt.
Was ich im Anschluß an das Glockenlied zu sagen habe, hängt mit meinem Ausgangsthema Krankheit, Alter, Tod zusammen. Soll ich das Ganze benennen ‹Besessen vom Tod› oder ‹Befeuert vom Tod›? Es begleitet, es verfolgt mich.
Ich werde dazu gedrängt zu fragen, nicht vom Willen zum Tod, auch nicht vom Weh, das tiefer ist als Herzeleid, sondern vom Willen zur Verwandlung. Ich habe das Wort Metamorphose gefunden. Ich singe dabei keine Hymnen an die Nacht.
Körperlich, den Sinnen zugänglich ist die Welt, die wir bewohnen und zu der wir gehören. Wir welken, wir trocknen ein, ab fällt alles von uns, – und bleibt etwas? Es scheint nichts übrig zu bleiben, – und das wäre also unser Tod. Wir wissen nichts weder von solchem Tode noch von einem andern. Was wir wissen ist nur: jetzt steht uns nicht mehr dieses Herz, dieses Hirn, diese Muskulatur, dieses Eingeweide zur Verfügung, im ganzen diese Stoffmasse. Aber: da stutze ich und zögere und frage sehr nachdenklich: stand sie uns denn vorher zur Verfügung? Wie stand sie zu uns? Wer sind wir? Was bedeutet an uns und mit uns diese organische und organisierte Stoffmasse, die nun welkt, trocknet und dem Laub gleich zerfällt? Was habe ich zu tun mit der Gallenblase, mit der Leber, mit den Nieren, die erkranken und viele Menschen plagen. Gegeben, zu Teil geworden ist uns dies alles, es stellt sich heraus im Laufe der Exi-

stenz, daß es nötig und wichtig für diese und jene Zwecke ist, damit wir noch eine Weile so weiter hintreiben wie bisher. Wir wurden locker mit diesem Stoff, Fleisch, Eingeweiden bekleidet und verbunden. Es kam keiner von uns auf den Gedanken, wir dirigierten hier etwas und wir hätten zwischen Gallenblase, Niere und dem dumpfen Gekröse etwas zu sagen. Es gibt vielmehr einige, die sich sogar mutig dahin äußern, daß sie formulieren, wir hingen umgekehrt von diesen organischen Stoffen ab, und das sind unsere Herren und Meister. Und sie weisen darauf hin, daß die Stunde kommt, wo die Glocke schlägt und die Verbindung löst zwischen uns und dem dumpfen Gekröse, wo die ganze Kuppelung zerreißt, und wenn dann das Fleisch fault im Boden und die Knochen liegen weiß da, da erkennen wir den Tod und das ist das Ende.

Aber ich meine, wir waren ja schon vorher nicht lebendig. Wir sausten durch einen Tunnel. Leben hieß ein Abschnitt unserer großen Reise. Wir waren so nahe während der Reise an diese kuriose Gesellschaft herangeführt worden und hatten uns so an sie gewöhnt, so weit wir sie überhaupt bemerkten, an die Leber, die Galle, die Lunge, die Zunge und die Zähne, an die Muskeln und Knochen und was sich sonst in unserm Innern wälzt, daß wir schon gar nicht mehr über das anmaßende kuriose Pack nachdachten, das uns aus der Tier- und Pflanzenwelt zugefallen war. Nein, keiner wunderte sich, sondern wir wurden mit ihnen ein Herz und eine Seele, was sie, die Reisegesellschaft, der andere neben mir, sich herzlich gern gefallen ließ und auf der Bank schlief, auf unsern Kissen, während wir uns in die Ecke drückten. Und wenn das geschwollene Vieh sich aufrichtete, schnaufte und Hunger verspürte, so standen wir mit ihm auf und waren froh, daß er den Schlaf abgeschüttelt hatte, und wir faßten ihn unter, und er umschlang uns, und wir schmausten, tafelten und lumpten herrlich in seinem Haus und dachten, der Jubel würde kein Ende nehmen. Daß wir dies Gaukelwerk nicht durchschauten, daß wir nicht sahen, was hier vorging, – daß wir nicht sahen, hier wurde nur ein Stück unserer Geschichte gespielt, und dieses Stück war wahrhaft nicht menschlich. Und sie zeigte uns schon früh ihre Unmenschlichkeit, uns, den Ebenbildern Gottes, durch den Schmerz, durch die Krankheiten, durch die wilden Stürme der Liebe und der Fortpflanzung mit ihrer chaotischen Lust und ihrem rapiden Ende, mit ihrer Vergänglichkeit. Denn alle Lust will Ewigkeit, will tiefe tiefe Ewigkeit.

Eine Bromelia blüht in einem Topf vor mir. Sie ist eben im Begriff, das schöne Wesen, sich in einer roten, mächtigen herabhängenden Blüte zu erschöpfen. Sie war vorher so gut und ansehnlich, eine sympathische bürgerliche Figur, und nun hat sie sich in das Abenteuer stürzen müssen und ist nur Vorstadium und Vorbereitung auf das, was aus ihrer Tiefe kommt, die sie bis jetzt nicht kannte. Johannes der Täufer, der Vorläufer, – er, der Prototyp für dieses Weltzeitalter.

Lust ist da, schon jetzt da, warum also in die Ewigkeit schweifen? Es ist nicht die rechte Lust. Die heftigste tritt auf, wie zum Spott, aber das öffnet uns nicht die Augen, bei der Zeugung, der Vorbereitung der nächsten Generation, die über uns hinweg klettern wird. Ja, alles drängt, in jeder Generation, zu diesem Tod, zur Auflösung, zu dem die Ablösung vom Jetzt anzeigenden Vorgang, zur Zeugung – man verherrlicht, man verhimmelt diese Liebe – ohne gewahr zu werden, was da hinter unserm Rücken gespielt wird, wohin wir geschleift werden und wohin wir uns in Seligkeit verdammen.

Es ist Lust da in dieser Liebe, aber sie will nicht Ewigkeit, sie spottet ihrer, sie hat es mit keiner Ewigkeit und Beständigkeit zu tun. Sie sprüht und leuchtet wie ein Blitz in der Nacht auf, und wen sie blendet, zerreißt und vernichtet, der klatscht noch in die Hände und sagt zu seinem eigenen Tode bravo. Diese Fortpflanzungs- und Sexualliebe blicken wir sie einmal kalt an, wird nicht zufällig und arglistiger Weise von Streit, von Haß und Mord umwittert. Wir erkennen sie, diese andere Lust, diese falsche Lust und Maskenliebe, die uns verschlungen hat und sich da austobt. Es dreht sich bei ihr immer um den Willen, um die einzelne private Person, um Dich und Mich, um diese Zwei. Sie will Unterwerfung, knochenweiche Hingabe. Denn alle Lust will Mord und Tod.

Stünde diese Lust, – im Zuge des Wachstums, des Blühens und Fortlebens – allein in der Natur, so wäre alles klar enthüllt, keine Geschichte wäre da, es wäre mit Lust, Mord und Tod, mit Feuer und Flammen eine einfache Hölle, die teuflische Existenz. Aber – es breitet sich in unserer Welt zugleich damit und daneben auch aus Ruhe und Schönheit und Frieden. Es gibt eine andere Form der Liebe. Es gibt Liebe, in der, ohne sich zu stören und zu zerstören, Person zu Person, Seele zu Seele sprechen kann. Wo ist der Schlüssel? Werden wir ihn finden, schon im Irdischen? Es gibt neben der grausamen, märchenhaften Lust noch die Freude in dieser geschaffenen Welt, in der Welt unserer Ära.

Es bleibt dabei: diese Weltära ist nicht einfarbig, hat nicht eine einzelne Schicht, sondern spielt auf vielen Ebenen. Unübersichtlich für uns läuft es ab, unser Schicksal entscheidet sich nicht. Man soll diese Mischung nicht überschauen.

Wenn wir jung hingeworfen und durch Krankheit und Krieg geschlachtet werden, wenn wir altern und reif sind und uns genug abgemüht haben, aber kein Resultat hält es bei uns aus, wenn das Alter und die Krankheit uns die Glieder abschlagen, – wir träumen vielleicht von vergangener und entgangener Lust, und wir möchten sie, die uns einstmals wohltat, noch hie und da wiederfinden, so denken wir nicht daran, daß wir außer diesem sporadischen Feuerwerk noch anderes Licht gesehen haben. Wir haben auch Freude kennen gelernt. Der Mensch hat, wenn er sich der Ruhe nähert, das Gefühl: dies, diese Lust hängt sehr tief mit mir zusammen. Und wenn er diese Epoche durchlaufen hat, die Epoche der Explosionen, so geht ihm jetzt auf, daß ihm noch etwas Zweites zugefallen ist, ihm auferlegt, über ihn verhängt, und dies Zweite gehört eng zu ihm, – und nun rätselt er: aber wie gehört es zu mir, als Nachklang, oder wie sonst, und warum? Ich muß mich noch mehr darein versenken.

Es ist gelegentlich schönes Wetter gekommen. Der Himmel vergißt auch seine Jahreszeiten nicht. Wir saßen wieder einmal, meine Frau und ich, auf dem großen Kinderspielplatz, nicht weit von der Wohnung. Es steht auch eine Kirche da. Wir lassen uns auf dem Spielplatz von der Sonne wärmen und bescheinen. Sie ist erfreulicherweise kein nationales Monopol, man kann auf dem Kinderspielplatz unter dieser Sonne von Politik absehen. Wie immer machen mir die Kleinen und ganz Kleinen Spaß. Das ist Unschuld, da ist noch nicht das Zweite eingetreten, wodurch alles schwierig wird. Die Mädchen von acht bis zwölf Jahren hüpfen über ihr Springseil. Da steht hinter uns die Kaserne einer militärischen Formation, und vor uns die Kirche des heiligen Leo. Wir haben sie gelegentlich besucht und uns an dem besonders schönen Chorgesang erfreut. Heute spielt sich, und grade jetzt, aber drüben etwas Besonderes ab. Wir sehen von unserer Bank jetzt, am Nachmittag, drüben in der Kirche Licht. Wir gehen hinüber und sehen gleich, es findet ein Gottesdienst statt, die Kirche steckt voller Menschen, man hört auch gleich am Eingang eine hohe Predigerstimme. Die Plätze drin sind heute numeriert, aber man räumt uns im rechten Seitenschiff Plätze ein, und wir haben nun vor Augen eine Unzahl weiß gekleideter Mädchen. Ja, es geht auf Pfingsten zu, und sie bereiten sich auf die erste Kommunion vor. Als der alte Priester mit der Fistelstimme seine Ansprache beendet hat und nach einem gemeinsamen Lied, ertönt vorne, durch Lautsprecher verstärkt, das sonore Wort eines andern Geistlichen. Er ordnet etwas an, und wir sehen gleich, was. Denn nun setzt sich die große weiß gekleidete Mädchenschar in Bewegung, alle von einem bis zum Boden wallenden weißen Gazeschleier bedeckt und verhüllt. Sie setzen sich in Bewegung zu einer Prozession durch die Kirche an den geschmückten Marienbildern vorbei. Sie tragen jedes ein kleines Heft in der Hand und singen daraus, herzhaft laut, im langsamen Schreiten. Wir bekommen sie hier auf unsern Plätzen zweimal zu sehen, sie machen vorne eine Wendung und wiederholen den Umzug in der andern Richtung. Nun haben wir sie vor uns, zwei zu zwei unter ihrem Nonnenschleier. Es sind kindliche, nicht immer grade schöne Gesichter, sie haben die Schönheit ihres Alters, und auf allen Gesichtern liegt jetzt im Singen ein frommer Ausdruck. Und ernst sind sie, es sind Schülerinnen. Einige ziehen sich nach einem raschen Blick auf die Gemeinde gelegentlich den keuschen Schleier vor den Mund, um ein Lächeln zu verbergen, sie haben Bekannte auf den Plätzen entdeckt, – das sind hier lauter gutgekleidete Damen, ältere und junge, so sitzen sie und stehen hier, dazwischen auch kleine Kinder.

Zehn Tage nach seinem Aufstieg in den Himmel sandte der Heiland, wie er versprochen hatte den ‹Tröster›, den Heiligen Geist seinen Jüngern, und schon konnten sie, im geschlossenen Raum versammelt, in allen Sprachen reden und alle Sprachen verstehen.

Dies ist ein Journal, und einen Zusammenhang stellen die Tage her, und da finde ich, ein merkwürdiger Fall hat sich in Südfrankreich ereignet, die Presse beschäftigt sich schon lange damit, die Sache läuft schon seit Jahren und kommt nicht zur Ruhe, auch das Parlament hat sich damit befaßt.

Zwei jüdische Kinder, Knaben, Finally, wurden während der Nazizeit von ihren Eltern, die sich begreiflicherweise bedroht fühlten, zum Schutz bei anderen, rassemäßig einwandfreien Familien untergebracht. Sie wechselten während der gefährlichen Jahre ihren Aufenthalt. Zuletzt, vom 3.–12. Februar, wurden sie – längst war die Nazizeit vorbei und nachdem die Eltern schon oft und längst um Rückgabe der Kinder gebeten hatten (es war eine provisorische Pflegschaft eingesetzt worden und die Eltern hatte das Gas der Nazis schon erreicht) zuletzt waren sie in einem Gymnasium in Bayonne verpflegt worden und waren daraus verschwunden, entführt, unbekannt von wem, und wie man dann feststellte über die Grenze nach Spanien gebracht. Sie waren gekidnappt, ohne Genehmigung der provisorischen Pflegschaft, so schien es. Es steht aber fest, daß die provisorische Pflegerin die beiden unmündigen jüdischen Knaben kurzerhand getauft hatte. Die Kinder sind also jetzt Katholiken. Sie sind, sagt eine Version, von fanatischen Katholiken über die Grenze nach Spanien entführt worden, um sie vor einer Rückkehr in die frühere Religion und in ihre natürliche Familie zu bewahren. Es haben sich, erfahre ich, streitbare Gruppen gebildet, es ist zu Kundgebungen gekommen, die Öffentlichkeit wird von dem Fall erregt. Eine Pariser Zeitung berichtet nun aus dem Jahre 1854 einen krassen Parallelfall. Es ist die Affaire Morfara in Bologna, welches damals zum Kirchenstaat gehörte. Der kleine Edgar (drei Jahre alt, Sohn des jüdischen Vaters Salomon Morfara) erkrankte lebensgefährlich. Eine christliche Angestellte der Familie wurde von der Furcht ergriffen, das Kind könne sterben und taufte es heimlich. Es wurde gesund. Drei Jahre später, von ihrem Gewissen getrieben, berichtete diese Angestellte einer Freundin, was sich damals im Haus ereignet hatte, und die Freundin hatte nichts Eiligeres zu tun, als zur Polizei zu gehen und die Sache zu verraten. Der Inquisitor von Bologna, mit der Angelegenheit befaßt, erklärt die Taufe für gültig, und das Kind wird daraufhin von seinen Eltern getrennt und nach Rom in ein katholisches Internat gebracht. Es regierte damals der Papst Pius der Neunte. Er erlaubte den natürlichen Eltern, das Kind von Zeit zu Zeit zu sehen, aber er lehnte die Rückgabe an die Eltern ab. Was mich an den Fällen interessiert? Die Differenz zwischen der Auffassung der Kirche und der Nichtgläubigen. Was für ein Bild macht man sich hüben und drüben von einem Sakrament. Der Staatsbürger, ob italienisch, französisch, findet einfach, das Kind, unmündig wie es ist, gehört seinen Eltern, und folgt der Religion der Eltern. Dem gegenüber die Kirche, sie sagt nicht einfach: ‹Getauft ist getauft›. Sie prüft genau die näheren Umstände und vertritt gegen die staatstreue bürgerliche These die Existenz, den Anspruch und die Würde einer überstaatlichen, übernatürlichen Gewalt. Das wagt sie zu tun. Ich wurde gebeten, von irgend einer Zeitung, mich zu dem ‹Raub› der Kinder Finally zu äußern. Ich kann es nicht, ich glaube, es hat auch nicht viel Sinn. Daß die göttlichen Wahrheiten Tatsachen sind und über den staatlichen und natürlichen stehen, ist mir sicher. Kollidieren diese Wahrheiten, welche Forderungen enthalten, mit den staatlichen und bürgerlichen, so – es wird mir schwer den Satz fortzusetzen. Jedenfalls so einfach, wie sich die aufgeklärten Komitees das vorstellen, liegen die Dinge nicht. Und wenn der aufgeklärte Staatsbürger bei solchem Fall tobt, und wenn er das bürgerliche Recht auf seine Seite zieht, wie sieht es im Innern des Gläubigen aus, das heißt dessen, der von der Ubernatur weiß und der hier gezwungen wird, nachzugeben?

DIE WELT HAT GESCHICHTE

Von Tod und Unvergänglichkeit hatte ich gesprochen. Die Naturwissenschaften bekennen sich mit unzähligen Einzelheiten zur Tier- und Pflanzenwelt, zu der physischen und chemischen Existenz. Aber in dieser Existenz hat der alte Apostel Paulus etwas entdeckt, was denen von heute, den Anatomen, Zoologen und Physikern entgangen ist.

Da spricht doch die Bibel geheimnisvoll von dem Menschen als einem Ebenbild Gottes. Wie soll ich das verstehen? Wie kann Gott, der Vollkommene und Unveränderliche, ein Ebenbild suchen und prägen, warum und wofür? Und wie kann er solch Ebenbild sehen grade in dem tief gestörten Wesen, dem Menschen? Er kann sich nicht grade dieses Wesen als Ebenbild geschaffen haben, – nicht geschaffen, aber vielleicht ist es degeneriert. Hier muß etwas geschehen sein, hier muß ein Keil in das anfängliche Gebäude der Schöpfung, in das vollkommene Gebäude, getrieben sein. Denn Urzustand ist die Harmonie, die Übereinstimmung, das Glück und die Freude. Einmal sagt die große Theresia von Avila: ‹Nichts verwirre dich, nichts erschrecke dich, alles geht vorüber. Gott ändert sich nicht. Geduld erreicht alles. Wer Gott besitzt, dem mangelt nichts. Gott allein genügt.› In diesen störungsfreien Urzustand, von ihm hingestellt, ist etwas Fremdes eingetreten. Die Freude, rosig und frisch, hat sich mehr und mehr entfärbt. Immer dichter wurden die Schatten, die auf sie fielen. Eine völlige Wendung, Abwendung, springt in die Augen, wenn der Mensch in der Natur erscheint.

Ich muß in diesen Notizen, die ich doch bald abschließen will, noch einmal weiter zurückgreifen. Hin und her habe ich nun schon lange die Frage nach Tod und Leben gewälzt, bald war ich dicht daran, eine Antwort zu ergreifen, dann entschlüpfte sie mir, und ich mußte den Kampf noch einmal beginnen. Das würde mir nicht begegnen, säße ich fest auf einem einzelnen Roß. auf einem einzigen bestimmten Sattel und ginge so vorwärts, wie es die Philosophen tun, denen, nicht anders wie dem orthodox Gläubigen, das Ziel vorschwebt.

Die Welt kann vom Astronomen, der so verschwenderisch umgeht mit Zahlen, mit Sternennebeln und Sonnen trotz alledem so wenig beschlagnahmt und durchschaut werden wie von der Chemie. Sie können alle mit diesem Monstrum, die Welt, nicht fertig werden und ihre Arbeit befriedigt nicht, weil sie dieses Geschöpf nur unter einem bestimmten Winkel sehen, in einer bestimmten einzelnen Haltung. Es scheint aber hier eine Schlacht im Gange zu sein, und es sind nicht Wissenschaftler, sondern Kriegsberichterstatter und Schlachtenbummler nötig, um hier voranzukommen und Einsichten zu vermitteln. Die sichtbare und hörbare Welt, wie sie dasteht, darf dabei nicht allzuviel Aufmerksamkeit auf sich ziehen. In dem Raum, in den sie eintreten, muß mit großen Lettern das Wort gemalt sein: Die Welt ist Geschichte. Es muß gewußt werden, sie verläuft nicht objektiv, irgendwo draußen und von selbst, sondern zusammen mit dem Menschen, der glaubt sie nur beschreiben zu können. Er ist in ihr Schicksal und sie in seins hineingerissen. Und damit erhält alle Erkenntnis einen neuen Glanz.

Lassen wir uns aber trotzdem einmal von solchem objektiven Astronomen durch sein Weltall führen, ohne von dem Rollen der Milliarden Lichtjahre betäubt zu werden, was werden wir da sagen? So übergewaltig äußert sich Er, der sich nicht nennen läßt, so stark und immer stärker im Schaffen, und Vernichten, – Er, der sich nicht nennen läßt und von dem wir jetzt eben sagten, Er verharre unveränderlich in Ruhe. Und wir? Ein Mensch, ein Reh, eine Katze, wie nehmen wir an dieser göttlichen Unterhaltung teil, wie werden wir daran beteiligt, wie sind wir zugelassen zu diesem Mahl? Ich sehe nicht, jedenfalls jetzt nicht, wie ich die Haltung des Menschen der Fragen stellt, verlassen kann. Ich erinnere mich, in diesem Journal von der Vergänglichkeit in der Auseinandersetzung mit einem Schriftsteller gesprochen zu haben, der sich die Dinge zu leicht, eben so leicht wie ein Wissenschaftler machte. Da zitierte ich den Saulus, der ein Paulus geworden war, der hatte den Tod in der Zeitlichkeit erkannt und mit dem Tod zusammen die Sünde. Das ist ein sehr hintergründiger, ja abgründiger Gedanke. Der Apostel Paulus wagt es zu sagen: ‹Wir wissen ja, durch die ganze Schöpfung zieht sich ein Seufzen. Sie liegt in Wehen bis zur Stunde.› An einer andern Stelle: ‹Doch bleibt der Schöpfung die Hoffnung, daß sie von der Knechtschaft der Vergänglichkeit frei werde und an der herrlichen Freiheit der Gotteskinder teilnehmen werde.›

Ich wiederhole: es bleibt bestehen, was die große Therese mit dem Wort beschreibt: ‹Alles geht vorüber, Gott ändert sich nicht.› Sehen wir aber die folgenden kleinen Sätze an, die sie hinzufügt, so lernen wir noch mehr: ‹Wer Gott besitzt, dem mangelt nichts. Gott allein genügt.› Das also heißt, es gilt, Gott zu besitzen. Es gilt nicht zu erkennen. Sie beruhigt ihren Hörer, den die Welt erschreckt: ‹Nichts verwirre dich, nichts erschrecke dich, Geduld erreicht alles.› Es gilt, noch einmal Gott zu besitzen. Ich sprach von der Geburt und von dem einfachen unschuldigen Kind und erinnerte daran, daß hier etwas von dem Urzustand vorliege, welcher eine störungsfreie Existenz bedeute. Wir heutigen Wesen, gestört wie wir sind, sind in den Mahlstrom der Vergänglichkeit, der Veränderlichkeit hineingerissen. Aber das Wort der großen Therese, das nur dunkel bemerkt, alles gehe vorüber und Geduld erreiche alles, erhält erst sein Licht durch den Hinweis des alten Apostels, daß durch die ganze Schöpfung ein Seufzen sich ziehe und daß sie in Wehen liege. Wir fragen, was für Wehen, und wonach seufzt die Schöpfung. Der alte Apostel hat die Antwort: ‹Es bleibt der Schöpfung die Hoffnung, daß sie von der Knechtschaft der Vergänglichkeit frei werde und an der Herrlichkeit der Gotteskinder teilnehmen werde.› Was treiben wir? Unser Ich beteiligt sich an dem Spiel wie ein Reisender, der im Halbschlaf in einen Zug eingestiegen ist und erst nach langer Fahrt bemerkt, wohin es geht. Er kann aber nicht mehr aussteigen. Aus dem Kind ist ein reifer Mensch geworden, ein Erwachsener nach jahrzehntelanger Betäubung. Von sich aus kann der Einzelne die Lösung des Rätsels und die Befreiung nicht finden. Das Wort der großen Therese ‹Geduld› genügt nicht, und wie soll der Mensch ‹Gott besitzen, so daß ihm nichts mangelt›? Von erlangter Gotteskindschaft redet Paulus.

DIE VERSCHRÄNKUNG DER WELTEN

«Oh Mädchen, mein Mädchen, wie lieb ich dich» singt und fühlt der junge Mensch. Ein heftiger Naturtrieb liegt da vor, der Jüngling identifiziert ihn mit sich, ohne mit der Wimper zu zucken. Bei Tieren kann keine Frage nach der Zugehörigkeit zu einem Trieb entstehen, einfach mangels Einsicht entsprechend dem Menschen. Beim ichbegabten Menschen aber welche bedrohliche und ängstigende Nähe der Natur, die ihre Wurzeln sogar tief in das Ich herabsenkt. Die Natur – welche überwältigende Macht in dieser Weltperiode. Sie legt sich aber über und um uns, wie das Giftkleid der Dejanira sich um die Glieder des ahnungslosen Herakles legte. Und jauchzend verkündet dabei der Jüngling: «Oh Mädchen, mein Mädchen, wie lieb ich dich», er schon völlig in den Bann geschlagen, verzaubert und betäubt.

Wir sind in dieser Weltära als Menschen grausam ungleichmäßig ausgestattet. Wie anämisch wirkt gegenüber dem kraftstrotzenden und wütenden Bullen Natur das, was wir als Geist vorzusetzen haben. Dieser dämonische Urwald, die Herrschaft einer solchen Naturmacht, die anscheinend den Geist verschlungen und verschluckt hat bis auf Reste, mit denen sie spielt, – wo ist ihr gegenüber da noch vom Mensch die Rede. Man freut sich ja, hörig zu sein. Was will der Mensch mehr als Jugend und Kraft und Liebe und den ganzen tobsüchtigen Kreis der Fortpflanzung mit ihren Ekstasen? Was hat uns so betäubt und uns so schwach gemacht, uns, die wir wahrhaftig doch nicht so zur Welt gekommen sind.

Ich werde dieses Journal nicht lange weiter führen. Es lohnt nicht, zu lange auf die Zeit zu blicken. Klarheit über das Grundsätzliche tut not.

Ich stoße auf folgende Zeitungsnotiz, es ist der Monat Mai.
‹Meldung aus Den Haag. Auf seinem zweitägigen Kongreß im Haag konnte der Welttierschutzbund über verschiedene Erfolge seiner Arbeit berichten. So hat sich die Stadtverwaltung von Nizza bereit erklärt, in Zukunft nicht mehr Hunde als lebende Kanalbesen zu verwenden. Bisher war es in Nizza üblich, Hunde durch die engen Röhren des Kanalisationsnetzes zu jagen, damit sie mit ihrem Fell die Rohrleitungen säuberten. Am Endpunkt des Kanals wurden die Hunde sauber gespritzt und von neuem durch die Röhren gejagt. Die meisten Tiere überstanden diese Prozedur nur wenige Male. Der Direktor der Stadtwerke von Nizza hat sich, wie in Den Haag mitgeteilt wurde, jetzt zur Anschaffung mechanischer Reinigungsgeräte entschlossen.›
‹Oh Mädchen, mein Mädchen, wie lieb ich dich.›

Ein anderes Kapitel. Die Fortschrittler in allen Ländern haben es sehr mit dem Realismus zu tun. Das betrifft auch die Literaten. Ich lese nun in einer ostdeutschen Zeitschrift einen Aufsatz von Georg Lukácz, der sich mit dem sozialen Realismus in der Literatur befaßt. Einmal heißt es da: ‹Das Ziel gleichsam (ich frage was heißt gleichsam?) aller großen

Schriftsteller war die dichterische Reproduktion der Wirklichkeit, Treue der Wirklichkeit gegenüber. Das leidenschaftliche Streben nach umfassender Wiedergabe der Wirklichkeit war für jeden groß. Dies das echte Kriterium der schriftstellerischen Größe (Shakespeare, Goethe, Balzac, Tolstoi).›

‹Die wirkliche Kunst erstrebt so weit wie möglich in die Tiefe dringende, jene wesentlichen Momente, die hinter den Erscheinungen verborgen sind, zu erforschen. Aber sie stellt sie nicht abstrakt dar, sondern gestaltet grade jenen lebendigen Anteil des Prozesses, in dem das Wesen in Erscheinung tritt.›

‹Der Typus ist nicht der abstrakte Typus der klassischen Tragödie, aber noch weniger der ‚Zola'sche Durchschnitt. Die Ästhetik wünscht, daß das vom Schriftsteller erfaßte Wesen nicht abstrakt, sondern als das Wesen von Erscheinungen des sprudelnden Lebens dargestellt werde. – Selbst das ausschweifendste Spiel des dichterischen Theaters ist und war mit der Auffassung des Realismus vereinbar. Es ist kein Zufall, daß grade eine phantasievolle Novelle von Balzac und E. T. A. Hoffmann von Marx bei einander genannt werden.

Marx hielt Balzac für den prophetischen Schöpfer von Gestalten, die sich erst später entwickelten.

Man sieht, der soziale Realismus befindet sich im Gedränge. Denn wenn E. T. A. Hoffmann hier als Beispiel herangezogen wird, so zeigt das nur, man ist in eine Sackgasse gelaufen. Und zwar hauptsächlich, weil Marx einmal etwas in diesem Zusammenhang sagte, was man natürlich nur nachbeten kann.

Es geht rasend, mit Zerfall und Neubildung, mit Kindheit, Jugend, Reife und Alter, durch die Zeiten, von Weltära zu Weltära.

Bleibt aber der Ursprung und die Verankerung darin. Von diesem Anker reißen sich Massen ab und flattern, die einen trunken, die andern verzweifelnd und überdrüssig in die Auflösung der Elemente, in den Tod. Wenn sie sich nicht der Zeit verschreiben wollen, klammern sie sich an den Punkt der Gegenwart, eine phantastische Bemühung.

Welch Schauspiel, aber ach kein Schauspiel nur. Jahr für Jahr vergeht der Winter, der Frühling erwacht, Jahr für Jahr blüht es um uns, und es kommen im Tier- und Menschenreich die Umarmungen, und die neuen Geschlechter entstehen, die alten verdorren. Da heißt es: ‹Der

Tod ist verschlungen in den Sieg.› Ich sehe zunächst: ‹Der Tod ist versteckt in der Liebe.› Und nicht nur in der Liebe. Ein prächtiges, von schallenden Kapellen geführtes Regiment zieht auf, da in der Liebe. Es protzt mit schallenden Sohlen die Jugend. Es stampft wuchtig und selbstgewiß die männliche Reife, wer kann ihnen allen widerstehen? Der Tod ist verschlungen in den Sieg, so kommt ihnen vor, sie können aber alle nicht bis drei zählen, sie sehen nicht, was dicht hinter ihnen kommt und wer sie sind, – eine Maskerade des Todes, und ihr Sieg verschlungen in den Tod. Sieg der Völker, der Nationen? Wuchtige Bastionen gegen den Untergang? Aber der Untergang trägt sie in seinem riesenweiten schwarzen Maul, er knackt sie, wann er will und vernichtet sie schluckweise.

Wille zur Macht, Expansionsdrang, – um so besser, mehr, noch mehr. Denn aller Tod will Ewigkeit, will tiefe tiefe Unendlichkeit.

Da hängt hier in meinem Zimmer wiederum das Bild von der mißlungenen Hochzeit des guten Königs Dagobert. Hatte doch die Verlobte schon ihren Ring abgestreift. Aber ein Goldschmied bedient sie in einem prangenden Purpurkleid, den Heiligenschein über dem Kopf. Er blickt sie nur an, und sie weicht ihm nicht aus, da schiebt er über ihren Finger den Ring, den er meint, und den sie auch will, nicht den zum königlichen Leben und zur menschlichen Liebe, sondern den zum Himmel. Sie wechselt herüber zu Christus. Denn man hat die Welt schon durchschaut. Nur eine kleine Weile läßt man sich betrügen. Die alten Propheten waren Sturm gelaufen und hatten gewettet und gewarnt vor dem schlechten Weg. Gott selber mußte ihnen den richtigen zeigen. Gott ließ schon, damit sie aufwachten, sein brennendes Feuer auf sie fallen, Krankheit, Siechtum, Alter, Tod und vielen Schmerz, Schmerz in tausend Abwandlungen. Sie wurden nicht belehrt.

Ein altes Wort sagt: ‹Als du jung warst, hast du dich selbst gegürtet und bist hingegangen, wohin du wolltest. Bist du aber alt geworden, so wirst du deine Hände ausstrecken und andere werden dich gürten und dich führen, wohin du nicht willst.› So ergeht es denen, über die die sogenannte Natur, das Wachstum, die Reife und das Welken geschüttet ist. Ebenbild Gottes ist aber der Mensch, – und was gehört alles zu Gott, laß mich wieder einmal sehen, was ich vom Menschen, dem Ebenbild Gottes weiß und zu sagen habe. Myriaden Menschen lebten und leben, sie alle Ebenbilder Gottes, ahnungslose Ebenbilder Gottes. Aber er will über den andern stehen, mehr als die andere Natur sein, ohne es beweisen zu können und zu wollen. Denn was können sie zum Beweis vorlegen, womit wollen sie sich als Ebenbilder Gottes legitimieren, – doch wohl nicht mit ihren Leistungen, mit ihren Krankenheilungen. Nein, nicht damit, davon ist nicht die Rede. Sie sind Termiten, die im Urwald aus ihrem Bau fließen. Mensch mit einem Ich? Mensch in Engelnähe? Besonders geschaffen? Als eine ungeheuer ausdrucksvolle Gestalt, als ein einzigartiges Wesen, das sich termitenhaft vermehrt und sich selber vernichtet. Wenn einmal das Ich in ihnen lebte, so ist es längst eingepfercht, zerfallen und aufgelöst in diesen Milliarden Einzelwesen, die sich verhalten, als wären sie auf der Suche nach einem Ich. Vom großen Ursprung, von Gott ist nicht mehr die Rede. Sie sehen und fühlen nichts mehr von ihm. Die Zahl ist die große Herrscherin unter ihnen, die Vielheit, die sie im Wind hin und her schaukelt wie Blätter. Was ist das? Wie sind alle Dinge jetzt in ihr Gegenteil verdreht. Sich zur Freude, hatte ich geglaubt, schuf Gott die Welt. Was ich sehe, trägt den Charakter einer Strafwelt.

Aber nun endlich laßt uns näher treten und sehen und sagen, was wir hier erkennen können.

VOM URSPRUNG

Ich habe lange dieses Journal liegen lassen. Ich sitze nun in Paris, es ist Herbst geworden, der 29. September, an dem mir im Vorjahr ein Herzgefäß sprang, ist schon vorüber. Jetzt muß ich zu einer Antwort und zu einem Abschluß kommen: Was also ist der Tod?

Ich werde mich jetzt, um zu erfahren, was der Tod ist, mit dem Ursprung des Lebens befassen. Von Historie muß jetzt die Rede sein. Denn die Frage lautet: Wie ist es zu dem gekommen, was wir erleben? Von unserm Denken, unserm Willen und Drang zu erkennen, muß zuerst gesprochen werden. Frage ich, was Mensch ist, was ihn unterscheidet von anderen Wesen, so antworte ich: das Denken, das Erkennen. Wenn er Ebenbild Gottes genannt wird, so ist es die Vernunft, auf die hingezielt wird.

Wir nennen den Urgrund und Ursprung Gott, weil von ihm und allein von ihm alle Existenz ausgeht. Wir, zugehörig zu der geschaffenen Welt, unterwerfen uns ihm, und indem wir denken und erkennen, finden wir uns in seiner Welt vor, und uns ist, wenn wir sie betrachten, nur ein großes fassungsloses Staunen möglich. Dies haben wir jedenfalls, dieses Vermögen, daß wir uns als seine Gebilde fühlen, trotz unserer notorischen Ohnmacht und Unwissenheit.

Nun aber will ich ein großes neues Kapitel beginnen, ich will vom Ursprung und der Geschichte sprechen. Es ging mir in den Wochen, als ich krank lag und dämmerte eigentümlich. Mein Geist fühlte sich gedrängt schon damals und ohne Furcht, sich mit den großen Fragen zu beschäftigen, die eben vor uns traten. Es ging mir an einem Morgen so: Wie ich lag und mich noch nicht wirklich vom Träumen abgelöst hatte, bemerkte ich vor mir, oder über mir, allerhand Formen. Sie waren sehr verschieden. Sofort wußte ich (ich hatte vorher an mein Thema, die Entstehung der Schöpfung gedacht), dies gehörte dazu. Dies waren Gedanken, die ich sah. Aber sie waren keine bloßen Gedanken, denn wie soll man Gedanken sehen, auch hören ließen sie sich jedoch nicht gleich, sondern sie liefen, obwohl ich, wie mir schien, wach war, vor mir wie Traumbilder ab. Ich sah ja zugleich das Zimmer.

Gott ließ, sagt die Schrift, die Welt, oder die Welten, Himmel und Erde entstehen, und er schuf sie, heißt es, durch sein Wort. Er rief sie ins Leben. Der Logos, seine Gedanken, wurden Leben und nahmen Gestalt an, und alles kam von ihm. Ich sah nun – denkend in der Morgenfrühe, noch unberührt vom Straßengeräusch – vor mir geistige Gebilde, wie sie von dem Ursprung ausgingen, ich sage nicht: wie sie aus ihm hervorquollen, als wäre er eine Muschel. Ich wußte den Ursprung dahinter, kein Wort war vorausgegangen, das, was ich sah, waren die Worte, obwohl Gestalt, eben aus dem Gedanken hervorgegangen, Gedanke und Wort und Gestalt untrennbar eins. So war da das Licht, schien mir, und die Finsternis, und das Wasser und die Erde, und auch, was auf ihr sich zeigte. Sie waren alle in einem merkwürdigen Zustand. Sie waren flink und geneigt zu verschwinden und zu erlöschen, schattenhafte gallertige Gebilde. Ja sie waren mehr Bilder als greifbare Gestalten. Wie Lichtgebilde flossen sie oft über und durcheinander, sie nahmen auch verschiedene Farben an. Bisweilen glühten sie und blühten bunt auf, es war herrlich anzusehen. Und daß ich es nicht vergesse: sie stellten sich nicht stumm hin, sondern erwiesen sich bald als ein tönendes Ensemble, als ein ganzes Orchester, manchmal war es ein bloßes reines, fast stoffloses Summen und langgezogenes Zirpen, das schlug aber um und nahm größere und größere Stärke an in Momenten bis zur Stärke einer Orgelmusik von einer großen nie zu beschreibenden Schönheit. So ließen sich die Urgedanken, die Urgebilde ergehen.

Und als sie verschwanden, und ich an ihr Wogen und Klingen dachte, kam mir vor: dies mochte schon dem Garten Eden ähneln. Übrigens hatte ich auch Konturen von Pflanzen und Tieren bemerkt, ganz allgemeine Konturen. Keine Einzelwesen traten hervor. Und so nennt ja die Schrift im Beginn nur allgemein Pflanzen und Tiere vieler Art, welche Gottes Wort hervorrief. Es lebte glücklich und harmonisch miteinander. Das Geschaffene in diesem Stadium starb nicht. Es gab weder Schmerz noch Welken noch Tod in der Nähe des Ursprungs.

Kaum kann man von Zeitlichkeit und Räumlichkeit sprechen. Es war alles real, aber von einer besonderen Realität. Und auch der Mensch gehörte dazu, als Form und Bild, von Fleisch und Blut und Knochen keine Rede, ein einziges Gebilde, und nichts von Geschlechtlichkeit.

Wie ich das überdachte, nachträglich, fiel mir ein, es müssen sich auch Engel unter diesen Gebilden befunden haben. Vielleicht war das ungeheure Wogen, das sich gelegentlich bemerkbar machte, und ein besonderes Schillern und Lodern, das von manchen Stellen ausging, auf sie zu beziehen. Sie waren aber alle eine einzige Schöpfung, um den Ursprung versammelt, der, so schien es, sie jeden Augenblick wieder an sich nehmen und in sein Dunkel zurückziehen konnte.

Wodurch ist dieser glückselige Verband gelöst und gelockert worden? Sie waren Urgedanken, Gottes Gedanken, Gebilde mit einer bestimmten Mitgift. Jedes war, da es sich nicht um Seifenblasen, sondern um göttliche Gedanken handelt, mit einer besonderen Macht, einem besonderen Vermögen, einem Sinn im Rahmen eines Ganzen, eines Plans, mit einer besonderen Stofflichkeit ausgestattet, die noch nicht hervortrat. Sie waren ja im einzelnen und im ganzen noch in statu nascendi. Sie bildeten sich langsam aus zu dem, was sie alsdann waren, die Pflanzen zu Pflanzen, und zu besonderen Pflanzen und Bäumen, die Kriechtiere zu Kriechtieren, die Vögel zu Vögeln, und so die Würmer und alles andere. Zweierlei machte sie aus: die Bindung, der Einfluß vom Ursprung und dann die Stofflichkeit. Dieses beides sollte sich langsam in ein Spannungsverhältnis umsetzen, und hier ist der Punkt, der uns erklärt, wie und warum der glückselige Verein um den Ursprung sich löste und lockerte. Es gab Störungen und Reize, die mit der Stofflichkeit zusammenhingen, welche sich entfalten wollte, aber es lag an ihnen, hier in dieser und jener Weise einzugreifen. Die Reize wurden genährt nicht durch Berührungen mit dem Ursprung, nicht von da, sondern sie ergaben sich aus Berührungen mit den anderen Gebilden, die man bemerkte und an denen man sich, möchte ich sagen, rieb. Es gab da Lockungen, Versuchungen und Verführungen, denen man nachgeben oder widerstehen konnte. Man fühlte sich in diese oder jene Richtung gezogen, sich hier zu erproben. So weit war man frei. Und der Drang zur Entfaltung, zur Auswirkung der Möglichkeiten, die man in sich trug, war mehr oder weniger heftig und gewaltsam. Und die Kraft, mit der diese sukzessive Selbstdarstellung erfolgte, war so verschieden wie die Gebilde es waren, wie ihre Anlage und Stofflichkeit es ihnen eingab, und so waren sie und wurden sie Kristalle und Pflanzen, und andere Tiere und Menschen, und andere Geistwesen, wie die Engel.

Das alles, was ich sagte, mag nicht weit entfernt sein von Phantasien, ausgehend von jenem Halbtraum, den ich berichtete. Aber laß mich sehen, wohin dieser Weg führt.

Es waren alle Urformen da, begabt mit ihrer besonderen Stofflichkeit, in der allgemeinsten Form, als Pflanze, Tier, Vogel, Stern. Sie umkreisten noch den Ursprung und waren schon im Begriff, sich mehr und mehr von ihm abzulösen, um sich zu verselbständigen und sich einander hinzugeben. Es war schon der Ansatz zur Ballung einer anderen Welt, denn, wie schon gesagt, war ein Spannungsverhältnis da, das sich ergab aus der geistigen Natur, der ideellen Artung, die sie mit sich brachten, und den Möglichkeiten und Triebkräften ihrer Stofflichkeit. Sie trugen mit sich, sage ich, einerseits ihre Urform, die göttliche lebendige Idee, andererseits eine bestimmte Stofflichkeit, die sie aus dem ideellen Rahmen entfernen konnten. Es war ihnen allen, die der Schöpfer hervortreten ließ, als seine Gedanken zur Stofflichkeit noch Zeitlichkeit mitgegeben. Noch unterstanden sie und unterwarfen sich dem göttlichen Plan, dem sie ihren Ursprung verdankten, aber die Stofflichkeit riß an ihnen und trieb jedes Gebilde zu sich selbst. Je mehr das Spannungsverhältnis sich auswirkte, je mehr sie sich fest bestimmten in dieser oder jener Art, je mehr sie sich materialisierten und spezifisch ausprägten, um so deutlicher wurden sie Natur und ähnelten dem, was wir jetzt haben. Das mag im Beginn noch harmonisch und harmlos verlaufen sein. Es nahm erst einen andern Charakter an, als man aus dem Stadium der bloßen Beziehung auf sich selbst heraustrat und die Verbindung mit dem Ursprung, so weit sie von den Wesen gefühlt wurde, nachließ und erlosch.

Es wird von einem Sündenfall und von Erbsünde geredet. Man kann nicht ohne weiteres alle Schuld oder auch nur die Hauptschuld auf den Menschen legen. Im Beginn wurden ja Himmel geschaffen mit Engeln, das heißt ungeheuren geistigen Mächten, die nicht in der Weise wie spätere Pflanzen und Tiere die Anlage oder Stofflichkeit jener Wesen trugen. Man stelle sich die Welt und gar den frühen Ursprung nicht in der Denkart der heutigen Wissenschaft und Astronomie vor. In der heutigen Wissenschaft und Astronomie ist von einem Kampf zweier Sphären und von einem schließlichen Kampf gegen den Urgrund nichts mehr zu entdecken. Wie draußen in der Existenz hat sich hier im Wissen die Stofflichkeit durchgesetzt und fast jede Erinnerung an den geistigen göttlichen Ursprung zu unterdrücken vermocht, – eine Bewegung, die Kopernikus und Keppler einleiteten und in die sie die Physik und Mathematik trieben. Wir aber haben hier nicht von Kopernikus und Keppler gesprochen, sondern von dem Ursprung und auch von der Natur der heutigen Existenz. Ich sagte, es wird von einem Sündenfall und von Erbsünde gesprochen und dabei der Mensch überlastet. Aber es waren auch die Engel da, die machtvollen Wesen, geistigen Gebilde, die sich, da sie fast frei von jeder sonstigen Stofflichkeit waren, wohl zuerst gegen den Ursprung wandten. Zwischen ihnen selber mag es zu einem abenteuerlichen Götterkampf gekommen sein. Der Drang zur Allmacht wütete, aber Gott ließ es nicht geschehen, daß die Schöpfung darunter zugrunde ging. Die Herrlichkeit dieser Großengel nahm ein Ende. Sie gingen ein. Sie schrumpften und wurden degradiert zu Dämonen und trieben und treiben sich so in der Welt herum. Sie griffen dann auch in den Garten Eden ein und machten sich an den Menschen. Es war nicht schwer, dieses harmlose Geschöpf zu verderben und mit sich zu reißen. Warum beschäftige ich mich mit diesen Dingen? Ich fragte nach dem Tod, und ob er existiert? So kam ich dazu, nach dem Leben zu fragen, und so, vom Hundertsten zum Tausendsten kam ich zur Schöpfung und zum Urgrund. Wie ist Gott, und wo ist er an dieser Welt beteiligt? Einige halten das Hinzuziehen von Gott für bloßes Phrasentum und pathetische Poesie. Einige erkennen ihn an, sogar als Urgrund, aber machen ihn so jenseitig, daß er quasi hinter den Bergen lauert. Und für andere ist er nichts weiter als diese in sich selbst schöpferische Natur.

Im Juni 1952 begann ich dieses Journal mit den Worten: ‹Es mag sich in Bezug auf die Entstehung dieser Welt verhalten, wie es will, – ich bin da; mit dem, was den Himmel und die Erde erfüllt. Was mit mir ist, was ich soll, weiß ich nicht. Es kommt aber offenbar wenig auf mein Wissen an. Ein allgemeines Denken, nicht an den Einzelnen gebunden und von ihm ausgehend, ist da als eigentliche Realität, die aber unvollständig und im Werden ist.›

Ich schließe hier an: Damit muß ich mich befassen, daß ich mich im Ensemble eines mit großen Schönheiten und Herrlichkeiten ausgestatteten, mit gewaltigen und unverständlichen Vorgängen beladenen Ablaufs befinde, und ich kann, wenn ich ihn überblicke und auch auf das Einzelne sehe, nicht umhin, hier von Vernunft, ja von Übervernunft, von Weisheit zu sprechen. Ich muß alles, was ich an Sprache und Phantasie besitze dazu benutzen, um dann das Neben- und Miteinander von Bosheit und Güte, von Härte und Zartheit, von Gemeinheit und Innigkeit zu schildern und, so weit ich es kann, zu begreifen. Die Schöpfung ist ihren Weg, den Weg der göttlichen mit Zeitlichkeit begabten Urformen und Ideen gegangen. Von einer Verschränkung der Welten, von einer Sprenkelung des Daseins habe ich gesprochen. Es ist nicht dazu gekommen, daß unter dem Eindruck bestimmter Gebilde andere Gebilde völlig verschwanden, aber sie prägten sich auf, und ambivalente Züge entstanden. Zum Göttlichen leitet die Schönheit und die Kraft, aber sie leitet auch zur Liebe der Geschlechter und so zu Geburt und Tod. Gott wurde die Schöpfung nicht aus der Hand gerissen, aber die Verschlackung und die Verfinsterung ist sichtbar geworden.

Den Träger des Ursinns, der Weisheit, den Veranstalter und Planer dieser Welt, diese Person müssen wir Gott nennen.

Von meiner heutigen Realität spreche ich nun wieder. Das lange Spiel ist ausgespielt. Aus einem Winkel, in meinem Rücken hat sich der Feind erhoben und hat mich ergriffen. Er hat mich hart vom Gestern abgeschnitten, indem er sich des Körpers, meiner Stofflichkeit in einer Aktion von langem Atem bemächtigte. Aus den anfänglichen Neuralgien der Hände sind Vertaubungen geworden, das hat übergegriffen auf die Arme, es ist von den Fußsohlen aufgestiegen über die Knie hinweg zu den Hüften, und man hat von einer allgemeinen Polyneuritis gesprochen. Und nun ist es nicht bei den Schmerzen geblieben, die Finger spreizen sich nun nach Belieben auf eine sonderbare Weise. Wenn ich aus dem Schlaf erwache und das Bewußtsein sich wieder einstellt, und ich meine Arme beugen will, finde ich sie verkrampft und muß sie langsam aus ihrer Spannung herausholen. Die Finger befinden sich in einem verworrenen Zustand, in einer chaotischen Verwirrung, sie sind wie Früchte, die vom Baum abgefallen sind und am Boden eintrocknen. Betrachte ich dann die Hände, so finde ich an den Fingern Veränderungen, die kleinen Gelenke sind aufgetrieben. Davor nun stehe ich und rätsele: was bedeutet dies?

Aber eben habe ich von der Allweisheit gesprochen, und ich kann die Gerechtigkeit und Liebe nicht auslassen. Die Dinge, die vom Ursprung in die Welt gestellt sind, tragen Zeichen von ihm, und Gerechtigkeit und Liebe gehören dazu, und sie sind untrennbar miteinander verbunden. Nichts kann davon ausgenommen werden. Gerechtigkeit und Liebe haben verschiedene Ausbreitungen in der uns zugänglichen Welt. Als Hauptfaktum, als Hauptmerkmal dieser Welt nennen wir die Zeitlichkeit. Blicken wir auf die Zeitlichkeit, so finden wir in ihr Gegenwart, flankiert von Vergangenheit und Zukunft. Was läßt aus der Zeitlichkeit etwas Bestimmtes als Gegenwart hervortreten? Vergangenheit wird von den Wirkungen und Leistungen älterer Gegenwarten gestellt. Diese älteren Gegenwarten waren allemal unvollständig und konnten nicht zu ihrem Abschluß und Gelingen kommen. Es wird ein Riegel hinter jede Gegenwart geschoben, sie wird abgebremst, gestoppt, und nun kann nur die neue Gegenwart als Realität aufgenommen werden.

Katastrophen nach Katastrophen rollten durch die Welt, sie glitt sichtbar ihrem endgültigen Ende zu. Ließ Gott nun den Menschen in dem allgemeinen Untergang verkommen? Von Welt ist nun nicht mehr die Rede, sondern – nur vom Menschen. Wir hören, Gott selber, sein Heiliger Geist überschattete eine Jungfrau und der Menschensohn wurde geboren, der alles aufklärte und eine neue Richtung gab. Griff er in den rasenden Wirbeltanz der Natur ein? Die Dämonen tobten weiter. Geburt, Wachstum, Reife, Welken und Tod, der Ablauf tobte weiter, aber es erwies sich, daß nicht die Dämonen die Welt ausmachten. In all dem Abfall blieb der Ursprung der er war, wir nennen ihn Gott.

Es war vor der Zerstörung von Sodom und Gomorrha, da kündete der Herr Abraham seinen Entschluß an, die Städte zu vernichten. Abraham fragte klagend: «Willst du die Schuldlosen mit den Schuldigen hinwegraffen?» Vielleicht gibt es unter ihnen 50 Schuldlose. Gott will ihretwegen die ganze Stadt begnadigen. Abraham läßt nicht nach, er geht herab auf 40, 30, 20, 10. Der Herr folgte. Die Stadt wurde zerstört. Die Schuldlosen fanden sich nicht. Gott blickte später auf die Menschen. Er sah und hörte Maria. Sie rettete die Welt.

Aus der Rippe Adams, als zweite Figur war das Weib geschaffen. Nun hatte der gottesfeindliche Mann, der Eroberer sich abgekämpft. Hervor trat Maria, das heißt die Liebe, die Hingabe und Unterwerfung. Da hatten die Männer Staaten geschaffen, hatten sich der Technik hingegeben, die neue Begierden erzeugte, das Himmelreich glitt an ihnen vorbei. Da redeten sie sich ein, sie wollten keinen Frieden, sondern nur Fortschritt. Aber über Krankheit, Alter und Tod kamen sie nicht hinweg. Und über den Neid, den Größenwahn, den Haß, die Eifersucht in der eigenen Brust kamen sie nicht hinweg, dieses Toben konnten sie nicht stillen. Traurig dachten sie an den Tod, jammernd begleiteten sie ihre Leichen auf den Friedhof.

Aber Maria, der Mensch, der einzige Mensch dieser Tage, von Gott gesegnet, hatte den geboren, dem dieser Tod nichts bedeutete. Er war mit Fleisch bekleidet, welches des Todes spottete.

Der Tod: wer stirbt, was stirbt, was soll und muß sterben? Die Schlacke, die Kruste, die sich um den Menschen gelegt hatte. Die Krankheit und das Alter hatten die Kruste und die Schlacke nur angefaßt und nicht ganz abgebrochen. Da trägst du noch immer ein Gehirn und beherbergst einen Geist. Er will und muß immer fragen, und begründen, untersuchen, statt sich zu unterwerfen. Maria aber, die einzig Überlebende, der einzige Mensch, der Adam dieser Weltära, hatte nicht studiert. Voll der Gnade war sie. Während das Menschengeschlecht schon lange auf den Planken des Schiffbruchs trieb, stand sie aufrecht und ging. Satan war es nicht geglückt, sie zu betäuben. Sie ging unter den Menschen, die nicht wußten, wie betäubt und vergiftet sie waren und fiel nicht auf. Aber sie war da, sie war nur da, und sie war auch da, als ihr Gott den Erzengel Gabriel schickte und ihr ankündigte, was geschehen würde.

Und was tat der Menschensohn? Er sprach und wirkte unter den Menschen, – und daß der Tod nichts ist, nichts vor ihm, bewies er, indem er am Kreuze starb und wieder auferstand. Das wahre Leben sollte nicht in Alter, Krankheit und Tod verfallen, sondern frei von den dämonischen Mächten, nicht beherrscht von der Stofflichkeit der Materie seinen Weg gehen, den Heimweg zum Himmel.

Der Tod ist zweierlei. Er ist die Gestalt der widergöttlichen Mächte, die sich blendend kleiden in Schönheit und Lust und in der Fortpflanzung triumphieren. Sie werden durch die Zeit gejagt und hoffen sich retten zu können von Gegenwart zu Gegenwart, aber Gott der Jäger gibt nicht nach. Tod ist, was hier hinfällt, und zweitens, Tod ist schon von Haus her, was sich vom Ursprung abgerissen hat. Die Menschen haben ihr Grundwissen, ihr Grundfühlen bewahrt. Sie preisen die Liebe. Aber die Höllenmächte verfälschen das, und so kommt es, daß die Menschen Völker bilden, aber die Völker wachsen nur eine Zeit lang, dann ergreift es sie, und sie sind nicht mehr nur ein einig Volk von Brüdern, sondern ein einig Volk von Eroberern und setzen die Kriege in die Welt. Die Höllenmächte tragen die Schminke des Lebens.

Und so ist es dazu gekommen, daß in der Natur alles ein doppeltes Gesicht trägt: was heute schön ist und Lust gibt, wird morgen das schwarze Gegenteil. Aber unbelehrt tritt jedes Jahr und jede neue Generation an und wiederholt die Vergangenheit.

Der Tod befreit. Er befreit das Ursprüngliche, das Unversehrte. Er löst aus dem höllischen Zauberring. Er führt, der der wahre Anfang und das wahre Ende ist: der Gott der Gerechtigkeit, zur Stille, Klarheit und zum Frieden.

Ich zitiere wieder Paulus. Er nennt den Tod der Sünde Lohn und sagt: ‹Doch bleibt der Schöpfung die Hoffnung, daß sie von der Knechtschaft der Vergänglichkeit frei werde und an der herrlichen Freiheit der Gotteskinder teilnehmen werde. Wir wissen ja, durch die ganze Schöpfung zieht sich ein Seufzen, sie liegt in Wehen bis zur Stunde.›

LETZTE AUFZEICHNUNGEN

Der 7. Mai ist vorbei. Mein kleines Journal habe ich beendet, und ich hatte nicht die Absicht, etwas folgen zu lassen. Aber es kam der 7. Mai 1954. Er hatte sich schon seit langen Wochen angekündigt. Aber ich hatte nicht darauf geachtet. Erst jetzt, da ich den Tag sehe, fühle ich, daß ich ihn vorausgeahnt habe. Ich nahm an, was kann da schon sein in Indochina, und wieweit geht es mich an. Und auch heute beschäftigt mich Indochina an sich nicht viel.

Aber als mir am Morgen des 8. Mai meine Frau aus irgend einer Zeitung vorlas oder berichtete, was sich da in Südostasien ereignet hatte, eine schwere französische Niederlage, war ich sofort im Bilde, und es stellte sich bei mir kein Urteil ein, sondern nur ein Gefühl: Trauer. Und zwar nicht Trauer über irgend eine Niederlage, ein Zurückweichen, es soll ja noch allerhand folgen, sondern eine bis zum Scherz gesteigerte Empfindung, die ich nur vergleichen kann und die sich ohne weiteres meinem Erinnern anschließt an das Gefühl, das ich hatte, an die niederschmetternde Stimmung, die mich im Frühjahr 1940 befiel, als es den Barbaren gelang, den westlichen Widerstand, wohl in der Gegend von Sédan, zu brechen, und als sie nun einströmten in das offene Frankreich. Was war das damals mit mir? Eine unmittelbare Gefahr bestand nicht für mich persönlich, auch nicht für die Stadt, in der ich und meine Familie nunmehr beheimatet waren, Paris. Es konnte allerhand kommen, das sah ich voraus, aber nicht das beängstigte, bedrückte und zermürbte mich. Es war das Gegenüber einer furchtbaren Macht, der ich bis dahin nicht in die Augen geblickt hatte. Dem Nazi war es gelungen, ein ganzes Volk zu mobilisieren, zu bewaffnen, und zwar unter den Augen der sogenannten Welt; die Welt hatte alles gesehen seit 1935, und der bösen Macht war es doch gelungen, ihre Kanonen auf Straßburg zu richten und eine furchtbare Einkreisung des friedlichen Landes vorzunehmen, in dem ich wohnte. Ich war ein matter Ausdruck geworden für etwas, das selber schon matt war, was aber nicht genügend in mein Bewußtsein und in mein Gefühl gedrungen war. Tatsächlich wuchs dieses Ding, französisch-deutsche Existenz, ob ich nun französisch schrieb oder nicht, in mein Wesen ein. Ich hatte eine Zwischenperiode, wo ich mindestens zwei Wesen in einem war, aber das war ganz und gar nicht das billige Europa, von dem man heute schwatzt, es waren die Enzyklopädisten, Voltaire, Rousseau und dann, man kann sagen was man will, das Jahr

1789 mit allen seinen Morgen, aber ich sah hinter diesen Morgen; es war
der Glanz des ersten Napoleon, der diese Linie weiterführte und zum
Teil zerriß, und zwischen all diesen scheinbar bloß historischen Ereignissen vollzog sich die Bildung eines neuen Seelenwesens eines ganzen
Volkes, das sich erneuerte und nun Welt wurde. Da lebte zwar noch von
früher Lamartine und kehrte nach dem, wie er glaubte, restaurierten
Frankreich zurück, auch Victor Hugo verschmähte es nicht, sich von
Louis Philippe den Adel verleihen zu lassen, aber gleichzeitig war doch
Platz für Balzac um diese Zeit, und nun schossen die einen nach den
andern empor auf den so vorbereiteten Boden, alle jene, die man dann in
sein Herz schloß und das Herz bildeten, der erneute Victor Hugo,
Honoré Balzac, welcher Balzac war gegen seinen eigenen Willen, und
nun gar erst Baudelaire und die anderen, die man heute nicht mehr zu
nennen braucht, weil man sie zugleich nennt, wenn man Frankreich
sagt; sie mögen noch so viele Spuren anderer Epochen in sich tragen.
Aber diese war ganz und gar nicht Frankreich, nicht nur Frankreich und
nicht nur ein Seelenwesen, eine geistige Macht: exakt dieses war es, was
man heute sucht und wonach man sich die Finger wund schreibt, dieses
war das kommende Europa, dies war die Menschheit und, damit ich
etwas hinzufüge, was für deutsche Ohren nicht sehr angenehm zu hören
ist: dies war jener Beethoven, der zuletzt sich nicht halten konnte und
sang: ‹Freude, schöner Götterfunke›, dies war aber nicht jener hohe
Staatsminister eines thüringischen Winkelstaates, der sich als Zentrum
der Welt vorkam und den Deutschen das vorlebte, was sie wirklich dann
nachlebten: eine gefühlte und gedachte Existenz, der man aber keine
Realität gab, eine Existenz, die den armen Schiller verstummen ließ, die
Georg Büchner ins Ausland trieb, die Heinrich Heine in seine Matrat-
zengruft in Paris versenkte. Aber ich will mich nicht vertiefen in die
deutschen Dinge, die wie ein Geier meine Leber zerfressen. Es bildete
sich in Frankreich und blieb fest und ließ sich nicht erschüttern und blieb
Frankreich, wenn auch die Regierungen wechselten, was ich eben
nannte, weitergetragen und fortgebildet von Generation zu Generation: Balzac, Victor Hugo und die andern. Die Herrschaften von der
Regierung wurden ihrer nicht Herr, trotz der Polizeiverbote. Und
sogar als 1870 jenes geschah, was man kennt, der Sieg des militärischen
Deutschland über jenes Frankreich, das sich nicht Zeit genommen hatte
aufzuachten und seine Regimenter zu formieren, auch damals erhielt
sich das, was ich, naiv meinetwegen, das Zentrum, die Seele und das

eigentliche Leben von Frankreich nennen möchte, also beginnend mit Voltaire und Rousseau und allen jenen, die sich noch so bitter befehdeten. Man blieb, wer man hier war; und wer man drüben war, halb erstickt, und dies zeigte sich sehr rasch, jeder weiß es, und wie wenig man damit war, zeigte sich leider auch.

Wozu schreibe ich dies alles? Ich ging aus vom 7. Mai 1954, und da war eine scheinbare Belanglosigkeit kaum an der Peripherie Frankreichs geschehen, im ostasiatischen Kolonialreich. Aber so niederschmetternd wie damals und so seelenöffnend wie damals wird sich bei vielen, die zu Frankreich halten – und das ist mehr als Europa und ist mehr als bloßer Marxismus –, dieser 7. Mai 1954 auswirken und wird noch seine Wirkung verstärken, dessen bin ich sicher. Es hat sich das Unglück ereignet, daß die Geistigkeit, die sich lokalisiert hinter den Vogesen, am Mittelmeer, daß sich diese zerspaltete, zersplitterte und abstrakt wurde. Man hat nun lauter Fäden in der Hand und findet nicht mehr den Zugang zum Zentrum. Dies müßte und dies wird die Fanalwirkung des anscheinenden asiatischen Sieges des 7. Mai 1954 sein.

Ich habe Zeitungen in der Hand, bin aber zu krank, um sie im einzelnen lesen zu können, aber ich sehe die Fotos, die man beigibt, und da sehe ich, welche Kräfte sich der Öffentlichkeit, der französischen, bemächtigt haben. Diese gesättigten und herausfordernden asiatischen Gesichter, mit welcher Wollust werden sie gezeichnet von Menschen dieses Landes, und wie zahm und feige dagegen und ohne Feuer die Franzosen. Was mir auf dem Krankenbett diese Zeitungen geben? Ohne daß ich zu lesen brauche: ein Bild von der nun vorhandenen Trägheit und Herzensarmut, die es wagt, sich französische Seele zu nennen. Dabei weiß jeder, der unruhig nach diesen Papieren greift, wer und was hinter ihnen steckt, und er kann und weiß dennoch nicht, sich dagegen zur Wehr zu setzen. Schreie ich hier nach dem ‹großen Mann›? Aber ich kenne französische Geschichte, das heißt einige Etappen des Wachstums dieses Organismus, und ich weiß, wer zum Kreuzzug, zur Rettung des Heiligen Grabes aufgerufen hat und wo das geschah: es war Bernhard von Clairvaux, in Frankreich. Es ist gewiß nicht übertrieben, wenn ich sage: Hier in Frankreich schlägt das Herz der Welt. Aber das Blut, welches dieses Herz in den Körper trägt, hat einen merkwürdigen und besonderen Charakter.

Da gehen die Fremden nun auf die Straßen, und in vielen vielen Städten sehen sie Schönheiten über Schönheiten, aber es ist eine verfluchte Schönheit. Die stammt nicht aus dem Herzen, dessen Worte jener Bernhard von Clairvaux gesprochen hatte. Man denkt an Politik und Politik, und man schreibt Politik und Politik. Ach, ich liege im Bett und bin etwas ermüdet. Hier muß ich abbrechen, und wenn das Glück mir beisteht, kann ich diese Gedanken bald fortsetzen und auf ihre noch klarere Linie führen.

Trauer über Trauer: Es kann geschehen, daß ich im Laufe dieser Betrachtung eine Zeitlang diese Worte nicht wiederhole, aber sie bilden den Kontrapunkt zu allem, was ich zu sagen habe. Damals, 1940, war es neu und stürzte auf mich, und es war beinahe nicht eine Trauer, sondern ein Unglück. Ich sah den Wald vor Bäumen nicht. Ich sah nicht die furchtbaren Massen, die nach Süden vorstürzten und töteten und verwüsteten und raubten, ich sah und erlebte nur mich, aber den Millionen, denen damals dieses geschah, widerfuhr das gleiche wie mir, denn ich halte die anderen für dieselben wie mich und muß darauf bestehen. Jahrelang dauerte dieser Zustand, bis er wenigstens im Land sich änderte und ändern konnte wie eine Krankheit, die im Laufe der Zeit sich umwandelt. Aber es blieb Trauer über Trauer. Man fragt: Trauer worüber?

Da kann ich nach den heutigen Tageszeitungen greifen, ich lese lange, und ich komme aus dem Staunen nicht heraus. Man trauert nicht. Ich lese hier Überschriften von deutschen Tageszeitungen: ‹Die Bundesrepublik soll mehr bezahlen›, ‹Der Reichstag soll aufgebaut werden› und hier: ‹Beziehungen mit den Sowjets?›. Man ist frisch auf den Beinen, und hier steht unter dem Titel ‹Schafft Europa!› etwas was ich festhalten will:

‹Straßburg, den 12. Mai. Der Präsident der Hohen Behörde der Montanunion hat am Mittwoch vor dem Montanparlament in Straßburg einen eindringlichen Appell gerichtet an die Völker Europas, alle nationalen Hemmungen zu überwinden und endlich die Völker in einem Vereinigten Europa zusammenzuführen. Monnet schilderte die Fortschritte, die im ersten Jahre nach der Errichtung des gemeinsamen Marktes der Montanunion erreicht wurden: die Zunahme des Handelsverkehrs zwischen den sechs Ländern der Gemeinschaft, das Wiederansteigen der Auftragseingänge der Montanindustrie in den ersten vier Monaten dieses Jahres, die Steigerung der Exporte. Die einzige Sorge bereitet der Hohen Behörde der Kohlenmarkt, der in steigendem Maße unter dem Konkurrenzdruck der Erdöle und Erdgase steht. Umso mehr sei es ein Erfolg, sagte Monnet, daß die Kohlenproduktion im vergangenen Jahr auf ihrer Höhe habe gehalten werden können.›

Trauer über Trauer. Die Kohlenproduktion hat auf der alten Höhe gehalten werden können. Ich lese das völlig fassungslos. Es ist gar keine Trauer da. Möglicherweise sind einige Millionen Menschen getötet worden, möglicherweise werden einige andere Millionen getötet werden, aber es ist von der Kohlenproduktion die Rede, welche die einzige Sorge der Europabehörde bildet. Der Ruf, den diese Hohe Behörde an die Welt richtet, lautet: ‹Schafft Europa!› Und wie: ‹Steigert die Kohlenproduktion!› Was kann man da anderes tun, als – ich sage nicht: den Kopf zu schütteln – sondern sich zu verstecken? Es muß etwas Furchtbares in den Menschen sein, daß dieses möglich ist. Denn gerade dieses wird gemeint und benötigt, was man mit dem zahmen, abgelebten und leeren Wort ‹Europa› umschreibt. Das ist das Zentrum, und wie stellt man sich das heute konkret vor? Wenn ich noch vorher einen Rest von Fassung hatte, so verliere ich ihn, wenn meine Augen auf die nächste Spalte gleiten. Da findet sich unter dem Obertitel ‹Tagesspiegel› eine Betrachtung mit dem Titel ‹Zwischen Bonn und Moskau›. Man wünscht Beziehungen mit den Sowjets. Man hat das Übel überhaupt noch nicht einmal erlebt. Man will Kommissionen von hüben nach drüben schicken, und einer der übelsten von drüben hat bereits auf einer Konferenz vorgeschlagen einen Sicherheitspakt, der unter der Führung des Ostens stehen würde. Seine Devise war, steht dann leicht abgeschwächt: ‹Europa den Europäern›, Amerika habe in Europa nichts zu suchen. Leute dieses Schlages beherrschen die Öffentlichkeit, stellen die Regierungen und bauen die Konzentrationslager, um im gegebenen Augenblick zu neuen Mordtaten vorzuschreiten. Damals sind wir unter dem Unglück von Europa über das Meer gefahren, haben Asyl im Westen gefunden und sind zurückgekehrt. Jetzt wissen wir, wir haben es nicht nötig, über das Meer zu fahren, wir können gleich zu Hause bleiben. Das Schreckliche aber ist, daß in dieser Welt uns nichts von dieser Trauer entlastet und daß offenbar alle Weltgeschichte vergeblich gearbeitet hat und solche höhnischen und mörderischen Figuren nun in Serien produziert.

Wir hatten früher als Europa, oder wie ich es nun nennen will, Athen und hatten Jerusalem. Wir haben jetzt die Montanunion und den Kohlenmarkt. Und was war dazwischen bis jetzt, um zum Ausgangspunkt zurückzukehren? Frankreich? Ich glaube, ich habe es schon gesagt; aber es soll nach den neuesten Fortschritten ausgeräumt und abgewürgt werden, und wer erhebt sich dagegen? Man möchte vor Ekel zerbersten. Trauer über Trauer. Soll wirklich das Himmelreich ganz überlassen werden den großen Organisationen, und soll die Parole lauten: Bestialismus, und soll dies den Boden bilden für das, was sich nachher als Politik ausgibt?

Ich kann nicht sagen, mit welchem Abscheu mich die Lektüre der Tageszeitungen erfüllt. Ich kann nicht oft genug wiederholen, wie mich die Reden auch der fortschrittlichen Politiker anekeln und dabei wissen, was geboren wurde aus dem Herzen der östlichen und westlichen Völker; dazu das Studium dieser Schriftwerke, die man zu Makulatur verdammt hat? Ich sehe die Vögel draußen fliegen, höre ihr harmloses Zirpen. Ist der Mensch wirklich ein höheres Wesen?

Trauer über Trauer. Wenigstens dies ist ein Besitz. Aber ich will an dieser Stelle pausieren, hier auf meinem Bett. Ich weiß nichts vorzuschlagen. Ich fühle auch, hier darf sich keiner anmaßen, kein Einzelner, etwas vorzuschlagen. Denn mit Greueln sind sogar die alten Heiligen Schriften gefüllt. Jahrtausende zurück, man wußte sich keinen Rat. Was man kann? Beten, noch mehr beten und noch mehr beten. Das scheint wenig, aber das Furchtbare ist: es scheint, auch die Kraft des Betens hat nachgelassen, und ist herabgesunken in eine Lippen- und Gedankenbewegung. So kann ich mich nur zurechtfinden im Vertrauen und in der Hoffnung.

VON LEBEN UND TOD, DIE ES BEIDE NICHT GIBT

21. Mai 1955

Seitdem dieses Leiden mich gepackt hat und mich wie der Tiger ein Reh in das Düstere davonträgt, seitdem nun meine Beine und meine Hände noch gerade lose an mir hängen, seitdem auch meine Stimme mehr und mehr versagt und sich in mir mehr und mehr Krater von Wunden öffnen, – seitdem blicke ich wohl von Zeit zu Zeit aus dem Fenster, ich throne da in Paris an der eisernen Metroüberführung, aber meine Aufmerksamkeit gilt nicht der Straße. Sie gilt überhaupt – weh, weh, das weiß ich nicht.

Wir sind tausend Faden Irrsinn, meine Erinnerung wird schattenhafter, und ich denke, oder es denkt in mir, spielend, willkürlich, – ich lasse es gehen. Ich schlafe ein, abends, ich nehme selten ein Medikament. Und im Schlaf kommen Träume, besser entwickeln sich, wie in einer Wüste Oasen von Existenzen, die vor mich gebracht werden und an denen ich teilnehme. So erschienen in der letzten Zeit Oasen, die förmlich Glück ausstrahlten, wie ich es nie kannte. Ein wundervolles Dasein. Was war es eigentlich, was ist das eigentlich? Ich hatte die Antwort bald bei der Hand. Ich dachte ja viel auf meine Weise über Tod und Leben nach, und ich hatte nun die himmlische Grenze des Lebens überschritten und strömte in das Reich des Überlebens ein. Wie endet das Leben? Mit dem Tod? Aber der Tod ist ein leeres Wort.

Ich will hier genauer sagen, was mir im Anschluß an meine Todesphantasien einfiel. Ich dachte an Kopernikus und Galilei und wie sie die Welt erweitert haben. Ich dachte an Christoph Kolumbus: er fuhr von Spanien nach Westen, immer weiter nach Westen, und dann war plötzlich Land da mit einer rätselhaften Bevölkerung, mit Menschen und ihren Staaten, mit einer unermeßlichen Natur. Dies tat sich ihm auf, nachdem er vor Wochen und Wochen ins Geheimnisvolle vorgestoßen war, mit seinen kleinen Schiffen, tanzend auf der Trugebene des atlantischen Wassers, – aber plötzlich war Land da und ein ganz neuer Erdteil.

So ströme ich, wie mir vorkommt, an ein Gebilde heran, das mir die Vergangenheit als Tod vorstellen wollte, und entdecke etwas anderes, das Gegenteil von einem Vakuum. Unsere Existenz kennt keine gerade Linie, die auf ein Ziel führt. Ja sie ist zu geheimnisvoll, vieldeutig und in sich verschlungen, so daß ich kaum von Linien und Kugeln zu sprechen wage, es sei denn vorübergehend und wie in einer leisen Berührung. Da sehe ich und kenne ich von der irdischen Existenz Tiere und Pflanzen. Was stellt nun ihr Leben dar, und das menschliche dabei? Jede Liebe schreit ein Dakapo zu dieser Existenz, die Liebenden haben alles kennengelernt, was das Dasein zuzulassen vermag, und es war auch viel Jammer dabei. Aber der Drang ist unwiderstehlich. Wie Sophokles singt, in der ‹Antigone›: ‹O Liebe, Allsieger im Kampf›, das Gefühl reicht Generation nach Generation hin, sie sind in Männer und Weiber geschieden, verbinden und vermischen sich, und das Neugeborene schreit und weiß nichts und wächst so dem neuen Tag entgegen. Währenddessen welken und sterben die Alten ab und werden wieder zu jenen? Aber es ist dieselbe Erde, aus der sie gekommen sind, von deren Früchten und Ernten sie sich ernähren. Das Korn wächst heran und ist ein kompliziertes Gebilde, mit allem Raffinement für das Dasein ausgestattet, Menschen und Tiere ernähren sich davon, sie selber wachsen heran, das wunderbare Gebilde wird degradiert zu Dünger, der dem neuen Wachstum zur Unterlage dient. Und sollte man nicht ähnlich über das Machtstreben des Menschen und seine Kriege und die Völker denken? Es bringt hervor seit Jahrtausenden Staaten nach Staaten, von denen jeder der beste werden oder sein soll, sie rollen alle ihrem Ende zu, ihrer Auflösung, sie werden zu Dünger.

Dies dachte ich, als ich über meine Glücksträume spekulierte. So treibt alles Einzelleben einem Abschluß zu und läßt den Körper als Dünger zurück. Was freilich das sogenannte Leben leitet oder gar, was es darstellt, habe ich damit nicht berührt. Ich habe ja nur erlebt die Einfahrt in die neue paradiesische Existenz.

Die Körperwelt – und welche Welt gibt es noch außer ihr, wo sehe ich, höre ich, erfahre ich ‹Leben›? Suche ich Geschichte, so treten auf die Völker und die Staaten und ihre Streite um den Boden, es wird gekämpft, blutig gerungen, der Boden wird neu gedüngt, und was bleibt am Ende übrig? Gibt es noch ein anderes Überbleibsel als die Schuttmassen, die Denkmäler, die längst zerfallene Grenze? Man sagt, es leben Erinnerungen fort, auch Dichtungen und Heldenlieder leben fort, eine kleine, ganz kleine Weile.

Ich berühre da nach dem Körperlichen ein anderes Gebiet, das Gedankliche, aber kopfschüttelnd muß ich finden: was ist das schon? Es gibt Makulatur. Ich suche aber hinter der körperlichen Welt, die wird und wird und nur in der Auflösung Bestand hat, ich suche das tätige Prinzip, ich suche das Leben im Leben. Als Descartes etwa um 1620 jung war und lange genug gefragt hatte, worin sein Ich bestünde, wurde ihm urplötzlich, am 6. November 1618, durch Intuition die Gewißheit: er müsse nicht draußen suchen nach dem wahren Leben, er denke und das sei Leben. ‹Cogito ergo sum›, auf deutsch: ‹Ich denke, also bin ich.› Es geht mich hier nichts an, was man in der Folge über diesen Satz philosophiert hat, aber mich hält fest die Idee der lebendigen Verbindung des Ichs mit dem Leben. Hier liegt eine Grundwahrheit, und von hier muß ich vorschreiten, von dieser Konstanz, zum unablässigen Zerfall der sogenannten Körperwelt. Wie hängen die beiden zusammen, im einzelnen: wie kommt zu diesem Körper dieses Ich? Und in welcher Weise ist die Existenz des einen abhängig von der Existenz des anderen?

Die Naturwelt wird die körperliche Welt genannt, die Menschen haben sie viel studiert, sie ist beispiellos in ihrem Reichtum, in ihrer Herrlichkeit, in ihrer Sinnhaltigkeit, und völlig schattenhaft wirkt daneben das Reich des Gedanklichen, das ja nur, so scheint es, sehnsüchtig die Arme nach jenen furchtbaren und schrecklichen und zauberhaften Inseln ausstreckt. Aber eine kleine Flintenkugel kann dies heilige Gebilde des Körpers, wie man sich ausdrückt, töten; und siehe da, so scheint es wenigstens, einen Geist zugleich.

Und nun kommt bei der Durchsicht der Körperwelt doch etwas zum Vorschein, nämlich, daß sie geistig durchkonstruiert ist. Denn wer kann etwa vom Menschen sprechen, seine Blutgefäße sehen, sein Herz und nicht von einem Blutkreislauf reden, und wer kann den raffiniert kunstvollen Apparat der Verdauung beschreiben, ohne ein halbes Dutzend ganzer chemischer Fabriken, sogenannte Drüsenapparate, zu erwähnen, auch den Mund mit Zunge und Zähnen, die Speicheldrüsen, – die Speiseröhre führt die Nahrung mit rhythmischer Bewegung in die Magenhöhle. Und dann –

Aber ich sitze nicht mehr in Paris an meinem Fenster und beobachte den Wagenverkehr auf dem Boulevard de Grenelle. Hier sitze ich in einem Lehnstuhl, auf den man mich geführt hat. Man hat eine Klingel an meinem Stuhl befestigt, damit ich mich bemerkbar machen kann, das Zimmer ist ein einfaches enges Krankenzimmer einer Klinik, von meinem Platz aus blicke ich auf ein mächtiges Baumgebilde, einen wahren Goliath von Baum, der sich da aufgepflanzt hat und mit seinen Büscheln von Kronen, Nadeln da Wache hält. Es ist unbeschreiblich anregend, dieses Pflanzenungeheuer, das über vier Stock in die Höhe ragt, zu betrachten. Natürlich ist an ihm im einzelnen nicht zu viel zu sehen, aber das Ganze, was er ist und darstellt und wie er da draußen vor der Tür lebt, das läßt sich nur in einem ausführlichen epischen Bericht melden. Es ist eine Zypresse. Ihr knorriger Stamm ist dick und von oben bis unten geriefelt, und an manchen Stellen platzt und schilfert die Borke. Aus diesem Boden brechen etagenweise die kurzen und längeren Stämme, die Äste heißen. Einige treten senkrecht zum Stamm empor, aber die meisten biegen sich und lassen sich in einer Kurve herunter. Auf Schritt und Tritt aber entsenden sie schon bei diesem Weg dünnere Äste, ich möchte sagen, Ausfallmannschaften, zum größten Teil sind die Mannschaften schon gefallen, der kurze Ast ist leer, aber nach der Spitze zu wuchert es um so stärker. Das Ganze, vom Boden in die Höhe strebend, stellt sich als eine Burg, ja als eine Festung hin, und so steht es, so steht diese gewaltige Zypresse, dieser Gigant und hebt seine Nadelbüsche dem Regen und der Sonne entgegen und entfaltet seine Macht, für jeden sichtbar beim Nahen des Sturms und bei der Bedrängung durch die Winde. Dies aber, diese Art Ansturm wächst sich zu einem ebenso großartigen wie kaum beachteten Schauspiel aus. Denn was geschieht? Der Wind hebt die unteren Astkreise. Die Nadelbüsche spreizen sich. Die untere Etage alarmiert, wird vom Wind, dem unsichtbaren Gegner, beiseite gestoßen, die obere Etage fängt an zu zittern und zu flimmern, sie wogt leicht von rechts nach links. Und siehe da, wenn ich den Blick nach oben richte, bemerke ich, die ganze untere Hälfte des Baumes nimmt an dem Wogen teil und ganz oben nicken die Äste herunter und zeigen ihre Gegenwart an. Und wenn sich der Wind verstärkt, so haben wir ein Riesenkarussell vor uns. Im Schwung drehen sich die unteren Astkreise. Der Wind nimmt an Stärke zu, er bläst auch und rüttelt an den Rängen oben und unten, und jetzt wird die Spitze aufmerksam, beugt sich nieder, und schon ist sie selber von einem Windbataillon getroffen, gezaust, tiefer gerissen, und es gelingt ihr gerade, sich aus dem luftigen Strudel zu reißen. Und da umkreist ein allgemeines Wogen den Baum. Er selber, der Stamm, nimmt an nichts teil, er hält seine Armeen fest, und was bedeutet ihm dieses Heulen und Zischen, das Surren und Pfeifen der erbosten Sturmmassen. Und das geht eine Weile so, schwillt und flaut ab, bis zuletzt nur ein Zittern durch die Büschel läuft, die Büschel flüstern miteinander, sie hängen schon schlaff.

Aber vor einigen Monaten, so wird mir erzählt, es war in der Zeit heftiger Stürme, da ging es einem anderen Goliath, der hundert Meter entfernt von diesem hier stand, doch anders. Ich habe diesen Sturmabend nicht erlebt, aber was dem Baum, dem ehemaligen Baum, zuteil wurde und wie dieser Gigantenkampf endete, das kann ich mir vorstellen, denn das Resultat ist noch heute sichtbar. Das Resultat ist ein unförmiger Baumstrunk. Einige Meter über dem Boden wurde das hochmütige hölzerne Ungetüm nach kurzem Kampf bezwungen und von der kreischenden Windmasse niedergebrochen. Was eben viele Meter hoch oben thronte und lächelte und eine halbe Welt zu dirigieren schien, fand sich noch auf dem Rasen, und alle Bataillone sahen dem Führer zu, sie konnten sich nicht helfen und konnten ihm nicht helfen, und es dauerte nur eine Woche, da lagen sie alle im Verbrennungsofen und schürten das Feuer für frierende Menschen.

In dieser Natur, in dieser Aktion, wer kann da, in dieser vereinzelten Aktion, einen Geist erkennen? Aber so arbeitet sie, die sogenannte Natur, welche die Gestalten der Wesen schafft und formt. Und gestern kam in mein Zimmer eine Frau und erzählte von einem schrecklichen Brief, den sie erhalten habe. Da hatte irgendwo auf dem Lande ihre Schwägerin ein Zwillingspaar, Kinder, sechs Jahre alt ein Mädchen und ein Bübchen. Und eines Tages, während sie selber in der Küche arbeitete, schickte sie das Bübchen mit zwei andern Kindern, acht und neun Jahre alt, auf das Feld, nebenan. Da entdeckten die größeren Burschen rasch einen Haufen Holzwolle und eine Flasche Benzin. Das war nun ein großer Spaß, denn der größere wußte Bescheid. Eine Streichholzschachtel war auch bald gefunden, die Holzwolle wurde ausgebreitet, in einem weiten Bogen wurde der Inhalt der halbvollen Benzinflasche versprengt. ‹Achtung›, dirigierte der Älteste und warf ein brennendes Streichholz. Die Flammen loderten im Nu, die beiden älteren rannten davon, das jüngste Bübchen war nicht so rasch, es kreischte, es schrie: «Mutti!», seine Höschen waren von den Flammen erfaßt, es wiederholte sein Geschrei. Die Mutter sah das Licht und rannte entsetzt hinzu. Als sie das Kind endlich gefaßt und ihm die brennenden Kleider abgerissen hatte, war es höllisch verbrannt. Es war nicht zu retten und starb noch an dem Nachmittag.

Und dieser Tage, was geschah da? Ich kannte den Vater des Mädchens, von dem ich sprechen will, er starb voriges Jahr eines sogenannten natürlichen Todes in reifem Alter und hinterließ seine Frau und die Tochter, die nun schon die Dreißig überschritten hatte. Die war leicht depressiv, das heißt, sie hatte einen Beruf, und man hatte nichts auszusetzen an ihr, aber sie hatte an nichts eine wahre Freude. Keine Liebschaften. Ernst, zu einer unbestimmten Trauer geneigt und unfähig, sich aus ihr zu lösen, so verblieb sie. Man wußte, sie hatte ein älteres Herzleiden, aber es behinderte sie nicht in ihrem Beruf, bis sie vor einigen Tagen ganz kurze Zeit zu Hause blieb und sterbend, in ihrem Bett, aufgefunden wurde. Man konnte an Selbstmord denken. Sie war tot, als man sie in das Krankenhaus überführte. So still wie sie gelebt hatte, war sie auch gestorben. Man untersuchte das Herz des nun ganz stillen Wesens. Medizinisch war sie gestorben, ich möchte sagen, auf redliche Weise: zu ihrer alten Herzklappenerkrankung war eine neue getreten. Wäre sie nicht jetzt gestorben, so wäre sie dem schleichenden inneren Leiden in Kürze erlegen. Nun war's zu Ende. Auf dem Friedhof draußen, zwischen den schöngeschmückten Gräbern, fand auch ihr Körper seinen Platz, eine Blume, die gewachsen war und von Blüten geträumt hatte.

Nun liegt also die niedergebrochene Zypresse am Boden, hat das Raufen und Widerstreben aufgegeben und wird von den Feuerflammen verzehrt, für Küchen- und für Heizungszwecke.

Nun liegt das kleine Bübchen auf seinem Bett, die Mutter weint, das Kind ist tot, verbrannt, und es hatte doch einen solchen schönen sinnvollen Körper.

Nun liegt das traurige Mädchen auf dem Seziertisch. Es hatte sich der Welt nicht öffnen können, das Messer des Anatomen öffnet ihre Brust, und alle, die im Raume sind, betrachten das kranke Herz. An diesen sichtbaren Gebilden haben Jahrtausende gearbeitet, das Leben modulierte sie so, es drückte sie und formte sie, sie waren aus einem bildsamen Stoff, und sie selber, der Baum, das Kind, das Mädchen, nahmen an dem Kampf und der Umformung teil. Sie standen nicht draußen, welches Draußen sollte es denn geben.

Es gibt, so sagt mein Gedächtnis, die sogenannte Abstammungslehre, und das ist schon ein großer Versuch, die Gestaltenwelt und das Ich miteinander zu verbinden. Denn hier wird gezeigt, wie sich vorhandene Formen der Notwendigkeit anpassen und sich umformen lassen. Was nicht nachgibt und widerstrebt, wird zerbrochen und verliert seine Gestalt, ja, verliert die Gestalt. So kann man nun durch das ganze Tier- und Pflanzenreich führen, man sucht die sogenannten äußeren Umstände auf, welche zu Lebensbedingungen des geformten Wesens werden, man zeigt, wie das geformte Wesen den Umweltgewalten als plastische Masse dient und wie es, sofern es vermag, den umwälzenden Gewalten Trotz bietet und dem tödlichen Zustoß ausweicht. Wir denken an unsere Zypresse, an die große vor meinem Fenster, die noch jetzt mächtig steht, und äugen hinüber auf die Wiese mit dem großen zersplitterten Baumstrunk. Wer ist hier die formende Gewalt, wer bestimmt, und wer gehorcht? Soll ich etwa dem Wind die Kraft des Ichs zuschreiben? Aber vergessen soll nicht werden, daß er eine bestimmte Macht hat.

Eine Anzahl Tage habe ich nicht diktiert. Ich sitze jetzt, am 11. Juni, mit dem Blick auf die Zypresse und durch die Zypresse hindurch, auf meinem weißen Stuhl und lasse die Gedanken durch mich gehen. Ich biete mich allen willig zum Opfer an. Ich habe keinen Grund, an dies und jenes zu denken, kein festes Thema will ich mir gestellt haben, was das ist, kann ich nicht sagen. Ach, die Zeit der Ich-Suche ist vorbei, soll vorbei sein.

Haufen von Zeitungen, die Erna mir bringt, liegen auf dem Tisch vor mir, es ist schwer für mich, die ungefügen dünnen Blätter auszuspannen, ich fange oft einen Artikel an, dann versagen meine Finger, ich bin froh, das Papier zurückzuschieben und selber in meine Kissen zu fallen. Manchmal möchte ich dies oder jenes genauer verfolgen, aber wenn ich so allein sitze und niemand mir beisteht, nun, so lasse ich es eben bleiben. Draußen ist der große Prozessionstag gewesen. Man feiert Fronleichnam, viele Straßen dienen auch hier dem gewaltigen Aufmarsch der frommen Gruppen, die gesamte Geistlichkeit, an der Spitze der Erzbischof und der Weihbischof, nimmt teil an dem Umzug. Etwas von der freudigen Stimmung schlägt auch in die Klinik. Man erzählt mir von wunderbar mit Blumen geschmückten Wegen, die nicht betreten werden von den Feiernden, sondern nur dem Allerheiligsten dienen, dem, was man heute anbetet, den Leib Christi, der in kostbarer Hülle, unter Glockengeläut und Gesang hier durch eine überirdische Welt getragen wird. Spuren davon habe ich in Baden-Baden gesehen. Es berührte mich eigentümlich, so den Himmlischen auf der Straße zu treffen, gefeiert und umjubelt von Tausenden von Menschen, die nun bald wieder nach ihrer Tageszeitung greifen. Aber warum auch nicht, wenn sie nur einen einzigen Augenblick durchschauert und durchglüht werden. Ich las in der Zeitung von dem grausigen Autobusunglück irgendwo am Rhein, wo die Fahrerin unfähig war, ihren Wagen zu bremsen, und an zwanzig gesunde Menschen in einem einzigen Sturz zerschmettern ließ. Ich las auch von Amerika und dem Erschrecken, welches dem Jubel über das Salksche Polioserum folgte, – man hat jetzt, glaube ich, an hundertfünfzig Todesopfer nach befolgter Impfung gezählt. Was las ich in den vergangenen Wochen noch, ein bißchen hier, ein bißchen da. Wohl dem, der sich ein bestimmtes Thema gestellt hat und nun nicht nach rechts und nach links zu blicken hat. Ich komme mir vor wie einer, der durch einen riesigen, gewundenen Korridor über Flure und Treppen wandert. Wo es hinführt, weiß ich nicht, und zu allem Überfluß werden rechts und links die Türen aufgerissen, ich kann nicht anders, ich muß da und da hineinblicken, ich weiß nicht, soll ich eintreten, warum da, und warum da nicht, ich lasse mich treiben, die Entscheidung liegt nicht bei mir, denn wo ist denn, was ist denn mein Ich?

Und nun, meine Zypresse.

Heute hat man endlich, weil die Abfahrt-Abreise so nahe bevorsteht, die unteren Fenster meines Zimmers gesäubert, durch die ich von meinem Platz hinter dem Tisch hinausblicke, und das, was ich sehe, soll die Stadt Freiburg sein. Manchmal vergesse ich es und grüble und frage: bin ich in Mainz, bin ich irgendwo bei Paris?

Aber die große, die gewaltige Zypresse steht da, der Riesenstamm, der Staat mit seiner Bürgerschaft, seinen Burgen, seinen Armeen. Jetzt enthüllen sich mir langsam manche Geheimnisse dieser stummen Riesengesellschaft. Ich erzähle nun, was ich täglich sehe.

Es kam mir vor, als ob sie da sinnlos und gedankenlos, stumm in sich versunken herumständen und mit sich geschehen ließen, – keine Verbindung mit dem Nahen und mit dem Fernen. Nun blicke ich viel auf diesen einen großen Baum, auf dieses mächtige Pflanzenwesen und sehe an ihm viel mehr. Manchmal bin ich geneigt, was ich da sehe oder zu sehen glaube, als bloße träumerische Kombination von mir gelten zu lassen, aber ich will doch hier hinschreiben, wie ich in den letzten Tagen dieses gewaltige Wesen Zypresse vor meinem Fenster erlebte, nicht bloß gedanklich, sondern soviel ich konnte, mit meinem ganzen Wesen.

Da hatte ich wieder einmal, staunend und mitempfindend, den Kampf dieses zu Holz geronnenen Wesens erlebt, den Kampf mit dem Sturm und dem Wasser. Wogen vom Himmel, zuletzt seine ruhige zögernde Ausbreitung, seine zweifelnde Hingabe an das heiße Sonnenwesen, das jetzt seine Boten heruntersandte. Nun also war das Unwetter vorbei, ich blickte hin und bemerkte etwas. Mir zugewandt, an der linken Seite des Baumes war scheinbar eine Masse Laub im Begriff herabzubrechen. Ein dicker Ast hatte sich herabgebogen, und da sah ich ein Laubgebilde, ein dichtes Gewirr von großen und kleinen Zypressennadeln und Ästen, geformt im Ganzen zu einer beweglichen menschlichen Gestalt. Ja, von dem knorrigen Mittelstamm kroch ein Pflanzenwesen, geformt zu einer Kriegerin, zu einer Amazone, herunter und deckte mit ihrem Körper gegen die drohenden Gefahren den Baum. Die Kriegerin hatte sich aus dem Gewirr der oberen Laubmassen heruntergewagt und war den Ast schrittweise heruntergeglitten. Mit ihrem Gesicht, das ich nicht genau beschreiben könnte und dessen Konturen ich ungefähr erriet, den Kopf hielt sie zurückgebogen, stolz und kampfbereit, blickte sie herausfordernd irgendein mir unsichtbares Gegenüber an. Sie hatte eine breite Brust, zierliche Taille, darunter gewaltige Hüften, welche die beiden dicht umlaubten Beine trugen. Das linke Bein hielt sich noch an dem Stamm, es trug das Gewicht der Amazone, das rechte hatte sie ins Freie gewagt. Aber alles, was ich an dem Wesen sah, war jedoch pflanzliche Natur, bestand aus Ästen, größeren und kleineren Zweigen, ein zusammengeflossenes Mosaik, ich konnte durch das Wesen hindurchblicken auf den graublauen Himmel dahinter. Während die Amazone sich mit dem linken Arm an dem Mutterbaum festhielt, schwenkte sie in der rechten einen wuchtigen Ast, dessen Busch sich eben senkte. Welcher Gegner sie erwartete, ich weiß es nicht. Aber wie kurios solch Wesen aufgebaut, organisiert war, ließ sich an einem Einzelzug erkennen: aus der rechten Schulter, eher aus der rechten Brustseite sprang ein wüster Tierkopf hervor, der sich selbständig für sich auf und ab bewegte, ein Teufelskopf, mit großen weißen Augen, mit einer hornartig nach oben gebogenen Nase und einem klaffenden Mund, am Unterkiefer flatterten häßliche Haarbüsche. Gefährlich, wie dieses Tier, das aus der Amazone sprang, seinen Kopf so greulich vorstreckte. Die Kampfwaffe, die die Amazone sinken ließ, schwankte um ihre Füße hin und her. Mir schien, ihr Leib war von mehreren solcher Kampfbestien durchlöchert. Ich wartete darauf, daß sie vorsprang oder abstürzte, aber sie hielt den Stamm fest umklammert, und der Blick der Hyäne bannte offenbar den Gegner. Merkwürdig bei diesem schauerlichen Anblick die Gegenwart, nein, das Kommen und Gehen zahlreicher weißer fliegender Spinnweben, Samen, die ungeniert das Kampffeld passierten und die dabei sichtbar vom Wind getragen in verschiedene Richtung flogen, von unten nach oben und umgekehrt, dabei dicht nebeneinander.

Ich entdeckte aber, als ich meinen Blick nach oben richtete, oberhalb dieses Kampffeldes eine vollkommen andere Szenerie. Da war ein Ast ebenso gebogen wie jener unten mit der Amazone, aber nicht so tief gesenkt, und auf seinem äußeren Ende entdeckte ich etwas, was ich lange nicht dechiffrieren konnte: da saßen offenbar Menschen, pflanzliche Gebilde, mit menschlicher äußerlicher Gestalt, die von den weiteren Vorgängen keine Kenntnis nahmen. Sie segelten wie auf dem Promenadendeck eines Schiffs dahin von dichtem Laubwerk bald halb bedeckt und geschützt und genossen das Theater, das sich ihnen bot. Eine Weile saßen sie so still und unbekümmert, sie genossen die Wut des Unwetters. Nach einer Weile aber, als ich mich wieder dieser Etage des Riesenbaums zuwandte, bemerkte ich da eine Veränderung. Der Herr saß allein, den Rücken mir zugekehrt und beobachtete bald den Tisch vor sich, bald etwas merkwürdig Schwarzes, das ich lange nicht unterscheiden konnte. Dann wurde mir klar, es handelte sich um den drolligen Kampf von zwei Affen, die sich hin- und herrissen und die der Mann am Tisch skizzierte. Am nächsten Morgen, gegen zehn Uhr, als ich wieder Ausschau hielt, fand ich den Herrn richtig an seinem festen Platz, mächtig aufgepflanzt. Er schwang gelegentlich seine Matrosenmütze und winkte zu dem einen Affen hinüber, der links vor ihm sich an eine Stange geklammert hatte und seelenruhig schlief. Neben dem Matrosen aber saß eine schwergewichtige Frau, eine gewaltige mehrzentrige, deren Röcke über Bord flatterten. Sie unterhielt sich offenbar ausgezeichnet, lachte viel und wollte ihm gelegentlich seine Mütze entwenden.

Szenen wie diese Art muß es auf allen Wipfeln geben, ich durchdrang aber nicht immer die schwankenden Vorhänge.

Was dieses nun eigentlich soll, die phantastischen Mitteilungen, möchte ich nicht weiter auseinandersetzen. Ich schreibe sie hin, weil ich ein demütiger Diener meiner Eingebungen und Gesichte bin, sie mögen mir wunderbar, rätselhaft oder nicht erscheinen. Warum aber daran zweifeln, daß diese lebende Welt noch mehr als wir denken und noch tiefer als wir ahnen unser ähnlich ist und sich von uns inspirieren läßt. Jetzt will ich aber aufhören, von ihnen und dem Riesenbaum zu sprechen, denn ich will nicht mehr auf ihn blicken. Es herrscht heute den ganzen Tag Sturm und selten läßt der Wind nach, aber oben, gegen die Krone des Baumes hin, nahe dem obersten Stockwerk, dicht unter dem Dachboden, da hat das Unwetter eine sonderbare Beute hinterlassen, und die mag ich nicht dauernd betrachten. Hier von unten scheinen es Riesenfledermäuse zu sein, oder dicke Ratten, die sich da an ihren Schwänzen aufgehängt haben und lustig hin und her pendeln, ein wenig schönes Schauspiel.

8. Juli

Dieses diktiere ich in einem Orte, der sich nennt Höchenschwand, welchen Namen ich nicht verstehe, aber die Endung ‹Schwand› so stelle ich fest, ist hier viel verbreitet. Der Ort liegt auf der Schwarzwaldhöhe, nicht weit von dem bekannten St. Blasien, und seine Naturheilkräfte, zu denen keine Quellen gehören, werden von Erholungsbedürftigen und Abgespannten, von Menschen, die an Folgezuständen der verschiedensten Erkrankungen leiden, beansprucht. So sieht man hier einmal die blassen Menschen der Großstadt, dann Fettleibige, aber auch übermäßig Magere, besonders viele, die sich auf Stöcke stützen, – ich selber, der jetzt endlich ins Freie kommt, werde in einem Rollstuhl transportiert, die Krankenschwester schiebt ihn über Stock und Stein. Im Kurhaus des Ortes bin ich untergebracht, im Zimmer mit der Pflegerin, Erna haust auf demselben Stock in einem Zimmer für sich. Ich gehöre also zur Kategorie derer, die sich in Erholung kräftigen sollen, schleppe noch allerhand Vitamine mit mir, diesmal ist es das Vitamin B_6, womit man den jämmerlichen Parkinson, der seine Verwüstungen an meiner Muskulatur anrichtet, zu bekämpfen fortsetzt, – ich habe schon viel versucht und erprobt, warum nicht auch dies in Form von Spritzen und Tabletten.

Jetzt also – ich fahre im Gefolge meiner Frau, für welche diese Höhenkur sicher fruchtbarer und wirksamer sein wird als für mich, in körperlicher und seelischer Hinsicht. – Irgendwo muß man ja leben und jemand muß mich behüten, und es ist gut, daß sie fühlt, daß sie den Stein, der schon stark im Abrollen begriffen ist, aufhalten und bremsen muß.

Eine merkwürdige Stelle habe ich in Jean Pauls ‹Siebenkäs› im Beginn des dritten Bändchens gefunden. Ich zitiere wörtlich. Im 9. Kapitel heißt es da: ‹Durch das englische Maschinenwesen der Enzyklopädien – der enzyklopädischen Wörterbücher etc. setzt sich ein junger Mann in einen ganzen Senat von Fakultäten um, den er allein vorstellt. Ein ähnliches Wunder müßte der Mann sein, den ich in der Bayreuther Harmonie gehört habe, welcher ein ganzes Orchester darstellte, mit seinem einzigen Körper. Es blies also dieser Panharmonist das Waldhorn, das er unter dem rechten Arm festhielt, und dieser wiederum strich eine Geige, die er unter dem linken hielt, und dieser wieder klopfte zur schicklichen Zeit auf der Trommel, die er auf dem Rücken trug – und oben hat er eine Mütze mit Schellen aufgesetzt, die er leicht mit dem Kopf schüttelte, – und an den beiden Fußknöcheln hatte er Bleche angeschnallt, die er kräftig aneinander schlug. Und so war der ganze Mann ein langer Klang vom Wirbel bis zur Sohle, so daß man den ganzen Mann gern wieder mit etwas verglichen hätte, etwa mit einem Fürsten, der alle Staatsinstrumente, Staatsglieder und Repräsentanten, selbst repräsentiert.›

Einen entsprechenden Zustand von mir selbst habe ich nicht zu beschreiben, aber doch einen, der viel ärgerlicher war als dieser ist, weil es sich da nicht um ein künstlerisches Arrangement handelt, sondern um etwas Gewachsenes, das ohne mein Zutun in mir entstand und mir seine Existenz kundtat.

Erzähle ich einfach, was ich zu sagen habe: In Freiburg in der Nervenklinik, wo ich mich einfach aufzuhalten und meine fünfzig Jahre Doktor zu feiern beabsichtigte, wurde ich plötzlich von diesem Symptom gesegnet und heimgesucht. Musik fing in mir an, ich glaubte singen zu hören, Glocken läuteten, ein Orchester spielte, aber es war nur ich, der dies hörte, während ich las oder träumte, und die, die ich fragte, lächelten und zuckten die Achsel. Es war nicht ängstlich und beunruhigte mich nicht, aber es beschäftigte mich. Ich hatte ja vorher eigentlich ununterbrochen mich um die Frage gedreht, wie und wo, in welcher Weise das sogenannte Geistige unsichtbare mit dem Körperlichen sichtbar zusammenhinge. – Wie konnten diese beiden sich treffen, wie kam die sichtbare und hörbare Welt zustande? Wir nahmen sie zur Kenntnis und bewegten uns frisch und fröhlich frei in ihr. Dieser rätselhafte Zustand bildete den Boden und Kulissen unserer Existenz, man schoß mit der Geburt in sie hinein, tat und unterließ viele Dinge, wie sie einem ankamen. Man begriff nichts, man wurde hin- und hergestoßen, ein unglückseliges Instrument trug man in sich, mit dem man nichts anfangen konnte, das Bewußtsein. Man konnte auf sich selber blicken und hatte, höllische Phantasie oder bloße Einbildung, einen Körper, hatte ein Gesicht, war ein Europäer, ein Türke, ein Neger, und fragte sich verzweifelt: Warum nicht dies, warum nicht jenes, aber dieses Fragen trat nur sporadisch auf, die Mühle mahlte und man wurde mitgemahlen. Jetzt aber, in meinem harmonischen Zustand, war ich auf eine neue Weise in das Problem hineingestoßen. Denn was geschah in mir, an mir? Erst dort unten in der Freiburger Klinik läuteten in meinen Ohren die Glocken. Ja, es waren richtige Glockentöne, bald leise, bald voll dröhnend und wuchtig. Ich verstopfte mir die Ohren, mit den Fingern mit Watte, keine Änderung. Die Stärke der Töne wechselte. Es kam vor, daß sie bei der Unterhaltung, bei einer Lektüre plötzlich verschwanden, um unversehens wieder aufzutauchen. Ja, manchmal in der Nacht, wenn ich erwacht lag und noch an nichts dachte, schmetterte plötzlich das Orchester, rhythmisch dröhnten die Pauken, und jetzt schloß ein Männerchor an und sang: «Auf in den Kampf, Torero.»

Nun, ich hatte unabhängig davon schon vorher konstatieren müssen, daß meine allgemeine Hörschärfe merklich nachgelassen hatte. Ich dachte an Beeinflussung des peripheren Höhrrohrgangs des Labyrinths, ich trug dem Professor der Station mein neues Malheur vor und regte an, die elektrischen Ströme meines Gehirns zu registrieren und zu prüfen, wir besaßen eine Einrichtung des E.E.G. Und so war ich in dieses geheimnisvolle Laboratorium gegangen, und man hatte mich hingesetzt und ein halbes Dutzend Kontakte an verschiedenen Stellen meines Kopfes angebracht. Die Aufzeichnung begann, draußen zeichnete sich eine Kurve auf, ich hörte ein Lied aus «Carmen», schließlich sagte man zu mir: «Danke schön!» und entließ mich. Das gewonnene Bild mußte erst entwickelt werden. Nach zwei Tagen hörte ich vom Professor, es wäre eine Verlangsamung der elektrischen Ströme, die meinem Alter entspräche, aber sonst nichts Auffälliges. Ich konnte also feststellen: sehr vorgeschritten war diese Technik nicht. Ich war so schlau wie vorher. Ganz gewaltig schritt aber in mir oder an mir im höheren Gebirge das Sing-Orchester fort. Ich will jetzt für einen Augenblick dieses Thema verlassen, es wird mich noch öfter beschäftigen.

Ich bin hier auf der Höhe des Schwarzwaldes, in Höchenschwand. Es ist ein kühles wechselvolles Wetter und auch völlig unberechenbar, Sonnenschein täuscht eine viertel Stunde, eine halbe Stunde, manchmal auch etwas länger, inzwischen hat sich der Himmel schon wieder dunkel umzogen, weißer Dunst lagert in den östlichen Tälern, er ruht hier eine kleine Weile und macht sich jetzt auf den Weg und springt und schleicht in die Umgebung. Es soll sich jetzt um den Kampf von einem nördlichen Hoch, das vom Nordpol hertreibt, mit einem westlichen, mit einer westlichen Strömung aus der Azorengegend handeln. Man liest diese Angaben in der Zeitung und prüft die Karten, aber man durchschaut sie nicht. Schon zwei Jahre hat man hier eine Umkehrung der Jahreszeiten, September und Oktober werden zum Sommer. Mir scheint, die Ferien müßte man dann anders einrichten, aber hat man denn zu wählen?
In Freiburg, in der Klinik, schaute ich täglich auf die Riesenzypresse, und ob ich wollte oder nicht, ich mußte mich mit ihrer Existenz und ihrem Gehabe befassen. Jetzt auf der Schwarzwaldhöhe bin ich tiefer in das Pflanzenleben hineingetragen. Unmöglich, jedenfalls für mich, das näher zu beschreiben. Diese Verfilzung von Erdleben mit dem Leben von Tieren und Pflanzen. Dieses Eingreifen der Elemente, der großen Urmächte, welche hier als Former und Bildner auftreten.

Ich springe über zu einem Zeitungsartikel aus dem ‹Figaro› vom 6. Juli, den mir heute Erna gebracht hat. Ein Mitglied der Académie Goncourt läßt sich da aus über die Haltung gegenüber dem Tode von Gide, Claudel und Valéry, der Verfasser dieses Artikels meint da im Beginn: der Tod ist eine alte Geschichte; von Generation zu Generation überließ er den Menschen die Furcht vor ihm. Der einzige Fortschritt könnte sein, die Idee des Todes erträglich zu machen. Aber wir sind weit davon entfernt. Immerhin muß man doch zugeben, daß die Auffassung vom Tod nicht gleichmäßig und dieselbe bei ihnen ist. Glücklich diejenigen, welche ihn nur gelegentlich wie einen Blitz durchschauen. Wie steht es da bei André Gide? Ein Schriftsteller, der bei Gide arbeitete als Sekretär und ebenso bei Claudel, war von beiden enttäuscht. Er stellte bei Gide eine erschreckende Gleichgültigkeit fest. Claudel lehnte es ab, am Totenbett bei Gide zu beten. Das ist überflüssig, fand er, die Dinge werden jetzt direkt zwischen Gott und Gide geregelt.

Von drei Achtzigjährigen berichtet Billy. Das Alter, die Erstarrung des Charakters, die Verhärtung, die das hohe Alter mit sich bringt, gibt den Ausschlag in vielen Dingen und nicht zuletzt bei der Beantwortung solcher Fragen: ‹Was halten Sie vom Tode, wie sehen Sie ihn?›

Mir scheint, sie sehen ihn klarer und besser als die Jüngeren und gar als die Jungen. Zum ersten Mal wird ihnen allen, wie auch den Schwerkranken, eine gewisse Erkenntnis erlaubt. Sie haben die Möglichkeit eines höheren Wissens erlangt, weil ihre Denkapparate nunmehr aus einem besseren Stoff bestehen, nicht mehr aus dem des zufälligen Tages. Die Vorgänge des Tages, die Wahrheiten der Zeitungen sind wie ein flüchtiges Geräusch abgeklungen. Man hatte das da für die Welt gehalten, aber es ist ein dürftiger kleiner Winkel, lächerlich, ihn für mehr als das zu nehmen.

Ich kehre zu den Pflanzen zurück, von denen ich die Zypresse genannt hatte, die sich in Freiburg an der Klinik breit und hoch als Lichträuberin vor mein Fenster gepflanzt hatte. Aber es schien nur, als ob sie mir Licht raubte, ich spürte gleich etwas anderes und dem ging ich nach. Ich sah und beobachtete das Leben des Baumes und seinen Kampf mit den sogenannten Elementen. Hier im hohen Schwarzwald regieren die Steine, regiert die tausend und hundertfach gemischte Erde, die Wirkung der Schwere, der Luft, des Wassers, der Wärme und der Kälte. Diese zusammen besorgen das Geschäft, welches die Welt regiert. Erst sieht es aus, als wenn eine einzige große Masse von Hauptstämmen aus dem Boden getreten wäre, sie sind aus dem Boden gebrochen. Dann bemerkt man, es ist keine gleichmäßige Masse, hier liegt ein riesiger Zeitablauf vor, und die Stangen und die Stämme sind völlig verschiedener Art. Es sind haushohe und kleinere und ganz niedrige, und im Schatten darunter wuchern Gebüsche, und da und dort sieht es nach Blüten aus, aber wenig Farben, der schwere Altersschatten lagert über ihnen. Auch hier Jugend und Alter und Herrschaft und Schwäche; der Tod spielt keine Rolle, so heißt nur der Ablauf einer Stufe, es ist kein Ende sichtbar, es ist nur die Bewegung sichtbar. Nach einer kurzen Weile weiß die kindliche Pflanze, weiß der kindliche Baum nicht weiter. Die Gräser haben sich ausgebreitet, sie bedecken die Wiesen und die Felder, aber sie wissen nicht weiter, es findet sich kein Raum mehr, alles ist begrenzt, man lebt in einer Festung, man kann nicht die Festungsmauern hinaufrennen, man lächelt über die Frische und Heiterkeit der Jugend, man fühlt nicht mehr Aktivität. Traum und Täuschung war das. – Aber eine dunkle Aktivität ist da, man ahnt sie und liegt ihr zu Füßen, man läßt mit sich geschehen. Krankheit ist nun nicht mehr Krankheit.

Ja, wer einen Blick und mehr als einen oberflächlichen Blick auf den Menschen und seine Artung werfen will, gewinnt gewöhnlich die nötige Distanz, indem er sich auf das Tierreich zurückzieht. Das ist schon etwas. Besser würde es beim Rückgang auf die Pflanzenwelt sein. Ich hatte sie bisher wenig beachtet. Wenn schon die Tiere keine Begleiter des Menschen sind, sondern mehr Objekte, Diener seines Machtwillens, wieviel mehr die Pflanzen.

In Freiburg sah ich von meinem Fenster aus jene Riesenzypresse, fühlte etwas von ihrem Leben, von ihrer Eigenart, von der Besonderheit ihres Bestehens in unserer Welt. Hier oben im Schwarzwald tun sich vor mir die Riesenwaldungen auf, und erst denke ich an etwas wie ein kompaktes Felsgestein. Dann bin ich wieder auf der Fährte zur Zypresse, jenes Pflanzenstaates, den ich andeutete. Von meinem Balkon aus im hohen Schwarzwald schaue ich auf eine weite Ebene, welche Felder und Wiesen trägt, und ganz in meiner Nähe auf einen gemischten Laubwald, hohe Kastanien und Buchen. Ein Umriß an den Spitzen fesselt mich: da berühren sich zwei Kronen, zwei Wipfel. Sie könnten geradeaus in die Höhe wachsen und steigen, aber sie steigen nicht. Der linke hat eine ausgesprochene Neigung, gegen den rechten vorzugreifen, und sobald ein Windstoß kommt, wirft er sich gegen seinen Nachbarn vor. Aber dem ist diese gefährliche Neigung bekannt. Die ganze rechte Höhe ist in ein aufgesperrtes Maul verwandelt, diese Spitze schaukelt in drohender Erwartung auf den hochmütigen Nachbarn, welcher auch zumeist bei jeder Bewegung des Rechten zuckt und zurückweicht. Denn das rechte Maul klafft nicht nur gefährlich mit röchelnder Wut, sondern es trägt und reißt mit sich fort eine Meute anderer Bestien, die jeden Augenblick bereit sind, über den Kopf des Wildebers weg den Feind links in die Flanke und am Hals zu fassen. Die Kampfspiele bei leisem und bei stürmischem Wind kann ich lange beobachten. Die Bäume, die Äste, die Blätter können nicht. Man kennt seine Situation. Man will sich nicht verdrängen lassen. Es sind Augen da, etwas Seelenartiges, aber mit der tierischen Seele nicht zu vergleichen. Sie steht den Elementen näher. Sie sind nicht wie ein Tier oder gar der Mensch.

Aber wir Menschen, was tun wir, wie leben wir, wovon leben wir? Ich sehe, wie jetzt im Juli das hohe Gras auf den Feldern gemäht wird, die Kornfelder stehen schon hoch, aber ihre Zeit ist noch nicht da, dann werden sie reif werden, um zu den Tieren, dem Rindvieh, und im Brot zu den Menschen herüberzuschlagen, welche die eigentümliche Umwandlung im Muskel vornehmen. Es ist schon ein einheitliches Reich, ein riesiges, mannigfaches Reich. Wer es durchschauen könnte. – Es ist nicht Sache unseres Gehirns.

Unten in den Gesellschaftsräumen blätterte ich gestern in Zeitungen und Illustrierten. Die Frankfurter Illustrierte fiel mir auf, sie bot unter anderem eine reichbebilderte Reportage aus einem Lager bei Regensburg. Wer wurde hier interniert und zwischen Soldaten mit Flinten in der Hand eingeliefert? Deutsche. Wer unterhielt dies Lager? Die Engländer. Die Reportage war ganz aufgemacht, um zu zeigen: die Engländer machen es genauso wie die Russen, ja, wie die Nazis. Die Eingelieferten wurden erst hier untersucht und befragt, sie standen vor der Denazifizierung, es gab für ihre Internierung kein Datum, also man war vom Regen in die Traufe gekommen, und so sieht Demokratie aus. Das wird den Lesern eingeträufelt in einer scheinbar harmlosen Illustrierten der Westzone.

Aber ein anderes Bild schließlich noch, es war wohl in einer Stuttgarter Tageszeitung. Da schritt in einer festlichen Prozession ein hoher Beamter. Es war die 50. Wiederkehr des Datums seiner Doktorpromotion. Dieses Bild beäugte ich nachträglich, ich wiegte mein greises Haupt. Denn, nicht wahr, ich selbst feierte in diesem Jahr diesen sogenannten goldenen Tag meiner Promotion zum Doktor der Medizin. Und der Zufall, der in meinem Leben schon eine so große Rolle gespielt hatte, streckte auch hier seine Zunge aus. Im Jahre 1905 war ich in Freiburg i. B. zum Doktor promoviert worden, nachdem ich in der psychiatrischen Klinik, welche damals Hoche dirigierte, einen Fall von Korsakow beobachtete und beschrieb und meine Anmerkungen und Vermutungen daran schloß. Was das letztere anlangt, so ging ich davon aus, daß es sich bei dieser sonderbaren und kuriosen, ja humoristischen Psychose um eine Änderung des Normalzustandes nach chronischem Alkoholgenuß handelt. So wird, spekulierte ich und nahm ich an, durch chronische Einwirkung von Alkohol, eines spezifischen Nervengifts, das Gehirn, das große, in einige Partien direkt oder indirekt transformiert. Der Alkohol wirkt auf die Leber, welche vielleicht nicht nur eine äußere Sekretion hat, die Dinge liegen noch nicht zutage, der Korsakow ist noch nicht durchschaut. Hoche hat die Dissertation meiner Schrift gelesen, wir sprachen darüber, er fragte mich: «Woher haben Sie das?» Ich konnte nur wahrheitsgemäß antworten, ich stelle mir das so vor. Jedenfalls wurde die Schrift akzeptiert, mit einem cum laude, lobenswert. Es gab darauf noch ein mündliches Examen, dessen Details mir völlig entfallen sind.

So kam ich also im Jahre 1955, in dem ich siebenundsiebzig Jahre alt werde, fünfzig Jahre nach dieser Doktorpromotion wieder nach Freiburg, und, um auf jenen Zufall zurückzukommen, der sein Wesen und Unwesen mit mir treibt: ich wurde jetzt in dieselbe Nervenklinik gebracht als Patient, die ich damals als Siebenundzwanzigjähriger betreten hatte, um mir die Doktor-Approbation zu holen. Die Kehrseite der Medaille ein solches Lied: nicht als Arzt und kühler Beobachter, sondern als Patient zog ich in das alte Gebäude. Die Zeit, die lange Zeit stand leibhaftig da, ein Umschwung war da, ich nicht mehr auf dem Wagen als Lenker, sondern am Boden –. Ja, es war allerhand geschehen.

Inzwischen gab es auch Hoche nicht mehr, in Baden-Baden war er gestorben, auch seine beiden Assistenten Poncke und Spielmaier waren nicht mehr sichtbar. Der jetzige Chef der Nervenstation, Professor Jung, auch ein Zufall, war gerade in diesem Jahr Dekan der Fakultät. Er prüfte meine Mitteilung, fand sie bestätigt. Das goldene Doktor-Jubiläum war da. Jung war bald aus einem Dekan ein Gratulant geworden, und eines Tages erschien er bei mir an meinem Krankenbett zur Visite. Diesmal trug er eine mächtige riesige Papprolle und überbrachte mir dazu mit einigen schmeichelhaften Worten einen verschlossenen Brief des jetzigen Dekans, in dessen Vertretung er erschien, Professor Riecherts. Er las mir den Brief vor, worin allerhand Vorzüge und Tugenden an mir gepriesen wurden, beschlossen durch die medizinische Fakultät und durch die Erneuerung des Promotionsbeschluß von 1905. Es war sehr nett, bescheiden, sang- und klanglos. Es gab keine Folgen, keine Zeitungsnotiz und schließlich auch warum. Sie mochten mich in diesem Lande nicht sehr. So unterschied sich mein 50. Doktor-Jubiläum, in einer grünen Pappröhre, zehnfach ausgefertigt, von dem des hohen Beamten, dem, wie der Augenschein zeigte, das Glück gewogener war.

14. Juli

Ich muß mich zur Ordnung rufen. Eigentlich habe ich kein besonderes Thema und lasse notieren was mir einfällt, andererseits dreht es sich um zwei drei bestimmte Dinge. Ich wollte und will zu einer größeren Klarheit gelangen über Leben und Tod und als erstes stand die Überschrift fest: ‹Von Leben und Tod, die es beide nicht gibt›. Das war freilich erst ausführlich zu belegen und zu begründen. Es führt zur Gegenüberstellung des Geistigen und Materiellen, des Geformten und Gedanklichen, das muß eine breite Auseinandersetzung geben, ich sehe, daß sich beide Linien getrennt nicht halten können, und weder an die geistige Linie, an den Geist, der formt, noch an das gestaltete Sinnliche läßt sich das Leben binden. Leicht berührt habe ich schon, womit ich mich noch viel befassen muß, die sonderbare verschwimmende Dunst- und Nebelebene zwischen beiden Gebieten, und da kann ich anfangen mit Mitteilungen, die gar nicht theoretischer oder abstrakter Art sind, sondern – nun eben von ihrer eigenen Art. Ich meine die innere Musik, die aber nicht bloß innere ist. Sie geht auch weit hinaus über das, was Jean Paul im Harmonie-Menschen im Auge hatte. Das muß ein ausführliches, ich könnte sagen klinisches Kapitel werden.

Zögernd gehe ich an dieses Kapitel, das ich in dieser Weise, das ich so fahrend angekündigt habe. Aber ich kann ihm nicht ausweichen und ich möchte es unter keinen Umständen unterschlagen. Es liegt auch eine Verpflichtung dazu in dem Titel: ‹Von Leben und Tod, die es beide nicht gibt›.
Wenn jener Zypressenbaum mit Wind und Wetter kämpft, – wer lebt, der Wind oder der Baum, oder beide? Wenn der eine Zypressenbaum

erliegt in dem Kampf, wenn sein Rest vertrocknet und der große abgebrochene Mast zerkleinert und in die Öfen befördert wird, so ist es scheinbar klar, hier war der Wind Sieger, er ist lebendig und tot ist der Baum. Nun ein anderes Beispiel: Wenn ein Tier heranwächst, wenn ein Mensch jung ist und kämpft, so steht scheinbar das Leben auf seiner Seite. Dieses geheimnisvolle Leben ist ihm mitgegeben worden, es entwickelt den Menschen weiter und weiter, er passiert das mittlere Alter und tritt dann über eine unsichtbare Schwelle in ein Endstadium ein. Das kann sich noch hinziehen, der Mensch kann sich noch behaupten, aber nun erliegt er bald und fällt um. Er hat in sich gehabt etwas wie ein Feuer, das nunmehr ausgegangen ist. Das Feuer also war das Leben, und er ist nun tot. Man kann also nicht behaupten, das Leben gibt es nicht, und den Tod ebensowenig. Dem physischen Körper allein, wie er jetzt daliegt, auch wie er lebendig daliegt, wohnt keine spezifische eigene Kraft inne, die ich Leben nennen könnte. Wie das lebendige Leben, das im Kampf mit anderen steht, sich mit der Zeit fortsetzt, wissen wir, wir können uns daran nicht halten, es gibt nichts, wir bleiben stecken. Wir drehen uns im Kreise.

Ich muß einen neuen Absatz nehmen.

Wir erkennen am Menschen, auch am Tier eine Seite, die wir geistige nennen. Der Mensch hat ein Inneres, das sich mit seiner Körperlichkeit ohne sein Zutun entwickelt hat. Er tritt in dieser Weise als ein Ich, ein Bewußtsein, ein Wille der Welt gegenüber, die er auch, ein rätselhaftes Ding, in und an seiner Körperlichkeit entdeckt: Zahllose Aktionen sind ihm vorgeschrieben und als Antrieb ihm mitgegeben, die er erst spät analysiert und ins Bewußtsein aufnimmt. So vollführen auch Tiere einzeln und gemeinschaftlich höchst komplizierte und sinnvolle Akte, was uns besonders bei Insekten, Bienen, Ameisen, und Vögeln auffällt. Wenn der Mensch sich damit befaßt, so wird er gewahr, mit Schaudern, mit Schreck, mit Ergriffenheit, daß eben ein herrliches Gebiet des Sinnes eintritt, in das er wohl selbst eingebettet ist. Er fragt sich, wie er da eindringen und rivalisieren kann. Er hat seine Gedanken, Begriffe und Vorstellungen – sie können aber von sich aus nichts hervorbringen, sie können nur das Gegebene benutzen, auflösen und neu kopieren. Das Draußen wird ihm unfaßbar, sah ich, so steht es um das Erkennen. Was ist damit geholfen, wenn ich vom Spiegel rede. Gewiß, wir sehen uns da, aber gerade da wird uns das Rätselhafte unserer Situation deutlich. Denn was habe ich zu tun mit diesem verborgenen Wesen, das sich mir da im angeblichen Spiegel zeigt. Meine Augen sind mit im Komplott. Der Spiegel bringt mich nicht weiter. Eine Frau kann ihn nicht entbehren, – wer erkennen will, kann ihn ruhig verstauben lassen oder bunt bemalen. Da hat sich mir nun ein merkwürdiges Phänomen gestellt, im letzten Jahr, unter dem Einfluß von Alter und Krankheit, und davon muß ich nun ausführlich sprechen. Solange Gesundheit, Jugend und Aktivität in mir regierten, ich hätte beinah gesagt, wüteten, konnte sich dieses Phänomen nicht einstellen.

Als ich im Vorjahr krank auf der Inneren Klinik in Freiburg lag, sechsundsiebzig Jahre alt, zeigte sich das Phänomen noch nicht, aber schon damals bzw. bald nach der Rückkehr nach Paris bemerkte ich ein gewisses leichtes Nachlassen meiner Hörfähigkeit.

Ich empfing ja nur wenig Besuche, denn wer soll in Paris einen Unbekannten deutschsprachigen Schriftsteller besuchen, der sich nicht aus seinen vier Wänden bewegt, aber ich stellte fest, daß mir manche Sätze, die sie sagten und die nicht gerade in starkem Tonfall vorgetragen wurden, entgingen. Das nahm zu im neuen Jahre. Und jetzt in der Nervenklinik in Freiburg gesellte sich zu dem Ausfall etwas Positives, eigentlich besser etwas Negatives, nämlich ich hörte etwas, was keiner sprach oder sang. Um es gleich festzulegen, ich hörte niemals jemanden sprechen, sondern nur singen, einzeln und Chöre, ferner auch Einzelinstrumente und ganze Orchester. Als ich das verwundert einige Wochen ertragen hatte (aber es war ganz und gar nicht beunruhigend, manchmal lästig), sprach ich davon zu dem Nervenarzt, der mich besuchte, und ich hatte kurz vorher von ihm einen Sonderdruck erhalten, der sich mit dem E.E.G. beschäftigte, d. h. mit den minimalen elektrischen Strömen verschiedener Art, die im Gehirn auftreten und sich mittels komplizierter Apparatur draußen am Kopf registrieren lassen. Meine Auffassung dieser Gehörphänomene, welche unabhängig von mir verliefen, war: es müßte da im Gehirn etwas registriert werden können, das dicht zusammenfiel mit den bekannten anderen kleinen Strömungen, die man sonst registriert. Die Mikroaufnahme wurde vor meiner Abreise noch gemacht.

Als Resultat wurde mir nach zwei Tagen verkündet: nichts Besonderes, nur eine allgemeine Verlangsamung der kleinen elektrischen Ströme, aber dem Alter entsprechend. So kam ich nun hierher mit einem inneren klingenden Orchester, das sich weiter und weiter entwickelte, und zwar wie?

Zunächst: Mein inneres Orchester spielt am besten in meiner Abwesenheit, wenn ich ihm den Rücken kehre. Wer sein Dirigent ist, wer sein Programm zusammenstellt, weiß ich nicht. Es spielt was es will, und es nehmen an den Darbietungen soviel Personen und Instrumente teil, wie man gerade hat, und sie wiederholen ihre Stücke und machen mit ihnen was sie wollen, verkürzen sie, verlängern sie, legen sie zusammen. Es ist zum Staunen. Wie verläuft das nun? Ich bin kein Musiker und kein Komponist. Ich liebe Musik sehr, aber sie wurde mir nie Ausdrucksmittel. Ich habe auch nicht erkannt, daß die Musik, die jetzt in mir entstand und quasi meinen ganzen Denkraum beanspruchte, irgend etwas in mir ausdrückte. Vielleicht wollte sich irgend etwas in mir dafür rächen, daß ich dem Denken, und nicht der Musik soviel Raum gab. Wie das also ablief? Wie der Beginn eines Tages.

Ich liege noch und dämmere. Die Fenster sind weit geöffnet. Ich höre zwei Töne, die sich dauernd wiederholen, Glocken in der Ferne. Ich frage: «Hört man Glocken?» Die Antwort: «Nein.» Meine Glocken hört man weiter rhythmisch, jetzt hält ein Ton, ein tiefer Ton lange aus, und leise schließt sich an eine Melodie, sehr deutlich, klar und durchaus nicht lästig. Es ist der ‹Tannhäuser› von Wagner, der feierlich durchs Land getragene Pilgerchor bis etwa zur Mitte. Da gibt es eine kleine Pause, das Geläute des Anfangs wiederholt sich, und in gleicher Weise wie vorher erschallt der Pilgerchor, und er endet wie vorher. Es ermüdet mich nicht da zuzuhören, ich bin freilich gerade nicht gefesselt davon oder genötigt zuzuhören.

Es bleibt nicht bei Wiederholungen des Tannhäuserthemas, sondern unmerklich mischen sich Variationen ein, bis schließlich der feierliche Pilgerchor, ohne seine Feierlichkeit aufzugeben, als schlanker Jüngling einherschreitet und nach fünfzig bis achtzig Wiederholungen in ein freudiges Rufen ausbricht: «So leben wir, so leben wir alle Tage.» Diese Melodie geht denselben Weg wie der Pilgerchor, der übrigens nicht völlig vergessen ist, den Schluß des lustigen Liedes bilden allemal zwei Takte, die uns schon begegnet sind im Pilgerchor. Wir horchen aufmerksam, wie es den fidelen Leuten gefällt, nachdem er fünfzig- bis achtzigmal hat antanzen müssen. Leiser und leiser wird die Melodie und geht über, es ist zauberhaft, in den Hohenfriedberger Marsch. Sie gibt ihre Existenz nicht auf, sie schmettert lebensfroh in diesen neuen Klängen. So ist sie ihrer Existenz sicher, daß sie nach hundertmaligen Wiederholungen sich erlauben kann, als – Pilgerchor einherzumarschieren.

Ich habe lange zugehört, d. h. da gesessen und das Gedränge passieren lassen. Ich habe gedämmert, und darüber erwache ich jetzt und bin froh, nichts zu hören.

Ein unerwartetes Glück, ich sitze auf dem Balkon, die Schwarzwaldhäuser stehen unten im Grünen, das Gras ist gemäht, knarrende Maschinen, die Traktoren holen es ab, eine Welle von Hitze und Gewitter zieht über Westeuropa, die Frische nach dem Regen von heute nacht tut wohl. Ich ruhe aus, ich erhole mich. Ein junger Hahn kräht hoch und herausfordernd, ein älterer antwortet mürrisch. Da läßt sich ein hoher Ton vernehmen, ein Surren wie von einer Maschine, bis jetzt völlig gleichmäßig, aber er zieht meine Aufmerksamkeit auf sich. Das Surren ist jetzt schon nicht mehr so einheitlich. Es wird deutlich, daß es ein mindestens von vier verschiedenen Tönen zusammengerolltes Geräusch ist. Nun ist der einheitliche Ton völlig aufgelöst und jene in der Halle, die mir schon vorher begegnet sind, treten hervor. Sie wiederholen sich flott, ich ahne, es geht auf den Hohenfriedberger Marsch zu, aber sie mäßigen sich, Männerstimmen ertönen, man singt und marschiert: «Das Wandern ist des Müllers Lust». Ich will mir jetzt schenken, den weiteren Verlauf der musikalischen Darbietungen zu beschreiben. Man hat in mir eine Reihe von Schallplatten vorrätig und probiert sie aus. Unbekümmert darum, was die Welt denkt, läßt man Platten sich drehen, ein langweiliger, ein stupider Mechanismus.

Aber so leicht werde ich die Sache nicht los. Am Ohr, an meinem Labyrinth wird es nicht sein. Aber irgendwo in der Großhirnrinde im Hörzentrum? Irgendwoher stammen doch alle diese Melodien, sie sind Reste der Erinnerung, aber ich bin es nicht, der sie mobilisiert, damit sie mich belästigen, nur mit den größten Kunststücken könnte ich es fertigbringen, in einer Art Analyse die Texte in Zusammenhang zu bringen. Diese Hörfolgen haben eine doppelte Eigentümlichkeit: sie sind nur geistig in meinem Innern, nur von mir wahrnehmbar. Der dumpfe wuchtige Pilgerchor aus ‹Tannhäuser› wird sowenig wie das fidele Lied ‹So leben wir, so leben wir› von den Menschen neben mir vernommen. Diese Klänge also sind nicht objektiv vernommen. Es sind also subjektive Vorgänge, die sich außerhalb meines Bewußtseins abspielen. Ich kann aber diese objektiven Vorgänge dann und wann in einer Weise beeinflussen, wie ich sonst keine anderen beeinflussen kann. Manchmal denke ich und spüre ich: diese Melodie, dieser Rhythmus scheint mir überzuführen zu dem Studentenlied ‹Gaudeamus igitur› und fast im

Augenblick vom Zauberstab meines Gedankenganges. Betrachte ich die Themen näher, so sehe ich ohne weiteres: es handelt sich nicht um Erinnerungen von heute und gestern, sondern um Überbleibsel aus längst vergangenen Zeiten. Wer oder was stöbert sie aus der Asche auf: noch einmal, ich fühle mich nicht daran beteiligt.

Und dann ein Tag, der beinahe vom Morgen bis zum Abend unterirdisch eingenommen wird durch (man höre und staune) den ‹Grafen von Luxemburg›, Hand in Hand mit dem Revolutionslied der Marseillaise. Da tanzt es schon frühmorgens an und lacht übermütig «Der Graf von Luxemburg hat all sein Geld verjuxt, juxt, juxt». Wie das dann abgewandelt wird? Bald wie ein Ruf, eine Verkündigung als neuste Tagesnachricht von hellen Sopranstimmen: «Der Graf von Luxemburg hat all sein Geld verjuxt, verjuxt, verjuxt». Der Ruf wird dramatisch aufgenommen von einer anderen Gruppe, welche die Stadt durchläuft und schadenfroh hinzufügt: «Hat hunderttausend Taler in einer Nacht verjuxt, juxt, juxt». Die Wiederholungen, welche ich nicht spezifiziere, sie sind jedenfalls nie jene einfache Wiederholung, wenn auch der Text derselbe bleibt. Stücke aus anderen Melodien wirbeln dann vorbei und verhindern, daß man das Hauptthema, das uns erwartet, verfolgt. Plötzlich hat sich das Studentenlied ‹Gaudeamus igitur› eingeheftet, hält aber nicht lange vor. Es bildet nur den Übergang zu dem Revolutionslied, von Bläsern vorgetragen, fast ebenso wuchtig wie der Pilgerchor, die Marseillaise. Dies Thema nun formt stundenlang den Inhalt der kommenden Symphonie. Und nun muß ich genauer dieses Phänomen betrachten. Was in mir alarmiert und komponiert diese uralten Stücke, die mich so wenig angehen? Existiert da in mir außerhalb meines Bewußtseins noch eine Zwischenmacht, die vom Geistigen, Subjektiven zum Objektiven der Melodien herüberspielt?

Ich habe diesen Abschnitt betitelt ‹Von Leben und Tod, die es beide nicht gibt›. So meine ich, lebt in mir eine geistige Kraft, die auch nach dem Objektiven greifen kann, sie hervorruft, verwandelt. Ich bin von meinem Thema nicht abgewichen, als ich so breit von diesen traumartigen Gebilden sprach. Sie belästigen mich nicht. Jedenfalls bis jetzt fühle ich sie nur als zu meinem inneren Mobiliar gehörend.

1. August 1955
In Höchenschwand, Kurhaus. Kalte unfreundliche Witterung, wechselvoll. Es ist ein gemischtes Vergnügen, sich in dem Rollstuhl zu bewegen

über steinige Wege. Dazu der Regen, alle Augenblicke wechselnd mit Sonnenschein. Aber ich notiere dies hauptsächlich wegen der inneren Musik. Mein Orchester hat sich fest installiert. Es schickt keine Inserate an die Zeitung, um Hörer anzulocken, es musiziert drauflos mit Posaunen und Trompeten im Chor, sie sind gewiß, daß ich höre. Ich notiere hier aus dem Programm der letzten Woche folgende Musikstücke. Irgendwann ist es ganz still, ich staune und traue nicht recht, ein gleichmäßiger hoher Ton wie von einer Mandoline wird dann von mir bemerkt, entfaltet sich, und schon sind es zwei Töne, die aufeinander folgen, sich hartnäckig wiederholen, der Akzent liegt auf dem zweiten Ton, die Walze dreht sich langsamer, und nun, bei dem zweiten Ton angelangt, verstärkt sich das Orchester durch Posaunen, und die ersten Takte des Pilgerchors aus dem ‹Tannhäuser› ziehen vorbei, mächtig und prächtig. In geschlossenem Zug und ohne Störung wird die erste Partie des Pilgerchors exekutiert. Dann eine kleine Pause, und man setzt unverzüglich zur Wiederholung an. Diesmal aber endet man nicht in der Mitte, sondern läßt alles regelrecht sich abrollen bis zum Schluß – jedoch der Schluß gelingt nicht recht, es wird eine Schlußfloskel angehängt, und diese ist wie eine Öse, in die man nun wieder den Anfang einharkt. So hat man den Fortgang logisch gesichert. Verwundert bemerkt man, daß es auf diese Weise stundenlang so fortgehen kann, und wirklich gibt es zwanzig oder dreißig Wiederholungen, bis sich einige mutige Bläser emanzipieren und keck Trompetenstöße wie zum Aufwecken über den gemächlichen Fortgang des Themas schmettern. Was blasen diese Trompeten? Verschiedenes, aber gestern und vorgestern bliesen sie zum ersten Mal nach dem Beginn des ‹Tannhäuser› aus den ‹Meistersingern› den heroischen Marsch der Meistersinger. Der beginnt ja mit einem Paukenschlag, auf den stufenweise absteigend das Thema folgt. Natürlich wird jetzt danach gegriffen, und die Meistersinger ziehen dutzendemal vorbei, um plötzlich festzusitzen und nicht von der Stelle zu können; denn sie sind auf einer Fermate festgerannt, und das wird das Signal für den Pilgerchor, sich dem Zuge anzuschließen. Ja, solche Wunder sind in der Musik möglich, besonders wenn sie so spielend leicht exekutiert werden können, wie es die innere Musik gestattet.

5. August
Höchenschwand unverändert.
Der Monat August ist gekommen. Ich hoffte auf größere Wärme, dieweil

ich von Wetterkunde nichts verstehe. Aber das Wetter selbst kennt sich und weiß, wie es sich zu verhalten hat; z. B. entwickelt es jetzt in der Niederung einige hundert Meter unter uns und in der Ebene eine respektable Wärme, während hier oben gestürmt und gehagelt wird. Dabei kann man nur zum Ausgehen die Pausen benutzen, und übrigens bleibt so oder so die Luft sehr erfrischend, sie tonisiert fühlbar. Ich habe absichtlich bis jetzt gewartet und nichts mehr über meine innere Musik notiert, sie läuft weiter, und ich wollte sehen, wie sich dieses kuriose Ding entwickelt. Ich hoffte heimlich, ohne es anzuklagen, es würde verschwinden. Aber es ist nicht verschwunden. Es hat sich fortgesetzt, ausgebreitet und deutlicher seine Charaktere entwickelt. Der Parasit hat sich in mir festgenistet, ich muß mit seiner Gegenwart rechnen.

Es lassen sich da mehrere Programme unterscheiden, die aber trübe und mäßig öfter ineinanderfließen. Das eine Programm wird geführt von jenem Pilgerchor. Ein anderes hat schon ein Zentrum: das ‹Gaudeamus igitur›. Ein drittes Programm Volkslieder und Märsche, beginnend etwa mit dem elegischen Lied ‹Lang ist es her›. Jedes Programm ist so reichlich mit Schnörkeln und Zwischenphrasen ausgestattet, daß sich der Übergang in ein anderes Programm leicht ermöglicht, und da höre ich ‹Das Wandern ist des Müllers Lust› und den Marschschritt gemessen, von tiefen Männerstimmen vorgetragen ‹Ich hatt’ einen Kameraden› und dann ‹Ach, wie ist’s möglich dann, daß ich dich lassen kann› und kriegerisch ‹Auf, mein Deutschland, schütz’ dein Haus›. Es bleibt im allgemeinen bei dem angeschlagenen Thema, einfache Wiederholung ist die Regel, aber sie bleiben doch nicht dieselben, sie werden bald hier bald da anders rhythmisiert und hören sich funkelnagelneu an, so daß ich, der bis da unbeschäftigt und teilnahmslos gefolgt war, aufpasse. Einmal geschah es beim Grollen eines Gewitters, daß zu meiner Verblüffung irgendein Thema sich dem Walkürenritt näherte und damit prächtig paradierte in Konkurrenz mit dem Grollen des Gewitters. Seit Wochen also stehe ich unter dem Eindruck dieser Vorgänge, und nur selten ist mir eine halbe Stunde vergönnt für eine akustische Ruhe. Gelegentlich schrecke ich nachts auf, wenn ich schlaflos liege und mir ein Zupfgeigenkonzert dargeboten wird. Undankbar aber, wie ich bin, schlafe ich nach einer Weile auch darüber ein.

Ich möchte gerne wissen, womit ich es da zu tun habe. Fest steht mir nur, diese innere Musik hängt irgendwie zusammen mit organischen cerebralen Vorgängen. Diese Themen, die zu hören und immer wieder zu hören ich seit Monaten verdammt bin, werden wohl, denke ich, gewissen Veränderungen in der Hirnrinde zugeordnet sein. Was aber in der Hirnrinde sozusagen lokalisiert ist, ist, oder stellt dar, das Reservoir des musikalischen Gedächtnisses. Ein Zweites aber ist die Kraft, der Wille und der Geist, welcher aus diesem Reservoir schöpft, und zwar jetzt, bei mir, ohne mein Dazutun. An sich ist da schon das begriffliche Denken, zu dem gehört das Erwecken gelernter und erworbener Vorstellungen, eine zauberhafte Sache, das Zusammenspiel zweier Dimensionen, dies ist uns aber geläufig und davon existieren wir als Menschen. Kraft, Leben und Motor stammen allemal vom Geist. Bei meinen musikalischen Themen liegt es auf der Hand, daß sie aus dem Reservoir meines musikalischen Gedächtnisses geschöpft sind, erstaunlich aber bleibt, daß sich da plötzlich gegen das Ende des Lebens hin nach einer offensichtlichen Schädigung des akustischen Aufnahmeapparates mein Geist musikalisch zu regen und bewegen begonnen hat, ohne mein Zutun. Ich kann auch hier und da einwirken von meinem Bewußtsein her, aus meinem Denken auf die Resultate des Zusammenspiels, ich kann quasi dem laufenden Rad in die Speichen fallen und einen musikalischen Einfall einschmuggeln, er wird aber als Fremdkörper in der Regel rasch entfernt.

Und so stellt sich das Ganze dar: Ein kurioses Hintereinander und Durcheinander von Themen aus den Opern der Musik.

Wieder habe ich eine Anzahl Tage verstreichen lassen, ohne dieses Kapitel abzuschließen. Es ist heute der 12. August, der Laurentiustag ist sang- und klanglos vorüber. Es ist eine in jeder Hinsicht trübe Zeit hier oben im Hochschwarzwald, ich weiß nicht, was ich hier zu suchen habe. Meine Gehfähigkeit vermindert sich immer mehr, ‹ich kann allein nicht gehen, nicht einen Schritt›.

Bisher hat sich bei mir leider keine akute und fortschreitende Krankheit gezeigt, ich muß offenbar noch mehr Geduld haben. Herausfordernd und ironisch tönt heute über die Ebene seit dem frühen Morgen ‹Das Wandern ist des Müllers Lust›. Ich bin nicht neugierig wie es weitergeht, ich weiß schon, das Thema führt zu ‹So leben wir, so leben wir alle Tage›, um dann nach zwanzig Minuten völlig monotoner Wiederholung in Fanfarenstöße auszubrechen, die sich erst beruhigen, wenn das Thema des Pilgerchors erreicht ist. Völlig naiv wird Heiliges und Profanes nebeneinander gesetzt und völlig naiv und unkritisch durchwirken sich schließlich fromme, profane und vulgäre Themen, drei und vier verschiedene Kapellen und brachten einen merkwürdigen und meist interessanten Lärm. Den Punkt auf das I setzt oft das Lied ‹So leben, so leben wir alle Tage›.

Ich bin dieser Aufzeichnungen und Betrachtungen müde. Und wenn ich jetzt den Schlußstrich ziehe und zu meiner Absicht zurückgehe ‹Von Leben und Tod, die es beide nicht gibt›, so meine ich: wie allgemein, so findet sich auch bei diesen Gehörerscheinungen Objektives und Subjektives gemischt, und sie sind so miteinander verbunden, daß sie untrennbar sind. Denn diese Melodien stammen objektiv aus meiner Existenz und haben irgendwie und -wo in mir oder an mir einen Sitz und Niederschlag gefunden. Sie hausen da in Höhlen, sind aber nicht gestorben, sind nicht trocken und blutlos, sondern regen sich auf das Zeichen meines Ichs. Mein Bewußtsein, das verschiedene Tiefen hat, belebt sie, es ist da ein unergründliches Höhlenrevier, archaisch mit meinem Ich verbunden, verknüpft, aber nicht Tagesgut. – So weit bis jetzt. Ich vermute, ich werde ab und zu auf diese Dinge zurückkommen.

Zusammenfassend: der sogenannte Tod existiert nicht, und das Leben ist nicht ohne den sogenannten Tod. Es gespenstert kein Ich herum ohne eine objektive Last. Ich glaube, falls mir noch Zeit dazu gegeben wird, werde ich meine Vorstellungen von den Sinnesorganen und vom Spiegel korrigieren müssen. Und das ist gut. Der Mensch erscheint auf der Bühne, die Brücke zu Religion und Glaube, zu Liebe und Hoffnung wird geschlagen.

ZUM VERSCHWINDEN VON THOMAS MANN

Er soll nach Zeitungsnotizen vor einigen Tagen an einer Venenentzündung in einem Örtchen bei Zürich, in Kirchberg, gestorben sein, alt etwas über 80 Jahre! Ich könnte achselzuckend darüber hinweggehen, da ich schon vorher für seine schriftstellerische Existenz nur ein Kopfschütteln und Achselzucken, manchmal auch ein wirkliches Staunen gehabt habe. Wer und was war eigentlich der jetzt, wie es im Schweizerdeutsch heißt ‹Abgedankte›? Wir, d. h. eine Schar lebendiger und wirklich als Person existierender Schreiber hatten nicht nötig und fühlten uns nicht veranlaßt, mit diesem Geschöpf abzurechnen. Es gab diesen Thomas Mann, welcher die Bügelfalte zum Kunstprinzip erhob, erleben wollte, und mehr brauchte man von ihm nicht zu wissen. Er vertrat nämlich das gesamte mittlere und höhere Bürgertum im Lande, das über eine mäßige Bildung verfügte, und sich um einige überlieferte Namen der sogenannten klassischen Bildung gruppierte: Für die Bedürfnisse dieser großen und immobilen Schicht schrieb er und modellierte es sich selber. Er machte sich zum Patrizier. Einen zusätzlichen Adel verlieh ihm leider keiner. Mir fällt ein: War er eigentlich ein anderer Kerl? Um für seine Klasse zu schreiben, und zwar erzählend, langte Thomas Mann nach dem damals modernen französischen Roman hinüber, und die Romane von Emile Zola erfuhren zu ihrer riesigen großen Verblüffung eine Wiedergeburt und Fortsetzung auf deutschem Boden in Manns ‹Buddenbrooks›, einer langweiligen Spießerei, welche die schwache deutsche Literatur jener Tage nicht verdient hätte. Man applaudierte aber, der Streich war gelungen, und es dauerte dennoch fast 30 Jahre, bis der Verfasser den Nobelpreis dafür erhielt.

In der Zwischenzeit setzte sich der stolze Patrizier aus Lübeck nach Rom. Es konnte drüben in Deutschland geschehen was wollte, von den realen Menschen hatte er wenig Kenntnis, er putzte das Bürgertum heraus, und wenn er keine realen Situationen symbolisierte, analysierte oder gar kritisierte, so hatten seine Bilder den Hochglanz des klassischen Stils von heute, er schrieb die Bügelfaltenprosa, darauf bedacht, daß sein Frack keinen Staubfleck zeigte. Nebenbei bemerkt war es die Zeit, in der das Land sich ungeheuer umbildete mit Eis, Stahl, Dampf aus einer größten Teils agraischen Fläche zu einer industriellen Großmacht. Aber man suche davon nichts in dem Werk des jetzt abgedankten Autors. Als nun der Krieg 1914/18 kam, war unser Autor natürlich zur Stelle mit dem Bekenntnis zu seiner Klasse, zu seiner Kulisse, er stellte sich als unpolitisch vor, aber er war es nicht, sondern nur verblendet. Was sollte er machen, als zuletzt der kaiserliche Staat zerbrach und etwas wie eine Demokratie an seine Stelle treten wollte? Er erklärte, nicht lange vor seiner Abdankung, es hätte sich in seinem langen Leben draußen viel verändert, er selber aber wäre der gleiche geblieben. Was wir so interpretieren wollen: Er mogelte sich durch das Gedränge. Er war der alten Wirklichkeit ausgewichen, den Arbeiter, das Proletariat, das Unternehmertum und die tobenden Großstädter gab es für ihn nicht. Jetzt zeigt sich seine Geschicklichkeit, seine Verschlagenheit und Schläue im hellen Licht. Die gebildete Bürgerschicht, die er gekleidet und geschmückt hatte, wollte mit der neuen Demokratie paktieren, so tat unser Autor das seine dazu, den Patrizier im Herzen, persönlich auf Ehren und

Auszeichnungen gespitzt. Es dauerte lange bis ihm der Nobelpreis zufiel, wir haben eine entzückende Schilderung aus der Hand Hülsens, wie er damals reagierte, als deutsche Universitäts-Professoren sich für Arno Holz einsetzten. Damals, um 1930 telefonierte unser Autor schwer gekränkt, mit dem schon ruhmgekrönten Gerhart Hauptmann und geiferte am Apparat (Hauptmann lachte für sich): «Arno Holz? wenn schon, dann Ricarda Huch voran –». Hauptmann nahm dies zur Kenntnis, er war spaßhaft, er war natürlich nicht für seinen alten Feind und Nährvater Arno Holz; aber Thomas Mann? Er billigte ihm den Preis zu, und glückselig fuhr der von Stockholm heim, wo er den Preis für ‹Deutschland› in Empfang genommen hatte. Die Welt veränderte sich, aber er blieb, der er war. Er rief vor Hitlers Ankunft zu einer heroischen Geste auf, dann aber – blieb er draußen und zuletzt nahm ihn Amerika auf, von wo aus er im Krieg, seinen Ruhm hinter sich, am Mikrofon nach Deutschland herüber donnerte. Es häuften sich Ehren nach Ehren über ihn bis zuletzt, er blieb auf der Jagd nach Ehren, und seine gebildeten Anhänger, unbeweglich und blind, taten für ihn, was sie konnten. Er wurde über 80 Jahre alt. Von einer Reise nach Holland kehrte er schon schwer krank zurück. Er wollte weiter arbeiten. Er war vorher sogar einmal nach Weimar in die Sowjetzone gefahren zu einer Feier. Er gab sich nicht auf. Er hat bis zuletzt nicht den Zugang zu sich gefunden, aber es lohnt nicht, an seine Psychologie zu gehen, sie liegt offen da.

DER URSINN UND DIE VIELHEITEN
Fragment

Was ich an den Tieren da draußen bemerke. Es sind Kühe, Pferde, hinter ihnen mit einer Knallpeitsche in der Hand, ein Hütejunge. Die Tiere kennen den Weg bergauf, sie werden zur Weide getrieben. Also, was ich an der Kuh bemerke, was das ist, die Kuh? Das trägt sich aufs Gemeine, hat einen gewaltigen Leib, unter einem mehrfarbigen Fell. Vorne sitzt ein Kopf, hinten schlägt der Schweif, unten am Leib schwanken mächtige Wampen, mit Milch gefüllt oder entleert, je nach der Tageszeit. Das Ganze heißt ein Tier und ist aufgebaut um wenige Dinge, Zwecke. Da hat es die sogenannten Beine, die müssen den ganzen Apparat tragen, die ganze Baulichkeit. Die müssen sie da- und dorthin tragen wie man sagt, um Futter zu suchen. Das Ganze ein transportabler Freßapparat, ein

Schrank, der gefüllt werden muß. Oben und warm der Kopf, enthält die Augen, die das Wichtige bemerken, enthält auch schon die Zähne und die Zunge und die Kaumuskeln, um die Zerkleinerung vorzunehmen.

November 1956

Der Sommer ist vorbei, Herbst ist da, und ich sitze kaum verändert in dem homöopathischen und anthroposophischen Sanatorium, wo man mich sozusagen behandelt und lasse die Tage und Wochen an mir vorübergehen. Ich nehme an ihnen nur aus dem Zimmer teil. Solange das Wetter es erlaubte und ich eine Begleitung fand, rechts und links, ließ ich mich in den Garten führen und saß dort im Schatten der Bäume und atmete die frische Luft. Ja, sie ist schön, diese frische Luft des Schwarzwaldes, wunderbar empfand ich sie in Höchenschwand, wo man ja geradezu von der Heilwirkung dieser Luft profitiert. Hier aber, im niedrigen Schwarzwald, in der Nähe von Freiburg i. B., bin ich an das Zimmer gebunden oder an das Haus und muß froh sein, wenn man mich fünf bis zehn Minuten über den Korridor schleppt, und ich bin auch froh, daß es nicht länger dauert, denn meine Muskeln sind schwach und wollen den Körper nicht tragen. Nun ist es also Herbst geworden, die Zeit verläuft rascher, es wird nicht mehr gemessen nach Tagen und Wochen, sondern nach Jahreszeiten, – so stelle ich fest. Der 1. November mit der Feier Allerheiligen ist vorüber, auf die Gräber haben sich Millionen von Blumen gesenkt, der Tod erhält hier ein anderes Gesicht, er ist nicht tot, er ist eine Etappe in dem ungeheuren Wechsel der Natur, er ist ein Durchgangspunkt, den alles passieren muß. Er hat hier in dem Schwund der Jahreszeiten keinen Schrecken, ja, jedes Erschrecken, das ihm anhaftet innerhalb einer Jahreszeit, hat sich allmählich mehr und mehr gemildert. Es ist fast wie eine Abreise oder auch wie das Hinsinken eines Ermüdeten. Man läßt es gehen. Man läßt sich gehen und sich fallen. Wer weint noch am 1. November oder am 2. beim Schreiten über den Friedhof, und wenn eins weint, es ist nicht der Schmerz, daß man das jetzt Lebende hinter sich ließ und hinter sich lassen muß. Es ist mehr eine Flötenmelodie, eine Totenklage, ein Gruß nach drüben, und man ist imstande, besänftigt den ruhigen Ort zu verlassen, im Zuge der Jahreszeiten gewinnen wir unsere Haltung wieder.

Zuletzt war hier in dem niedrigen Bergland der Sturm und der Regen an der Tagesordnung, und sie konnten ebensogut aus dieser oder jener Jahreszeit stammen. Die Begegnung von Sturm und Wetter mit den

Bäumen und Pflanzen war ein Kampfspiel. Zwei Mächte oder drei oder vier faßten sich an und rüttelten aneinander. Manchmal war es ein grandioser Kampf. Verzweifelt leisteten die Bäume Widerstand. Schließlich kam es aber nicht darauf an, wer in diesen Einzelrunden siegte, sondern wer dieses und wer jenes vertrat, also es siegte der Sturm, der den kommenden Herbst repräsentierte. Wer kam gegen diese langsam wirkende Kraft auf?

Ich muß Sprünge machen, bei den Stürmen kann ich mich nicht aufhalten. Vom Rütteln an den Bäumen ist jetzt keine Rede mehr, Allerheiligen und Allerseelen sind vorbei. Die Wiesen, die ich von meinem Fenster aus erblicke, sind morgens meist bereift, und von den Bäumen sehe ich die tapfersten Kämpfer der früheren Monate nicht mehr. Sie sind nicht niedergebrochen, aber eines großen Teils ihrer sichtbaren Leiber beraubt. Sie selbst stehen noch da, mit breitem schwarzem oder geflecktem Stamm und mit zahllosen Ästen, sie scheinen bloß Gerippe und Skelette zu sein, aber es sind noch die alten Bäume, die Kämpfer von gestern und vorgestern, die sich überall in Reservestellungen begeben haben, Rückzug auf der ganzen Front! Wenn es soweit ist, werden sie wieder da sein. Aber zauberhaft, ich bemerke das zum ersten Mal, wie sich dieser Rückzug der Bäume und Pflanzen und der Gräser vor den Riesengewalten Wind und Kälte vollzieht und vollzogen hat, denn es sind nicht gleichmäßig alle Pflanzen und Wiesen hinter einen eisernen Vorhang gestiegen oder haben sich lebendig einbalsamiert und zeigen nur ihre Skelette, sondern da haben sie ihren Widerstand in wechselnden Kostümen fortgesetzt. Und da sind die Farben, in denen jetzt dieser Schwarzwald prunkt und leuchtet, er, der vorher nur dunkelgrün, stumm und ausdruckslos dastand. Dieser Bauer hat nun in seinen Schrank gegriffen, und wir sehen, was er alles sonst besaß.

Die Farben, die Bäume sind von einer ungeheuren Leuchtkraft. Aus dem Grün geht es in Blaßgelb ins Braun und in ein fröhliches Ockergelb, und so stehen dann einzelne Bäume und der Wind kann sie zusammen mit der Kälte striegeln; sie leuchten und strahlen und behalten ihre Kleider an. Freilich sind die Blätter jetzt trocken, ja manchmal ledern geworden, und man sieht voraus, was trotz allem das Ergebnis des heroischen Kampfes sein wird. Da wirbeln schon jetzt vielfarbige Blätter durch die Luft, öfter halte ich es für Vögel, weil sie sich lange halten, dann senken sie sich ab, geben nach und haben nachgegeben. Abseits in die Lücken aber, blattlos geworden, farblos, zieht ein neues Element ein.

Es ist den einzelnen Blättern überlegen, es sind kleine und große beschwingte Wesen, – Vögel! Sie waren schon vorher da! Sie sind Nachzügler und Überreste... Überreste eines großen wandernden Heeres, wohin ist der Haupttroß gezogen? Ich habe sie nicht gesehen. Ein paarmal beobachtete ich, hoch oben im Grau und Blau des Himmels Scharen von Vögeln, die sich gleichmäßig ruhig bewegten.

Sonntag, 16.2.1957
Ich dachte, das kleine Tagebuch fortsetzen zu können, aber nicht ich, sondern die Krankheit macht große Schritte, ich habe nur ab und zu jemanden zur Verfügung zum Schreiben. Es kann keine Rede davon sein, daß jemand ständig in meiner Nähe ist, bereit ein Diktat zu empfangen. Ein wüster Winter mit Übergang in einen Frühling, der nicht weniger wüst beginnt. Ich wollte das von meinem Fenster aus Zug um Zug beschreiben, aber ich gebe es auf. Und was will ich jetzt in diesem Heft? Ein neuer Absatz, ein neuer Ton. Als erste Überschrift stellt sich ein: ‹Der Ursinn und die Vielheiten›.

Ich habe zu erklären, was ich damit meine. Der Ursinn mag das sein, was hinter allem steht, hinter Tod und Leben, hinter den Gestalten, hinter der Reihe der Geburten, hinter Wind und Wetter, hinter den Jahrmillionen und dem Augenblick. Das zweite Wort, die Vielheiten, das ist eben, was dem einen Ursinn entgegentritt, was mehr als ein Wort ist, nämlich greifbar, sichtbar, ich selbst dabei. In den langen schlaflosen Nächten mit ihren Schmerzen hat sich alles Fragen auf diese Überschrift zusammengezogen. Aber was gibt sie mir? Ich bin nicht zufrieden. Ich habe wohl vorbeigehauen. Und jetzt stellt sich als Antwort hin der eine Titel: ‹Das Eine und die Vielheiten›.

Als Cartesius in der Ulmer Straße in Paris stand und ihn eine Erleuchtung überkam, stand er vor dem Satz: ‹Ich denke, also bin ich.› Er war auf der Suche nach seinem Fundament. Er hatte jetzt in und durch die Erleuchtung den sicheren Boden erkannt: er dachte, – alles andere mochte zweifelhaft sein, was er dachte, welche Schlüsse er zog, aber daß er dachte und sich ihm im Denken alles näherte, stand fest. Was meine ich dazu? Ich meine nicht, ich bin, sondern ich meine: Dieses ist, aber ich weiß es nicht, ich kann es nicht Denken nennen, das greift zu weit. Aber was habe ich denn? Antwort: Nichts. Das ist auch etwas, ein Vorgang, der mit dem Ichgefühl verknüpft ist, ein völlig undurchsichtiger Vorgang. Auf diesen Punkt also bin ich geführt. Das ist mein kartesischer

Punkt im Februar 1957, im verschneiten und verregneten Schwarzwald. Laß mich beginnen.

Wie aber die Welt, das Leben, die Existenz aussieht ohne ein bilderformendes Zentrum, das muß ich betrachten. Läßt es sich überhaupt vorstellen? Aber ich muß noch weiter zurückgehen: Kommt es darauf an, daß ich es mir vorstellen kann. Immer und überall mischt sich das Ich, ein Ich, das sich so nennt, ein – aber ich will es gerade ausschalten. Ich muß es als eine Verunreinigung des Denkens ansehen. Dann fällt also die ganze Welt auseinander. Aber sie fällt nicht auseinander. Hier stoße ich doch auf ein Faktum, das einfach elementar ist und sich nicht beiseite schieben läßt. Ein Stein fällt auf den Boden, zehn Steine tun dasselbe, die Erde dreht sich um die Sonne, wenn Wolken kommen und sich vor die Sonne stellen, so entsteht im Wechsel Helle und Dunkelheit, so folgt Wärme und Kälte, es stehen also nicht nackte Fakten nebeneinander, sondern sie existieren in der Zeit, miteinander, nebeneinander und auseinander. Ich habe es nicht nötig, ein Ich anzunehmen. Mit der zeitlichen Koexistenz wird ein Zusammenhang gesetzt, und dies geschieht ohne ein Ich ohne mein Ich, ohne meinen Intellekt, ohne meine Logik. Millionen Dinge und Vorgänge sind da, sie zerfallen nicht, sie krachen nicht auseinander, sie sind überhaupt nicht gegeben, außerhalb des Zusammenhangs, und ich habe nicht nötig, etwas Besonderes außerhalb ihnen und hinter ihnen zu finden, ihr Dasein, ihre Entwicklung legt alles dar. Da nimmt etwa Spinoza eine einzige Substanz an, an der er zwei Attribute unterscheidet: Ausdehnung und Denken, die in der einen Substanz vereinigt sind. Ich frage mich: Sollte nicht eine Vereinfachung möglich sein, sollte man nicht die Trennung entbehren können, womit ich aber noch nicht gesagt haben will, daß hinter diesen tausend Dingen und Erscheinungsvorgängen noch ein einziges rätselhaftes Wesen steht, hier genannt Substanz. Zeitlichkeit gehört zu diesen Dingen, ich will die Dinge nicht berauben und bloß abstrakt machen. – So gehört die Gestalt zu ihnen, und das sind sie, man soll sie nicht verklären. Ach, es ist sehr schwer an die Realität heranzukommen, wir werfen uns selber dauernd Steine vor die Füße.
Aber in der Tat, wohin kommen wir, wenn wir die Vernunftprinzipien aus den Vorgängen herausziehen. Statt endlich eine ganz frische Welt vor uns zu sehen, haben wir einen ungeheuren abscheulichen Schutthaufen. Niemals werden wir diesen als Welt ansprechen dürfen. Ein Säug-

ling, der nach seiner Milch schreit, weiß es besser. Also wir werden doch hinter die Gestalten und Erscheinungen geführt, wobei es gleichgültig ist, jedenfalls zunächst, was den Säugling zum Schreien bewegt, das Verlangen ———

EDELKASTANIE GANZ OBEN
Fragment

Edelkastanie ganz oben, viele Äste große Blätter, viele dünnere Stämme, dann Esche Haselnußsträucher zwischen der Kastanie und Esche, am Boden reichlich Farnkraut, eine Rasenfläche für Viehweide.

Der Nebel hat jetzt am Nachmittag vom Schauinsland her, die ganze Gegend überschwemmt. In seinem Fließen hat er wasserartigen Charakter, seine Natur läßt ihn nur in Worten beschreiben, die das Wässerige unterstreichen: Der Nebel rieselt, teilt sich auf in Gassen, schließt sich zu einem runden See zusammen, der Ausläufer vorschickt. Er füllt sich, das Niveau steigt, es ist merkwürdig zu sehen, wie das luftige weiße Wasser zu kriechen versteht, den Weg zwischen Baumreihen findet. Bald langsam, bald rasch, erfüllt der Nebel die Zwischenräume der Bäume. Der Wind, den wir fühlen aber nicht sehen, ist der Motor hinter dem Nebel. Jetzt hat der Nebel den ganzen Hang eingehüllt, und weiter unten gibt es keine Grünfläche zu sehen, kein Himmel, keine Bäume, alle festen Konturen sind verschwunden, wie Feuer hat der Nebel alle Umrisse verschlungen. Das ist wahrhaft ein dichter Nebel, ein Element, das es mit dem Wasser aufnehmen kann. Sonderbar, ich finde mich nicht zurecht zwischen diesen Gebilden, die doch Bäume sein sollen, mit Blättern und Ästen. Sie täuschen alles Mögliche vor, und haben ein wechselndes Gesicht. Manchmal glaube ich ein schreitendes Tier zu sehen, ein Pferd, eine Kuh, dann waren es nur Stangen am Boden. Das Farnkraut erduldet alles schweigend. Aber was geschieht, wenn die Windstärke zunimmt. Da wird der Nebel schonungslos hochgeworfen und zerrissen, er kann sich keine Gassen zum Versteck suchen, der Sturm, mit seinen brutalen Bataillonen, reißt und zerrt an dem Wald. Er ist ein Einbrecher aus einem fremden Land. Wo ist jetzt meine schöne Straße hin, die rechts flankiert wurde von einer Riesentanne, auf deren Ast saß ein Vagabund, flegelte, um höhnisch und frech nach der anderen Seite herüberzublikken, herauf zu den Tannen, wo ein Schutzmann mit Pelerinen-Umhang die Wacht hielt, ein mächtiger Wolfhund neben ihm, die Hügel... eine Anzahl Männer zu Hilfe. Dieses Vis-à-vis, Schutzmann mit Pelerinen und Vagabund kenne ich nun seit Monaten. Was gibt es eigentlich hier zu bewachen? Da blicke ich erst genauer hin. Auf den Schultern des Flegels und Vagabunden...

ANHANG

Im Arztkittel
Um 1910

Zeichnung von Ernst Ludwig Kirchner
1913

«Ich nähere mich den Vierzig»

In Berlin 1912

Als Militärarzt im Krieg

«...mit den flinken und beschäftigten Blicken
hinter seiner dicken Brille,
mit seinem menschfreundlichen Lachen...»
Hermann Kesten

Erna Döblin mit Sohn Peter

a) *Alfred Döblin sitzt Modell*
b) *In der Arztpraxis mit Patientin*

Ölbild von Rudolf Schlichter
1927

Das Ehepaar Döblin

Alfred Döblin 1929
«...*wenn man meinen Namen kannte,*
so fügte man ‹Berlin Alexanderplatz› hinzu.
Aber mein Weg war noch lange nicht beendet.»

Vor der Bücherwand mit den Söhnen
Wolfgang und Peter

Um 1930

Im Gespräch mit dem Komponisten Berghaus

Porträtzeichnung von
Emil Orlik

Auf der Rückseite notiert:
«Vacances 1938»

Im Exil
Hollywood 1942

«Pioniere haben es nie leicht.
Es wird aber sehr einsam um den Älteren und Alten.»
Alfred Döblin 1952

Alfred Döblin 1948

Die letzte Aufnahme
1957

KURZGEFASSTER CHRONOLOGISCHER ABRISS
VON ALFRED DÖBLINS LEBEN UND WERK

1878 bis 1911
Am 10. August 1878 in Stettin geboren. Die Eltern, beide polnisch-jüdischer Herkunft, waren nach Deutschland eingewandert. Der Vater verläßt die Familie und wandert nach Amerika aus. Die Mutter verläßt Stettin und zieht mit ihren fünf Kindern nach Berlin. Nach Absolvierung des humanistischen Gymnasiums Studium der Medizin. Es entstehen erste Erzählungen und der (verschollene) Roman ‹Die jagenden Rosse›. Promotion in Freiburg im Breisgau. Erste Tätigkeit als Arzt in Spitälern und in der Irrenanstalt Regensburg.

1911 bis 1933
Arzt in Berlin. Zuerst am Halleschen Tor, später neurologisch-psychiatrische Kassenpraxis im Osten von Berlin. Mitarbeit an Herwarth Waldens Zeitschrift ‹Der Sturm›. Erste Buchveröffentlichungen. Verleihung des Kleist- und Fontane-Preises. Wahl in die Sektion für Dichtkunst der Preußischen Akademie der Künste. Mit ‹Berlin Alexanderplatz› der erste internationale Erfolg (Verfilmung mit Heinrich George als Franz Biberkopf).

1933 bis 1945
Bei der berüchtigten Bücherverbrennung vom 10. Mai 1933 verbrennen die Nationalsozialisten auch Döblins Werke. Alfred Döblin flieht nach Zürich, ein Jahr später geht er nach Frankreich. 1936 erhält er die französische Staatsbürgerschaft. Mit Beginn des Kriegsausbruches Arbeit im französischen Informationsministerium. 1940 Flucht vor den anrückenden deutschen Truppen nach Portugal. Von dort Überfahrt nach den Vereinigten Staaten. Aufenthalt in New York, Los Angeles, Hollywood. 1941 Übertritt zum katholischen Glauben.

1945 bis 1957
Rückkehr nach Europa. Chef des literarischen Büros bei der französischen Militärregierung in Baden-Baden. 1946 Gründung der literarischen Zeitschrift ‹Das goldene Tor›. 1947 Besuch in Berlin. Mitbegründer und Vizepräsident der Klasse der Literatur der Akademie der Wis-

senschaften und der Literatur Mainz. 1954 Auszeichnung mit dem Literaturpreis der Akademie. 1957 Verleihung des Großen Preises der Bayrischen Akademie der Schönen Künste. 1953 zweite Emigration aus Deutschland. Aufenthalt in Paris. 1956 als Schwerkranker in einem Sanatorium im Schwarzwald. Am 26. Juni 1957 stirbt Alfred Döblin in Emmendingen bei Freiburg im Breisgau.

Alfred Döblins wichtigste Werke

1913
Die Ermordung einer Butterblume und andere Erzählungen

1915
Die drei Sprünge des Wang-lun. Chinesischer Roman

1917
Die Lobensteiner reisen nach Böhmen. 12 Novellen und Geschichten

1918
Wadzeks Kampf mit der Dampfturbine. Roman

1920
Wallenstein. Roman in zwei Teilen

1921
Linke Poot. Der deutsche Maskenball. Zeitglossen

1924
Berge Meere und Giganten. Roman

1925
Die beiden Freundinnen und ihr Giftmord. Ein Prozeß

1926
Reise in Polen

1927
Manas. Epische Dichtung
Das Ich über der Natur

1929
Berlin Alexanderplatz. Die Geschichte vom Franz Biberkopf

1931
Die Ehe. Drei Szenen und ein Vorspiel
Wissen und Verändern! Offene Briefe an einen jungen Menschen

1933
Unser Dasein
Jüdische Erneuerung

1934
Babylonische Wanderung oder Hochmut kommt vor dem Fall
Roman

1935
Pardon wird nicht gegeben. Roman
Flucht und Sammlung des Judenvolks. Aufsätze und Erzählungen

1937
Die Fahrt ins Land ohne Tod. Band 1 der Trilogie ‹Amazonas›

1938
Der blaue Tiger. Band 2 der Trilogie

1939
Bürger und Soldaten 1918

1946
Sieger und Besiegte. Eine wahre Geschichte
Der Oberst und der Dichter oder Das menschliche Herz
Der unsterbliche Mensch. Ein Religionsgespräch

1947
Der neue Urwald. Band 3 der Trilogie ‹Amazonas›

1948 bis 1950
November 1918. Eine deutsche Revolution. Erzählwerk
1. Verratenes Volk, 2. Heimkehr der Fronttruppen, 3. Karl und Rosa.
Eine Geschichte zwischen Himmel und Hölle

1949
Schicksalsreise. Bericht und Bekenntnis

1956
Hamlet oder Die lange Nacht nimmt ein Ende. Roman

PERSONENREGISTER

Adenauer, Lotte
  Tochter des ersten deutschen
  Bundeskanzlers 515
Adler, Alfred 1870 bis 1937
  Psychologe 40, 99
Albert I. 1875 bis 1934
  König von Belgien 108
Albertus Magnus 1193 bis 1280
  Theologe, Philosoph und
  Naturforscher 410
Apollinaire, Guillaume
  1880 bis 1918
  französischer Lyriker 467, 470
Aristophanes 446 bis 388 v. Chr.
  griechischer Komödiendichter
  470
Aristoteles 384 bis 322 v. Chr.
  griechischer Philosoph und
  Naturforscher 466

Balzac, Honoré de 1799 bis 1850
  französischer Schriftsteller 529,
  544
Baudelaire, Charles 1821 bis 1867
  französischer Dichter 544
Beethoven, Ludwig van
  1770 bis 1827
  Komponist 544
Benn, Gottfried 1886 bis 1956
  Schriftsteller und Arzt 477, 478
Bergmann, Ernst von
  1836 bis 1907
  Chirurg 466

Berl, Heinrich 1896 bis 1953
  Schriftsteller 497, 498
Bernhard von Clairvaux
  1091 bis 1153
  Theologe und Mystiker 545,
  546
Billy, André 1882 geboren
  französischer Kritiker 562
Binding, Rudolf G. 1867 bis 1938
  Schriftsteller 477, 478
Bismarck, Otto E. L. von
  1815 bis 1898
  Staatsmann 14, 64
Blümner, Rudolf 1873 bis 1945
  Schriftsteller,
  Freund von Herwarth Walden
  441
Boccioni, Umberto 1882 bis 1916
  italienischer Maler
  Wortführer des italienischen
  Futurismus 467
Bollstädt, Alfred von
  siehe unter Albertus Magnus 410
Brahms, Johannes 1833 bis 1897
  Komponist 469
Breuer, Robert 1878 bis 1943
  Pseudonym für Lucian Fried-
  laender
  Publizist und Mitbegründer des
  Schutzverbandes deutscher
  Schriftsteller im Exil 474
Buddha 550 bis 483 v. Chr.
  indischer Prinz und Religions-
  begründer 19, 419, 422

BIBLIOGRAPHISCHE HINWEISE

Ich nähere mich den Vierzig
Erstdruck: ‹Doktor Döblin. Selbstbiographie von Alfred Döblin›
Herausgegeben von Heinz Graber, 1970
Für diese Ausgabe wurde ein neuer Titel gewählt

Im übrigen bin ich ein Mensch und kein Schuster
Erstdruck: ‹Die Vertreibung der Gespenster›
Herausgegeben von Manfred Beyer, 1968
Für diese Ausgabe wurde ebenfalls eine neue Überschrift gewählt

Autobiographische Skizze
Erstdruck: ‹Das literarische Echo›, Heft 13, April 1922

Arzt und Dichter
Erstdruck: ‹Die literarische Welt›, Heft 43, Oktober 1927

Erster Rückblick
Erstdruck: ‹Alfred Döblin. Im Buch – Zu Haus – Auf der Straße›
Vorgestellt von Alfred Döblin und Oskar Loerke, 1928

Kurzbiographie
Erstdruck: ‹Das Wort›, Heft 4/5, Mai 1937

Selbstporträt
Erstdruck: ‹Die Zukunft›, Nummer 8, Februar 1939

Persönliches und Unpersönliches
Erstdruck: ‹Die Zukunft›, Nummer 1, Oktober 1938

Schicksalsreise
Erstausgabe Frankfurt am Main 1949

Abschied und Wiederkehr
Erstdruck: ‹Badische Zeitung›, Februar 1946

Epilog
Erstdruck: Alfred Döblin zum 70. Geburtstag, 1948

Journal 1952/1953
Typoskript im Alfred Döblin Nachlaß im Schiller-Nationalmuseum,
Marbach

Letzte Aufzeichnungen
Typoskripte und Aufzeichnungen nach Diktat ebenfalls im Alfred
Döblin Nachlaß im Schiller-Nationalmuseum, Marbach